Governança & Corporativa

O GEN | Grupo Editorial Nacional – maior plataforma editorial brasileira no segmento científico, técnico e profissional – publica conteúdos nas áreas de ciências sociais aplicadas, exatas, humanas, jurídicas e da saúde, além de prover serviços direcionados à educação continuada e à preparação para concursos.

As editoras que integram o GEN, das mais respeitadas no mercado editorial, construíram catálogos inigualáveis, com obras decisivas para a formação acadêmica e o aperfeiçoamento de várias gerações de profissionais e estudantes, tendo se tornado sinônimo de qualidade e seriedade.

A missão do GEN e dos núcleos de conteúdo que o compõem é prover a melhor informação científica e distribuí-la de maneira flexível e conveniente, a preços justos, gerando benefícios e servindo a autores, docentes, livreiros, funcionários, colaboradores e acionistas.

Nosso comportamento ético incondicional e nossa responsabilidade social e ambiental são reforçados pela natureza educacional de nossa atividade e dão sustentabilidade ao crescimento contínuo e à rentabilidade do grupo.

JOSÉ PASCHOAL ROSSETTI
ADRIANA ANDRADE

GOVERNANÇA CORPORATIVA

FUNDAMENTOS, DESENVOLVIMENTO E TENDÊNCIAS

7ª EDIÇÃO
ATUALIZADA E AMPLIADA

Os autores e a editora empenharam-se para citar adequadamente e dar o devido crédito a todos os detentores dos direitos autorais de qualquer material utilizado neste livro, dispondo-se a possíveis acertos caso, inadvertidamente, a identificação de algum deles tenha sido omitida.

Não é responsabilidade da editora nem dos autores a ocorrência de eventuais perdas ou danos a pessoas ou bens que tenham origem no uso desta publicação.

Apesar dos melhores esforços dos autores, do editor e dos revisores, é inevitável que surjam erros no texto. Assim, são bem-vindas as comunicações de usuários sobre correções ou sugestões referentes ao conteúdo ou ao nível pedagógico que auxiliem o aprimoramento de edições futuras. Os comentários dos leitores podem ser encaminhados à **Editora Atlas Ltda.** pelo e-mail faleconosco@grupogen.com.br.

Direitos exclusivos para a língua portuguesa
Copyright © 2004 by
Editora Atlas Ltda.
Uma editora integrante do GEN | Grupo Editorial Nacional

Reservados todos os direitos. É proibida a duplicação ou reprodução deste volume, no todo ou em parte, sob quaisquer formas ou por quaisquer meios (eletrônico, mecânico, gravação, fotocópia, distribuição na internet ou outros), sem permissão expressa da editora.

Rua Conselheiro Nébias, 1384
Campos Elísios, São Paulo, SP – CEP 01203-904
Tels.: 21-3543-0770/11-5080-0770
faleconosco@grupogen.com.br
www.grupogen.com.br

Cromo da capa: Getty Images
Foto dos Autores: Ana Valadares
Digitação dos originais: Angélica Aparecida Alves da Silva e Joziane da Silva Diogo
Designer de Capa: Ricardo Carvalho
Projeto Gráfico e Editoração Eletrônica: Lino Jato Editoração Gráfica

Dados Internacionais de Catalogação na Publicação (CIP)
(Câmara Brasileira do Livro, SP, Brasil)

Rosseti, José Paschoal

    Governança corporativa: fundamentos, desenvolvimento e tendências

    José Paschoal Rosseti, Adriana de Andrade – 7. ed. – [3. Reimpr.]. – São Paulo: Atlas, 2019.

    Bibliografia

    ISBN 978-85-224-9305-0

    1. Administração de empresas 2. Governança corporativa I. Título..

04-5304   CDD-658.4

Índices para catálogo sistemático:

1. Governança corporativa : Empresas : Administração executiva 658.4

Para minhas netas e meus netos
Fabiana e Murilo
Rodolfo e Heitor
Maria Clara e Lorenzzo

José Paschoal Rossetti

Para meu filho
Breno Patrick

Adriana Andrade

Integridade, competência e envolvimento construtivo: que estes três valores da boa governança sejam seus fundamentos de vida e de cada uma de suas conquistas.

Sumário

Apresentação, 15

Prefácio à 7ª Edição, 17

Nota dos Autores, 21

1 O Agigantamento das Corporações e o Desenvolvimento da Governança Corporativa

1.1 Formação, desenvolvimento e evolução do capitalismo e do mundo corporativo, 28
- A formação do sistema capitalista, 28
- Os determinantes da evolução do capitalismo, 31
    1. A ética calvinista, 33
    2. A doutrina liberal, 34
    3. A Revolução Industrial, 35
    4. A tecnologia, as novas escalas e a produção em série, 35
    5. A ascensão do capital como fator de produção, 38
    6. O sistema de sociedade anônima, 40
    7. O *crash* de 1929-33, 45
    8. O desenvolvimento da ciência da administração, 49

1.2 O gigantismo e o poder das corporações, 58

1.3 O processo de dispersão do capital, 67

1.4 O divórcio entre a propriedade e a gestão, 71
- A abordagem de Berle e Means, 72
    1. O afastamento entre a propriedade e o controle, 72
    2. As divergências de interesses, 74
    3. A inadequação das concepções tradicionais, 76
- A abordagem de Galbraith, 78
    1. As novas realidades corporativas, 78
    2. A tecnoestrutura da organização, 79
    3. Lucros: a segurança da tecnoestrutura, 80

1.5 Conflitos de agência, 82
- ❑ A origem dos conflitos de agência, 83
- ❑ As razões dos conflitos de agência, 85
  1. O axioma de Klein, 86
  2. O axioma de Jensen e Meckling, 87
- ❑ A tipologia dos conflitos de agência, 87

1.6 O desenvolvimento da governança corporativa, 89
- ❑ As razões essenciais, 90
- ❑ As razões adicionais, externas e internas, 94
  - As razões externas, 94
  - As razões internas, 97

Resumo, 99

Palavras e expressões-chave, 104

2 Objetivos, Concepções e Valores da Governança Corporativa

2.1 O objetivo das corporações: uma questão fundamental, 107
- ❑ Os grupos de interesse envolvidos com as corporações, 108
- ❑ O foco no máximo retorno total dos proprietários, 113
  1. A lógica financeira, 113
  2. A lógica dos riscos assumidos, 114
  3. A lógica da gestão, 115
  4. A lógica dos conflitos de agência, 117
  5. A lógica macroeconômica, 118
- ❑ O equilíbrio de múltiplos interesses, 119
- ❑ A legitimidade dos interesses envolvidos, 122
  - Os interesses dos *shareholders*, 122
  - Os interesses dos demais *stakeholders*, 124
  - Uma síntese comparativa, 124
- ❑ A gestão de resultados de longo prazo, 129

2.2 Uma síntese das concepções de governança corporativa, 130
- ❑ Abordagens derivadas da abrangência de interesses, 132
- ❑ Outros fatores diferenciadores, 135

2.3 Os conceitos de governança corporativa, 137

2.4 Os valores da governança corporativa, 140

2.5 Os 8 Ps da governança corporativa: uma síntese conceitual, 143
- ❑ Uma síntese conceitual, 143
- ❑ Uma metodologia de avaliação, 147

Resumo, 150

Palavras e expressões-chave, 154

3 Os Grandes Marcos Construtivos da Governança Corporativa

3.1 Os quatro marcos históricos, 156

3.2 O ativismo pioneiro de Robert Monks, 158
- O cenário do ativismo de resultados, 160
- A atuação em várias frentes, 163

3.3 O Relatório Cadbury, 168
- As razões da mobilização, 170
- Os termos de referência e as bases propostas, 171

3.4 Os princípios da OCDE, 173
- As razões do interesse de uma organização multilateral, 173
- A revisão dos *princípios*: razões e resultados, 176

3.5 A Lei Sarbanes-Oxley, 177

3.6 A difusão mundial dos códigos de governança, 183

3.7 O fechamento do círculo: a adoção efetiva dos princípios, 185
- Dos princípios à operacionalização: a declaração da ICGN, 185
- O novo cenário da governança corporativa, 189
- A avaliação das práticas corporativas, 190
- Critérios, métodos e resultados da GMI, 192
- Objetivos, critérios e resultados do FTSE-ISS, 196

Resumo, 199

Palavras e expressões-chave, 202

4 As Questões Centrais da Governança e as Forças de Controle das Corporações

4.1 Uma visão de conjunto: as questões-chave e as forças de controle, 204
- Os problemas de agência, 205
- A assimetria e a conciliação de interesses, 206

4.2 A questão-chave dos conflitos e dos custos de agência, 207

4.3 A questão-chave dos direitos assimétricos, 211

4.4 As forças de controle, 215
- As forças externas de controle, 217
    1. O ambiente legal e regulatório, 217
    2. Padrões contábeis exigidos, 221
    3. Controle pelo mercado de capitais, 224
    4. Mercados competitivos, 229
    5. Ativismo de investidores, 230
    6. A atuação dos fundos de *private equity*, 234
- As forças internas de controle, 236
    1. Concentração da propriedade acionária, 236

2. Constituição de conselhos de administração guardiões, 238
3. Modelos de remuneração dos executivos, 243
4. Monitoramento compartilhado, 246
5. Estruturas multidivisionais de negócios, 248

Resumo, 248
Palavras e expressões-chave, 251

5 A Estrutura de Poder, o Processo e as Práticas de Governança Corporativa

5.1 O ambiente e os atores da governança corporativa, 255
- ❑ Descrição abrangente do ambiente de governança, 255
- ❑ Os atores e os órgãos: uma síntese de suas funções, 257

5.2 A governança como sistema de relações, 259
- ❑ O triângulo básico: propriedade – conselho – diretoria, 261
- ❑ O quadrilátero: conciliação de múltiplos interesses, 263

5.3 A Assembleia Geral no processo de governança, 267

5.4 Os órgãos de auditoria e fiscalização no processo de governança, 269
- ❑ O Conselho Fiscal, 270
- ❑ O Comitê de Auditoria, 271
- ❑ A Auditoria Independente, 272
- ❑ A Auditoria Interna, 275

5.5 O Conselho de Administração no processo de governança, 276
- ❑ Atribuições e responsabilidades, 277
  - • Separação de funções, 278
  - • Grau de envolvimento, 280
  - • Missão e áreas de atuação, 285
- ❑ Requisitos essenciais e normas de funcionamento, 288
- ❑ Dimensão do Conselho e atributos dos conselheiros, 289
  - • Dimensionamento e complementaridade, 291
  - • Atributos, posturas e condutas, 293
- ❑ A avaliação dos conselhos e dos conselheiros, 300
  - • As barreiras para a avaliação, 302
    1. Barreiras para avaliação dos conselhos, 302
    2. Barreiras para avaliação de conselheiros, 303
  - • O que avaliar, 303
  - • Como avaliar, 305
  - • A quem cabe avaliar, 305
- ❑ Uma proposta de método para avaliações estruturadas, 305
  - • Definições precedentes, 305
  - • Formatação de instrumentos, 307

- Aplicação dos questionários, 307
- Tabulação e análise, 307
❑ A avaliação de conselheiros, 307
❑ A avaliação abrangente do órgão colegiado, 309

5.6 A Diretoria Executiva no processo de governança, 312
❑ Papéis e responsabilidades, 312
❑ O CEO: atributos e posturas esperadas, 316
❑ A avaliação do CEO, 318

5.7 A busca por processos de alta eficácia, 322
❑ O *empowerment* do Conselho e a eficácia da governança, 324
❑ As corporações gerenciadas e as governadas, 327

5.8 Três sínteses relevantes, 330
❑ A criação de valor, 332
❑ A conciliação de interesses, 332
❑ A promoção do crescimento econômico, 333

Resumo, 333
Palavras e expressões-chave, 339

6 Os Modelos de Governança Efetivamente Praticados

6.1 Uma primeira síntese: os fatores de diferenciação, 342

6.2 O modelo anglo-saxão, 343
❑ A governança corporativa nos Estados Unidos, 345
❑ A governança corporativa no Reino Unido, 350
❑ A governança corporativa no Canadá, 352
❑ A governança corporativa na Austrália, 354

6.3 O modelo alemão, 356

6.4 Os modelos do Japão e da Ásia Emergente, 364
❑ A governança corporativa no Japão, 364
❑ A governança corporativa na Ásia Emergente, 369

6.5 O modelo latino-europeu, 373

6.6 O modelo latino-americano, 378
❑ Características das corporações na região, 378
❑ Determinantes do modelo praticado, 382
❑ Recomendações da OCDE para a região, 389

Resumo, 391
Palavras e expressões-chave, 394

7 A Governança Corporativa no Brasil

7.1 Enquadramento conceitual: uma ampla visão das forças modeladoras, 397

7.2 Uma breve visão do ambiente corporativo no Brasil, 397
- ❑ As megamudanças globais: uma síntese em três dimensões, 399
  - As concepções político-ideológicas, 399
  - A ordem geopolítica, 401
  - A ordem econômica, 402
- ❑ O alinhamento do Brasil às megamudanças globais, 405
  - A política e a orientação estratégica até os anos 90, 406
  - Os anos 90: desradicalização e reorientação estratégica, 409
  - Os impactos: a reengenharia dos negócios, 410
  - Os impactos no âmbito mais específico da governança, 417
- ❑ Condições estruturais do sistema corporativo, 418
  - O tamanho das empresas e a origem do capital, 420
  - As sociedades anônimas, as abertas e as listadas em bolsa, 422
  - A composição dos investidores no mercado de capitais, 427
  - A presença dos fundos de pensão no mercado de ações, 430
  - Comparações internacionais, 432

7.3 O ambiente externo da governança corporativa no Brasil, 436
- ❑ Os novos marcos legais, 436
- ❑ As recomendações da CVM, 445
- ❑ O mercado de capitais: níveis diferenciados de governança, 447
  - Nível 1 de governança corporativa, 451
  - Nível 2 de governança corporativa, 452
  - Novo mercado, 453
  - Efeitos da migração para as listagens diferenciadas, 453
  - Um novo segmento: BOVESPA MAIS, 457
- ❑ Os investidores institucionais: pressões por boa governança, 460
- ❑ O Instituto Brasileiro de Governança Corporativa, 466

7.4 O ambiente interno da governança corporativa no Brasil, 469
- ❑ Uma primeira qualificação: condições determinantes, 471
  - Condições externas: ambiente mundial, 473
  - Condições externas: ambiente no país, 473
- ❑ A estrutura da propriedade acionária no Brasil, 476
- ❑ As relações acionistas – conselho – direção, 482
- ❑ Os Conselhos de Administração: estrutura e eficácia, 489
  - Perspectiva histórica, 489
  - Papéis e responsabilidades reconhecidas, 495
  - Mudanças à vista, 497
- ❑ As dimensões e a composição, 503
- ❑ Os processos e a eficácia, 506

7.5 Uma síntese: o modelo de governança corporativa do Brasil, 510
Resumo, 519
Palavras e expressões-chave, 524

8 As Tendências Prováveis da Governança Corporativa

8.1 Enquadramento conceitual: as tendências de maior evidência, 526
- Comportamento de atores externos, 527
- Movimentos internos nas corporações, 527

8.2 A tendência à convergência, 531
- Fatores determinantes da convergência, 532
- Orientações convergentes, 536
  - Convergências legais, 537
  - Convergências funcionais, 537

8.3 A tendência à adesão, 538
- Fatores determinantes, 539
  - Fatores externos, 539
  - Fatores internos, 539
- Consequências esperadas, 541

8.4 A tendência à diferenciação, 543
- Indutores de origem externa, 545
- Grandes mudanças decorrentes, 547

8.5 A tendência à abrangência, 548
- Ampla visão: os fatores do crescimento global, 550
- A responsabilidade corporativa, 553

8.6 Tendências da governança corporativa no Brasil, 557
Resumo, 563
Palavras e expressões-chave, 565

Apêndice

Transposição conceitual: da governança corporativa para a governança do Estado, 567
Governança do Estado: uma abordagem teórica, 568
Governança: uma base para reconstruções, 574

Referências bibliográficas, 579

Índice remissivo, 595

Apresentação

Há vinte e cinco anos, no fim dos anos 80, quando a expressão *governança corporativa* ainda não havia surgido, embora já ganhassem corpo as questões centrais relacionadas a essa área da alta gestão, a Fundação Dom Cabral desenhou um programa de formação e de capacitação, especialmente voltado para a nova geração de sucessores, que estava por assumir a propriedade e o controle de empresas familiares, criadas nos anos 50, 60 e 70, por fundadores pioneiros, que acumularam a propriedade e a gestão de seus empreendimentos, ao longo do primeiro grande ciclo de industrialização intensiva do país.

A equipe técnica da FDC observava, naquela época, que eram bem distintos os papéis dos acionistas – especialmente quando sucessores em empresas familiares –, dos conselhos e da área executiva das empresas. Acompanhando os conflitos potenciais que poderiam resultar de uma condução menos cuidadosa e profissional dos processos sucessórios, propôs-se então a somar esforços para a investigação acadêmica e a proposição de diretrizes que levassem à distinção dos papéis, harmonização dos interesses, coesão, crescimento e perpetuação das sociedades. Mais de 260 empresas passaram por esse programa e muitas delas estão hoje no primeiro quartil das 500 maiores do país.

Ao mesmo tempo, a equipe investiu na compreensão dos processos de fusões e aquisições, de alianças e associações. Mais do que levantar os objetivos e os benefícios empresariais desses movimentos, que assumiram grandes proporções nos últimos vinte anos – mais de 8.200 transações no Brasil entre 1990 e 2011, cerca da metade com participação estrangeira –, buscou-se compreender as questões relacionadas às transfusões culturais, choques de visões estratégicas multidirecionais e novos modos de gestão das novas empresas que emergiam dessas mudanças.

Em abril de 1997, a FDC foi um pouco mais longe. O tema do programa *Top Management Summit* daquele ano foi *governança corporativa*. A nosso convite, veio então ao Brasil Adrian Cadbury, autor do primeiro código de boas práticas de governança editado no mundo, o *Cadbury Report*. Naquele ano, ele era o presidente do Comitê de Governança Corporativa do Reino Unido e membro do grupo de trabalho da Organização de Cooperação para o Desenvolvimento Econômico (OCDE), que produziu o influente *Principles of corporate governance,* matriz dos códigos de governança hoje editados em mais de 150 países, em todos os continentes. Daquele encontro da FDC resultou um código de melhores práticas para Conselhos de Administração, o primeiro produzido no Brasil, consensado por 45 dirigentes de empresas então presentes.

Vemos agora nesta importante obra de José Paschoal Rossetti e Adriana Andrade – pioneira, pela sua abrangência, na literatura de alta gestão produzida no Brasil – que o *Relatório Cadbury* (1992) e os *Principles da OCDE* (1999) foram destacados pelos autores como dois dos três marcos mundiais de construção da *governança corporativa*. Dado o reconhecido critério dos autores, é uma indicação segura de que nossos alvos foram bem fundamentados.

Preparar sucessores, harmonizar interesses, alinhar visões estratégicas, separar as funções dos acionistas, dos Conselhos de Administração e da Diretoria Executiva, propor códigos de melhores práticas e enveredar pelas questões cruciais da alta gestão estiveram entre os objetivos propostos pela equipe da FDC – e, claramente, ainda estão presentes, e com alta ênfase, em nosso portfólio. E todos eles são temas de *governança corporativa*, tratados com profundidade neste livro.

A primeira edição deste livro, lançada em 2004, coincidiu com o ano em que criamos na Fundação Dom Cabral um Núcleo de Governança Corporativa, sob o patrocínio de uma das empresas posicionadas no mais alto nível de governança da Bolsa de Valores de São Paulo – o *Novo Mercado*.

Como então enfatizamos, a busca da excelência já se destacava, seguramente, como um dos muitos atributos deste livro – reconhecido por professores nacionais e internacionais da FDC que tiveram acesso aos originais. Confiávamos que seria uma obra de referência, pelo seu embasamento em pesquisas de alcance mundial, abrangência e pioneirismo. Mas, sobretudo, pelo seu rigor conceitual e profundidade das proposições.

Esta sétima edição confirma o que havíamos antecipado: não foram poucos os especialistas que se referiram a este trabalho como *bíblia da governança*. Novamente revisto, ampliado e atualizado, certamente consolidará este reconhecimento.

Emerson de Almeida
Presidente da Fundação Dom Cabral

Prefácio à 7ª Edição

Dividiremos este prefácio em duas partes. Em ambas registraremos o entusiasmo com que recebemos esta obra – oportuna e extremamente útil neste momento, em nosso país. Na primeira parte, olharemos para a importância da governança corporativa neste século que se inicia, tanto para as empresas e para a economia nacional, como para a sociedade como um todo. E, na segunda, enfatizaremos as notáveis contribuições dos autores para a compreensão e a prática dos processos de alta gestão abrangidos pela boa governança.

Sobre a governança corporativa

Épocas revisionistas, como a que estamos vivendo em todas as partes do mundo, geralmente resultam em avanços, não obstante possam por vezes provocar sentimentos de frustração e preocupações. Mas são épocas de oportunidades que, se bem identificadas e capturadas, podem levar à construção de um futuro melhor.

Veículos das conquistas, dos avanços materiais e do desenvolvimento, as grandes corporações de negócios alcançaram, neste começo de novo século, uma dimensão e uma importância sem paralelos na história das civilizações. Suas responsabilidades estão também aumentadas, em meio a uma nova ordem que se mostra mais complexa, oscilante e volátil.

Até chegarem ao estágio atual, em que as suas dimensões rivalizam com as da maioria dos Estados-nação, as grandes corporações passaram pelo menos por três estágios. O do *empreendedorismo*, que tem raízes no século XIX; o do *expansionismo*, que foi coadjuvado pelo desenvolvimento dos mercados de capitais; e o da *fragmentação*, resultante de processos sucessórios e da vigorosa demanda por recursos, que levou a sucessivas ofertas públicas de ações, em escalas crescentes. No decorrer destes três estágios, aperfeiçoaram-se os processos de gestão. E uma nova classe, a dos dirigentes executivos, assumiu posições autofortalecidas de poder, que dominou o desenvolvimento industrialista dos países centrais na segunda metade do século XX, reconfigurando o ambiente corporativo, a que J. K. Galbraith chamou de o *novo estado industrial*.

Em anos mais recentes, a partir das últimas décadas do século XX, visualizou-se um novo estágio, que se sobrepõe aos anteriores, caracterizado pela busca de um sistema equilibrado de decisões, que dê sustentação à perenidade das corporações, à preservação de seus objetivos tangíveis e intangíveis, tão duramente construídos década após década. Esse novo estágio é o de *despertar da governança corporativa*, que seguramente se tornará, com o seu aperfeiçoamento, disseminação e prática, um dos pontos centrais da dinâmica empresarial no século XXI.

Neste estágio, é fundamental que se disponibilizem informações de qualidade, que se formalizem conceitos adequados e úteis para a boa governança das corporações e se construam modelos funcionais e eficazes de alta gestão. Exatamente quando se iniciava o século XXI, eles eram necessários diante das ocorrências que então abalaram, nos mais desenvolvidos mercados, a confiança no mundo corporativo. Só nos Estados Unidos, entre 1999 e 2002, a desprecificação das ações foi de US$ 5,6 trilhões: o valor de mercado das companhias listadas em bolsa, que havia subido de US$ 3,1 trilhões em 1990, para US$ 16,7 trilhões em 1999, recuou para US$ 11,1 trilhões em 2002. Com exceções, essa mesma trajetória não foi diferente nos países europeus e asiáticos.

A *governança corporativa*, que vinha sendo proposta como salvaguarda dos interesses dos investidores, que é um dos processos fundamentais para o desenvolvimento seguro das companhias, ganhou então maior impulso. Claro que não se trata de um recurso que, isoladamente, evitará sobre e subprecificações, dilapidação de patrimônios pessoais e coletivos, destruição de valor e movimentos históricos de ascensão e queda de grandes empreendimentos. Eventos deste tipo devem-se também a fatores externos às corporações e a descontinuidades de toda ordem, desde mudanças em estruturas de concorrência, até dissidências tecnológicas e rupturas comportamentais. Mas uma boa governança certamente torna os negócios mais seguros e menos expostos a riscos externos ou de gestão.

Um bom sistema de governança ajuda a fortalecer as empresas, reforça competências para enfrentar novos níveis de complexidade, amplia as bases estratégicas da criação de valor, é fator de harmonização de interesses e, ao contribuir para que os resultados corporativos se tornem menos voláteis, aumenta a confiança dos investidores, fortalece o mercado de capitais e é fator coadjuvante do crescimento econômico.

Prova inconteste destas observações foi a recuperação dos mercados no triênio 2003-2007, exatamente quando as práticas de boa governança passaram a ser amplamente consideradas. As mudanças vieram pela força do ativismo de investidores e pelos novos e rigorosos institutos legais, como a Lei Sarbanes-Oxley, cujas exigências tendem a ser mundialmente adotadas.

Mas, apesar de todos os esforços, os mercados vieram a ser, de novo, fortemente abalados a partir da segunda metade de 2008, com a crise financeira internacional. O mercado de capitais registrou verdadeiro derretimento das cotações das companhias, em todos os continentes: em seis meses, as perdas totalizaram 21,5 trilhões, recuando para os níveis de 2002. Desde então, enfrentamos justificada perplexidade, além de novas e contundentes cobranças. As práticas de governança e os métodos de avaliação de riscos foram questionados. Aumentaram as pressões de ativistas, por maior regulação. Indagou-se onde estavam os conselhos que não enxergaram processos viciosos, riscos inadmissíveis e, novamente, megafraudes. Abriu-se, assim, um novo período de reflexões e de reafirmação.

Seguramente, os movimentos históricos de fortalecimento da governança corporativa não serão interrompidos. Contrariamente até, deverão ser ainda mais robustecidos. Se, de um lado, ainda se observam nos mercados questionamentos e cobranças, de outro lado, estão em pleno curso processos de construção, em busca não só de maior regulação por forças externas, mas também de autorregulação no interior das companhias. Afinal, como está muito bem exposto no primeiro capítulo desta obra, o capitalismo, o mundo corporativo e a ciência da administração são categorias históricas em permanente coevolução. Nenhuma delas deverá desmoronar, especialmente no âmbito da administração, onde se situa a governança corporativa: seja pelos seus princípios, seja por estar, como esteve desde o seu nascedouro, em pleno movimento de aperfeiçoamento, dentro e fora das companhias.

Sobre as contribuições desta obra

Reafirmamos, assim, a oportunidade e a utilidade desta obra. A coautoria do consultor, o conselheiro e professor José Paschoal Rossetti e da executiva e professora Adriana Andrade revelou-se eficaz e mostra-se presente em cada um dos pontos que destacaremos.

Entre suas características, selecionamos as seguintes:

- **Conceitos precisos e claros**. É visível o rigor dos autores com a precisão conceitual. Eles deixaram claro que a governança corporativa não se apresenta com um desenho único, uniformemente aplicável, igual em todos os países. Por isso, há várias interpretações disponíveis e também vários conceitos. Além disso, ela envolve questões legais, macroeconômicas, financeiras, estratégicas e de gestão, amarradas às diferentes condições culturais dos países. Mas, sem fazer concessões, a obra traz uma seleção de conceitos bem fundamentada, diferenciada quanto aos seus elementos determinantes e apresentada com muita clareza.

- **Estruturação e organização do pensamento**. O texto é permeando por quadros e figuras originais, evidenciando cuidados com a sequenciação e a construção lógica da exposição.

- **Proposições inovadoras**. Em todos os capítulos encontramos formas inovadoras de desenvolvimento dos temas. Os autores ousaram, mas com bons fundamentos. Propuseram oito elementos-chave, destacados como os "8 Ps" da governança corporativa. Classificaram com clareza os *stakeholders* e os seus interesses em jogo nas companhias. Mostraram a legitimidade das demandas de todos os agentes, conciliáveis com os objetivos de máximo retorno total dos acionistas. Propuseram três marcos construtivos da governança, bem escolhidos. Destacaram e exploraram as questões-chave da governança. Descreveram o ambiente e cada um dos órgãos de governança. Tipificaram conselhos e conselheiros. Selecionaram atributos e condutas esperadas dos órgãos de governança. Classificaram todas as forças de controle. E destacaram, nominando-as, quatro grandes tendências.

- **Amplitude seletiva das fontes**. A abordagem dos autores não é ativista. O critério adotado foi o de mesclar a análise gerencial das práticas de alta gestão com as evidências da investigação acadêmica, com resultados de pesquisas de campo de consultorias e com proposições de instituições de mercado. O resultado é uma obra expositiva, elegante, didática e abrangente.

- **Análise do caso brasileiro**. Os autores contextualizaram muito bem a governança corporativa no Brasil. Avaliaram com objetividade as questões cruciais da governança em nosso país: a concentração acionária, a sobreposição propriedade-gestão, a fraca proteção aos minoritários e a expressão ainda diminuta do mercado de capitais. Embora seja expressado um certo ceticismo com relação a mudanças de curto prazo, ao descreverem a evolução recente de vários aspectos que envolvem essas questões, os autores nos permitem pensar em possibilidades positivas para um horizonte mais longo.

- **Foco em funcionalidade**. Os elementos-chave, destacados como "*8 Ps*" da governança – *propriedade, princípios, propósitos, papéis, poder, práticas, pessoas* e *perpetuidade*, são repetidos em todos os capítulos. Eles indicam uma clara preocupação dos autores com a funcionalidade da governança corporativa. E se nota também a alta ênfase que atribuem a padrões de liderança de alta qualidade, pois são as pessoas que, nas companhias, estão à frente dos modelos praticados e, portanto, as questões de qualificação, comprometimento e integridade são centrais na implementação de uma governança eficaz.

- **Tendências bem fundamentadas**. São apontadas no final da obra quatro tendências da governança corporativa: *convergência, adesão, diferenciação* e *abrangência*. Elas apontam para o futuro e são uma síntese do pensamento bem fundamentado dos autores. À medida que se realizarem, levarão a um mundo corporativo mais bem governado e mais equilibrado.

Por este conjunto de características, esta obra de José Paschoal Rossetti e Adriana Andrade é uma contribuição de enorme valor para este momento e também uma base de preparação do modelo futuro de governança da nova corporação brasileira. A pesquisa aqui realizada não encontra similar em nosso país. A organização da obra e a objetividade na análise de variados aspectos da governança em âmbito global permitem o entendimento claro das experiências históricas e tornam possível formar um quadro de relevante utilidade para a compreensão e a remodelação de nossa realidade corporativa.

Reiteramos, assim, as observações com que encerramos o prefácio à 1ª edição, quando percebemos que este livro era um forte alicerce. Uma importantíssima moldura conceitual para o desenvolvimento de nossas organizações, das pessoas que as conduzem e das lideranças hoje em formação nas universidades.

José Guimarães Monforte

Nota dos Autores

O interesse profissional comum pelo tema *governança corporativa* – de um lado pela sua complexidade, pela sua abrangência e pela necessidade efetiva de adoção pelo mundo corporativo e, de outro lado, pelos desafios de sua construção teórica e de sua exposição didática – foi o ponto de partida de nossa parceria para a reunião de materiais que nos permitissem compreendê-lo com a profundidade exigida pelas nossas atividades.

Nas companhias abertas, o tema se estabeleceu por forças externas, aglutinadas e canalizadas pelo mercado de capitais. Nas empresas fechadas, especialmente nas controladas por grupos familiares, o tema conquistou espaços por forças internas, estabelecidas a partir de mudanças societárias e de processos sucessórios. Nas consultorias e nas escolas de administração, reagindo às demandas originárias desses movimentos, o estudo da governança corporativa atraiu a atenção de pesquisadores, docentes e consultores.

Nestes diferentes ambientes, os primeiros desafios foram a conceituação, a definição dos princípios da boa governança, a criação de estruturas e de processos eficazes, a observação e a seleção de boas práticas e a evidência empírica dos impactos de sua adoção em vários domínios: a harmonização de interesses, a coesão societária, o alinhamento de propósitos estratégicos, a evidenciação e gestão de riscos internos e externos, o monitoramento abrangente da administração e a geração visível de resultados.

Somando esforços e interagindo a partir da diversidade de nossas experiências profissionais, iniciamos então, no primeiro trimestre de 2001, a coleta e a troca de materiais sobre o tema. Em todo o mundo, a bibliografia básica era (e ainda é) escassa. Mas a pesquisa acadêmica já era volumosa, não obstante sobre aspectos específicos e afunilados. Era também intenso o movimento mundial pela formalização de códigos de boa governança corporativa, inspirados em proposições orientativas de organizações multilaterais, autoridades reguladoras, mercado de capitais, investidores institucionais e associações de conselheiros de administração. E a todas essas pressões somavam-se ainda as exigências por *responsabilidade corporativa*, na linha *triple bottom line*, abrangendo questões econômico-financeiras, sociais e ambientais.

O momento era estimulante. O tema conquistava espaços. Ao mesmo tempo em que se criavam nos mercados fundos éticos, fundos verdes e índices de sustentabilidade e de responsabilidade corporativa, as bolsas lançavam segmentos diferenciados para listagem de empresas que aderissem voluntariamente às pressões por equidade de direitos, transparência e prestação responsável de contas. Na esteira desses movimentos, fundaram-se agências de *rating* corporativo, para avaliação e classificação das companhias segundo os seus padrões de governança. Mas, contraditoriamente, foi exatamente em meio a esse clima por melhores práticas e por "depuração" dos objetivos das companhias que estouraram escândalos e megafraudes corporativas, derrubando os mercados, mas fortalecendo as pressões por regulação mais rigorosa.

Evidenciava-se, então, pela crueza dos fatos, a comprovação empírica de que, no caso específico do mercado de capitais, é pela regulação, não por "rédeas soltas", que se obtêm melhores resultados privados e sociais. Direitos assegurados aos minoritários, fortalecimento das relações entre acionistas e conselhos corporativos de administração das companhias, regras mais duras e maior rigor, sistemas de fiscalização e de auditoria mais eficazes e integridade das demonstrações de resultados passaram a ser cobrados mais enfaticamente, em todas as partes do mundo – nos mercados maduros e nos emergentes. A OCDE, por exemplo, não limitou sua atuação por melhores práticas de governança corporativa a seus trinta países-membros. Foi além: promoveu *roundtables* e coordenou a emissão de proposições normativas no Leste da Europa, na Eurásia, na Ásia e na América Latina.

Todos esses movimentos apontavam para nossos principais desafios:

- Destacar os princípios e os propósitos e delimitar com clareza o campo da governança corporativa.
- Identificar agentes e grupos de interesse.
- Investigar raízes e fatores de desenvolvimento.
- Sintetizar marcos históricos.
- Evidenciar questões-chave.
- Classificar forças externas e internas de controle.
- Descrever processos e práticas.
- Comparar modelos praticados em diferentes partes do mundo.
- Destacar o caso brasileiro – condições estruturais, forças modeladoras, ambiente externo e interno da governança no país.
- Identificar grandes tendências.

Durante três anos, de 2001 a 2003, mapeamos e rastreamos praticamente tudo o que até então havia sido publicado sobre cada um desses dez pontos. No final de 2003, o volume do material levantado era surpreendentemente elevado e aumentava dia a dia. O interesse pelo tema *governança corporativa*, que já era grande no início de nosso trabalho, tornara-se bem maior. Elevava-se a qualidade e ampliava-se a abrangência da produção acadêmica mundial. E tornara-se visível a adesão das companhias às boas práticas. Era então o momento de iniciarmos a redação da primeira versão deste livro.

No início de 2004, quando ela foi iniciada, já tínhamos itemizado o conteúdo de cada um dos capítulos. Era um sumário tentativo, que usaríamos como balizamento do projeto. Ele foi enviado à Editora Atlas, em uma primeira tentativa de formalização de compromisso editorial. O Dr. Luiz Herrmann, Diretor-Presidente, acenou-nos prontamente com o contrato para ser assinado. O compromisso estava então assumido. Seu aval foi de grande valia, posto que forjado ao longo de 60 anos, desde a fundação da Atlas em 1944. Este registro é agora feito com a emoção da homenagem póstuma.

Terminada a primeira versão, ela foi enviada a acadêmicos, administradores, consultores e conselheiros. Recebemos e acolhemos sugestões. Ao então presidente do Conselho de Administração do IBGC, Dr. José Guimarães Monforte, enviamos o trabalho concluído. Pela reação dele, solicitamos que escrevesse o prefácio.

O interesse pelo tema comprovou-se. O ritmo das vendas da primeira edição superou as previsões. Mas não autorizamos a reimpressão. Em 2005, continuamos a rastrear os avanços na literatura e nas práticas de governança. E propusemo-nos a rever o texto de ponta-a-ponta, novamente submetendo-o à crítica dos Profs. Drs. Aldemir Drummond Júnior, Álvaro Bruno Cyrino, Carlos Alberto Arruda de Oliveira e José Antonio de Souza Neto, da FDC; Prof. Dr. Germano Mendes de Paula, da Universidade Federal de Uberlândia; e Prof. Dr. Luiz Hamilton Berton, da Unicenp. Agradecemos as sugestões que, desde a primeira edição, nos foram encaminhadas. Desde a 2ª edição, a Dra. Heloisa Belotti Bedicks, do IBGC, o Dr. Devanir da Silva, da ABRAPP, contribuem com textos que refletem visões sobre a governança corporativa no Brasil.

No biênio 2008-09, durante a revisão geral do texto para a quarta edição, fomos surpreendidos pela eclosão e pelos impactos da crise financeira internacional, que atingiu fortemente os grandes mercados corporativos, especialmente o de capitais. Novamente, como já havia ocorrido na virada para o século XXI, face aos escândalos e megafraudes, os atores da governança corporativa – órgãos reguladores, agências de *rating*, conselhos de administração e diretorias executivas – foram enfaticamente cobrados, por não terem percebido os possíveis desdobramentos das práticas que levaram ao *big crunch* dos mercados.

Nos últimos cinco anos, os riscos de recessão global foram controlados, a despeito dos agudos problemas fiscais dos países avançados, e da redução do ritmo do crescimento econômico mundial. Os valores de mercado das companhias, relativamente ao *big crunch* de 2008, foram parcialmente recuperados, embora sob volatilidade recorrente. Permanecem, assim, amplos espaços abertos para reflexões, avaliação de tendências e disposição para revisões conceituais e regulatórias. Mesmo temas maduros exigem permanente atualização e disposição para revisões. Temas novos exigem ainda mais: rigor para busca de comprovações empíricas, atenção a seus desdobramentos e ousadia para propor avanços. É com esta disposição que ousamos manter, em Apêndice, nossas reflexões sobre a transposição dos fundamentos da governança corporativa para a governança do Estado. Se, realmente, o aperfeiçoamento, a disseminação e a prática da governança incluem-se entre os desenvolvimentos-chave que ajudarão a construir um mundo melhor no século XXI, seus fundamentos não podem ficar limitados ao sistema empresarial. Eles devem migrar para o Estado e para as organizações do terceiro setor. Razões não faltam para estas transposições. Principalmente porque devem ser éticos, em sua essência maior, os elementos construtivos de cada um dos "8 Ps" da governança: *propriedade, princípios, propósitos, poder, papéis, práticas, perpetuidade* e – a base de todos – *pessoas*.

Belo Horizonte, agosto de 2014.

José Paschoal Rossetti
Adriana Andrade

1

O Agigantamento das Corporações e o Desenvolvimento da Governança Corporativa

A transição para o capitalismo sustentável será uma das mais complexas revoluções que a nossa espécie já vivenciou. Estamos embarcando em uma revolução cultural global, que tem como epicentro a sustentabilidade. Ela tem a ver com valores, mercados, transparência, ciclos de vida de tecnologias e produtos e tensões entre o longo e o curto prazo. E as empresas, mais que governos ou outras organizações, estarão no comando destas revoluções. Um comando que se exercerá pelos princípios da governança corporativa.

JOHN ELKINGTON
Cannibals with forks

A compreensão, a internalização e o exercício da governança corporativa estão, há cerca de 25 anos, entre os mais importantes desafios da moderna gestão. No mundo corporativo, mais até que o domínio dos conceitos e das melhores práticas de governança, colocam-se como questões também fundamentais a assimilação do significado histórico deste novo desafio, das responsabilidades decorrentes e de seus futuros desdobramentos.

Mais um modismo? Seguramente não.

A governança corporativa tem fundamentos sólidos, definidos a partir de princípios éticos aplicados na condução dos negócios. Seu desenvolvimento e sua afirmação têm razões macro e microeconômicas. E sua sustentação já se estabeleceu não só pelos princípios e razões que se encontram em suas origens, mas também pelos institutos legais e marcos regulatórios que envolvem os processos de gestão e que, cada vez mais, aperfeiçoam-se com base nos valores que regem a boa governança.

Organizações multilaterais, como a Organização para Cooperação e Desenvolvimento Econômico (OCDE) – grupo das 30 mais avançadas economias industriais do mundo –, o Fundo Monetário Internacional e o Banco Mundial, além de outras instituições multinacionais, como o G8, veem nos princípios da governança corporativa uma base sólida para o crescimento econômico e para a integração global de mercados. E reconhecem ainda que as boas práticas de governança são fundamentais para o controle dos riscos dos investimentos nas empresas abertas – especialmente os decorrentes do ambiente competitivo de negócios em que elas operam, dos processos de gestão de seus ativos físicos, financeiros e intangíveis e dos associáveis à qualidade das informações que orientam e que sustentam as decisões dos investidores. Em síntese, para o G8, "**a governança corporativa é um dos mais novos e importantes pilares da arquitetura econômica global**".[1] E, para a OCDE, "**a governança corporativa é um dos instrumentos determinantes do desenvolvimento sustentável, em suas três dimensões – a econômica, a ambiental e a social**".[2]

Mas, apesar de sua reconhecida importância na gestão dos negócios e na promoção do crescimento econômico, não se pode ainda dizer que a expressão *governança corporativa*, embora amplamente difundida, já esteja internalizada pelo mundo corporativo. E, pelo menos, por três razões:

1. **Por ser ainda recente**. A expressão foi empregada pela primeira vez em 1991 por R. Monks, nos Estados Unidos. O primeiro código de melhores práticas de governança corporativa – o *Cadbury Report* – foi definido em 1992 na Inglaterra. Somente em 1995 foi

editado o primeiro livro com este título – *Corporate governance*, de R. Monks e N. Minow. E a primeira iniciativa de organismo multilateral para a difusão dos princípios da boa governança e para a evidenciação de seus efeitos positivos sobre o crescimento econômico das nações foi concluída em 1999, com a primeira edição dos *Principles of corporate governance*, da OCDE.

2. **Pela sua abrangência**. As práticas de governança podem ser descritas a partir de diversos pontos de vista, admitindo, assim, várias acepções. Desde as relacionadas a questões legais, como as que regem os direitos societário e sucessório; as que enfatizam questões financeiras, como a geração de valor, a criação de riqueza e a maximização do retorno dos investimentos; as que envolvem decisões estratégicas, como a definição de propósitos empresariais e de diretrizes corporativas para o desenvolvimento dos negócios; até as acepções relacionadas a modelos de gestão, como os que regem as relações entre os acionistas, os conselhos de administração e a direção executiva das empresas.

3. **Pela diversidade de modelos**. Não há apenas um modelo de governança corporativa, mas vários. Eles se diferenciam, primeiro, por determinantes institucionais, de que dependem os diferentes modos de constituição e de gestão de empresas ao redor do mundo – os traços culturais, a formação histórica das economias e os fundamentos legais dos anglo-saxões não são iguais aos dos latino-europeus, que por sua vez também não são iguais aos dos latino-americanos e que são ainda mais distantes dos escandinavos, das nações do Leste europeu e dos orientais. Uma segunda razão da diversidade dos modelos é a dimensão dominante das empresas em cada país e a amplitude dos interesses alcançados pela governança – esta tanto pode estar centrada estritamente nos direitos dos acionistas, quanto pode estar aberta a outros *stakeholders*. E há ainda um terceiro e muito importante fator de diferenciação: a tipologia das empresas – se abertas ou fechadas; se de controle familiar concentrado, se consorciado ou se pulverizado e, praticamente, anônimo; se privadas ou estatais.

Estes três primeiros destaques – os marcos históricos recentes da governança corporativa, as diferenças quanto às suas concepções e à sua abrangência e a diversidade dos modelos ao redor do mundo – estarão entre os temas introdutórios que exploraremos. Mas, neste primeiro capítulo, vamos examinar a evolução das corporações, tendo como pano de fundo a formação e o desenvolvimento do capitalismo, enquanto sistema de organização das forças produtivas, dentro do qual se estabeleceram as bases institucionais do moderno mundo corporativo.

Passo a passo, com o olhar voltado para a **formação e a evolução do mundo corporativo**, abordaremos cinco processos históricos, cruciais para a compreensão de um sexto processo, que é exatamente o foco de nossa abordagem neste capítulo – **as razões de ser do despertar da governança cor-**

porativa. Esses seis processos estão resumidos em ordenamento sequencial na Figura 1.1. São os seguintes:

1. A formação, o desenvolvimento e a evolução do capitalismo e do mundo corporativo.
2. O gigantismo e o poder das corporações.
3. A dispersão do capital de controle.
4. O divórcio entre a propriedade e a gestão.
5. Os conflitos e os custos da diluição do controle e da ascensão dos gestores como novas figuras que se estabeleceram no topo do mundo corporativo.
6. O despertar da governança corporativa.

Tanto neste capítulo introdutório quanto nos demais, estaremos focados no trinômio **fundamentos, desenvolvimento e tendências**. É sob este prisma que trataremos dos seis processos históricos destacados.

1.1 Formação, Desenvolvimento e Evolução do Capitalismo e do Mundo Corporativo

Nosso propósito central, neste primeiro capítulo, é o de enumerar e analisar os fatores que levaram, na transição dos anos 80 para os anos 90, no século XX, ao despertar da governança corporativa, ao mesmo tempo em que se ampliaram, na primeira década do século XXI, as pressões para revisão dos propósitos das corporações e, por extensão, do próprio sistema capitalista.

Como primeiro passo, dados os vínculos indissociáveis entre o mundo corporativo e o sistema capitalista, vamos examinar as suas raízes históricas e, paralelamente, as das modernas corporações de negócios que se estabeleceram em todas as partes do mundo. Veremos, assim, as bases sobre as quais se constituiu o sistema capitalista. Em seguida, as mudanças que ocorreram, ao longo do tempo, quanto ao fator de produção ao qual esteve ligada – nas diferentes fases de desenvolvimento desse sistema – a estrutura de poder estabelecida. Por fim, destacaremos algumas das mais importantes características do moderno capitalismo e de uma de suas mais importantes instituições, o mundo corporativo.

A FORMAÇÃO DO SISTEMA CAPITALISTA

Se por capitalismo pode-se entender o emprego dominante do fator capital no processo produtivo, associado à economia de trocas e à busca incessante dos benefícios privados daí decorrentes, as raízes históricas desse sistema encontram-se, como sugere Nussbaum,[3] na passagem da economia "natural e primitiva" para a economia "de mercado e monetária" que a sucedeu.

**FIGURA 1.1
Os processos históricos que levaram ao despertar da governança corporativa.**

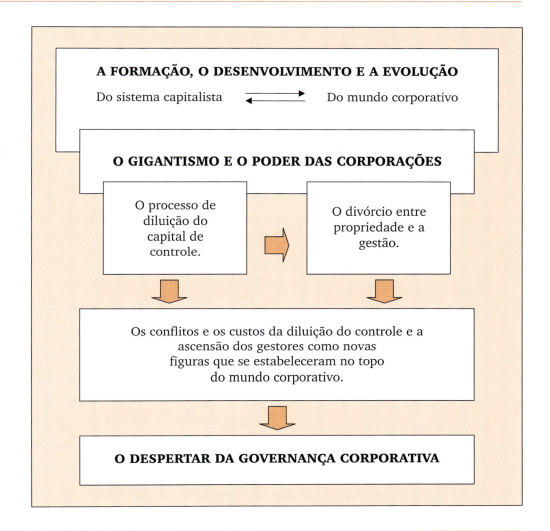

São derivações históricas desta visão pelo menos três das mais reconhecidas concepções do capitalismo, resumidas no Quadro 1.1: 1. a *idealista*, de Sombart; 2. a *racionalista*, de Weber; e 3. a *crítica*, de Marx.

Na concepção idealista de Werner Sombart,[4] a essência do sistema capitalista de produção não está em suas relações estruturais de propriedade e de concentração de poder, mas no espírito que movimenta os empreendimentos econômicos. Trata-se do espírito de aventura, de expansão e de acumulação que está presente na iniciativa dos empreendedores de produzirem mais do que para o aprovisionamento das suas próprias necessidades naturais. A aparição e o desenvolvimento desse espírito de empresa "deve ter existido, ainda que em estado embrionário, antes até que qualquer empreendimento capitalista viesse a ser materializado". Neste sentido, os estados de espírito e de comportamento que levariam à formação do sistema capitalista teriam se antecipado à sua própria materialidade.

QUADRO 1.1
Concepções do sistema capitalista: uma síntese.

Concepção idealista de W. Sombart	Concepção Racionalista de M. Weber	Concepção crítica de K. Marx

☐ Essência do sistema: espírito de aventura e de empreendimento.
☐ Empreendedores, a força motriz do sistema.
☐ Disposição que move os empreendedores: produção superior às suas próprias necessidades.
	☐ Motivação para o indomável "espírito capitalista": busca sistemática e racional do lucro.
	☐ Lucro: prêmio pela ousadia, inovação e riscos:
	   ◇ Dos empreendedores.
	   ◇ Dos que se associam aos empreendedores, financiando seus projetos.
		☐ Não se contrapõe às concepções de Sombart e de Weber.
		☐ O foco é a crítica às formas que assumiram as relações sociais entre as forças produtivas:
		   ◇ Concentração da propriedade.
		   ◇ Acumulação dos retornos.
		   ◇ Poder do capital em detrimento da força de trabalho.

Esta ideia fundamental não conflita com a **concepção racionalista** de Max Weber,[5] que também empregou a expressão *espírito do capitalismo* para descrever um dos comportamentos comuns dos empreendedores: **a busca do lucro, de forma sistemática e racional**. O sistema capitalista estaria assim historicamente associado às provisões sociais de bens e serviços, originárias de iniciativas empresariais. Obviamente, trata-se então de sistema que mantém relações íntimas com a motivação do lucro. Este é o prêmio buscado tanto por agentes que financiam o espírito empreendedor de terceiros, quanto pelos que aplicam seus próprios recursos com o objetivo de vê-los multiplicados pela iniciativa de proporcionarem aos outros as mais diversas categorias de suprimentos. O lucro privado é também o prêmio pela ousadia, pela inovação e pelos riscos inerentes à criação de produtos novos, que mudam os hábitos individuais e sociais, promovem o crescimento dos mercados e ampliam, simultaneamente, as aspirações humanas e os padrões de desenvolvimento das nações.

Até mesmo a **concepção crítica** de Karl Marx[6] não se contrapõe frontalmente às visões idealista e racionalista que buscam explicar as raízes mais remotas do sistema capitalista. A sua crítica a esse sistema não esteve fundamentada, essencialmente, no espírito de empresa nem nos arranjos institucionais para seu financiamento, mas na **forma como se cristalizaram as forças produtivas e as relações sociais delas decorrentes**. Por ser inerente ao comportamento dos empreendedores a busca incessante pela acumulação dos resultados de suas iniciativas, uma das consequências inevitáveis do sistema capitalista, observada por Marx, foi, especialmente a partir do século XVIII, a concentração da propriedade dos meios de produção nas mãos de uma nova classe social – a que logrou transferir o poder dominante dos proprietários de terra para os detentores do capital, em detrimento da força de trabalho por estes mobilizada.

Como sintetizou Maurice Dobb,[7] "torna-se claro que tal concepção exclui o sistema artesanal independente, no qual o artesão era o proprietário de seus próprios e modestos implementos de produção e o que empreendia a venda de seus próprios artigos, não existindo qualquer divórcio entre o trabalho e a propriedade do capital". Ainda segundo Dobb, "ao examinarmos a evolução histórica do capitalismo concebida desta maneira, torna-se claro que devemos situar sua fase inicial na Inglaterra, na segunda metade do século XVI e início do XVII, quando o capital começou a penetrar na produção em escala considerável, seja na forma de relações amadurecidas entre capitalistas e assalariados, seja na forma menos desenvolvida dos artesãos domésticos, que passaram a produzir sob encomenda para comerciantes atacadistas".

Todas estas expressões históricas são vistas como formas de um "capitalismo pré-adolescente", moralmente sancionado pela reforma calvinista do século XVI, mas que amadureceu de fato com as transformações políticas e sociais do liberalismo econômico, conjugadas com as rupturas nos modos de produção que vieram com a Revolução Industrial dos séculos XVIII e XIX. A partir de então, realmente, ocorreram mudanças dramáticas na organização da produção e nos mecanismos de financiamento de sua expansão. Mudanças que não se limitaram a um ou a dois fatores causais. Elas foram decorrentes de uma teia de novas e mais complexas formas de relacionamento dos agentes econômicos, de novas ideias políticas, de processos produtivos crescentemente complexos, de desenvolvimento de novas indústrias, novos mercados e novos produtos. E tiveram o respaldo de justificativas morais e religiosas – como as sintetizadas por Max Weber, em *The protestant ethic and the spirit of capitalism* – para a acumulação de riquezas pelos empreendedores, como justa recompensa de sua diligência e de seu espírito empreendedor, santificados por valores como a parcimônia e o trabalho honesto.

Os Determinantes da Evolução do Capitalismo

"Período algum da história é feito de um só tecido – todos os períodos são misturas complexas de diferentes elementos." Esta observação de Dobb justifica a enumeração de pelo menos oito fatores determinantes da evolução do capitalismo e, em sua esteira, das grandes corporações de negócios que hoje dominam o cenário da economia globalizada:

1. A sansão da **ética calvinista**.
2. A **doutrina liberal**, enquanto revolução política e econômica.
3. A **Revolução Industrial**.

4. O **desenvolvimento tecnológico incessante**, o agigantamento das escalas, a produção em série, a diversificação e a multiplicação de novos ramos industriais.
5. A **ascensão do capital** como fator de produção.
6. O surgimento e a institucionalização do **sistema de sociedade anônima**.
7. O *crash* **de 1929-1933**, a revolução keynesiana, os avanços da macroeconomia e a revisão das funções do estado.
8. O **desenvolvimento da ciência da administração**.
9. O agigantamento das corporações e o divórcio propriedade-gestão.

FIGURA 1.2
Os fatores determinantes da formação e do desenvolvimento do sistema capitalista.

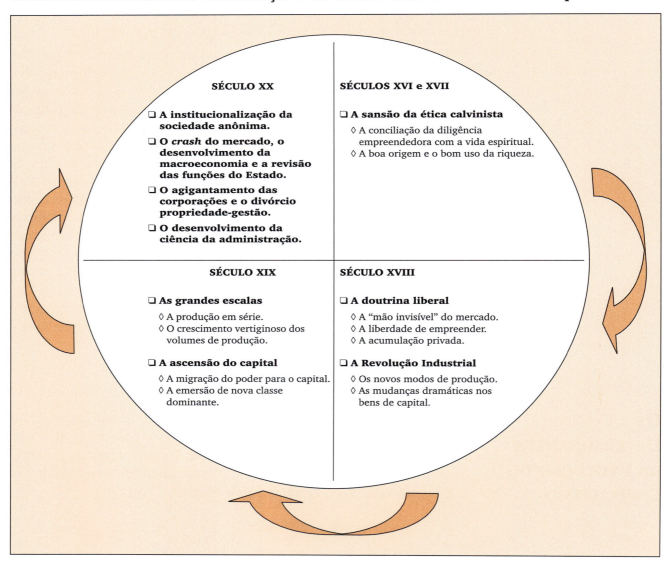

Vamos examinar, um a um, esses nove determinantes da evolução do capitalismo, visto como forma de articulação do sistema produtivo. Esses mesmos determinantes – que estão sintetizados, em sequência histórica, na Figura 1.2 – influenciaram também a evolução das grandes corporações, vistas como centros de desenvolvimento das economias nacionais.

1. A Ética Calvinista

Uma das forças que impulsionaram a efervescente economia capitalista dos últimos 250 anos foi estabelecida no início do século XVI. Essa força substituiu a aversão teológica aos princípios do ganho econômico e da acumulação de riquezas terrenas, elaborada na Idade Média. A partir do Renascimento e do estabelecimento de colônias no Novo Mundo, nos séculos XVI e XVII, uma efervescente sociedade mercantil passou a conflitar com a reprovação da prosperidade material e com as restrições religiosas à acumulação de fortunas materiais. Mas a ascensão de uma nova perspectiva teológica, originária do pensamento reformista de Calvino, promoveu a **conciliação da diligência empreendedora com a vida espiritual.**

Como registra Heilbroner,[8] "os calvinistas conclamavam os crentes a uma vida de retidão, de austeridade e, com ênfases equivalentes, de trabalho e de diligência. Em contraste com os teólogos da ortodoxia cristã, propensos a considerar a atividade econômica e a busca da riqueza como coisas fúteis e vãs, os calvinistas santificavam e aprovavam o esforço humano como uma espécie de indicador de valor espiritual. De fato, valorizou-se entre os seguidores de Calvino a idealização dos homens vocacionados para o empreendimento produtivo e dedicados religiosamente ao seu trabalho".

Daí, a concepção de que a fervorosa entrega de cada um à sua própria vocação ou à predestinação não era, em si, um desvio de conduta em relação aos bons princípios morais. **Trabalho produtivo e virtude passaram a ser sinônimos e a energia empresarial passou a ser vista, aos olhos calvinistas, como uma inviolável e sagrada determinação divina.** Os frívolos, os irresponsáveis e os que aceitavam fatalisticamente a condenação à pobreza é que eram condenados, bem como os que esbanjassem e que demonstrassem apegos reprováveis à riqueza.

Segundo essa lógica, junto com a aprovação teológica da busca pela riqueza, a ética calvinista promoveu o bom uso de sua acumulação, induzindo à parcimônia e ao emprego dos excedentes em investimentos que promovessem mais e mais progresso. Criou-se, assim, uma nova atmosfera religiosa, cuja influência é difícil de ser medida com precisão, mas que certamente foi um estímulo favorável e não desprezível para a evolução da economia capitalista de mercado.

2. A DOUTRINA LIBERAL

Outra forte impulsão à economia capitalista foi dada pela corrente clássica do pensamento liberal, que se desenvolveu a partir da segunda metade do século XVIII. A revolução liberal elaborou as bases conceituais de um **novo modo de organização das forças produtivas**. Até então prevaleciam formas autocráticas de articulação da ordem econômica. A vida econômica e as iniciativas empresariais subordinavam-se ao "olho regulador" de uma autoridade centralista e regulamentarista, que alcançou a sua mais elaborada expressão com o Estado Mercantilista.

Da Antiguidade à Idade Média, ou mesmo depois do Renascimento até a primeira metade do século XVIII, poucas foram as dimensões da vida econômica que escaparam da intervenção de uma autoridade centralista. Os sistemas feudal e senhorial e os Estados Mercantilistas estabeleceram regulamentações detalhadas para as corporações de ofícios, para a produção agrícola e manufatureira, para o comércio e para as finanças. Como registra Steiner,[9] "o padrão dominante era o de controles centralizados que, em graus variados, definiam praticamente tudo o que dissesse respeito à ordem econômica – dos preços praticados pelas corporações de ofícios às condições gerais da atividade produtiva, dos regimes de propriedade às formas de atuação das organizações mercantis".

Este padrão dominante foi posto em cheque por uma rebelião de novas ideias, historicamente coincidente com a Revolução Industrial, com a Guerra da Independência nos Estados Unidos e com a Revolução Francesa. Para Watkins,[10] "as novas ideias e os novos acontecimentos foram produtos de correntes comuns de pensamento que há muito vinham circulando de um e de outro lado do Atlântico, na Europa e na América". A publicação de *The wealth of nations*, de Adam Smith, em 1776, foi um dos marcos das correntes que revolucionaram a concepção das bases de sustentação da vida econômica. Em substituição à **"mão visível" e interventora do Estado**, que vinha sufocando a força propulsora do livre empreendimento, deveriam prevalecer, como mecanismos de articulação das forças produtivas, a racionalidade do homem econômico, o automatismo das forças de mercado e os ajustamentos que a livre concorrência se encarregaria de promover – enfim, a **"mão invisível" do interesse próprio**.

No plano econômico, as concepções de Smith e de outros pensadores liberais deram **suporte doutrinário para a construção das condições institucionais do sistema capitalista**. Com as revoluções liberais do século XVIII, as dimensões e as funções do Estado foram reduzidas, enquanto a **propriedade privada** dos meios de produção, a **liberdade de empreendimento** e a **livre concorrência** foram alçadas à condição de princípios essenciais da ordem econômica. Os mecanismos do mercado guiariam o processo econômico com um todo. E a capacidade de empreender dos agentes privados, à medida em que atendessem às aspirações da sociedade por bens e serviços, é que determinaria a expansão das empresas e o crescimento das economias nacionais. Isto em uma época em que o espírito inventivo produzia mudanças profundas nos materiais empregados na produção, nos processos produtivos, nos produtos, na atividade rural e na estrutura industrial. **Estavam, enfim, lançadas as bases de uma nova era de efervescência intelectual, de dinamismo empresarial e de prosperidade econômica.**

3. A REVOLUÇÃO INDUSTRIAL

Ocorrendo junto com a rebelião das ideias liberais, a Revolução Industrial dos séculos XVIII e XIX estabeleceu as bases tecnológicas do desenvolvimento do sistema capitalista. A nova estrutura industrial que então foi criada, inicialmente na Inglaterra, alastrando-se pela Europa e chegando com grande vigor na América, levou não apenas a **mudanças substanciais nos modos de produção, como a novas relações entre os agentes econômicos** – empreendedores, trabalhadores e governos. A congruência do pensamento liberal e da Revolução Industrial transformou, simultaneamente, as formas e as escalas de produção, a divisão do trabalho e o modelo tradicional de suprimento das necessidades humanas – enfim, os próprios fundamentos da vida em sociedade.

Combinadas, as circunstâncias históricas em que se desenvolveu a doutrina liberal e em que se deu a Revolução Industrial proporcionaram condições excepcionalmente favoráveis para o florescimento da sociedade capitalista. A indústria de bens de capital, na esteira do desenvolvimento do setor siderúrgico e da difusão do vapor como força motriz, promoveu uma veloz substituição dos artesanatos e das corporações de ofícios pela manufatura fabril. A produtividade do trabalho aumentou com espantosa rapidez, a diversidade dos bens finais ampliou-se como jamais havia ocorrido e as oportunidades de investimento se multiplicaram. Complementando esses movimentos, estabeleceram-se novas exigências de implantação de infraestrutura, como a do transporte ferroviário e do setor naval, que suportassem os novos níveis de produção, a interligação dos mercados internos e o comércio internacional.

Com esse conjunto de transformações doutrinárias e tecnológicas, as barreiras à acumulação de capital foram banidas. Em síntese: novas forças motrizes se estabeleceram, impulsionando a acumulação capitalista e reconfigurando a economia industrial.

4. A TECNOLOGIA, AS NOVAS ESCALAS E A PRODUÇÃO EM SÉRIE

Os alicerces técnicos da Revolução Industrial dos séculos XVIII e XIX vinham sendo lançados desde o século XV. Um relatório do Secretário Executivo do Comitê Econômico Nacional dos Estados Unidos, citado por Dobb,[11] registrou uma a uma as invenções industriais importantes dos três séculos que antecederam as agudas transformações desencadeadas a partir da segunda metade do século XVIII. Elas totalizaram 50 no século XV; 15, no XVI; 17, no XVII. Mas nada que se compare às 43 do século XVIII e às 108 do século XIX. Somadas, estas últimas superaram, em número, 84% as dos três séculos anteriores. Mas, mais importante que o número das invenções, foram as mudanças e os impactos crescentes que elas proporcionaram nas **escalas de produção** e na **intensividade dos bens de capital** como recursos econômicos.

O vapor como fonte de energia casou-se com outras invenções e conhecimentos técnicos, como as bombas a vácuo, o uso do pêndulo para produzir movimentos circulares e repetitivos, as propriedades dos recursos minerais, o uso do carvão mineral nas fundições, o desenvolvimento de máquinas-ferramenta capazes de modelar peças de metal com suficiente precisão e a construção de caldeiras e cilindros capazes de suportar pressões elevadas. Tudo isto levou à **acumulação de capital** – na forma de instrumentos mecânicos – como jamais havia sido visto, em diversidade, grandeza e complexidade.

As máquinas que geraram a Revolução Industrial vieram para ficar, para se multiplicar e para avançar em sofisticação tecnológica, especialmente quando passou a ocorrer a integração das invenções. Os filatórios a vapor de Arkwright de 1769, os filatórios autônomos de Kelly de 1792, a máquina de fiar de Hargreaves de 1770 e a aplicação da energia a vapor nos processos siderúrgicos em 1788 – dos altos fornos a laminações – não teriam ocorrido sem a descoberta, por James Watt, em 1769, do vapor como fonte de energia para a manufatura algodoeira.

O mesmo se pode dizer do invento de Watt em relação às aplicações precursoras de vapor nos sistemas de bombeamento de água nas minerações profundas, desenvolvidas por Sarney em 1696 e por Newcomen em 1712.

A integração das invenções, o fascínio pelas suas aplicações e o seu crescente e inescapável emprego pelo novo sistema industrial elevaram extraordinariamente as escalas de produção. Da infraestrutura à indústria de base e, desta, à geração de novos produtos finais, todos os processos foram impactados. Como exemplos de **mudanças nas escalas**, **na produção em série** e na **diversificação da indústria**, nos séculos XVIII, XIX e primeiras décadas do século XX, destacamos os seguintes, extraídos de Mantoux,[12] Dunham[13] e Chandler:[14]

❑ Na Inglaterra, a importação de algodão cru para fiação era de 1 milhão de libras-peso, em 1701, crescendo para 3 milhões em 1750. Mas depois da Revolução Industrial, os números atingiram proporções incomparavelmente superiores: 43 milhões de libras-peso em 1799 e 60 milhões em 1802.

❑ Ainda na Inglaterra, a produção de ferro, que em 1737 era de 17 mil toneladas anuais, saídas de 59 pequenas forjas, atingiu 1 milhão de toneladas em 1835, saídas de 25 novas acearias, triplicando nos vinte anos seguintes.

❑ Para alimentar a siderurgia inglesa, as escalas de produção de carvão evoluíram de 6 milhões de toneladas no final do século XVIII para 20 milhões em 1825 e cerca de 65 milhões em meados do século XIX.

❑ Na França, o impacto das novas técnicas industriais não tardou a se materializar. Na primeira metade do século XIX, entre 1815 e

1845, a produção de gusa quintuplicou e a de carvão cresceu sete vezes, além de haver decuplicado a importação desse insumo.

❑ Dando suporte a essas novas escalas, a estrutura dos portos foi notavelmente ampliada. Em 1700, as mercadorias saídas dos portos ingleses somavam 317 mil toneladas. Em 1750, haviam dobrado. Daí em diante, cresceram exponencialmente. Em 1785, ultrapassavam 1 milhão de toneladas. Na virada para o século XIX, chegaram a 3 milhões de t./ano.

❑ A expansão das ferrovias não foi menos notável. Em 1860, a Inglaterra possuía uma malha ferroviária de 10 mil milhas, absorvendo 1/4 da produção de aço. Na Europa Continental, notadamente na Alemanha e na Rússia, 28 mil milhas foram construídas na segunda metade do século XIX.

❑ A "era ferroviária" alastrou-se para os demais continentes. Entre 1865 e 1895, a milhagem ferroviária nos Estados Unidos multiplicou-se quatro vezes. Somando-se aos leitos ferroviários lançados nos Estados Unidos, os do Canadá, Argentina, Índia e Austrália, totalizaram 62 mil milhas em 1870, saltando para 262 mil em 1900.

❑ Aos avanços da "era ferroviária", movida a vapor, somaram-se os desdobramentos de outra invenção seminal – o motor a combustão, uma nova e muito mais promissora força motriz, fundamental para o desenvolvimento de uma das mais importantes indústrias do século XX, a automotiva. O primeiro veículo movido a gasolina surgiu em 1892, montado por Charles Duryea, nos Estados Unidos. Em 1896, circulavam 13 exemplares desse estranho veículo urbano e de estradas, dotado de autopropulsão. Nesse mesmo ano, Henry Ford produzia o seu primeiro quadriciclo. Depois veio o modelo K, precursor do ícone de uma nova indústria, o modelo T, cuja produção atingiu 10.607 unidades no primeiro ano de seu lançamento, 1908. Dez anos depois, em 1917, a produção totalizou 730.041 unidades. E, em função das economias de escala, os preços caíram ano após ano, de US$ 850 para US$ 360. Como mostram os números reunidos na Tabela 1.1, a escala de produção cresceu 70 vezes; as receitas operacionais aumentaram 30 vezes; e os preços caíram para menos da metade.

❑ Entrelaçando-se a esses notáveis progressos industriais, outros desenvolvimentos tecnológicos notabilizaram-se em meio a um processo extraordinariamente rápido de diversificação. Com suas bases lançadas no século XIX, tornou-se vertiginoso o crescimento da atividade industrial decorrente de novas invenções, rapidamente exploradas em altas escalas: a energia elétrica, as telecomunicações, a química básica, a borracha, a celulose, o petróleo e a petroquímica, os plásticos e outros sintéticos, a indústria farmacêutica e a alimentícia.

TABELA 1.1
A produção em série e em grande escala: o *Modelo T* de Henry Ford, ícone do capitalismo industrial dos Estados Unidos no início do século XX.

Anos	Vendas unitárias	Preço médio do modelo básico (US$)	Receitas operacionais com o *Modelo T* (US$ mil)	Variações entre 1908-1917 (dados de 1908 = 100,0)		
				Unidades	Preço	Receitas
1908-09	10.607	850	9.016	100,0	100,0	100,0
1909-10	18.664	950	17.731	175,9	111,8	196,7
1910-11	34.528	780	26.931	325,5	91,8	298,7
1911-12	78.440	690	54.124	739,5	81,2	600,3
1912-13	168.304	600	100.982	1.586,7	70,6	1.120,0
1913-14	248.307	550	136.569	2.341,0	64,7	1.514,7
1914-15	221.815[a]	490	108.689	2.091,2	57,6	1.205,5
1915-16	472.350	440	207.834	4.453,2	51,8	2.305,0
1916-17	730.041	360	262.815	6.882,6	42,4	2.915,0

(a) Produção de 10 meses.
Fonte: Dados primários de NEVINS, Allan. *Ford: the times, the man, the company.* New York: Scribner's, 1954.

5. A Ascensão do Capital como Fator de Produção

A Revolução Industrial subordinou a produção ao processo de acumulação de capital. Antes dela, a terra era o fator dominante e a sua propriedade era fonte inquestionável de poder. A produção agrícola e os produtos artesanais originários de recursos naturais representavam a maior parcela da produção e da renda geradas. O trabalho, executado pelo artesão independente ou aglutinado nas corporações de ofícios, credenciava-se como segundo fator. Se algum poder lhe era conferido, este resultava da destreza em fazer e do talento em fazer bem feito, mas jamais se igualou ao conferido pela posse da terra, a partir da qual se estabeleciam relações contratuais severas em favor dos proprietários. O poder dessa classe dominante só foi compartilhado, e parcialmente, com o das grandes companhias de comércio e com o do emergente sistema bancário.

Mas, o advento da economia fabril, baseada no uso crescente de equipamentos mecanizados, movidos a novas forças motrizes – inicialmente o vapor, depois os motores a combustão e em seguida a energia elétrica – condenou ao desaparecimento o modo tradicional de produção, tanto das propriedades rurais quanto das manufaturas urbanas. A indústria, movida pelos novos bens de capital, aumentou significativamente sua participação na formação da riqueza nacional, declinando a da produção rural, fundamentada na terra.

A proeminência do capital como fator de produção e, por consequência, como instrumento de poder, foi claramente destacada por John Kenneth Galbraith,[15] em *The new industrial state*. Ele evidenciou que **o deslocamento radical do poder da terra para o capital foi uma das mais notáveis mudanças atribuíveis às grandes revoluções do século XVIII – a industrial e a institucional.** Em síntese, são essas as suas observações:

- **O poder da terra**. Até cerca de dois séculos atrás nenhum homem dotado de percepção teria questionado a associação do poder à posse da terra. A riqueza comparativa, a estima, a posição militar e a sanguinária autoridade sobre a vida da população, que acompanhavam a propriedade da terra, asseguravam ao seu possuidor não só uma posição eminente em sua comunidade mas, também, poder nas decisões e na estrutura do Estado. Nos três séculos e meio que se seguiram à descoberta da América, a apreciação do poder estratégico da terra deu-lhe um papel ainda maior na história. No Novo Mundo, do mesmo modo que no Velho, admitia-se que o poder pertencia, por direito, aos homens que possuíam terras. A democracia, em seu sentido moderno, começou como um sistema que dava o direito de voto àqueles que haviam provado o seu valor adquirindo propriedades – e a mais ninguém. Esta proeminência da terra e o incentivo para adquiri-la estavam firmemente fundamentados na economia. Até tempos modernos, a produção originária da terra representava 70 a 80% de toda a atividade produtiva. A propriedade desse recurso conferia assim uma posição dominante na atividade econômica. O capital e a tecnologia tiveram um papel muito menor.

- **O poder do capital**. A partir da segunda metade do século XVIII, o poder da terra foi progressivamente destronado. Isto se verificou, em parte, pela abundância desse recurso, nas áreas de fronteira do Velho Continente e nos Novos Continentes povoados por seus desbravadores. Mas a razão preponderante foi a descoberta e o desenvolvimento de novas tecnologias de produção, que expandiram prodigiosamente as oportunidades para o emprego do capital. Do emprego maior do capital em tecnologias mais avançadas veio a maior produção e, desta, vieram maiores rendas e maiores poupanças para reinvestimentos. Na Grã-Bretanha, como nos Estados Unidos, o carvão, o ferro e o aço, as estradas de ferro, as locomotivas, os navios, a maquinaria têxtil, os edifícios e as pontes estavam dominando uma parcela cada vez maior do Produto Nacional. Para produzi-los, o que contava era o capital. A agricultura, com sua dependência peculiar da terra, contribuía com uma parcela cada vez menor no produto total. Essa transposição do poder para o capital refletiu-se até na ordem política. No começo do século XIX, o Parlamento Britânico achava-se ainda dominado pelas grandes famílias proprietárias de terras. No final do século, as primeiras figuras na política britânica eram os grandes industriais de Birmingham, como Joseph Chamberlain. O mesmo ocorreu nos Estados Unidos. O poder migrou dos cavalheiros proprietários de terras da Virgínia para os empreendedores da indústria e para os controladores do seu capital, como J. P. Morgan, Collin Huntington e Andrew W. Mellon.

Emergiu então uma nova classe dominante, em substituição à aristocracia rural: a composta pelos **produtores de bens de capital**, pelos **proprietários de grandes manufaturas** e pelos **empreendedores dos novos sistemas portuários e da "era ferroviária"**.

Além destes, a **ascensão do capital** produziu outros impactos – sociais, econômicos e institucionais. Pelo menos oito podem ser destacados:

- O aparecimento e a rápida expansão dos trabalhadores assalariados.
- O aumento exponencial da produtividade.
- A redução dos custos médios de produção, devida às economias crescentes de escala.
- A compressão dos preços e a criação de mercados de massa, supridos por produções em série.
- Os riscos de deficiência de demanda efetiva, gerados por uma combinação perversa: de um lado, a superprodução, de outro, a oferta excedente de mão de obra, que poderia comprimir a massa salarial.
- Os acordos entre os grandes empreendedores, a organização de *pools*, a formação de trustes e cartéis e a primeira grande onda de fusões e aquisições da história econômica, com a absorção de pequenas empresas pelos gigantes de cada setor.
- A exigência de aglutinação e de intermediação de grandes poupanças para financiar o crescimento geométrico do novo mundo corporativo.
- A regulação das relações econômicas, do direito de propriedade, da concentração do poder econômico e das condições de formação das sociedades anônimas.

6. O Sistema de Sociedade Anônima

Seguindo um curso histórico paralelo ao da ascensão do capital, surgiu e se institucionalizou o sistema de sociedade anônima, de incorporação acionária ou de capitalismo de propriedade coletiva. As fortes ligações entre esse sistema e o moderno mundo corporativo são de tal ordem que as expressões *corporação* e *sociedade anônima* são consideradas quase sinônimas.

O termo *corporação* é de origem remota. E as *sociedades acionárias* ou *anônimas* também não são instituições novas. Os exemplos conhecidos são as corporações medievais de artes e ofícios e as companhias de comércio "licenciadas", que foram as bases dos impérios mercantis da Grã-Bretanha, da França e dos Países Baixos.

Em seu nascedouro, ainda em plena Idade Média, as **corporações de artes e ofícios** foram, essencialmente, centros de convergência da atividade artesanal e manufatureira, atuando como unidades coletivas de negócios. Elas regulavam a atividade produtiva, fixavam preços, estabeleciam deveres e direitos, buscavam a preservação da ordem econômica e garantiam a perenidade, de geração a geração, das artes e ofícios úteis à sobrevivência e à melhoria progressiva das técnicas de produção e à elevação dos padrões materiais de vida. Funcionavam como unidades de controle da divisão do trabalho e eram os pilares do comportamento social, promovendo a dedicação ao trabalho e a regularidade dos suprimentos. A produção excedente dessas corporações transpunha as muralhas das cidades medievais e eram levadas a outros mercados distantes pelas **companhias "licenciadas" de comércio** que, por sua vez, eram aglomerações de mercadores, irrigadas por rentistas que dispunham de excedentes monetários.

As **corporações de artes e ofícios** e as **companhias "licenciadas" de comércio** são, assim, as raízes remotas do sistema de sociedade anônima: conglomeravam recursos, eram instituições de desenvolvimento de mercados, promoviam a acumulação e distribuíam resultados. Embora as corporações tivessem expressões mais limitadas que as das companhias de comércio – quando às suas dimensões, aos recursos mobilizados e ao âmbito geográfico de atuação –, elas também atuaram como promotoras dos princípios da associação, da regulação e da proporcionalidade entre recursos e retornos. Já as dimensões e o escopo espacial de atuação das companhias de comércio foram bem maiores, ampliando-se notavelmente a partir do século XVI. Elas foram instrumentos coadjuvantes do Estado mercantilista e da acumulação metalista, ampliando as correntes de comércio entre as metrópoles europeias e as colônias mantidas na América, na Ásia e na África. Algumas dessas companhias, essencialmente voltadas para a acumulação financeira, então proporcionada pelo capitalismo mercantil dos séculos XVI e XVII, tornaram-se **sociedades por ações, aglutinando grande número de rentistas para a sua constituição**. O Quadro 1.2 sintetiza o importante papel histórico dessas companhias, como instituições seminais da grande sociedade anônima que iria se desenvolver no século XIX e, notavelmente, a partir das primeiras décadas do século XX.

A estas iniciativas pioneiras acrescentaram-se dois movimentos históricos de alta importância para o disciplinamento das sociedades por ações: 1. o surgimento do empresário fabril, já então no alvorecer do capitalismo industrial; e 2. a instituição de empresas semipúblicas, de capital aberto, para a exploração de atividades de interesse público.

QUADRO 1.2
As origens das grandes corporações e das sociedades por ações: as companhias "licenciadas" de comércio dos séculos XVII e XVIII.

As "companhias licenciadas", como eram chamadas as sociedades por ações que monopolizavam o grande comércio internacional, com apoio dos governos em troca de impostos, foram autênticos colossos, precursores da moderna empresa e das grandes corporações multinacionais.

Seus nomes davam a dimensão de como eram presentes no mundo dos séculos XVII e XVIII. Chamavam-se Companhias das Índias Orientais, Moscóvia, França, Baía de Hudson, África, Virgínia, Massachusetts, e havia até a Companhia de Lugares Distantes, tal a capacidade que tinham de lançar-se pelos novos mundos do Oriente, da África e das Américas.

A britânica Companhia das Índias Orientais, por exemplo, nasceu em 1600 por licença concedida pela rainha Elizabeth I e por mais de dois séculos e meio reinou soberana, assemelhando-se a um império dentro do império, com exército próprio, frotas imensas, negócios que monopolizavam o comércio com a Índia e o chá vindo da China. Era considerada como "a mais grandiosa sociedade de comerciantes do universo". Em 1611, garantia retorno de 148% aos seus investidores e a primeira emissão de suas ações, entre 1613 e 1616, arrecadou 418 mil libras. A segunda, entre 1617 e 1622, foi espetacular: rendeu 1,6 milhão de libras.

A grande rival da companhia inglesa era a Companhia Holandesa das Índias Orientais, que recebeu autorização para funcionar em 1602 e manteve invejável continuidade de seus negócios até o último dia do século XVIII. Controlava o comércio com os Países Baixos; com a África, nas regiões do Cabo da Boa Esperança e do Trópico de Câncer; com as Américas, chegando às regiões orientais de Nova Guiné.

As "companhias licenciadas" uniram investidores e administradores, num sistema colegiado para controlar a alocação de capitais e a distribuição dos lucros obtidos com o comércio das especiarias trazidas pelos navios vindos do Oriente, geralmente com grandes riscos.

Os investidores da Companhia Holandesa das Índias Orientais são conhecidos como os primeiros a transacionar ações numa bolsa regular – o prédio da bolsa, fundada em 1611, em Amsterdã, ficava muito próximo da sede da companhia, identificada pela sigla VOC, de Vereenigde Oost-Indische Compagne, ou como "Dezessete", por ter em sua diretoria 17 membros. Ela foi um modelo de inovações. Seus diretores, pela definição de suas responsabilidades, tinham o objetivo permanente de maximizar lucros para os investidores. Os contratos especificavam como se daria a distribuição de lucros. Imperava a disciplina, imposta pela própria natureza competitiva do mercado. O sistema de prestação de contas era rigoroso e bem fundamentado.

Nesta companhia, os diretores costumavam investir mais da metade do capital necessário para os negócios. Mesmo assim, nas assembleias gerais praticamente todos os acionistas tinham direito a voto. Com frequência, os conflitos se davam mais com os governos do que com os acionistas. Havia muita contenda, não só na Companhia Holandesa, mas em todas elas. Na Inglaterra, os críticos se opunham à Companhia das Índias Orientais sob a acusação de que ela rivalizava com o poder do governo, exercia destrutivo monopólio sobre o comércio e, mais tarde, em 1773, teria provocado a revolução americana por cobrar impostos excessivos sobre o chá. Assim, a honrada companhia foi se desintegrando aos poucos, perdendo poder, até que em 1874 seu exército passou às ordens da Coroa e o famoso empreendimento desapareceu. A Companhia Holandesa das Índias Orientais encontrou seu ocaso da mesma forma.

Ficaram, porém, as sementes do futuro para as sociedades por ações que, nas primeiras décadas do século XX germinaram na forma da separação, se bem que gradual, entre a propriedade e a gestão.

Fonte: Síntese do quadro "as origens da governança: uma história secular", do capítulo "Sustentabilidade e governança corporativa". *IBGC*. Uma década de governança corporativa. São Paulo: Saint Paul Institute of Finance e Editora Saraiva, 2005.

O surgimento do **empresário fabril** foi uma decorrência natural da Revolução Industrial do século XVIII. A maior parte dos grandes inventores que a promoveram não provinha de linhagens nobres, era de origem humilde e buscou associações com empreendedores sagazes para viabilizar a produção em série de seus inventos. Estes tinham o olhar voltado para a mobilização de recursos, tanto de alavancagem financeira, quanto de participações acionárias, com notório talento para a geração de lucros. Como "capitães de indústria", eram dotados de indomável impulso para o êxito nos negócios e para as oportunidades de acumular fortunas. Assim foram Carnegie, no aço; Armour e Swift, nas carnes industrializadas; Rockfeller, no petróleo; Harriman e Huntington, nas ferrovias; McCormick, na indústria de bens de capital. Às companhias capitaneadas por notáveis empreendedores e capitalizadas por acionistas anônimos, voltados para o retorno de seus investimentos, somaram-se as **empresas semipúblicas de capital aberto**, constituídas para a construção de pontes e canais, sistemas portuários, companhias de seguros, abastecimento de água, saneamento e outros serviços de interesse público e de benefícios sociais difusos.

A maior parte destes empreendimentos esteve fundamentada no **sistema acionário**, tanto na Europa quanto nos Estados Unidos. De remota inspiração, ele passou a ser amplamente utilizado a partir do século XIX. Nessa época, os fatores determinantes da incorporação acionária foram então as novas escalas de produção em série, o desenvolvimento tecnológico fundamentado no uso intensivo do capital, a produção de bens públicos e semipúblicos que exigiam recursos de grande montante e a crescente ocorrência de novas e promissoras oportunidades de negócios, mas de longos prazos de maturação. Em 1800, segundo Joseph S. Davis,[16] "haviam se constituído 335 companhias sob o ordenamento da sociedade anônima. Destas, 75% eram para a provisão de bens e serviços públicos e semipúblicos, 20% eram bancos e companhias de seguros e apenas 5% eram empreendimentos fabris".

Cem anos após, esse panorama havia se modificado substantivamente. Berle e Means[17] destacam os seguintes dados:

❑ Foi do setor têxtil o protótipo das grandes sociedades anônimas que se constituíram no século XIX – a *Boston Manufacturing Company*, fundada em 1813. Por volta de 1830, seus acionistas somavam 76; em 1850, 123.

❑ Outros marcos importantes foram a *Merrimack* (1822), a *Hamilton* (1825), a *Lowell* (1828), a *Suffolk* (1831). O número médio de acionistas que integralizaram o capital ofertado pelos organizadores dessas companhias foi inicialmente de 45, ampliando-se para perto de 400 em 30 anos.

❑ Até 1860, o desenvolvimento da sociedade anônima na indústria manufatureira esteve circunscrito ao setor têxtil. Daí migrou para o campo das ferrovias, que sempre envolveu grandes aplicações de capital e quase sempre recorreu à sociedade anônima, envolvendo maior número de acionistas. O primeiro dos grandes aglomerados, a *New York Central Railroad*, contou com o capital de 2.445 investidores.

❏ Seguindo o exemplo das ferrovias, nos últimos anos do século XIX e primeiros do século XX, um setor econômico após o outro passou a adotar o sistema acionário. O censo de 1899 evidenciou que 66,7% de todos os produtos manufaturados dos Estados Unidos eram fabricados por sociedades anônimas. Vinte anos depois, segundo o censo de 1919, essa proporção havia aumentado para 87%.

Esta instituição penetrou em todos os setores produtivos, desenvolveu-se e tornou-se totalmente dominante, inicialmente sob o impacto de dois fatores essenciais: o caráter público do empreendimento e o montante de capital necessário para realizar o negócio. Mas foi além dos setores de base, como extração e refino de petróleo, mineração, siderurgia e construção de ferrovias. "Há oitenta anos – como Galbraith registrou em 1967, em *The new industrial state*, – a sociedade anônima achava-se confinada às indústrias pesadas. Hoje ela também vende secos e molhados, mói sementes de cereais, edita jornais e oferece divertimentos públicos, atividades que outrora eram da esfera do proprietário individual e da pequena empresa."

Intimamente associada ao desenvolvimento do sistema capitalista e do mundo corporativo, **a sociedade anônima tornou-se mais do que uma forma de aglutinação de recursos para o crescimento dos negócios: ela foi um dos mais importantes instrumentos de organização social da propriedade**. Como tal, em todos os países em que este instituto se estabeleceu, ele foi legalmente disciplinado com os objetivos de proteger os investidores de manobras expropriatórias, estimular o mercado de capitais e promover o crescimento das economias nacionais. Sua institucionalização ocorreu na primeira metade do século XIX. Na França, em 1807, foi empregada pela primeira vez a expressão *sociedade anônima*, então disciplinada pelo Código Comercial. Na Inglaterra, a jurisprudência sobre licenças para constituição dessas sociedades firmou-se no século XVIII, mas o primeiro *British Companhies Act* só foi formalizado em 1811. Nos Estados Unidos, a primeira lei das sociedades por ações foi promulgada em Connecticut em 1837; depois vieram as de New Jersey, em 1846; e as da Pennsylvania, em 1849. O processo institucional completou-se na transição do século XIX para o século XX. No Brasil, o primeiro ordenamento jurídico que consolidou as disposições sobre essas sociedades foi estabelecido em 1891.

A regulação legal dessa instituição do mundo capitalista foi motivada, sobretudo, pela sua importância crescente, tanto como forma de constituição das sociedades, quanto como instrumento de poder ou, ainda, como fator crucial de organização econômica, de controle da riqueza gerada e de distribuição de seus retornos. As sociedades anônimas ensejaram o fortalecimento dos reis da indústria, rompendo as antigas relações de propriedade e de poder. A direção dos empreendimentos constituídos por este instituto passou a ser confiada a empresários que, na construção de seus impérios, captaram recursos de milhares de investidores de todos os portes. Desaparecia assim o controle absoluto, derivado da plena concentração da propriedade.

Nas primeiras décadas do século XX, essa forma de associação e de aglutinação de recursos para o desenvolvimento das corporações de negócios tornou-se predominante. Nos séculos anteriores, as dimensões das estruturas seminais desses modelos eram significativamente inferiores. Mesmo no século XIX, apesar do agigantamento das escalas e do surgimento da produção em série, a empresa típica pertencia a indivíduos ou a pequenos grupos. Nos Estados Unidos, segundo Galbraith, as "grandes empresas dos séculos XVIII e XIX, comparativamente com as corporações das duas primeiras décadas do século XX, não passavam de empreendimentos de reduzida expressão, tanto em número de acionistas, quanto em mobilização de capitais, ou ainda quanto às suas receitas operacionais. Mas, já na virada para o século XX, muitas companhias passaram a congregar mais de 25.000 acionistas; algumas, mais de 50.000. No final dos anos 20, a mais avançada dessas corporações, a *American Telephone and Telegraph Company*, contava com mais de 560.000 acionistas. Seus ativos totais, de US$ 5,3 bilhões, representavam 5,1% do Produto Nacional Bruto dos Estados Unidos. E o número de seus empregados era superior a 450.000."

Estas dimensões, todavia, passaram a suscitar um conjunto de novas questões: destacamos três:

1. A segurança patrimonial dos investidores e a relação entre as expectativas e retornos efetivamente recebidos.
2. A crescente assimetria entre a riqueza própria dos empreendedores aplicada nos negócios e as captadas no mercado de capitais.
3. O risco para a economia como um todo, se algum tipo de crise atingisse os mecanismos de sustentação desta nova estrutura de propriedade.

7. O *Crash* de 1929-33

Todos os fatores de desenvolvimento do sistema capitalista que até aqui examinamos – a sansão calvinista, a doutrina liberal, a Revolução Industrial, o agigantamento das escalas, a multiplicação dos ramos de produção, a ascensão do capital e a instituição da moderna sociedade anônima – têm pelo menos três denominadores comuns: 1. a crença fortemente enraizada no **automatismo das forças do mercado**; 2. o **incentivo do lucro**; e 3. a **euforia contagiante com o crescimento da riqueza**, mesmo que expresso pela sobreprecificação exponencial dos ativos.

Esses três denominadores atingiram seu apogeu no final dos anos 20. O progresso da economia dos Estados Unidos, que então já havia conquistado a posição de primeira potência mundial, foi de fato extraordinário nos primeiros 30 anos do século XX. A população, que vinha crescendo à taxa de 2,4% ao ano, havia ultrapassado a marca dos 120 milhões; o PNB superara a barreira dos US$ 100 bilhões. Com 48 milhões de pessoas empregadas, havia sido praticamente atingido o objetivo macroeconômico do pleno emprego. As sociedades anônimas se multiplicavam e o número de acionistas aproximava-se de 20 milhões. Um número crescente de proprietários passivos enriquecia sem esforço. O crescimento do valor das companhias e, consequentemente, das ações, era realmente extraordinário. As cotações dos papéis negociados nas bolsas de valores haviam subido de tal forma que um investimento anual de US$ 1.000 totalizaria US$ 20.000 em oito anos, mais do que dobrando, em relação a essa progressão, se feito no período 1921-1928. Mas nada que se igualasse às altas de 1929. Nos nove primeiros meses desse ano, mesmo sem um centavo a mais de compras de ações, as carteiras haviam dobrado de valor.

Mas veio o ***crash de 1929-33***, que interrompeu esta vertiginosa alta, afetando a economia como um todo. A euforia com a riqueza acionária reverteu-se radicalmente em um único dia, 29 de outubro de 1929. Nas bolsas de valores, não se registrou uma só ordem de compra. A corrida para operações massivas de vendas derrubou as cotações para níveis bem abaixo dos valores patrimoniais das companhias. Os fundos de investimento perderam metade de seu valor no fechamento do mercado. Milhões de rentistas passivos, que imaginavam estar prosperando, viram seu patrimônio acionário desmoronar. O estado de euforia coletiva, até então sem precedentes, deu lugar a um desalento geral como jamais havia ocorrido.

A variação dos números mudou de direção. Agora era para baixo. O Produto Nacional Bruto caiu seguidamente, mês a mês: em 1929, havia chegado a US$ 104 bilhões; em 1930, recuou para US$ 91; depois para US$ 77 e para US$ 59 bilhões; finalmente, em 1933, ano em que se iniciou o movimento de reversão, havia chegado a US$ 56 bilhões. De uma situação próxima do pleno emprego, chegou-se a 12,5 milhões de desempregados em 1933, praticamente 30% da força de trabalho. Cerca de 85.000 empresas faliram.

Essa **derrocada sem precedentes históricos** alastrou-se em todo o mundo ocidental, pelos fortes vínculos que já se haviam estabelecido entre as economias do sistema capitalista. Ela deixou marcas profundas. Era então importante conhecer suas prováveis causas e, principalmente, desenvolver uma nova concepção do equilíbrio macroeconômico, com instrumentos de intervenção nos mercados para superar o processo recessivo e evitar reincidências futuras.

A necessidade de **modelagem da nova economia capitalista**, com grandes impactos no mundo corporativo, havia sido pré-anunciada por John Maynard Keynes em 1922. Em *The end of laissez-faire*[18] ele alertou sobre as falhas conceituais do automatismo das forças de mercado e sobre os riscos da abstenção do governo na condução do processo econômico. A depressão do início dos anos 30 confirmou sua antevisão, em uma época em que o modelo coletivista, centralista e plenamente estatizado, adotado na Rússia desde 1917, emitia seus primeiros sinais de vitalidade. Suas ideias sobre as razões do *crash* e sobre as novas prescrições de política econômica e de regulação dos mercados foram expostas na *The general theory of employment, interest and money*,[19] de 1936. Mas, antes mesmo que as reunisse nesta obra – uma das mais influentes do pensamento econômico de todas as épocas –, as ideias centrais de Keynes inspiraram os governos ocidentais na recuperação da grande depressão.

São várias as causas hoje conhecidas do grande *crash*. Resumimos seis, entre as de maior importância:

1. **Insuficiência de demanda agregada**, gerada pela assimetria entre o crescimento da produção e do emprego. No setor industrial, a produção física de 1929 foi 49,5% superior à de 1920, mas o emprego, por conta da produtividade do trabalho, do progresso técnico e da maior densidade do uso do capital no processo produtivo, manteve-se o mesmo.
2. **Não-transferência para os salários dos ganhos de produtividade do fator trabalho**.
3. **Excessiva e crescente concentração da renda nacional**. Os 5% mais ricos, em 1919, apropriavam-se de 24,3% a riqueza gerada, participação que se elevou para 33,5% em 1929.
4. **Excesso de poupança aplicada em papéis**, sem a correspondente expansão dos investimentos em ativos reais produtivos.
5. **Febre especulativa**, traduzida na falsa crença do enriquecimento rápido e fácil, descolado do crescimento patrimonial real.
6. **Perda da prudência** que deve nortear os negócios, tanto dos empreendedores do setor real, quanto de banqueiros e de corretores dos mercados do setor financeiro.

Diante do *crash* então ocorrido, Keynes alertou para os riscos de saídas radicais. No último capítulo da *General theory*, "Notas finais sobre a filosofia social a que poderá levar a teoria geral", ele resumiu os pontos cruciais do que deveria se preservado e do que deveria mudar no mundo capitalista. Estes pontos estão resumidos no Quadro 1.3.

Os princípios defendidos por Keynes e a revisão, subsequente à *General theory*, dos fundamentos macroeconômicos das economias liberais avançadas, levaram à redefinição das bases institucionais de operação do sistema capitalista, do funcionamento dos mercados e, em sua esteira, das condições de atuação do sistema empresarial. Em síntese, as grandes mudanças que vieram depois do *crash* de 1929-33, foram:

❑ O fim do *laissez-faire*: a revisão da concepção clássica, segundo a qual a economia operaria sempre a pleno emprego, com equilíbrio autônomo e autoajustável dos mercados.

❑ A ampliação das funções do Estado: a aceitação de que apenas a livre atuação das forças do mercado é insuficiente para gerar condições que realizem os quatro objetivos centrais da macroeconomia: alta expansão do PNB, estabilidade dos preços, equilíbrio do setor externo e satisfatória distribuição da renda e da riqueza.

❑ A legitimação da ação do governo como agente regulador da demanda agregada efetiva, notadamente quando há insuficiência de dispêndios, recessão e desemprego.

QUADRO 1.3
A nova modelagem do mundo capitalista: uma síntese das proposições da filosofia social exposta na *General theory* de Keynes, após o *crash* de 1929-1933.

O QUE DEVERIA SER PRESERVADO	O QUE DEVERIA MUDAR
1. **LIBERDADE**. Salvaguardá-la das investidas dos sistemas totalitários. 2. **PROPRIEDADE PRIVADA DOS MEIOS DE PRODUÇÃO**. A intervenção reguladora do governo não deve ser confundida com a coletivização dos recursos. 3. **DESCENTRALIZAÇÃO DAS DECISÕES**. Nada garante que os modelos centralistas sejam mais eficientes no uso dos recursos de produção. 4. **INCENTIVO DO LUCRO**. Força eficaz que não se substitui vantajosamente pelas tentativas de mudar a natureza humana. 5. **DIVERSIDADE**. Sua perda é uma das mais agudas consequências institucionais impostas pelos regimes homogêneos.	1. **INTERESSE PESSOAL**. Purgá-lo de seus vícios, defeitos e abusos. 2. **ABSTENÇÃO DO GOVERNO**. Maior extensão de suas funções tradicionais: a) política fiscal mais vigorosa; b) indução da demanda agregada; c) controle do nexo entre a moeda e o setor real. 3. **LIVRE JOGO DO MERCADO**. Guiá-lo para a realização das condições exigidas para promover o pleno emprego e o equilíbrio macroeconômico. 4. **FORÇA DAS VISCOSIDADES**. Promoção da concorrência responsável e controle de situações que implicam demasiado poder de monopólio. 5. **DISTRIBUIÇÃO DA RIQUEZA.** Conciliar a liberdade de empreender e a eficiência econômica com a justa distribuição da riqueza e dos rendimentos.

- A submissão dos mercados ao poder regulatório da autoridade pública, com ênfase nos mercados financeiros – monetário, de crédito, de capitais e cambial.
- A definição de regras de atuação para o mundo corporativo, com ênfase na preservação da concorrência.
- A proteção dos investidores no mercado de capitais e a regulação das operações ativas e passivas do sistema financeiro como um todo.
- A proteção de setores nascentes nas economias nacionais em processo de industrialização, relativamente ao alto poder competitivo das economias maduras.
- A atuação do Estado como agente empresarial, particularmente nos países em desenvolvimento tardio, nos setores de base e de infraestrutura.

Por fim, em resposta às grandes transformações na economia mundial nas duas últimas décadas do século XX, sobrevieram outras razões para a atuação do Estado no domínio econômico. Destacamos sete:

- A negociação de macroparcerias nacionais: constituição de blocos, de mercados comuns, de zonas de livre comércio e de uniões alfandegárias.
- A atuação em organismos multilaterais, conciliando o interesse nacional com os das cadeias de negócios estabelecidas no país.
- A atuação sobre os fatores sistêmicos que compõem, junto com os microeconômicos, o posicionamento das economias nacionais nos *rankings* globais de competitividade e de atratividade.
- A definição de condições para inserção das empresas na economia globalizada: acesso aos mercados de capitais, integração às cadeias globais de suprimentos e a abertura de portas para a realização de negócios.
- A atração e a regulação do ingresso de investimentos estrangeiros diretos no sistema produtivo.
- Controle das chamadas *externalidades negativas* (efeitos decorrentes das atividades econômicas), com ênfase nas relacionadas à degradação ambiental.
- Geração de condições para reversão dos círculos viciosos da exclusão socioeconômica:
    ◊ Criação de oportunidades para democratização do acesso da base da pirâmide socioeconômica aos mercados reais e financeiros.
    ◊ Implantação de processos institucionais e criação de condições de remoção da pobreza absoluta.
    ◊ Redução das vulnerabilidades a que os excluídos são mais expostos.

Em várias questões que envolvem as boas práticas da moderna governança corporativa – e que serão examinadas nos próximos capítulos – veremos como estes princípios não mudaram apenas as concepções centrais do sistema capitalista, mas os valores, a estratégia e as operações do mundo corporativo.

8. O Desenvolvimento da Ciência da Administração

A eclosão do espírito de empreendimento, as revoluções que moldaram as instituições do sistema capitalista e a formação histórica do mundo corporativo tiveram também o respaldo de um outro fator de alta importância: o desenvolvimento da ciência da administração. As relações históricas que se podem estabelecer entre o sistema capitalista, o mundo corporativo e a ciência da administração são de tal ordem que é difícil imaginar qualquer uma destas três categorias históricas sem a ocorrência das outras duas. A Figura 1.3 sugere a associação entre elas. E a Figura 1.4 registra as contribuições essenciais do despertar da governança corporativa, que têm atuado como *pontos de amarração* das mudanças no sistema capitalista, da evolução do mundo corporativo e do desenvolvimento da ciência da administração.

FIGURA 1.3
As relações históricas entre a formação do sistema capitalista, a evolução do mundo corporativo e a evolução da ciência da administração.

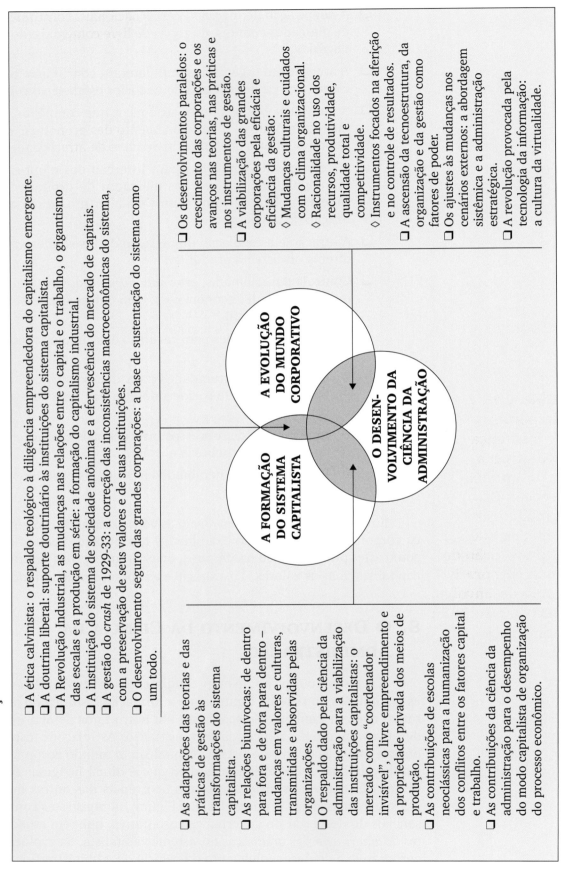

- A ética calvinista: o respaldo teológico à diligência empreendedora do capitalismo emergente.
- A doutrina liberal: suporte doutrinário às instituições do sistema capitalista.
- A Revolução Industrial, as mudanças nas relações entre o capital e o trabalho, o gigantismo das escalas e a produção em série: a formação do capitalismo industrial.
- A instituição do sistema de sociedade anônima e a efervescência do mercado de capitais.
- A gestão do *crash* de 1929-33: a correção das inconsistências macroeconômicas do sistema, com a preservação de seus valores e de suas instituições.
- O desenvolvimento seguro das grandes corporações: a base de sustentação do sistema como um todo.

- As adaptações das teorias e das práticas de gestão às transformações do sistema capitalista.
- As relações biunívocas: de dentro para fora e de fora para dentro – mudanças em valores e culturas, transmitidas e absorvidas pelas organizações.
- O respaldo dado pela ciência da administração para a viabilização das instituições capitalistas: o mercado como "coordenador invisível", o livre empreendimento e a propriedade privada dos meios de produção.
- As contribuições de escolas neoclássicas para a humanização dos conflitos entre os fatores capital e trabalho.
- As contribuições da ciência da administração para o desempenho do modo capitalista de organização do processo econômico.

- Os desenvolvimentos paralelos: o crescimento das corporações e os avanços nas teorias, nas práticas e nos instrumentos de gestão.
- A viabilização das grandes corporações pela eficácia e eficiência da gestão:
  ◊ Mudanças culturais e cuidados com o clima organizacional.
  ◊ Racionalidade no uso dos recursos, produtividade, qualidade total e competitividade.
  ◊ Instrumentos focados na aferição e no controle de resultados.
- A ascensão da tecnoestrutura, da organização e da gestão como fatores de poder.
- Os ajustes às mudanças nos cenários externos: a abordagem sistêmica e a administração estratégica.
- A revolução provocada pela tecnologia da informação: a cultura da virtualidade.

Benjamin Coriat,[20] em *L'atelier et le robot*, expôs as "afinidades históricas" entre as revoluções tecnológicas, a acumulação do capital, as inovações organizacionais e, em anos recentes, a ruptura e a emergência dos novos compromissos contratuais no interior do sistema capitalista. Os cenários históricos por ele descritos evidenciaram as interligações entre as dimensões crescentes do mundo corporativo ocidental, as mudanças organizacionais que deram suporte ao seu desenvolvimento e a reconstrução do modelo institucional do sistema capitalista como um todo, particularmente a transição da eficiência gerada pelas escolas clássicas para sistemas mais flexíveis, que atendessem aos interesses múltiplos exigidos pela nova ordem mundial.

As adaptações proporcionadas pelas teorias e práticas de gestão não só revitalizaram internamente as corporações, como transmitiram, para fora delas, mudanças nos valores e na cultura, que foram se amoldando às transformações do próprio sistema capitalista. Contrariamente, a rigidez das economias centralistas planificadas, como a da antiga URSS, e o precário desenvolvimento de seus sistemas de gestão, de que são evidências notórias a ênfase irremovível na burocracia e o descaso com o estudo de finanças, foram fatores decisivos de sua dramática incapacidade de sobrevivência. Como des-

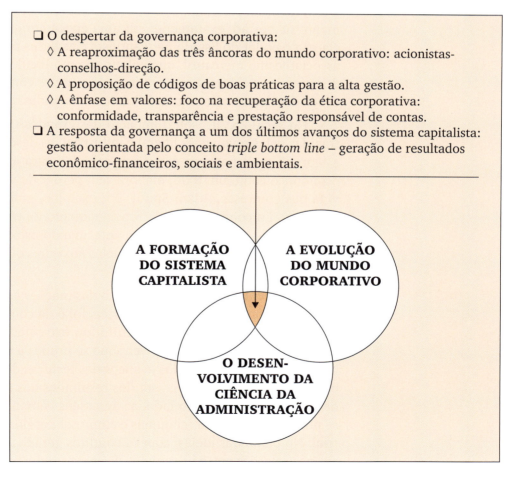

FIGURA 1.4 O despertar da governança corporativa: a junção, no final do século XX, das mudanças no sistema capitalista com a evolução do mundo corporativo e com o desenvolvimento da ciência da administração.

tacou Alfred D. Chandler,[21] as dificuldades em evoluir na teoria e nos modelos de gestão dificultaram a capacidade de competição dos sistemas coletivistas com o modo capitalista de articulação das forças de produção.

As afinidades históricas entre as boas práticas de gestão, o desempenho das corporações e o surgimento do capitalismo podem ser observados desde as suas mais remotas manifestações. O Quadro 1.4 destaca as mais importantes contribuições da ciência da administração, da Antiguidade à Idade Média; do Renascimento às revoluções do século XVIII; e, destas, à transição para o século XX. Na Idade Média, foram desenvolvidos conhecimentos básicos de gestão pelas mais importantes dinastias chinesas, pelos assírios e pelos babilônios, para a execução de grandes projetos civis, bem como para a organização e o comando de exércitos. Na Idade Média, a organização do trabalho nas guildas e nas corporações de artes e ofícios estiveram respaldados por códigos e por princípios de gestão: os exemplos mais citados são os *Códigos de Hamurabi* e de *Mencius* e o manual de estratégia de Sun-Tzu, *A arte da guerra*, cujos princípios ainda hoje servem à reflexão de estrategistas.

Do Renascimento, são destacados a *Summa*, de Luca Pacioli, e *O príncipe*, de Maquiavel. Enquanto o primeiro estabeleceu as bases metodológicas dos registros contábeis e da aferição de resultados, o segundo estabeleceu um conjunto de princípios sobre o poder, o exercício da autoridade, a liderança e a motivação. Nasciam, assim, duas contribuições-chave para o desenvolvimento da gestão, exatamente em uma época em que se definam com maior clareza o poder do Estado mercantilista e as bases para o desenvolvimento do associativismo mercantil, que culminaria, no século XVII, com a constituição dos primeiros colossos corporativos: as grandes companhias de comércio, "licenciadas" pelas monarquias britânica e holandesa.

No século XVIII, sob o impacto das grandes transformações estruturais trazidas pelas revoluções liberal e industrial, os desenvolvimentos conceituais e teóricos mais notáveis estiveram voltados para a compreensão do sistema econômico como um todo, embora sem perder de vista as questões-chave da vida das empresas. Adam Smith, por exemplo, embora tendo por preocupação central a compreensão do funcionamento da economia de mercado, não descuidou de questões de gestão, antecipando os conflitos de interesse entre os proprietários das empresas e aqueles aos quais outorgavam a gestão de seu patrimônio e de seus negócios.

Já o século XIX, na Europa, foi o das reações às transformações da velha ordem econômica e social; na América, foi o da consolidação da nova ordem. As reações no continente europeu foram extremadas: de um lado, o humanismo iluminista de Robert Owen, que se propôs a organizar sistemas cooperativos, pela conciliação dos avanços das técnicas de produção no setor têxtil com a distribuição paternalista dos resultados aos 2.000 operários da fiação de Lew Lanark; de outro lado, as agressões comandadas por Ned Ludd, que se propunha a destruir máquinas e empresas surgidas com a Revolução Industrial. No plano das ideias, com os conflitos gerados pelas mudanças dramáticas nas relações entre os capitães das novas indústrias, detentores do capital, e a grande massa de assalariados, a expressão maior foi o marxismo, que aprofundou a luta de classes e condenou ao fracasso o sistema capitalista, pelas suas "contradições históricas". Em contrapartida, na América, florescia um novo mundo, mais propenso a conciliar os avanços tecnológicos com métodos e instrumentos de gestão, do que a contestar as novas relações que se estabeleciam entre o capital e o trabalho. Uma iniciativa que bem ilustra esta disposição foi a criação, na Universidade da Pensilvânia, da primeira escola de administração do mundo, viabilizada por uma doação de 1000.000 dólares de Joseph Wharton.

Chegamos então ao século XX.

Seguramente, uma das mais marcantes características desse século, no âmbito das ciências sociais, foi o desenvolvimento da administração, como novo ramo do conhecimento científico. Os avanços conceituais, a articulação de princípios, a análise de processos, as abordagens crescentemente complexas das organizações e a criação de instrumentos aplicativos fizeram da ciência da administração um dos elementos históricos que mais contribuíram para a evolução do capitalismo e do mundo corporativo. Como já havíamos sintetizado na Figura 1.3, **entre o capitalismo, o mundo corporativo e a ciência da administração sempre se estabeleceram evidentes afinidades históricas. Mas jamais tão profundamente quanto no século XX.**

No Quadro 1.5 sintetizamos, de um lado, sete aspectos da evolução do capitalismo e do mundo corporativo no século XX; de outro lado, a evolução da ciência da administração. Impulsionado pelo gigantismo das corporações – que examinaremos no próximo item –, o surgimento da escola clássica de administração foi uma resposta aos desafios que os grandes negócios passaram a impor aos seus gestores. Nas duas primeiras décadas do século, com Taylor,[22] enfatizaram-se métodos que se traduzissem em maior eficiência; com Fayol,[23] buscou-se separar as funções administrativas e departamentalizar a gestão das grandes companhias. Estabeleceram-se assim as bases das estruturas burocráticas sobre as quais se ergueu e se agigantou o sistema corporativo, dando-lhe o imprescindível suporte organizacional. **A inevitável contrapartida do agigantamento do mundo corporativo foi, desde então, o aprofundamento dos conhecimentos de gestão e as adaptações permanentemente requeridas para os avanços qualitativos dos três mundos afins – o do capitalismo, o das corporações e o dos seus gestores.**

Não é de se estranhar, então, que o estruturalismo dos modelos burocráticos viesse a ser questionado quanto às suas disfunções – como a rigidez, o excesso de regras, o desestímulo às inovações, a lentidão decisória, o poder coercitivo, o autoritarismo e a desconsideração pelas relações humanas no trabalho. Na esteira das análises sociológicas de Max Weber, surgiram então as contribuições neoclássicas, de McCleland,[24] Maslow,[25] Hersey e Blanchard[26] e McGregor,[27] focadas no comportamento, no ambiente de trabalho nas empresas, nas características individuais, na dinâmica dos grupos, nas percepções, nos estímulos e motivações, nas aptidões, nas atitudes e nas escalas de satisfação das necessidades das pessoas. Nasciam as correntes *behavioristas*, que moldaram as organizações às pessoas, em relações biunívocas.

QUADRO 1.4
As contribuições seminais, da Antiguidade às revoluções dos séculos XIII e XIX: a formação do mundo corporativo e a evolução da ciência da administração.

A formação, o desenvolvimento e a evolução do capitalismo e do mundo corporativo	A evolução da ciência da administração
❑ **Da Antiguidade à Idade Média** ◇ As dinastias da China ◇ Os assírios e os babilônios ◇ A Grécia e a Roma clássicas ◇ O período medieval	❑ Regras de gestão pública das dinastias chinesas. ❑ O *Código de Hamurabi* (século XVIII a.C.). ❑ O planejamento, a estrutura organizacional e as regras de gestão dos grandes projetos. ❑ Os princípios de organização e de comando dos grandes exércitos. ❑ A *Arte da guerra*, de Sun-Tzu: um manual de estratégia (século IV a.C.). ❑ O *Código Mencius*: princípios de gestão para os governos e os negócios (século III a.C.). ❑ A organização do trabalho nas guildas e nas corporações de artes e ofícios da Idade Média.
❑ **Do Renascimento às revoluções do século XVIII** ◇ "As companhias licenciadas" ◇ O Estado mercantilista	❑ A redefinição de valores e princípios econômicos pela reforma calvinista. ❑ O associativismo, o surgimento e o desenvolvimento das primeiras sociedades por ações. ❑ Os métodos de registro e de aferição contábil de resultados: as partidas dobradas da *Summa*, de Luca Pacioli (1494). ❑ As ideias renascentistas sobre poder, autoridade, liderança e motivação: *O príncipe*, de Maquiavel.
❑ **Das revoluções do século XVIII à transição para o século XX** ◇ As invenções de alto impacto econômico. ◇ A liberdade de empreendimento. ◇ A ascensão do capital. ◇ O surgimento da economia fabril. ◇ A distinção empregadores-operários. ◇ Os conflitos interclasses.	❑ A compreensão clássica da nova ordem econômica: *Wealth of nations* (1776), de A. Smith. Os temas centrais: ◇ Sistema econômico como um todo. ◇ Mudanças na estrutura de produção: divisão do trabalho, produtividade, eficiência e escalas. ◇ Questões de administração: conflitos de interesse proprietários/gestores. ❑ Reações às mudanças: ◇ R. Owen – o humanismo iluminista (1810). ◇ N. Ludd – a destruição de máquinas e fábricas (1810-35). ◇ K. Marx – os conflitos e as lutas de classe (*Das Kapital*, 1867). ❑ A abordagem pioneira das boas práticas da administração: *On the economy of machinery and manufactures*, de C. Babbage (1832). ❑ A fundação, na Universidade da Pensilvânia, da primeira Escola de Administração (1881).

QUADRO 1.5
Século XX, a era da administração científica: da escola clássica ao despertar da governança corporativa.

A formação, o desenvolvimento e a evolução do capitalismo e do mundo corporativo	A evolução da ciência da administração

No século XX
◊ O desenvolvimento do mundo corporativo.
◊ A evolução da administração científica.
◊ O gigantismo das corporações.
◊ A pulverização do capital.
◊ A separação propriedade-gestão.
◊ O surgimento de uma nova classe: a direção executiva das companhias.
◊ O despertar da governança corporativa.
	❑ A escola clássica de administração:
	  ◊ F. W. Taylor. *Os Princípios de administração científica* (1911). Foco em métodos, especialização e eficiência.
	  ◊ H. Fayol. *Administração industrial e geral* (1916). O processo administrativo e a departamentalização das funções.
	  ◊ M. Weber. *A análise sociológica da burocracia*. A rigidez, o poder coercitivo e as disfunções do modelo burocrático.
	❑ As contribuições humanistas e comportamentais:
	  ◊ E. Mayo: *A abordagem das relações humanas* (1933). A cultura organizacional e o comportamento coletivo.
	  ◊ H. Simon e K. Lewin (década de 40). *O clima organizacional*. O ambiente, as relações, os conflitos. Normas de conduta.
	  ◊ A. Maslow e D. McClelland (décadas de 50 e 60). *A hierarquia das necessidades*. Os fatores motivacionais. Os conceitos emergentes: *job enrichment, job enlargement, empowerment*.
	❑ A abordagem sistêmica e a administração estratégica
	  ◊ L. Bertalanffy e K. Boulding (décadas de 50 e 60). *A teoria geral de sistemas*. A influência de fatores externos.
	  ◊ C. W. Churchman e Katz-Khan (décadas de 60 e 70). *As organizações como sistemas abertos*.
	  ◊ A. D. Chandler, I. Ansoff e M. Porter (décadas de 70 e 80). Visão futura do negócio. Escolhas corporativas. Matrizes de posicionamento. Vantagens competitivas.
	❑ As práticas japonesas
	  ◊ K. Ishikawa (década de 50). *Os princípios da qualidade total*.
	  ◊ T. Ohno (décadas de 50 e 60). *A racionalidade, a eficiência, os cortes em custos*. A competitividade. Conceitos universalizados: *just in time, kanban, kaizen*.
	  ◊ W. E. Deming (década de 70). A absorção do modelo japonês pela gestão ocidental. O ciclo *PDCA – plan, do, check, act*. A auditoria de qualidade. As certificações da *International Organization for Standardization (ISO)*.
	❑ Abordagens emergentes
	  ◊ R. Kaplan e D. Norton (1992). *Balanced scorecard*. Avaliação e controle de resultados.
	  ◊ P. Senge (1992). *Learning organizations*: aprendendo a lidar com mudanças.
	  ◊ M. Hammer (1993). *Reengineering the corporation*. Revisão, redefinição e gerenciamento de processos. Das hierarquias verticais para a gestão horizontal.
	❑ O despertar da governança corporativa
	  ◊ A. Berle e G. Means (1932). *The modern corporation and private property*. A separação da propriedade e da gestão.
	  ◊ J. K. Galbraith (1967). *The new industrial state*. A emergência de novo fator de poder: as tecnoestruturas da gestão.
	  ◊ R. Monks (1995). *Corporate governance*. O ativismo para revisão das relações acionistas-conselhos-gestores.
	  ◊ Cadbury (1992). *The Cadbury report*. Um código pioneiro de boas práticas de governança.
	  ◊ OCDE (1999). *Principles of corporate governance*. A difusão mundial dos códigos de boa governança.

Estas abordagens desenvolveram-se em linhas paralelas ao questionamento dos objetivos, dos modos capitalistas de produção e da destinação dos resultados do sistema corporativo, exatamente em um momento histórico em que a competitividade do mundo capitalista deslocava-se do Ocidente para o Oriente, com a ascensão da economia japonesa. Foi a época da absorção dos princípios e das práticas japonesas de gestão, sintetizadas por Feigenbaum[28] e Ishikawa,[29] com foco na qualidade total, nos cortes em custos, na eficiência e – a partir da transição dos anos 70 para as duas últimas décadas do século XX – no ciclo PDCA (*plan, do, check, act*) e nas certificações da *International Organization for Standardization* (ISO).

A essas práticas, voltadas para dentro das companhias, somaram-se as voltadas para fora, que vinham sendo desenvolvidas desde o final da Segunda Grande Guerra. Primeiro, a teoria geral dos sistemas de Bertalanffy;[30] depois, a concepção das empresas como sistemas abertos. Como consequência, as ênfases recaíram sobre as vantagens competitivas das empresas nos seus ambientes de negócios, as matrizes de posicionamento, as visões futuras das cadeias de suprimentos, da concorrência estabelecida, dos entrantes, dos produtos e processos substitutos e dos comportamentos modais dos clientes. Enfim, a administração estratégica, na linha proposta por Porter,[31] historicamente coincidente com o fim dos modelos macroeconômicos do nacionalismo e com as concepções fechadas do mundo capitalista – uma ruptura histórica da qual resultaram a abertura de mercados, a constituição de blocos, as zonas de livre comércio e a desfronteirização dos fluxos reais e financeiros.

Claramente, a ciência da administração alinhava-se à ordem econômica global em mutação, caracterizada por uma nova palavra-chave – e no plural: mudanças. Com as contribuições de Sange,[32] as companhias se preparavam para aprender o que fazer com as mudanças, cada vez mais velozes e impactantes. Com Champy e Hammer,[33] vieram a revisão e a reengenharia de processos, junto com uma nova concepção das organizações, não mais como hierarquias verticalmente definidas, mas como sistemas horizontais, interligados e voltados para as exigências dos mercados. Com Kaplan e Norton[34] desenvolveram-se novos métodos de avaliação e controle de resultados, o *balanced scorecard*.

Ao longo deste processo histórico mudaram as forças de gestão do mundo corporativo, bem como os beneficiários de seus resultados. Ao mesmo tempo em que evoluíram as concepções, as abordagens e os instrumentos de gestão, modificava-se a estrutura de poder no seio do mundo corporativo. Já no início dos anos 30, Berle e Means[35] chamaram a atenção para uma das mais impactantes mudanças do capitalismo e da moderna corporação: a separação entre a propriedade e a gestão. Passados 30 anos, foi a vez de Galbraith[36] evidenciar que um novo fator de poder havia se estabelecido no topo do mundo corporativo: o gestor, em substituição aos proprietários e fundadores das grandes empresas. Mais 20 anos então se passaram, até que Monks e Minow[37] chamaram a atenção para os conflitos e custos dessa nova ordem, propondo que os acionistas das grandes companhias passassem a interferir mais em sua gestão, constituindo conselhos guardiões para representarem os seus interesses.

QUADRO 1.6
A formação do sistema capitalista: enumeração e descrição de oito processos históricos determinantes.

Processos históricos	Breve descrição
1. A ÉTICA CALVINISTA	❑ Construída no início do século XVI, em contraposição à ortodoxia da teologia católica. ❑ Conciliação da diligência empreendedora com a vida espiritual. ❑ A energia empresarial vista como inviolável e sagrada determinação divina. ❑ Ética calvinista: em vez da condenação da riqueza, a aprovação dos que a realizam e a promoção do seu bom uso.
2. A DOUTRINA LIBERAL	❑ Construída a partir da segunda metade do século XVIII. ❑ Rebelião de novas ideias: da "mão interventora" do Estado para a "mão invisível" do mercado. ❑ Suporte doutrinário às instituições do sistema: propriedade privada dos meios de produção, livre empreendimento e forças coordenadoras dos mercados.
3. A REVOLUÇÃO INDUSTRIAL	❑ Ocorrência simultânea à Revolução Liberal, nos séculos XVIII e XIX. ❑ Mudanças substanciais nos modos de produção e nas relações entre os agentes econômicos. ❑ Desenvolvimento da indústria de bens de capital e multiplicação das oportunidades de investimento.
4. A TECNOLOGIA, AS ESCALAS E A PRODUÇÃO EM SÉRIE	❑ Integração de invenções: fascínio por novas forças motrizes (vapor, combustão, elétrica), novos materiais e novos processos. ❑ Impactos: grandes escalas, produção em série e diversificação industrial. Da "era ferroviária" à "era automobilística". ❑ Ícone da produção em série no início do século XX: *O Modelo T*, de Ford: 10.607 unidades (1908) para 730.041 (1917).
5. A ASCENSÃO DO CAPITAL	❑ Transposição histórica: do poder da terra para o poder do capital. ❑ A emersão de nova classe dominante: os proprietários de grandes manufaturas e os empreendedores da infraestrutura. ❑ Consequências: alta produtividade, riscos de assimetrias oferta/procura, gigantismo, mobilização massiva de poupanças.
6. O SISTEMA DE SOCIEDADE ANÔNIMA	❑ Raízes: as corporações de artes e ofícios e as companhias "licenciadas" de comércio. ❑ A institucionalização da moderna sociedade anônima, a partir do início do século XIX. ❑ Adesão massiva: no início do século XX, grande número de companhias com mais de 25.000 acionistas. ❑ Novas questões: segurança dos investidores, efervescência do mercado de capitais, risco de *crash*.
7. O *CRASH*, A REVOLUÇÃO KEYNESIANA E OS AVANÇOS DA MACROECONOMIA	❑ Do apogeu ao *crash* do mercado de capitais: o grande colapso de 1929-33. ❑ Da derrocada à modelagem do novo capitalismo: a revolução keynesiana. ❑ Instituições preservadas: liberdade, propriedade privada dos recursos, decisões via mercados, incentivo do lucro. ❑ Mudanças fundamentais: fim da abstenção do governo, controle dos vícios do mercado (macro e microeconômicos) e conciliação do livre empreendimento com o interesse social.
8. O DESENVOLVIMENTO DA CIÊNCIA DA ADMINISTRAÇÃO	❑ As heranças da Antiguidade e da Idade Média: os *Códigos de Hamurabi* e de *Mencius*. ❑ As contribuições do Renascimento: Luca Pacioli (registros contábeis) e Maquiavel (poder). ❑ Séculos XVIII e XIX: a compreensão da nova ordem econômica, as reações à Revolução Industrial, a primeira Escola de Administração. ❑ Século XX: ◇ As escolas clássica e neoclássica. ◇ As práticas japonesas. ◇ A abordagem sistêmica e a gestão estratégica. ◇ O despertar da governança corporativa.

Nascia, assim, a **governança corporativa** – uma contribuição-chave que certamente impactará a alta gestão no século XXI.

Trataremos desta contribuição nos próximos itens. Antes, veremos dois aspectos cruciais. Primeiro, o **gigantismo e o poder das corporações**; em seguida, o **processo de dispersão do controle das grandes companhias**, como uma das consequências decorrentes da **pulverização do capital**.

E, encerrando este primeiro item, sintetizamos no Quadro 1.6 a descrição de cada um dos oito processos históricos que moldaram nos últimos 500 anos o desenvolvimento do sistema capitalista e do mundo corporativo. Relembrando-os: o calvinismo, o liberalismo, a Revolução Industrial, o crescimento das escalas e a produção em série, a ascensão do capital, o sistema de sociedade anônima, o crash de 1929-33 e o desenvolvimento da ciência da administração.

1.2 O Gigantismo e o Poder das Corporações

Impulsionado pelo conjunto de processos históricos que acabamos de descrever, **o mundo corporativo registrou expressivos índices de crescimento ao longo de sua formação histórica**, especialmente a partir da Revolução Industrial dos séculos XVIII e XIX, mas com vigor ainda maior durante o século XX. Obviamente, o grande colapso do início dos anos 30 interrompeu o movimento expansionista das grandes companhias e, por extensão, das economias nacionais do sistema capitalista ocidental – tanto as de industrialização avançada, quanto as dos países satélites, de desenvolvimento tardio. Mas a interrupção – necessária para ajustes na ordem macroeconômica e nos mercados – durou exatos quatro anos. Em 1934, reiniciou-se o processo expansionista, movido por amplo conjunto de fatores determinantes. Entre os mais importantes, relacionamos estes:

- **Avanços tecnológicos**. A continuidade dos avanços tecnológicos, as ondas de inovações, gerando o desenvolvimento de novas indústrias, e, dentro de cada uma delas, uma notável diversificação de produtos.

- **Expansão demográfica**. O crescimento demográfico, acompanhado de expansão da renda e de mudanças qualitativas nos hábitos individuais e sociais, implicando o vertiginoso crescimento dos mercados.

- **Aburguesamento da sociedade**. O surgimento de uma grande classe média nas grandes economias capitalistas industriais, a que os neomarxistas chamaram de "aburguesamento do proletariado". De um lado, como Durbin[38] observou, a indústria do século XX abriu espaços em seus quadros para administradores e técnicos bem remunerados, tanto em números absolutos quanto em termos relativos; de outro lado, os mercados financeiros ensejaram compras a prazos dilatados, de habitações a bens de uso durável, de tal forma que "uma sociedade que se mostre cada vez mais proletária ficou no passado; a que vivemos hoje se mostra cada vez mais burguesa".

❑ **Grandes escalas e produção em série**. A consolidação da era das grandes escalas e da produção em série e com redução de custos unitários e de preços, ampliando o acesso das populações de rendas médias e baixas aos mercados de bens finais.

❑ **Evolução do mercado de capitais**. O desenvolvimento dos mercados financeiros – especialmente o de capitais – viabilizando a canalização da poupança agregada para o financiamento de projetos empresariais.

❑ **Emissões primárias crescentes**. Os bons resultados alcançados pelas empresas de capital aberto, encorajando e viabilizando emissões primárias de ações.

❑ **Proliferação de pequenos negócios**. A proliferação de pequenas empresas, a montante e a jusante das grandes companhias, servindo de extensões de seus negócios.

❑ **Investimentos públicos**. O aumento da participação dos governos no PNB dos países, ampliando o volume de recursos destinados a investimentos em infraestrutura e em outras categorias de bens públicos e semipúblicos.

❑ **Transnacionalização das companhias**. O vigor empresarial, a expansão das fronteiras econômicas, o desbravamento de novos mercados e a transnacionalização das companhias.

❑ **Fusões e aquisições**. As fusões e aquisições que, não obstante tenham aumentado os índices de concentração e de semimonopólios na maior parte dos negócios, ampliaram as dimensões das empresas (em receitas operacionais e em resultados), viabilizando investimentos de alta magnitude e a consolidação de "impérios econômicos".

❑ **Relações entre os poderes político e econômico**. As relações estabelecidas entre o poder econômico e o poder político, de que resultaram medidas protecionistas e de amparo aos interesses das grandes corporações emergentes.

Puxadas por estes fatores, as dimensões do mundo corporativo alcançaram números sem precedentes históricos – do valor dos ativos ao número de acionistas. Em 1929, nos Estados Unidos, país que então já havia assumido a posição de primeira potência mundial, quando o PNB chegou a US$ 104 bilhões, o total dos ativos das 100 maiores companhias industriais atingiu US$ 24,5 bilhões, indicando um grau de concentração, de gigantismo e de poder econômico jamais visto. Com o grande colapso de 1929-33, dissiparam-se os valores de mercado das companhias, superdimensionados pela euforia coletiva que se estabeleceu no mercado. Além disso, segundo registros de Berle e Means,[39] o *Holding Company Act* desfez as tendências de concentração, inibindo movimentos de fusões e aquisições; e a *Securities Exchange Act* trouxe mais ordem e probidade na emissão de títulos das grandes companhias. Ainda assim, o processo de concentração continuou, mas a um ritmo mais lento, pelo menos até a primeira metade dos anos 40, sob o efeito contencionista da Segunda Guerra Mundial. Já a partir do pós-guerra até o início dos anos 60, os movimentos expansionistas foram retomados, voltando a manifestar-se, o processo de concentração, como mostram os dados da Figura 1.5: em 1947, as 200 maiores companhias eram responsáveis por 30% do valor adicionado pela totalidade da indústria; em 1962, essa relação subiu para 41%.

Desde então, o gigantismo e o poder das corporações ampliaram-se continuamente. Nos últimos cinquenta e oito anos, de 1955 a 2013, as receitas operacionais das 500 maiores corporações norte-americanas, em dólares correntes, aumentaram de US$ 149,1 bilhões para US$ 12.210,5 bilhões. Em relação ao PNB dos Estados Unidos, como mostramos na Tabela 1.2, esses números passaram de 37,7% para 72,7%. As Tabelas 1.3 e 1.4 ampliam esses dados por grupos de empresas, cabendo notar que em todos os grupos registraram-se aumentos nas relações com o PNB. Não houve, porém, aumento da concentração dentro do conjunto das 500 maiores corporações norte-americanas.

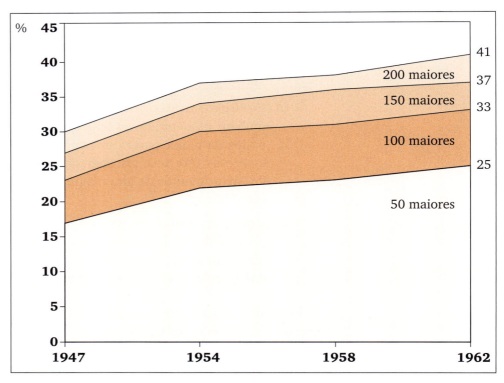

Figura 1.5 Participação das 200 maiores companhias industriais dos EUA no valor adicionado pelo total da indústria.

Fonte: Bureau of the Census. Citado por G. C. Means, no apêndice estatístico da 2ª edição de *The modern corporation and private property*. New York: Harcourt Brace Jovanovich, 1965.

Contrariamente até, registrou-se redução. Ao longo dos últimos 58 anos, as receitas operacionais totais das 50 maiores representavam 54,7% do total das 500 maiores, em 1955; em 2013, recuaram para 46,6%. A participação das 100 maiores também recuou de 67,8% para 63,2%; e a das 300 maiores, de 91,1% para 89,1%. Estes dados mostram que o conjunto das 500 maiores ganhou expressão na economia nacional, mas a concentração dentro do bloco diminuiu, não obstante cada uma das empresas tenha se rebustecido mais, aumentando sua expressão em relação à economia do país.

TABELA 1.2
O gigantismo das corporações dos EUA, a maior economia mundial: uma visão de sua expansão histórica.

Dimensões consideradas (bilhões de US$ correntes)	1955	1960	1970	1980	1995	2010	2013
❏ Produto Nacional Bruto (a)	395,9	518,9	1.012,9	2.725,4	7.325,1	14.582,4	16.800,0
❏ Receitas operacionais. Totais das 500 maiores companhias (b)	149,1	197,4	469,3	1.436,0	4.228,7	10.634,6	12.210,5
❏ % das receitas operacionais em relação ao PNB: (b)/(a).100	37,7	38,0	46,3	52,7	57,7	73,0	72,7

Fonte: Dados primários. WORLD BANK. *World development indicators database*, July, 2014 (para PNB) e FORTUNE. America's largest corporations, New York, vários números (para receitas operacionais das companhias).

TABELA 1.3
A evolução das dimensões do mundo corporativo dos Estados Unidos nos últimos 58 anos.

500 maiores empresas	Receitas operacionais anuais das maiores companhias US$ bilhões correntes							
	1955	1960	1970	1980	1995	2004	2010	2013
Maior	9,8	11,2	24,3	79,1	154,6	288,1	421,9	476,3
5 maiores	24,3	32,5	69,5	271,9	543,3	966,2	1.311,7	1.457,3
10	33,5	46,1	99,4	389,7	840,0	1.443,7	1.998,2	2.204,9
25	51,9	72,5	152,5	565,8	1.314,1	2.285,2	3.544,0	3.930,7
50	81,6	99,3	234,0	745,8	1.774,3	3.200,3	5.099,5	5.693,4
100	101,1	127,8	305,5	960,6	2.406,3	4.398,9	6.860,4	7.712,1
200	123,6	159,6	383,1	1.190,9	3.185,4	5.757,2	8.622,0	9.738,6
300	135,9	178,1	423,9	1.313,3	3.653,3	6.541,7	9.612,3	10.878,1
400	143,7	189,4	450,8	1.386,2	3.978,3	7.056,1	10.283,2	11.642,6
500 maiores	**149,1**	**197,4**	**469,3**	**1.436,0**	**4.228,7**	**7.432,2**	**10.784,3**	**12.210,5**
% em relação às 500 maiores	100,0	100,0	100,0	100,0	100,0	100,0	100,0	100,0
Das 50 maiores	54,7	50,3	49,9	51,9	42,0	43,1	47,3	46,6
Das 100 maiores	67,8	64,7	65,1	66,9	56,9	59,2	63,6	63,2
Das 300 maiores	91,1	90,2	90,3	91,5	86,4	88,0	89,1	89,1

Fonte: Dados primários de FORTUNE, *America's largest corporations*, New York, vários números.

De forma semelhante ao que ocorreu nos Estados Unidos, as 500 maiores corporações do mundo apresentam valores também altamente expressivos em relação às dimensões da economia global. A Tabela 1.5 traz as receitas operacionais e os lucros deste conjunto, em valores totais e médios por empresa. São realmente gigantescas suas expressões relativas ao Produto Mundial Bruto e aos PNBs dos países nestes primeiros anos do século XXI. Destacamos as seguintes:

❏ Em 2013, o total das receitas das 500 maiores companhias mundiais (US$ 31,06 trilhões) foi 84,9% superior ao PNB da maior economia mundial, a dos Estados Unidos (US$ 16,8 trilhões), e 143,59% superior à soma do PNB dos países da União Monetária Europeia, US$ 12,7 trilhões.

TABELA 1.4
A evolução das dimensões do mundo corporativo dos Estados Unidos nos últimos 58 anos, em relação ao Produto Nacional Bruto.

500 maiores companhias	Receitas operacionais/PNB (em %)								
	1955	1960	1970	1980	1995	2004	2010	2013
Maior	2,48	2,16	2,40	2,90	2,11	2,22	2,88	2,84
5 maiores	6,14	6,26	6,86	9,98	7,42	8,28	8,94	8,67
10	8,46	8,88	9,81	14,30	11,47	12,37	13,63	13,12
25	13,11	13,97	15,06	20,76	17,94	19,35	24,18	23,40
50	20,61	19,14	23,10	27,36	24,22	27,43	34,79	33,89
100	25,54	24,63	30,16	35,25	32,85	37,63	46,80	45,91
200	31,22	30,76	37,82	43,70	43,49	49,34	58,82	57,97
300	34,33	34,32	41,85	48,19	49,87	50,07	65,58	64,75
400	36,30	36,50	44,51	50,86	54,31	60,48	70,15	69,30
500 maiores	37,66	38,04	46,33	52,69	57,73	63,70	73,58	76,68

Fonte: Dados primários de FORTUNE, *America's largest corporations*. New York, vários números.

❑ Em relação ao Produto Mundial Bruto de 2013 (US$ 74,9 trilhões), o total das receitas das 500 maiores companhias mundiais representou 41,5%.

❑ Somente 26 países em todo o mundo, em 2013, apresentavam um Produto Nacional Bruto superior à média da receita operacional das 5 maiores companhias globais; 31, acima das 10 maiores; e 53, acima das 50 maiores.

❑ A receita operacional média das 500 maiores companhias mundiais (US$ 62,1 bilhões) é superior ao PNB de 120 países: entre os 191 países de maior PNB, apenas 71 superam esse valor.

Das 500 maiores companhias, 128 são dos Estados Unidos; as demais, evidenciando a dispersão global das gigantes do mundo corporativo, espalham-se por outros 38 países. As companhias norte-americanas são, em média, maiores que as da maior parte dos países. Estão nos Estados Unidos 25,6% das 500 maiores empresas globais e o total de suas receitas operacionais representou 27,6% (US$ 8,56 trilhões em relação a US$ 31,06 trilhões). O tamanho das corporações e o seu número em relação às 500 maiores mundiais têm alta correlação com o PNB dos países. Depois dos Estados Unidos, os cinco países que têm

TABELA 1.5
Dimensões do mundo corporativo mundial em 2013.

500 maiores empresas mundiais	US$ bilhões			
	Receitas operacionais totais	Receitas operacionais médias por empresa	Lucros totais	Lucros médios por corporação
Maior	476,3	476,3	16,4	16,4
5 maiores	2.232,8	446,6	70,9	14,2
10	3.713,1	371,3	118,5	11,8
25	6.634,7	265,4	215,1	8,6
50	9.455,6	189,1	436,8	8,7
100	14.264,4	142,6	652,4	6,5
200	20.640,7	103,2	1.062,5	5,3
300	24.973,7	83,2	1.261,8	4,2
400	28.372,9	70,9	1.416,9	3,5
500 maiores	31.058,4	62,1	1.526,8	3,1

Fonte: FORTUNE. *500 largest world corporations*, Europe edition, vol. 170, nº 1, Aug. 2014.

maior número de empresas entre as 500 maiores do mundo são, pela ordem, os Estados Unidos, a China, o Japão, a França, a Alemanha e o Reino Unido – exatamente as seis maiores economias do planeta em 2013.

Esta correlação se mantém alta quando consideramos as expressões mundiais de continentes e regiões e as dimensões de suas 500 maiores empresas. Em 2013, o PNB dos países da América Latina e Caribe totalizou US$ 5,65 trilhões, 7,54% do Produto Mundial Bruto; as receitas operacionais médias das 500 maiores empresas da região (US$ 5,2 bilhões) representaram 8,37% das receitas operacionais médias (US$ 62,1 bilhões) das 500 maiores empresas globais. A Tabela 1.6 dá uma visão comparativa das 500 maiores companhias do mundo, dos Estados Unidos e da América Latina. E a Tabela 1.7 abre por países o total das 500 maiores corporações da América Latina e do Caribe. O tamanho médio delas reflete a expressão da região na economia mundial. Mas, dentro da região, a expressão e o poder das suas 500 maiores companhias é praticamente equiparável ao que se observa em média mundial. O total de suas receitas operacionais alcança 45,97% do Produto Regional Bruto.

O gigantismo e o poder das grandes corporações confirmam-se por outra relação: a do valor de mercado das companhias listadas nas bolsas de valores de todo o mundo, comparativamente ao Produto Mundial Bruto. Esta relação é mostrada na Tabela 1.8, que revela outros aspectos impressionantes da evolução do mundo corporativo:

❏ Nos últimos 24 anos, o número de companhias listadas aumentou expressivamente, de 21.585 para 43.384. O aumento foi de 101,0% no período, ou de 2,95% ao ano. A expansão mais expressiva foi na Ásia e Oceania: o número de companhias mais do que triplicou, com crescimento anual de 4,2%.

❏ O valor de mercado dessas companhias cresceu vertiginosamente, de US$ 8,9 trilhões para US$ 59,8 trilhões. O aumento nominal foi de 572,9% em 24 anos, ou de 4,16% ao ano, superior à expansão do Produto Mundial Bruto.

❏ Em 1990, em relação ao Produto Mundial Bruto, o valor de mercado das 21,6 mil companhias listadas era de 40,2%; subiu para 61,9% em 1995 e chegou a 95,4% em 2000. Sob impacto da crise de 2008, recuou para 79,9% em 2013.

TABELA 1.6
As 500 maiores empresas do mundo, dos Estados Unidos e da América Latina, em 2013: um quadro comparativo.

500 maiores empresas	Mundo Receitas totais	Mundo Receitas médias por empresa	Estados Unidos Receitas totais	Estados Unidos Receitas médias por empresa	América Latina[a] Receitas totais	América Latina[a] Receitas médias por empresa
Maior	476,3	476,3	476,3	476,3	130,5	130,5
5 maiores	2.232,8	446,6	1.457,3	291,5	472,8	94,6
10	3.713,1	371,3	2.204,9	220,5	652,4	65,2
25	6.634,7	265,4	3.930,7	157,3	949,8	38,0
50	9.455,6	189,1	5.693,6	113,9	1.267,5	25,3
100	14.264,4	142,6	7.712,1	77,1	1.631,8	16,3
200	20.640,7	103,2	9.738,6	48,7	2.027,8	10,1
300	24.973,7	83,2	10.878,1	36,3	2.272,6	7,6
400	28.372,9	70,9	11.642,6	29,1	2.455,8	6,1
500 maiores	31.058,4	62,1	12.210,5	24,4	2.599,5	5,2

(a) A maior empresa da AL e do Brasil, Petrobras, aparece com dados distintos em três *rankings* (Fortune, EXAME e América Economia). Razões prováveis: 1. Critério de conversão cambial; 2. ROL (*ranking* Brasil) e ROB (*ranking* mundial e da Al; e 3. Conjunto das operações da empresa considerado).

Fontes: FORTUNE. *500 largest world corporations*. Europe edition, vol. 170, nº 1, Aug. 2014; AMÉRICA. 500 maiores empresas da América Latina. Edição Brasil, Ago. 2014.

TABELA 1.7
Ranking das 500 maiores empresas da América Latina por países de origem, em 2013, segundo as receitas operacionais anuais.

Países	Número de empresas entre as 500 maiores (a)	Receitas operacionais em US$ bilhões Totais (b)	Médias por empresa (b)/(a)
Brasil	201	1.126,0	5,6
México	118	713,0	6,0
Chile	66	253,7	3,8
Argentina	43	154,5	3,6
Venezuela	3	125,4	41,8
Colômbia	26	101,9	3,9
Peru	31	66,1	2,1
Outros países, América Central e Caribe	12	58,9	4,9
TOTAIS	**500**	**2.599,5**	**5,2**

Fonte: AMÉRICA, *500 maiores empresas da América Latina*. Edição Brasil, nº 437, julho de 2014.

Em síntese, estes dados indicam:

- O gigantismo, a expressão e o crescimento das grandes corporações mundiais.
- O poder econômico atual do grande mundo corporativo, provavelmente sem precedentes históricos.
- A alta correlação entre a expressão do mundo corporativo e a das economias nacionais em que se originaram e se desenvolveram as maiores empresas globais.
- O crescimento, acompanhando o da economia mundial, do número de empresas listadas nas bolsas de valores de todos os continentes e a crescente expressão de seu valor de mercado em relação ao Produto Mundial Bruto.
- O desastroso efeito-contágio de fraudes e de falências no mundo corporativo que pode se estabelecer sobre as cadeias produtivas globais. O impacto que elas podem ter sobre o desempenho, o equilíbrio e o crescimento da economia mundial.
- A importância decorrente da definição, da difusão e da adoção de boas práticas de governança corporativa que contribuam para a boa gestão das companhias e evitem efeitos-contágio.

TABELA 1.8
Número e valor de mercado das companhias listadas nas bolsas de valores do mundo, nos últimos 24 anos.

Continentes	Número de companhias				Valor de mercado em US$ bilhões (a)			
	1990	1995	2000	2013	1990	1995	2000	2013
Américas	9.322	10.819	10.549	10.212	3.417,5	7.644,2	16.450,1	28.297,1
Europa, Oriente Médio e África	5.933	6.377	9.306	9.603	2.019,4	4.358,1	9.588,0	13.066,3
Ásia e Oceania	6.330	7.854	9.445	23.569	3.456,4	5.121,3	4.918,5	18.481,1
Totais	**21.585**	**25.050**	**29.300**	**43.348**	**8.893,3**	**17.123,6**	**30.956,6**	**59.844,5**
Produto Mundial Bruto em US$ Bilhões (b)	–	–	–	–	22.107,0	27.650,0	32.458,0	74.899,9
Relação (a)/(b)	–	–	–	–	40,23%	61,93%	95,37%	79,90%

Fontes: WORLD FEDERATION OF EXCHANGES. Number of listed companies. Domestic market capitalization. Monthly statistics tables. Para Produto Mundial Bruto: WORLD BANK. *World development indicators*. Vários números.

❏ Estes dados expressam o impacto da grande retração no mercado de capitais do mundo, movida pela crise no sistema financeiro internacional que eclodiu em setembro de 2008: o valor de mercado das companhias abertas, que chegou a superar US$ 60 trilhões em 2007, recuou fortemente: US$ 32,6 trilhões em 2008, recuperando-se parcialmente no quinquênio 2009-2013, sustentando-se em níveis superiores a US$ 50 trilhões, mas não retornando ao patamar anterior. Em termos reais, os US$ 59,8 trilhões de 2013 estão cerca de 20% distantes do pico alcançado no ano anterior à crise financeira de 2008. Mas, sob alta volatilidade, recuou novamente em 2001, fechando o ano com US$ 47,4 trilhões.

1.3 O Processo de Dispersão do Capital

Acompanhando o crescimento das corporações e provavelmente também em decorrência dele, uma das mudanças mais notáveis do mundo corporativo foi a **dispersão do capital de controle das companhias**. Cinco fatores podem ser apontados como determinantes desta mudança:

1. A constituição das grandes empresas na forma de sociedades anônimas e o financiamento de seu crescimento pela subscrição pública de novas emissões de capital.
2. A abertura do capital de empresas fechadas e o aumento do número de empresas listadas nas bolsas de valores.
3. O aumento do número de investidores no mercado de capitais, a crescente diversificação de suas carteiras de ações e o consequente fracionamento da propriedade das companhias.
4. Os processos sucessórios, desencadeados com a morte dos fundadores das companhias.
5. Os processos de fusão das grandes companhias que, ao mesmo tempo, ampliam o número de acionistas, mas na maior parte dos casos reduzem a participação de cada um no capital total expandido.

Na economia dos Estados Unidos, a construção dos sistemas infraestruturais e a implantação das indústrias de base fundamentaram-se na constituição das companhias em sociedades anônimas e na alta dispersão do capital, já em seus anos iniciais. Três casos clássicos são comumente citados na literatura técnica: o da *American Telephone & Telegraph*, o da *Pennsylvania Railroad* e o da *United States Steel*. A Tabela 1.9 mostra os movimentos de dispersão do capital nestas três gigantes, nas três primeiras décadas do século XX. Em 30 anos, eles aumentaram 64 vezes na *AT&T*, 9 vezes na *Pensylvania* e 11 vezes na *US Steel*. Com a dispersão do capital, em 1931, o conselho de administração da *US Steel*, que abrigava os dois maiores acionistas da companhia,

TABELA 1.9 Número de acionistas das três maiores companhias dos Estados Unidos no período 1901-1931.

Anos	American Telephone & Telegraph	Pennsylvania Railroad	United States Steel
1901	10.000	26.500	15.887
1905	18.000	40.385	20.075
1907	23.000	57.226	28.435
1911	48.000	73.165	35.011
1915	66.000	93.768	45.767
1919	120.460	117.725	74.318
1923	281.149	144.228	99.779
1927	423.580	143.249	96.297
1931	624.180	241.391	174.507

Fonte: BERLE, Adolf A.; MEANS, Gardiner C. *The modern corporation and private property*. New York: MacMillan, 1932.

TABELA 1.10
A dispersão do capital acionário em companhias de grande porte, no final dos anos 20.

Companhias	Número de acionistas	% do maior acionista
Atchison, Topeka & Santa Fe Railway	59.042	0,76
Chicago, St. Paul & Pacific Railroad	12.045	1,36
General Electric	60.374	1,50
Delaware & Hudson	9.003	1,51
Southern Pacific	55.788	1,65
Boston Elevated Railway	16.419	1,66
Southern Railway	20.262	1,92
Consolidated Gas	93.515	2,11
Great Northern Railway	42.085	2,12
Northern Pacific Railway	38.339	2,13
Missouri, Kansas, Texas Railroad	12.693	2,23
Union Pacific Railroad	49.387	2,27
Baltimore & Ohio Railroad	39.627	2,56
Western Union Telephone & Telegraph	23.738	2,74

Fonte: MEANS, G. C. The difusion of stock ownership in the United States. *Quarterly Journal of Economics*, Aug. 1930.

possuía apenas 1,4% do capital. Na *AT&T*, o maior acionista detinha 0,7%; na *Pensylvania*, os três maiores eram detentores de menos de 3%.

No mesmo período, este processo estendeu-se à quase totalidade das sociedades anônimas nos Estados Unidos. O número de acionistas aumentou de 4,4 milhões, em 1900, para 18,0 milhões no final dos anos 20. Essa expansão acompanhou a do número de setores produtivos que passaram adotar o sistema acionário aberto. Da infraestrutura e das indústrias de base, o sistema estendeu-se aos serviços públicos, à mineração, ao petróleo, ao gás natural, às indústrias de transformação praticamente em todos os seus ramos, aos bancos e ao comércio. Somente a agricultura foi o setor em que o sistema acionário e a dispersão do capital por unidade de produção avançaram muito pouco.

O sistema acionário possibilitou, de um lado, o expansionismo e o agigantamento do mundo corporativo, bem como a maior concentração do poder econômico nas 500 maiores empresas das economias nacionais. Mas, de outro lado, manifestou-se dentro dele um importante movimento em direção oposta à da concentração: a **dispersão do número de acionistas** e a **pulverização da propriedade**. Mais ainda: a propriedade acionária tornou-se menos permanente, pelo crescente volume das negociações nas bolsas de valores. E, junto com a pulverização e as mudanças na constituição dos proprietários, estabeleceu-se um inexorável processo de **despersonalização da propriedade**. São ilustrativos os dados da Tabela 1.10 e os da Figura 1.6.

Ao término da Segunda Guerra Mundial, R. A. Gordon,[40] em *Business leadership in the large corporation*, estimou que nas maiores companhias americanas pelo menos metade do capital era mantido em lotes de menos de 1% do capital total. No início dos anos 60, a dispersão havia aumentado, como foi demonstrado por Larner[41] em *Ownership and control in the 200 largest non-financial corporations: 1929 and 1963*. Evidenciou-se mais ainda: embora a dispersão da propriedade não retirasse o direito de voto de seus acionistas e, por este direito, o de intervir nos rumos da companhia e na destinação de seus resultados, o exercício do voto seria desnecessário, quando a favor da administração; quando contrário, seria inóquo; logo, não tem valor.

Trinta anos depois, em 1995, Monks e Minow,[42] em *Corporate governance*, confirmaram essa percepção: não havia mudado apenas o número de acionistas individuais, crescentemente dispersos, mas também suas relações com as companhias. Eles mantinham-se ausentes, como **proprietários passivos**. Mas havia aumentado a participação dos fundos de pensão públicos e privados e de outros investidores institucionais no mercado acionário. Os investidores individuais detinham 46,4% do capital acionário de todas as companhias abertas. Só que a pulverização da propriedade não se modificara essencialmente, dada a alta dispersão dos titulares das quotas das várias categorias de fundos de investimento.

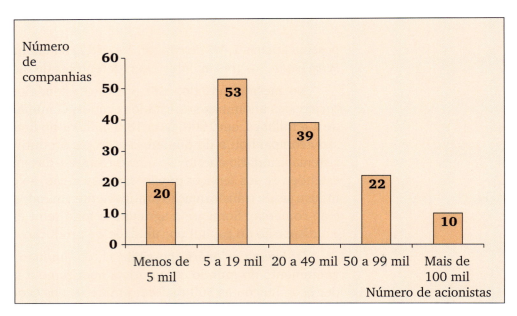

FIGURA 1.6 Distribuição de 144 companhias norte-americanas, da lista das 200 maiores em 1930, segundo o número de acionistas.

Fonte: A partir de dados (Tabela XII) compilados por BERLE, Adolf A.; MEANS, Gardiner C. *The modern corporation and private property*. New York: MacMillan, 1932.

1.4 O Divórcio Entre a Propriedade e a Gestão

A dispersão da propriedade e a consequente ausência dos acionistas acarretaram outras mudanças profundas nas companhias. Cinco se destacam:

1. **A propriedade desligou-se da administração**. Na virada do século XIX, os fundadores das empresas, mesmo daquelas que recorreram à sociedade anônima como forma de constituição e de capitalização, estavam presentes nas empresas, dispunham de instrumentos para o seu controle e exerciam o comando. Em todas as partes do mundo, muitas das grandes companhias eram extensões de seus fundadores e levavam o seu sobrenome. Mas, ao longo do século XX, os processos sucessórios, o avanço das sociedades anônimas de capital aberto e o desenvolvimento do mercado de capitais mudaram a estrutura de poder nas companhias.

2. **Os "capitães de indústria", fundadores-proprietários, foram substituídos por executivos contratados**. Os primeiros assumiam três papéis: o de ter interesses como acionistas controladores, o de exercer a gestão e o de ter poder efetivo sobre os rumos da companhia. Já os executivos que pilotam as empresas exercem efetivamente o poder dentro delas, mas não têm os interesses típicos dos proprietários.

3. **Os objetivos deixaram de se limitar à maximização de lucros**, como enfatizava a microeconomia neoclássica. Nas modernas grandes empresas, onde o poder é exercido pela gestão, não pela propriedade, outros interesses se chocam com o da maximização dos lucros. Os gestores podem estar interessados em outros objetivos, que vão da segurança das operações, sob aversão a riscos, até a elevação de seus próprios ganhos, em detrimento da renda dos acionistas. Esta constatação levou a revisões conceituais importantes, todas na direção de mostrar os conflitos entre os *agentes principais* das corporações, seus acionistas, e os *agentes condutores* das operações, os executivos-chefes. Contribuições férteis, nesta linha, foram desenvolvidas nas décadas de 70 e 80, por Alchian e Demsetz,[43] Grossman e Hart.[44]

4. **Várias inadequações e conflitos de interesse passaram a ser observados no interior das companhias**. Se não corrigidos, se estenderiam para o mercado de capitais, podendo impactar os princípios e o desempenho do próprio sistema capitalista.

5. **Os conflitos decorrentes de interesses não perfeitamente simétricos levaram à reaproximação da propriedade**

e da gestão, pelo caminho da difusão e da adoção de boas práticas de governança corporativa.

Destacaremos, sintetizando-as, as contribuições de três observadores pioneiros dessas mudanças: Berle e Means e Galbraith. Em seguida, trataremos de duas outras contribuições, de Klein e de Jensen e Meckling, que evidenciaram as razões fundamentais dos conflitos originários do divórcio entre a propriedade e a gestão do mundo corporativo.

A ABORDAGEM DE BERLE E MEANS

A abordagem de Adolf A. Berle e Gardner C. Means, exposta em 1932 no clássico *The modern corporation and private property*, tratou de três aspectos cruciais da evolução do mundo corporativo: 1. O afastamento entre a propriedade e o controle das grandes corporações; 2. as mudanças no comando das companhias – dos proprietários para os gestores – e as divergências de interesses entre eles; e 3. a inadequação das concepções tradicionais sobre o controle das sociedades abertas e sobre o objetivo clássico de maximização do lucro.

Reproduzindo os argumentos essenciais de Berle e Means – hoje reconhecidos como uma das bases conceituais da governança corporativa –, resumiremos um a um os três aspectos destacados.

1. O AFASTAMENTO ENTRE A PROPRIEDADE E O CONTROLE

À medida que a riqueza na forma de capital acionário foi se dispersando, a propriedade e o controle das companhias deixaram cada vez mais de estar nas mesmas mãos. O divórcio entre a propriedade e o controle praticamente envolve uma nova forma de organização da sociedade. Segundo uma visão mais ampla, a moderna sociedade anônima pode ser considerada não apenas como forma de organização social, mas potencialmente como a instituição dominante do mundo moderno.

A máxima concentração de poder sempre se baseou no interesse dominante em cada época. Cada um a seu tempo, os homens poderosos lutaram para ser cardeal ou papa, príncipe ou ministro. Durante a Idade Média, exercendo poder espiritual, a Igreja dominou a Europa, numa época em que estavam dispersos o poder econômico e o político. Depois, o Estado moderno saiu vitorioso na luta contra a Igreja e a política nacionalista substituiu a religião como base unificadora do mundo ocidental, quando o poder econômico ainda estava disperso. O surgimento das modernas sociedades anônimas viabilizou a concentração do poder econômico, que pode competir com o Estado moderno – poder econômico *versus* poder político, cada um forte em seu setor.

Ocorre, porém, que o controle das grandes companhias, organizadas na forma de sociedades anônimas, não está nas mãos dos proprietários do capital acionário. Na maior parte delas, a administração está teoricamente desligada da propriedade. A direção executiva é que passa a ser, efetivamente, a "proprietária" das companhias. Nem sempre ela é escolhida pelos acionistas, tal a dispersão destes, e não são levadas a seguir quaisquer instruções emanadas dos proprietários das ações.

Somente nas empresas de capital fechado ou nas abertas em que ainda há a predominância de um grupo de acionistas efetivamente presentes, a propriedade e o controle estão nas mesmas mãos. Numericamente, estas empresas são a maioria, mas sua representatividade na economia não é tão grande quanto o seu número sugere. Em 1967, quando Berle e Means revisaram a última versão da obra original de 1932, as operações industriais nos Estados Unidos já estavam altamente concentradas: 70% eram realizadas por grandes companhias abertas, cujas ações ordinárias estavam dispersas nas mãos de 22 a 23 milhões de pessoas físicas, número que em 20 anos ficaria entre 40 e 50 milhões. Essas pessoas são, de direito, as proprietárias das companhias. Mas, de fato, como não têm nem exercem o controle, os usufrutuários são os administradores não proprietários.

Esta realidade não se modifica mesmo considerando que os milhões de proprietários de direito são apenas a camada superior da estrutura de posse da riqueza acionária. Uma parcela muito grande e crescente de ações pertence não a indivíduos diretamente, mas a instituições fiduciárias intermediárias, que por sua vez distribuem os benefícios da propriedade das ações aos indivíduos que fazem parte delas. São assim os fundos previdenciários e os fundos mútuos de investimentos. Essas instituições congregam tantas pessoas quantas as que possuem suas próprias carteiras de ações. E todas elas, até anos recentes – quando passaram a se envolver mais diretamente na constituição dos conselhos de administração das grandes companhias – estavam também afastadas dos processos de gestão.

A dispersão do capital acionário resultou, assim, na constituição de duas novas categorias sociais – a dos *proprietários passivos* e a dos *não proprietários usufrutuários*, com efeitos dramáticos sobre a propriedade das companhias, sobre o seu controle e sobre o seu usufruto. Berle e Means registram os seguintes:

- **Transposição da propriedade**. A propriedade passou de agentes ativos para agentes passivos – os primeiros, "proprietários de direito"; os segundos, "proprietários de fato". Em lugar de propriedades materiais reais, sobre as quais os proprietários poderiam exercer controle e pelas quais eram responsáveis, agora eles têm um pedaço de papel apenas representando uma série de direitos e expectativas em relação a uma companhia. Mas, ao mesmo tempo, eles são praticamente impotentes para agir sobre a propriedade material.

- **Valores e personalidade**. Os valores espirituais que estavam ligados à propriedade foram dela separados. A propriedade material, passível de ser moldada pelo seu dono, poderia proporcionar-lhe uma satisfação direta, independentemente da renda que produzia de forma mais concreta. Representava uma extensão de sua própria personalidade. Mas ele perdeu esta condição, da mesma forma que o trabalhador individual perdeu importância com a Revolução Industrial.

- **Forças geradoras de valor**. O valor da riqueza acionária de uma pessoa passou a depender de forças inteiramente alheias a ela mesma e a seus esforços. Por um lado, ele é determinado pela ação dos indivíduos que comandam a empresa – indivíduos sobre os quais o proprietário típico não exerce nenhum controle; por outro lado, é influenciado pela ação de agentes que operam no mercado acionário, sensível e muitas vezes caprichoso. O valor, portanto, passa a estar também sujeito às fantasias e às manipulações características do mercado de capitais. Também está sujeito às grandes oscilações das estimativas que a sociedade faz de seu futuro imediato, tal como este se reflete no desempenho dos mercados financeiros.

- **Ganhos de liquidez**. Em contrapartida, a riqueza acionária ganhou extrema liquidez com os mercados organizados. O proprietário individual pode convertê-la em outras formas de riqueza no momento que quiser, desde que a mecânica do mercado esteja funcionando de modo adequado.

- **Usufruto da riqueza acionária**. A riqueza cada vez menos assume uma forma que possa ser diretamente empregada por seu possuidor. Quando a riqueza está sob forma de terra, por exemplo, é passível de ser usada pelo proprietário, mesmo que o valor de mercado da terra seja desprezível. A característica física dessa riqueza dá a seu possuidor um valor subjetivo independente do valor de mercado que possa ter. Já a nova forma de riqueza praticamente não se submete ao uso direto. Somente através de venda no mercado de capitais pode o proprietário usufruir de seu uso direto. Portanto, os acionistas estão amarrados ao mercado como nunca estiveram antes.

- **Capital acionário como símbolo**. Finalmente, no sistema acionário, o proprietário da riqueza industrial ficou apenas com um símbolo de propriedade, enquanto o poder, a responsabilidade e a substância que foram, no passado, parte integrante da propriedade, transferiram-se para um grupo independente, em cujas mãos está o controle.

2. As Divergências de Interesses

Reféns da condição de **proprietários passivos**, os detentores da riqueza acionária passaram a ter três interesses básicos:

1. O usufruto de uma parcela do lucro da companhia, líquido de impostos, destinada ao pagamento de dividendos.
2. O aumento do valor de mercado da companhia, traduzido em valorização das ações no mercado de capitais.
3. No caso de liquidação ou de venda da companhia, receber por suas ações a parte correspondente aos valores praticados.

Já o direito de voto e de interferência na gestão e nos destinos da companhia tende a ter uma importância cada vez mais desprezível, à medida que as companhias se tornam gigantescas, com aumento do número de seus acionistas. Em caso de discordância com os rumos anunciados ou com o modelo visível de gestão, a alternativa é a venda das ações, substituindo-as ou não pelas de outras empresas, que apresentem ter posturas, estratégias e operações mais alinhadas aos seus interesses. Esta opção, todavia, exige que as ações tenham liquidez; e, quando têm, **despersonificam a propriedade** e **aumentam a independência das companhias em relação aos seus proprietários** – até porque estes são cada vez menos permanentes.

Esta independência da empresa transfere-se para a sua direção executiva. Mesmo nos casos em que se constituem conselhos de administração, seus membros tendem a ser indicados pelos gestores que exercem de fato o poder que caberia aos proprietários, caso exercessem ativa e efetivamente os seus papéis. Mantém-se, assim, pela cooptação do conselho, o controle nas mãos dos administradores. Onde a propriedade está amplamente subdividida, a direção executiva pode tornar-se um organismo autoperpetuador, mesmo que sua participação no capital acionário seja desprezível.

Estabelecem-se, assim, dois grupos distintos, com interesses imperfeitamente simétricos: o dos **proprietários, que não dispõem do controle** e o dos **controladores efetivos, que não dispõem de propriedade apreciável**. Quando o proprietário também detinha o controle da companhia, poderia movimentá-la em função de seus próprios interesses. Mas não há razões suficientes que garantam que as companhias controladas por diretores não proprietários sejam movimentadas na direção de maximizarem o retorno dos investimentos feitos pelos acionistas, distribuindo-o numa proporção tão grande quanto permitam os interesses superiores dos negócios. A hipótese que parece mais razoável é que os administradores terão como objetivo principal os seus usufrutos pessoais, expressos nas mais diversas formas de retribuição: ganhos fixos, bonificação sobre os resultados e outros benefícios indiretamente recebidos, tal como na origem das empresas se dava com seus fundadores, que acumulavam os papéis de proprietários e gestores. E mais: é também provável que os gestores se apropriem de indicadores visíveis de prestígio e poder, autoatribuídos, conflituosos com os objetivos de maximização dos lucros e do valor da companhia.

Quando a busca do usufruto pessoal é a força motriz dos que controlam as companhias, os interesses dos acionistas já não são mais perfeitamente coincidentes com os dos gestores. Não se descarta por inteiro a hipótese de coincidirem os interesses dos proprietários e da administração. Ela pode ocorrer, por exemplo, quanto a gestão está em busca do seu sucesso profissional, expresso por lucros gigantescos e por aumento notável do valor da empresa, só buscando usufrutos justificáveis por bons resultados. Mas são tantas e tão dissimuláveis as oportunidades de ganhos pessoais por parte dos administradores que **a convergência plena de interesse tende, provavelmente, e ser a hipótese menos frequente**.

3. A INADEQUAÇÃO DAS CONCEPÇÕES TRADICIONAIS

Duas concepções tradicionais, expostas pela escola clássica da economia, passaram a ser reexaminadas, dadas as condições vigentes no mundo corporativo, já bem visíveis nas primeiras décadas do século XX e amadurecidas nos últimos 50 anos: 1. a de propriedade e de empresa privada; e 2. a de maximização do lucro.

❑ **O controle das sociedades abertas**. Na tradição clássica, exposta por Adam Smith em 1776, em *Wealth of nations*, a propriedade privada envolvia a posse, o domínio e o controle efetivo de riquezas reais; e a empresa privada consistia em uma pessoa ou em um grupo de sócios, ativamente empenhados em sua gestão.

TABELA 1.11
As 200 maiores companhias não financeiras dos Estados Unidos, segundo a tipologia da propriedade e do controle.

Tipologia	1929 Número de empresas	1929 Ativos em US$ bilhões	1929 % dos ativos	1963 Número de empresas	1963 Ativos em US$ bilhões	1963 % dos ativos
Propriedade plena	12	3.367	4,2	0	0	0
Propriedade majoritária	10	1.542	1,9	5	3.307	1,2
Propriedade minoritária	46,5	11.224	13,8	18	28.248	10,7
Controle administrativo	88,5	47.108	58,1	169	224.377	84,8
Mecanismo legal	41	17.565	21,7	8	8.765	3,3
Outros tipos	2	269	0,3	0	0	0
TOTAL	200	81.073	100,0	200	264.697	100,0

Fontes: Para 1929, dados compilados por Berle e Means para a primeira edição de *The modern corporation and private property*. Para 1963, LERNER, Robert J. Ownership and control in the 200 largest non-financial corporations: 1929 and 1963. *The American Economic Review*, v. LVI, nº 4, 1966.

Em contraposição, estabeleceram-se os conceitos de bens públicos e semipúblicos, de propriedade difusa, sob domínio e controle efetivo do Estado. Embora estas concepções persistam até hoje e dificilmente serão desfeitas por inteiro, a crescente concentração da propriedade e da empresa privada na forma de sociedades anônimas de capital aberto levou a novos conceitos. Primeiro, os que distinguem a propriedade privada passiva da ativa; segundo, os que vêem na sociedade anônima uma variante dominante de propriedade coletiva, não obstante também privada; terceiro, os que desvinculam a propriedade, legalmente reconhecida, do domínio efetivo dos ativos reais a ela associados.

Estas dissociações entre a propriedade privada, a posse, o domínio e o controle pessoalmente exercidos pelo proprietário levaram a cinco tipos de controles da riqueza privada: 1. o **controle pleno pelos próprios titulares da riqueza**; 2. o **controle por grupos majoritários**; 3. o **controle por mecanismos legais**, exercido pelos que detêm parcelas pouco expressivas do capital, como ocorre nos casos em que a lei admite classes distintas de ações, com direitos diferenciados; 4. o **controle minoritário**, que ocorre quando proprietários de lotes expressivos de ações (por exemplo, 10 a 15% do capital acionário total) assumem o poder em companhias em que o restante da propriedade acionária é altamente fracionado, sem que seus detentores tenham capacidade ou interesse em se organizarem; e 5. o **controle administrativo**, que ocorre nos casos em que a dispersão da propriedade é tão alta e extensa que o executivo-chefe, que chegou ao topo da gestão, assume efetiva e ativamente a "propriedade" da companhia.

A Tabela 1.11 reproduz as razões dessa revisão conceitual aplicada ao mundo corporativo dos Estados Unidos. Ao curso de três décadas, entre a primeira e a última versão da obra clássica de Berle e Means, as estruturas da propriedade e do controle mudaram radicalmente nas 200 maiores companhias não financeiras.

❑ **A maximização do lucro**. Com a crescente dispersão da propriedade das ações, seja pelo financiamento das companhias via mercado acionário, seja por processos sucessórios, com a consequente separação entre a propriedade e a gestão, a suposição clássica de que o objetivo central das empresas é a maximização do lucro passou também a ser questionada. A razão essencial é o conjunto de motivações e de objetivos que move os gestores não proprietários, mas controladores das corporações. Eles podem estar interessados mais em segurança do que em lucros máximos; mais em crescimento do que em retorno; mais em usufrutos pessoais do que no potencial efetivo de crescimento do valor da companhia.

Reconhecendo, porém, que a ortodoxia econômica já havia percebido estas possibilidades, Berle e Means transcreveram uma das mais citadas passagens da obra clássica de Smith: *Não se pode esperar que os diretores das companhias que administram o dinheiro de outras pessoas zelem por ele e o façam com a mesma vigilância cuidadosa dos sócios de uma empresa privada*. Mesmo nos anos iniciais de formação do modelo de sociedade anônima, Smith criticava enfaticamente essa forma de organização de constituição das companhias, afirmando que **a dispersão da propriedade tornava impossível uma administração tão eficiente quanto a de empresas em que a propriedade e o controle constituem um todo unitário**.

Pelo conteúdo das questões levantadas, a abordagem pioneira de Berle e Means fertilizou um novo campo de conhecimento, que nos últimos 20 anos traduziu-se pela expressão *governança corporativa*. Outras contribuições importantes seguiram-se à deles. Destacaremos a de Galbraith, exposta na segunda metade dos anos 60.

A ABORDAGEM DE GALBRAITH

J. K. Galbraith, no clássico *The new industrial state*, de 1967, retomou, sem contrariá-las, mas em tom mais crítico e até sarcástico, as novas realidades evidenciadas por Berle e Means, reenfatizando suas consequências e tendências. E adicionou mais dois pontos, relacionados à **tecnoestrutura da organização**: sua importância como suporte do desenvolvimento da moderna sociedade industrial e as condições de sua ascensão e de sua sustentação como fator econômico dotado de poder.

Resumiremos estes três aspectos da abordagem de Galbraith: a revisita às novas realidades do mundo corporativo, o papel da tecnoestrutura da organização e as exigências dos acionistas, embora distantes e desconhecidos, para que os gestores sustentem o poder por eles conquistado.

1. AS NOVAS REALIDADES CORPORATIVAS

O sistema fabril, base da Revolução Industrial, levou um número cada vez maior de trabalhadores a se colocar diretamente sob uma única administração. Depois disso, a sociedade anônima, de efeitos também revolucionários, colocou a riqueza de inúmeras pessoas sob o mesmo controle central. Cada uma dessas mudanças aumentou enormemente o poder dos administradores – e o *status* das pessoas envolvidas no processo econômico, trabalhadores ou proprietários, transformou-se de modo radical. Ambos entregam seus recursos, trabalho ou capital, aos administradores da companhia, esperando as máximas recompensas que sejam possíveis.

Há 80 anos, a sociedade anônima era o instrumento de seus proprietários e uma projeção de suas personalidades. Os nomes de seus empreendedores – Carnegie, Rockfeller, Harriman, Mellon, Guggenheim, Ford – eram conhecidos em todos os Estados Unidos. Mas os que agora dirigem as grandes empresas não possuem parcelas apreciáveis de seu capital nem são escolhidos pelos acionistas, porém por um Conselho de Administração que eles próprios escolheram.

Até a segunda metade dos anos 60, mantinham-se, assim, os cerimoniais que davam aos acionistas a impressão de que ainda tinham poder. "Na época em que os acionistas tinham o controle das companhias, as assembleias não eram apenas cerimônias. Aprovava-se o voto da maioria e rejeitava-se o da minoria, com as concessões que fossem estratégicas, todos compreendendo o processo em que estavam envolvidos. Mas quando o poder dos acionistas passou a perder influência, até cessar, redobraram-se os esforços para disfarçar a sua nulidade. Nas assembleias entregavam-se relatórios primorosamente impressos, cuja preparação constitui agora um negócio especializado. Durante as reuniões, faziam-se repetidas referências à companhia. Os diretores ouviam, com todas as mostras de atenção, sugestões irrelevantes de participantes totalmente mal informados, assegurando-lhes que seriam consideradas com o maior interesse. Felicitações de mulheres acionistas com vestidos vistosos e possuidoras de dez ações, *pela excelente habilidade com que os administradores estão dirigindo a 'nossa' companhia,* eram recebidas com simulada gratidão. Mas nenhum acionista importante se achava presente. Não se tomavam decisões impactantes. E as assembleias anuais das grandes sociedades anônimas americanas talvez eram, nessa época, um dos mais aprimorados exercícios de ilusão popular."

Este sarcástico texto de Galbraith evidenciava pelo menos dois traços da realidade corporativa dos Estados Unidos nos anos 60, frutos do "amadurecimento do novo estado industrial": 1. **a constituição de conselhos *pro forma*, cooptados pela direção executiva das companhias**; e 2. **o divórcio pré-anunciado por Berle e Means entre a propriedade acionária e a administração corporativa**.

2. A Tecnoestrutura da Organização

Nos anos 50 e 60, houve abundante acumulação de provas sobre o deslocamento do poder dos proprietários para os administradores dentro das grandes companhias. De fato, o poder dos acionistas tornava-se cada vez mais tênue, apesar da relutância de muitos observadores em admitir essa mudança e em manter o mito do poder dos dispersos detentores do capital. Outros, entre eles os marxistas, alegavam que a mudança era superficial e que o capital continuava a reter controles profundos e funcionais. Alguns admitiam a mudança, mas adiaram o julgamento quanto à sua significação. Poucos enxergavam o eclipse do capital e somente os ingênuos reagiam ao que era óbvio.

Na realidade, **a tecnoestrutura da organização tornara-se o fator mais importante de sustentação do mundo corporativo**, constituído por crescente número de companhias gigantes. No passado, a liderança da empresa identificava-se com a do empresário – o indivíduo que unia a propriedade ou o controle do capital com a capacidade de organizar os outros fatores de produção e, na maioria dos casos, com a capacidade de fazer inovações. Muitos destes velhos líderes reagiram de forma autocrática à sua perda de poder para a tecnoestrutura das organizações que construíram. Isto ocorreu com Henry Ford, na década de 30 e nos primeiros anos da de 40, levando-o a demitir diretores com conhecimentos técnicos especializados que ameaçavam seu brilho excêntrico. O resultado da reação à tecnoestrutura foi quase um desastre. Com a morte de H. Ford, Ernest Breech reconstruiu-a. E a companhia recuperou o terreno perdido.

As referências de Galbraith a essas reações reforçaram sua convicção sobre o papel da tecnoestrutura na gestão das grandes corporações – um papel que já não poderia mais ser desempenhado por proprietários autocratas. A organização, tecnicamente estruturada e por meio de complexas tarefas de coordenação, faz com que o trabalho de especialistas chegue a resultados coerentes. Mais do que o desenvolvimento dos bens de capital, a capacidade de organizar os processos produtivos no moderno Estado industrial é então destacada como uma das mais palpáveis manifestações da tecnologia avançada.

Esta concepção levou Galbraith a considerar que a mera posse do capital não era mais fator de poder. A **inteligência organizada** estava se sobrepondo a ele, ocorrendo um nítido deslocamento do poder, tal como se deu no passado com a terra em relação ao capital. Esta seria a grande mudança do mundo corporativo, progressivamente estabelecida ao curso das seis primeiras décadas do século XX. Como os críticos do sistema capitalista gostariam que ocorresse, o poder não se deslocou do capital para o trabalho, invertendo tendências históricas e tornando a massa de trabalhadores a vitoriosa no conflito entre o capital e o trabalho. O poder não passou para a mão de obra, embora esta tenha conquistado melhores condições de trabalho e mais altas remunerações, que até levaram ao seu "aburguesamento". Ocorre que a mão de obra não especializada é abundante e os trabalhadores de aptidões convencionais não desfrutam de condições de poder. O mesmo ocorre com a abundante e dispersa disponibilidade de capital.

O poder passou, assim, para um novo fator de produção – a **tecnoestrutura das organizações**, uma associação de pessoas de diversos conhecimentos técnicos, experiências e talentos. É da eficiência dessa organização que passou a depender o êxito das grandes companhias.

Em síntese, na abordagem de Galbraith **é na *competência organizada* que se concentra o poder no novo Estado industrial**.

3. Lucros: A Segurança da Tecnoestrutura

Na abordagem de Galbraith, a hipótese de maximização do lucro foi retomada, mas não para ser questionada como objetivo corporativo predominante. Em sua versão, o primeiro requisito para a sobrevivência da tecnoestrutura e para a manutenção de seu poder é que ela preserve a sua autonomia – considerada como condição inseparável de quem exerce o poder. O poder permanecerá firme nas mãos da tecnoestrutura enquanto a inteligência da organização for capaz de realizar lucros que satisfaçam às expectativas dos acionistas. Mesmo dispersos e aparentemente passivos, eles estarão dispostos a manter parcelas do capital das companhias que lhes proporcionem retornos e os animem a subscrever emissões destinadas à expansão dos negócios.

O nível satisfatório do lucro distribuído aos acionistas é determinado pelas forças de mercado e seu alcance se torna um desafio à direção das corporações. Se os lucros permanecerem sistematicamente abaixo desse nível, a cotação das ações passa a sinalizar a insatisfação dos acionistas e a gerar desconforto para a tecnoestrutura, especialmente nas situações mais críticas em que, diante de resultados insuficientes, as companhias passam a buscar mais recursos externos, expondo-se a questionamentos e a pré-condições que implicam perda de autonomia da administração. O mesmo ocorrerá se os dividendos habituais não forem cobertos: dificilmente os acionistas permanecerão passivos.

A Figura 1.7 é uma tentativa de interpretação da abordagem de Galbraith. Ela relaciona o poder da tecnoestrutura à geração de lucros. O poder se mantém a partir de um nível mínimo de lucros, indicado por M, coincidente com a média do setor em que a empresa atua. Abaixo desse nível, estabelece-se uma zona de desconforto. Caso os níveis não sejam recuperados, o poder tende a desfazer-se, notadamente abaixo do ponto D, quando os resultados deixam de ser apenas insatisfatórios para se tornarem negativos. O poder se manterá e se fortalecerá do ponto M ao ponto A, onde atinge um nível pleno, dado pelo maior lucro obtido pelas empresas do setor, a partir do qual seu aumento pouco acrescentará à autonomia da tecnoestrutura, estabelecendo-se então a plenitude do seu poder.

Pelo mais elementar cálculo de interesse próprio, ela passará então a colocar a prevenção de prejuízos à frente de lucros ainda maiores: os prejuízos a destruirão, ao passo que lucros maiores se tornarão praticamente inócuos. É também a partir daí que se criam condições para que a alta gestão se aproprie de benefícios autoconcedidos, em detrimento de lucros maiores para acionistas distantes e desconhecidos. A distância crescente entre as trajetórias (a) e (b) reproduz uma área em que a tecnoestrutura pode usar de sua autonomia para **usufruto do poder**.

Estas hipóteses já haviam sido exploradas por Hall e Hitch,[45] em *Price theory and business behavior*. Eles destacaram que "a formalização de acordos internos para a conciliação de subconjunto de objetivos de gerentes funcionais geralmente compromete o objetivo de lucro máximo de interesse dos acionistas". E coincidem com a conhecida hipótese de Baumol,[46] exposta em *Business behavior, value and growth*, de que o máximo lucro possível, a partir de certo nível, compete com objetivos de crescimento, que tendem a proporcionar à tecnoestrutura oportunidades de se apropriar de outras formas de compensações – uma hipótese confirmada por sofisticadas investigações conduzidas no final dos anos 60 por R. Marris,[47] em *The economic theory of "managerial" capitalism*.

FIGURA 1.7
Uma tentativa de interpretação da abordagem de Galbraith: o lucro como fator de sustentação do poder de tecnoestrutura.

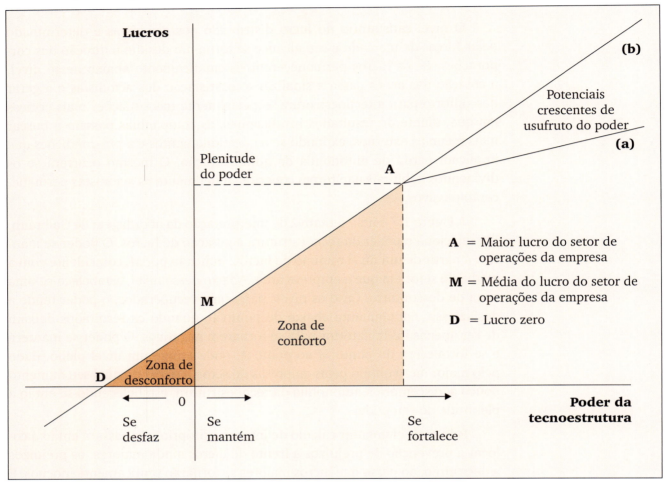

1.5 Conflitos de Agência

As várias hipóteses de conflitos potenciais entre acionistas e gestores ou entre acionistas majoritários e minoritários têm sua origem, como exaustivamente descrevemos, na dispersão do capital das corporações e na consequente separação entre a propriedade e a gestão. Mas é importante resumir agora as suas razões fundamentais, a partir de tratamento teórico convencional que foi desenvolvido nos últimos anos.

Justifica-se uma revisita resumida a esses conflitos pelo fato de eles estarem ligados às raízes históricas da governança corporativa e à difusão e adoção de seus valores e práticas, a partir da última década do século passado e, ainda mais amplamente, nestes primeiros anos do século XXI.

A teoria já consagrada da governança corporativa denomina-os de **conflitos de agência**, associando-os a dois axiomas fundamentais, sintetizados por Klein[48] e Jensen-Meckling:[49] a **inexistência do contrato completo** e a **inexistência do agente perfeito**.

A Origem dos Conflitos de Agência

As grandes corporações desenvolveram-se a partir de duas forças empreendedoras, diferenciáveis em suas origens, quanto às formas de financiamento dos seus empreendimentos – a interna e a externa.

1. **Financiamento interno**. Grande parte das corporações de negócios, hoje listadas entre as maiores do *ranking* em seus países de origem, foi criada por empreendedores talentosos que construíram impérios com recursos originários dos resultados dos seus próprios negócios. Suas motivações maiores, notavelmente sintetizadas por Scitovsky,[50] foram o expansionismo, o gigantismo corporativo, a dominação do setor de atividade e a perpetuação do empreendimento. Muitos tinham aversão à alavancagem por exigíveis (*debt*) e também não recorreram aos mercados de capitais (*equity*) para seus projetos de expansão. Estabelecidos em atividades promissoras e, durante muito tempo, pouco concorridas, acumularam fortunas, reinvestindo os bons resultados operacionais de seus negócios, expressos por margens excepcionalmente elevadas.

2. **Financiamento externo**. Outras corporações estabeleceram-se, praticamente desde o seu nascedouro, com ampla captação de recursos (*debt* e, preponderantemente na Inglaterra e nos Estados Unidos, *equity*). As captações massivas foram viabilizadas, especialmente a partir do início do século XX, pelo desenvolvimento do sistema financeiro e do mercado de capitais. Empreendedores com bons projetos, movidos por objetivos estratégicos de rápida expansão e com competente atuação nos mercados financeiros, também construíram impérios, com objetivos não diferentes dos pioneiros que capitalizaram seus empreendimentos pela obstinada prática do reinvestimento dos resultados internamente gerados.

Nos dois casos, a despeito das diferenças quanto à origem dos recursos que impulsionam a formação das grandes companhias, o controle acionário resultou pulverizado. No primeiro caso, a médio-longo prazo, após duas ou três gerações, pelos direitos de sucessão, após o desaparecimento dos fundadores. No segundo caso, praticamente de imediato, dadas as características do próprio processo de financiamento, ou após uma ou duas gerações, pela sucessão e pela pulverização de direitos hereditários dos controladores.

Como, em ambos os casos, foram pouco comuns as ocorrências de sucessores que tivessem interesse e aptidão para o exercício de funções gerenciais e para o desenvolvimento de negócios, a consequência inevitável foi a separação entre a propriedade e a gestão, buscando-se no mercado de trabalho gestores capazes de dar continuidade aos negócios corporativos. A estes se confiou então a missão, que antes era exercida por fundadores excepcionalmente dotados de apetite empresarial e talento para negócios, de dar continuidade aos empreendimentos, promover o seu crescimento, prover as condições para a sua perpetuação e corresponder aos anseios de retorno e de maximização da riqueza dos acionistas.

As grandes massas de acionistas tornaram-se assim **outorgantes** – desde o início dos empreendimentos, nos casos das companhias que captaram recursos via mercado de capitais, e com os movimentos sucessórios, que ocorreram com o passar do tempo em todas as grandes corporações. E, atuando como **outorgados**, posicionaram-se no topo das companhias os gestores contratados para a direção executiva.

A Figura 1.8 sintetiza uma das consequências desse processo histórico de dispersão do capital acionário e de outorga da gestão das corporações a executivos contratados. No modelo de gestão das grandes corporações do moderno capitalismo, os acionistas, como **agentes principais e outorgantes**, estão focados em decisões financeiras, em alocação eficaz de recursos, em carteiras de máximo retorno, em diversificação de riscos de aplicações. E, como **outorgados e agentes executores**, os gestores estão focados em decisões empresariais, no domínio do negócio, em conhecimentos de gestão, em estratégias e em operações. Aos gestores os acionistas fornecem os recursos para a capitalização dos empreendimentos e as remunerações pelos serviços de gestão; em contrapartida, os gestores fornecem serviços que maximizam o retorno dos acionistas, com o compromisso de prestarem informações precisas, oportunas, confiáveis e abrangentes sobre a condução dos negócios, sobre os riscos e vulnerabilidades da empresa e sobre suas perspectivas futuras.

Consequentemente, como sugerem Davis e Thompson,[51] "a revolução gerencial das companhias no século XX, resultante da separação da propriedade e da direção, transferiu o controle efetivo dos acionistas para os gerentes profissionais. Originalmente condutores e controladores dos negócios, os acionistas tornaram-se uma massa não organizada e afastada da administração diária das companhias, desenvolvendo-se então, como premissa básica, um novo comportamento, claramente sinalizado no mercado de capitais: os acionistas tornaram-se especialistas em avaliar os resultados comparativos das corporações e em aplicar os seus recursos naquelas que proporcionassem os melhores retornos, enquanto os gestores deveriam especializar-se nos negócios que lhes foram confiados, para maximizar o retorno total de longo prazo dos investidores, mantendo-os assim permanentemente interessados em financiar as operações e os propósitos de expansão".

Estabelece-se assim entre os dois agentes, os outorgantes e os outorgados, uma **relação de agência**, fundamentada na contratação de decisões que maximizem o valor do empreendimento, a riqueza dos acionistas e o retorno de seus investimentos. Ocorre, porém, que os gestores profissionais também têm seus próprios interesses e procurarão maximizá-los. Em torno desta relação de agência, gravitarão assim decisões que poderão estar em oposição: as que maximizam o retorno total dos acionistas e as que maximizam o interesse dos gestores. Em consequência, para que os interesses das duas partes não se choquem, duas premissas deverão ser atendidas: uma, referente aos termos dos contratos entre esses agentes; outra, referente ao comportamento deles. Os contratos deverão estabelecer todas as condições para conciliar permanentemente os interesses de outorgantes e outorgados. E os comportamentos deverão ser tais que nenhum dos agentes venha a romper, por atos oportunistas, os princípios da relação.

AS RAZÕES DOS CONFLITOS DE AGÊNCIA

Ocorre, porém, que os **conflitos de agência** no mundo dos negócios dificilmente serão evitados. E por duas razões. A primeira, sintetizada no axioma de Klein, segundo o qual **não existe contrato completo**. A segunda, sintetizada no axioma de Jensen-Meckling, que justifica a **inexistência do agente perfeito**.

FIGURA 1.8
A questão essencial dos conflitos de agência: buscas por resultados máximos, fundamentadas em propósitos imperfeitamente simétricos.

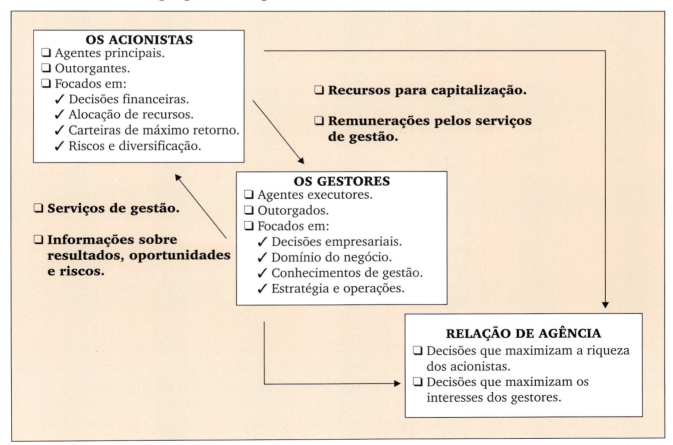

1. O Axioma de Klein

A inexistência do contrato completo. O axioma de Klein foi exposto originalmente em 1983. Seus fundamentos justificam-se pelas próprias características dos ambientes de negócios, crescentemente imprevisíveis, sujeitos a turbulências e a efeitos-contágio, que podem ser fortemente comprometedores de resultados.

A era das mudanças previsíveis, com baixos níveis de turbulência, praticamente encerrou-se no século passado, nos anos 70. Os riscos e oportunidades eram até então previsíveis, elaboravam-se planos de longo prazo em ambientes estáveis e definiam-se projeções confiáveis de resultados. Mas estas condições deixaram de se observar na quase totalidade dos negócios. Os anos 80 marcaram a transição para uma nova era, caracterizada por **descontinuidades e incertezas**. E, nas duas últimas décadas, ocorreram **mudanças radicais em todos os aspectos da vida corporativa** e nos ambientes externos em que as empresas operam. Das condições globais, passando pela revisão das estratégias nacionais e chegando às reestruturações setoriais – nada mais permaneceu como antes. Transformações intensas alcançaram também o comportamento social; os padrões tecnológicos de materiais, processos e produtos; os mercados; a estrutura da produção e da demanda; a competição e a forma de fazer negócios.

Diante das descontinuidades, a gestão corporativa passou a exigir respostas flexíveis e rápidas aos sinais de mudança. Da administração por objetivos previsíveis a gestão teve de se adaptar à administração de surpresas. Consequentemente, como Klein registrou, os contratos perfeitos e completos, abrangendo todas as ocorrências possíveis e as respostas às mudanças do ambiente de negócios, simplesmente deixaram de existir, se é que algum dia existiram realmente. E as três razões essenciais são:

- ❑ O grande número de ocorrências imprevisíveis possíveis.
- ❑ A multiplicidade de reações a cada nova ocorrência.
- ❑ A crescente frequência de ocorrências imprevisíveis.

Isto sem contar, como Alchian e Demsetz[52] já haviam destacado, que as corporações de negócios são um **nexo de contratos**, que envolvem, além de acionistas e gestores, fornecedores, trabalhadores e clientes, o que multiplica a probabilidade de ocorrência de condições contratuais de difícil definição *ex-ante*.

Como todas estas realidades deságuam na impossibilidade de se definirem contratos completos, outorgam-se aos gestores, consequentemente, mais do que a execução de ações previsíveis: o direito residual de controle da empresa, resultante do livre arbítrio para a tomada de decisões em resposta a eventos não previstos. Esta condição outorgada é definida como *managerial discretion*, ou **juízo gerencial**. Juízo que pode estar mais a serviço dos objetivos dos gestores do que dos acionistas, gerando conflitos de agência.

2. O Axioma de Jensen e Meckling

A inexistência do agente perfeito. Às condições imprevisíveis que tornam tecnicamente impossível a definição *ex-ante* de contratos completos, somam-se as condições que definem os comportamentos dos agentes.

Desde a abordagem pioneira de Ross,[53] ficou evidenciada uma das razões das dificuldades de alinhamento dos interesses dos gestores com os dos acionistas: a força do interesse próprio, que se sobrepõe aos interesses de terceiros, mesmo à presença de condições hierárquicas para a tomada de decisões. A suposição é de que **a cooperação desinteressada dificilmente prevalece em relação ao jogo dos interesses**. Consequentemente, o agente executor estará propenso à tomada de decisões que fortaleçam a sua posição e que beneficiem os seus propósitos.

Em *The nature of man*,[54] Jensen e Meckling definiram mais claramente esta segunda razão dos conflitos de agência. A hipótese explorada é a de que a natureza humana, utilitarista e racional, conduz os indivíduos a maximizarem uma "função utilidade" voltada muito mais para as suas próprias preferências e os seus próprios objetivos. Dificilmente, objetivos alheios movem as pessoas a serem tão eficazes quanto o são para a consecução de seus próprios interesses. O axioma daí corrente é a **inexistência do agente perfeito**, aquele que seria indiferente entre maximizar os seus próprios objetivos e os de terceiros.

Na teoria econômica ortodoxa, este comportamento descreveria uma curva perfeita de indiferença entre dois objetivos a maximizar: no caso, o dos acionistas e o dos gestores. Mas esta perfeição dificilmente se concretiza. A ela se contrapõe a ocorrência de **propósitos imperfeitamente simétricos**.

A Tipologia dos Conflitos de Agência

Durante muito tempo, desde que Berle e Means, no início dos anos 30, chamaram a atenção para a dispersão do capital das empresas e para o divórcio entre a propriedade e a gestão, o problema crucial do que hoje chamamos de governança corporativa centrou-se no conflito de agência. Uma das questões cruciais era evitar o comportamento oportunista dos gestores – descrito como *moral hazard*.

Como registra Carvalho,[55] "muito da literatura sobre governança corporativa baseia-se no princípio de que as empresas pertencem aos acionistas e que, portanto, a sua administração deve ser feita em benefício deles. O predomínio, por décadas, da visão descrita por Berle e Means, segundo a qual as grandes empresas modernas possuem propriedade acionária dispersa, moldou o debate sobre a governança corporativa: o grande problema de agência era visto como o conflito entre os administradores (*agentes executivos*) e acionistas (*agentes principais*). O oportunismo consistiria de decisões dos administradores que não visassem à maximização do valor das ações.

FIGURA 1.9
Raízes de conflitos de agência proprietários-gestores e majoritários-minoritários: as decorrentes reações por boas práticas de governança corporativa.

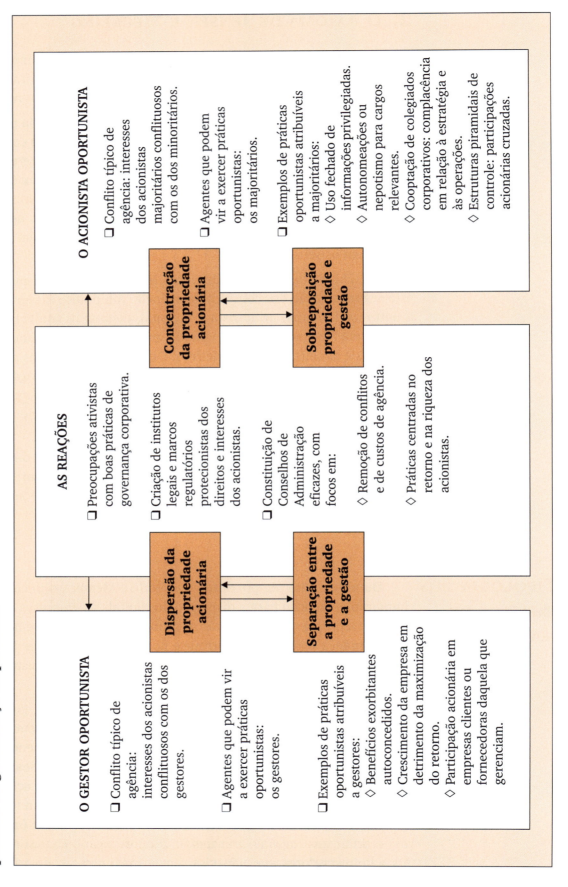

Dentro deste paradigma, boa governança empresarial significaria a adoção de mecanismos que forçassem os administradores (não acionistas) a proteger os interesses dos acionistas".

Esta, porém, é apenas uma das categorias de conflito de agência, derivada de condições que prevalecem quando a estrutura de capital é pulverizada e, por consequência, a propriedade e a gestão não são exercidas pelo mesmo agente. Outra categoria, que prevalece na maior parte dos países, é a da propriedade concentrada nas mãos de uns poucos acionistas majoritários, que pode levar à justaposição propriedade-gestão. Neste caso, a questão central de agência desloca-se do **conflito proprietários-gestores** para o **conflito majoritários-minoritários**. Não é então o proprietário que busca proteção contra o oportunismo do gestor, mas os minoritários que vêem seus direitos, sua riqueza e seu retorno serem solapados pelos majoritários. Este segundo conflito de agência é o que ocorre com mais frequência nos países em que a propriedade no sistema corporativo é concentrada e o mercado de capitais é imaturo, com pequena expressão em relação a outras fontes de capitalização das empresas. É assim na maior parte dos países emergentes. Na América Latina, como no Brasil, esta é uma das questões centrais da boa governança.

A Figura 1.9 sintetiza as raízes desses dois tipos de conflitos. E destaca o decorrente desenvolvimento de boas práticas de governança corporativa e de institutos legais que protejam acionistas, dispersos e minoritários, de ações oportunistas que contrariem seus direitos e interesses.

1.6 O Desenvolvimento da Governança Corporativa

Os conflitos de agência – tanto os derivados do oportunismo de gestores face à dispersão e à ausência dos acionistas, quanto os associáveis a estruturas de propriedade acionária que ensejam a expropriação dos direitos de minoritários por ações oportunistas de majoritários – são as razões fundamentais do desenvolvimento da governança corporativa. Mas não são as únicas. Somaram-se a elas, desde a segunda metade dos anos 80, e mais fortemente na última década do século, dois diferentes conjuntos de fatores que levaram as companhias a aderirem a melhores práticas de governança. Uma boa parte desses fatores encontrava-se dentro das corporações – uns, relacionados a conflitos de agência; outros, porém, a novas condições que se estabeleceram no mundo dos negócios e que exigiam mudanças nas práticas de alta gestão. A um conjunto ampliado de fatores internos acrescentaram-se assim os que se formaram em um ambiente externo crescentemente complexo, mutável e desafiante.

AS RAZÕES ESSENCIAIS

As razões essenciais estão resumidas no Quadro 1.7. Distribuem-se em três conjuntos:

- ❑ Relacionamento acionistas-corporações.
- ❑ Atuação da direção executiva.
- ❑ Constituição de conselhos de administração.

Relacionamento acionistas-corporações. Os processos que levaram à separação entre a propriedade e a gestão – sucessão de fundadores, abertura do capital e diversificação de carteiras de investidores que trocam combinações mais concentradas por maior dispersão, buscando a compatibilização ótima de retornos e riscos – conduziram também a inadequações nas relações entre os gestores e os acionistas. Relações formais e regulares foram pouco a pouco destruídas. Passaram a prevalecer a opacidade ou o acesso privilegiado a informações. Inconformidades em relação às disposições estatutárias tornaram-se comuns. E mesmo nos casos em que grupos majoritários ou minoritários assumiram o controle das companhias, os acionistas não pertencentes aos blocos controladores eram comumente expropriados. Claramente percebidas, estas condições contrastavam com as almejadas: *relacionamentos regulares e formais, conformidade, transparência, democracia acionária e justa retribuição aos investidores, independentemente da classe de ações possuída ou da expressão de suas participações no total do capital das companhias.*

Constituição de conselhos de administração. Desde o seu nascedouro, recuando às primeiras companhias de comércio "licenciadas", a constituição de conselhos de administração tornou-se uma prática comum. Em muitos países, nas modernas sociedades anônimas, a existência desses colegiados chegou a ser imposta por disposições legais. Quando não, foram estatutariamente estabelecidos e constituídos para atuarem como guardiões dos interesses dos acionistas. Todavia, acumularam-se também aí as mais diversas distorções, que desaguaram na baixa eficácia desses colegiados corporativos.

Dalton, Daily, Ellstrand e Johnson[56] evidenciaram que a maior parte dos conselhos passou a ser colegiados *pro forma*, "pouco ocupados em agir no interesse dos proprietários, monitorando e controlando formalmente os executivos de alto nível da corporação; em geral, não questionavam enfaticamente as ações oportunistas dos gestores, aprovavam facilmente iniciativas que eles propunham em proveito próprio, não cumprindo então uma de suas mais importantes funções, a de proteger os direitos dos acionistas, dos quais são agentes fiduciários". E mais: Seward e Walsh[57] evidenciaram outros defeitos dos conselhos, como "a desconsideração do mérito e da competência na indicação de seus membros. Mas, a despeito disso, boa parte deles tinha mandatos irremovíveis".

Com o despertar para a boa governança, os conselhos passaram a ser objeto de mudanças, até porque a legislação, ou os regimentos internos, sempre lhes conferiram amplos poderes para dirigir os assuntos das organizações. A alternância dos membros tornou-se regra. Buscaram-se para a composição critérios tecnicamente mais rigorosos e seus membros passaram a ser cobrados, e até avaliados, quanto ao seu comprometimento com os objetivos e os resultados corporativos.

Atuação da direção executiva. Por fim, os modos de atuação da direção executiva das corporações, com os quais os acionistas revelavam cres-

QUADRO 1.7
Razões fundamentais do despertar e dos avanços da governança corporativa.

Conflitos e inadequações internas	De → Para	
	Condições prevalecentes	**Mudanças em curso**
Relacionamento acionistas-corporações	❏ Falhas, informalidade e descontinuidades: autonomias superando limites aceitáveis. ❏ Inconformidades com disposições estatutárias. ❏ Opacidade ou acesso privilegiado a informações. ❏ Desprezível participação efetiva de minoritários. ❏ Expropriações: abuso do poder de majoritários.	❏ Ajustes, maior formalidade e regularidade no relacionamento. ❏ Conformidade: restabelecimento de maior rigor. ❏ Transparência: comunicações abertas. ❏ Democracia acionária: minoritários ativos e representados. ❏ Justa retribuição dos investidores minoritários.
Constituição dos conselhos de administração	❏ Baixa eficácia. *Pro forma* preponderando sobre efetividade. ❏ Conflitos de interesses presentes. ❏ Mérito e competência desconsiderados. ❏ Mandatos irremovíveis de conselheiros complacentes.	❏ Comprometimento, responsabilidade, resultados. ❏ Reações: não aceitação de conflitos de interesse. ❏ Exigência: perfis de excelência. ❏ Alternância e nomeação, pelos acionistas, de conselheiros independentes.
Atuação da direção executiva: conflitos de agência	❏ Conflitos com interesses dos acionistas: benefícios questionáveis autoconcedidos. ❏ Conciliação questionável dos resultados de curto com os de longo prazo. ❏ Diretrizes impactantes não consensadas. ❏ Estratégias defensivas: proteções para os gestores não geradoras de valor. ❏ Manipulações contábeis: resultados forjados.	❏ Alinhamento negociado de interesses: harmonização fundamentada em resultados. ❏ Gestão de resultados: brilho de curto prazo não prejudicial à perenidade da companhia. ❏ Avaliação e homologação pelos conselhos de administração. ❏ Estratégias agressivas, bem formuladas e arrojadas, geradoras de valor. ❏ Prestação responsável de contas: rigor na demonstração de resultados.

cente desconforto, completavam a tríade de problemas que levaram ao ativismo por mudanças. Como já assinalamos repetidamente, as questões centrais, no âmbito da direção, eram relacionadas com os conflitos entre seus interesses com os dos acionistas, controladores ou minoritários.

Sob a denominação consagrada de **conflitos de agência**, observaram-se pelo menos quatro aspectos da gestão em que o agenciamento mostrava-se ineficaz, quando não frontalmente prejudicial aos interesses dos proprietários:

1. Autobenefícios em escalas exageradas.
2. Gestão mais focada no curto prazo: estratégias defensivas.
3. Diretrizes impactantes não consensadas.
4. Manipulação de resultados.

Evidências de pesquisas realizadas nos últimos vinte anos documentaram grande variedade de **conflitos de agência** no mundo corporativo. No Quadro 1.8 resumimos uma interessante analogia compilada por Hitt, Ireland e Hoskisson[58] sobre exorbitantes pagamentos a executivos-chefe, que se autoconcedem bem mais que o seu peso em ouro.

Wright e Ferris[59] mostraram que "apenas uma parte dos conflitos tem a ver com a astúcia oportunista de práticas autoconcedentes de benefícios, exageradamente conflitantes com a geração de valor para os acionistas, como remunerações e bônus da alta gerência, em níveis cada vez mais altos em relação aos já questionáveis níveis praticados no mercado de executivos". Outros conflitos resultam de gestão mais focada em gerar resultados de curto prazo, não sustentáveis, mas que produzem um "falso brilho", que, embora efêmero, implica pagamentos correntes de prêmios não condizentes com a sustentabilidade de longo prazo dos negócios corporativos.

No plano estratégico, a direção pode preferir estratégias defensivas, que a protegem de demissões por maus resultados, deixando de lado estratégias de riscos mais altos que, bem gerenciadas, resultariam em maiores retornos para o capital investido. Como as diretrizes estratégicas propostas pela direção executiva nem sempre são previamente consensadas com os acionistas, podem ser implementados projetos que atendem mais aos interesses dos gestores, afetando negativamente os dos proprietários.

A estes vícios somaram-se as manipulações contábeis para forjar resultados. Uma prática inadmissível nos anos de formação do moderno capitalismo corporativo, mas que passou a ocorrer em escala crescente nas duas últimas décadas do século XX, apesar das exigências por sistemas sofisticados exigidos por auditorias independentes, estabelecidos em regulamentos internos e em institutos legais.

As pressões por melhores práticas de governança que passaram a ser exigidas pelos acionistas visaram corrigir esses desvios de conduta e as deficiências gerenciais de toda espécie. Na origem dos primeiros códigos de boa governança encontram-se, assim, reações de grupos de interesse organizados, de fundos de *private equity* ou de investidores institucionais, como os fundos

> **QUADRO 1.8**
> **Uma analogia: *CEOs* que valem mais que seu peso em ouro.**
>
> Conta a tradição oral que, há muitos anos, os sultões eram pagos de acordo com o seu peso em ouro. E, desde então, tornou-se parte dos ditos populares a analogia entre as altas remunerações e os pesos em ouro daqueles que as recebem. Atualmente, com o grama do ouro custando cerca de US$ 14,5, uma pessoa que pese 70 quilos, ou 70.000 gramas, receberia US$ 1,02 milhão por ano, ou US$ 85 mil por mês. Realmente, uma excepcional remuneração, que praticamente a totalidade das pessoas gostaria de receber.
>
> Mas, uma grande parte dos *CEOs* dos Estados Unidos não valorizaria muito essa remuneração. No final dos anos 90, eles recebiam muito mais do que isto. Em 1999, a remuneração média total dos *CEOs* norte-americanos era um pouco inferior a US$ 10 milhões anuais, aproximadamente 12 a 13 vezes o seu peso médio em ouro. Além disso, muitos deles recebiam pacotes de pagamento altamente atraentes quando deixavam as corporações a que tinham servido, um adeus dourado, um *golden goodbye*. Há casos conhecidos que variam de US$ 20 a 70 milhões, justificados por dificuldades da corporação que demitia em recolocar o *CEO* no mercado por remuneração compatível com a que vinha recebendo em média anual.
>
> Remunerações de *CEOs* desta ordem de grandeza não são reproduzidas fora dos Estados Unidos. Mas, ainda assim, o peso em ouro é superado por valores que variam entre US$ 4 milhões anuais (corporações da Europa Ocidental e do Canadá) e US$ 300 mil (corporações do Japão).
>
> Ainda que em sua maior parte esses valores sejam recompensados pelo desempenho operacional das corporações, eles têm sido julgados excessivos, conflitando com o interesse dos acionistas, no sentido de representarem *custos de agência* muito elevados. A contrapartida corretiva, que desde o final dos anos 80, mas mais fortemente nos anos 90, vem sendo sugerida e crescentemente praticada é a ligação das remunerações anuais ao desempenho das ações das companhias. Desta forma, tem-se tornado comum a recompensa dos altos executivos com *stock options* – opções de compra das ações da companhia a preços predeterminados. Trata-se de incentivo para a sustentação do desempenho das empresas e de seus valores de mercado em altos níveis, afetando a riqueza tanto dos acionistas quanto da direção executiva e, assim, harmonizando os seus interesses.
>
> Até o início dos anos 80, as *stock options* representavam 2% da remuneração dos CEOs das companhias norte-americanas. Esta proporção subiu para 26% em 1994, superando 50% no final dos anos 90. Este tipo de recompensa está tornando-se uma das ferramentas das boas práticas de governança corporativa.
>
> **Fonte**: Síntese elaborada com base no texto de abertura do Capítulo 10, Corporate Governance, de M. A. Hitt, *Strategic management:* competitiveness and globalization. Cincinnati, Ohio: South-Western College Publishing, 2001. Dados extraídos de G. Colvin, The big payoff: CEOs are getting pots of money just for getting out of the way. *Fortune*, 22 Feb. 2000.

mútuos de ações e os fundos de pensão, que se rebelaram contra as práticas viciosas que ao longo dos anos cristalizaram-se nas corporações, com o divórcio da propriedade-gestão e com a supremacia questionável de majoritários. Em contrapartida aos vícios corporativos estabeleceu-se então, gradualmente, um processo histórico de ***empowerment dos acionistas*** – uma força que se posicionou favoravelmente às mudanças que levaram ao despertar da governança corporativa. Como veremos a seguir, estas mudanças ocorreram simultaneamente em vários países de todos os continentes, desenvolvidos e emergentes. E um dos mais importantes resultados foi a proposição pioneira de códigos de melhores práticas, que se difundiram com rapidez, paralelamente às pressões para enquadramento das corporações.

AS RAZÕES ADICIONAIS, EXTERNAS E INTERNAS

Às razões históricas do despertar da governança corporativa somaram-se, em anos recentes, outras forças externas e internas, destacadas no Quadro 1.9, que têm conduzido a governança corporativa a uma posição de alta relevância entre as práticas mais modernas e mais avançadas de alta gestão.

Essas novas razões são interagentes. As externas impactam fortemente as internas. E estas também influenciam mudanças no macroambiente, no grande entorno em que as companhias operam. A maior parte destas razões, especialmente as externas, é de ocorrência recente: são mudanças observadas nos últimos quinze anos, que se consolidaram na transição do século XX para o XXI.

AS RAZÕES EXTERNAS

As razões externas às corporações podem ser agrupadas em três conjuntos:

1. As mudanças no macroambiente.
2. As mudanças no ambiente de negócios.
3. As revisões institucionais.

As mudanças no macroambiente. Uma das mais impactantes macromudanças da transição do século XX para o XXI – desencadeada com o fim das hostilidades Leste-Oeste, com a abertura da Cortina de Ferro, com a desintegração da antiga URSS e com a constituição da União Europeia – foi o avassalador processo de desfronteirização de mercados reais e financeiros e a consequente constituição de blocos econômicos. Na esteira da criação da União Europeia – o primeiro grande bloco de países economicamente unificados –, alianças que vinham sendo ensaiadas nos outros continentes foram revitalizadas e outras se estabeleceram, como o NAFTA. Como resultado desse processo, desenvolveram-se em todos os continentes diferentes formas de integração de mercados, com fortes impactos nas estratégias corporativas. Já passa de 150 o número de países que estão integrados ou que negociam projetos de integração, abrangendo 85% do Produto Mundial Bruto.

As uniões nacionais, os mercados comuns, as áreas de livre comércio e os acordos bilaterais impactaram fortemente o mundo corporativo, com a quebra de barreiras de entrada em praticamente todos os negócios. A competição tornou-se mais acirrada. A competitividade e a produtividade foram como nunca estimuladas. Uma onda de privatizações encerrou um longo ciclo de estatização e de monopólios. Com o desengajamento do Estado-empresá-

QUADRO 1.9
Razões adicionais determinantes do desenvolvimento da governança corporativa.

Razões externas

1. MUDANÇAS NO MACROAMBIENTE
- Desfronteirização de mercados reais e financeiros:
  - Uniões, blocos, mercados comuns.
  - Acordos bilaterais.
  - Liberalização: quebra de barreiras de entrada em praticamente todos os países e negócios.
- Desengajamento do Estado-empresário.
- Novos *players* globais: a ascensão da Ásia.

2. MUDANÇAS NO AMBIENTE DE NEGÓCIOS
- Reestruturações setoriais: novas estruturas de competição.
- Complexidade crescente do ambiente de negócios.
  - Cenários de crise, incerteza, riscos e turbulências.
  - Crescente velocidade e profundidade das mudanças.
- Nova arquitetura de poder: super corporações interconectadas

3. REVISÕES INSTITUCIONAIS
- Regulação legal, mais abrangente e mais severa.
- Profusão de códigos de governança corporativa:
  - Grupos de interesse organizados.
  - Instituições multilaterais.
  - Instituições do mercado acionário.
- Reações do mercado aos escândalos corporativos.
- Postura mais ativa de investidores institucionais.
  - Fundos de pensão
  - Fundos de *private equity*.
  - Fundos mútuos de investimentos.

Razões internas

1. MUDANÇAS SOCIETÁRIAS
- Reestruturações societárias:
  - Privatizações.
  - Fusões, cisões, aquisições.
  - Alianças estratégicas.
  - Associações e controle consorciado.
- Processos sucessórios:
  - Grande número de empresas em segunda e terceira gerações.
  - Mudanças no controle acionário.
  - Acordos de acionistas e construção de blocos de controle.

2. REALINHAMENTOS ESTRATÉGICOS
- Respostas às mudanças no ambiente de negócios.
- Global-localização das empresas.
- Novos mercados, novos competidores.
- Conselho de administração fortalecido:
  - Direcionamento e monitoramento da estratégia.
  - Atenção a riscos e a descontinuidades.

3. REORDENAMENTOS ORGANIZACIONAIS
- Profissionalização: modelos mais avançados de gestão.
- Reconstituição dos conselhos de administração.
- Clareza na separação de papéis:
  - Acionistas: gestão do binômio patrimônio-retorno.
  - Direção executiva: gestão dos negócios.
  - Conselhos: gestão das diretrizes corporativas.
- Controles preventivos: ganância e fraudes.

rio, abriram-se novas oportunidades de negócios para as corporações privadas na indústria de base e em outras áreas de alto interesse estratégico. E, completando a grande onda de mudanças globais, novos *players* nacionais se estabelecem no mundo dos negócios. A ascensão da Ásia e, notavelmente, da China, abrem oportunidades e implicam desafios a uma velocidade que não tem precedentes.

Este conjunto de mudanças no macroambiente econômico ampliou os fluxos de comércio e os financeiros, promoveu maior uniformidade das instituições nacionais e aumentou a interdependência das estratégias dos países. **O nacionalismo, o protecionismo e os objetivos de autossuficiência foram substituídos pela inserção global negociada, pela gestão de mercados interconectados e pela quebra de velhas hegemonias nacionais.** Novos países competidores, como os asiáticos, estabeleceram-se em cadeias de negócio até então dominadas pelas economias centrais. Os movimentos internacionais de capitais jamais foram tão intensos – exigíveis, de investimento produtivo direto e especulativos voláteis. Em consequência, as ações das companhias já não refletem apenas avaliações de agentes domésticos. A entrada de investidores estrangeiros em todos os mercados se dá em escalas crescentes. Da mesma forma como se ampliam as ofertas públicas de papéis de empresas estrangeiras no mercado de capitais dos Estados Unidos. E, como contrapartida desses movimentos, exigem-se, por pressões externas, padrões diferenciados de governança das corporações.

As mudanças no ambiente de negócios. Com as mudanças na ordem global, o ambiente de negócios das grandes companhias transformou-se substantivamente. Ocorreram consolidações setoriais, estabelecendo-se novas estruturas de competição. Os mercados abriram-se, as barreiras tarifárias de proteção foram mundialmente rebaixadas, embora em contrapartida tenham sido criadas barreiras não tarifárias de vários tipos (fitozoosanitárias, ecológicas, sociais, requisitos de qualidade e especificações técnicas de produtos).

Com tudo isto ocorrendo simultaneamente, **o ambiente de negócios tornou-se mais complexo.** Nunca as mudanças haviam sido tão rápidas e ao mesmo tempo tão profundas. Foram quebrados os ambientes estáveis e extrapoláveis, de riscos e oportunidades previsíveis. As expressões-chave passaram a ser a descontinuidade, a incerteza e a turbulência. Como consequência, os resultados dos negócios corporativos tornaram-se também menos seguros e mais expostos aos impactos destas novas realidades.

As revisões institucionais. Estes movimentos coincidiram historicamente com as reações que já se haviam avolumado dentro do próprio mundo corporativo, seja pelos **conflitos de agência cada vez mais expressivos, seja pela exigência de estratégias de negócios melhor avaliadas e filtradas por conselhos competentes.**

Às manifestações ativistas isoladas somaram-se então movimentos institucionais consistentes e sancionados pelos mercados.

De um lado, os investidores institucionais tornaram-se mais ativos, assumindo posturas mais fortes e intervencionistas, tanto em seus países, como naqueles em que as corporações de seu portfólio de investimentos passaram a investir. Isto sem contar que eles próprios passaram a diversificar globalmente suas próprias carteiras. Como Brancato[60] registra, "quando os investidores institucionais, tanto nos Estados Unidos quanto do Reino Unido, começaram a investir mais em outros mercados de capitais, eles se tornaram cada vez mais interessados nas práticas de governança corporativa adotadas em outros países".

De outro lado, a esses movimentos, já suficientemente fortes para produzir revisões institucionais, somaram-se, em anos mais recentes, as reações das autoridades reguladoras e das instituições do mercado de capitais aos escândalos corporativos. Estes já não decorriam apenas de **conflitos de agência**, mas de *fraudes*. E as respostas foram rápidas, atacando em dois *fronts*:

1. **Regulação legal mais abrangente e mais severa**, como a lei Sarbanes-Oxley nos Estados Unidos.
2. **Profusão de códigos de governança corporativa**, que vinham sendo ensaiados isoladamente e que, então, passaram a ser definidos em extenso número de países, cobrando pela adoção das melhores práticas definidas por grupos de interesse organizados, por instituições do mercado acionário e por organizações multilaterais.

AS RAZÕES INTERNAS

A este conjunto de razões externas às corporações sobrepôs-se outro conjunto, também extenso, de razões internas. Estas foram geradas dentro das empresas, embora a maior parte delas seja resultante das mudanças nos ambientes macro e de negócios. As linhas da influência recíproca entre elas são tão visíveis e fortes que é difícil separar causas e efeitos de cada uma delas. E, quando é assim, estamos na verdade diante de uma transformação histórica, quanto às suas raízes, conteúdos e consequências.

As influências internas que mais têm levado à adoção das práticas de governança corporativa também podem ser agrupadas em três conjuntos:

1. As mudanças societárias.
2. Os realinhamentos estratégicos.
3. Os reordenamentos organizacionais.

As mudanças societárias. Em resposta às mudanças que ocorreram nas condições externas, desencadeou-se uma onda sem precedentes de reestruturações societárias. Em momento algum haviam ocorrido tantas privatizações, fusões, cisões e aquisições de empresas. No Brasil, por exemplo, entre 1990-2009, o número de transações foi de 6.725, com média anual acumulada de 395 – mais de uma transação a cada dia, durante 20 anos.

Destas transações, 3.487, 51,9% do total, envolveram capitais estrangeiros. E boa parte destes casos, especialmente nas privatizações, deu origem a alianças estratégicas, associações e grupos consorciados, que aglutinaram, dentro dos conselhos de administração e nas diretorias executivas, profissionais de diferentes formações, com experiência em diferentes negócios e convivência em culturas organizacionais distintas.

Só estas ocorrências já seriam suficientes para produzir mudanças na governança das empresas. Mas houve mais, no âmbito societário. Avolumaram-se nos anos 90 e continuam, ainda mais frequentes, os processos sucessórios em todo o mundo. A estrutura empresarial do final do século passado, uma das mais importantes heranças históricas do industrialismo do segundo pós-guerra, foi em grande parte edificada nos anos 50 e 60. Meio século depois, a geração que a empreendeu passou a ser sucedida por uma segunda e, em grande parte dos casos, por uma terceira geração. E, com as sucessões, avolumaram-se os casos de mudanças no controle acionário, estabelecendo-se novos acordos entre acionistas e novas práticas de governança.

Os realinhamentos estratégicos. As mudanças societárias, junto com outros fatores internos, levaram ao realinhamento estratégico das corporações. Eles se tornaram necessários pelas reestruturações havidas no ambiente competitivo, tanto as resultantes da abertura dos mercados, quanto as impostas pelas fusões e aquisições, quanto, ainda, as que vierem com a onda mundial de global-localização das empresas.

A gestão desses realinhamentos, independentemente de seus conteúdos, exigiu novos modelos de governança, tanto para o direcionamento da estratégia quanto para sua homologação e monitoramento. Derivam desta exigência as seguintes observações de Dupas:[61]

- ❑ É cada vez mais complexo o conjunto de dilemas e oportunidades que exigem resposta adequada da empresa, se ela quer manter-se dinâmica e bem-sucedida, o que obriga os seus sócios controladores a alterações contínuas de estratégias, buscando alianças e espaços políticos em que seus interesses possam ser preservados.

- ❑ O entendimento de que a empresa moderna é um campo permanente de mudanças muitas vezes abre uma zona de conflito com expectativas ou interesses históricos que precisam ser administrados com cuidado e prontidão.

- ❑ A *zona de consenso* é a área sobre a qual a *harmonia possível* do grupo se estabelece para suportar decisões conjuntas. Evidentemente, quanto maior for esta região, maiores chances tem a empresa de superar situações difíceis. São vários os espaços disponíveis para harmonização de interesses, sempre partindo do pressuposto de que o alargamento da "zona de consenso" é fundamental para garantir uma decisão de qualidade e a manutenção do foco estratégico em benefício do patrimônio futuro dos sócios, respeitando minimamente as singularidades de cada um.

A premência desses realinhamentos acaba por conduzir à definição de práticas de boa governança corporativa. Sem estas, dificilmente serão eficazes os sistemas de relações exigidos para que se estabeleçam condições básicas para realinhamentos estratégicos de boa qualidade, consensados entre os acionistas e, por extensão, entre outras partes interessadas.

Os reordenamentos organizacionais. As mudanças internas requeridas por motivos sucessórios ou estratégicos conduzem necessariamente a reordenamentos organizacionais que geralmente também deságuam na adoção das melhores práticas de governança corporativa.

Entre estes reordenamentos destaca-se a crescente profissionalização da gestão, no sentido de adoção de modelos mais avançados. Estes começam pela clareza na separação formalizada dos papéis dos acionistas (foco no retorno total dos investimentos, na forma de pagamento de dividendos ao longo do tempo e de ganhos de capital), da direção executiva (focada na gestão dos negócios) e dos conselhos de administração (focados na conciliação de interesses, na gestão de resultados e no objetivo maior de atuar como guardiões dos valores corporativos, tangíveis e intangíveis).

Um dos resultados desse conjunto interativo de razões, externas e internas, tem sido a **assimilação e a internalização de boas práticas de governança corporativa**, como sintetizamos na Figura 1.10. Não surpreende, pois, que, por estas razões, a adoção dessas práticas seja um dos **movimentos mais importantes do sistema capitalista, do novo mundo corporativo e da ciência da administração**, em todos os países – dos que ascenderam à posição de potências econômicas, concentrando em seu território a maior parte das maiores companhias mundiais, aos emergentes, que ganham crescente expressão como novos atores globais.

RESUMO

1. Seguramente, **governança corporativa** não é um modismo a mais. Seu desenvolvimento tem raízes firmes. E sua adoção tem fortes razões para se disseminar. Organizações multilaterais, como as Nações Unidas e a OCDE, veem as boas práticas da governança corporativa como pilares da arquitetura econômica global e um dos instrumentos do desenvolvimento, em suas três dimensões – a econômica, a social e a ambiental.

2. Ocorreram várias razões simultâneas para o despertar e para os avanços da governança corporativa nos últimos 20 anos. As transformações pelas quais passaram as economias de todo o mundo estão entre elas. Como a governança nasceu no mundo ocidental, são particularmente fortes os seus vínculos com as transformações pelas quais passou o sistema capitalista, ao longo de sua formação histórica e em especial no último século. Daí o interesse em tratarmos da formação desse sistema e das razões pelas quais a governança corporativa se estabeleceu, definitivamente, como uma prática indissociável de sua evolução.

3. Começamos pelas três mais referidas **concepções do capitalismo**. A **idealista**, de Sombart, segundo a qual a essência do sistema está no *espírito de empreendimento*, mais do que em relações de propriedade e de poder. A **racionalista**, de

FIGURA 1.10
Uma síntese das razões determinantes do despertar e do desenvolvimento da governança corporativa.

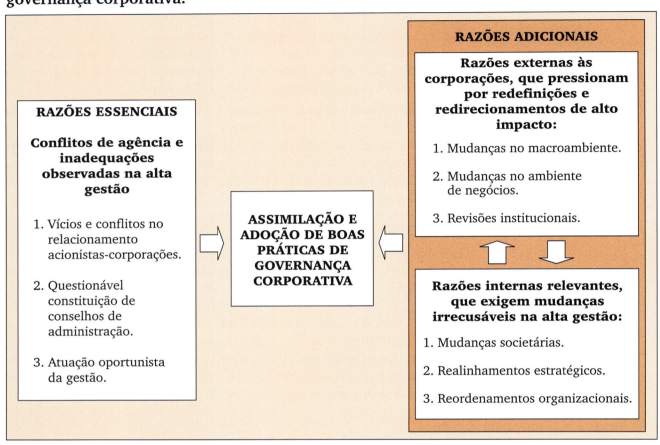

Weber, que emprega a expressão *espírito do capitalismo* para descrever um dos comportamentos mais comuns dos empreendedores: a busca do lucro, de forma sistemática e racional. E a concepção **crítica** de Marx, focada na concentração da propriedade do capital, em detrimento da força de trabalho.

4. Essas três concepções clássicas do capitalismo remetem para os séculos XVI e XVII os primeiros movimentos de formação deste sistema. Mas ele se desenvolveu mais fortemente a partir do século XVIII. Oito fatores históricos associam-se à sua evolução: 1. a **ética calvinista**; 2. a **doutrina liberal**; 3. a **Revolução Industrial**; 4. o **desenvolvimento tecnológico** incessante nos três últimos séculos; 5. a **ascensão do capital** como fator de produção; 6. o sistema de **sociedade anônima**; 7. o *crash* **de 1929-33**; e 8. o desenvolvimento da **ciência da administração**.

5. A **ética calvinista** promoveu, no século XVI, a conciliação da diligência empreendedora com a vida espiritual. Trabalho produtivo e virtude tornaram-se sinônimos e a energia empresarial passou a ser vista, aos olhos calvinistas, como uma inviolável e sagrada determinação divina. Esta aprovação da busca pela riqueza foi um estímulo para a evolução da economia capitalista, embora não se possa medir o grau de sua influência.

6. A **doutrina liberal**, que se desenvolveu a partir da segunda metade do século XVIII, foi um dos mais importantes marcos de sustentação do sistema capitalista de mercado. Como suporte doutrinário do sistema, propôs a substituição da **"mão visível e interventora"** do Estado pela **"mão invisível do interesse próprio"**. A propriedade privada, a liberdade de empreendimento e a livre concorrência foram alçadas à condição de princípios essenciais da ordem econômica. Foram princípios que favoreceram o dinamismo empresarial e a prosperidade econômica.

7. A **Revolução Industrial** dos séculos XVIII e XIX ocorreu junto com a rebelião das ideias liberais e levou a mudanças substantivas nos modos de produção e nas novas relações entre agentes econômicos. A congruência desses dois movimentos históricos transformou as formas e as escalas de produção, o modo de suprimento dos mercados e o surgimento da economia fabril, impulsionando e reconfigurando a acumulação capitalista.

8. **Avanços tecnológicos, diversificação da indústria, novas escalas e produção em série** foram mudanças que ocorreram em velocidades crescentes com a Revolução Industrial. Nas indústrias de base e nas atividades de todas as cadeias produtivas, as escalas, em poucos anos, cresceram em ritmo geométrico, quando não exponencial. Como exemplo, o Modelo T de Henry Ford: em dez anos, a produção cresceu 68 vezes, de 10.607 unidades em 1908-09 para 730.041 em 1916-17. Em contrapartida, os preços recuaram pela metade, ampliando o mercado, ao mesmo tempo em que, pelo aumento das escalas, a receita operacional da empresa aumentou 30 vezes.

9. A **ascensão do capital como fator de produção** foi uma das bases das transformações do sistema capitalista. No passado, a terra era o fator dominante e sua propriedade significava prestígio e poder. Mas, a partir do século XVIII e mais ainda nos séculos XIX e XX, emergiu uma nova classe dominante, a composta pelos produtores de bens de capital, pelos proprietários de grandes manufaturas e pelos empreendedores das bases infraestruturais da economia. Os impactos foram grandes, em especial a exigência de **intermediação e de aglutinação de grandes poupanças para financiar o crescimento econômico**.

10. O **sistema de sociedade anônima** foi uma das mais importantes formas de captar recursos para as dimensões do capitalismo ocidental. O sistema acionário estabeleceu-se tanto na Europa quanto nos Estados Unidos, irrigando o crescimento das empresas. As precursoras deste sistema foram as "companhias licenciadas" dos séculos XVI, XVII e início do XVIII. Mas a primeira sociedade anônima moderna foi fundada em 1813, com 76 acionistas. Rapidamente, esta instituição penetrou em todos os setores produtivos. Em 1899, nos Estados Unidos, o censo econômico registrou que 66,7% de todos os produtos manufaturados provinham de SAs. No início do século XX, completou-se a institucionalização desse modelo. Eram então comuns corporações com mais de 100.000 acionistas. A maior dos Estados Unidos, a *AT&T*, contava com mais de 560.000.

11. O **automatismo das forças de mercado**, o **incentivo do lucro** e a **euforia contagiante com o crescimento da riqueza** – três fundamentos do sistema capitalista – estavam estabelecidos nas primeiras décadas do século XX. O crescimento econômico e o do mercado de capitais impressionavam pelos números. A riqueza acionária multiplicava-se. Mas veio o *crash* de 1929-33, uma derrocada sem precedentes, movida a ingredientes que exigiam correções – da febre especulativa

à perda da prudência, passando pela insuficiência de demanda no setor real da economia. Estabeleceram-se então novos princípios para remodelagem do sistema capitalista, sintetizados na *General theory*, de Keynes. Eles **abriram espaços para as boas práticas da moderna governança corporativa**.

12. O **desenvolvimento da ciência da administração acompanhou todos os grandes movimentos de formação e de maturação do sistema capitalista**. Registraram-se sempre claras afinidades históricas entre as revoluções tecnológicas, a acumulação do capital e as inovações organizacionais. Tornaram-se partes de um mesmo todo a **formação do capitalismo**, a **evolução do mundo corporativo** e o **desenvolvimento da ciência da administração**. Mas essas estreitas relações jamais foram tão profundas quanto no século XX, dando suporte para avanços qualitativos em três mundos afins: o do capitalismo, o das corporações e o dos seus gestores.

13. Ao longo do processo histórico de formação do capitalismo, quatro aspectos relacionados à administração tornaram-se dia a dia mais nítidos: a) o **gigantismo e o poder das corporações**; b) o processo de **dispersão do controle** das grandes corporações; c) o **divórcio entre a propriedade e a gestão**; e d) a **ascensão da tecnoestrutura organizacional** como novo fator de poder dentro das corporações.

14. No século XX, um amplo conjunto de fatores ensejou o **agigantamento das corporações**. O sistema capitalista recuperou-se do grande *crash* dos anos 30 e as corporações voltaram a registrar notáveis índices de crescimento. Em 1955, as receitas operacionais das 500 maiores companhias dos Estados Unidos representavam 37,7% do Produto Nacional Bruto. Esta relação cresceu seguidamente: em 1970, foi de 46,3%; em 1995, chegou a 57,7%; e, em 2013, a 72,7%. As receitas totais desse grupo de empresas cresceram de US$ 149,7 bilhões (1955) para US$ 12,2 trilhões (2013), nos Estados Unidos. No mundo, as receitas totais das 500 maiores foram de US$ 31,1 trilhões, com a média de US$ 62,1 bilhões por companhia em 2013, cifra que supera o PNB de 123 países. Em relação ao Produto Mundial Bruto, essa cifra atingiu 41,5%. Somente 31 países em todo o mundo, em 2013, apresentavam PNB superior à média das receitas operacionais das 5 maiores companhias globais (US$ 446,6 bilhões).

15. O número de grandes companhias listadas nas bolsas de valores de todo o mundo também tem aumentado seguidamente. Em 1990, era de 21.585; em 2013, chegou a 43.348. O valor de mercado dessas companhias tem se expandido notavelmente. Em 1990, era de US$ 8,89 trilhões, representando 40,23% de um Produto Mundial Bruto (PMB) estimado em US$ 22,11 trilhões. Em 2013, alcançou US$ 59,8 trilhões, 79,9% de um PMB de US$ 74,9 trilhões. No ano de 2007, antes da crise do biênio 2008-2009, a capitalização das companhias abertas havia superado a dimensão da economia global.

16. O **agigantamento das corporações** tem sido acompanhado por um processo histórico de **dispersão do capital de controle**, sob o impacto de cinco fatores: a) a constituição das grandes empresas na forma de SAs abertas; b) a abertura do capital de empresas fechadas; c) o aumento do número de investidores nos mercados de capitais; d) os processos sucessórios; e e) as fusões e as aquisições, quando reduzem a participação dos sócios no total do capital expandido.

17. O sistema acionário possibilitou, de um lado, o expansionismo e o agigantamento do mundo corporativo, bem como a concentração do poder econômico das 500 maiores empresas das economias nacionais. Mas, de outro lado, manifestou-se

dentro dele um importante movimento, oposto ao da concentração: a **dispersão do número de acionistas** e a **despersonalização da propriedade**. Os acionistas tornaram-se, em grande e crescente número de empresas, **proprietários passivos**.

18. O **divórcio entre a propriedade e a gestão** acarretou mudanças profundas nas companhias: a) a propriedade desligou-se da administração; b) os "capitães de indústria", fundadores-proprietários, foram substituídos por executivos contratados; c) os objetivos corporativos deixaram de se limitar à maximização de lucros; e d) várias inadequações e conflitos de interesse passaram a ser observados no interior das corporações. Mas foram exatamente os **conflitos de interesses não perfeitamente simétricos** que levaram à reaproximação da propriedade e da gestão, pelo caminho da difusão e da adoção de boas práticas de governança corporativa.

19. **A governança corporativa desenvolveu-se como reação aos oportunismos proporcionados pelo afastamento dos proprietários passivos**. Entre os trabalhos pioneiros, evidenciando os conflitos entre proprietários e gestores e a ascensão da tecnoestrutura da organização como novo fator de poder, destacaram-se os de Berle e Means (1932) e os de Galbraith (1967). Um examinou o desalinhamento entre **proprietários passivos** e **não proprietários usufrutuários**. Outro destacou como os gestores, controladores de complexa tecnoestrutura organizada, tornaram-se o fator mais importante de sustentação do mundo corporativo: **a inteligência organizada passou a substituir o empreendedor franco-atirador**.

20. Entre acionistas e gestores passaram a ocorrer e a se aprofundar com o correr do tempo conflitos de interesse decorrentes da pulverização do capital e do divórcio propriedade-gestão. A teoria já consagrada de governança corporativa denomina-os de **conflitos de agência**.

21. Os conflitos de agência que resultam de interesses não perfeitamente simétricos dos acionistas e dos gestores manifestam-se quando se dá a separação entre a propriedade e a gestão, com a **outorga da direção das corporações a executivos contratados**. Os **outorgantes** são as grandes massas de acionistas que investem seus recursos na aquisição de ações das empresas ou que as recebem em processos sucessórios. Os **outorgados** são os gestores contratados para a direção executiva das companhias.

22. O interesse dos outorgantes é o máximo retorno total de seus investimentos; os dos outorgados podem ser outros e até conflitantes com os dos acionistas, como a busca de *status*, altas remunerações, preferência por crescimento em detrimento de retornos, além de diversas formas de benefícios autoconcedidos. Para que os interesses dessas partes não se choquem, duas premissas devem ser atendidas: uma, referente aos termos dos contratos entre esses agentes; outra, referente ao comportamento deles.

23. Ocorre, porém, que os **conflitos dificilmente são eliminados**. E por duas razões. A primeira, sintetizada no **axioma de Klein**, segundo o qual não existe contrato completo; a segunda, sintetizada no **axioma de Jensen-Meckling**, que se fundamenta na inexistência do agente perfeito. Os contratos completos são praticamente impossíveis, por três razões: a) o grande número de ocorrências imprevisíveis possíveis no mundo dos negócios; b) a multiplicidade de reações a essas ocorrências; e c) a crescente frequência com que as ocorrências imprevisíveis passaram a ocorrer. E a inexistência do agente perfeito decorre de a força do interesse próprio sobrepor-se aos interesses de terceiros.

24. Além dos conflitos entre acionistas e gestores, podem também ocorrer **conflitos entre acionistas majoritários e minoritários**. O gestor oportunista se revela pela dispersão da propriedade e pela separação entre a propriedade e a gestão. O acionista oportunista se revela quando há concentração da propriedade e sobreposição entre a propriedade e a gestão.

25. **A governança corporativa surgiu para cuidar desses conflitos e de outros desalinhamentos nas companhias.** Das reações de ativistas por boas práticas de governança resultaram a criação de institutos legais e de marcos regulatórios protecionistas dos direitos e interesses dos acionistas. Resultaram também mudanças internas nas corporações, com ênfase na constituição de conselhos eficazes e guardiões.

26. Outras razões fundamentais também levaram ao despertar da governança corporativa. Entre elas, destacam-se pelo menos três razões adicionais externas e três internas. Entre as externas, destacam-se: a) as **mudanças no macroambiente**, como desfronteirização de mercados reais e financeiros, desengajamento do Estado-empresário e ascensão de novos *players* globais; b) as **mudanças no ambiente de negócios**, como as reestruturações setoriais; e c) as **revisões nas instituições do mercado de capitais**, junto com posturas mais ativas dos investidores institucionais. Entre as internas, destacam-se: a) as **mudanças societárias**; b) os **realinhamentos estratégicos**; e c) os **reordenamentos organizacionais**, que vão da profissionalização à implantação de controles preventivos contra ganância e fraudes.

27. Derivadas do impacto desses fatores, **a assimilação e a prática de boas práticas de governança corporativa tornaram-se um dos movimentos mais importantes do sistema capitalista, do mundo corporativo e da ciência da administração nesta última virada de século**, em todos países de todos os continentes – das potências econômicas estabelecidas aos dinâmicos emergentes.

PALAVRAS E EXPRESSÕES-CHAVE		
❑ Governança corporativa. ❑ Capitalismo. ◊ Concepção idealista. ◊ Concepção racionalista. ◊ Concepção crítica. ❑ Ética calvinista. ❑ Doutrina liberal. ❑ Revolução Industrial. ❑ Sistema de sociedade anônima. ❑ Crash de 1929-33.	❑ Ascensão do capital. ❑ Dispersão do capital. ❑ Tecnoestrutura organizacional. ❑ Mundo corporativo. ◊ Fatores de expansão. ◊ Gigantismo. ◊ Poder econômico. ❑ Separação propriedade-gestão. ❑ Conflitos de agência. ◊ Agente outorgante. ◊ Agente outorgado.	❑ Axioma de Klein. ❑ Axioma de Jensen e Meckling. ❑ Tipologia de conflitos. ◊ Acionistas-gestores. ◊ Minoritários-majoritários. ❑ Oportunismo dos majoritários. ❑ Oportunismo dos gestores. ❑ Retorno total dos acionistas.

2

Objetivos, Concepções e Valores da Governança Corporativa

Duzentos anos de pesquisa em economia e finanças conduziram à comprovação de que, na ausência de externalidades negativas ou de monopólios, o interesse da sociedade como um todo é maximizado quando cada empresa de uma dada economia maximiza a riqueza de seus proprietários. Mas, em contraste, a abordagem mais recente dos múltiplos interesses propõe que os gestores das empresas devem tomar decisões que maximizem não só a riqueza dos proprietários, mas de todos os demais stakeholders. Vistas sob esta luz, a visão e a estratégia dos gestores já não podem mais ignorar uma função balanceada de interesses, do ponto de vista da geração de valor a longo prazo.

MICHAEL C. JENSEN
Value maximization, stakeholder theory and the corporate objective function

Entre as razões fundamentais que levaram ao desenvolvimento da governança corporativa, destacamos as seguintes no primeiro capítulo:

❑ As afinidades históricas entre a formação do sistema capitalista, a evolução do mundo corporativo e o desenvolvimento da ciência da administração.

❑ O agigantamento das corporações, a dispersão do controle acionário e a despersonalização da propriedade.

❑ A ascensão dos gestores não proprietários e da tecnoestrutura organizacional como novas figuras que se estabeleceram no topo do mundo corporativo, assumindo o seu controle efetivo e usufruindo de seu poder.

❑ Os interesses não perfeitamente simétricos entre proprietários passivos (distantes das corporações) e não proprietários usufrutuários (presentes e gestores dos resultados e de suas destinações).

❑ Os conflitos de agência resultantes da assimetria de interesses entre proprietários e gestores e também entre acionistas majoritários e minoritários.

Todos esses conteúdos explorados no primeiro capítulo partiram de pelo menos dois pressupostos essenciais:

1. **Os proprietários das empresas são os agentes principais do mundo dos negócios.** O fato de outorgarem a gestão a uma direção executiva não proprietária não afeta os seus direitos de propriedade nem modifica, do seu ponto de vista, o objetivo central das empresas, que é o de maximizar o retorno total do capital nelas investido.

2. **As decisões dos gestores devem estar primordialmente focadas no interesse dos proprietários por máximo retorno.** A administração tem, assim, por propósito dominante – ao qual outros objetivos se subordinam – a geração de resultados operacionais positivos, que satisfaçam os proprietários, remunerando-os em condições vantajosas relativamente a outras alternativas de alocação de seus recursos.

Ocorre, porém, que **os proprietários e os gestores aos quais eles outorgam a administração dos negócios não são as únicas partes com interesses em jogo nas empresas**. A lista dos *stakeholders* é bem mais ampla e todos têm interesses legítimos que afetam ou podem ser afetados pelas decisões de proprietários e gestores.

Esta realidade – crescentemente enfatizada tanto pela literatura econômica, quanto pela de administração – não só abre espaços para duas diferentes orientações quanto aos objetivos da empresa, como ainda tem levado a disposições legais que visam à salvaguarda de um amplo conjunto de interesses internos e externos relacionados às operações das empresas.

Este segundo capítulo é destinado à análise dessa dualidade, estreitamente relacionada com os objetivos, com as concepções e com os valores da governança corporativa. Trataremos, assim, dos seguintes pontos relacionados a essa dualidade:

- Classificação e listagem dos grupos de interesse envolvidos com as corporações, como ponto de partida para a identificação de seus interesses e compreensão dos objetivos das corporações.
- Diferenciação das concepções de governança corporativa, derivadas da abrangência dos interesses em jogo.
- Agrupamento das definições de governança corporativa, que atendem às várias concepções.
- Síntese dos valores da boa governança, evidenciando como eles amarram transversalmente as concepções, as definições e os propósitos corporativos.

2.1 O Objetivo das Corporações: Uma Questão Fundamental

Desde os anos 80, mas mais fortemente a partir dos anos 90, têm se modificado substancialmente as relações entre o mundo corporativo e a sociedade, entre as empresas de uma mesma cadeia de negócios e, dentro das companhias, entre os acionistas, os conselhos e a direção executiva. Como observa Campos,[1] a literatura técnica nesta área tem se ocupado em entender e discutir, de forma ampla, "as relações entre as organizações e a sociedade, enquadrando-as sob o prisma da responsabilidade social corporativa. As dificuldades conceituais e metodológicas em delimitar a responsabilidade e a ação das organizações, nessa construção, abriram espaço para novas reformulações teóricas". Consequentemente e com ênfase crescente, o **foco preliminar** da governança, nesta área, tem sido a **análise dos objetivos das companhias, tendo em vista suas interfaces com as demandas e os direitos de outros "constituintes organizacionais", definidos genericamente como** *stakeholders*.

Em contrapartida, cabe notar que, nas economias de mercado, as empresas são predominantemente constituídas por pessoas que subscrevem e integralizam recursos não exigíveis, assumindo um crescente leque de riscos – entre os quais os relacionados às demandas, às pressões e aos direitos de outros *stakeholders*. O prêmio pelos riscos envolvidos das pessoas que coparticipam, como proprietárias, do mundo corporativo, é o máximo retorno total de seus investimentos. Se esse prêmio lhes for negado ou ilegitimamente expropriado pela ação oportunista de outros agentes econômicos, eles dificilmente estarão dispostos a canalizar recursos para este fim. E, na ausência, ou no retraimento dessa categoria de agente econômico, o mundo empresarial simplesmente não existiria ou definharia.

Estas proposições, de um lado, são realmente pertinentes. Mas, de outro lado, cabe considerar que, sem um dado conjunto de outros "constituintes organizacionais", internos e externos, as companhias também não existiriam. Estabelecem-se então **teias complexas de relações**, que têm levado a produtivas discussões e a mudanças substantivas nos institutos legais da maior parte dos países, todas elas gravitando em torno de uma questão essencial: **os interesses aos quais a gestão das companhias deve atender**.

Para bem fundamentarmos a análise desta questão, vamos inicialmente tratar dos seguintes pontos:

- Listagem abrangente, do conjunto dos *stakeholders*, definidos como *partes que têm interesses legítimos em jogo nas empresas e que afetam ou podem ser afetados pelas diretrizes definidas, pelas ações praticadas e pelos resultados alcançados*.

- Classificação do grau de importância relativa de cada um dos *stakeholders*, relativizando, se for possível, quanto dos resultados das corporações devem ser destinados a atender aos seus interesses.

- Considerando os anseios da sociedade como um todo – de que são exemplos o crescimento das economias nacionais, as oportunidades de inclusão socioeconômica e os níveis de bem-estar social daí decorrentes –, comparação do grau de eficácia de objetivos corporativos focados no interesse restrito dos *shareholders*, comparativamente à de objetivos que abrangem múltiplos interesses.

- Definição, a partir da análise dessas questões essenciais, do critério que deve nortear as decisões dos gestores, levando em conta os interesses de todos os *stakeholders* e tendo presentes os limites entre a convergência e os conflitos entre eles.

OS GRUPOS DE INTERESSE ENVOLVIDOS COM AS CORPORAÇÕES

O Quadro 2.1 traz uma definição de *stakeholders,* classificando-os em quatro grupos: 1. os *shareholders* – denominação genérica de proprietários e investidores; 2. os *internos*, efetivamente envolvidos com o monitoramento e a geração de resultados nas companhias; 3. os *externos*, integrados à cadeia de negócios; e 4. o *entorno*, que engloba categorias não participantes

QUADRO 2.1 Uma listagem dos principais *stakeholders*, internos e externos, com que as empresas interagem.

	STAKEHOLDERS Pessoas, grupos ou instituições, com interesses legítimos em jogo nas empresas e que afetam ou são afetados pelas diretrizes definidas, ações praticadas e resultados alcançados.
SHAREHOLDERS (Proprietários, investidores)	❑ **Quanto ao regime legal.** ◇ Acionistas. ◇ Cotistas. ❑ **Quanto à participação:** ◇ Majoritária. ◇ Minoritária. ❑ **Quanto à gestão:** ◇ Participantes ativos. ◇ Outorgantes. ❑ **Quanto ao controle:** ◇ Integrantes do bloco de controle. ◇ Fora do bloco de controle. ❑ **Quanto à classe de ações:** ◇ Com direito a voto. ◇ Sem direito a voto.
INTERNOS (Efetivamente envolvidos com a geração e o monitoramento de resultados)	❑ **Órgãos de governança:** ◇ Direção executiva. ◇ Conselho de administração. ◇ Conselho fiscal. ◇ Auditores independentes. ◇ Auditores internos. ❑ **Empregados.**
EXTERNOS (Integrados à cadeia de negócios)	❑ **Credores.** ❑ **Partes interessadas a montante:** ◇ Fornecedores diretos. ◇ Integrantes distantes da cadeia de suprimentos. ❑ **Partes interessadas a jusante:** ◇ Clientes. ◇ Consumidores.
ENTORNO	❑ **Restrito:** comunidades locais em que a empresa atua. ❑ **Abrangente:** a sociedade como um todo. ❑ **Governos.** ❑ **ONGs.**

diretamente das cadeias de geração de valor, mas também alcançadas pelos objetivos corporativos e pelos critérios com que são tomadas as decisões para maximizá-los.

Essas quatro categorias podem ser abertas em subgrupos de maior especificidade. Os *shareholders* estão listados segundo o regime legal das empresas – sociedades anônimas ou limitadas – e ainda quanto à dimensão de suas participações, quanto à sua presença na gestão e no controle e, no caso das SAs, quanto à classe das ações de sua propriedade. Os **outros *stakeholders* internos**, efetivamente envolvidos com o monitoramento e a geração de resultados, estão subagrupados em órgãos de governança e empregados. As **partes interessadas externas** que mantêm relações de negócio com as empresas estão subagrupadas em credores (muito importantes para a governança nos países em que o financiamento preponderante das empresas é através de *debt*) e em dois outros subgrupos, segundo suas posições na cadeia de geração de valor – a montante (fornecedores) e a jusante (clientes e consumidores). E, por fim, o **entorno** está aberto em quatro categorias, dispostas segundo o grau de proximidade com as companhias.

Cada um desses subrupos de *stakeholders* mantém relações e tem interesses legítimos em jogo nas companhias. O Quadro 2.2 traz uma síntese indicativa desses interesses. Não há como recusá-los. Mas a questão fundamental não está em atendê-los ou não, até porque a maior parte de seus interesses é regida por disposições legais. A questão está em definir critérios para a tomada de decisões que sustentem no longo prazo o atendimento desses interesses. E também em estabelecer indicadores de avaliação do desempenho das corporações que orientem decisões de investimento que as mantenham competitivamente em seus negócios.

As tentativas de classificação ordinal dos *stakeholders*, levando-se em conta os graus presumidos de sua importância na constituição, na operação e na continuidade das empresas, esbarram invariavelmente em grandes dificuldades. O Quadro 2.3 sintetiza três critérios de classificação. O primeiro, proposto por Clarkson,[2] é focado nos riscos incorridos pelos agentes que interagem no mundo dos negócios. Segundo este critério, a ordem de importância seria definida pela voluntariedade com que os riscos são assumidos e pela involuntariedade seus efeitos sobre o capital ou outros recursos disponibilizados às companhias. O segundo, proposto por Mitchell, Agle e Wood,[3] é focado em três atributos: legitimidade em auferir resultados, poder e responsabilidade pelas decisões na empresa e relação entre contribuições e impactos de suas exigências na empresa. E o terceiro, proposto por Altkinson e Waterhouse,[4] é centrado no grau de dependência das empresas em relação a cada um dos *stakeholders*. Desdobra-se em dependência primária e secundária. A primeira é a que se estabelece entre a empresa e os agentes sem os quais ela não teria surgido ou não teria continuidade. A segunda é a que se estabelece com pessoas, grupos ou instituições não vitais para a existência da companhia.

A análise desses critérios e os juízos de valor neles fundamentados é que levam a proposições normativas sobre o objetivo primordial das corporações. Em síntese, há duas linhas orientativas sobre os interesses aos quais a gestão

QUADRO 2.2 Interesses legítimos dos diferentes grupos de *stakeholders*.

Stakeholders	Interesses
SHAREHOLDERS	❑ **Proprietários, investidores**: ◊ Dividendos ao longo do tempo (a). ◊ Ganhos de capital: maximização do valor da empresa (b). ◊ Máximo retorno total (a) + (b).
INTERNOS **(Efetivamente envolvidos com a geração de resultados)**	❑ **Conselho de administração e direção executiva:** ◊ Base fixa de remuneração. ◊ Bonificações de balanço. ◊ *Stock options*. ❑ **Outros órgãos de governança**: retribuições em bases fixas. ❑ **Empregados:** ◊ Segurança. ◊ Salários. ◊ Participação nos lucros. ◊ Benefícios assistenciais materiais. ◊ Reconhecimento, oportunidades, desenvolvimento pessoal.
EXTERNOS **(Integrados à cadeia de negócios)**	❑ **Credores**: resultados positivos, capacidade de liquidação de dívidas contraídas. ❑ **Fornecedores**: regularidade, desenvolvimento conjunto. ❑ **Clientes/consumidores**: preços justos, produtos conformes, confiáveis, seguros.
ENTORNO	❑ **Comunidades locais**: geração de empregos e contribuições para o desenvolvimento. ❑ **Sociedade como um todo**: bem-estar social, balanço social efetivamente contributivo para inclusão socioeconômica. ❑ **Governos**: conformidade legal, crescimento, geração de empregos. ❑ **ONGs**: adesão às suas três principais causas – preservação ambiental, direitos de minorias e provisões.

QUADRO 2.3
Critérios de classificação ordinal dos *stakeholders* e proposições normativas de atendimento de seus interesses.

Abordagens	Critérios de classificação em ordem decrescente de importância
**CLASSIFICAÇÃO ORDINAL**	
M. Clarkson *A stakeholder framework for analyzing and evaluating corporate social performance* (1994)	❏ **Riscos assumidos:** ◊ Voluntariamente. Agentes que incorrem em riscos voluntários, assumidos por alguma forma de investimento feito na empresa. ◊ Involuntariamente. Agentes que não estão sujeitos a riscos de investimento nas empresas.
R. Mitchell, B. Agle e D. Wood *Toward a theory of stakeholders indentification and salience* (1997)	❏ **Três atributos:** ◊ Legitimidade em auferir resultados. ◊ Poder de decisão na empresa. ◊ Relação entre contribuições e impactos de suas exigências na empresa.
A. Altkinson e J. Waterhouse *A stakeholders approach to strategic performance measurement* (1997)	❏ **Grau de dependência da empresa:** ◊ Primária. Agentes sem os quais as companhias não teriam surgido e não sobreviveriam. ◊ Secundária. Agentes não vitais para a existência da companhia.
**PROPOSIÇÕES NORMATIVAS**	
J. Chrisman e A. Carroll *Social responsability and strategic management* (1990)	Os interesses dos acionistas é que devem orientar as decisões da gestão. O objetivo da empresa é maximizar a remuneração dos acionistas, agentes que viabilizam a existência dos negócios e as dos demais *stakeholders*.
T. Donaldson e L. Preston *The stakeholder theory of the corporation: concepts, evidence and implications* (1995)	As empresas não têm o objetivo primário de maximizar um conjunto constituído pelos interesses de todos os *stakeholders*, mas de um de seus elementos: os *shareholders*.
A. Sundaran e A. Inkpen *The corporate objective revisited* (2001)	Desvios em relação ao objetivo de maximizar o retorno total dos *shareholders* podem acentuar, em vez de atenuar, conflitos e custos de agência.
R. Freeman e J. McVea *A stakeholder approach to strategic management* (1998)	As dificuldades em definir critérios ordinais da importância do conjunto de *stakeholders* podem gerar mais conflitos que soluções se os objetivos da empresa privilegiarem múltiplos interesses.
E. Sternberg *The stakeholder concept: a mistaken doctrine* (1999)	Realmente, os efeitos das decisões de maximizar o retorno total dos proprietários afetam os interesses dos demais *stakeholders*. Mas isto não implica que cada empresa seja responsável pela maximização dos interesses de todos os que com ela estabeleçam relações.
M. Jensen *Value maximization, stakeholder theory and the corporate objective function* (2001)	A maximização do retorno total dos acionistas é o critério que atende ao máximo interesse da sociedade como um todo. Mas as companhias dificilmente maximizarão o seu valor se desatenderem aos interesses do conjunto de seus *stakeholders*.
J. Boatright *Ethics and the conduct of business* (1999)	A legitimidade da maximização do interesse dos *shareholders* provém de serem maiores os seus riscos e residuais as garantias do retorno dos seus investimentos.

das companhias deve estar preponderantemente atrelada. Uma propõe que o objetivo central, do qual são derivados indicadores de desempenho e formuladas as estratégias de negócios, é a maximização do retorno total dos *shareholders*. Outra propõe que a empresa deve ser gerida para maximizar uma função de múltiplos interesses, atendendo às demandas de todos os *stakeholders* e atribuindo-lhes benefícios justificados por critérios ordinais de classificação.

Embora, como já foi destacado, as relações entre as empresas e os *stakeholders* que com elas interagem tenham se modificado substantivamente nos últimos 20 anos, com crescentes pressões para se materializarem em distribuição de benefícios, a tendência parece ser a de reconhecer que a linha focada no interesse dos proprietários é mais robusta, tanto do ponto de vista de sua concepção teórica, quanto da evidência empírica de seus resultados. Mas esta concepção não exclui radicalmente outros interesses em jogo. As proposições normativas reunidas no Quadro 2.3 inclinam-se nesta direção. É o que veremos a seguir.

O Foco no Máximo Retorno Total dos Proprietários

As proposições normativas de governança corporativa centradas no objetivo de maximizar o interesse dos proprietários são lastreadas em pressupostos micro e macroeconômicos. No âmbito micro, os argumentos podem ser desdobrados em quatro dimensões lógicas: a) a financeira; b) a dos riscos assumidos; c) a da gestão; e d) a dos conflitos de agência. No âmbito macro, o argumento básico é extraído da demonstração clássica de que a racionalidade utilitarista, fundamentada na maximização do lucro pelas empresas, conduz ao máximo benefício para a sociedade como um todo.

Vamos tratar primeiro das quatro dimensões microeconômicas, abordando-as passo a passo.

1. A Lógica Financeira

As empresas são constituídas sob a perspectiva de proporcionarem retornos aos proprietários que integralizaram o capital subscrito nos contratos sociais. O lucro, enquanto motivação mobilizadora, está presente na iniciativa de empreender e, portanto, na origem de todos os negócios. As razões altruístas ocorrem em outros campos da cooperação humana. Mas **no meio em que as empresas são criadas e geridas prevalecem as forças utilitárias do benefício financeiro.**

Esta concepção não significa desconsideração por compromissos morais e legais com as outras partes interessadas, até porque os resultados das empresas poderão ser negativamente impactados se prevalecerem, radicalmente, condutas que vêem o lucro máximo como variável independente do atendimento das demandas do conjunto de *stakeholders*. A administração estratégica das demais partes interessadas no bom desempenho das empresas é premissa fundamental para o êxito nos negócios e para a geração dos retornos esperados pelos proprietários. Ademais, o atendimento eficaz das demandas legítimas dos *stakeholders* fundamenta-se em dois movimentos intercomplementares: de um lado, promove sinergias, recompensa esforços e gera todo um conjunto de condições exigidas para o bom desempenho da companhia; de outro lado, quanto melhor for este desempenho, mais bem atendidos poderão ser os interesses dos que interagiram para realizá-lo.

Na realidade, o foco no máximo retorno total dos proprietários não se contrapõe a uma agenda de boas práticas de governança também voltada para a satisfação dos anseios e objetivos de outros *stakeholders* internos e externos. Mais ainda: a construção de empresas socialmente responsáveis e ecologicamente corretas é também um objetivo estratégico que alimenta a reputação corporativa, atuando como um importante elemento das forças vetoriais que definem o valor de mercado das companhias.

O reconhecimento dessas realidades, porém, não subtrai dos proprietários a condição de agentes principais do mundo corporativo. Nem modifica o objetivo primário das empresas, que, como ponderam Donaldson e Preston,[5] "não é o de maximizar o interesse de cada um dos *stakeholders*, mas o de um deles em particular, os proprietários. Segundo esta perspectiva, a **adição de valor à riqueza originalmente disponibilizada pelos integralizadores do capital é o objetivo fundamental das companhias**. E, mesmo que os proprietários estejam dispersos e não presentes, esse objetivo mantém-se como "prioridade um" das empresas, à medida que no mercado de capitais os investidores buscam pelas companhias que apresentem os melhores resultados econômico-financeiros e as melhores perspectivas de mantê-los ou ampliá-los.

2. A Lógica dos Riscos Assumidos

Uma segunda linha de justificação do máximo retorno total dos proprietários como objetivo primordial das companhias é fundamentada nos **riscos incorridos pelos acionistas**. Para Boatright,[6] a legitimidade da maximização dos interesses dos *shareholders* provém de serem maiores os seus riscos e de serem residuais as garantias de recuperação ou de retorno dos seus investimentos.

As empresas podem ser vistas como "nexos de contratos", em que se realizam transações regidas por direitos legalmente estabelecidos. Todos os *stakeholders* têm algum tipo de direito sobre as empresas – sejam gerentes, trabalhadores, fornecedores, clientes, consumidores. Obviamente, os proprietários também os têm, incluídos os de tomarem decisões que afetam direta ou indiretamente os interesses de todos os demais. Mas há uma diferença fundamental entre os direitos dos proprietários, os dos agentes empregados pelas empresas e os dos que com elas mantêm vínculos transacionais. Todos estes agentes incorrem obviamente em riscos associáveis ao não-cumprimento das obrigações contratuais que as empresas assumem com eles. Caso ocorram, podem acionar judicialmente as empresas, requerendo até sua falência: estes riscos estão assim sob a proteção de ações até radicais. Já os proprietários têm direitos residuais, o que implica assumirem os mais altos riscos, comparativamente aos assumidos pelos demais *stakeholders*.

Considerem-se, a propósito, as seguintes asserções:

- ❑ O **retorno do capital investido é incerto**, quanto ao seu valor e ao momento em que se realizará.
- ❑ O capital investido é contabilizado como ativo dos proprietários. Mas a contrapartida desse registro, nas demonstrações financeiras das empresas, é contabilizada como **passivo não exigível**.
- ❑ O capital integrado pelos *shareholders* só retornará se os negócios forem bem conduzidos, se as ameaças provenientes de competição acirrada ou de turbulências puderem ser superadas, se as oportunidades de negócios forem percebidas a tempo e buscadas com competência. Há, assim, muitos "ses" que se interpõem ao retorno esperado.
- ❑ Excetuando-se os proprietários, todos os demais *stakeholders* podem "abandonar o barco", não renovar seus contratos, não se envolver em novas transações, direcionando seus recursos para outras companhias, no caso de insucesso da empresa com que mantêm relações. Já os proprietários só sairão do negócio se outros, voluntariamente, se interessarem em adquirir suas cotas ou suas ações. Caso contrário, "permanecerão no barco e afundarão com ele".
- ❑ **Os direitos dos proprietários são residuais**.

Os riscos maiores assumidos pelos proprietários das empresas são assim justificativas razoáveis, se não mesmo inquestionáveis, para que as companhias sejam gerenciadas com o objetivo central de proporcionar-lhes o máximo retorno total. Como registra Silveira,[7] "como os acionistas são os *stakeholders* que carregam mais riscos e menos direitos legais em relação à corporação, é em favor deles que as decisões devem ser tomadas". Quaisquer outros objetivos não só deixam de corresponder à lógica dos riscos assumidos, como dificultam, como a seguir veremos, a aferição do desempenho das empresas, com objetividade e precisão.

3. A Lógica da Gestão

A terceira justificação dos objetivos de maximização do retorno total encontra-se no campo da gestão. Caso objetivos de rentabilidade, de crescimento e de fluxo de caixa, que convergem para o retorno total dos proprietários, sejam substituídos por objetivos múltiplos que atendam a propósitos de maximização de benefícios de todos os *stakeholders*, a gestão das empresas poderá enredar-se em uma teia de metas – algumas até conflitantes entre si –, perdendo o foco de maximizarem resultados econômico-financeiros dos quais dependem a sobrevivência e a continuidade dos negócios. Na ausência de um indicador-síntese de resultados, o monitoramento e a avaliação da gestão são dificultadas.

O retorno total dos proprietários é o indicador-síntese dos resultados corporativos. Ele resulta de duas formas de compensação do capital investido: o recebimento de dividendos ao longo do tempo e os ganhos de capital resultantes da rentabilidade e do crescimento das empresas. A Figura 2.1 sintetiza esses conceitos.

Quando o foco da administração é a geração de máximo valor para os investidores, desenvolvem-se dentro das empresas instrumentos de gestão e de aferição de resultados que contribuem para a eficácia corporativa, tanto no âmbito das unidades de negócios quanto nas áreas de serviços compartilhados. Medições objetivas, com base em indicadores como o *total shareholder return* (TSR), são filtros para a tomada de decisões estratégicas e para as políticas operacionais. O acompanhamento das empresas com base em medições de geração de valor indica tendências de melhoria, de deterioração ou de recuperação de resultados. Proporciona ainda comparações entre as empresas de um mesmo setor e entre os diferentes setores de negócio. Atende às

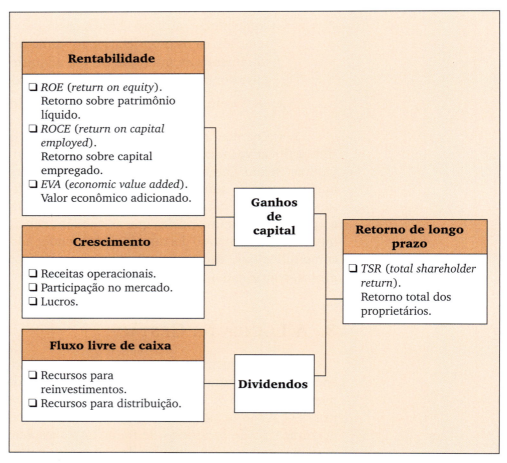

FIGURA 2.1 Medidas e conceito do retorno total de longo prazo.

Fontes: BCG (The Boston Consulting Group) e EAESP-FGV. Volume 1. *O desafio de geração de valor para o acionista*. São Paulo: BCG/FGV, 1995; Volume 2. *Métricas de valor para o acionista*. São Paulo: BCG/FGV, 1999.

demandas dos analistas do mercado de capitais, dos fundos de *private equity* e dos investidores individuais e institucionais. São, assim, indicadores eficientes de alocação ótima de recursos. E também da administração, segundo os melhores padrões possíveis, dos recursos disponibilizados para os gestores.

4. A Lógica dos Conflitos de Agência

O máximo retorno total dos proprietários é um objetivo que pressupõe o controle dos conflitos e dos custos de agência – raízes históricas da governança corporativa. Esses conflitos resultaram de desvios em relação ao objetivo de maximizar os interesses de proprietários dispersos e ausentes, praticados por gestores oportunistas, focados em maximizar seus próprios propósitos, quando não também dos de outros *stakeholders* que mantêm relações de negócios com as corporações.

Os administradores de todas as áreas corporativas e não apenas os financeiros são representantes dos proprietários e suas decisões devem estar voltadas para formular e implementar planos estratégicos e políticas operacionais que maximizem o retorno dos investimentos. A administração estratégica dos demais *stakeholders* faz, assim, parte de sua missão, proporcionando-lhes, em conformidade com disposições legais e segundo os padrões éticos que devem regular as relações de negócio, condições satisfatórias para também estarem comprometidos com a geração de bons resultados e com a continuidade da empresa que servem ou pela qual são atendidos. Mas esta postura é bem diferente de atender aos demais *stakeholders*, com o compromisso de corresponder à maximização do interesse deles, em detrimento dos proprietários.

Sundaram e Inkpen[8] avaliam que a maximização de múltiplos interesses amplia, potencialmente, as áreas de ocorrência de conflitos de agência. As razões apontadas são várias: 1. ausência de um indicador único de desempenho; 2. dificuldade em conciliar interesses; 3. complexidade de critérios para hierarquizar contribuições e definir retribuições; 4. aumento dos graus de liberdade dos gestores para arbitrarem situações de conflitos; 5. geração de condições para práticas oportunistas; e 6. comprometimento da maximização do valor da empresa, desfavorecendo a longo prazo os interesses de todos. Em contrapartida, **quando o valor da empresa é maximizado e sua sobrevivência de longo prazo é viabilizada, estabelecem-se condições que realmente atenderão aos múltiplos interesses que gravitam em torno dela.**

Por último, mas não menos importantes, cabe registrar mais duas fortes razões, associáveis aos conflitos de agência, para que sejam assumidos objetivos focados no interesse dos proprietários:

> ❑ A ascensão dos gestores e da tecnoestrutura organizacional no topo das corporações, resultante da separação entre a propriedade e a gestão. Como agentes outorgados, cabe-lhes buscar os objetivos definidos pelos seus outorgantes.

❑ O reconhecimento do direito de propriedade, que confere aos *shareholders* a prerrogativa de definirem os objetivos primários das companhias criadas a partir do capital por eles integralizado.

5. A Lógica Macroeconômica

Uma linha adicional de justificação dos objetivos corporativos centrados no máximo retorno total de longo prazo dos proprietários é extraída da teoria econômica ortodoxa. Seus fundamentos são encontrados em pensadores dos séculos XVIII e XIX, ideólogos da Revolução Liberal. A crença no máximo benefício social da liberdade de empreendimento e no interesse próprio dos empreendedores é mantida desde o clássico *Wealth of nations* (1776), de Adam Smith, passando pelo *Traité d'économie politique* (1803), de Jean B. Say, e chegando ao *Principles of economics* (1890), de Alfred Marshall.

A economia clássica e a neoclássica propuseram, em elegantes demonstrações lógicas, que **o bem-estar coletivo pode ser mais bem alcançado quando os agentes econômicos buscam a maximização de seus próprios interesses, do que quando a ordem econômica e os objetivos sociais são definidos por uma autoridade central**. Em *Wealth of nations*, Smith argumentou que, "administrando seus negócios de forma que seu resultado seja do maior valor e visando o seu próprio ganho, o empreendedor trabalha para tornar a renda da sociedade a maior possível. Embora vise o seu próprio benefício, promove o da sociedade mais efetivamente do que faria se tivesse a intenção de realizá-lo".

Esta proposição está fundamentada em um conjunto de premissas. E uma das mais importantes – a concorrência perfeita – modificou-se substancialmente com o agigantamento das corporações e a formulação de oligopólios, cartéis e monopólios. Modificaram-se também as condições macroambientais, de que são exemplos os efeitos danosos da atividade produtiva em escalas crescentes e ecologicamente incorretas – as chamadas *externalidades negativas*.

Estes vícios e imperfeições das economias de mercado não destruíram, porém, a lógica das proposições ortodoxas. Friedman,[9] um dos mais ardorosos defensores no século XX da doutrina liberal, insistiu em que **o objetivo das companhias é a maximização do retorno dos acionistas, remetendo para a autoridade pública a responsabilidade de regulação das imperfeições dos mercados livres**. Aos gestores cabe produzir resultados econômico-financeiros de interesse privado. Os demais *stakeholders* devem ser administrados, segundo Friedman, para atender ao objetivo de máximo retorno dos investidores. Agindo assim, os gestores das companhias, prepostos dos proprietários, estarão produzindo benefícios sociais. Contrariando esta orientação, tendem a gerar consequências danosas para a companhia e para o interesse social. Quatro consequências são evidentes:

1. Dificuldades em arbitrar prioridades nas políticas de maximização de outros interesses.
2. Conflitos crescentes.

3. Custos adicionais transferidos para o mercado.
4. Redução dos resultados esperados pelos investidores, desinteresse destes por continuarem a investir e danos a todos os *stakeholders* com interesses na companhia.

Uma síntese recente destes princípios foi apresentada por Sternberg:[10] "**quanto mais se perseguir a maximização do valor da empresa para os investidores, maiores serão os benefícios para a sociedade como um todo**". Segundo sua linha de argumentação, a retórica dos objetivos múltiplos não é a que leva ao máximo benefício social. Ela apenas coloca nas mãos dos gestores o poder de atender a propósitos conflituosos com os interesses da empresa e de seus investidores, solapando os direitos dos *shareholders*. É fonte de geração de conflitos e de custos de agência, contrariando as boas práticas de governança corporativa.

O Equilíbrio de Múltiplos Interesses

Em contraposição ao objetivo de máximo retorno total dos proprietários, têm sido desenvolvidas proposições mais abrangentes de objetivos corporativos, apoiadas no conceito-base do *triple bottom line*. Estas proposições não recusam nem questionam a legitimidade do retorno dos investidores, mas ponderam que as companhias também acumulam ganhos – de que são exemplos a imagem e a reputação corporativa – se atuarem com olhos voltados para questões econômico-financeiras, ambientais e sociais. E podem incorrer em perdas e riscos se desconsiderarem estas questões.

As proposições na linha da *responsabilidade corporativa* apóiam-se em um conjunto de considerações fundamentais. Destacamos as seguintes:

1. **Cobranças: os ativistas e o mercado**. Tendem a ser crescentes as cobranças dirigidas às corporações, tanto por ativistas de causas sociais e ambientais, quanto do próprio mercado de capitais, por prestações abrangentes de contas aos investidores e à sociedade. Junto com balanços de resultados e patrimonial, são também relevantes, em resposta às pressões externas, a geração e a publicação de balanços social e ambiental. Do ponto de vista do mercado e dos investidores, esses balanços revelam preocupações que, se desconsideradas, podem ampliar riscos corporativos de alto impacto no retorno total de longo prazo.

2. **Gestão estratégica dos *stakeholders***. A desconsideração pelos fins buscados pelos diferentes grupos de *stakeholders* não é uma postura estratégica. Embora cada um deles empregue os recursos de que dispõe buscando máximos retornos – o que tornaria injustificável que a companhia também zelasse pela otimização de seus interesses –, posturas radicais que levem a considerá-los apenas como meios, não atentando para o fato de cada um deles ter também objetivos de maximização, podem a longo prazo comprometer os resultados corporativos.

3. **Gestão dos relacionamentos**. O sucesso das companhias a longo prazo, convergindo para o máximo retorno total dos investidores, pressupõe que os administradores adotem políticas que satisfaçam todos os grupos que têm interesses em jogo na companhia. O ambiente de negócios e os relacionamentos nele estabelecidos não podem ser descuidados. Freeman e McVea[11] enfatizam a abordagem gerencial do equilíbrio dos interesses dos acionistas com os dos gerentes, empregados, fornecedores, clientes, comunidades em que as empresas atuam e outros grupos, com base no planejamento estratégico corporativo. Trata-se de proposição normativa baseada na convicção de que o máximo retorno total de longo prazo é, até determinado limite, função direta também do atendimento dos interesses de outros *stakeholders*.

4. **Extensão da teoria de agência**. O equilíbrio no atendimento das demandas dos *stakeholders* integrados às cadeias dos negócios corporativos estende o princípio básico da teoria de agência, segundo o qual os gestores são agentes aos quais se outorgam poderes decisórios para maximizarem os interesses dos proprietários. A extensão desse conceito propõe que fornecedores, credores, empregados e outras partes interessadas também outorgam aos gestores a boa gestão e o bom retorno de seus recursos. Em sentido ainda mais amplo, a própria sociedade confia em que as decisões dos gestores também estão voltadas para impedir a ocorrência de *externalidades negativas*. Metcalfe[12] alinha-se a esta corrente. Em *The stakeholder corporation*, ele propõe que **as companhias adotem princípios éticos e políticas de autorregulação, voltadas para o conjunto das partes que contribuem para seus bons resultados**, em complementação à irrecusável conformidade com as disposições legais que protegem seus interesses, contratuais ou não.

O questionamento da maximização da riqueza dos investidores como objetivo único das companhias, desconsiderando-se radicalmente outros interesses, foi antecipado por Berle-Means[13] no final dos anos 60, na edição revista de *The modern corporation and private property*. Dos dois prefácios assinados por eles individualmente extraímos as seguintes ponderações:

ADOLF BERLE

❑ **A revolução que ocorreu nas sociedades anônimas mudou a lógica tradicional da propriedade**. A relação dos investidores com as empresas mudou tão radicalmente, via mercado acionário, que mudanças conceituais e institucionais profundas estão por ocorrer. A dissociação entre a riqueza passiva e sua administração ativa levou, é certo, a divergências de interesses que tendem a ser realinhadas. Mas está em desenvolvimento uma pressão consensual crescente para que se faça uma distribuição maior dessa riqueza passiva.

❑ **Ainda estamos por assimilar as consequências socioeconômicas do crescimento das companhias, da dinâmica do mercado de capitais e da liquidez das ações.** A não ser no caso de novas emissões, os proprietários das ações não realizam novos investimentos. Não arriscam seus recursos em um novo ativo produtivo. No mercado secundário, os ativos produtivos apenas trocam de mãos. Os investidores raramente assumem o risco de uma operação econômica nova ou maior. A contribuição do mercado é a manutenção da liquidez e a avaliação do aumento de valor das companhias. Isto levanta problemas de ética social que certamente entrarão em cena na próxima geração. Razões: 1. os acionistas passivos não suam para merecer a metade dos lucros do sistema produtivo a que têm tido acesso (a outra metade é canalizada a novos investimentos, que também os beneficiam); e 2. o privilégio de ter uma fração da riqueza gerada, sem a obrigação de ter de trabalhar por ela só pode ser justificado se a parcela da sociedade relacionada com a empresa também participar dela.

❑ Entre as consequências esperadas três se destacam: 1. questionamento da contribuição dos acionistas passivos; 2. limitações ao poder das companhias, sujeitando-as a disposições legais que subordinem a sua atuação às expectativas de desenvolvimento da civilização; 3. compreensão de que **são muitas as razões para se admitir que a totalidade dos resultados das companhias não deva destinar-se automaticamente apenas aos seus acionistas**.

GARDINER MEANS

❑ É preciso forjar novos conceitos e criar um novo quadro de relações econômicas.

❑ Riqueza, iniciativa, motivação do lucro e concorrência são conceitos que mudaram tão profundamente, com a revolução pela qual tem passado a sociedade anônima, que **já não se aplicam mais as concepções tradicionais da propriedade dos ativos produtivos e da destinação de seus resultados**.

❑ O poder econômico das grandes companhias abrange muito mais que seu poder de mercado. Elas influenciam o uso dos recursos, a qualidade do meio ambiente, as condições de trabalho e os padrões da justiça distributiva, estes através dos salários pagos e dos preços cobrados. A concepção de que os interesses privados, alcançados pelas forças de mercado, são canalizados de tal forma a servir o interesse público está sendo objeto de crescente questionamento. A sociedade está apenas começando a examinar se o interesse das companhias serve bem ao interesse público.

Estas observações anteciparam as mudanças nas relações entre as companhias, os governos e outros grupos de influência. Elas também se antecederam às novas linhas da investigação acadêmica sobre os objetivos corporativos. E vieram antes da força crescente do conceito-base do *triple bottom line*, que propõe a avaliação da legitimidade, da reputação e do valor de mercado das empresas por elementos econômico-financeiros, sociais e ambientais de forma integrada.

A Legitimidade dos Interesses Envolvidos

As mudanças percebidas há mais de cinquenta anos e agora em pleno curso não chegam ao extremo de questionar a **legitimidade dos interesses dos *shareholders*** em usufruir do máximo retorno total de longo prazo de seus investimentos. Mas tendem a enfatizar também a **legitimidade dos interesses dos demais *stakeholders***.

O Quadro 2.4 sintetiza os argumentos que têm sido levantados nestas duas direções.

Os Interesses dos *Shareholders*

A legitimidade dos interesses dos proprietários tem por fundamento maior o valor, para a sociedade como um todo, do **espírito de empreendimento**, dos riscos de montar negócios inovadores, da disposição em criar produtos substitutos daqueles que, há muito tempo, têm sido bem-aceitos pelos consumidores e da ousadia de enfrentar competidores estabelecidos em estruturas oligopolistas de mercado. Esta disposição dos empreendedores é uma das características essenciais dos sistemas de mercado e pode ser a ela atribuída grande parte do crescimento da renda nacional *per capita* e da geração crescente de riquezas.

O máximo retorno total dos *shareholders* é um estímulo para novos empreendimentos, ao mesmo tempo em que **a busca bem-sucedida pela maximização do retorno é condição *sine qua non* para a continuidade das empresas em operação**. Isto significa que o crescimento econômico, a geração de empregos e a inclusão socioeconômica – objetivos fundamentais das políticas públicas – são fortemente dependentes de serem atendidas as expectativas de retorno privado dos investimentos nas empresas. E é ocioso insistir em que esta ligação entre o interesse privado e o público legitima a orientação corporativa de busca pelos mais altos retornos possíveis.

Dois outros importantes fatores de legitimação do interesse dos *shareholders* são a característica não exigível do capital das empresas, a distância entre os riscos da propriedade de ativos produtivos e os direitos residuais de seus titulares, cuja realização não é prioritária relativamente às proteções contratuais dos demais *stakeholders*. Daí por que **a proteção à propriedade privada de ativos produtivos é não apenas essencial para a destinação crescente de recursos para investimentos, como ainda uma compensação legítima para os altos riscos a ela associáveis**.

QUADRO 2.4
A interação dos *stakeholders*: uma síntese dos argumentos de legitimação dos seus interesses.

A LEGITIMIDADE DOS INTERESSES DOS *SHAREHOLDERS*

- Valor, para a sociedade como um todo, do espírito de empreendimento, de iniciativa, de geração de riquezas.

- A busca pela maximização do retorno sobre os investimentos e do valor da empresa a longo prazo é condição *sine qua non* para a continuidade da atividade empresarial.

- O capital integralizado é *passivo não exigível*: é recurso ao qual os proprietários só têm acesso se outros, livremente, se interessarem em sua aquisição.

- Os proprietários não são protegidos por relações contratuais com a empresa, diferentemente do que ocorre com os demais *stakeholders*, internos ou externos, integrados à cadeia de negócios.

- O máximo retorno total é um estímulo para novos empreendimentos.

A LEGITIMIDADE DOS INTERESSES DOS DEMAIS *STAKEHOLDERS*

- Grupos sem os quais a empresa deixaria de existir.

- Forças sinérgicas, movidas por uma *inteligência organizacional* centrada na sobrevivência, no crescimento e na continuidade da empresa.

- Grupos que têm objetivos, que almejam seus próprios fins: não são simplesmente meios ou instrumentos de terceiros.

- Há interesses sociais difusos, que são dependentes das diretrizes, das ações e dos resultados da empresa e que não podem ser desconsiderados.

- Preponderantemente, o grande entorno da empresa movimenta-se como suporte de seu desenvolvimento sustentável.

Os Interesses dos Demais *Stakeholders*

Um dos fundamentos mais sólidos da legitimidade dos interesses dos demais *stakeholders* é de natureza moral: trata-se de grupos não simplesmente sujeitos a servir de instrumentos para objetivos de terceiros – cada um deles tem seus próprios objetivos, almejam seus próprios fins e objetivam também a maximização de seus retornos.

Deste ponto de vista, **o lucro não é a única categoria de retorno maximizável**. Os salários e outros benefícios materiais e imateriais aos empregados são também formas de retorno de uma outra categoria de riqueza indispensável às companhias – o capital humano. Obviamente, de um lado, a aceitação desse conceito não implica que as companhias devam também focar o máximo retorno dessa categoria de capital, até porque seus detentores têm liberdade para buscá-lo onde possa ser otimizado – assim como a tem qualquer um dos demais *stakeholders*. De outro lado, a gestão moralmente consciente tratará de conciliar as demandas dos proprietários com as de outros grupos, até porque sem esses as empresas deixariam de existir.

Outro aspecto essencial de legitimação dos interesses dos demais *stakeholders* é que todos eles, embora em graus distintos e de difícil hierarquização, atuam como **forças sinérgicas, em princípio comprometidas com a sobrevivência, com o crescimento e com a continuidade das companhias**. A mobilização dessas forças, otimizando seus esforços, é um dos atributos da *inteligência organizacional*. E a contrapartida é a atenção dada às suas demandas, até o limite em que passem a comprometer os objetivos corporativos de retorno total de longo prazo.

Por último, mas não menos importantes, há dois outros aspectos que legitimam interesses externos às empresas. Um é a missão civilizadora das corporações: boa parte da convivência social civilizadora é função de suas diretrizes estratégicas e de suas políticas. Outro é o reconhecimento de que o entorno das corporações movimenta-se, preponderantemente, como **suporte de seu desenvolvimento sustentável**. Mais ainda: se bem gerenciado e atendido equilibradamente em suas demandas, pode ser fator de validação das corporações e pilar importante de sua reputação pública.

Uma Síntese Comparativa

As duas abordagens que acabamos de expor não são mutuamente excludentes. É reconhecidamente alta a robustez conceitual da abordagem *shareholders oriented*, mas, levada a extremos, ela apresenta também pontos fracos. Em contrapartida, a abordagem *stakeholders oriented* tem pontos fortes, embora, à luz do foco financeiro que tende a prevalecer no mundo corporativo, percebem-se nela pontos fracos que, se não bem percebidos e gerenciados, podem afetar de tal forma os interesses dos investidores que os macroobjetivos da sociedade ficarão comprometidos.

Os Quadros 2.5 e 2.6 resumem as raízes, os pontos fortes e os pontos fracos de cada uma dessas duas abordagens.

QUADRO 2.5
A abordagem *shareholders oriented*: raízes, objetivos e pontos fracos e fortes.

Abordagem	Pontos fortes	Pontos fracos
SHAREHOLDERS ORIENTED **RAÍZES** ❑ Teoria econômica clássica. ❑ Teoria financeira. **OBJETIVO** Maximizar o retorno total dos proprietários: dividendos ao longo do tempo e ganhos de capital resultantes do aumento do valor da empresa.	❑ Princípio utilitário que conduz a: a) medidas objetivas de desempenho que levem em conta o retorno do capital investido; b) sistema de gestão centrado na geração de valor. ❑ Maior robustez teórica sugerida pela ciência da administração. ❑ Foco em objetivo claramente equacionável, com parâmetros bem definidos de aferição de desempenho. ❑ As corporações com foco na geração de valor para os proprietários são mais facilmente gerenciáveis: eliminam-se dificuldades com escolhas conflituosas. ❑ Evidencia claramente *conflitos e custos de agência*. ❑ Alinha-se aos fundamentos do direito de propriedade. ❑ A literatura econômica demonstra que objetivos de maximização do lucro, em mercados competitivos, são os que mais bem atendem ao interesse social.	❑ Levada a extremos, pode desconsiderar o gerenciamento do ambiente de negócios como um todo, nas linhas sugeridas pela teoria de sistemas e pela administração estratégica. ❑ Pode tornar-se insensível à força crescente com que se manifestam os defensores da responsabilidade social corporativa. ❑ Pouca atenção a fatores não econômico-financeiros que também afetam a reputação da companhia e seu valor de mercado.

Fontes: Sínteses de LAZONICK, W.; O'SULLIVAN, M. Maximizing shareholder value: a new ideology for corporate governance. *Economy and Society*, v. 29, nº 1, Feb. 2002; STERNBERG, E. The stakeholder concept: a mistaken doctrine. *Foundation for Business Responsibilities*, Issue Paper, nº 4, Nov. 1999; JENSEN, M. Value maximization stakeholder and the corporate objective function. *Journal of Applied Corporate Finance*, v. 14, nº 3, 2001.

Cabe notar que, a despeito de suas dualidades e das comparações que podem ser feitas entre seus pontos fortes e fracos, sua ocorrência é fortemente influenciada por fatores culturais e institucionais que diferem entre os países.

Como vários autores têm destacado, Babic[14] por exemplo, as abordagens e os modelos de governança corporativa efetivamente praticados nas diferentes partes do mundo são decorrentes de condições históricas, culturais e institucionais. São também decorrentes da formação econômica dos países, com destaque para as relacionadas à configuração e à maturidade do seu sistema financeiro e, dentro deste, ao desenvolvimento de seu mercado de capitais – dois fatores

QUADRO 2.6
A abordagem *stakeholders oriented*: raízes, objetivos e pontos fracos e fortes.

Abordagem	Pontos fortes	Pontos fracos
STAKEHOLDERS ORIENTED **RAÍZES** ☐ Abordagens sociológicas do mundo corporativo. ☐ Teoria de sistemas. **OBJETIVO** Conciliar múltiplos objetivos, satisfazendo a todas as pessoas, grupos ou instituições com interesse legítimos em jogo nas empresas.	☐ Propõe que as diretrizes estratégicas se voltem também para relacionamentos que dão sustentação de longo prazo às companhias. ☐ Alinhada à concepção da empresa como entidade que aglomera *feixe de contratos*, com múltiplos interesses envolvidos. ☐ Apelo normativo, derivado de princípios normais, orientativos das operações corporativas. ☐ Proposta de revisão, buscando abrangência, da *teoria de agência*: concebe os gestores como agentes do conjunto de *stakeholders*, não apenas dos proprietários. ☐ Responde às pressões por prestações de contas não limitadas aos balanços patrimonial e de resultados financeiros.	☐ Dificuldade em estabelecer critérios para ponderar as contribuições dos diferentes grupos com interesses em jogo nas empresas. ☐ Introduz dificuldades para avaliação das decisões, eximindo os gestores de um critério objetivo de desempenho. ☐ Afasta-se da concepção de serem os proprietários os agentes principais do mundo corporativo, cabendo à gestão priorizar decisões que maximizem seus interesses. ☐ Ao incorporar argumentos de ativistas que vivem à margem do mundo corporativo, questiona e, no limite, nega o direito de propriedade. ☐ Levada a extremos, cria mais conflitos do que realmente maximiza interesses múltiplos.

Fontes: DONALDSON, T.; PRESTON, L. E. The stakeholder theory of the corporation: concepts, evidence and implications. *Academy of Management Review*, v. 20, 1995. TURNBULL, S. Corporate governance: its scope, concerns and theories. *Scholary Research and Theory Papers*, v. 5, nº 4, Oct. 1997. The stakeholder concept: a mistaken doctrine. *Foundation for Business Responsibilities*, nº 4, Nov. 1999.

que definem, junto com a cultura empresarial e as instituições legais, a forma dominante de propriedade e de financiamento das empresas e, daí, as demandas e o poder de pressão de diferentes conjuntos de *stakeholders*.

O foco nos interesses dos *shareholders* predomina nos países anglo-saxões. Além de terem sido os lugares onde mais vicejaram as bases doutrinárias – teológicas, com o calvinismo; ideológicas, com a Revolução Liberal – do sistema capitalista ocidental, foi ali que mais fortemente se desenvolveram todos os fatores determinantes da evolução do capitalismo e da expansão do mundo corporativo. Dois desses fatores conduziram à predominância nesses países da orientação *shareholder*: a institucionalização do sistema de sociedade anônima e a notável expressão do mercado de capitais como alternativa de investimento.

Não surpreende, pois, que tenham surgido nesses países, como veremos no Capítulo 3, os primeiros movimentos ativistas para a adoção de boas práticas de governança corporativa, voltadas para os direitos dos acionistas, em conflito com o oportunismo da direção executiva das corporações, disposta a privilegiar a si mesma e a outras partes com interesses em jogo nas corporações.

É notório que os modelos de governança corporativa que se desenvolveram pioneiramente nos Estados Unidos e no Reino Unido enfatizaram, assim, a proteção aos acionistas contra o oportunismo dos gestores e de outras partes interessadas cooptadas pela gestão. Nesses modelos, a forma predominante de alavancagem de recursos é via *equity* e o mercado de capitais é o supridor número um dos recursos das grandes corporações. Exercitam-se, então, procedimentos que facultem aos acionistas dispersos o controle externo das companhias, assegurando a eles direitos de voto e acompanhamento ativo dos atos dos administradores.

Nestes modelos, os conselhos de administração e outros órgãos de governança tendem a ser constituídos a partir de critérios mais rigorosos e sua eficácia tende a ser acompanhada e avaliada. Tende a ser enfatizada a participação ativa dos conselheiros tanto na formulação das estratégias como no controle da diretoria executiva. Os controles exercidos pelo conselho sobre os gestores tendem a ser amplos: vão desde a remuneração e outros benefícios concedidos, passam pelas ligações externas que diretores mantenham nas cadeias de negócios da corporação – geradoras potenciais de conflitos de interesse – e chegam até a avaliação formal de seu desempenho. Os acionistas dispersos são protegidos por institutos legais e por outras forças internas e externas de controle.

Já onde o controle é menos disperso, como na maior parte dos países da Europa Ocidental (Alemanha, como exemplo) e na Ásia (Japão, como exemplo), os modelos de governança fundamentam-se em outras concepções. Nestes países, não é o mercado de capitais o supridor privilegiado de recursos, mas o sistema bancário. A alavancagem é por exigíveis (*debt*) e as ações não têm a mesma liquidez, quando comparada com a dos mercados de capitais mais pulverizados e mais dinâmicos. Na constituição dos conselhos de administração tende a ser admitida a presença de outras partes interessadas, como instituições financeiras e representantes dos empregados. E estas exercem pressões que não se limitam à rentabilização dos negócios. Os acionistas minoritários têm participação limitada nos conselhos e a preocupação com sua proteção tende a ser menos enfatizada.

O Quadro 2.7 sintetiza as qualificações diferenciadoras desses dois modelos. Embora as diferenças apontadas realmente indiquem duas orientações distintas, cabe aqui registrar que as características e os propósitos do modelo anglo-saxão, como observa Bertero[15] têm sido mais *sedutores*.

QUADRO 2.7
Uma síntese comparativa: qualificações das abordagens de governança, quanto à abrangência dos propósitos corporativos.

Abordagens	Qualificações diferenciadoras
Shareholders Oriented	❑ Exemplos de países em que a abordagem tende a ser enfatizada: Estados Unidos, Inglaterra e Canadá. ❑ Objetivos corporativos mais estritamente vinculados aos interesses dos acionistas: máximo retorno total do capital investido. ❑ Indicadores de desempenho centrados em demonstrações patrimoniais e financeiras. ❑ Foco em oportunidades de crescimento e em riscos corporativos: identificações e avaliações como funções complementares da governança. ❑ Direito de propriedade inquestionável: *conflitos de agência* como raízes das práticas de governança. ❑ Proprietários representados nos órgãos internos de governança. ❑ Gestores avaliados pelas decisões que maximizem a riqueza dos proprietários.
Stakeholders Oriented	❑ Exemplos de países em que a abordagem tende a ser enfatizada: ◊ Alemanha – acionistas, credores e trabalhadores. ◊ Japão – acionistas, credores, trabalhadores e conglomerados integrados em cadeias de negócios. ❑ Objetivo corporativo: conciliação de conjunto ampliado de interesses. ❑ Proprietários e outros *stakeholders* representados nos órgãos internos de governança. ❑ Leque mais aberto de públicos-alvo integrados nos propósitos estratégicos das corporações. ❑ Além dos resultados patrimoniais e financeiros (que se mantêm essenciais), olhos voltados também para um conjunto ampliado de indicadores de desempenho.

As razões da **convergência mundial para o propósito de máximo retorno total do capital investido** são, de um lado, a importância do mercado de capitais dos Estados Unidos que, ao atrair empresas de todo o mundo como importante fonte de financiamento, exige práticas de boa governança e segurança quanto às expectativas de retorno, segundo os padrões ali estabelecidos. De outro lado, a atuação dos fundos de *private equity*, que também tem levado aos fundamentos dos modelos *shareholders oriented*, não obstante, como registram Coombes e Wong,[16] os investidores estejam também muito atentos aos impactos dos negócios das companhias na sociedade e à forma como elas estão tratando das **demandas legítimas de outras partes interessadas**, seja pela repercussão positiva da boa gestão do conjunto de *stakeholders*, seja pela **redução dos riscos da desconsideração pelos múltiplos direitos e interesses crescentemente envolvidos nas operações corporativas**.

A Gestão de Resultados de Longo Prazo

A análise dos pontos fortes e fracos das abordagens *shareholders oriented* e *stakeholders oriented*, bem como a convergência mundial para o modelo anglo-saxão tradicional, complementado pela gestão estratégica dos interesses em jogo nas corporações, evidenciam que a geração de resultados corporativos de longo prazo já não é mais apenas fundamentada na atenção restrita aos interesses dos proprietários.

Embora sendo um dos mais contundentes defensores do foco no máximo retorno total dos acionistas, Jensen[17] pondera que "a empresa não maximizará o seu valor se ignorar o interesse de seus *stakeholders*. Chamamos essa proposta de **maximização iluminada do valor** (*enlightened value maximization*), que se fundamenta na concepção orientada para os interesses dos *shareholders*, mas aceita que a maximização do retorno total de longo prazo deve ter como critério o *trade-off* dos interesses dos proprietários com os de outras partes com interesses nas empresas".

A Figura 2.2 é uma tentativa de visualização do *trade-off* proposto por Jensen. A satisfação das expectativas dos *shareholders* é função da gestão estratégica dos demais *stakeholders* com interesses legítimos em jogo nas em-

FIGURA 2.2
A "proposta iluminada" de Jensen: uma tentativa de visualização do *trade-off* entre os interesses dos *shareholders* e os de outros *stakeholders*.

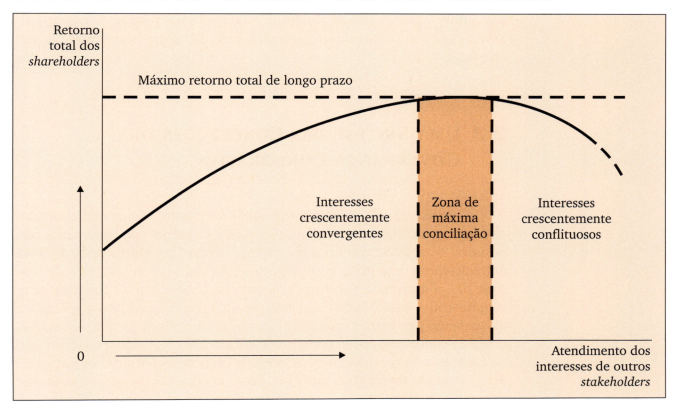

presas. Essa função tangencia a linha de máximo retorno total de longo prazo, em uma *zona de máxima conciliação* dos interesses em jogo.

Segundo essa concepção, os interesses dos *shareholders* são mantidos como objetivos primários das companhias. O foco dos gestores é atender às expectativas de retorno total dos proprietários, administrando as demandas conflituosas com este propósito. Mas há certamente convergências a explorar entre esse objetivo primário e as forças sinérgicas de *stakeholders* comprometidos com a geração de resultados positivos e estimulantes, que não beneficiarão apenas os proprietários. Obviamente, não se trata da definição de uma função de múltiplos objetivos, dadas as dificuldades e os conflitos já examinados que não recomendam sua adoção: o objetivo da empresa é o máximo retorno total de longo prazo para os investidores e é para atender a este propósito-síntese que a *inteligência organizacional* se mobilizará. Enquanto convergentes com esse objetivo, as demandas dos demais *stakeholders* serão atendidas. **Prevalece assim a ideologia de criação de valor, cujos pressupostos se associam aos princípios da boa governança corporativa.**

A Figura 2.3 registra esquematicamente essa concepção. Ela se alinha às mais recentes revisões conceituais dos objetivos corporativos. Monks e Minow,[18] ativistas pioneiros da abordagem *shareholders oriented*, registraram, na última edição de *Corporate governance*, que "**os gestores que falham em considerar os interesses de outros *stakeholders* falham também em suas obrigações com os *shareholders*.** As companhias que negligenciam esses interesses seguramente declinarão. A não atenção ao *trade-off* entre esses interesses implica riscos para os gestores. Realmente, no passado, os interesses dos outros *stakeholders* submetiam-se totalmente aos propósitos dos investidores. Agora as companhias não podem mais ignorar as demandas de seus constituintes".

2.2 UMA SÍNTESE DAS CONCEPÇÕES DE GOVERNANÇA CORPORATIVA

A análise dos objetivos das companhias tornou evidente que elas mantêm fortes vínculos com as concepções e com as práticas de governança corporativa. No seu nascedouro, a governança fixou-se nos **conflitos de agência** entre acionistas e gestores e entre grupos majoritários e minoritários de controle das companhias. A causa da ocorrência indesejável de conflitos entre proprietários e gestores tem sido a dispersão da propriedade e o consequente afastamento passivo dos acionistas. Já a causa da ocorrência, também indesejável, de conflitos entre majoritários e minoritários tem sido a concentração da propriedade, que pode levar o bloco de controle a contrariar os interesses dos que estão fora dele. No primeiro caso, o choque de interesses é atribuível ao **gestor oportunista**; no segundo, ao **acionista oportunista**. Limitadas a esses dois tipos de conflitos, consideravam-se satisfatórias as práticas de go-

FIGURA 2.3
A gestão de resultados de longo prazo: foco nas expectativas dos *shareholders*, conjugada com a gestão estratégica dos demais *stakeholders* com interesses em jogo na empresa.

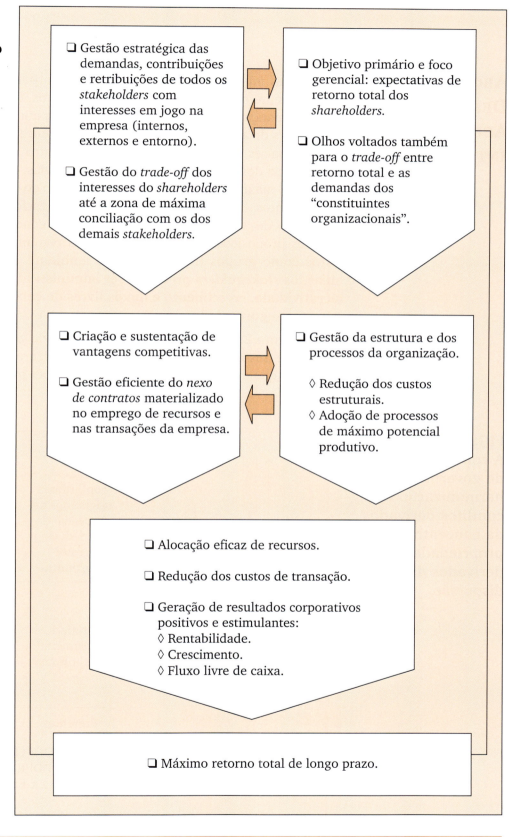

vernança que os harmonizassem. A Figura 2.4 sintetiza esta concepção restrita de boa governança.

ABORDAGENS DERIVADAS DA ABRANGÊNCIA DE INTERESSES

Mas as mudanças nas relações entre as corporações e a sociedade, com a consequente revisão dos objetivos corporativos, têm ampliado o escopo da boa governança. Concepções de conteúdo mais amplo, não apenas derivadas de pressões de ativistas, mas também das diferenças culturais e institucionais entre os países, têm levado a pelo menos quatro abordagens, derivadas da abrangência dos interesses geridos. Em todas elas, mantém-se como objetivo primário o máximo retorno total de longo prazo do capital integralizado pelos investimentos, mas outros constituintes organizacionais, internos e externos, são objeto de administração estratégica. São concepções que se alinham a recentes proposições normativas, como as resumidas de Shawn e Wicks:[19] **vistos como grupos interagentes do ambiente de negócios das companhias, os *stakeholders* precisam ser administrados de forma a assegurar lucratividade, crescimento e fluxos livres de caixa – em última instância, retornos seguros de longo prazo.**

A Figura 2.5 sintetiza quatro concepções de governança segundo o raio de alcance dos interesses harmonizados. E a Figura 2.6 lista os atributos corporativos, que diferem em função das concepções praticadas. Entre esses atri-

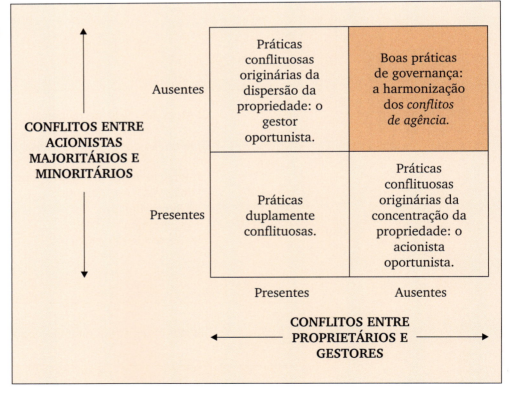

FIGURA 2.4
A concepção restrita de governança: a harmonização dos conflitos derivados da concentração da propriedade e dos derivados da dispersão.

FIGURA 2.5
Abordagens de governança quanto à abrangência dos interesses considerados.

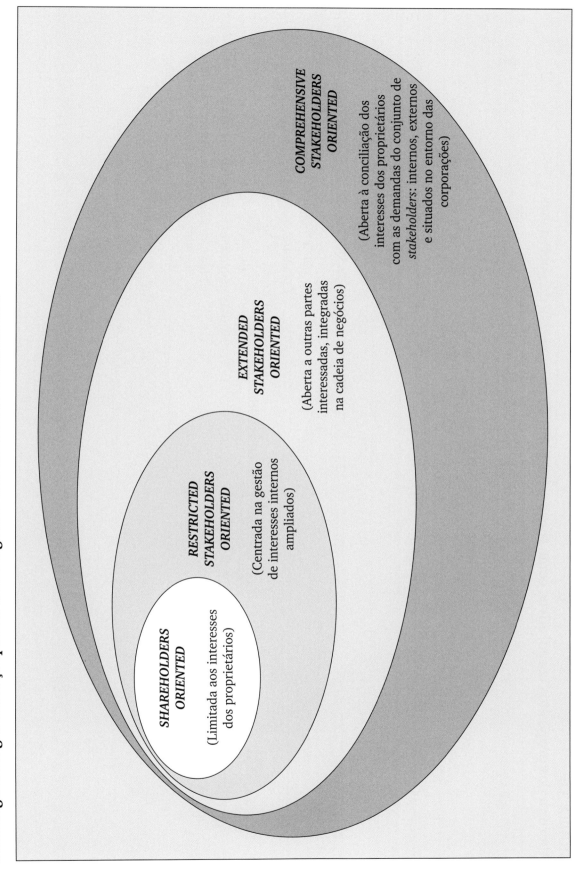

FIGURA 2.6
Abertura dos propósitos corporativos como função dos graus de abrangência da governança.

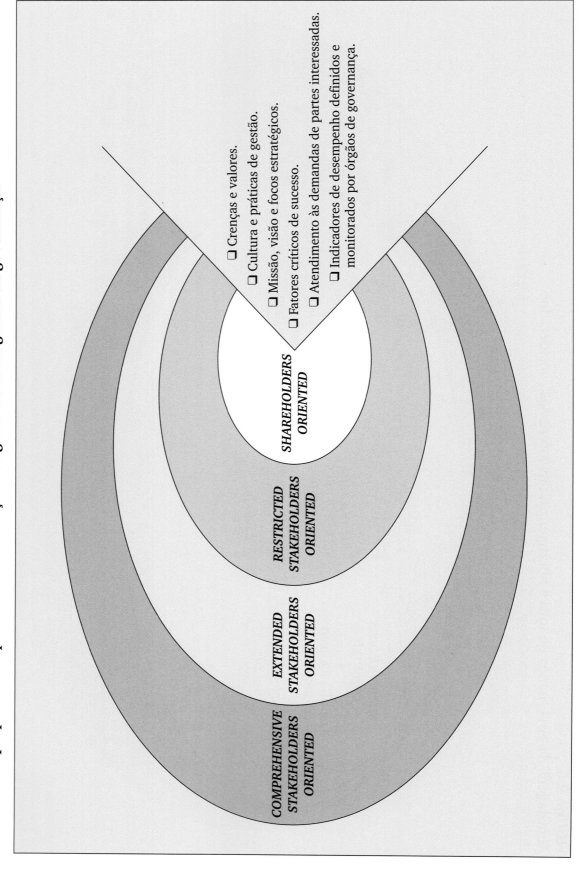

butos destacamos as crenças e os valores; a cultura e as práticas de gestão; a missão, a visão e os focos estratégicos; os fatores críticos de sucesso; atendimento às demandas de partes interessadas e os indicadores de desempenho definidos e monitorados pelos órgãos de governança.

Em construção similar à da Figura 2.4, sintetizamos na Figura 2.7 o conceito de boas práticas de governança quando o conjunto dos *stakeholders* é administrado com o propósito estratégico de gerar condições de sustentação e de continuidade da companhia. Não obstante, neste caso, a companhia esteja aberta a ampla harmonização de interesses, o retorno total de longo prazo – que satisfaz às expectativas dos investidores – é a condição essencial de manutenção dos negócios. Cabe notar que, em companhias abertas, as taxas de retorno devem atender também às exigências comparativas dos analistas de mercado, independentemente da concepção adotada.

OUTROS FATORES DIFERENCIADORES

Os modelos e as práticas de governança não são diferenciáveis apenas pelo grau de abrangência com que são harmonizados os conflitos dos grupos de *stakeholders* com interesses em jogo nas corporações. Como Becht, Bolton e Röell[20] destacam, "as companhias têm múltiplos grupos de interesse e há múltiplas negociações e compensações que se entrelaçam na definição de

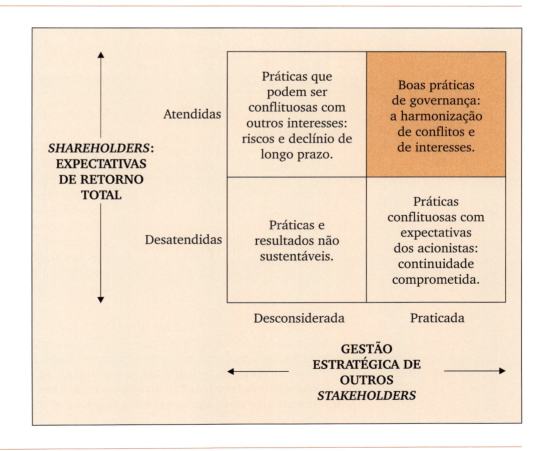

FIGURA 2.7 A concepção de governança de maior abrangência, quanto à gestão das demandas dos *stakeholders*.

QUADRO 2.8 Condições diferenciadoras das concepções, dos processos e das práticas de governança corporativa.

Condições diferenciadoras		Graus presumidos de complexidade das práticas de governança
Abrangência	❑ *Shareholders oriented* ❑ *Stakeholders oriented*	Maiores, quanto à definição de critérios e de parâmetros para a gestão, nas concepções que fundamentam o máximo retorno total dos investidores na gestão estratégica da demanda dos demais *stakeholders*.
Intensividade de recursos	❑ *Capital intensive* ❑ *Labor intensive*	Maior complexidade, quanto aos interesses dos *shareholders*, nos projetos *capital intensive*. Maior complexidade, quanto às pressões de outros *stakeholders*, nos projetos *labor intensive*.
Tempo de implementação e maturação	❑ Curto prazo ❑ Longo prazo	Maior complexidade, quanto à gestão das expectativas dos *shareholders*, nos projetos de longo prazo.
Controle	❑ Familiar ❑ Grupo consorciado ❑ Estatal ❑ Fundos de investimento	Grupos consorciados e grupos familiares tendem a ter maior complexidade no alinhamento estratégico dos *shareholders*; estatais, na gestão de conflitos e nos custos de agência; fundos, nas decisões de constituição de carteiras, por oportunismos conflitantes com interesses dos investidores.
Ascendência	❑ Única ❑ Resultante de aquisições ❑ Resultante de fusões	Maior complexidade nos casos de fusão. Razões principais: choques culturais, estrutura de poder e desalinhamentos estratégicos.
Âmbito geográfico de atuação	❑ Nacional ❑ Global	Maior complexidade nas corporações de atuação global: exige ajustes caso a caso na abrangência do modelo e no alinhamento das práticas com a cultura e as instituições de cada país. A abertura do capital em diferentes mercados aumenta a complexidade.

Objetivo dominante em todas as situações:
máximo retorno total dos investimentos dos *shareholders*,
harmonizado com os interesses legítimos de outros *stakeholders*.

sua estratégia e em suas operações. Como consequência, diferentes soluções podem ser necessárias não só em função da conciliação de interesses desses grupos, mas ainda em função da origem do controle, do âmbito geográfico das operações e do tipo de atividade produtiva a ser governada. Por exemplo, projetos *labor intensive* podem demandar soluções de governança diferentes dos projetos *capital intensive*; projetos com longos prazos de implementação e maturação podem exigir soluções impróprias para projetos com horizontes mais curtos. Não há, assim, um único conjunto de critérios universalmente aplicáveis a todas as empresas em todos os lugares, até porque a cultura, as instituições e as pressões dos *stakeholders* varia muito entre as nações".

Além destes fatores diferenciadores, há ainda outros em jogo. Allen e Gale[21] chamam a atenção para a origem predominante do financiamento das empresas, observando que há maior complexidade na definição do objetivo corporativo privilegiado quando ocorrem mistos de *equity* e *debt*: credores tendem a ser mais focados na geração de resultados em prazos compatíveis com os exigíveis concedidos às empresas, enquanto investidores estratégicos tendem mais a olhar para a geração total de valor no longo prazo. Gillan e Starks[22] mostram as implicações para a governança nas companhias em que os *shareholders* são grupos de controle consorciados. Mitchell e Mulherin[23] enfatizam complexidades decorrentes de fusões e aquisições. Gubitta e Gianecchini[24] mostram as diferenças da governança nas empresas familiares em relação a outras estruturas de controle, chamando a atenção para os alinhamentos da estratégia de negócios e das expectativas dos *shareholders*, que, neste caso, tendem a envolver maiores dificuldades. E Yip[25] destaca a maior complexidade da governança nas corporações de atuação global, tendo em vista as pressões dos *stakeholders*, que diferem em função de fatores culturais e da diversidade da ordem institucional dos países.

Observa-se, porém, que, independentemente de todas essas condições diferenciadoras, o objetivo comum, subjacente a todos os modelos e concepções de governança, é o máximo retorno total do investimento dos *shareholders*, harmonizado com outros interesses legítimos. O Quadro 2.8 sintetiza os fatores diferenciadores que destacamos e os graus presumidos de complexidade da governança relacionados a cada um deles.

2.3 Os Conceitos de Governança Corporativa

Pelas exposições e pelas sínteses que fizemos até aqui, o que mais deve ter chamado a atenção é o *conjunto de diversidades* que cerca as questões relacionadas à governança corporativa. Relacionando-as, encontramos pelo menos dez: 1. dimensões das empresas; 2. estruturas de propriedade; 3. fontes de financiamento predominantes – internas ou externas; 4. tipologia dos conflitos de agência e harmonização dos interesses em jogo; 5. tipologia das empresas quanto ao regime legal; 6. tipologia das empresas quanto à origem dos grupos controladores; 7. ascendência das empresas, que se modifica por fusões e aquisições; 8. abrangência geográfica de atuação das empresas; 9. traços culturais das nações em que as empresas operam; e 10. instituições legais e marcos regulatórios estabelecidos nas diferentes partes do mundo.

Dado este *conjunto de diversidades*, somado ao desenvolvimento ainda recente da governança corporativa, é também grande a diversidade de conceitos que se encontra na literatura técnica nesta área. Os mais sintonizados com os processos e os objetivos de alta gestão que se observam nas corporações podem ser reunidos em quatro grupos, que olham a governança como:

- **Guardiã de direitos** das partes com interesses em jogo nas empresas.
- **Sistema de relações** pelo qual as sociedades são dirigidas e monitoradas.
- **Estrutura de poder** que se observa no interior das corporações.
- **Sistema normativo** que rege as relações internas e externas das companhias.

Selecionamos as seguintes definições de governança agrupáveis segundo esses quatro critérios.

A Governança como guardiã de direitos

- **Monks e Minow**:[26] "A governança corporativa trata do conjunto de leis e regulamentos que visam: a) assegurar os direitos dos acionistas das empresas, controladores ou minoritários; b) disponibilizar informações que permitam aos acionistas acompanhar decisões empresariais impactantes, avaliando o quanto elas interferem em seus direitos; c) possibilitar aos diferentes públicos alcançados pelos atos das empresas o emprego de instrumentos que assegurem a observância de seus direitos; d) promover a interação dos acionistas, dos conselhos de administração e da direção executiva das empresas."
- **Blair**:[27] "A governança corporativa trata dos meios utilizados pelas corporações para estabelecer processos que ajustem os interesses em conflito entre os acionistas das empresas e seus dirigentes de alto nível."
- **Williamson**:[28] "A governança corporativa trata de justiça, da transparência e da responsabilidade das empresas no trato de questões que envolvem os interesses do negócio e os da sociedade como um todo."
- **OCDE**:[29] "A governança corporativa é o sistema segundo o qual as corporações de negócio são dirigidas e controladas. A estrutura

da governança corporativa especifica a distribuição dos direitos e responsabilidades entre os diferentes participantes da corporação, tais como o conselho de administração, os diretores executivos, os acionistas e outros interessados, além de definir as regras e procedimentos para a tomada de decisão em relação a questões corporativas. E oferece também bases através das quais os objetivos da empresa são estabelecidos, definindo os meios para se alcançarem tais objetivos e os instrumentos para se acompanhar o desempenho."

A governança como sistema de relações

- **Shleifer e Vishny**:[30] "A governança corporativa é o campo da administração que trata do conjunto de relações entre a direção das empresas, seus conselhos de administração, seus acionistas e outras partes interessadas. Ela estabelece os caminhos pelos quais os supridores de capital das corporações são assegurados do retorno de seus investimentos."

- **IBGC**:[31] "Governança corporativa é o sistema pelo qual as sociedades são dirigidas e monitoradas, envolvendo os relacionamentos entre acionistas/cotistas, conselho de administração, diretoria, auditoria independente e conselho fiscal. As boas práticas de governança corporativa têm a finalidade de aumentar o valor da sociedade, facilitar seu acesso ao capital e contribuir para sua perenidade."

A governança como estrutura de poder

- **Cadbury**:[32] "A governança corporativa é o sistema e a estrutura de poder que regem os mecanismos através dos quais as companhias são dirigidas e controladas."

- **Babic**:[33] "O campo em que gravita a governança corporativa é definido por uma dada estrutura de poder, que envolve questões relacionadas aos processos de tomada de decisões estratégicas, ao exercício da liderança, aos métodos com que se atendem aos interesses estabelecidos e aos pleitos emergentes – em síntese, ele está relacionado à sociologia das elites e por isso mesmo é fortemente influenciado pelos institutos legais e pelos marcos regulatórios de cada país."

- **Hitt, Ireland e Hoskisson**:[34] "Como a governança corporativa nasceu do divórcio entre a propriedade e a gestão das empresas, seu foco é a definição de uma estrutura de governo que maximize a relação entre o retorno dos acionistas e os benefícios auferidos pelos executivos. Neste sentido, envolve a estratégia das corporações, as operações, a geração de valor e a destinação de resultados."

A governança como sistema normativo

- **Mathiesen**:[35] "Governança corporativa é um campo de investigação focado em como monitorar as corporações, através de mecanismos normativos, definidos em estatutos legais, termos contratuais e estruturas organizacionais que conduzem ao gerenciamento eficaz das organizações, traduzidos por uma taxa competitiva de retorno."

- **Cadbury**:[36] "A governança corporativa é expressa por um sistema de valores que rege as organizações, em sua rede de relações internas e externas. Ela, então, reflete os padrões da companhia, os quais, por sua vez, refletem os padrões de comportamento da sociedade."

- **Claessens e Fan**:[37] "A governança corporativa diz respeito a padrões de comportamento que conduzem à eficiência, ao crescimento e ao tratamento dado aos acionistas e a outras partes interessadas, tendo por base princípios definidos pela ética aplicada à gestão de negócios."

Resumindo esses quatro conjuntos de conceitos, o Quadro 2.9 destaca as expressões-chave que aparecem nas definições usuais. E traz uma tentativa de síntese conceitual, onde, conclusivamente, listamos as principais dimensões das práticas de alta gestão tratadas pela governança corporativa.

2.4 OS VALORES DA GOVERNANÇA CORPORATIVA

Finalmente, destacaremos uma das mais importantes dimensões da governança corporativa: os valores que lhe dão sustentação, amarrando concepções, práticas e processos de alta gestão.

No bloco central da Figura 2.8 estão sintetizados os quatro valores da governança corporativa:

- *Fairness*. Senso de justiça, equidade no tratamento dos acionistas. Respeito aos direitos dos minoritários, por participação equânime com a dos majoritários, tanto no aumento da riqueza corporativa, quanto nos resultados das operações, quanto ainda na presença ativa em assembleias gerais.

- *Disclosure*. Transparência das informações, especialmente das de alta relevância, que impactam os negócios e que envolvem resultados, oportunidades e riscos.

- *Accountability*. Prestação responsável de contas, fundamentada nas melhores práticas contábeis e de auditoria.

QUADRO 2.9
Conceitos de governança corporativa: uma tentativa de síntese.

Da diversidade à síntese	Expressões-chave e conceitos alternativos	
Abrangência e diversidade das categorias conceituais	**VALORES**	Sistema de valores que rege as corporações, em suas relações internas e externas.
	DIREITOS	Sistema de gestão que visa preservar e maximizar o máximo retorno total de longo prazo dos proprietários, assegurando justo tratamento aos minoritários e a outros grupos de interesse.
	RELAÇÕES	Práticas de relacionamento entre acionistas, conselhos e direção executiva, objetivando maximizar o desempenho da organização.
	GOVERNO	Sistema de governo, gestão e controle das empresas que disciplina suas relações com todas as partes interessadas em seu desempenho.
	PODER	Sistema e estrutura de poder que envolve a definição da estratégia, as operações, a geração de valor e a destinação dos resultados.
	NORMAS	Conjunto de instrumentos, derivados de estatutos legais e de regulamentos que objetiva a excelência da gestão e a observância dos direitos de *stakeholders* que são afetados pelas decisões dos gestores.
Uma tentativa de síntese conceitual	**Partindo de uma concepção que define sua abrangência, a governança corporativa é um conjunto de princípios, propósitos, processos e práticas que rege o sistema de poder e os mecanismos de gestão das empresas, abrangendo:** ◇ Propósitos dos proprietários. ◇ Sistema de relações proprietários-conselho-direção. ◇ Maximização do retorno total dos proprietários, minimizando oportunismos conflitantes com este fim. ◇ Sistema de controle e de fiscalização das ações dos gestores. ◇ Sistema de informações relevantes e de prestação de contas às partes interessadas nos resultados corporativos. ◇ Sistema guardião dos ativos tangíveis e intangíveis das companhias.	

❑ ***Compliance***. Conformidade no cumprimento de normas reguladoras, expressas nos estatutos sociais, nos regimentos internos e nas instituições legais do país.

Esses valores estão presentes, explícita ou implicitamente, nos conceitos usuais de governança corporativa. Mais do que nos conceitos, esses valores estão expressos nos códigos de boas práticas, que estabelecem critérios fundamentados na conduta ética que deve estar presente no exercício das funções e das responsabilidades dos órgãos que exercem a governança das companhias.

Entendem-se como posturas essenciais para a boa governança a **integridade ética**, permeando todos os sistemas de relações internas e externas: o **senso de justiça**, no atendimento das expectativas e das demandas de todos os "constituintes organizacionais"; a **exatidão na prestação de contas**, fundamental para a confiabilidade na gestão; a **conformidade** com as instituições legais e com os marcos regulatórios dentro dos quais se exercerão as atividades das empresas; e a **transparência**, dentro dos limites em que a exposição dos objetivos estratégicos, dos projetos de alto impacto, das políticas e das operações das companhias não sejam conflitantes com a salvaguarda de seus interesses.

Figura 2.8
A governança corporativa em diferentes agrupamentos conceituais: a amarração a quatro valores fundamentais.

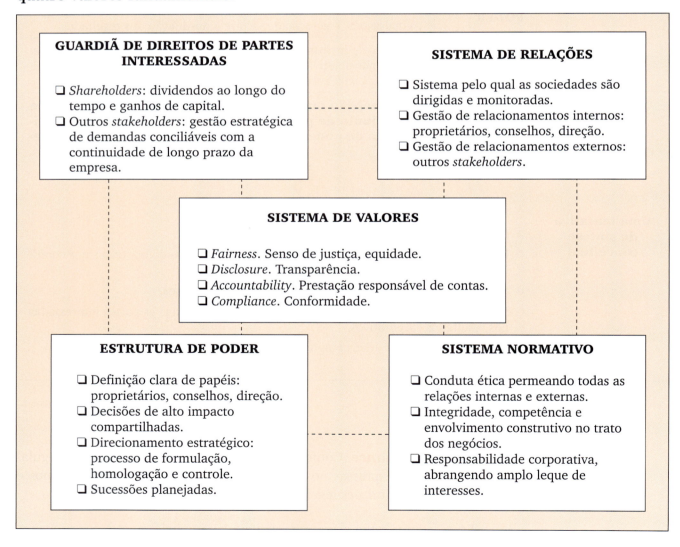

Na análise das questões centrais e dos processos da governança corporativa estes pontos deverão ser vistos com grande atenção. Neste capítulo foram apenas destacados, com o propósito de levantamento, passo a passo, dos fundamentos, do desenvolvimento e das tendências da governança corporativa.

2.5 Os 8 Ps da Governança Corporativa

UMA SÍNTESE CONCEITUAL

A Figura 2.9 traz uma síntese conceitual das diversas dimensões da governança corporativa expostas neste capítulo. Elas podem ser sintetizadas por **8 Ps**:

1. Propriedade.
2. Princípios.
3. Propósitos.
4. Papéis.
5. Poder.
6. Práticas.
7. Pessoas.
8. Perpetuidade.

Propriedade. Um dos principais atributos que diferenciam as razões de ser e as diretrizes da governança corporativa é a estrutura da propriedade nas companhias, bem como o regime legal de sua constituição. O desenvolvimento da governança, como enfatizamos exaustivamente no primeiro capítulo, deu-se essencialmente em razão da pulverização da propriedade – a proliferação de sociedades anônimas de capital aberto, em que os proprietários não têm visibilidade e mudam a cada dia pelas negociações em bolsa. Neste caso, a razão essencial da governança é a remoção de conflitos e de custos de agência envolvendo gestores e acionistas. Já nas sociedades anônimas de capital fechado, nas quais o número de acionistas é geralmente pequeno, há várias razões para a adoção de boas práticas de governança, entre as quais a promoção da coesão societária, a transparência dos atos dos sócios que exercem a gestão ou a entrega da gestão a executivos não proprietários, com o monitoramento de conselhos e outros órgãos corporativos. Há também diferenças entre razões e diretrizes de governança nas empresas estatais, nas de controle consorciado e nas familiares, sejam abertas ou fechadas. Nestas três categorias, que na realidade se abrem em seis combinações distintas, as questões decorrentes da estrutura de propriedade são fundamentalmente diferentes, daí resultando conjuntos próprios de motivos para as práticas da boa governança.

Princípios. Os princípios são a **base ética** da governança. Como tal, têm como atributo essencial a *universalidade*. São aceitáveis e administráveis as diferenças na cultura, nas instituições e nos marcos regulatórios que se observam entre os países: trata-se de conjuntos diferentes de atributos, que podem ou não, a longo prazo, caminhar para maior homogeneidade pelas exi-

FIGURA 2.9
Uma síntese conceitual: os 8 Ps da governança corporativa.

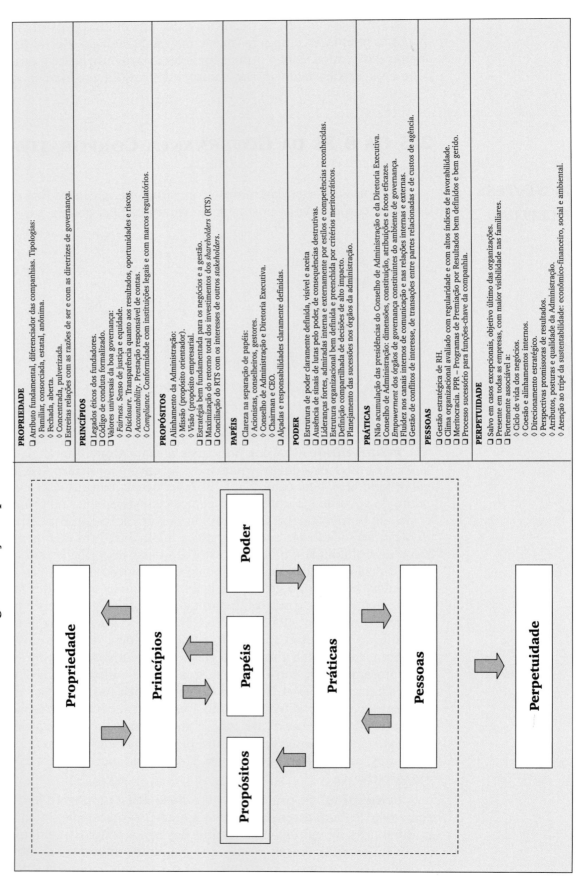

gências do processo de globalização. Mas há **princípios éticos inegociáveis**, que estão presentes, explícita ou implicitamente, na definição dos propósitos, nas formas de exercício do poder, no desenho e na operação dos processos e nas práticas do dia a dia, que se observam no mundo corporativo. Este é o caso dos quatro valores já clássicos da governança (*fairness*, *disclosure*, *accountability* e *compliance*) que sistematizam e traduzem muito bem os princípios a que deve atender a alta gestão das companhias, onde quer que realizem suas operações. Pela sua universalidade, eles estão presentes nos códigos de boas práticas hoje editados em todas as partes do mundo. E foram a base sobre a qual se ergueram, como veremos no Capítulo 3, os marcos construtivos da governança corporativa.

Propósitos. Os propósitos foram amplamente examinados neste capítulo. Pelas conclusões e pelas proposições normativas da literatura técnica e, ainda mais fortemente, pelos critérios dos analistas do mercado de capitais e pelas expectativas dos investidores, o propósito fundamental da governança corporativa é o de contribuir para o máximo retorno total de longo prazo dos *shareholders*. Este objetivo das empresas, claro e legítimo, é harmonizável com interesses também legítimos de outros *stakeholders*. Ademais, é do interesse dos investidores que as demandas das demais partes com interesses em jogo nas companhias sejam administradas estrategicamente, até porque está se estabelecendo a convicção de que a validação e a reputação das corporações são função de posturas fundamentadas no conceito-base do *triple bottom line*, que implica avaliações integradas de elementos econômico-financeiros, sociais e ambientais. A concisa proposição de Jensen, sintetizada na expressão *enlightened value maximization*, traduz muito bem o objetivo de máximo retorno total dos proprietários pela gestão do *trade-off* dos seus interesses com os dos demais *stakeholders*. A questão-chave é definir a zona de máxima conciliação desses interesses.

Papéis. Os atores do processo de governança – proprietários, conselheiros e gestores – têm papéis distintos no interior das companhias, independentemente de sua constituição legal, dos graus de concentração e da tipologia da propriedade. Cabe aos proprietários, reunidos em Assembleias Gerais ou Conselhos de Sócios, atribuições privativas que a Lei e os Estatutos Sociais lhes confere, entre as quais a definição da estrutura de poder da companhia e a eleição dos administradores com assento no conselho de administração. Reformas em estatutos sociais, mudanças na estrutura acionária e apreciação da prestação de contas incluem-se também entre seus papéis inquestionáveis. Já aos conselheiros cabe a proteção e a valorização do patrimônio tangível e intangível da companhia, a otimização do retorno do investimento, o zelo pelos valores e crenças, a definição de direcionadores estratégicos, a escolha, o acompanhamento e a avaliação dos gestores. A estes cabe exercer a gestão executiva da organização, com foco nos direcionadores para os negócios e para a gestão, emitidos pelo conselho de administração. A clareza na separação destes papéis sugere que é inadequada a acumulação de funções na alta administração das companhias: não é prática adequada que a presidência do conselho e da diretoria executiva sejam acumuladas. Cabe ainda observar que, nas empresas familiares, são também distintos os papéis dos grupos familiares proprietários, junto à sociedade constituída e à empresa em operação. Estas três dimensões – família, sociedade e empresa – são bem distintas, como é elucidada pelo "modelo de três círculos" de Gersick.[38]

Poder. As formas como se articulam as negociações e se estabelecem as relações entre os órgãos de governança definem a estrutura de poder no interior das corporações. A definição e a constituição desta estrutura é uma das prerrogativas dos *shareholders*, independentemente do grau em que o capital de controle esteja fracionado. O poder efetivamente assumido pela tecnoestrutura organizacional e pelos gestores, resultante da dispersão e da passividade dos proprietários é, em princípio, fonte de conflitos e de disfunções. A estrutura de poder legitimamente definida pelos proprietários é que leva a maior clareza na separação de funções e de responsabilidades dos conselhos corporativos e da direção executiva. No exercício do poder assim constituído, decisões corporativas de alto impacto são, como *regra pétrea*, necessariamente compartilhadas. Entre as quais o próprio planejamento das sucessões nos órgãos de governança.

Práticas. As bases práticas da governança corporativa começam pela constituição e pelo *empowerment* dos conselhos de administração, da direção executiva e do sistema de auditoria – considerados como órgãos-chave da governança. A partir da construção dessas estruturas, estabelecem-se então relações funcionais entre elas, centradas nos processos de formulação, homologação e monitoramento das estratégias corporativas, das políticas operacionais e dos resultados gerados. Instituem-se e implantam-se, paralelamente a estas relações funcionais, sistemas de controle, focados em riscos internos e externos que podem afetar não simplesmente os resultados das operações mas, em condições extremas, a própria sobrevivência das companhias.

Pessoas. Quaisquer que sejam as dimensões das empresas, o seu regime estatutário e as estruturas societárias, as *pessoas* são, em síntese, o elemento-chave dos sistemas de governança. São com as pessoas que militam no interior das empresas os mais delicados e complexos embates para se estruturarem ambientes profícuos de governança corporativa. É a partir de relações interpessoais íntegras, movidas por regras morais e harmoniosas, que se mitigam riscos de várias origens: 1. de desalinhamentos e em relação ao legado dos fundadores e aos valores tangíveis e intangíveis das empresas; 2. de falta de coesão entre proprietários e sucessores; 3. de conflitos entre gerações; 4. de divergências, de discórdias e de lutas internas pelo poder; e 5. de propósitos conflitantes. Lida-se com *pessoas*, com as suas crenças e os seus costumes, quando se promove a separação de papéis e se definem os modelos de relações entre os diferentes grupos de atores – acionistas, conselhos e diretores executivos – que interagem na operação dos processos e práticas de governança. Em síntese: a sistematização de um bom *sistema de governança* – focado na busca incessante de eficácia estratégica, de excelência operacional, de otimização do retorno dos investimentos, de geração de riqueza e de aumento do valor de mercado das companhias – *tem, em suas bases, a construção de boas e de bem definidas relações entre as pessoas que militam no interior dos ambientes que o compõem.*

Perpetuidade. Embora possa ser objeto de mudanças, decorrentes de novas composições da propriedade – seja por processos sucessórios, por mudanças em seu regime legal, ou ainda por fusões e aquisições negociadas ou por operações de *take over* hostil –, o objetivo último das organizações, salvo em casos excepcionais, é se manterem vivas, atuantes e com participação crescente em seus setores de atividade. Este objetivo é mais fortemente observado em empresas familiares, pelas sinalizações de seus fundadores, geralmente empenhados em que seu empreendimento tenha continuidade, conduzida por seus herdeiros. Mas em todas as estruturas societárias, o propósito de perpetuação está presente, movido por grande diversidade de razões. À medida que a boa governança contribua positivamente na definição de estratégias consistentes para os negócios, na gestão eficaz de riscos empresariais, na criação de valor para os *shareholders* e na conciliação dos seus interesses com os de outros *stakeholders*, um de seus mais visíveis resultados é a permanência saudável da empresa nas cadeias de negócio de que participa. Entre as "âncoras da perpetuidade", são de alta relevância as dez seguintes:

- Ciclo de vida dos negócios, com perspectivas de continuidade e expansão.
- Coesão, alinhamento de propósitos e harmonia entre os grupos societários.
- Propensão à inovação, tanto no âmbito dos negócios quanto no da gestão.
- Direcionamento estratégico de alta consistência, claro, objetivo e focado em horizonte de longo prazo.
- Perspectivas promissoras de resultados sustentáveis a médio-longo prazo.
- Conciliação dos interesses dos grupos acionários com as demandas legítimas de outras partes interessadas.
- Tratamento dispensado às questões-chave dos negócios e da gestão, com ênfase em controles e no mapeamento e na mitigação de riscos.
- Comando da Administração por conselheiros dotados de capacidade de escuta e de interação construtiva, com firmeza, e equilíbrio na condução de questões estratégicas.
- Diretoria Executiva conduzida por líder, "campeão da causa", com equipe motivada, comprometida e focada em resultados.
- Atenção ao tripé da sustentabilidade: econômico-financeiro, social e ambiental.

Uma Metodologia de Avaliação

Estes "8 Ps" da governança corporativa podem sintetizar o ambiente, o sistema, os pontos fortes, as fragilidades e as situações críticas observadas nas empresas – os "hiatos" em relação às boas práticas de governança – independentemente da tipologia das empresas: privadas ou estatais; abertas ou fechadas; familiares ou de estrutura societária consorciada não familiar; sociedades anônimas ou limitadas.

Obviamente, a listagem e o conteúdo das questões centrais de governança em cada um desses "8 Ps" não são iguais em cada uma destas categorias de empresas, e variam também em função do estágio de seu desenvolvimento e

FIGURA 2.10
Os "8 Ps" da governança corporativa: uma proposta metodológica para levantamento de hiatos.[a]

Critérios e metodologia de avaliação situacional da governança				Resultados[d]; médias das avaliações em cada um dos "8 Ps"
Os "8 Ps"	Número de variáveis condições avaliadas	Situações críticas[b] — Escala (0→10) — Médias	Situações desejáveis[c]	
Propriedade	7	7,2		
Princípios	5	8,0		
Propósitos	4	7,7		
Papéis	6	6,7		
Poder	5	8,4		
Pessoas	5	5,6		
Práticas	20	5,6		
Perpetuidade	10	7,3		
Totais	62	7,1	—	

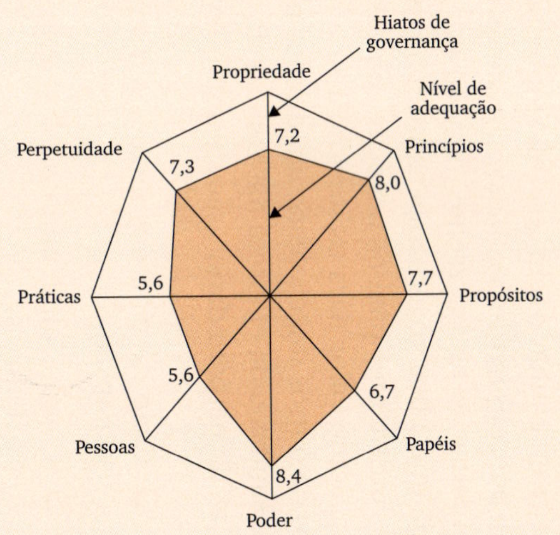

(a) ROSSETTI, J. P. Capítulo 5. *Os "8 Ps" da governança corporativa em empresas familiares*: uma proposta metodológica para levantamento de hiatos. In: FONTES FILHO, J. R.; CÂMARA LEAL, R. P. (Coord.). Governança corporativa em empresas familiares. IBGC/Saint Paul Editora: São Paulo, 2011.
(b) Descrição resumida de fragilidades extremas.
(c) Descrição resumida de aspectos reconhecidamente positivos.
(d) Média dos resultados das nove empresas avaliadas.

QUADRO 2.10
Avaliação situacional de nove empresas familiares brasileiras: uma síntese

Os "8 Ps"	Pontos positivos	Fragilidades: razões dos hiatos
PROPRIEDADE	❏ Blindagem da empresa a ocorrências no âmbito das *holdings*. ❏ Estrutura societária estável. ❏ Coesão e alinhamento entre acionistas. ❏ Agendas relevantes nas reuniões do Conselho dos Sócios.	❏ Acordo de Acionistas não formalizado. ❏ Sinais de desalinhamento entre sucessores. ❏ Preparação e motivação dos sucessores.
PRINCÍPIOS	❏ Qualidade do legado. ❏ Prática efetiva. ❏ Transgressões não toleradas.	❏ Código de Conduta não formalizado. ❏ Ênfase na disseminação dos valores.
PROPÓSITOS	❏ Qualidade dos direcionadores. ❏ Rumos conectados com evolução dos negócios. ❏ Compartilhamento de decisões de alto impacto.	❏ Plano estratégico não definido formalmente. ❏ Horizonte de planejamento.
PAPÉIS	❏ Presença aceita e bem avaliada de acionistas na administração. ❏ Firmeza nas decisões. ❏ Alçadas definidas.	❏ Mistura de questões familiares, societárias e de gestão dos negócios. ❏ Canais de comunicação. ❏ Características dominantes nas "reuniões gerais". ❏ Ocorrência de *by pass* e interferência de acionistas não administradores na empresa.
PODER	❏ Ausência de quadros típicos de "lutas pelo poder". ❏ Estrutura de poder visível e aceita. ❏ Lideranças fortes.	❏ Falhas em critérios meritocráticos no preenchimento da estrutura organizacional.
PESSOAS	❏ Gestão sob alta conformidade legal. ❏ Premiação por resultados como prática estabelecida.	❏ Regras para processos sucessórios. ❏ Elegíveis, critérios e valores do programa de premiação por resultados. ❏ Critérios para ingresso de familiares no quadro executivo.
PRÁTICAS	❏ Reuniões do Conselho de Administração e da Diretoria Executiva: regularidade e eficácia. ❏ Busca por consenso em decisões relevantes. ❏ Transparência.	❏ Acumulação das presidências do Conselho de Administração e da Diretoria Executiva. ❏ Regras formais para funcionamento do Conselho de Administração. ❏ Avaliação da administração. ❏ Auditorias e controles. ❏ Interesses de ordem pessoal de acionistas cuidados pela área executiva da empresa.

PERPETUIDADE	❏ Âncoras mais consistentes:
	  ✓ Ciclo de vida dos negócios.
	  ✓ Investimentos em expansão.
	  ✓ Condições de acesso ao fluxo de caixa pelos acionistas.
	  ✓ Resultados de curto prazo.
		❏ Âncoras menos consistentes:
		  ✓ Propensão à inovação.
		  ✓ Preparação, alinhamento e motivação de sucessores.

da dimensão de seus negócios. E, mesmo em empresas de um mesmo tipo – por exemplo, familiares de capital fechado – há diferenças em cada um dos "8 Ps", decorrentes de outro fator de alta relevância para questões de governança: o "momento geracional". Com os fundadores ainda atuantes na administração, as questões fundamentais não são as mesmas, caso já tenha ocorrido a transmissão plena do controle para a segunda geração ou, mais ainda, se a empresa está na difícil transição da segunda para a terceira geração; e serão também distintas se a empresa já superou esta difícil transição.

Em compêndio editado pelo IBGC, *Governança corporativa em empresas familiares*, são apresentados os resultados da metodologia de avaliação situacional aplicada em nove empresas familiares brasileiras, no período de 2006-2011: os "8 Ps" – uma proposta metodológica para levantamento de hiatos. As características das nove empresas (setores de atividade, dimensões econômicas e estágios geracionais), as variáveis adotadas, as métricas, as médias avaliadas, os pontos positivos encontrados nas empresas e as razões dos hiatos são revelados nessa avaliação.

A Figura 2.10 sintetiza a formatação da metodologia. Em escala de 0 (situações críticas) a 10 (situações desejáveis), foram consideradas 62 variáveis, nas nove empresas avaliadas. E o Quadro 2.10 resume os pontos positivos e fragilidades encontrados, quanto ao ambiente, sistema, processos e práticas de governança.

RESUMO

1. Desde os anos 80, têm se modificado substancialmente as relações entre o mundo corporativo e a sociedade. Entre as consequências, observam-se pressões crescentes cobrando por **responsabilidade corporativa** e por maior amplitude dos objetivos corporativos, tendo em vista suas interfaces com as demandas e os direitos de outros **constituintes organizacionais**, definidos genericamente como *stakeholders*.

2. Entre os proprietários e os demais constituintes organizacionais estabelece-se uma **relação biunívoca de importância**, que tem levado a complexas discussões e a mudanças nos institutos legais dos países, todas elas gravitando em torno de uma questão essencial: **os interesses aos quais a gestão das companhias deve atender**.

3. Há duas orientações básicas quanto a esta questão: 1. a gestão focada no objetivo de **máximo retorno total dos investidores**; e 2. a gestão voltada para a **harmonização do retorno dos investidores com os dos demais grupos com interesses em jogo nas companhias**.

4. Os *stakeholders*, ou partes que afetam ou são afetadas pelas diretrizes, ações e resultados das companhias, classificam-se em quatro grupos: 1. os *shareholders* – denominação genérica de proprietários e investidores; 2. os **internos**, efetivamente envolvidos com a gestão das companhias; 3. os **externos**, integrados à cadeia de negócio; e 4. o **entorno**, que engloba categorias, como o governo, as

ONGs e as comunidades em que as empresas atuam, não participantes diretamente das cadeias de geração de valor.

5. Cada um dos grupos de *stakeholders* mantém relações e tem interesses legítimos em jogo nas companhias. Não há como recusá-los. A questão não está em atendê-los ou não, mas sim em outros aspectos. Os mais relevantes são: 1. definição de critérios para a tomada de decisões que sustentem no longo prazo o atendimento desses interesses; 2. classificação ordinal de cada grupo de *stakeholder*, para definir graus de importância com os quais o atendimento de suas demandas seria compatibilizado; 3. definição de indicadores de desempenho para avaliação dos gestores, quanto ao cumprimento de objetivos corporativos múltiplos.

6. Não só as dificuldades em estabelecer critérios de distribuição de resultados a todos os grupos de *stakeholders*, mas o **reconhecimento dos investidores como agentes principais do mundo corporativo**, têm justificado proposições normativas que fixam como objetivo primário das companhias o máximo retorno total de longo prazo dos *shareholders*.

7. As proposições normativas centradas no retorno total dos *shareholders* são fundamentadas em cinco pressupostos, quatro microeconômicos e um macro. Os micro são: 1. a lógica financeira; 2. a lógica dos riscos assumidos; 3. a lógica da gestão; e 4. a lógica dos conflitos de agência. No âmbito macro, o argumento básico, extraído do utilitarismo ortodoxo, é a demonstração de que a **maximização do lucro pelas empresas é a solução que conduz ao máximo benefício para a sociedade como um todo**.

8. A lógica financeira fundamenta-se no fato de as empresas terem sido constituídas sob a perspectiva de gerarem retornos aos proprietários que integralizaram o capital subscrito nos contratos sociais. O lucro é a motivação mobilizadora. Razões altruístas ocorrem em outros campos da cooperação humana. Mas no meio em que as empresas são criadas e geridas prevalecem as forças utilitárias do benefício financeiro.

9. O benefício buscado pelos investidores traduz-se pelo **retorno total de longo prazo**, que é uma combinação de ganhos de capital e de dividendos ao longo do tempo. Os ganhos de capital provêm da rentabilidade e do crescimento da empresa; os dividendos, da distribuição de recursos extraídos do fluxo livre de caixa gerado pelas operações da empresa.

10. A maximização deste benefício é amparada pela lógica dos **riscos assumidos pelos investidores, superiormente aos dos demais** *stakeholders*. Estes têm direitos contratuais com as empresas, podem interromper sua relação quando desejarem e, caso as empresas não honrem compromissos com eles assumidos, podem até apelar para ações radicais, como requerer falência. Já o **retorno dos proprietários é incerto**, quanto ao valor e ao momento em que se realizará; o capital investido é **passivo não exigível**, que só retornará se os negócios forem bem conduzidos; enfim, os **direitos dos proprietários são residuais**. E como são eles que assumem os maiores riscos, é em favor deles que as decisões devem ser tomadas.

11. A lógica da gestão é fundamentada na definição de um objetivo-síntese e de critérios objetivos para monitoramento e avaliação dos gestores. O retorno total dos proprietários cumpre essa função. Objetivos múltiplos seriam não só de complexa definição, como de apuração difícil, além de deixarem os gestores livres para tomada de decisões questionáveis quanto aos seus propósitos finais.

12. **O máximo retorno total dos *shareholders* é um objetivo que pressupõe o controle dos conflitos e dos custos de agência.** Na hipótese de se definirem objetivos múltiplos, que atendam ao conjunto dos *stakeholders*, outros propósitos de maximização são buscados, em detrimento dos proprietários e ampliando, em vez de reduzi-los, os conflitos e os custos de agência. A ascensão dos gestores e da tecnoestrutura da organização, decorrente da separação entre a propriedade e a gestão, reforça o argumento da fixação de objetivos de interesse dos proprietários, baseado na lógica dos conflitos de agência.

13. A lógica macroeconômica fundamenta-se no pressuposto clássico de que o **bem-estar coletivo pode ser mais bem alcançado quando os agentes econômicos buscam a maximização dos seus próprios interesses**. Quando os gestores são orientados para a busca do máximo retorno dos investidores, eles estarão produzindo benefícios sociais. Contrariar essa orientação implica consequências nocivas: 1. dificuldades em arbitrar prioridades nas políticas de maximização de outros interesses; 2. conflitos crescentes e custos transferidos para o mercado; e 3. redução dos resultados esperados pelos investidores e desinteresse em continuarem a investir, com danos para todos os demais *stakeholders*.

14. Em contraposição ao objetivo de máximo retorno total dos investidores, têm sido desenvolvidas proposições mais abrangentes de objetivos corporativos. Estas não recusam a legitimidade do retorno dos investidores, mas argumentam que as companhias também acumulam ganhos, como imagem e reputação, quando atuam apoiadas no conceito-base do *triple bottom line*, olhando ao mesmo tempo para **questões econômico-financeiras, ambientais e sociais**. E podem incorrer em riscos e perdas se desconsiderarem essas questões.

15. As razões apontadas para a busca desse equilíbrio são: 1. resposta às cobranças dos ativistas e do próprio mercado de capitais; 2. a impropriedade estratégica de não considerar os interesses do conjunto de *stakeholders*; e 3. a força crescente do conceito-base do *triple bottom line*, que propõe a avaliação da legitimidade, da reputação e do valor de mercado das empresas por critérios não limitados à geração de resultados econômico-financeiros.

16. *Shareholders* e demais *stakeholders* têm, ambos, interesses legítimos. A legitimidade dos *shareholders* está no valor, para a sociedade como um todo, do espírito de empreendimento, de iniciativa, de inovação e de geração de riquezas, sendo o retorno sobre os investimentos condição *sine qua non* para a sua continuidade. Os *stakeholders* legitimam-se por serem grupos sem os quais as empresas deixariam de existir e pelo seu compromisso com a sobrevivência, o crescimento e continuidade das empresas.

17. A abordagem de governança *shareholders oriented* está fundamentada na **legitimidade dos direitos dos proprietários** e em outros pontos fortes, como: 1. robustez teórica; 2. alinhamento com os fundamentos do direito de propriedade; 3. objetividade do objetivo gerencial; e 4. evidenciação e controle dos conflitos de agência. Mas tem pelo menos dois pontos fracos: 1. levada a extremos, pode desconsiderar o gerenciamento do ambiente de negócios como um todo; e 2. pouca atenção a fatores não econômico-financeiros que afetam a reputação e o valor de mercado das companhias.

18. A abordagem de governança *stakeholders oriented* alinha-se à **concepção da empresa como um *feixe de contratos*, com múltiplos interesses envolvidos**. Responde às crescentes pressões de ativistas por prestações de contas não limita-

das aos balanços econômico-financeiros. E propõe que as diretrizes estratégicas se voltem para relacionamentos que dão sustentação de longo prazo às companhias.

19. **A tendência mundial é de convergência para modelos *shareholders oriented*, mas com administração estratégica dos interesses dos demais *stakeholders*.** Esta é a orientação da proposição normativa da **maximização iluminada do valor (*enlightened value maximization*),** proposta por M. Jensen. A orientação consiste em maximizar o retorno total de longo prazo, tendo como critério o *trade-off* de interesses dos proprietários com os de outras partes com interesses nas empresas.

20. Além da abrangência quando à gestão dos interesses envolvidos nas companhias, os modelos e processos de governança são ainda diferenciáveis por um conjunto de outros fatores: 1. origem do capital de controle da empresa – famílias, grupos consorciados, estatal ou fundos de investimento; 2. ascendência da empresa – única, resultante de aquisição e de fusões; 3. âmbito geográfico de atuação, nacional ou global; e 4. intensividade dos recursos – *capital intensive* ou *labor intensive*.

21. Derivadas do *conjunto de diversidades* que se observa no mundo corporativo, há diferentes definições de governança corporativa. Elas podem ser classificadas em quatro grupos, que olham a governança como: 1. **guardiã de direitos** das partes com interesses em jogo nas empresas; 2. **sistema de relações** pelo qual as sociedades são dirigidas e monitoradas; 3. **estrutura de poder** que se observa no interior das corporações; e 4. **sistema normativo** que rege as relações internas e externas das empresas.

22. Como tentativa de síntese, pode-se definir a governança como um conjunto de princípios, propósitos, processos e práticas que rege o sistema de poder e os mecanismos de gestão das corporações, buscando a maximização da riqueza dos proprietários e o atendimento dos direitos de outras partes interessadas, minimizando oportunismos conflitantes com esse fim.

23. Na construção e na operação de sistemas de governança geralmente estão presentes 8 Ps, explícita ou implicitamente: **propriedade, princípios, propósitos, papéis, poder, práticas, pessoas e perpetuidade**. A tipologia da propriedade é um dos principais elementos definidores da governança. Os princípios são derivados de códigos de conduta que devem orientar as diretrizes e políticas corporativas. Os propósitos convergem para a otimização do retorno total de longo prazo dos investimentos na companhia. A segregação de papéis resulta das diferentes atribuições de proprietários, conselheiros e gestores – os três principais agentes da governança. O poder, definido pelos proprietários, será exercido pelos administradores escolhidos, responsáveis pelo direcionamento da companhia e pela geração de resultados. As práticas visam o estabelecimento de canais fluidos de informação e de bom e consensual sistema para a tomada de decisões e acompanhamento das ações decorrentes. E a perpetuidade, fortemente dependente dos sete Ps precedentes, define-se como objetivo-síntese das companhias, sustentada por bons resultados econômico-financeiros, sociais e ambientais. Na sustentação de todo esse sistema estão as pessoas – condutoras do conjunto dos legados e dos objetivos que dão vida e continuidade às operações corporativas.

PALAVRAS E EXPRESSÕES-CHAVE

- Constituintes organizacionais.
- *Shareholders*.
- *Stakeholders*
    - Proprietários.
    - Órgãos de governança.
    - Empregados.
    - Credores.
    - Partes interessadas a montante.
    - Partes interessadas a jusante.
    - Governos.
    - ONGs.
    - Comunidades.
- Retorno total dos proprietários
    - Ganhos de capital.
    - Dividendos.

- Legitimidade de interesses
    - Convergentes.
    - Conciliáveis.
    - Conflituosos.
- Concepções de governança
    - *Shareholders oriented*.
    - *Stakeholders oriented*.
        - *Restricted*.
        - *Extended*.
        - *Comprehensive*.
- Maximização iluminada do valor.
- Governança corporativa
    - Guardiã de direitos.
    - Sistema de relações.
    - Sistema normativo.
    - Estrutura de poder.

- Valores da governança corporativa
    - *Fairness*.
    - *Disclosure*.
    - *Accountability*.
    - *Compliance*.
- Oito Ps da governança
    - Propriedade.
    - Princípios.
    - Propósitos.
    - Papéis.
    - Poder.
    - Práticas.
    - Pessoas.
    - Perpetuidade.

3

Os Grandes Marcos Construtivos da Governança Corporativa

O século XIX foi a era dos empreendedores, do lançamento das bases de formação do novo mundo corporativo. O século XX foi a era do gerenciamento, do surgimento de uma nova classe – a direção executiva dos grandes conglomerados. O século XXI será a era da governança corporativa, da definição da forma pela qual a estratégia será definida e o poder será exercido em todas as corporações do mundo.

ROLF CARLSSON
*Ownership and value creation:
strategic corporate governance in the new economy*

As questões que envolvem os *8 Ps* da governança corporativa – propriedade, princípios, poder, propósitos, papéis, práticas, perenidade e pessoas –, embora já se manifestassem nas mais avançadas economias industriais do Ocidente desde as primeiras décadas do século XX, quando se desencadearam os processos de dispersão do capital e de separação da propriedade e da gestão, somente ganharam maior exposição pública nas duas últimas décadas, com movimentos praticamente simultâneos, definidos como os **grandes marcos construtivos da governança corporativa**.

Este capítulo sintetizará, em ordem cronológica, quatro destes grandes marcos. Eles foram escolhidos pelos seus significados históricos. O primeiro registra o ativismo voluntarista e individual de um acionista inconformado com a omissão dos proprietários e a hegemonia dos administradores no mundo corporativo norte-americano. A ele se juntaram investidores institucionais movidos pelo mesmo propósito – o de questionar práticas da direção executiva das empresas, conflituosas com os interesses dos acionistas. O segundo marco destaca o trabalho de uma comissão constituída no Reino Unido, representativa de instituições do mundo corporativo, do mercado de capitais e de órgãos reguladores. O terceiro reporta a iniciativa de uma organização multilateral, voltada para os benefícios que a boa governança corporativa pode trazer não só para o crescimento das corporações, mas também para o desenvolvimento das nações. E o quarto marco foi a aprovação da Lei Sarbanes-Oxley, nos Estados Unidos, a mais notável e de maior extensão de todas as reações regulatórias do mercado de capitais da história do capitalismo.

Na sequência desse registro histórico, sintetizaremos o recente desenvolvimento dos princípios da governança corporativa, evidenciado pela difusão mundial de códigos nacionais de boas práticas. Registraremos também o surgimento de agências de *rating* corporativo, cujos propósitos são o de avaliar as práticas de governança efetivamente adotadas nas empresas e o de construir *rankings* segundo os graus aferidos.

3.1 OS QUATRO MARCOS HISTÓRICOS

São quatro os marcos históricos que destacamos como pilares da moderna governança corporativa:

QUADRO 3.1
Os quatro marcos construtivos da governança corporativa: motivações e desdobramentos.

AS MOTIVAÇÕES

1. O ATIVISMO PIONEIRO DE ROBERT MONKS
- ☐ Divórcio proprietários-executivos.
- ☐ Aproximação efetiva acionistas-conselhos-direção.
- ☐ Exposição de práticas danosas.
- ☐ Mobilização de acionistas e órgãos reguladores.
- ☐ Monitoramento e intervenção nas empresas.
- ☐ Envolvimento efetivo dos proprietários.
- ☐ Mobilização de investidores institucionais.

2. O RELATÓRIO CADBURY
- ☐ Foco nos aspectos financeiros da governança corporativa.
- ☐ Questões-chave:
  - ◇ Responsabilidades de conselheiros e executivos-chefe.
  - ◇ Análise do desempenho e informações para acionistas.
  - ◇ Frequência e clareza nas prestações de contas.
  - ◇ Constituição de comitês de auditoria.
  - ◇ Interação acionistas-conselhos-auditores-executivos.
- ☐ Definição de um código de melhores práticas.

3. OS PRINCÍPIOS DA OCDE
- ☐ Relações entre boa governança e:
  - ◇ Desenvolvimento do mercado de capitais.
  - ◇ Crescimento das corporações.
  - ◇ Desenvolvimento das nações.
- ☐ Extensão do escopo da governança corporativa na direção de concepções *stakeholders oriented*.
- ☐ Definição de regras para *conflitos de agência*.
- ☐ Sugestão de princípios para elaboração de códigos de melhores práticas:
  - ◇ Países-membros.
  - ◇ Países não membros.

4. A LEI SARBANES-OXLEY
- ☐ Criação do Public Company Accounting Oversight Board – Conselho de Supervisão das Práticas de Contabilidade das Empresas de Capital Aberto:
  - ◇ Definição de padrões de auditoria.
  - ◇ Inspeção regular das operações das empresas.
  - ◇ Sanções disciplinares para violação de regras.
- ☐ Rigor em controles e relatórios internos.
- ☐ Definição de responsabilidades da Administração.
- ☐ Focos em conflitos de interesse, conformidade, prestação de contas, transparência e equidade.

OS DESDOBRAMENTOS

Difusão e adoção, em escala global, de boas práticas de governança corporativa

- ☐ Países desenvolvidos membros da OCDE.
- ☐ Países emergentes:
  - ◇ Ásia.
  - ◇ América Latina.
  - ◇ África.
- ☐ Países em transição político-institucional.
  - ◇ China.
  - ◇ Federação Russa.
  - ◇ Europa Central (ex-Cortina de Ferro).
- ☐ Companhias e instituições-alvo:
  - ◇ Companhias abertas.
  - ◇ Companhias estatais.
  - ◇ Companhias fechadas de grande porte.
  - ◇ Autoridades reguladoras.
  - ◇ Mercado de capitais.
  - ◇ Investidores institucionais.
  - ◇ Fundos de *private equity*.
  - ◇ Associações de investidores.
  - ◇ Agências de *rating* corporativo.

1. O ativismo pioneiro de Robert Monks.
2. O Relatório Cadbury.
3. Os Princípios da OCDE.
4. A Lei Sarbanes-Oxley

O Quadro 3.1 sintetiza as motivações e os desdobramentos destes quatro pilares. Robert Monks foi um ativista pioneiro que mudou o curso da governança corporativa nos Estados Unidos. Ele focou sua atenção nos direitos dos acionistas e os mobilizou para o exercício de um papel ativo nas corporações. Centrado em dois valores fundamentais da boa governança – *fairness* (senso de justiça) e *compliance* (conformidade legal, especialmente a relacionada aos direitos dos minoritários passivos) –, esse ativista foi um dos primeiros a evidenciar a importância da boa governança para a prosperidade da sociedade como um todo. Já o Relatório Cadbury centrou-se nos dois outros valores da boa governança – *accountability* (prestação responsável de contas) e *disclosure* (mais transparência) –, com foco em aspectos financeiros e nos papéis dos acionistas, dos conselhos, dos auditores e dos executivos. A OCDE ampliou o espectro da boa governança, evidenciando suas fortes ligações com o processo de desenvolvimento econômico das nações. Ao justificar o envolvimento da instituição com a proposição de princípios de boa governança, a OCDE evidenciou que a adoção, pelas corporações, de práticas de gestão confiáveis atrai investidores para o mercado de capitais, reduz custos de captação de recursos e alavanca o desenvolvimento da economia. E a Lei Sarbanes-Oxley definiu critérios mais rigorosos controles internos, auditoria, prestação de contas e gestão corporativa fundamentada em padrões éticos, instituindo penalidades rigorosas nos casos de violação de extenso rol de novas regras, tanto para os Conselhos de Administração quanto para a Diretoria Executiva das companhias.

Estes quatro pilares, pelos seus diferentes focos, podem ser considerados complementares. Eles não se desenvolveram no vácuo, mas a partir de problemas concretamente identificáveis. Suas proposições tiveram destino certo: o de influenciar os modos de governança e fazer das corporações o epicentro de um novo processo de construção compartilhada da prosperidade econômica. Daí os seus desdobramentos, também sintetizados no Quadro 3.1: **os princípios da boa governança difundiram-se globalmente e crescente número de países passou a adotar códigos de boas práticas, sugeridos por autoridades reguladoras, por investidores institucionais ou pelas instituições que operam o mercado de capitais**.

Vamos destacar a seguir os pontos mais importantes de cada um desses quatro pilares. E, na sequência, o processo histórico de seus desdobramentos, desde os resultados do ativismo pioneiro de Monks até as mais recentes autorregulações e disposições legais para a melhor governança das corporações.

3.2 O Ativismo Pioneiro de Robert Monks

No primeiro capítulo focalizamos as características, a evolução e as dimensões do mundo corporativo. Tratamos também das mais importantes contribuições da literatura econômica na interpretação das mudanças que ocorreram no século XX e que o transformaram radicalmente. Entre as de maior impacto, destacamos as seguintes:

- O **agigantamento das corporações**, evidenciado por números jamais registrados de receitas operacionais e de valor de mercado.

- A **dispersão do capital de controle**, decorrente, entre outros, de três movimentos marcantes: 1. a constituição de grandes empresas na forma de sociedades anônimas; 2. a expansão do mercado de capitais e do número de investidores individuais e institucionais; e 3. os processos de sucessão dos proprietários fundadores.

- À dispersão do controle somou-se a **liquidez das ações**, proporcionada pelo crescente volume de negociações no mercado de capitais. Todos os dias úteis, no fechamento das operações das bolsas de valores de todo o mundo, mudam os titulares das ações, redefinindo-se a estrutura e a titularidade da propriedade das empresas.

- Somando-se à conjugação dispersão-liquidez, os numerosos e crescentes **processos de fusões e aquisições**, os *take-overs* **hostis bem-sucedidos** e as **sucessões** nas empresas em que a propriedade mantinha-se ainda concentrada, o resultado observado ao longo de todo o século XX – e em escalas anualmente ampliadas – foi um gigantesco movimento de **despersonalização da propriedade das companhias**.

- Com a despersonalização da propriedade, os acionistas tornaram-se **proprietários ausentes e passivos**, a tal ponto que, 50 anos atrás, ao avaliar a revolução silenciosa que transformou as sociedades anônimas, A. Berle[1] chegou a questionar até a legitimidade dos dividendos e dos ganhos de capital de uma nova espécie de homens de negócios, "usufrutuários passivos" dos resultados do sistema corporativo de produção, "que não suam, nem mesmo trabalham, para merecer essas recompensas".

- No lugar dos proprietários e, originalmente, também gestores de companhias por eles fundadas, emergiu e chegou ao topo do mundo corporativo a figura, sem dúvida também competente, do **gestor executivo**, comandante de uma tecnoestrutura organizacional complexa e inteligente. Porém, vivenciando conflitos de interesses não perfeitamente simétricos – a que se deu a denominação genérica *conflitos de agência*, questão-chave que levou ao despertar da governança corporativa.

- A intensificação de todas estas transformações, a partir da transição dos anos 80 para os anos 90, com os movimentos de desfronteirização – que vão desde a constituição de blocos econômicos à redução progressiva dos mecanismos de proteção dos mercados nacionais.

Estas transformações levaram a reações em várias áreas.

Na área acadêmica, fundamentaram a revisão dos pressupostos da microeconomia clássica que até então davam sustentação à teoria da firma maximizadora de lucros, atuando em mercados competitivos. Nessa mesma área, ensejaram pertinentes análises das novas condições de operação das empresas no sistema capitalista e seus impactos nos mecanismos regulatórios que passaram a ser exigidos.

Na área pública, as mudanças no mundo corporativo abriram espaços para a intervenção corretiva. No mercado de capitais, destacamos as revisões nos institutos do direito societário e a criação de instituições normativas, de fiscalização e de controle, especialmente após o *crash* de 1929-33. Nos Estados Unidos, os exemplos são a aprovação, após exaustivos debates no Congresso, da *Securities Act* (1933), a criação da *Securities and Exchange Commission* (1934) e as subsequentes aprovações de leis que proibiram a emissão de múltiplas classes de ações: a *Public Utility Holding Company Act* (1935) e a *Investment Company Act* (1940).

No setor real da economia, as transformações do mundo corporativo desaguaram na criação de leis antitruste e na criação de órgãos públicos com objetivos de preservação da concorrência. Mas, ainda que, desde a primeira metade do século, os novos institutos legais e a criação de organismos de controle e de regulação das práticas de mercado tenham estabelecido normas para as operações de nova estrutura de poder do sistema capitalista, a dispersão da propriedade e a dissipação da responsabilidade dos acionistas vinham possibilitando práticas que, não contestadas por ações ativistas, poderiam enriquecer os administradores das companhias em vez de propiciar retornos para os proprietários – e assim para a sociedade.

O Cenário do Ativismo de Resultados

É neste cenário que surge, e tem eco, o ativismo pioneiro de Robert Monks. Como mostram os registros biográficos sintetizados no Quadro 3.2, ele foi a campo, com uma convicção fundamental: *a empresa que conta com o monitoramento eficaz dos acionistas adiciona mais valor e gera mais riqueza que aquela que não dispõe de tal recurso.*

Moldado mais na arena do ativismo de resultados do que na sofisticação teórica da academia, o pensamento de Monks foi assim exposto em *Power and accountability*:[2]

- **A Torre de Babel**. O poder corporativo tem sido objeto de muitos estudos e discussões. Mas cada profissão tem descrito a questão na sua própria linguagem. Advogados, economistas, analistas financeiros, cientistas, administradores e estudiosos da ética são como construtores de uma Torre de Babel. Sua meta é a mesma, a regulação do novo mundo corporativo, mas eles são incapazes de se comunicar. Falta-lhes uma teoria básica que dará suporte a proposições normativas mais bem fundamentadas.

- **Autopreservação *versus* prestação de contas**. Todas as disciplinas reconhecem que deve haver alguma forma de prestação de

QUADRO 3.2
Robert Monks: empreendedor bem-sucedido, crítico de sua própria classe, o ativista que mudou o curso da governança corporativa.

Nascido em dezembro de 1933, em Boston, filho de um casal de classe média alta de sólida formação intelectual e cultural, Bob Monks formou-se em Direito na Universidade de Harvard. Envolve-se com negócios da família e torna-se empresário e executivo bem-sucedido. Familiariza-se com o mundo das finanças, desenvolve seus conhecimentos jurídicos na vida prática das empresas em que participa, torna-se um empreendedor perspicaz e negociador habilidoso.

A vivência no mundo corporativo leva-o a perceber enormes distorções na forma como as companhias são governadas. E o ponto crucial destas distorções está em que o destino das companhias não é traçado por seus proprietários, mas pelos executivos que as dirigem. Crítico de sua própria classe, Monks percebe que, ao contrário dos executivos, muitas vezes interessados em manter seus privilégios, ainda que à custa dos resultados financeiros ou sociais das empresas, os acionistas querem apenas a maximização de valor para suas ações, mas não se envolvem com esforços para a melhor *performance* das companhias. Se esta força for liberada e exercida, poderão ser obtidos resultados agregados que irão além de objetivos financeiros privados imediatos, alcançando a atividade produtiva como um todo.

Monks tem a visão de uma Nova América Corporativa e torna-se um ativista entusiasmado. Percebe a extraordinária importância dos investidores institucionais e, em particular, dos fundos de pensão, como proprietários das grandes corporações. Tenta, com razoável sucesso, organizá-los a partir de uma rápida passagem (1984-85), pelo Department of Labor do governo americano, onde, nomeado pelo presidente, foi encarregado de cuidar desses fundos. Sua experiência no mundo político em Washington o ajudou a desenvolver uma nova linha de análise do papel dos fundos, que passa a ser reconhecida como correta. Como ele próprio relatou, "esta linha consistia em fazer do administrador do fundo o responsável pelo seu maior ativo, o voto nos conselhos de administração das corporações". Além dessa proposição, Monks atacou a falta de transparência na gestão das companhias e, mesmo com a postura liberal do governo Reagan, sugeriu que uma maior intervenção de órgãos reguladores aumentaria os padrões vigentes da eficiência alocativa do mercado de capitais.

Como resultado desta passagem pela administração pública e das convicções que foram se moldando no ativismo por melhores práticas de governança, há, na biografia de Monks, uma sutil tensão entre o intervencionismo do ativista e a profunda crença na mecânica sem atritos do funcionamento dos mercados. A tradição de identificar mercados como mecanismos sociais administrados por mãos invisíveis e que se tornam menos eficientes a partir da intervenção de instituições reguladoras é particularmente perversa no caso do mercado de capitais. À simplificação dos que buscaram os limites do *laissez-faire* na teoria das "falhas de mercado", os liberais eruditos contrapuseram o complicado dilema das "falhas do estado" e restou aberta a questão *leibniziana* de qual a melhor ordem possível. Mas, na esfera mais específica do mercado de capitais, os resultados de recentes estudos acadêmicos parecem trazer à luz a evidência de que mais regulação para proteger os direitos e interesses de todos os acionistas implica mais eficácia.

Em sua volta ao setor privado, Monks assume o papel de acionista combativo, destes que lêem atentamente editais de convocação e atas de assembléias, para as quais se prepara solidamente e onde sempre comparece para defender seus direitos. Mais ainda, dispõe-se a fazer um admirável esforço de organizar vários acionistas em um mesmo bloco para melhor representarem seus próprios pontos de vista.

Atuando ainda mais fortemente, fundou em 1992 o LENS, um fundo que investe em empresas com problemas e, mediante agressiva reforma da administração como acionista, aumenta seu valor. Esta linha de atuação teve o objetivo de mostrar que o ativismo não consistia apenas de pessoas com uma porção de elevadas idéias sociais. Iria muito além disso, produzindo resultados, adicionando valor.

Para divulgar suas idéias, Monks escreve vários livros. Publicado em 1992, *Power and accountability* proclama a necessidade primordial de monitoramento das empresas por seus acionistas, em especial os institucionais. *Corporate governance*, de 1995, é um manual para a prática da governança corporativa com vários exemplos práticos ocorridos nos Estados Unidos e em outros países. Lançado em 1996, *Watching the watchers* é um *business plan* de governança para o século XXI. Em 1998 surge *The emperor's nightingale*, a tentativa mais sofisticada de Monks de entender sistematicamente a relação entre as várias partes constitutivas das corporações. Em 2001, publica *New global investors*, focado nas grandes transformações do mundo corporativo e no processo do financiamento e controle de sua expansão. E, em 2004, na esteira dos escândalos e das megafraudes corporativas, escreve a novela *Reel and rout*, em que evidencia o risco maior dos conflitos de agência: a corrupção. E justifica a necessidade vital de resgate da ética corporativa.

Fontes: Síntese de duas fontes. 1ª: ORENSTEIN, L.; ROCHA, B. Prefácio da edição brasileira de *A traitor to his class*. ROSEMBERG, Hilary. *Mudando de lado*. Rio de Janeiro: Campus, 2000. 2ª: SANTAZONO, Tetsuji. Bob Monks, a record of struggle, part II. *Nikkei Financial Daily*, p. 9, 25 June 2001.

contas por parte daqueles que exercem o poder perante aqueles que são afetados por suas decisões. Mas a Babel de linguagens tem obscurecido o fato de que a autopreservação dos gestores corporativos se contrapõe a toda tentativa de prestação responsável de contas.

- **Conflitos de agência: o problema crucial**. O problema que todos tentam solucionar é um só: os administradores corporativos nunca serão tão cuidadosos em criar valor para os investidores quanto eles serão para criar valor para si mesmos. A economia chama este problema de *conflitos de agência* e ela tem sugerido um conjunto de curas institucionais, que vão desde uma melhor estruturação dos contratos gerenciais até o ajuste das operações do mercado para controle das corporações. Já a lei chama o mesmo problema de *conflitos de interesse*, uma vez que cada parte quer que seus próprios interesses venham em primeiro lugar. E desenvolveu seu mais elaborado modelo, o fiduciário, para governar o relacionamento entre administradores e proprietários. Mas como a linguagem da lei é a dos contratos – considerando a governança corporativa como o dever da administração perante determinado número de partes interessadas, com direitos contratuais com a entidade corporativa –, sua eficácia fica a meio caminho, uma vez que os contratos, por mais extensos e minuciosos, não são capazes de estabelecer os limites dos juízos e das práticas gerenciais dentro dos quais os administradores podem se mover.

- **A ineficácia do processo legal**. Os precedentes legais estabeleceram o direito de os acionistas definirem objetivos e cobrarem resultados da administração, através do direito de voto e, quando tudo o mais falha, através do litígio. Mas os recursos da lei são orientados para os rituais do processo, com ênfase na legitimidade e no momento oportuno para agir. Mas, quase sempre, a oportunidade é perdida, se se manifestar muito cedo (não está "madura"), ou muito tarde (não será "eficaz").

- **A prevalência da "inteligência organizada"**. Os estudos de administração, por sua vez, têm mostrado que as empresas, quando confrontadas com pressões conflitantes e interesses opostos, tomam decisões voltadas para a sua própria preservação. Prevalecem os interesses da "inteligência organizada". E esta possibilidade remete para as questões levantadas pelos estudiosos da ética, que têm descrito como a estrutura e a cultura corporativas promovem, ou falham em promover, a *conduta moral*.

- **As relações público-privado**. Por fim, a ciência política deslocou o debate para o relacionamento entre os setores privado e público. E, neste terreno, os pontos de vista se radicalizaram. Extremistas libertários exigiram a saída do governo, apontando para a autorregulação. Do outro lado, há os que suspeitam inerentemente do poder privado e das corporações, propondo que as decisões deveriam ser pesadamente influenciadas pelo governo, através da regulação.

Monks, como ativista, capitalizou estes diferentes pontos de vista em ações pontuais e eficazes, amarradas a um propósito central – o de levar o acionista para os conselhos das corporações, fazendo-o participante dos processos decisórios. Sua visão dos acionistas foi assim resumida: "A falta de envolvimento do proprietário passivo criou a hegemonia dos administradores. Por muitos anos, os acionistas não tinham uma face, frequentemente nem eram conhecidos pelos administradores. Surgiu uma classe de *rentistas parasíticos*, sem qualquer conexão com a administração dos empreendimentos aos quais eles davam sustentação e sem qualquer desejo de criar tal conexão. Seu raciocínio parecia perfeito: *se eu tenho duas opções – uma é não fazer nada e receber x e a outra é me envolver no empreendimento e também receber x, eu opto sempre por não fazer nada.*"

O ponto crucial destacado por Monks estava em que este raciocínio *parecia*, mas não *era*, perfeito. O "x" a receber com maior envolvimento dos acionistas na corporação poderia ser maior que o "x" resultante de nenhuma forma de participação. Uma evidência real é o controle da remuneração do executivo-chefe e de sua equipe de gestão. Se ele controla os conselhos corporativos e fixa seus próprios ganhos, estabelece-se claramente um conflito que sinaliza uma forma de corrupção do poder. E quando o enriquecimento ou a glorificação de seus líderes tornam-se os objetivos das instituições, está traçado o caminho de seu declínio. Isto aconteceu com os monastérios, com as monocracias e, como a história registra, com o próprio estado medieval. E acontecerá com o mundo corporativo se a ausência da propriedade nos conselhos significar a ausência de controles efetivos, em detrimento não apenas dos interesses dos acionistas, mas também de toda a sociedade, cuja prosperidade é dependente da forma como as grandes corporações são governadas.

A ATUAÇÃO EM VÁRIAS FRENTES

Respaldado nestas crenças e mantendo sutil equilíbrio entre as proposições normativas de intervenção e a confiança na restauração de princípios como força suficiente para a autorregulação, o ativista Monks agiu em várias frentes:

1. **Participação efetiva dos fundos**. Reinterpretação das normas legais dos fundos de pensão, propondo que os seus administradores eram responsáveis pela maximização do valor das corporações em que têm participação. A participação dos fundos nas assembleias e o seu assento nos conselhos, com este objetivo, foram vistos como uma contrapartida ao poder dos executivos não acionistas. O direito ao voto em questões estratégicas foi definido como um dos mais importantes ativos desses fundos. Com base nesta posição, moveu ações contra grandes instituições, inicialmente bloqueadas, até que em 1988 uma declaração do Departamento do Trabalho, em que Monks foi responsável pelos fundos de pensão em 1984-85, tornou oficialmente claro que os administradores dos fundos têm a obrigação de exercer o direito de voto de suas ações.

QUADRO 3.3
As contribuições de Robert A. G. Monks (as três primeiras com Nell Minow) para a literatura especializada em governança: foco e proposições essenciais.

Pioneira	Focos	Proposições essenciais
1. *Power and accountability* (1992)	❑ Monitoramento das empresas por seus acionistas. ❑ Organização dos acionistas minoritários. ❑ Mobilização dos acionistas institucionais. ❑ Ativismo intervencionista.	*A empresa que conta com o monitoramento eficaz dos acionistas adiciona mais valor e gera mais riqueza que aquelas que não dispõem de tal recurso.*
2. *Corporate governance* (1995)	❑ Equilíbrio de interesses: ◇ Acionistas-executivos. ◇ Majoritários-minoritários. ❑ Práticas de governança. ❑ Aperfeiçoamento do mercado de capitais. ❑ Os papéis dos investidores institucionais.	*As corporações podem chegar a uma situação em que ninguém as detém do ponto de vista econômico, mas também ninguém as orienta sob uma perspectiva moral. O que pode ser feito numa situação como essa é restabelecer valores pelas boas práticas da governança corporativa.*
3. *Watching the watchers* (1996)	❑ Ciência, intuição e experiência: descrevendo as corporações. ❑ Transformação do ambiente corporativo. ❑ Vigiando os vigilantes: ajustes no *pension fund capitalism*.	*Os movimentos para obtenção de resultados que maximizam os interesses dos acionistas não podem ser divorciados de condutas éticas. O desafio consiste em fortalecer o poder dos sistemas corporativos, porém reduzindo custos inaceitáveis aos indivíduos e à sociedade.*
4. *The emperor's nightingale* (1998)	❑ Compreensão das "leis internas" que regulam as corporações. ❑ Definição dos processos que podem contrabalançar o poder e a liberdade ilimitada das corporações. ❑ Mobilização de agentes institucionais e acionistas não passivos. ❑ Os valores da restauração corporativa.	*Apesar de todas as aparências, a moderna corporação é um sistema complexo e dinâmico, que está passando por uma fase de transição, na direção de sua natureza intrínseca – um sistema para criar riqueza para seus proprietários e para a sociedade como um todo.*
5. *New global investors* (2001)	❑ Análise dos movimentos das corporações: sua transformação histórica. ❑ As corporações como estruturas ótimas para a realização do gênio humano e a geração da riqueza. ❑ Os papéis cruciais dos investidores institucionais: o zelo pelos investimentos e pelos retornos.	*O direito de fazer investimentos frutíferos é a pedra angular da moderna liberdade. Com a abertura dos mercados, este direito está cruzando fronteiras. E é do interesse da economia global que se zele pelos interesses dos novos investidores globais.*
6. *Reel and rout* (2004)	❑ Exposição de situações comuns de riscos corporativos. ❑ Razões, do ponto de vista jurídico, de fraudes e escândalos. ❑ Impactos dos conflitos e das escolhas sobre todas as partes com interesses em jogo nas corporações.	*Práticas corporativas que tenham como pilares os princípios da ética nos negócios são mais eficazes que a lei para prevenir e corrigir conflitos de agência, fraudes, corrupção e outros desvios.*
7. *Corporocracy* (2007)	❑ Exposição de abusos de poder por parte das corporações. ❑ Ações neutralizadoras da "corporocracia". ❑ Planos de conciliação de interesses, acionados por ativistas responsáveis.	*O controle dos acionistas sobre as grandes corporações é fraco e preocupante. E a busca desesperada por lucros está se tornando onerosa demais para o meio ambiente e a sociedade.*
8. *Corporate valuation* (2010)	❑ Abordagens quantitativas e qualitativas para avaliação das corporações. ❑ Importância do ciclo de vida, dos valores e de variáveis qualitativas das empresas para a construção de carteiras de investimento.	*O valor de uma corporação não pode limitar-se a indicadores quantitativos de resultados. Variáveis qualitativas podem ter importância igualmente considerável.*

QUADRO 3.4
O ativismo de Monks. Uma síntese dos motivos e das ações. Os resultados imediatos e de longo prazo.

OS MOTIVOS E AS AÇÕES

- Divórcio proprietários-executivos, gerando conflitos de agência:
  ◊ Proprietários – maximizar o valor das ações.
  ◊ Executivos – privilégios à custa de resultados.

- Aproximar efetivamente acionistas-conselhos-direção.

- Equilibrar interesses, pela exposição, mobilização e intervenção:
  ◊ Exposição de práticas danosas.
  ◊ Mobilização de partes interessadas.
  ◊ Intervenção de proprietários e órgãos reguladores.

- Aperfeiçoamento dos processos de governança das empresas:
  ◊ Constituição e funcionamento dos conselhos.
  ◊ Compatibilização de posturas éticas com a maximização dos resultados corporativos.

OS RESULTADOS VISÍVEIS

- **Imediatos**
  ◊ Revelação de desvios nas práticas corporativas.
  ◊ Definição de caminhos para a prosperidade compartilhada.
  ◊ Exposição das falhas corrigíveis por nova legislação.
  ◊ Mobilização de acionistas minoritários e institucionais.
  ◊ Mais respeito pelos justos direitos dos proprietários.

- **De longo prazo**
  ◊ Institucionalização das práticas de governança corporativa.
  ◊ Refinamento da capacidade técnica dos proprietários, especialmente dos institucionais, de influir positivamente na vida das empresas.
  ◊ Mais proposições normativas e mais intervenções corretivas no mercado de capitais, mais eficácia:
    • Das empresas, na geração de resultados.
    • Do mercado, na alocação de recursos.
    • Da economia, na prosperidade gerada por corporações confiáveis e justas.

2. ***Institutional Shareholder Services***. Fundação, em 1985, da *Institutional Shareholder Services*, empresa de consultoria para investidores institucionais quanto a questões votadas em assembleias de acionistas. Inicialmente, com grande dificuldade em conseguir clientes, pela interpretação das normas que dificultavam a intervenção dos fundos nas corporações, esta empresa viabilizou-se a partir de 1988, com a declaração do Departamento do Trabalho, conhecida como *Avon Letter*, que tornou obrigatório o voto pelos investidores institucionais. Em 1990, quando o número de clientes da empresa havia crescido dramaticamente, Monks desligou-se da *ISS*, para iniciar um novo esforço pela governança corporativa, desta vez como acionista.

3. **Atuação pontual de alto impacto**. Em 1991, de uma lista de "empresas candidatas", Monks escolheu a Sears, Roebuck & Co., corporação gigante do varejo, para exercer o seu direito como acionista. Adquiriu 100 ações e candidatou-se para o conselho. O papel então desempenhado parecia de um Dom Quixote. Não obteve votos suficientes, mas mostrou "o absurdo que era não haver nenhuma forma de mesmo alguém que havia sido presidente de um banco e diretor de uma agência federal poder fazer parte do conselho de uma corporação, embora a lei lhe assegure o direito de se candidatar". No ano seguinte, em 1992, apoiou um movimento bem-sucedido para reestruturação da Sears. Os acionistas se conscientizaram de que a atuação do Dom Quixote, embora aparentemente sem sucesso, não havia sido em vão: a corporação havia tomado decisões equivocadas e a intervenção era necessária e, como a partir de então foi admitida, revelou-se proveitosa. Pelos seus resultados, os desdobramentos desta rumorosa intervenção foram muito além das fronteiras corporativas da Sears.

4. ***Lens Investment Management***. Paralelamente à atuação pontual na Sears, Monks criou com Nell Minow um fundo de investimento voltado para corporações com problemas. Valendo-se dos seus direitos de acionista, o fundo passaria a intervir agressivamente nestas corporações, para mudar a gestão, produzir melhores resultados e aumentar seu valor de mercado. O fundo investiu em 25 corporações e o seu desempenho excedeu significativamente o índice *S&P 500*. Mas, em 2000, Monks realizou sua participação e retirou-se da administração do fundo. O objetivo era provar a tese de que um acionista presente, ativo e contributivo poderia levar as corporações a um desempenho melhor do que um acionista ausente e passivo. Provada a tese, como registra Santazono,[3] "estaria livre para ir a outros lugares em que há necessidade de avançar a agenda da governança".

5. **Literatura pioneira**. Monks registrou suas teses em obras pioneiras editadas na primeira metade dos anos 90: *Power and accountability* (1992) e *Corporate governance* (1995). Depois vieram

FIGURA 3.1

A postura ativa dos proprietários e a regulação legal: nas corporações bem governadas, os interesses público e privado são conciliados. A regulação e o ativismo agregam valor, melhoram a *performance* corporativa e dão sustentação para a sua perenidade.

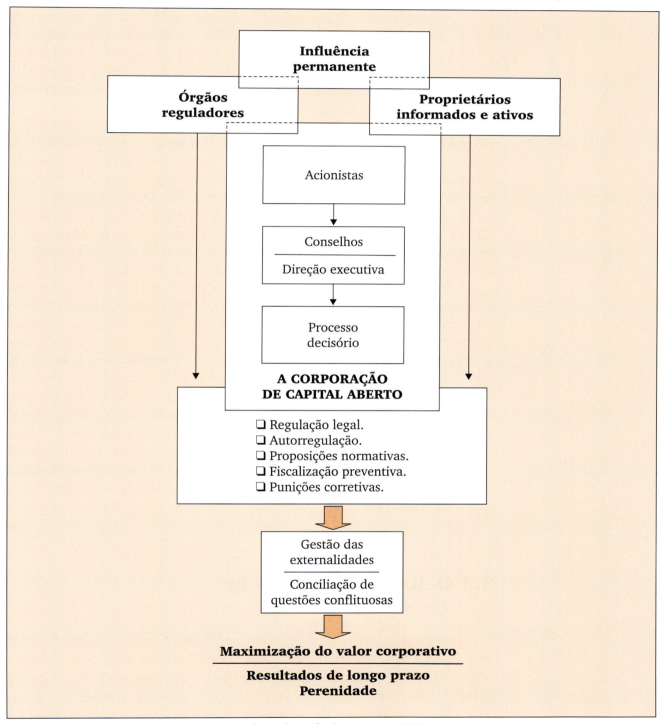

Fonte: MONKS, Robert A. G. *The emperor's nightingale*. Oxford: Capstone, 1998.

outras contribuições, sempre incorporando a evolução conceitual e as práticas da governança, em sintonia com o agigantamento e os riscos crescentes do mundo corporativo, na transição para o século XXI. Todas as suas contribuições para a literatura especializada em governança estão sintetizadas no Quadro 3.3. Ali se destacam os focos de cada uma delas e suas proposições essenciais. Notam-se, com clareza, a evolução de seu pensamento e a sua compreensão do alcance da boa governança. Em sua essência, está a convicção de que o bom governo das corporações não atende apenas a objetivos privados dos acionistas – ao realizá-los, também promove padrões de prosperidade que interessam à sociedade como um todo.

No Quadro 3.4 sintetizamos, de um lado, os motivos que inspiraram o ativismo pioneiro de Monks; de outro lado, os resultados alcançados. E na Figura 3.1 reproduzimos, com adaptações, uma ilustração que se encontra no resumo executivo de *Emperor's nightingale*. Ela registra esquematicamente processos em curso pela boa governança corporativa. O modelo proposto não é o de alterar a estrutura do mundo corporativo, mas de influir positivamente em sua gestão. Às normas impostas pela autoridade pública devem somar-se as autorregulamentações e a postura ativa de proprietários bem-informados. Os princípios são poucos – *conformidade legal, transparência* e *prestação responsável de contas*. Neste mesmo resumo, a síntese de sua visão parece otimista com os recentes rumos da governança:[4] "Há resistência a esses valores e é compreensível que ocorra. Eles não são agradáveis à direção executiva e nem sempre é fácil prové-los ou fazer com que se harmonizem. Não podemos ignorar a natureza mecanicista das corporações. Ao mesmo tempo, não podemos deixar que ela prevaleça. Mas, apesar de todas as aparências, a moderna corporação não é uma divindade, movendo-se inevitavelmente para longe de sua integridade original e esmagando almas em seu curso para um destino inalterável. Ela também não é um exercício de controle das entropias do caos, como alguns têm sugerido. Antes, as modernas corporações são um sistema complexo e dinâmico, passando por um processo de restauração corporativa. Um sistema capaz de criar riqueza para seus proprietários e prosperidade para a sociedade em geral."

3.3 O Relatório Cadbury

O segundo marco construtivo da governança corporativa, embora também tenha a forte contribuição de um ativista, definiu-se de forma bem diversa da que caracterizou o ativismo pessoal, talvez mesmo personalista, de Robert Monks. Como observam Jones e Pollitt,[5] "a forma do Reino Unido para lidar com questões-chave de governança corporativa tem sido estabelecer um comitê para analisá-las e para propor soluções. Os comitês funcionam como uma caixa de ressonância de um ambiente que clama por ética empresarial e

FIGURA 3.2
A abordagem de Jones e Pollit: a pressão dos grupos influenciadores, as fases e o círculo virtuoso de condução do processo.

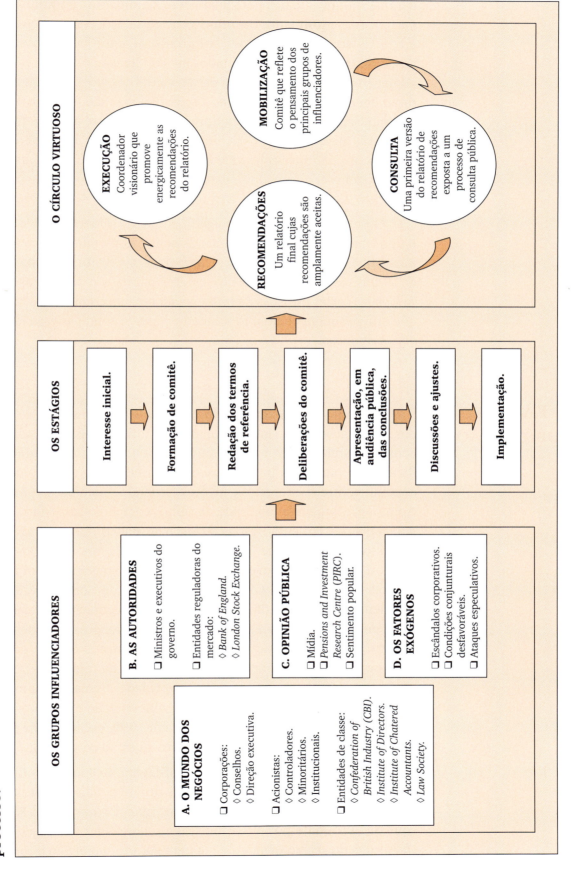

em que há um número potencialmente significativo de grupos de interesse, que podem ser rotulados de influenciadores. Entre esses grupos, há dois tipos, A e B. Os de tipo A, movidos por interesses contrariados e por fatores exógenos, como os escândalos apontados pela mídia e mobilizadores do sentimento popular, têm habilidade e força para levantar questões relevantes; os do tipo B raramente são os que iniciam as discussões, mas são forçados a reagir aos debates iniciados pelos influenciadores do tipo A, entre os quais se encontram os acionistas minoritários e os institucionais, o *Institute of Chartered Accountants* e o *Pensions and Investment Research Centre* (PIRC). Os grupos influenciados A e B podem ser agrupados em quatro categorias: 1. o mundo corporativo dos negócios; 2. as autoridades; 3. a opinião pública; e 4. os fatores exógenos".

O Relatório Cadbury, divulgado em 1992 (e outros que o sucederam no Reino Unido, validando ou revisando suas recomendações pioneiras, como os Relatórios Greenbury, de 1995; Hampel, de 1998; Turnbull, de 1999; e Higgs, de 2003), destacou-se pelo seu caráter pioneiro e por ter apresentado, em resposta a fortes pressões de influenciadores, um conjunto de novas propostas que atingiram em cheio a forma como vinham sendo governadas as corporações britânicas.

AS RAZÕES DA MOBILIZAÇÃO

No Reino Unido, até o início dos anos 90, os conselhos de administração das corporações não vinham atuando de forma aceitável. Lodi[6] resume bem como se estabeleciam e como funcionavam: "eram constituídos por conselheiros que participavam de conselhos de um grande número de companhias, cruzando entre si interesses e favores e criando dificuldades para minoritários e *outsiders*. Imperava uma rede de velhos companheiros – uma espécie de *old boy network*". Foi então estabelecido pelo Banco da Inglaterra, em resposta a pressões de grupos de influência, um comitê para elaborar um Código de Melhores Práticas de Governança Corporativa, constituído por representantes da Bolsa de Valores de Londres e do Instituto de Contadores Certificados. A coordenação foi confiada a Adrian Cadbury, reconhecido pelas suas credenciais: de 1965 a 1989 presidiu a Cadbury Schweppes, onde desenvolveu uma estrutura de administração participativa, registrada em um *código de princípios empresariais*; foi conselheiro do Banco da Inglaterra de 1970 a 1994, tendo fundado, com o apoio desta autoridade reguladora, uma organização com o objetivo de profissionalizar conselheiros não executivos – a Pro Ned – *Professional Non-Executive Directors*; e, em 1990, publicou *The company director*, livro em que expôs suas ideias sobre a gestão corporativa.

Na Figura 3.2 sintetizamos a abordagem de Jones e Pollitt sobre como funcionam no Reino Unido os comitês que têm sido constituídos para estabelecer e rever os princípios da boa governança corporativa. Foi assim com a comissão presidida por A. Cadbury, *um coordenador visionário que promoveu energicamente as recomendações de um relatório submetido a consulta pública.*

Os Termos de Referência e as Bases Propostas

Constituído o comitê, Cadbury propôs os seguintes termos de referência, focados em dois princípios da boa governança corporativa – *prestação responsável de contas* e *transparência*:

1. As responsabilidades de conselheiros e executivos na análise e apresentação de informações para os acionistas e outras partes interessadas sobre o desempenho da companhia.
2. A frequência, a clareza e a forma como as informações contábeis e seus complementos devem ser apresentadas.
3. A constituição e o papel dos conselhos.
4. As responsabilidades dos auditores e a extensão de suas atribuições.
5. As ligações entre acionistas, conselhos e auditores.

Partindo destes termos, as deliberações do comitê foram reunidas no *Relatório Cadbury* e apresentadas à audiência pública, tendo então recebido mais de 200 representações. Houve reações a várias recomendações, que implicavam mudanças radicais nas tradições britânicas de governança. Exemplo: a Confederação Britânica da Indústria lutou pela remoção da exigência de que o cumprimento do Código de Melhores Práticas de Governança Corporativa deveria ser incluído entre os requisitos para listagem das empresas negociadas na Bolsa de Valores. Em contrapartida, houve reações favoráveis. A do governo foi positiva. *The Guardian*[7] registrou a apreciação do ministro para assuntos corporativos: "O Relatório Cadbury é uma declaração competente do que precisa ser feito em uma área crucial."

A versão final do *Relatório Cadbury* foi editada em dezembro de 1992. As práticas de governança corporativa recomendadas influenciaram efetivamente a alta gestão das corporações no Reino Unido e serviram de base para posições semelhantes em outros países, como Canadá, Estados Unidos, França e Austrália, os primeiros a editarem, depois do *Relatório Cadbury*, códigos de boa governança. As proposições deste relatório estão resumidas no Quadro 3.5. Embora muitas delas tenham sido reconsideradas por outros comitês revisores, constituídos no Reino Unido, sua essência foi mantida até no último deles, o relatório Higgs.[8] Entre as reconsiderações relevantes, também observadas na evolução do pensamento de Monks, podem ser citadas as três seguintes:

1. O encorajamento de um papel mais ativo nas corporações por parte de investidores institucionais.
2. O fortalecimento dos canais de comunicação entre os acionistas, os conselheiros e a direção executiva, através de um conselheiro independente sênior.
3. O envolvimento maior do governo, como provável resposta às exigências de revisão da *Company Law*: enquanto o relatório Cadbury

QUADRO 3.5
O Relatório Cadbury: focos na separação de responsabilidades conselho-direção e na constituição do conselho de administração, assegurando que o direcionamento e o controle da corporação estejam firmes em suas mãos.

1. Conselho de administração	**O conselho de administração deve reunir-se regularmente, manter controle sobre a companhia e monitorar sua direção executiva:** ❏ Clareza na divisão de responsabilidade do conselho e da direção. ❏ Equilíbrio de poder e de autoridade. ❏ Constituição "mista", com conselheiros externos independentes. ❏ Presidente do conselho e diretor executivo não acumulam funções. ❏ Atuação com base em programação formal dos assuntos relevantes, assegurando que o direcionamento e o controle da companhia estejam em suas mãos. ❏ Consenso na contratação de assessorias profissionais independentes. ❏ Pleno acesso ao aconselhamento do principal executivo. ❏ Exoneração do principal executivo: um assunto para o conselho como um todo.
2. Conselheiros não executivos	**Os conselheiros não executivos exercerão julgamentos independentes sobre a estratégia, o desempenho, a destinação dos recursos e os padrões de conduta da companhia:** ❏ Maioria deverá ser independente da direção. ❏ Ausência de quaisquer conflitos de interesse. ❏ Eleitos por mandatos determinados. ❏ Escolhidos por processo formal.
3. Conselheiros executivos	**É admitida a existência de conselheiros que exercem cargos de direção:** ❏ Contratos não deverão exceder três anos sem a aprovação dos acionistas. ❏ Remunerações divulgadas total e claramente e sujeitas às recomendações de um comitê composto em sua totalidade por conselheiros não executivos. ❏ Explicitação das bases de avaliação do desempenho.

4. Relatórios e controles	**É dever do conselho apresentar uma avaliação equilibrada e compreensível da situação da companhia. Com este propósito, o conselho deverá:**
	❏ Assegurar uma relação objetiva e profissional com os auditores.
	❏ Implantar um comitê de auditoria:
	  ◊ Constituído por pelo menos três conselheiros não executivos.
	  ◊ Com clara definição de autoridade e de responsabilidades.
	❏ Registrar sua responsabilidade na preparação do texto que acompanha os relatórios dos auditores.
	❏ Reportar sobre a eficácia do sistema interno de controle da companhia.

iniciou uma nova era de autorregulamentação, os revisionismos recentes poderão levar a uma legislação mais detalhada, incorporando os princípios da boa governança corporativa.

3.4 Os Princípios da OCDE

O terceiro grande marco histórico da governança corporativa foi estabelecido por uma organização multilateral, a *Organization for Economic Co-operation and Development,* ou, com a sigla em português, OCDE, que congrega os 30 países industrializados mais desenvolvidos do mundo, mantendo relacionamento ativo com mais de 70 outros países, ONGs e diversas sociedades civis de caráter internacional.

É o marco mais recente e o de maior alcance, tanto pela abrangência dos aspectos tratados, quanto pela difusão internacional dos princípios da boa governança, quanto ainda pela sua reconhecida influência na definição de códigos de melhores práticas em crescente número de países.

As Razões do Interesse de uma Organização Multilateral

Desde a segunda metade dos anos 90, a OCDE vinha interessando-se pelas boas práticas de governança corporativa, entendendo-as, como sintetizamos na Figura 3.3, como *elos entre os objetivos de desenvolvimento dos mercados, das corporações e das nações.*

A percepção, fundamentada em comprovações de estudos acadêmicos, como o de forte correlação direta entre a mobilização de mercados de capitais maduros e confiáveis, o crescimento dos negócios corporativos e o desenvolvimento econômico das nações, foi a motivação central do interesse da instituição pelos princípios da governança. Este interesse resultou na solicitação do conselho da OCDE, apresentada em reunião de nível ministerial realizada no final de abril de 1998, para que a instituição desenvolvesse, junto com governos nacionais, organizações vinculadas ao mercado de capitais e corporações privadas, um conjunto de normas e diretrizes aplicativas de governança corporativa. Foi então criado na OCDE o *Business Sector Advisory Group on Corporate Governance,* com esta missão.

Na justificativa do interesse da OCDE pelas questões de governança corporativa, resumida no relatório Millstein,[9] foram destacados os seguintes pontos:

❑ À medida que se eliminam barreiras econômicas entre nações e se criam áreas de livre circulação de recursos e de produtos, aumenta a competição global pelo capital. Os investimentos serão então atraídos pelas nações e corporações que adotarem práticas aceitáveis de governança, como padrões rigorosos de demonstrações contábeis, transparência nas informações relevantes, proteções para os acionistas e diretrizes estratégicas definidas por conselhos independentes.

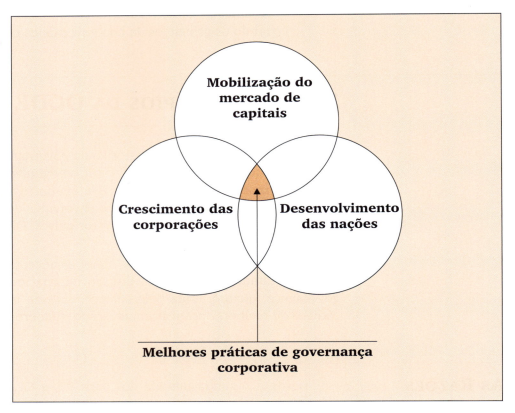

FIGURA 3.3
A razão essencial do interesse da OCDE pelas melhores práticas de governança corporativa: os elos do desenvolvimento da tríade mercados-corporações-nações.

❑ Se os países quiserem aproveitar plenamente os benefícios do mercado global de capitais e atrair "capitais pacientes", que buscam retornos de longo prazo, as práticas de governança corporativa devem ser confiáveis e bem compreendidas além de suas fronteiras. Mas mesmo que as empresas não precisem contar primariamente com fontes externas de capital, sua adesão a boas práticas de governança corporativa ajudará a aumentar a confiança dos investidores nacionais, poderá reduzir o custo do capital e atrair fontes de financiamento mais estáveis.

❑ Os códigos de melhores práticas que já têm sido propostos em diferentes países são do interesse comum de investidores, empreendedores, diretores de corporações, conselhos de administração, beneficiários de fundos de pensão, formuladores de política econômica, trabalhadores e outras partes interessadas. Esse interesse comum melhora a capacidade das nações para alocar mais apropriadamente os recursos disponíveis.

❑ Há diferenças filosóficas entre o modelo de governança dos Estados Unidos, que privilegia a maximização do retorno dos acionistas, e os modelos da Alemanha e do Japão, mais voltados para as expectativas de outros *stakeholders*.

❑ A governança precisa ser customizada para ser adaptada à cultura das nações e das corporações, justificando-se assim diferenças entre as melhores práticas recomendadas. Há, porém, um conjunto de padrões contábeis que pode ser universalmente benéfico. Outras regulações podem ser também apropriadas, mas há um conjunto de "regras do jogo" praticadas pelos mercados que não podem ser desconsideradas.

❑ Os desenvolvimentos atuais neste campo criam um espaço de aprendizado mútuo, em que interagem governos, órgãos reguladores dos mercados, corporações, investidores e outras partes com interesse e responsabilidade para corrigir práticas viciadas de alocação de capital e de governança.

A missão do grupo criado pela OCDE foi a de desenvolver princípios que ajudassem os países-membros em seus esforços de avaliação e de aperfeiçoamento institucional da boa governança corporativa. Voltados para as corporações de capital aberto, mas também aplicáveis a empresas não negociadas em bolsa, os princípios foram concisos, compreensíveis e acessíveis – e, o quanto foi possível, formaram uma base comum aplicável pelos países-membros e não membros também voltados para o desenvolvimento de melhores práticas.

O grupo de governança corporativa da OCDE concluiu seu trabalho em maio de 1999, um ano após sua constituição. Suas principais conclusões, apresentadas como preâmbulo de seus *Principles of Corporate Governance*,[10] podem ser assim resumidas:

❑ **Não há um modelo único de governança corporativa**. Embora possam ser identificados elementos comuns que dão suporte às melhores práticas, cada país precisa adaptar sua aplicação às suas circunstâncias culturais jurídicas e econômicas.

❑ Para se manterem competitivas em um mundo em transformação, **as corporações precisam inovar e adaptar suas práticas de governança**, atendendo às novas exigências institucionais e do mercado neste campo, com vista à alavancagem de novas oportunidades, de capitalização e crescimento.

❑ Os governos, porém, também têm grande responsabilidade na criação de uma estrutura reguladora, que proporcione flexibilidade suficiente para que os mercados funcionem de maneira eficaz e atendam aos interesses dos acionistas e de outras partes interessadas.

❑ **São os órgãos reguladores do mercado de capitais, as corporações e seus acionistas que devem decidir sobre as práticas de governança corporativa**, recomendáveis em cada país, levando em conta os custos e os benefícios de sua regulamentação.

❑ Os princípios de governança aplicados nas empresas são **fatores que asseguram a integridade do mercado e o desempenho econômico dos países**.

❑ **Os princípios de governança são de natureza evolutiva** e devem ser revistos sempre que ocorrerem mudanças significativas, dentro das corporações e em seu entorno.

A REVISÃO DOS PRINCÍPIOS: RAZÕES E RESULTADOS

Os *Princípios da OCDE* aprovados em 1999 tornaram-se referência internacional, proporcionando orientações gerais para iniciativas específicas de regulação, tanto para os 30 países-membros quanto para mais de 40 não membros da Ásia, do Sudeste da Europa, da América Latina e da Eurásia, que têm recebido a orientação permanente dessa organização multilateral para a adoção de boas práticas de governança corporativa.

De 1999 a 2002, todavia, a percepção sobre o gigantismo e o poder das corporações e, principalmente, sobre o efeito nefasto das megafraudes que então ocorreram, levaram a maior conscientização sobre a importância da boa governança corporativa. De tema de interesse restrito de *shareholders*, focados em seus direitos e na maximização de seu retorno, evoluiu para condição essencial da segurança e da estabilidade dos mercados e para fator propulsor do desenvolvimento econômico dos países.

Em 2002, por mandato conferido pelos ministros da OCDE, o *Steering Group* – grupo permanente de orientação sobre governança corporativa – iniciou ampla revisão do material editado em 1999. A instituição contou então com a colaboração de organizações multilaterais, como o Fundo Monetário Internacional e o Banco Mundial, que enviaram peritos para as mesas-redondas e as reuniões regionais, para mapeamento de novos pontos essenciais que seriam incluídos em uma nova versão dos *Princípios*.

Os trabalhos de revisão da OCDE foram concluídos em 2004. Justificando o novo esforço, foram registradas estas observações por Donald Johnston[11] na edição revista do *Principles of corporate governance*: "os formuladores das políticas econômicas dos países estão agora mais conscientes da contribuição que as boas práticas de governança corporativa dão à estabilidade do mercado de capitais, aos fluxos de investimento e ao crescimento econômico. As empresas compreendem como a governança pode contribuir para o seu crescimento e a sua competitividade. Os investidores, especialmente os fundos de pensão e outros grupos institucionais, agindo como entidades fiduciárias, apercebem-se de que têm um papel a desempenhar na garantia da adoção de boas práticas de governança, como forma de assegurar o valor e o retorno de seus investimentos. Em síntese: uma vez que as empresas desempenham um papel central nas economias nacionais, a exigência de boa governança ultrapassa o interesse dos acionistas, revelando-se importante para um número cada vez maior e mais diversificado de camadas sociais com interesse em jogo nas empresas".

A nova versão dos *Princípios da OCDE* manteve o propósito de não fornecer fórmulas detalhadas para os marcos regulatórios dos países, mas de estabelecer pontos de referência para os seguintes objetivos customizáveis:

1. Estender o escopo da governança corporativa: maximizar os interesses e ser rigorosa quanto aos direitos dos acionistas, mas atendendo às expectativas legítimas de outras partes interessadas. Vale dizer: evoluir de modelos *shareholders oriented* para *stakeholders oriented*.

2. Criar regras que presidam à separação entre a propriedade e a gestão, eliminando *conflitos de agência* e reduzindo tanto quanto possível os seus custos.

3. Abrir espaços nas corporações para a participação ativa de acionistas minoritários.

4. Definir com clareza as responsabilidades dos conselhos de administração e da direção executiva das corporações.

5. Definir critérios para a criação de marcos regulatórios.

6. Assegurar base jurídica regulamentada para o desenvolvimento eficaz do processo de governança nas empresas.

O Quadro 3.6 resume os *Princípios OCDE de Governança Corporativa* atualizados no triênio 2008-2010. Adaptáveis, eles visam assessorar governos membros e não membros em seus esforços de avaliação e aperfeiçoamento da estrutura jurídica e regulatória para a governança corporativa em seus países e proporcionar orientação e sugestões para bolsas de valores, investidores, corporações e outras entidades que desempenham algum papel no processo de desenvolvimento da boa governança corporativa.

As revisões de 2008-2010 foram fortemente influenciadas pela crise financeira mundial, que revelou graves lacunas na governança corporativa. Em reação às falhas observadas nos processos de direcionamento e controle das companhias, a OCDE lançou um conjunto de documentos, focados nas lições da crise, nos desafios decorrentes e em novas e adicionais recomendações: *Using the OCDE Principles of Corporate Governance: a boardroom perspective* (2008), *Corporate governance lessons from the financial crisis* (2009), *Corporate governance and the financial crisis: key findings and main messages* (2009) e *Conclusions and emerging good practices to enhance implementation of the Principles* (2010).

3.5 A Lei Sarbanes-Oxley

"Conselheiros, executivos, investidores, contadores, auditores, advogados e analistas – comportem-se. Os escândalos, as fraudes contábeis e os conflitos com analistas de investimentos trouxeram novas leis e regulamentos que disciplinam o comportamento no mundo corporativo." Esta é a introdução de um longo artigo de Hasset e Mahoney[12] a propósito da lei Sarbanes-Oxley e de outras medidas regulatórias aplicadas sobre as "questões tóxicas" de gestão das corporações.

QUADRO 3.6
Síntese dos *Princípios da OCDE*: uma clara opção pela concepção *stakeholders oriented*, mas com ampla preservação dos direitos dos acionistas, dos conselhos, da direção executiva e de outras partes interessadas.

1. Enquadramento das empresas	*As empresas devem buscar o seu eficaz enquadramento e contribuir na geração de condições institucionais para as boas práticas de governança corporativa:* ❏ Conformidade com o primado do direito e adoção de compromissos de autorregulamentação. ❏ Promoção da integridade, da transparência e da eficiência do mercado de capitais. ❏ Coparticipação na criação de base legal sem sobreposições ou conflitos que possam frustrar a boa governança.
2. Direitos dos shareholders	*A governança corporativa deve proteger os direitos dos acionistas:* ❏ Registro seguro, alienação e transferência da participação acionária. ❏ Participação ativa, voz e voto em assembleias gerais ordinárias. ❏ Eleger e destituir conselheiros. ❏ Participar de decisões relevantes: alterações de contrato social, emissões e cisões. ❏ Conhecimento preciso de *take-overs*, com proteção de seus direitos.
3. Tratamento equânime dos shareholders	*A estrutura da governança deve assegurar tratamento equânime a todos os acionistas, majoritários/minoritários, nacionais/estrangeiros:* ❏ Dentro de uma mesma categoria, os mesmos direitos de voto. ❏ Proteção dos minoritários, igualdade quanto a procedimentos para participação em assembleias gerais. ❏ Proibição de práticas baseadas em informações privilegiadas. Acesso igual a fatos relevantes.
4. Direitos de outros stakeholders	*A estrutura da governança deve reconhecer direitos legalmente consagrados de outras partes interessadas na criação de riqueza e na sustentação de corporações economicamente sólidas:* ❏ Respeito aos direitos consagrados. Reparação, no caso de violação de direitos. ❏ Cooperação na geração da riqueza e na sustentação de empresas economicamente sólidas. ❏ Maior participação de partes com interesses relevantes, como empregados e credores. ❏ Acesso amplo, regular e confiável a informações pertinentes a seus interesses.
5. Divulgação e transparência	*A governança corporativa deverá assegurar a divulgação oportuna e precisa de todos os fatos relevantes referentes à empresa:* ❏ Resultados econômico-financeiros. Estrutura e política de governança. Objetivos e estratégia da empresa. ❏ Transações com partes relacionadas ❏ Fatores previsíveis de risco e vulnerabilidades. ❏ Informações preparadas e auditadas anualmente segundo os mais altos critérios contábeis.
6. Responsabilidades do conselho de administração	*A governança deverá definir as responsabilidades dos conselhos, envolvendo orientação, fiscalização e prestação de contas das corporações:* ❏ Zelar por elevados padrões éticos. ❏ Orientar e homologar a estratégia corporativa. Estabelecer objetivos de desempenho. ❏ Selecionar, compensar, fiscalizar e, quando necessário, substituir principais executivos. ❏ Fiscalizar e administrar conflitos potenciais de interesse. ❏ Garantir a integridade dos sistemas contábil e financeiro. ❏ Ter posicionamento independente sobre assuntos de interesse corporativo.
7. Gestão de riscos	*As práticas de governança deverão incluir a atenção de administradores e auditores para a gestão de riscos:* ❏ Identificar e classificar os riscos, segundo suas origens, tipologia, graus de impacto e probabilidade de ocorrência: ◊ Estratégicos e operacionais. ◊ De conformidade e retidão. ◊ Financeiros. ❏ Definição de ações mitigantes. ❏ Criação de estruturas de monitoramento e gerenciamento.
8. Avaliação da governança	*Os administradores deverão empregar metodologias estruturadas para avaliar o sistema de governança, abrangendo:* ❏ Compromissos com as boas práticas. ❏ Estrutura e funcionamento do conselho de administração. ❏ Processos e ambiente de controle. ❏ Transparência e divulgação de informações. ❏ Tratamento de acionistas minoritários.

O alerta é pertinente. A lei Sarbanes-Oxley, quarto marco histórico da governança corporativa, promoveu ampla regulação da vida corporativa, fundamentada nas boas práticas de governança. Seus focos são exatamente os quatro valores que há duas décadas vinham sendo enfatizados pelo ativismo pioneiro. Vale repeti-los: 1. *compliance*, conformidade legal; 2. *accountability*, prestação responsável de contas; 3. *disclosure*, mais transparência; e 4. *fairness*, senso de justiça.

As principais normas estabelecidas pela lei Sarbanes-Oxley podem ser agrupadas segundo esses valores:

1. *Compliance* – conformidade legal

- Adoção pelas corporações de um código de ética para seus principais executivos, que deverá conter formas de encaminhamento de questões relacionadas a conflitos de interesse, divulgação de informações e cumprimento das leis e regulamentos.
- As corporações que não adotarem a explicitação de condutas em um código de ética deverão explicar as razões da não adoção.
- Uma cópia do código deverá ser entregue à *Security Exchange Commission (SEC)* e ter divulgação aberta.

2. *Accountability* – prestação responsável de contas

- O principal executivo e o diretor financeiro, respectivamente, CEO e CFO, na divulgação dos relatórios periódicos previstos em lei, devem certificar-se de que:
    - Revisaram os relatórios e não existem falsas declarações ou omissões de fatos relevantes.
    - As demonstrações financeiras revelam adequadamente a posição financeira, os resultados das operações e os fluxos de caixa.
    - Divulgaram aos auditores e ao comitê de auditoria todas as deficiências significativas que eventualmente existam nos controles internos, bem como quaisquer fraudes evidenciadas, ou mudanças significativas ocorridas após a sua avaliação.
    - Têm responsabilidade pelo estabelecimento de controles internos, pelos seus desenhos e processos e pela avaliação e monitoramento de sua eficácia.
- Constituição de um comitê de auditoria, para acompanhar a atuação dos auditores e dos números da companhia, atendendo às seguintes diretrizes:
    - Presença de pelo menos um especialista em finanças.

◊ Composto exclusivamente por membros independentes do conselho de administração, não integrantes da direção executiva, que, além dos valores que já recebem pela participação no conselho, não receberão quaisquer outros a título de pagamento pelo aconselhamento ou consultoria prestada ao comitê.

◊ Responsável pela aprovação prévia dos serviços de auditoria.

◊ Divulgação, por relatórios periódicos, dos resultados de seus trabalhos.

3. *Disclosure* – mais transparência

- Detentores de informações privilegiadas deverão seguir as exigências da lei nos casos de mudanças em suas participações acionárias.
- Redução de prazos para que *insiders* comuniquem à SEC qualquer renegociação envolvendo valores mobiliários da companhia.
- Quaisquer informações complementares aos relatórios exigidos pela lei, relativas às condições financeiras e operacionais da companhia, deverão ser divulgadas com rapidez.
- Contingências não incluídas no balanço patrimonial devem ser divulgadas.
- A SEC poderá expedir regras, exigindo a divulgação em tempo real de quaisquer informações relevantes não contabilizadas *off balance sheet* que impactam os negócios e os resultados corporativos.

4. *Fairness* – senso de justiça

- A remuneração do executivo principal deverá ser aprovada pelo conselho de administração.
- Aprovação pelos acionistas dos planos de *stock options*.
- Vedação de empréstimos pessoais a diretores executivos. Devolução de bônus e de lucros distribuídos no caso de a companhia retificar demonstrações financeiras em decorrência de descumprimento relevante das normas estabelecidas pela SEC. Vedação de quaisquer formas de anistia aos empréstimos antes concedidos e não liquidados.
- Restrições sobre negociação durante períodos de troca de administradores de fundos de investimento.
- Definição de penas historicamente inusitadas para fraudes. As multas podem chegar a US$ 5 milhões e a prisão a 20 anos. Entendem-se por fraudes corporativas a alteração, a destruição, a mutilação, a ocultação e a falsificação de informações ou documentos, com a

intenção de impedir, obstruir ou influenciar o conhecimento e a análise do desempenho e da situação dos negócios e da gestão.

Os impactos da lei Sarbanes-Oxley e de mudanças nela inspiradas e por ela exigidas na legislação de outros países têm sido expressivos. Está-se definindo um novo cenário para a governança corporativa. Estes são alguns de seus novos elementos:

- **Ágios de governança**: valores mais altos que os investidores estão dispostos a pagar pelas ações das companhias que possuem um sistema de governança corporativa de alta qualidade. Na direção oposta, "**deságios de governança**": cotações aterrissadas que não decolam, pela ausência percebida de adesão aos valores e às práticas da boa governança.

- Os dias dos executivos-chefes que, nas grandes corporações, controlam os conselhos de administração estão contados. Como agentes fiduciários dos acionistas, os conselhos tendem a assumir o controle efetivo das corporações, especialmente na homologação das estratégias de negócios, na avaliação da gestão e na cobrança de resultados que maximizem o retorno total dos *shareholders* e atendam a interesses legítimos de outros *stakeholders*.

- Os códigos de ética das corporações deixam de ser peças *pro forma*. Incorporando os valores da boa governança, definem-se como compromissos efetivos e como respostas a exigências da lei.

- Redução de *conflitos e de custos de agência*, pela transparência e controle das remunerações e benefícios autoatribuídos pela alta administração. Em contrapartida, aumento dos *custos transacionais* dos conselhos, da direção e dos auditores, resultante dos altos riscos assumidos pela gestão corporativa. Estes custos são evidenciados pelos crescentes prêmios de seguro de responsabilidade civil da alta administração. Não se descarta a hipótese de que os rigores da lei, as punições e a execração pública de executivos nos casos de inconformidade legal possam desencorajar administradores talentosos a assumirem posições que envolvam riscos elevados.

- Processos formais de governança mais bem fundamentados, atendendo a amplo conjunto de propósitos: 1. atendimento rigoroso de regras definidas por órgãos reguladores; 2. adesão a requisitos exigidos para listagens diferenciadas nas bolsas de valores; 3. comprometimento com a criação de valor para os *shareholders*, com atenção também voltada para os direitos de minoritários; 4. harmonização dos direitos dos acionistas com os de outros *stakeholders*; 5. conformidade com *guidelines* da boa governança, especialmente a integridade, a qualidade e a transparência das informações; e 6. bom posicionamento nas avaliações geradas pelas agências de *rating* corporativo.

QUADRO 3.7
Desenvolvimento e proposição de códigos de melhores práticas de governança corporativa. Uma compilação sumarizada das iniciativas nacionais: do início dos anos 90 a 2011.

Anos e países	Códigos
1992 Reino Unido Canadá Estados Unidos	☐ Cadbury Report: The Financial Aspects of Corporate Governance. ☐ The Toronto Report on Corporate Governance. ☐ Principles of Corporate Governance: Analysis & Recommendations.
1995 França	☐ Vienot I Report.
1997 Holanda Japão	☐ Corporate Governance in Netherlands. ☐ Corporate Governance Principles: A Japan View.
1998 Bélgica Espanha	☐ Corporate Governance: Recommendations. ☐ Código de Buen Gobierno.
1999 Hong Kong OCDE Brasil Austrália México Coreia do Sul Grécia Portugal	☐ Code of Best Practice. ☐ Principles of Corporate Governance. ☐ Código de Melhores Práticas de Governança Corporativa do IBGC. ☐ Corporate Governance: Principles and Practice. ☐ Código de Mejores Prácticas Corporativas. ☐ Code of Best Practice for Corporate Governance. ☐ Principles on Corporate Governance in Greece. ☐ Recomendações sobre Governança Corporativa.
2000 Dinamarca Indonésia Malásia Alemanha Romênia	☐ Guidelines on Good Management: Corporate Governance. ☐ Code for Good Corporate Governance. ☐ Malaysian Code on Corporate Governance. ☐ Code of Corporate Governance: Rules for German Quoted Companies. ☐ Corporate Governance Code in Romania.
2001 Cingapura República Tcheca Malta Suécia	☐ Code of Corporate Governance. ☐ Corporate Governance Code. ☐ Principles of Good Corporate Governance. ☐ Corporate Governance Policy.
2002 Paquistão Rússia África do Sul Itália Peru Quênia Eslováquia Índia	☐ King Report. ☐ The Russian Code of Corporate Conduct. ☐ King Report on Corporate Governance. ☐ Corporate Governance Code. ☐ Princípios de Buen Gobierno para las Sociedades Peruanas. ☐ Sample Code of Best Practices for Corporate Governance. ☐ Corporate Governance: Code of Best Practices. ☐ Desirable Corporate Governance in India: A Code.
2003 Chipre Macedônia Turquia Nigéria	☐ Corporate Governance Code. ☐ White Paper on Governance in South Eastern Europe. ☐ Corporate Governance Principles. ☐ Code of Corporate Governance in Nigéria.

Anos e países	Códigos
2004 Bangladesh Bélgica Irlanda Nova Zelândia Noruega Polônia Eslovênia China	☐ The Code of Governance Bangladesh. ☐ Belgian Corporate Governance Code. ☐ Handbook on Corporate Governance Reports. ☐ Corporate Governance in New Zealand: Principles and Guidelines. ☐ The Norwegian Code of Pratice for Corporate Governance. ☐ Best Practices in Public Companies. ☐ Corporate Governance Code. ☐ Provisional Code of Corporate Governance for Securities Companies.
2005 Áustria Jamaica Taiwan Tailândia Suécia Ucrânia Turquia	☐ Austria Code of Corporate Governance. ☐ Code of Corporate Governance. ☐ Taiwan Corporate Governance Best Practice Principles. ☐ Code of Best Practice for Directors of Listed Companies. ☐ Swedish Code of Corporate Governance. ☐ Ukraine Corporate Governance Principles. ☐ Corporate Governance Principles.
2006 Líbano Luxemburgo Sri Lanka Trinidad e Tobago Suíça	☐ Corporate Governance Code for Small and Medium Enterprises. ☐ The Ten Principles on Corporate Governance of the Luxembourg Stock Exchange. ☐ Draft Rules on Corporate Governance for Listed Companies. ☐ Corporate Governance Guideline. ☐ Governance in Family Firms.
2007 Bulgária Colômbia Cazaquistão Moldávia	☐ Bulgarian National Code for Corporate Governance. ☐ Colombian Code of Best Corporate Practices. ☐ Code on Corporate Governance. ☐ Code of Corporate Governance.
2008 Hungria Marrocos Sérvia Tunísia	☐ Corporate Governance Recommendations. ☐ Moroccan Code of Good Corporate Practices. ☐ Corporate Governance Code. ☐ Guide de Bonnes Practices de Governance dos Entreprises Tunisiennes.
2009 Algéria Croácia Geórgia Montenegro	☐ Code Algérian de Governance d'Entreprise. ☐ Code of Corporate Governance. ☐ Corporate Governance Code for Commercial Banks. ☐ Corporate Governance Code in Montenegro.
2010 Bahrain Bálticos Yemen	☐ Corporate Governance Code Kingdon of Bahran. ☐ Baltic Guidence on the Governance of Government owned Enterprise. ☐ Guidelines on Corporate Governance.
2011 Finlândia Egito Guernsey Emirates	☐ Corporate Governance Codes. ☐ Code of Corporate Governance for Listed Companies ☐ Finance Code of Corporate Governance. ☐ Corporate Governance Code for Small and Medium Entreprises Dubai.

3.6 A Difusão Mundial dos Códigos de Governança

Os quatro marcos históricos que destacamos têm várias características diferenciadoras. Pelo menos duas já foram destacadas: o foco e a abrangência de cada um deles. Mas há uma terceira e uma quarta, não menos importantes. A iniciativa pioneira, nos Estados Unidos, foi de um *franco atirador* inconformado com os vícios e os riscos da passividade dos proprietários e com o poder dos executivos nas corporações. A segunda, fiel à cultura britânica, foi atribuída a um *comitê de alta representatividade*, em resposta a pressões de grupos de influência. A terceira resultou do interesse pelo tema por uma *organização multilateral*. E a quarta, fiel à cultura norte-americana de rápida reação a disfunções de alto interesse público, foi o envolvimento dos Poderes da República, sob iniciativa do Congresso Nacional, com as normas de administração das "companhias públicas".

São bem diferentes os graus de representatividade desses quatro agentes de mudança: vai da ação pessoal voluntarista, passa pela institucional, chega a uma organização que congrega países-membros de altos padrões de desenvolvimento econômico e chega ao envolvimento do poder constituído com a vida corporativa. Esta sequência não subtrai o mérito do ativismo voluntário de Robert Monks. Contrariamente até. Como ocorreu em muitos outros campos do conhecimento, também aqui os fundamentos foram estabelecidos por um visionário. E ele surge em um meio favorável ao impacto de suas proposições: um país com o mercado de capitais mais desenvolvido do mundo, de maiores dimensões, com maior número de empresas listadas nas bolsas de valores e com atuação significativa de grandes investidores institucionais, atuando em uma sociedade predisposta a litígios que reforcem seus valores e sua cultura.

As diferenças de representatividade de Monks, do Comitê Cadbury, da OCDE e do Congresso dos Estados Unidos não implicam diferenças em legitimidade. Esta é definida pelas razões de ser e pelas implicações de boa governança corporativa. E é o que explica a difusão mundial dos códigos de boa governança a partir do início dos anos 90.

O Quadro 3.7 evidencia o desenvolvimento mundial da governança corporativa. Um passar de olhos neste quadro revela vários aspectos relevantes:

❑ A proposição de códigos de boas práticas de governança acelerou-se a partir de 1999, provavelmente pela ampla aceitação dos princípios sugeridos pela OCDE, que foi reforçada pela multiplicidade de fatores, internos e externos, que passaram a exigir novos modelos corporativos de gestão. Até 1998, oito países, por canais institucionais, propuseram códigos de governança. De 1999 a 2011, foram mais de 68, totalizando 76. De acordo com o *European Corporate Governance Institute*, além dos 76 países que editaram códigos até final de 2011, há outros 35 preparando documentos relacionados. A expectativa, para os próximos três anos, é de cerca de 110 países com códigos editados. E, entre eles, cerca de 50 com códigos revistos, em segunda ou terceira versões.

- Em muitos países, as práticas de governança corporativa estão associadas a programas nacionais de promoção da competitividade e a políticas públicas de desenvolvimento. É o que sugere, por exemplo, o título do código da Grécia.

- Os códigos propostos são objetos de revisões. Além dos *Princípios da OCDE*, nos países em que pioneiramente foram propostos, como Reino Unido, Canadá, Estados Unidos e França, foram editadas versões revistas. Estas revisões, antes de revelarem inadequações, reforçam o interesse pelo processo de governança e sua permanente adaptação às mudanças no ambiente interno e externo das corporações. Comprovam, também, o caráter dinâmico das corporações e dos negócios.

- O interesse pela governança corporativa é ainda revelado pela proposição de boas práticas por mais de um canal institucional. Estados Unidos, Inglaterra, Japão e Brasil exemplificam esta particularidade. No Brasil, os códigos originaram-se em uma sociedade civil, o Instituto Brasileiro de Governança Corporativa (IBGC); em um investidor institucional, a Caixa de Previdência dos Funcionários do Banco do Brasil (PREVI); em uma instituição de mercado de capitais, a Bolsa de Valores de São Paulo; e em um órgão regulador, a Comissão de Valores Mobiliários (CVM).

- A disseminação dos códigos não está limitada aos países de economias avançadas. Vários países emergentes de todos os continentes têm proposições formais de boa governança. Na América Latina, além do Brasil, o México e o Peru. Na Europa, Grécia, Malta, Chipre, Turquia e Macedônia. Na Ásia, os Tigres do Sudeste, o Paquistão, a China, o Sri Lanka e a Índia. Na África, o Quênia e a África do Sul.

- Por fim, países coletivistas do Leste Europeu, que viveram boa parte do século XX sob regime econômico que não admitia o modo capitalista de produzir e a propriedade privada dos meios de produção, também estão aderindo às práticas de governança corporativa propostas nas tradicionais nações ocidentais capitalistas. Dos países antes isolados das instituições ocidentais pela Cortina de Ferro, os primeiros que editaram os seus códigos foram a Romênia, a República Tcheca, a Eslováquia, a Rússia e a Eslovênia.

O visionário pioneiro Robert Monks antecipou estes desenvolvimentos. Nas notas introdutórias de *The new global investors*,[13] observou que "as tecnologias de comunicação desta nova era permitem a disseminação de informações de forma livre e imediata. Embora nunca venha a existir – e nunca deveria existir – um código de conduta corporativa único e estático, há certos princípios que deverão pautar a governança de toda a comunidade empresarial. Princípios como conformidade legal e transparência".

3.7 O Fechamento do Círculo: A Adoção Efetiva dos Princípios

A solidez conceitual e a fundamentação ética dos princípios da boa governança corporativa, somadas aos seus impactos positivos, têm sido a razão de ser do fechamento de um círculo de alto interesse dos mercados, das corporações e das nações: sua proposição, a percepção dos seus benefícios, sua adoção e sua revisão construtiva.

As forças construtivas vêm de vários públicos-alvo. Como a OCDE[14] definiu, "acionistas controladores, que podem ser pessoas físicas, grupos familiares, consórcios ou *holdings* com participações acionárias cruzadas, podem influir significativamente no comportamento corporativo. Como proprietários de parte expressiva do capital social, investidores institucionais estão exigindo participação cada vez maior na governança das corporações nos mercados em que atuam. Os acionistas individuais, ainda que não procurem exercer direitos de governança, geralmente estão preocupados em tratamento justo por parte dos controladores das empresas. Os credores podem também desempenhar papel em alguns sistemas de governança e têm potencial para atuar como fiscais externos do desempenho corporativo. Por fim, os empregados das empresas e outras partes interessadas podem também exercer papéis relevantes, contribuindo para o desempenho da companhia a longo prazo, enquanto os governos e órgãos reguladores criam a estrutura institucional e jurídica para a boa governança corporativa".

O que se quer aqui assinalar é que os princípios da governança corporativa não são proposições voláteis, destituídas de interesse geral, formalmente sofisticadas e impraticáveis. Contrariamente até: são orientações claras e objetivas, simples, adaptáveis às mais diversas situações corporativas, em termos mundiais.

Estas são as razões essenciais da adoção da governança por corporações de diferentes constituições em diferentes culturas empresariais.

Dos princípios à operacionalização: a declaração da ICGN

Uma das mais ativas instituições de alcance global, com objetivos específicos de difusão e de aplicação efetiva dos princípios da boa governança, foi fundada por iniciativa de grandes investidores institucionais em 1995 – a *International Corporate Governance Network (ICGN)*. O objetivo principal desta organização, que congrega corporações, investidores institucionais, intermediários financeiros e outras partes interessadas em governança corporativa,

QUADRO 3.8
Dos princípios para a aplicação no mundo real: as recomendações, revistas em 2009, pela *International Corporate Governance Network* (ICGN).

1. OBJETIVOS DAS CORPORAÇÕES	❏ Otimizar o retorno dos acionistas. ❏ Assegurar a viabilidade do negócio a longo prazo. ❏ Buscar *benchmarks* no setor de atuação. ❏ Divulgar razões que as afastem desses objetivos.
2. CONSELHOS DE ADMINISTRAÇÃO	❏ Agentes fiduciários e guardiões dos interesses dos acionistas. ❏ Responsáveis por políticas para outros *stakeholders*. ❏ Membros submetidos a eleições. Qualificações e histórico regularmente divulgados. ❏ Abertos à participação de conselheiros independentes. ❏ Responsáveis por contribuição efetiva para a estratégia e o desempenho das corporações. ❏ Participação efetiva de conselheiros independentes em comitês-chave: auditoria e remuneração. ❏ Diálogo, negociação, mediação e arbitragem para solução de controvérsias. ❏ Ações contundentes se falharem práticas centradas em negociação.
3. CULTURA CORPORATIVA, RELACIONAMENTO COM *STAKEHOLDERS* E ÉTICA	❏ Conformidade legal como compromisso mínimo. ❏ Compromisso com expansão econômica, geração sustentável de empregos e de riquezas. ❏ Definição de políticas para outras partes interessadas. ❏ Definição de política para meio ambiente.
4. GESTÃO DE RISCOS	❏ Acompanhamento do mapeamento de todos os tipos de riscos em que a companhia possa incorrer. ❏ Proposição e acompanhamento de ações mitigantes. ❏ Disseminação interna da cultura de sensibilidade a riscos. ❏ Transparência junto aos investidores quanto à possível ocorrência de riscos e às ações para mitigá-los.
5. AUDITORIA	❏ Definição do papel do comitê de auditoria. ❏ Contratação de auditoria independente/robusta. ❏ Recebimento e análise de parecer anual objetivo sobre a real situação da companhia.
6. TRANSPARÊNCIA E PRESTAÇÃO DE CONTAS	❏ Imediatas, corretas e atualizadas. ❏ Orientativas de decisões de compra e venda de ações. ❏ Abrangentes e relevantes: ◊ Alterações societárias. ◊ Acordos. ◊ Riscos corporativos. ◊ Reduções patrimoniais substantivas. ◊ Mudanças estratégicas homologadas.
7. DIREITOS E RESPONSABILIDADES DOS ACIONISTAS	❏ Direito de voto estendido a todos os titulares de ações. ❏ Investidores fiduciários têm o dever de votar. ❏ Participar de decisões-chave. ❏ Escolher representantes para o Conselho de Administração. ❏ Aprovar contratação e demissão de diretores executivos. ❏ Para solução de conflitos, convocação de assembleias extraordinárias.
8. POLÍTICAS DE REMUNERAÇÃO	❏ Alinhadas aos interesses dos acionistas e atreladas à criação de valor. ❏ Transparência e divulgação das políticas e práticas adotadas. ❏ Incorporação de práticas tipo *stock options*.
9. IMPLEMENTAÇÃO DO PROCESSO DE GOVERNANÇA	❏ Alinhamento aos princípios internacionais de boas práticas de governança corporativa. ❏ Desenvolver esforços para definição de códigos nos países onde ainda não existam. ❏ Quando necessário, envolver órgãos regulatórios para análise de assuntos de governança.

é ampliar o diálogo internacional sobre o tema, envolvendo objetivos, princípios, ferramentas e resultados –, mas com o propósito de sua aplicação efetiva.

Em sua Declaração *sobre os **princípios globais de governança corporativa**,*[15] revista na Conferência Anual de Londres, em 2005, esta organização endossou os *Princípios de governança corporativa da OCDE*, que foram amplamente discutidos durante um ano pelos seus associados. Seu endosso foi fortemente afirmativo: "A ICGN acredita que as empresas de todo o mundo devem receber orientação clara e objetiva sobre como implantar os princípios da OCDE. Trata-se de um conjunto de orientações práticas que pode auxiliar os conselhos de administração a ir ao encontro de expectativas do mundo real, operar com eficiência e acessar de forma eficaz o capital disponível para investimentos."

O Quadro 3.8 resume os princípios destacados pela ICGN, revistos em 2009.[16] Eles endossam as revisões propostas pelos *white papers* da OCDE e identificam as principais preocupações de seus membros quanto à sua aplicação efetiva. Eles se agrupam em oito conjuntos. E são uma das mais notáveis e abrangentes sínteses da governança corporativa, do ponto de vista de sua operacionalização.

Pela sua constituição – uma rede de alcance mundial que congrega mais de 500 grandes corporações e investidores institucionais de atuação global responsáveis pela gestão de ativos da ordem de US$ 18,0 trilhões, em mais de 50 países, "que consideram, na alocação de seus ativos e em seus investimentos as práticas de governança e as instituições legais que lhes dão suporte em cada país" –, é de interesse registrar o conteúdo de seu *kit de critérios recomendados*. São os nove critérios do Quadro 3.8 e estão assim sintetizados:

1. **Objetivos das corporações**. O principal objetivo das corporações deve ser a otimização, ao longo do tempo, do retorno para seus acionistas. As práticas de governança corporativa devem focar a alta administração neste objetivo. Particularmente, cada companhia deve esforçar-se para sobressair comparativamente às concorrentes, buscando *benchmarks* do setor no mercado. Quando este objetivo é afetado por quaisquer outras diretrizes, estas devem ser claramente definidas e divulgadas.

2. **Conselhos de Administração**. Os Conselhos de Administração, de supervisão ou superiores devem atuar como agentes fiduciários dos acionistas, devendo prestar-lhes contas, através de cada um de seus membros. Esses conselhos são responsáveis pela administração de relações igualmente bem-sucedidas com outras partes interessadas, essencial para a criação, ao longo dos anos, de corporações sólidas, geradoras de riqueza, de empregos e de desenvolvimento. Para atuarem como agentes fiduciários, suas qualificações, seu histórico profissional e o valor de suas contribuições devem ser permanentemente avaliados e abertos ao mercado. Os

conselhos devem ainda ter um número suficiente de conselheiros independentes, que monitorem e contribuam sem quaisquer conflitos de interesse com a estratégia e o desempenho corporativos. Estes conselheiros devem obrigatoriamente participar de comitês-chave, como os de auditoria, de nomeação e de remuneração de executivos.

3. **Cultura corporativa, relacionamento com *stakeholders* e condução ética dos negócios**. O conselho de administração é responsável pela conformidade da empresa com as leis e com os códigos internos e pelo relacionamento com os *stakeholders*. A ativa cooperação entre todas as partes com interesses em jogo na corporação, aliada ao estímulo à adoção efetiva dos códigos de ética, são fatores essenciais para a criação de valor para a sociedade e a garantia da sobrevivência econômico-financeira das corporações a longo prazo.

4. **Políticas de remuneração**. A remuneração dos membros dos conselhos e dos principais executivos corporativos deve estar alinhada aos interesses dos acionistas e atrelada a resultados. As companhias devem divulgar nos relatórios anuais a política de remuneração individual dos membros dos conselhos e da alta direção, para julgamento dos investidores. Planos abrangentes de *stock options* ou de outros programas de participação nos lucros são considerados mecanismos eficientes para promover o envolvimento da direção com a geração de valor e a expansão da riqueza corporativa.

5. **Auditoria**. As corporações devem adotar os procedimentos internacionais de alta qualidade para as demonstrações contábeis e financeiras. Estas devem ser auditadas por instituições externas e independentes, garantindo a credibilidade da saúde empresarial ao público externo.

6. **Transparência e prestação de contas ao mercado**. As empresas devem divulgar, de imediato, informações corretas, adequadas e atualizadas, observando as diretrizes estipuladas pelos órgãos reguladores e as normas contábeis de aceitação universal. Estas práticas visam permitir que os investidores estejam bem informados ao decidirem sobre compra e venda de suas ações, bem como sobre seus direitos e obrigações.

7. **Direitos, responsabilidades e deveres dos acionistas**. As companhias deverão reforçar, assegurar e facilitar, com procedimentos seguros, o direito de voto aos titulares de suas ações, seguindo a regra de "uma ação, um voto". O exercício do direito e a oportunidade de votar são também determinados pela adequação do sistema de votação. Os acionistas devem participar de decisões-chave que afetem a sustentabilidade do negócio, como a escolha de seus representantes no conselho de administração e a convocação de assembleias extraordinárias para solução de conflitos.

8. **Implementação da governança corporativa**. Nos países em que existem códigos de melhores práticas, estes devem ser aplicados de forma pragmática. Onde tais códigos ainda não existam, os investidores e outros *stakeholders* devem envidar esforços para que sejam desenvolvidos. Os assuntos de governança corporativa, que resultam de sistemas de relações entre acionistas, conselhos e direção executiva, deverão ser objeto de diálogo e, quando necessário, envolver representantes do governo e de órgãos regulatórios, bem como outras partes interessadas, buscando soluções pela negociação, mediação ou arbitragem. Quando estas tentativas falharem, deverá ser possível recorrer a ações contundentes. Para solução de conflitos, os investidores deverão ter o direito de convocar assembleias extraordinárias.

O Novo Cenário da Governança Corporativa

Nos primeiros 12 anos do século XXI, quatro caminhos se cruzaram, definindo um novo cenário para a governança corporativa em termos globais:

1. **Adesão**: A adesão mundial às práticas de boa governança, sinalizada por, pelo menos, três indicadores:
    ◊ A definição de códigos nacionais por crescente número de países, em vários deles já em segunda ou terceira revisão.
    ◊ A criação de instituições civis independentes com objetivos sociais centrados no desenvolvimento e na difusão das boas práticas.
    ◊ A adoção de práticas contábeis e financeiras internacionais pela maior parte das grandes companhias com ações negociadas nas principais bolsas de valores do mundo.

2. **Autorregulação**. A crescente autorregulação, evidenciada pela tendência do mundo corporativo – aqui incluídas as corporações de negócios e os investidores institucionais – em adotar efetivamente as práticas sugeridas nos códigos nacionais.

3. **Sinais vermelhos**. As megafraudes e os escândalos corporativos nos dois mais tradicionais espaços do mundo corporativo global, a América do Norte e a Europa, que abalaram a confiança dos investidores no mercado de capitais.

4. **Regulação**. A reação contundente do Congresso dos Estados Unidos e o anúncio da Comissão da União Europeia quanto à proposição de regras preventivas mais duras, como respostas aos "sinais vermelhos" (megafraudes e escândalos corporativos) acesos nos mercados.

Parece contraditório que a definição de códigos de boas práticas de governança e a tendência de autorregulação das corporações sejam contemporâneas de megafraudes e de escândalos que desaguaram na definição de estatutos legais volumosos, complexos quanto às exigências definidas e contundentes quanto às penalidades. Mas não é: em vez de contradições históricas, o que ocorreu foi uma conjunção de fatores que promoveu a boa governança, dentro de um cenário novo, em que as legítimas cobranças têm o respaldo da lei rigorosa e os riscos por não atendê-las se tornaram mais altos do que em qualquer outra época.

O novo cenário de forte regulação sancionou o ativismo voluntarista nos Estados Unidos, a resposta dos comitês britânicos às pressões de grupos influenciadores e a movimentação de instituições multilaterais preocupadas com os desdobramentos de alcance global de corporações malgovernadas.

De todas as reações regulatórias, a mais notável e de maior extensão foi a Lei Sarbanes-Oxley, aprovada em julho de 2002 pelo Congresso dos Estados Unidos. Em documento explicativo de seus efeitos e das medidas preventivas que as corporações devem adotar, a consultoria Deloitte[17] resumiu assim o significado dessa lei: "A lei Sarbanes-Oxley de 2002 reescreveu, literalmente, as regras para a governança corporativa. A nova legislação promove grandes alterações nos procedimentos e no controle de administração das empresas, órgãos reguladores responsáveis pelo estabelecimento de normas, comitês de auditoria e firmas de auditoria independente. Contudo, sob a infinidade de páginas da lei, repleta de *legalismos*, reside uma premissa simples: *a boa governança corporativa e as práticas éticas do negócio não são mais requintes – são leis*."

A Avaliação Das Práticas Corporativas

O "ágio de governança" e sua pior face, "o deságio de governança", criaram uma nova oportunidade no mercado de *ratings*: a criação de agências de avaliação das empresas quanto ao cumprimento das boas práticas de governança corporativa.

Os prejuízos de bilhões de dólares decorrentes de megafraudes e mesmo as perdas expressivas atribuíveis a custos de agência ou à desconsideração dos direitos de minoritários têm levado grandes e pequenos investidores a buscarem empresas que aderiram aos fundamentos das melhores práticas de governança corporativa. Embora a adesão a essas práticas, por si só, não crie riqueza nem seja uma blindagem de segurança para os riscos dos investimentos no mercado de capitais, é uma indicação da postura das corporações em relação a valores como transparência, integridade das informações, conformidade com a regulação e adoção de modelos confiáveis de gestão. E, seja pelo crescimento da procura por ações de empresas bem governadas, seja pelos resultados efetivos produzidos pela governança, o comportamento dos índices do mercado de capitais do subconjunto das empresas que adotaram *guidelines* de boa governança tem-se descolado positivamente dos índices do mercado como um todo.

Para orientar os investidores e também assessorar as empresas quanto à efetividade com que estão reagindo à adoção de boas práticas de governança, foram criadas, inicialmente nos Estados Unidos, depois na Europa e mais recentemente na Ásia, agências de *rating* específicas para o mundo corporativo. No final de 2010, o número era superior a 20. A maior parte dessas agências abre os resultados de suas avaliações, como a *Governance Metrics International (GMI)* e o *Institutional Shareholders Services* (ISS); outras, como a *Standard & Poor's Corporate Governance Scores*, prestam serviços às corporações, não aos investidores, avaliando o *status* em relação às práticas recomendadas em documento confidencial.

O Quadro 3.9 registra, como exemplos, os universos pesquisados e os fatores de governança avaliados por duas agências de *rating* corporativo: *GMI* e *FTSE-ISS*. O número de companhias avaliadas é expressivo. Até final de 2009 já havia chegado a 42.500, o que representa 94,46% das 44.991 companhias

QUADRO 3.9
Avaliação das práticas de governança: fatores considerados para a classificação das corporações.

Agências de *rating* corporativo	Universo pesquisado, fatores e variáveis avaliadas
GMI *Governance Metrics International*	❑ 4.800 corporações de 54 países avaliadas. ❑ *Rating*: 1 (mais baixo) a 10 (mais alto). ❑ 6 fatores avaliados, abertos em 71 variáveis: ◇ Responsabilidades e atuação do conselho de administração (15). ◇ Transparência financeira e controles internos (9). ◇ Direitos dos acionistas (9). ◇ Remunerações de conselheiros e executivos (8). ◇ Controle pelo mercado (4). ◇ Comportamento e reputação corporativa (26).
FTSE-ISS *Corporate Governance Quocient*	❑ Mais de 38.000 companhias avaliadas, em 115 países. ❑ *Rating*: 1 (mais baixo) a 5 (mais alto). ❑ 8 fatores e 61 variáveis avaliados: ◇ Estrutura e composição do conselho de administração (17). ◇ Procedimentos de auditoria (4). ◇ Conformidade legal (12). ◇ Isenção em relação a leis nacionais anti *take-over* (6). ◇ Remuneração da Diretoria Executiva e de conselheiros (10). ◇ Fatores qualitativos (6). ◇ Participação acionária (4). ◇ Certificação dos conselheiros (1).

negociadas nas bolsas de valores de todo o mundo. Os fatores selecionados para as avaliações são conjuntos que já se podem considerar como internacionalmente consensados. São extraídos de códigos de boa governança mundialmente difundidos, de requisitos de listagem em bolsas de valores e de princípios recomendados por instituições como a *OCDE*, a *ICGN*, a *Commonwealth Association for Corporate Governance* (*CACG*) e a *The National Association of Corporate Directors (NACD)*. Estes fatores são desdobrados em variáveis que efetivamente compõem a estrutura metodológica da avaliação – e as variáveis são ponderadas segundo os seus graus presumidos de importância. Os dados e as informações são coletados por questionários enviados às empresas.

Para um registro mais detalhado dos critérios dos resultados dessas avaliações, vamos focalizar o GMI e o FTSE-ISS.

CRITÉRIOS, MÉTODOS E RESULTADOS DA GMI

O processo de pesquisa da GMI começa com a coleta e a compatibilidade de todos os dados públicos das companhias, em resposta a questionários de órgãos reguladores, *sites* na Internet, atendimento a requisitos de bolsas de valores e informações abertas a analistas. Estes dados são complementados por um conjunto de 49 parâmetros estruturados que produzem respostas objetivamente processáveis, do tipo *sim*, *não* e *não disponível*, eliminando-se respostas subjetivas.

As companhias são agrupadas segundo os setores de atividade em que atuam, com base no *Dow Jones Global Classification Standard*. Os levantamentos são enviados às empresas, para checagem de sua precisão. Só então alimentam um banco de dados relacional, a partir do qual é construído um modelo de classificação que atribui escores a cada empresa, em uma escala de 1 (mais baixo) a 10 (mais alto). As empresas com índices de 10,0 a 6,5 são classificadas em sequência ordinal na categoria *high rated*; de 6,4 a 3,5, *average rated*; abaixo de 3,4, *low rated*. Os Quadros 3.10 e 3.11 resumem as práticas de governança observada pela GMI em companhias *high rated* e *low rated*.

As avaliações são revistas a cada seis meses. E as companhias interessadas em avaliações mais abrangentes, submetendo-se a uma *due dilligence* não financeira, podem solicitá-la ao GMI. Neste caso, além da análise de registros e documentos internos, a agência reúne-se com o conselho e a alta direção, em entrevistas para avaliações sobre a filosofia e as práticas de governança, de forma mais detalhada do que é possível a partir de fontes públicas. O resultado dessa avaliação é também aberto para o mercado, não sendo permitido à empresa avaliar e censurar a análise antes da publicação. Mas a empresa pode, *a posteriori*, emitir declarações complementares ou de contestação dos resultados. Esse processo é visto positivamente pelo mercado. Só se submetem a ele companhias com altos padrões de transparência que confiam em suas práticas de boa governança.

Os resultados das avaliações se encontram na Tabela 3.1. A média geral não ponderada foi de 4,86, com alta variância entre os 54 países do *ranking*. A média alcançada por 67 empresas brasileiras foi de 3,91, discretamente abaixo da média dos Mercados Emergentes (3,94).

QUADRO 3.10
GMI: padrões da governança nas corporações *high rated*. Relação sumarizada das práticas observadas.

1. Responsabilidades e atuação do conselho de administração	❑ Declaração de princípios detalhada.
	❑ Avaliações regulares do conselho de administração e dos conselheiros.
	❑ Conselheiros focados na estratégia.
	❑ Sucessão planejada por comitê de governança.
	❑ Objetivos primários:
	  ◊ Criação de valor e de riqueza para acionistas.
	  ◊ Maximização do retorno sobre ativos.
	❑ Objetivos complementares:
	  ◊ Conciliação dos resultados com os direitos de outras partes interessadas.
	  ◊ Consideração dos efeitos de decisões sobre outras partes interessadas.

2. Transparência financeira e controles internos	❑ Atributos do conselho fiscal:
	  ◊ Estatuto formal.
	  ◊ Relações estreitas com o conselho de administração.
	  ◊ Autoridade para contratar e avaliar auditores independentes.
	  ◊ Avaliação profunda das demonstrações financeiras.
	❑ Lucros divulgados confirmados, não submetidos a revisões, nos últimos três anos.
	❑ Ausência de ações judiciais para contestar demonstrações financeiras.
	❑ Classificações AAA em agências de análise do risco.

3. Direitos dos acionistas	❑ Uma só classe de ações e com direito a voto. ❑ Votos facilitados, inclusive por Internet. ❑ Convocação de assembléias por 10% dos acionistas. ❑ "Uma ação, um voto".

4. Remuneração (conselhos e executivos)	❑ Existência de comitê de remuneração, constituído por conselheiros independentes.
	❑ Conselheiros remunerados por ações da corporação.
	❑ Remuneração de executivos:
	  ◊ Vinculada a desempenho projetado.
	  ◊ Alinhada ao interesse dos acionistas (metas definidas de retorno e criação de valor).

5. Controle pelo mercado[a]	❑ Ausência de defesas contra aquisições hostis. ❑ Ausência de restrições para transferências ou limitações de propriedade de ações. ❑ Não há mecanismos tipo *poison pills*.
6. Comportamento e reputação corporativa	❑ Raras questões trabalhistas e ambientais. ❑ Gerenciamento ambiental sistematizado. ❑ Ausência de ações criminais em andamento. ❑ Ausência de acusações sobre fraudes.

(a) No Capítulo 4 esta questão será esclarecida, ao examinarmos as forças externas de controle das companhias.

QUADRO 3.11
GMI: Governança nas corporações *low rated*. Síntese das práticas observadas.

Observações de caráter geral	❑ Adoção de códigos ou práticas de governança não constituem prioridade. ❑ Não há documentos que descrevem as relações acionistas-conselhos-direção. ❑ Não há indicações de como a estratégia é desenvolvida e homologada, nem de como o desempenho da direção é acompanhado. ❑ São, em síntese, empresas gerenciadas, não governadas.
Observações quanto aos sete critérios do *GMI*	**1. CONSELHO**. Dominado pela administração, com minoria independente. CEO não é avaliado. **2. TRANSPARÊNCIA**. Políticas e diretrizes não são divulgadas. **3. ACIONISTAS**. Mais de uma classe de ações com direito a voto. Não há votos confidenciais ou não presenciais. **4. REMUNERAÇÕES**. Baixa correlação com desempenho. **5. CONTROLE PELO MERCADO**. Fortes defesas contra aquisições hostis. **6. COMPORTAMENTO E REPUTAÇÃO**. Não há declaração de valores básicos.

As avaliações da GMI iniciaram-se em 2002, quando ainda se limitavam a 483 companhias dos Estados Unidos. Em 2003, o número de companhias aumentou para 1.658 e o de países para 15. Em 2004, a agência avaliou 2.560 companhias de 23 países. No quinquênio 2006 – 2010, foram incluídos 31 novos países no portfólio de avaliações e o número de companhias aproximou-se de 5.000.

Nesse período de oito anos foram observadas importantes mudanças positivas, mas também aspectos preocupantes, chamados pela agência de *bandeiras vermelhas*. Entre as positivas, foram registradas, entre outras, as seguintes: a) separação, em número crescente de companhias, das funções de presidente do conselho de administração e de presidente executivo; b) maior proporção de conselheiros independentes; e c) crescente número de conselhos que realizam autoavaliações formais. Entre as *bandeiras vermelhas* destacamos: a) direitos de voto ainda diferenciados; b) companhias sob investigações criminais e de órgãos regulatórios em número preocupante; c) transações significativas com partes interessadas; d) remuneração questionável da diretoria executiva e dos conselheiros, notadamente nos Estados Unidos, mais que na Europa e nas companhias do Pacífico; e) práticas antiaquisição por outros grupos, contrariando os interesses dos acionistas.

A Tabela 3.2 sintetiza o número de empresas que, no período 2002-2010, recebeu *bandeiras vermelhas*, segundo os seis fatores de avaliação adotados pelo GMI. Observa-se que a questão crucial que levou ao despertar da governança corporativa ainda aparece como a principal divergência com as boas práticas: a remuneração de executivos e de conselheiros. Esta constata-

TABELA 3.1
GMI: Índices de avaliação das práticas de governança corporativa em 54 países. *Ranking* em setembro de 2010, incluídos os agrupados em Mercados Emergentes.

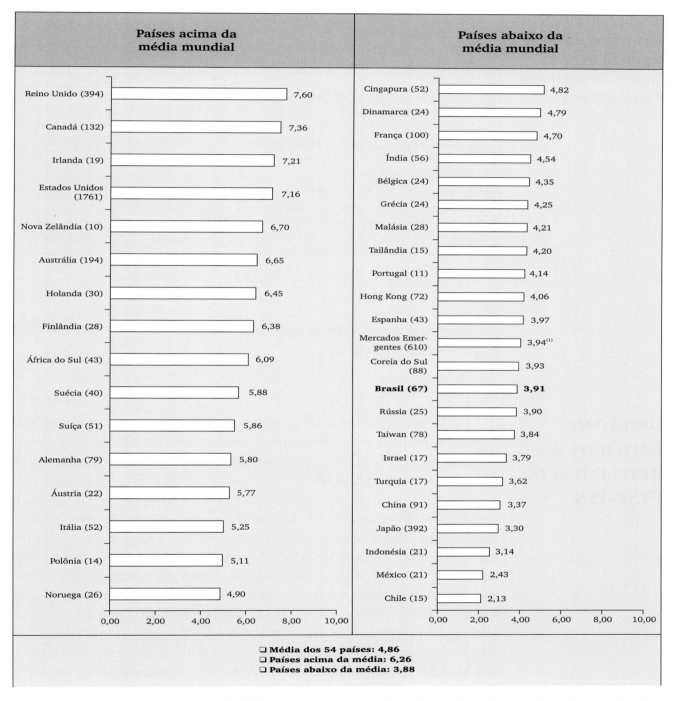

Países acima da média mundial		Países abaixo da média mundial	
Reino Unido (394)	7,60	Cingapura (52)	4,82
Canadá (132)	7,36	Dinamarca (24)	4,79
Irlanda (19)	7,21	França (100)	4,70
Estados Unidos (1761)	7,16	Índia (56)	4,54
Nova Zelândia (10)	6,70	Bélgica (24)	4,35
Austrália (194)	6,65	Grécia (24)	4,25
Holanda (30)	6,45	Malásia (28)	4,21
Finlândia (28)	6,38	Tailândia (15)	4,20
África do Sul (43)	6,09	Portugal (11)	4,14
Suécia (40)	5,88	Hong Kong (72)	4,06
Suíça (51)	5,86	Espanha (43)	3,97
Alemanha (79)	5,80	Mercados Emergentes (610)	3,94[1]
Áustria (22)	5,77	Coreia do Sul (88)	3,93
Itália (52)	5,25	**Brasil (67)**	**3,91**
Polônia (14)	5,11	Rússia (25)	3,90
Noruega (26)	4,90	Taiwan (78)	3,84
		Israel (17)	3,79
		Turquia (17)	3,62
		China (91)	3,37
		Japão (392)	3,30
		Indonésia (21)	3,14
		México (21)	2,43
		Chile (15)	2,13

❏ **Média dos 54 países: 4,86**
❏ **Países acima da média: 6,26**
❏ **Países abaixo da média: 3,88**

(1) Os mercados emergentes cobertos pelo GMI são: Argentina, Brasil, Chile, China, Colômbia, República Checa, Egito, Hungria, Índia, Indonésia, Israel, Jordânia, Malásia, México, Marrocos, Paquistão, Peru, Filipinas, Polônia, Rússia, África do Sul, Coreia do Sul, Taiwan, Tailândia, Turquia e Venezuela. O GMI não calcula médias de países em que o número de companhias cobertas é inferior a dez.

TABELA 3.2 Números de empresas que receberam bandeiras vermelhas do GMI, segundo os seis fatores de avaliação dessa agência.

Fatores de avaliação	Número de empresas	% sobre o total
1. Responsabilidades e atuação do conselho de administração.	245	15,22
2. Transparência financeira e controles internos.	152	9,44
3. Direitos dos acionistas.	175	10,87
4. Remuneração (conselhos e executivos).	738	45,84
5. Controle pelo mercado.	195	12,11
6. Comportamento e reputação corporativa	105	6,52
Total	**1.160**	**100,0%**

ção indica que *os conflitos de agência* persistem como uma das questões centrais da governança.

OBJETIVOS, CRITÉRIOS E RESULTADOS DO FTSE-ISS

Uma das mais recentes iniciativas de classificação das empresas segundo os padrões praticados de governança corporativa foi a união do *FTSE Group*, provedor de índices globais para o mercado de capitais, com o *Institutional Shareholder Services*. Lançada em 2005, esta classificação está voltada para investidores, como um elemento adicional de avaliação das companhias, somando-se às demonstrações econômico-financeiras e às informações relevantes sobre oportunidades de desenvolvimento de negócios e riscos corporativos. O índice FTSE-ISS é calculado com base em 8 fatores, desdobrados em 61 variáveis. A fundamentação dos elementos de construção dos índices foi extraída de estudos acadêmicos sobre as práticas de governança que, do ponto de vista do mercado de capitais, correlacionam-se com o desempenho, os níveis de risco e o valor das empresas listadas nas bolsas de valores. Esses estudos fundamentais, elaborados no biênio 2003-2004, estão referidos no Quadro 3.12, que traz uma síntese justificativa do interesse dos investidores, das empresas e dos governos pela classificação proposta.

O índice FTSE-ISS é calculado por regiões e países, abrangendo companhias de grande e média capitalização de mercado. No Reino Unido, abrange também empresas menores. Em cada país, os índices serão agrupados por setores, possibilitando a comparação da classificação de governança das em-

QUADRO 3.12
Medindo a governança corporativa: uma iniciativa de interesse dos investidores, das empresas e dos governos.

A governança corporativa tornou-se matéria de grande importância para investidores, empresas e governos. Vários eventos-chave contribuíram para o reconhecimento de sua importância: 1. a onda de fusões e aquisições nos Estados Unidos e na Europa nas décadas de 80 e 90; 2. o engajamento ativista dos investidores institucionais, promovendo melhores práticas; 3. a tendência mundial de privatização e de abertura de mercados, alcançando a América Latina, o Leste da Europa e a Ásia; 4. as fraudes contábeis e os escândalos corporativos no início deste século.

Neste ambiente novo e envolvente, com o setor privado expandido e com a integração global dos mercados, a governança corporativa se tornou uma das questões proeminentes de reformas institucionais, alcançando amplos interesses. Para os governos, o estímulo às boas práticas de governança favorece o crescimento da economia, ao abrir para empresas bem governadas as portas do mercado de capitais doméstico e internacional. Para as empresas, o acesso em condições favorecidas aos mercados reduz o custo de capital, favorece novos investimentos e é fator de aumento da competitividade. Para os investidores, a governança tende a ficar lado a lado com os indicadores financeiros em suas avaliações de decisões de investimento, pelo impacto positivo das boas práticas sobre o risco dos investimentos.

Recentemente, metodologias de classificação baseadas em um amplo conjunto de indicadores de governança corporativa têm sido adotadas para medir essa correlação. Nos Estados Unidos, até agora, a maioria dos estudos tem concluído que a relação entre governança, desempenho, valor da empresa e riscos é significativa. Gompers, Ishii e Merrick evidenciaram a relação entre a governança e preço dos ativos (*Corporate governance and equity prices*, 2003); Brown e Caylor (*Corporate governance and firm performance*, 2004) revelaram a conexão entre bons índices de classificação em governança e o desempenho das empresas.

Classificações similares também têm se acumulado rapidamente fora dos Estados Unidos. Na Alemanha, Drobetz, Schillhofer e Zimmermann (*Corporate governance and expected stock retorns: evidence from Germany*, 2003) compilaram classificações de governança e descobriram que as empresas mais bem classificadas apresentavam maior valorização e melhor retorno sobre os investimentos. Belner, Drobetz, Schmid e Zimmermann (*An integrated framework of corporate governance and firm valuation: evidence from Zwitzerland*, 2004) confirmaram a correlação para as empresas listadas na Suíça. Na Noruega, Bohren e Odegaard (*Governance and performance revisited*, 2003) perceberam que classificações de governança corporativa significativamente melhores relacionavam-se com o maior valor das empresas listadas na bolsa de valores de Oslo. Iguais resultados foram encontrados para as empresas listadas na Bolsa de Valores da Coréia, por Black, Jang e Kim (*Does corporate governance predict firm's market value? Evidence fron Korea*, 2003).

Essas evidências justificam a união de esforços do *FTSE Group*, provedor de índices globais, e do *Institutional Shareholder Services*, uma das organizações pioneiras na avaliação da governança corporativa, em produzir índices de classificação das empresas que possibilitarão aos investidores de todo o mundo a avaliação de riscos e retornos de seus portfólios globais.

Fonte: DUBIEL, Stanley. *Corporate Governance rating and index series*: measuring the impact of corporate governance on global portfolios. New York: FTSE Research, Apr. 2005.

presas em cada um deles e os padrões comparativos dos setores entre si. Os índices de um mesmo setor são comparados por países, cruzando-se assim as classificações das empresas, em bases relacionais, com o propósito de orientar a constituição e a gestão de portfólios de investimento nos mercados de capitais maduros e emergentes, que chegaram a 115 no final do terceiro trimestre de 2010.[18]

As primeiras classificações, publicadas em abril de 2005, comprovam resultados de outras agências de *rating* corporativo, como a GMI. Entre outros

TABELA 3.3 FTSE-ISS: índices de avaliação das práticas de governança corporativa segundo setores de atividade: uma comparação dos resultados nos Estados Unidos com o agregado de 24 mercados desenvolvidos.

Setores de atividade	Resultados comparados	
	Estados Unidos	24 mercados desenvolvidos
Petróleo e gás	3,02	3,35
Indústrias de base	2,91	3,29
Serviços de utilidade pública	3,30	3,12
Seguro	2,70	3,01
Telecomunicações	2,82	3,00
Varejo	2,72	2,99
Produtos químicos	3,01	2,89
Alimentos e bebidas	3,04	2,85
Serviços financeiros	2,62	2,84
Bens e serviços industriais	3,15	2,84
Viagens e lazer	2,49	2,82
Comunicação/Mídia	2,75	2,79
Construção e materiais	2,99	2,75
Bancos	3,04	2,70
Bens pessoais e de uso doméstico	3,10	2,70
Saúde	2,58	2,66
Base tecnológica	2,55	2,57
Automobilístico e autopeças	3,05	2,55
Todos os setores	**2,88**	**2,87**

pontos, estes se destacam: 1. as empresas com maior pontuação são de países anglo-saxões; 2. as empresas de maiores *ratings* apresentam um retorno total médio significativamente superior às de piores *ratings*; 3. a variância dos índices por grandes setores de atividades é menor do que por países, evidenciando que as práticas de governança universalmente recomendáveis são realmente sensíveis a fatores culturais, institucionais e regulatórios; e 4. há divergências de desempenho dos agrupamentos setoriais entre os países. A Tabela 3.3 revela esta particularidade.

De forma geral, os resultados dos índices das agências de *rating* revelam que há ainda um **grande hiato entre as melhores práticas recomendadas pelos códigos de governança corporativa e sua efetiva adoção pelas companhias**. A propósito, vale notar que o hiato entre o índice GMI é de 49,7% – a distância relativa entre o índice médio de todas as companhias, de 4,97, e o *rating* máximo de 10,0. O hiato observado no índice FTSE-ISS, significativamente próximo do índice GMI, é de 42,6% – a distância relativa entre o índice médio calculado para mercados desenvolvidos, de 2,87, e o *rating* máximo de 5,0.

A expectativa é de que esses hiatos diminuam ao longo do tempo, admitindo-se a hipótese provável de que a construção continuada de índices de classificação e a sua utilização como referência adicional por investidores poderão atuar como **indutores de melhores práticas de governança**. O movimento já observado é de convergência para os padrões recomendados nos *Princípios da OCDE* e adotados pela ICGN. **A velocidade com que este movimento se efetivará deverá ser função, entre outros fatores, dos níveis de correlação entre as classificações das agências e o retorno total das companhias, expressos por resultados de balanço e pela evolução do seu valor de mercado.**

RESUMO

1. Dos marcos históricos, pilares da moderna governança, destacamos quatro, pela ordem de ocorrência: 1. **O ativismo pioneiro de Robert Monks** (ao qual se juntou o de investidores institucionais), que, a partir da segunda metade dos anos 80, mudou o curso da governança nos Estados Unidos; 2. o **Relatório Cadbury**, menos personalista que o ativismo de Monks, produzido de comitê constituído no Reino Unido em 1992, para definir responsabilidades de conselheiros e executivos, visando à prestação responsável de contas e transparência, em atenção aos interesses legítimos dos acionistas; 3. os **Princípios da OCDE**, definidos em 1998, voltados para o bom funcionamento das corporações e dos mercados de capitais e, por esta via, para o desenvolvimento das nações; e 4. a **Lei Sarbanes-Oxley**, aprovada em julho de 2002 pelo Congresso dos Estados Unidos.

2. São notáveis as diferenças entre estes quatro marcos históricos. O primeiro marco foi iniciativa pioneira de Robert Monks, um **franco-atirador**, ativista de resultados, inconformado com a passividade dos acionistas e com as práticas oportunistas dos executivos das corporações nos Estados Unidos. O segundo, fiel à

cultura britânica, foi a constituição de um **comitê de alta representatividade**, envolvendo corporações, mercado acionário e órgãos reguladores. O terceiro foi de maior abrangência institucional, resultando no interesse de uma **organização multilateral** pelo tema da governança.

3. As **motivações de Robert Monks foram os conflitos de agência**, resultantes do divórcio entre proprietários e executivos, e o aperfeiçoamento necessário dos processos de governança nas empresas. Os resultados imediatos que ele alcançou foram a revelação de desvios nas práticas corporativas, a mobilização de acionistas individuais e institucionais e o maior respeito pelos justos direitos dos proprietários. Como resultados duradouros destacam-se dois: 1. a institucionalização das práticas de governança corporativa; e 2. as novas proposições normativas e a maior intervenção nos mercados.

4. **O Relatório Cadbury encorajou o papel mais ativo nas corporações por parte de investidores institucionais**, o fortalecimento dos canais de comunicação entre acionistas, conselheiros e diretores executivos e o envolvimento maior do governo no mercado, junto com uma nova era de autorregulamentação.

5. **Os Princípios da OCDE originaram-se dos elos entre os objetivos de desenvolvimento dos mercados, das corporações e das nações**, que se fortalecem por melhores práticas de governança corporativa. O código de melhores práticas da OCDE resultou de recomendações de *shareholders*, de órgãos reguladores e de comitês nacionais constituídos por representantes de diferentes grupos de outros *stakeholders*. Tornou-se referência internacional, proporcionando orientações gerais sobre seis pontos cruciais: 1. o enquadramento das empresas; 2. os direitos dos *shareholders*; 3. o tratamento equânime de minoritários, independentemente de suas participações; 4. os direitos de outros *stakeholders*; 5. a divulgação responsável e transparente dos resultados e dos riscos das corporações; e 6. a responsabilidade dos conselhos de administração.

6. A partir dos princípios da OCDE, **acelerou-se a difusão mundial dos códigos nacionais de boas práticas de governança corporativa**. Os códigos não ficaram limitados aos países de economias avançadas. Estenderam-se também a países emergentes de todos os continentes e também aos que se encontram em transição institucional, como os que viveram sob o regime coletivista que se estabeleceu até o fim dos anos 80 na Europa Central e na ex-URSS.

7. **Os princípios e as práticas de governança difundidos nos códigos foram rapidamente endossados por instituições que congregam investidores institucionais**, como a *International Corporate Governance Network* (*ICGN*). A aplicação no mundo real e seu acompanhamento foram sistematizados em blocos. Os principais com recomendações explicitadas pela ICGN foram: 1. objetivos das corporações; 2. conselhos de administração; 3. cultura corporativa, relacionamento com *stakeholders* e ética; 4. gestão de riscos; 5. auditoria; 6. transparência e prestação de contas; 7. direitos e responsabilidades dos acionistas; 8. políticas de remuneração; 9. implementação do processo de governança.

8. A disseminação das boas práticas de governança não impediu, todavia, que o início do século XXI fosse marcado por escândalos e fraudes corporativas. Em resposta a essas ocorrências, **as leis que regulam os mercados têm-se tornado mais severas, bem como as punições dos envolvidos**. Um dos exemplos é a lei Sarbanes-Oxley, sancionada em 2002 nos Estados Unidos. Sua premissa maior

é notória: **a boa governança corporativa e as práticas éticas do negócio não são mais requintes – são leis.**

9. Estabeleceu-se, assim, nos primeiros 12 anos do século XXI, um **novo cenário de governança**: de um lado, adesão às boas práticas e autorregulação; de outro, sinais vermelhos e regulação legal contundente. Estes dois lados parecem contraditórios. Mas não são. Em vez de contradições históricas são a conjugação de indutores voluntários e regulatórios, convergindo para a adoção dos princípios da governança pelas companhias. Neste sentido, os quatro princípios da boa governança (*compliance, accountability, disclosure* e *fairness*) estão presentes tanto em disposições legais quanto em códigos de conduta adotados pelas empresas.

10. **Os mercados registraram as mudanças ocorridas no cenário de governança.** Entre as reações, os investidores dispõem-se a pagar **ágios de governança** pelas ações das companhias que possuem um sistema de governança de alta qualidade. Na direção oposta, são aplicados **deságios de governança**, pela ausência percebida de adesão às boas práticas.

11. **Os ágios e deságios aplicados pelo mercado de capitais criaram uma nova oportunidade no mercado de *ratings*: a criação de agências de avaliação das empresas quanto ao cumprimento das boas práticas de governança corporativa.** Entre as agências de maior penetração no mundo corporativo destacam-se duas: *Governance Metrics International (GMI)* e a *Institutional Shareholder Services (ISS)*. Esta última associou-se em 2005 ao *FTSE Group*, provedor de índices globais para o mercado de capitais, para a criação de uma classificação das companhias, com base em variáveis de governança comprovadamente correlacionadas com o desempenho e o valor de mercado das empresas.

12. As melhores práticas de governança, avaliadas pelas agências de *rating* têm sido efetivamente adotadas por crescente número de empresas. Mas **ainda se verificam hiatos significativos entre o valor máximo dos índices de classificação e os valores efetivamente avaliados**. Os hiatos são próximos de 50%, indicando que há um bom caminho ainda a percorrer entre as recomendações dos códigos e os processos de alta gestão em curso nas empresas. Em uma escala de 1 (*rating* mais baixo) a 10 (mais alto), o índice médio de cerca de 4.800 empresas de 54 países, avaliado pela agência GMI, em setembro de 2010 é de 4,86. A escala da agência FTSE-ISS vai de 1 (*rating* mais baixo) a 5 (mais alto). E a média alcançada pelas companhias de 24 países de mercados desenvolvidos, avaliada em setembro de 2010, foi de 2,81.

13. As classificações das agências de *rating* têm evidenciado que a variância dos índices de governança agregados segundo grandes setores econômicos é significativamente menor que a dos índices agregados por países. Esta comparação comprova que **as práticas de governança universalmente recomendáveis são realmente sensíveis e fatores culturais, institucionais e regulatórios.**

PALAVRAS E EXPRESSÕES-CHAVE

- ❑ Reaproximação acionistas-executivos.
- ❑ Monitoramento por acionistas.
- ❑ Regulação legal.
- ❑ Autorregulação.
- ❑ Harmonização de conflitos.
- ❑ Princípios da OCDE.
    - ◊ Desenvolvimento do mercado.
    - ◊ Crescimento das corporações.
    - ◊ Desenvolvimento das nações.
- ❑ Relatório Cadbury.
    - ◊ Grupos influenciadores.
    - ◊ Conselhos e conselheiros.
    - ◊ Relatórios e controle.
- ❑ Códigos de melhores práticas.
    - ◊ Objetivo das corporações.
    - ◊ Prestação de contas e transparência.
    - ◊ Auditoria.
    - ◊ Conselhos de administração.
    - ◊ Direitos e deveres dos acionistas.
    - ◊ Políticas de remuneração.
    - ◊ Cidadania corporativa e ética.
- ❑ Lei Sarbanes-Oxley.
- ❑ *Rating* corporativo.
- ❑ Ágios de governança.
- ❑ Deságios de governança.
- ❑ Hiatos códigos-práticas.

4

As Questões Centrais da Governança e as Forças de Controle das Corporações

As questões centrais da governança corporativa já haviam sido percebidas, há mais de duzentos anos, por Adam Smith. Ele soou o alarme das ameaças do tamanho, do poder e da liberdade ilimitadas das empresas, que se externalizam na forma de riscos estendidos à sociedade como um todo. Hoje, contra elas se opõem forças internas e externas de controle. Cada uma delas, isoladamente, parece uma panaceia. Mas, tomadas em conjunto e lideradas por agentes independentes, informados, motivados e com poder, transformam-se em soluções. Os propósitos que movem essas forças são as bases das corporações restauradas do novo milênio.

ROBERT A. G. MONKS
The emperor's nightingale

Este capítulo abordará as origens, a formação e a atuação das principais forças de controle das corporações. Inicialmente, revisitaremos a questão-chave que motivou a constituição dessas forças, exaustivamente examinada no Capítulo 1 – os *conflitos de agência*, tanto os que resultam dos interesses imperfeitamente assimétricos de acionistas e gestores, quanto os que dão origem a ações oportunistas de acionistas majoritários, em prejuízo de minoritários. Em seguida, sintetizaremos as consequências derivadas destes conflitos, denominadas *custos de agência* na literatura técnica de governança. E, encerrando o registro das razões que levaram à formação das forças de controle, revisitaremos uma segunda questão, amplamente examinada no Capítulo 2 – a conciliação dos objetivos de máximo retorno total dos *shareholders* com os de outros *stakeholders* com interesses em jogo nas companhias.

Esta introdução, que retomará, sintetizando-as, as duas questões-chave da governança corporativa, é fundamental para a compreensão dos pontos cruciais que movem as forças de controle do mundo corporativo e que serão desdobradas em dois grupos – as externas às companhias; e as internas, que se estabelecem e agem dentro delas.

4.1 Uma Visão de Conjunto: as Questões--Chave e as Forças de Controle

A Figura 4.1 resume os fundamentos de duas categorias de questões-chave da governança corporativa: de um lado, os **conflitos e os custos de agência**; de outro lado, a **assimetria de direitos** dos *shareholders* e a **harmonização dos interesses** dos *shareholders* com os de outros *stakeholders* que militam no interior das companhias, em suas cadeias de negócios e em seu entorno.

Vamos sintetizar os pontos fundamentais destas duas categorias de questões-chave e ligar a sua ocorrência ao estabelecimento das forças de controle do mundo corporativo.

FIGURA 4.1
As questões centrais da governança corporativa: a inevitabilidade da ocorrência e a instituição de forças de controle.

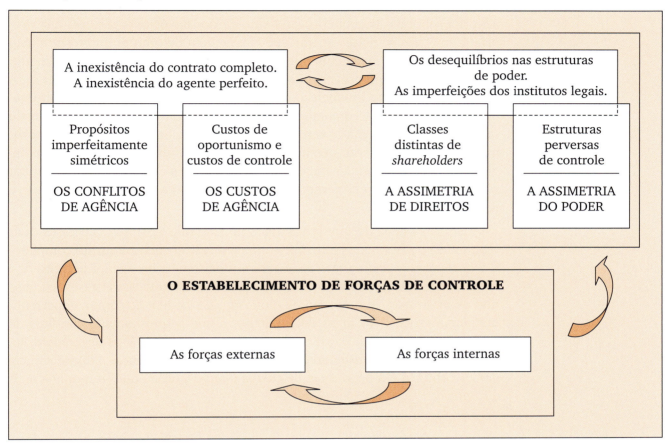

OS PROBLEMAS DE AGÊNCIA

Os conflitos e os custos de agência são derivações diretas de uma das características do moderno mundo corporativo: a **dispersão do capital de controle**, tanto a resultante do financiamento das companhias via emissões e ofertas públicas de ações, quanto a que decorre do inexorável processo de partilha da propriedade pela sucessão dos acionistas fundadores, geração após geração.

Com a dispersão, não se mantém a sobreposição inicial da propriedade e da gestão. Como consequência, os acionistas dispersos outorgam a gestores não proprietários a administração das companhias, confiando em que os outorgados cuidem tão bem de seus interesses quanto eles próprios cuidariam. Mas este processo envolvia riscos de desvios de conduta, antecipados pela literatura econômica clássica e depois comprovados pela atenta observação da realidade corporativa.

Antes que a literatura econômica do século XX enfatizasse – por exemplo, através das obras clássicas de Berle e Means e de Galbraith – as inevitáveis consequências do processo de transferência de poder e de controle, já na segunda metade do século XVIII, em plena efervescência das Revoluções Industrial e Liberal, um dos fundadores da economia clássica, Adam Smith,[1] advertia sobre as consequências da entrega dos negócios a gestores não proprietários: "não se pode esperar que eles fiquem de olho no interesse alheio com a mesma diligência com que ficariam os sócios das empresas". Primeiro, porque não há como prever todas as suas obrigações; segundo porque, mesmo que seja possível estabelecê-las minuciosa e completamente, os outorgados não se comportarão como agentes perfeitos. E o próprio Smith advertiu também para esta segunda verdade, ao não atribuir aos melhores sentimentos morais o funcionamento dos mercados e das economias como um todo. Segundo as bases de seu pensamento, o que prevalece e faz o sistema funcionar são sentimentos "moralmente desprezíveis", como a ganância, a cobiça e o interesse próprio.

Dois axiomas, de que já tratamos no Capítulo 1, sintetizam essas duas realidades: o axioma de Klein, que trata da inexistência do contrato completo; e o de Jensen-Meckling que considera a inexistência do agente perfeito. E é exatamente pela combinação das situações reais sintetizadas nesses axiomas que os interesses de outorgantes e outorgados podem se tornar imperfeitamente simétricos. No lugar de simetrias, o que se observa são conflitos de interesse entre estas duas categorias de agentes – ou *conflitos de agência*, segundo a expressão consagrada pela literatura de governança. A consequência desses conflitos é a ocorrência de *custos de agência*, de que trataremos mais à frente.

A ASSIMETRIA E A CONCILIAÇÃO DE INTERESSES

A segunda categoria de questões-chave é também uma derivação direta de duas outras características do mundo corporativo: os desequilíbrios nas estruturas de poder e as imperfeições dos sistemas legais que regem as relações entre as partes com interesses legítimos em jogo nas companhias. Estas duas situações reais levam a duas outras questões-chave – **a assimetria de direitos e a conciliação de interesses**.

Entre a primeira e a segunda categoria de questões-chave estabelecem-se visíveis relações. Na medida em que os problemas de agência decorrem da inexistência do contrato completo e do agente perfeito, é pela combinação da boa regra legal (ainda que incompleta), com o exercício equilibrado do poder (ainda que prevaleçam as forças de interesses assimétricos em jogo), que se praticará a boa governança. Esta combinação certamente não será obtida pela adoção radical da doutrina *laissez-faire*, nem pelo seu extremo oposto, a substituição de autorregulações eficazes pela minuciosa intervenção da lei em todos os procedimentos do mundo dos negócios.

Muitas das relações e das decisões que se estabelecem no mundo de negócios não se submetem apenas a normas legais, mas a juízos gerenciais.

Ainda que legalmente conformadas, decisões opostas são admissíveis. Além do mais, as tradições legais dos países não são iguais, sejam por fundamentações doutrinárias diversas, seja pelo rigor com que são estabelecidas e efetivamente executadas as consequências pelo seu não cumprimento. Quanto a este aspecto são reconhecidamente distintas as bases do Direito Consuetudinário anglo-saxão, do Direito Civil francês, do Direito Civil alemão e do ordenamento jurídico escandinavo. Elas tratam diferentemente dos direitos, das obrigações e dos conflitos do mundo corporativo, produzindo consequências distintas para o desenvolvimento das empresas, dos mercados e da própria economia como um todo.

Há, porém, pelo menos dois pontos comuns. O primeiro é que, em todos estes ordenamentos legais, há disposições que coíbem as "transações em proveito próprio" – *self-dealing*. O segundo é que nenhum destes institutos legais são perfeitos, como também não é perfeito, até por força de imperfeições legais e de sistemas culturais, o equilíbrio de poder entre os agentes que militam no mundo corporativo. A própria lei, como veremos, admite classes distintas de acionistas. Uma das distinções é a existência ou não do direito a voto, tornando assimétricos tanto os direitos sobre a condução dos negócios quanto sobre os fluxos de caixa.

É de se esperar que os potenciais de expropriação daí decorrentes se tornem ainda maiores diante das estruturas de poder que se estabelecem no interior das companhias. Como observam Djankov, La Porta, Lopez-de-Silanes e Shleifer,[2] "falando de modo mais específico, os controladores de uma corporação, sejam eles gerentes, acionistas ou ambos, podem se utilizar de seu poder para desviar para si riquezas de propriedade da empresa, sem compartilhá-las com os outros investidores ou grupos de interesse. Dentre as várias formas de transações em proveito próprio incluem-se privilégios dos executivos na obtenção de remuneração excessiva, sub ou superfaturamento, apropriação de oportunidades, transações financeiras em benefício próprio, tais como emissão dirigida de ações ou empréstimos autoconcedidos, além do roubo puro e simples de ativos corporativos".

Para o controle das inadequações decorrentes destas questões-chave é que se estabelecem as forças de controle do mundo corporativo. Mas antes de classificá-las e mostrar como atuam, vamos explorar um pouco mais os **custos de agência**, a **assimetria de direitos** e a **conciliação de interesses**.

4.2 A Questão-Chave dos Conflitos e dos Custos de Agência

Os *contratos incompletos* e os *comportamentos imperfeitos* abrem espaços para o desalinhamento entre os interesses dos acionistas e os dos administradores, levando à ocorrência de duas diferentes categorias de custos de agência:

1. Os *custos atribuíveis ao oportunismo dos gestores*. Eles decorrem do uso impróprio do juízo gerencial que lhes é outorgado, para decisões que os beneficiem, em detrimento dos acionistas, implicando diversas formas de expropriação da riqueza gerada.
2. Os *custos incorridos pelos acionistas* para a construção de sistemas de administração que controlem o oportunismo expropriatório.

O Quadro 4.1 sintetiza estas duas categorias de custos, destacando os mais comuns de cada uma delas. Estes custos não ocorreriam se as decisões fossem todas tomadas de forma a maximizar a probabilidade de os proprietários usufruírem os mais altos retornos de seus investimentos, aumentando ao longo do tempo o valor da companhia e de sua riqueza. Mas não é apenas isto, necessariamente, o que ocorre. Embora contratados para a tomada de decisões com esses objetivos, os gestores diligenciarão no sentido de atenderem também aos seus propósitos.

As abordagens mais recentes da microeconomia já haviam contraposto às hipóteses ortodoxas de maximização do lucro um conjunto de objetivos alternativos assumidos pelas modernas corporações. Uma lista não exaustiva incluiria pelo menos os seis seguintes:

- Busca de *status*, poder e prestígio por parte dos que exercem o poder, resultando em condutas incompatíveis com a obstinação do lucro máximo.
- Busca por perfeição e por excelência profissional por parte dos gestores, levando-os a desviar recursos para atividades-meio, em detrimento de atividades-fim.
- Preferência por segurança, gerando conflitos entre oportunidades de retornos sob riscos ampliados e sustentação de *status quo* mais conservador.
- Preferência por crescimento e por maior participação nos mercados, com o sacrifício, ainda que temporário, das margens operacionais e dos resultados de balanço.
- Conciliação de interesses de vários grupos, internos e externos, todos buscando simultaneamente a máxima satisfação dos seus propósitos.
- Decisões mais voltadas para interesses imediatistas da Diretoria Executiva do que para o retorno total de longo prazo dos investidores.

Todos estes seis objetivos alternativos conduziram à revisão crítica dos propósitos e dos mecanismos da gestão corporativa. E todos significam diferentes tipos de custos que contrariam os interesses dos acionistas. O último, porém, é o que mais claramente tipifica o que a teoria da governança corporativa define como *custos de agência atribuíveis aos propósitos imperfeitamente simétricos de gestores e acionistas*.

QUADRO 4.1
Os custos de agência: os atribuíveis aos gestores e os incorridos pelos acionistas.

PROPÓSITOS IMPERFEITAMENTE SIMÉTRICOS

- O axioma de Klein: a inexistência do contrato completo.
- O axioma de Jensen-Meckling: a inexistência do agente perfeito.

HIPÓTESES DE CUSTOS DE AGÊNCIA

Ações dos gestores

- Oportunismos: remunerações e benefícios excessivos autoconcedidos.
- Resistência a ações vantajosas aos acionistas: desinvestimentos, cisões e fusões.
- Juízo gerencial: decisões impactantes não consensadas.
- Crescimento em detrimento de maximização do retorno.
- Estratégias de diversificação redutoras dos riscos da Diretoria Executiva, mas questionáveis do ponto de vista de geração de valor.
- Conflitos de interesse: preços de transferência abaixo dos de mercado para empresas de que os gestores são acionistas.
- Nepotismo e outras formas de proteção conflitantes com os interesses da companhia.
- Acesso e uso assimétrico a informações.
- Resistência a avaliações estruturadas de desempenho da Diretoria Executiva.
- Gestão de resultados com foco em prazos curtos.
- Anulação do poder de influência dos Conselhos de Administração e de outros colegiados internos.
- Descompromisso com a perpetuação da empresa.

Ações dos acionistas

- Elaboração e estruturação de contratos.
- Monitoramento dos outorgados.
- Construção e manutenção de sistemas complexos e onerosos de informações gerenciais.
- Concessão, aos gestores, de mecanismos de retribuição atrelados a resultados, para conciliação de interesses.

É neste último grupo de desalinhamentos que se inclui o primeiro conjunto de custos de agência listados no Quadro 4.1 – os atribuíveis às ações dos gestores. E, entre estes, um dos mais visíveis é o resultante das ações oportunistas que deságuam em remunerações e em benefícios excessivos autoconcedidos. Além deste, os gestores podem resistir a ações que seriam vantajosas para os acionistas, mas prejudiciais aos interesses de manutenção do poder e dos ganhos que sua posição lhes confere, como venda da empresa, cisões e fusões. Ou, ainda: a Diretoria Executiva, apoiando-se na prerrogativa que lhe é outorgada de exercer juízos gerenciais, pode adotar decisões impactantes que não sejam previamente consensadas com os proprietários e que produzam resultados mais voltados para a otimização dos interesses gerenciais. Em todos estes casos, há flagrantes desvios comportamentais, que resultam da hipótese de *comprometimento imperfeito*, que Furubotn e Richter[3] atribuem tanto às dificuldades decorrentes de contratos incompletos quanto a desalinhamentos para a definição dos objetivos que devem nortear as ações da área executiva.

É também decorrente de comprometimento imperfeito a adoção, pelos gestores, de estratégias de diversificação de portfólio de negócios que podem destruir o valor da companhia, mas que sustentam resultados minimamente suficientes para o recebimento de benefícios associáveis ao desempenho de curto prazo da empresa. Mais agudos, porém, são conflitos de interesse moralmente mais comprometedores, como a prática de preços de transferência abaixo dos de mercado para empresas de que os gestores são acionistas ou práticas como nepotismo ou outras formas de proteção que conflitam com os interesses corporativos.

Outra categoria de custos de agência atribuível aos gestores é a orientação para o crescimento, em detrimento da maximização do retorno total dos acionistas. Os modelos gerencialistas da moderna teoria microeconômica exploraram este tipo de custo em três conhecidas versões:

- **A versão de Marris-Wood.**[4] Mantendo lucros mínimos aceitáveis pelos proprietários, os gestores dão preferência a estratégias de crescimento que lhes conferem prestígio no setor de atuação, evidenciando desempenho orientado para a liderança de mercado.

- **A versão de Baumol.**[5] A obtenção de uma taxa de retorno superior às vigentes no mercado financeiro, definida por negociações entre grupos controladores e gestores, é assumida como restrição a objetivos de crescimento. Satisfeita esta condição, os gerentes maximizariam sua própria função de resultados, envolvendo *status*, segurança e expansão, dentro das áreas de negócio em que a corporação atua.

- **A versão de Williamson.**[6] Os gerentes tendem a maximizar a sua própria "função utilidade", estendendo às suas equipes de apoio os benefícios que possam ser discricionariamente obtidos. Mas adotam como referência os resultados das empresas rivais dentro da mesma área de negócio, como parâmetros para a definição de lucros que satisfaçam aos acionistas.

Finalmente, existem também custos resultantes de assimetrias entre proprietários e gestores quanto ao seu poder efetivo de influência e de acesso a informações. Milgron e Roberts[7] enfatizam que esta categoria de custo de agência conduz comumente a "decisões ineficientes do ponto de vista da companhia como um todo", privilegiando desbalanceadamente a alta gerência. Concentram-se então nas mãos da área executiva benefícios que deveriam ser canalizados aos acionistas ou melhor distribuídos entre outros agentes vinculados à corporação pelos nexos de contrato que a constituem. Estes custos tendem a perpetuar-se com a anulação, pelos gestores, do poder de influência dos Conselhos de Administração e de outros colegiados internos. E são geralmente ocultados pelas dificuldades de mensuração efetiva de resultados alternativos que poderiam ser alcançados, caso as informações e o poder de interpretá-las para a tomada de decisões estivessem melhor distribuídos.

A todas estas categorias de custos de agência, atribuíveis às ações discricionárias dos gestores, acrescentam-se ainda os custos incorridos pelos acionistas para o melhor direcionamento e o controle das ações gerenciais.

Jensen e Meckling[8] definiram este segundo grupo como a soma de quatro ações a que os acionistas se dedicam para contrapor os seus direitos de propriedade ao poder outorgado aos gestores:

1. Os **custos de *elaboração e estruturação de contratos***, aqui se incluindo os não formalizados por escrito, mas que resultam de acordos que estão sendo celebrados no dia a dia do processo de gestão.

2. Os **custos de *monitoramento permanente dos outorgados***, aqui incluídos os assumidos com todos os órgãos colegiados que se constituem internamente, como Conselhos de Administração e seus comitês, Conselhos Fiscais e Auditorias Externa e Interna.

3. Os **custos com *sistemas complexos de informações gerenciais***, onerosos não só quanto à inteligência exigida em sua construção, mas quanto aos dispêndios para sua manutenção, disponibilização e análise.

4. Os **custos com *sistemas de incentivos*** que possam de alguma forma conciliar os seus interesses, imperfeitamente simétricos com os dos gestores.

4.3 A Questão-Chave dos Direitos Assimétricos

Esta questão-chave difere formalmente das decorrentes dos problemas de agência, que são centrados em conflitos entre proprietários e gestores. Ela tem a ver com a *assimetria de direitos entre acionistas*, que resultam da existência de mais de uma classe de votos ou do uso discricionário do poder exercido pelos majoritários em detrimento dos interesses dos minoritários.

TABELA 4.1
Hipóteses de controle da companhia com diferentes composições de ações com e sem direito a voto.

Hipóteses	Composições						
A. Classe de ações com direitos a voto	80%	Dois terços: 66,7%	60%	50%	40%	Um terço: 33,3%	20%
B. Classe de ações sem direito a voto	20%	Um terço: 33,3%	40%	50%	60%	Dois terços: 66,7%	80%
Controle: 51% de ações classe A	40,8%	34,0%	30,6%	25,5%	20,4%	17,0%	10,2%

A origem desta questão é a permissão legal para a emissão de classes de ações com direitos diferenciados, por exemplo ações com e sem direito a voto, atribuindo-se a estas últimas um dado conjunto de benefícios não necessariamente compensáveis pelo impedimento da atuação efetiva dos seus titulares nas Assembleias Gerais e em outros colegiados corporativos.

A possibilidade de emissão de dois tipos de ações permite que acionistas com ações que têm direito a voto controlem a companhia com menos de metade do capital acionário, como indicam as hipóteses reunidas na Tabela 4.1. Se o capital da companhia é constituído por 80% de ações com direito a voto e 20% sem esse direito, o controle pode ser exercido por um grupo ou por um dos acionistas que reúna 40,8% do capital total. E à medida que as ações com direito a voto sejam cada vez menos expressivas em relação ao capital total, reduz-se a relação entre a posse dessas ações e o capital necessário para o exercício efetivo do controle da companhia. Quando a legislação permite que o capital seja constituído por apenas um terço de ações com direito a voto e dois terços sem, com apenas 17% do capital total, ou seja, com 51% de 33,3%, um acionista pode exercer legalmente o controle corporativo.

A Figura 4.2, adaptada de síntese organizada por Becht,[9] resume os custos das assimetrias decorrentes de direitos de propriedade incongruentes com direitos de voto.

As situações potencialmente mais problemáticas que combinam dispersa concentração da propriedade com alta concentração dos votos, entendendo-se por votos concentrados os casos em que pequena posse do capital seja capaz de deter alto ou pleno poder de controle. Este tipo de assimetria permite que os acionistas controladores definam diretrizes estratégicas ou operacionais que contrariem os interesses dos acionistas alijados do controle. A atuação do grupo dominante pode levar, assim, a diferentes formas de expropriação. Destacamos os de maior ocorrência no Quadro 4.2.

FIGURA 4.2
Relações entre direitos de propriedade e direitos de voto: assimetrias que implicam custos, inclusive de expropriação.

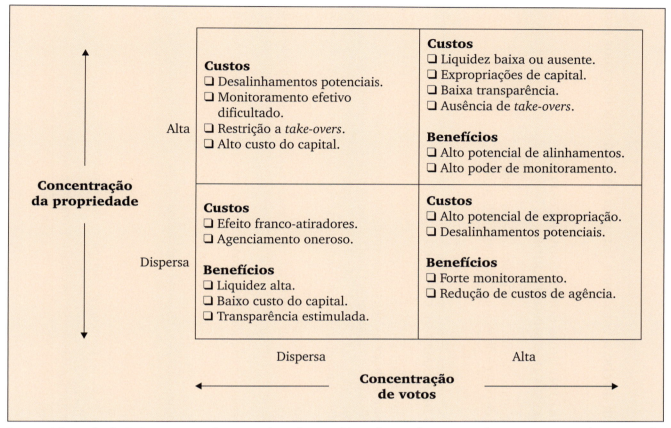

Fonte: Adaptação de BECHT, Marco. The separation of ownership and control: a survey of 7 european countries. *International Corporate Governance Network*. Report, v. 1, 1997.

Esta situação, desde que externamente percebida e generalizadamente praticada, pode levar a um custo sistêmico elevado, o de desestimular o desenvolvimento do mercado de capitais e, por esta via, o potencial de crescimento da economia como um todo.

Em contrapartida, como Shleifer e Vishny[10] argumentam, podem também ser apontados benefícios da concentração do poder por acionistas controladores. Estes ocorrem nas situações em que os controladores estejam comprometidos com a geração de valor e de retorno para todos os acionistas, independentemente de suas posições acionárias. Entre os benefícios destacam-se:

1. A possibilidade de forte monitoramento orientado para o máximo retorno total dos proprietários, com expressiva redução de conflitos e de custos de agência.

2. Alto potencial de alinhamento das decisões estratégias e das operações com a maximização do retorno total do capital acionário.

QUADRO 4.2
A expropriação de minoritários e de acionistas sem direito a voto: uma listagem das práticas de maior ocorrência.

PRÁTICAS DOS MAJORITÁRIOS CONFLITUOSAS COM OS INTERESSES DOS MINORITÁRIOS

- Imperfeições nos institutos legais: classes distintas de acionistas.
- Estruturas perversas de poder e de controle: os minoritários alijados.

HIPÓTESES DE FORMAS DE EXPROPRIAÇÃO

Ações dos controladores

- Sobreposição do controle e da gestão, com objetivos de privilegiar interesses próprios.
- Pagamentos excessivos de salários ou de outros benefícios, diretos e indiretos, aos controladores dirigentes.
- Autonomeações ou nepotismo para cargos nos Conselhos de Administração e Fiscal e em outros órgãos corporativos, desconsiderando-se qualificações e méritos requeridos.
- Transações a preços privilegiados (altos para aquisições e baixos para vendas) com outras empresas pertencentes ao grupo controlador.
- Uso fechado de informações privilegiadas.
- Acesso a empréstimos tomados da corporação, em condições privilegiadas.
- Acesso a benefícios em transações pessoais, com uso do alto poder de barganha ou do prestígio da corporação no ambiente de negócios.
- Cooptação do Conselho de Administração para aprovação de diretrizes e de operações de interesse do grupo majoritário, em detrimento de direitos dos minoritários.
- Cooptação do Conselho Fiscal e de outros órgãos do ambiente de fiscalização e controle para aprovação de contas elaboradas com critérios questionáveis.
- Não extensão aos minoritários ou às classes de ações sem direito a voto dos preços pagos por novos controladores (*tag along*), nas operações de transferência de controle.
- Baixo *free-float*: inviabilização de aquisições hostis aos interesses dos do grupo controlador.

Ações dos minoritários

- Proposição de mudanças nos processos e práticas de governança.
- Ativismo por mudanças no ordenamento legal e nos marcos regulatórios.
- Atuação organizada para representação nas Assembleias Gerais e nos órgãos colegiados da administração.
- Contestação judicial de ações dos controladores.
- Reconstituição de portfólios: migração para empresas listadas em segmentos diferenciados de mercado.

3. Gestão eficaz de resultados: maior equilíbrio entre os de curto e os de longo prazos.
4. Maior probabilidade de perenização da companhia.

À parte questões éticas, as razões essenciais que podem mover os acionistas majoritários a protegerem simetricamente os interesses dos minoritários são pelo menos três:

1. Não impedir *take-overs* hostis à gestão, mas do interesse dos proprietários.
2. Evitar que "deságios de governança" impliquem depreciação das ações, contrariando o objetivo de preservar a riqueza dos acionistas.
3. Impedir que ocorram argumentos que justifiquem ações de franco-atiradores que ponham em cheque a atuação da direção.

4.4 AS FORÇAS DE CONTROLE

Os conflitos e os custos de agência, a assimetria de direitos e as estruturas perversas de poder foram, em perspectiva histórica, as razões essenciais que levaram ao despertar da governança corporativa, com objetivos centrados na harmonização de interesses e de direitos e no controle efetivo do poder exercido pela área executiva e por majoritários expropriadores. Estabeleceram-se, assim, **forças de controle**, que sintetizam os resultados de todas as formas de ativismo por boas práticas de governança. **Elas são uma reação de agentes que se consideram traídos em seus direitos por conflitos de interesse, por oportunismos perversos, por juízos gerenciais orientados para objetivos dos gestores e pelas mais variadas formas de expropriação praticadas por majoritários.**

Estas forças se estabeleceram tanto internamente, quanto no ambiente externo às companhias. O Quadro 4.3 sintetiza as de maior importância, externas e internas. Em síntese, são as seguintes:

Forças externas

❑ Definição de mecanismos regulatórios.
❑ Padrões contábeis exigidos.
❑ Controle pelo mercado de capitais.
❑ Pressões de mercados competitivos.
❑ Ativismo de investidores institucionais.
❑ Ativismo de acionistas.
❑ Atuação de fundos de *private equity*.

Forças internas

- Concentração da propriedade acionária.
- Constituição de Conselhos de Administradores guardiões.
- Modelos de remuneração de administradores.
- Monitoramento compartilhado.
- Estruturas multidivisionais de negócios.

Dadas suas especificidades e as diferenças em suas capacidades efetivas de conciliação de interesses, vamos examinar separadamente cada uma dessas forças de controle.

QUADRO 4.3 Forças de controle dos conflitos e dos custos de agência e das assimetrias de direitos e de poder.

Forças externas	Forças internas
☐ Ambiente legal e regulatório: 　◇ Regras de proteção dos investidores. 　◇ Nível de *enforcement*. ☐ Padrões contábeis exigidos das companhias. ☐ Controle pelo mercado de capitais: 　◇ Ágios e deságios de governança. 　◇ Disputas por procurações de votos (*proxy fights*). 　◇ *Take-overs* hostis. ☐ Mercados competitivos: 　◇ Mercado do setor de atuação da empresa. 　◇ Mercado de trabalho de altos executivos. ☐ Ativismo de investidores institucionais: 　◇ Fundos mútuos de investimento. 　◇ Fundos de pensão. ☐ Ativismo de acionistas: ações individuais ou organizadas. ☐ Atuação de fundos de *private equity*.	☐ Concentração da propriedade acionária. ☐ Constituição de Conselhos de Administração guardiões: a representação efetiva dos interesses dos acionistas. ☐ Remuneração do quadro executivo: 　◇ Constituição de comitês. 　◇ Correlação com desempenho: 　　• Bonificações. 　　• *Stock options*. 　◇ Balanceamento de relações custos/benefícios. 　◇ Relação com padrões de mercado. ☐ Monitoramento de grupos de interesse: 　◇ Compartilhando controle com credores. 　◇ Compartilhando controle com trabalhadores. ☐ Estruturas multidivisionais de negócios.

AS FORÇAS EXTERNAS DE CONTROLE

1. O AMBIENTE LEGAL E REGULATÓRIO

A abordagem do ambiente legal e regulatório como força de controle da governança das companhias fundamenta-se em três premissas, todas relacionadas à avaliação do valor das ações pelos investidores:

1. A estimação de seu fluxo futuro de dividendos em relação ao seu valor atual de mercado: a relação preço/lucro, P/L.
2. Os direitos que as ações conferem aos seus detentores.
3. As garantias legais que os acionistas terão para exercer efetivamente os seus direitos, sob a proteção da lei, ou seja, o nível presumido de *enforcement*.

Entre os direitos valorizados no mercado de capitais, destacam-se geralmente os seguintes:

- Os direitos de voto e a ausência de dificuldades para que sejam exercidos.
- A proteção dos minoritários, envolvendo permissão para contestação judicial de ações dos administradores e *direito de recesso*, pelo qual a companhia é obrigada a adquirir suas ações nos casos de mudanças societárias ou de vendas expressivas de ativos.
- A garantia de transparência, de exatidão e de rigor nas demonstrações patrimoniais e de resultados da companhia.
- A representação proporcional no Conselho de Administração.
- A subscrição de novas emissões proporcionalmente ao capital detido.
- O recebimento de dividendos *pro rata*.
- A possibilidade de processar conselheiros e diretores executivos por suspeitas de expropriação.
- A participação efetiva nos Conselhos de Administração e em outros órgãos colegiados, incluindo a escolha de seus membros.

A importância do ambiente legal e regulatório, quanto à segurança e aos direitos assegurados pelas companhias aos seus acionistas tem sido destacada por pesquisas recentes como um dos mais importantes diferenciais dos modelos nacionais de governança corporativa. Comprovações empíricas clássicas dos efeitos desta força de controle foram desenvolvidas por La Porta, Shleifer, Lopez-de-Silanes e Vishny.[11] A Tabela 4.2 resume conclusões pioneiras, de pesquisa realizada em 1997, evidenciando que o grau de proteção que o ambiente de regulação oferece aos investidores contra ações expropriatórias praticadas pelas companhias é claramente correlacionável com os indicadores de capitalização das empresas via mercado de capitais e com o

TABELA 4.2
A correlação comprovada: direitos dos acionistas e desenvolvimento do mercado de capitais.

Direitos	Capitalização das companhias via mercado (% em relação ao PNB)	Número de companhias abertas por milhão de habitantes	Número de aberturas de capital por milhão de habitantes
Direitos dos minoritários			
25% menos assegurados	19	12,05	0,14
50% intermediários	39	20,03	0,97
25% mais assegurados	58	35,68	2,05
Uma ação, um voto			
Princípio não praticado	32	20,10	0,87
Princípio praticado	65	26,76	1,48
Enforcement			
25% piores	28	8,51	0,28
50% intermediários	47	22,36	0,89
25% melhores	36	33,08	1,85

Fonte: LA PORTA, Rafael; SHLEIFER, Andrei; LOPEZ-DE-SILANES, Florêncio; VISHNY, Robert. Law and finance. *Journal of Political Economy*, v. 106, 1998.

número de companhias abertas. Os resultados são uma síntese dos efeitos das práticas regulatórias de 49 países.

São significativamente diversos os índices de capitalização das companhias abertas via mercado de capitais em relação ao PNB, no quartil dos países que mais asseguram direitos aos minoritários, comparativamente aos países situados no primeiro quartil: 58% contra apenas 19%. Nos dois quartis centrais, onde se situam os países intermediários, a capitalização é expressa pela mediana dos quartis inferior e superior. São também muito expressivos os índices referentes ao número de companhias abertas por milhão de habitantes nos países em que a segurança e a severidade na aplicação das leis de proteção dos investidores (*enforcement*) é pior, melhor, ou intermediária: os índices dos melhores países quanto a este aspecto alcançam a média de 33,08; nos piores, a média é de 5,81; nos intermediários, de 22,36. Resultados semelhantes, quanto às distâncias entre os países foram observados em relação ao número de novas empresas abertas por milhão de habitantes.

Os resultados da pesquisa de 1997, de uma amostra de 49 países, foram confirmados por nova pesquisa publicada em 2005, abrangendo observações do período 1999-2003, ampliando a amostra para 72 países. Nesta investigação ampliada, Djankov, La Porta, Lopez-de-Silanes e Shleifer[12] agrupam os países segundo as raízes de seu ordenamento jurídico. A Tabela 4.3 traz uma síntese dos resultados. Os índices que medem a capacidade de os minoritários controlarem as ações da administração são destacadamente superiores nos países em que a doutrina jurídica é inspirada no Direito Comum Inglês: os valores médios superam, e por larga margem, os dos países que seguem as tradições do Direito Civil Francês e Germânico; são um pouco mais próximas, mas ainda assim destacadamente superiores aos dos países escandinavos. Segundo os autores, "o Direito Comum submete as transações conflitantes com os direitos dos minoritários a uma regulamentação mais rigorosa, abrindo espaços maiores para investigações e contestações jurídicas, comparativamente aos que adotam as prescrições do Direito Civil. Nos países que seguem as tradições jurídicas anglo-saxônicas, as transações com partes relacionadas estão também sujeitas a maiores exigências quanto à divulgação prévia, à aprovação independente e à posterior abertura da forma com que foram concluídas e efetivadas".

Os dados da Tabela 4.4 revelam os resultados dessas diferenças quanto à proteção dos investidores. Eles confirmam as conclusões do estudo pioneiro de 1997. Nos países em que as regras são mais duras, há diferenças pronunciadas quanto à capitalização das empresas em relação ao PNB, via mercado de capitais. É também significativamente maior o número de companhias abertas por milhão de habitantes e as *IPOs* em relação ao PNB. Observa-se também que nos Estados Unidos, no Reino Unido, na Austrália e no Canadá, países em que os resultados são bem mais expressivos, a concentração da

TABELA 4.3
Mecanismos empregados pelos minoritários para controle das ações da administração das companhias.

Países segundo origem do ordenamento jurídico	Número de países	Dificuldade dos minoritários em contestar ações	Análise das transações por órgãos independentes	Legitimidade para agir	Capacidade para rescindir transações
Direito Comum Inglês	21	0,95	0,68	0,95	0,62
Direito Civil Francês	32	0,23	0,39	0,53	0,14
Direito Civil Germânico	14	0,32	0,41	0,79	0,05
Direito Civil Escandinavo	5	0,60	0,44	0,80	0,13
MÉDIA MUNDIAL	**72**	**0,49**	**0,48**	**0,72**	**0,26**

Campo de variação: 1 (plena capacidade) e 0 (ausência de capacidade)

Fonte: DJANKOV, Simeon; LA PORTA, Rafael; LOPEZ-DE-SILANES, Florêncio; SHLEIFER, Andrei. The law and economics of self-dealing. NBER working paper series. Cambridge, MA: *National Bureau of Economic Research*, Working Paper nº 11.883, Nov., 2006.

TABELA 4.4
A correlação revista, segundo o ordenamento jurídico: para maior *enforcement* e menores graus de concentração, maiores índices de desenvolvimento do mercado de capitais.

Países, segundo ordenamento jurídico	Capitalização das companhias via mercado (% em relação ao PNB)	Número de companhias abertas por milhão de habitantes	Ofertas públicas iniciais (IPOs) em relação ao PNB	Concentração da propriedade[a]
Direito Comum Inglês	**85,5**	**32,6**	**3,7**	**44**
❑ Austrália	102,0	68,3	8,71	28
❑ Canadá	106,2	73,8	8,57	40
❑ Hong-Kong	361,0	129,2	9,12	54
❑ Índia	33,8	5,6	0,60	40
❑ Irlanda	67,8	17,9	6,09	39
❑ Malásia	148,4	34,6	6,18	54
❑ Nova Zelândia	40,1	36,9	0,06	48
❑ Cingapura	164,8	100,6	5,94	49
❑ África do Sul	155,8	12,0	0,65	52
❑ Reino Unido	157,7	33,1	11,27	19
❑ Estados Unidos	142,1	22,8	5,47	20
Direito Civil Francês	**42,0**	**19,6**	**1,70**	**55**
❑ Argentina	58,1	3,1	0,56	53
❑ Bélgica	67,2	15,5	2,35	54
❑ Brasil	38,4	2,5	0,05	57
❑ Chile	89,7	16,7	0,51	45
❑ Colômbia	14,3	2,9	0,01	63
❑ Egito	30,4	16,4	2,22	62
❑ França	89,5	13,7	2,31	34
❑ Grécia	91,4	29,7	8,78	67
❑ Indonésia	24,7	1,5	1,67	58
❑ Itália	52,8	4,9	5,94	58
❑ México	21,9	1,7	0,22	64
❑ Holanda	131,7	12,3	2,63	39
❑ Filipinas	48,0	2,9	2,22	57
❑ Portugal	46,2	8,8	2,27	52
❑ Espanha	79,9	45,9	2,41	51
❑ Turquia	35,3	4,3	1,48	59
Direito Civil Germânico	**48,9**	**24,2**	**4,80**	**34**
❑ Áustria	16,4	12,1	1,16	58
❑ Alemanha	54,7	10,5	2,78	48
❑ Japão	69,2	21,5	2,39	18
❑ Coreia do Sul	54,1	29,4	5,32	23
❑ Suíça	249,0	35,9	7,11	41
❑ Taiwan	101,9	25,8	10,07	18
Direito Civil Escandinavo	**90,4**	**69,4**	**3,40**	**37**
❑ Dinamarca	58,6	39,4	1,20	45
❑ Finlândia	177,1	28,6	3,78	37
❑ Noruega	39,7	40,2	2,20	36
❑ Suécia	112,3	31,4	6,33	37
MÉDIA MUNDIAL	**59,4**	**27,7**	**2,97**	**47**

(a) Percentual médio de ações ordinárias possuídas pelos três maiores acionistas nas dez maiores empresas privadas domésticas não financeiras.

Fonte: DJANKOV, Simeon; LA PORTA, Rafael; LOPEZ-DE-SILANES, Florêncio; SHLEIFER, Andrei. *The law and economics of self-dealing*. NBER working paper series. Cambridge, MA: National Bureau of Economic Research, Working Paper nº 11.883, Nov., 2006.

propriedade é mais baixa e, talvez por esta mesma razão, os direitos dos acionistas dispersos são mais fortemente protegidos.

A conclusão básica dos autores deste estudo é que "o *laissez-faire* não leva a mercados financeiros mais desenvolvidos. O setor público tem, claramente, que desempenhar um papel fundamental, principalmente como elaborador das regras do jogo, as quais serão então executadas pela ação privada. Países com mercados de ações bem-sucedidos determinam que os acionistas recebam as informações de que eles precisam e o poder para agir, incluindo tanto o direito de voto quanto o recurso litigioso, com bases nestas informações. Na verdade, a luz do sol parece ser o melhor desinfetante. As evidências sugerem que a divulgação permanente de transações que envolvam potenciais de conflitos de interesse também beneficia o mercado de ações. O mesmo ocorre quando se concede aos acionistas prejudicados o acesso às informações para identificação de transações e de benefícios autoconcedidos e a legitimidade para agirem".

Essas evidências sugerem que, no caso específico do mercado de capitais, não se aplicam os axiomas clássicos da ordem econômica liberal, segundo os quais os mercados se tornam menos eficientes com a intervenção de mecanismos reguladores. Elas contrariam a conhecida argumentação clássica de Adam Smith, segundo a qual "as mãos invisíveis" do próprio mercado produziriam melhores resultados que as "mãos visíveis" do poder regulatório da lei. **Como nos mercados de títulos os *retornos futuros esperados são tão valorizados quanto as garantias legais aos investidores*, a regulação é de importância vital**. As "mãos invisíveis" dos axiomas liberais favoreceriam práticas perversas, tanto nas relações entre acionistas e administradores, quanto entre majoritários e minoritários. Ademais, a rigorosa regulação do mercado de capital é uma força de controle que se contrapõe aos dois axiomas em que se fundamentam os *conflitos de agência*: a inexistência do contrato completo e a inexistência do agente perfeito.

2. Padrões contábeis exigidos

Uma segunda força de controle, geralmente imposta por exigências externas, é a obrigatoriedade legal de adoção de padrões contábeis rigorosos na preparação das demonstrações da situação patrimonial das companhias e dos resultados das suas operações.

Esta força responde a um dos mais importantes valores da boa governança corporativa, *accountability* – prestação responsável de contas. E foi a razão mais forte de constituição do Comitê Cadbury, no Reino Unido, um dos mais importantes marcos construtivos da moderna governança e uma das bases mais sólidas de definição de códigos nacionais de melhores práticas.

Nos mercados de capitais mais avançados quanto à adesão à boa governança, os padrões exigidos para as demonstrações financeiras tendem a adotar as normas internacionais de contabilidade, conhecidas pela sigla *IFRS – International Financial Reporting Standards*. Acompanhando as evoluções conceituais na área de finanças, as normas exigidas são as promulgadas pelo *International Accounting Standards Board (IASB)*.

Na década de 90, um dos focos para garantir a proteção dos investidores foi o rigor na aplicação de normas contábeis pelas empresas, universalmente aceitas, o que motivou a criação, pelo *Center for International Financial Analysis & Research*, de um índice de qualidade dos padrões seguidos pelos países. Sua construção baseou-se na existência nos demonstrativos e relatórios financeiros de 90 itens considerados importantes para os investidores avaliarem o desempenho das companhias. Seu campo de variação é de 0 a 90. A Tabela 4.5 registra o *ranking* de vários países, com base no exame de demonstrativos financeiros de empresas publicados no período 1991-97.

Os baixos índices de convergência das práticas contábeis universalmente reconhecidas fortaleceu as organizações internacionais dedicadas à uniformi-

TABELA 4.5 Avaliação dos padrões contábeis adotados pelas companhias. *Ranking* de 41 países selecionados. Pontuação máxima: 90.

Países	Índice	Países	Índice
Suécia	83	Alemanha	62
Reino Unido	78	Coreia	62
Cingapura	78	Dinamarca	62
Finlândia	77	Itália	62
Malásia	76	Bélgica	61
Austrália	75	México	60
Canadá	74	Nigéria	59
Noruega	74	Índia	57
Estados Unidos	71	Grécia	55
África do Sul	70	Áustria	54
Nova Zelândia	70	**Brasil**	**54**
França	69	Chile	52
Hong Kong	69	Turquia	51
Suíça	68	Colômbia	50
Filipinas	65	Argentina	45
Formosa	65	Venezuela	40
Japão	65	Peru	38
Espanha	64	Portugal	36
Holanda	64	Uruguai	31
Israel	64	Egito	24
Tailândia	64		

Fonte: Center for International Financial Analysis & Research. *International Accounting and Auditing Trends*. Citada por LA PORTA et al. Law and Finance. *Journal of Political Economy*, v. 106, 1998.

zação mundial dos padrões das demonstrações financeiras. Em 2005, um importante marco se estabeleceu: a adoção do IFRS na Comunidade Europeia, o que tornou o IASB uma instituição de maior visibilidade e relevância nos mercados de capitais mundiais. A aplicação do IFRS pela maioria dos países europeus, como registram Mourad e Paraskevopoulos,[13] "criou uma importante plataforma para um novo conjunto de normas contábeis internacionalmente aceitas, baseadas em princípios, em substituição a normas desenvolvidas com base em regras".

Cabe porém notar que, a despeito dos seus reconhecidos avanços, os padrões desenvolvidos pelo IASB, órgão executor das normas IFRS, são de adesão voluntária. O IASB não tem poder para exigir que suas normas sejam adotadas. Diante dessas condições institucionais, a adoção, do IFRS por um número crescente de países evidencia o reconhecimento da superioridade dos novos padrões, pelo seu alinhamento aos valores da boa governança – maior transparência, qualidade, clareza e confiabilidade nas informações geradas.

Em pesquisa publicada em novembro de 2010, Ramanna e Sletten,[14] de Harvard e do MIT, evidenciaram a gradativa adesão aos novos padrões. A pesquisa analisou o processo de adesão de 93 países, no período de 2003 a 2008. Os resultados estão resumidos na Tabela 4.6. Da totalidade dos países pesquisados, a proporção dos não adeptos caiu de 66,6% para 32,3%; a adesão avançou, de 27,0% para 50,5%; e a disposição à convergência evoluiu de 6,5% para 17,2%. Nas três maiores economias mundiais – Estados Unidos, China e Japão – a adesão está em estudos, devendo ser anunciada até 2012.

TABELA 4.6
A progressiva adesão aos padrões estabelecidos pelo International Accounting Standards Board (IASB).

Estágios e processo de adesão	% dos países pesquisados						
	2003	2004	2005	2006	2007	2008
Não adeptos	66,6	58,1	51,6	47,3	38,7	32,3
Dispostos à convergência	6,5	9,7	9,7	12,9	16,1	17,2
Adesão voluntária	5,4	7,5	9,7	10,8	10,8	8,6
Adesão estimulada	2,2	4,3	3,2	3,2	4,3	7,5
Adesão plena	19,4	20,4	25,8	25,8	30,1	34,4
Total	100,00	100,00	100,00	100,00	100,00	100,00

Fonte: RAMANNA, Karthrik; SLETTEN, Ewa. *Network effects in countries adaption of IRFS*. Boston: Harvard Business School. HBS Working Paper 10-092, Nov. 2010.

3. CONTROLE PELO MERCADO DE CAPITAIS

As reações do mercado de capitais também atuam como forças externas de controle da governança. Elas se manifestam basicamente por três mecanismos:

1. **Ágios** e **deságios de governança**, transmitidos pelas cotações dos papéis negociados.
2. *Take-overs* **hostis**.
3. Disputas abertas por **procurações de voto (*proxy fights*)**.

O indicador fundamental da reação do mercado de capitais à qualidade da governança corporativa e dos resultados por ela proporcionados aos acionistas é a **cotação das ações**. O mercado reage aos resultados das operações das companhias, a fatos relevantes que envolvem questões societárias e de negócios e às expectativas de retornos futuros. É farta a literatura que examina, de um lado, os efeitos da governança sobre as cotações de mercado das companhias de capital aberto e, de outro lado, as pressões exercidas pelas cotações sobre a administração corporativa.

Na hipótese de ocorrem "deságios" acentuados, que levem a diferenças expressivas entre o valor de mercado da empresa e o seu potencial efetivo a médio prazo, abrem-se espaços para que investidores adquiram grandes lotes de ações com direito a voto e assumam o controle da companhia. Esse mecanismo de ***take-over* hostil** é denominado **mercado de controle corporativo**.

A Tabela 4.7 registra o número de *take-overs* nos anos 90, em diferentes países e regiões. A média anual da década foi de praticamente 2.700 casos. Os *take-overs* anunciados e contestados representaram 2,1% deste total.

Como Hitt, Ireland e Hoskisson[15] registram, "o mercado de controle corporativo é um mecanismo externo de governança que se torna ativo quando os controles internos fracassam. Trata-se da aquisição, por investidores individuais, institucionais ou empresas, de posições de controle de corporações potencialmente subvalorizadas, a fim de reerguê-las através de estratégias de negócios e de diretrizes de gestão de melhor qualidade. Este mecanismo é geralmente ativado pelo mau desempenho de uma corporação em relação aos concorrentes de seu ramo de negócio, implicando retornos abaixo da média do setor, que não maximizam, tanto quanto os melhores concorrentes estão fazendo, a riqueza dos acionistas".

O processo de aquisição dá se pela oferta de compra de uma parte ou de todas as ações em circulação a um preço declarado. O *take-over* hostil é bem-sucedido se o adquirente obtiver mais de 50% das ações com direito a voto, assumindo assim o controle efetivo da companhia. Ao assumir o controle, o adquirente pode conseguir representação majoritária no Conselho de Administração e substituir a Diretoria Executiva que até então apresentou resultados incompatíveis com o potencial do setor.

Esse mecanismo é considerado por Becht, Bolton e Röell[16] como "uma das mais radicais e espetaculares forças de controle" para disciplinar e substituir administradores ineficazes, ou que estejam, pela prática das mais diversas formas de expropriação e de custos de agência, contrariando os interesses dos acionistas. Temendo pelas ameaças de mudanças radicais nas empresas

TABELA 4.7
Número de *take-overs* por países e regiões, nos anos 90.

Anos	Efetivamente praticados					
	Austrália	Canadá	Estados Unidos	União Europeia	Outros países	Total
1990	69	193	834	597	188	1.881
1991	107	269	790	817	363	2.346
1992	46	194	746	824	296	2.016
1993	100	215	789	803	456	2.363
1994	124	224	1.015	816	614	2.793
1995	162	296	1.106	806	753	3.123
1996	142	277	1.115	676	745	2.955
1997	107	258	1.150	574	726	2.815
1998	103	231	1.203	653	893	3.083
1999	100	289	1.236	801	1.180	3.606
Anunciados e contestados							
1990	2	–	12	24	5	43
1991	8	1	7	34	2	52
1992	10	2	7	20	4	43
1993	10	1	11	15	5	42
1994	8	11	33	11	4	67
1995	18	19	59	22	7	125
1996	22	8	45	20	11	106
1997	12	17	27	23	5	84
1998	12	14	19	14	5	64
1999	15	6	19	42	6	88

Fonte: TFSD – Thomson Financial Services Data. In: BECHT, M.; BOLTON, P.; RÖELL, A. Corporate governance and control. National Bureau of Economic Research. *NBER Working Paper Series*, nº 9371. Cambridge, MA, Dec. 2002.

via *take-over* hostil, os gestores agiriam com cautela na geração de custos de agência e com competência na geração de riqueza para os proprietários. Pela força desse mecanismo, seriam assim, em princípio, melhor alinhados os interesses imperfeitamente simétricos de acionistas e gestores.

Cabe destacar, porém, que o poder radical desta força de controle tende a ser enfrentado pelas ***táticas de defesa contra aquisições hostis***, genericamente denominadas "pílulas de veneno" – *poison pills*. As mais empregadas são as seguintes:

1. ***Golden parachutes* – paraquedas dourados.** Como as aquisições hostis aumentam os riscos de demissão da Diretoria Executiva, a contratação do gestor principal inclui cláusulas de proteção, como indenizações que podem chegar a três anos de salário nos casos de *take-over*.

2. ***Golden goodbye* – adeus dourado.** Trata-se de uma variante da proteção do executivo principal que garante altas compensações nos casos de não renovação de contratos, independentemente das razões que os motivaram. Neste caso, mesmo que o gestor seja mantido quando do *take-over* hostil, com os novos controladores esperando pelo prazo de seu contrato, a proteção poderá ser exercida.

3. **Supermaioria.** Definição de aditivos nos estatutos internos e nas regras de funcionamento do Conselho de Administração que modificam a regra de maioria para mais de 50% em casos específicos, como os de aquisições consideradas hostis.

4. **Renovação alternada do Conselho.** Eleições alternadas dificultam ao adquirente obter o pleno controle do Conselho de Administração. Com a renovação de apenas uma fração "y" desse colegiado a cada "x" anos, o adquirente hostil teria de esperar, por exemplo, 2y/x anos para ter o controle efetivo sobre 50% de seus membros.

5. **Critérios de emissão de capital**. Um dos exemplos mais comuns é a prerrogativa concedida à administração de emitir mais ações com direito a voto a um preço mais baixo para os acionistas existentes caso um acionista possua mais do que uma fração das ações em circulação. Cláusulas deste tipo tornam virtualmente impossível um *take-over* bem-sucedido.

6. **Investimentos com alavancagem**. O desincentivo à aquisição pode estar camuflado sob a forma de investimentos realizados com alta alavancagem financeira, tornando o endividamento da empresa-alvo um ônus inaceitável para o novo controlador. Defesas deste tipo podem conflitar com os interesses dos controladores atuais, pois são mecanismos geralmente destruidores de valor. Tendem, assim, a ser mais empregados em empresas cujos Conselhos de Administração são impropriamente dominados pela Diretoria Executiva.

Todos esses mecanismos de defesa exercem uma espécie de *efeito trincheira* para a administração. A Tabela 4.8 mostra as defesas mais comumente adotadas nos Estados Unidos. Elas inibem os ganhos de eficiência de futuros adquirentes hostis, ao precificarem as aquisições acima do preço ótimo, induzindo a um menor número de *take-overs* motivados por sistemas de governança ineficazes e expropriadores.

Há, porém, controvérsias a respeito do uso dessa força de controle. A análise formal dessas táticas de defesa feita por Schafstein[17] sugeriu que

QUADRO 4.4 Defesas contra *take-overs* hostis: uma listagem bem-humorada de denominações criadas pelo mercado para os mecanismos usados pelas companhias.

Denominações criadas no mercado	Situações às quais se aplicam
Nancy Reagan	Termo genérico para designar uma *poison pill*. Faz referencia à campanha antidrogas empreendida pela primeira dama norte-americana nos anos 80, que ficou famosa pelo bordão "apenas diga não".
Defesa-macarrão (*Macaroni defense*)	A companhia emite um grande número de ônus com uma cláusula que obriga o seu resgate a um preço altíssimo em caso de aquisição. Porque defesa-macarrão? Em casos de perigo, o preço de resgate dos títulos se expande feito massa instantânea em água fervendo.
Bônus de castidade (*Chastity bond*)	Prima-irmã da defesa-macarrão. A manobra prevê que a maturidade de um título seja ativada antecipadamente em casos de tomada de controle.
Come-come (*Pac Man*)	A companhia-alvo vira o jogo e tenta adquirir aquela que fez a oferta de aquisição hostil.
Armadilha de lagostas (*Lobster trap*)	Provisão que impede qualquer investidor com mais de 10% em títulos conversíveis (como debêntures e ações preferenciais) de transformá-los em ações com direito a voto.
Pílula de Jonestown	A companhia-alvo envereda por atividades que podem destruí-la ao invés de tentar impedir a aquisição, chegando a vender seus ativos mais atraentes e a contrair grande volume de dívidas. Essa estratégia de "terra arrasada" é uma versão extrema de *poison pill* e seu nome remete ao famoso suicídio em massa cometido nesta cidade da Guiana pelos seguidores do fanático religioso Jim Jones.
Mão Morta	Cláusula que impede a remoção de uma determinada *poison pill*, mesmo quando os acionistas da companhia-alvo aprovam a aquisição. O mecanismo prevê que apenas os conselheiros que originalmente instituíram o dispositivo de defesa possam retirá-lo, impedindo que novos conselheiros possam interferir.

Fonte: HESSEL, Camila Guimarães. Aquisição hostil: vitamina ou veneno? São Paulo: Revista *Capital Aberto*, Ano 3, nº 31, mar. 2006.

TABELA 4.8
Principais defesas contra tentativas de *take-overs* hostis nos Estados Unidos.

Defesas	% observadas em relação aos *take-overs* praticados e contestados em 1999
❏ Paraquedas de ouro.	64,9
❏ Exigência de notificação prévia.	61,4
❏ Limitações ao direito de convocação de assembleia especial.	36,7
❏ Definição de preço justo.	24,8
❏ Exigência de supermaioria para aprovação.	15,3
❏ Dupla classe de ações.	11,5
❏ Votação confidencial.	10,2
❏ Direitos de voto diferenciados.	1,6
❏ Medidas para evitar negociação de grandes blocos de ações.	4,1

Fonte: ROSEBAUM, Virgínia. *Corporate takeover defenses*. Washington: Investor Responsibility Research Center, 2000.

elas também podem contrariar os interesses dos acionistas e devem assim ser removidas. Suas conclusões forneceram relevantes justificativas para intervenções regulatórias que admitam, em casos especiais, o emprego desses mecanismos protetores. O Quadro 4.4 traz, a propósito, uma bem humorada listagem de denominações do mercado para as defesas contra aquisições hostis. No artigo em que essa listagem foi inserida, Hessel[18] pondera que há evidências contraditórias sobre os benefícios das aquisições hostis: "episódios mais recentes vêm mostrando que a ausência de *poison pills* pode, sim, ser perigosa. Isto porque, na prática, nem sempre as tomadas hostis de controle têm como alvo companhias com ações desvalorizadas, maus gestores e desempenhos ruim. Na Europa, algumas iniciativas de aquisição hostil têm sido desencadeadas por estratégias de consolidação de grupos empresariais e de setores. A disparada de ofertas hostis no mercado europeu – de que resultaram desnacionalizações que fragilizaram indústrias de base europeia, de alto interesse estratégico para a área de integração econômica – levou a uma reversão no comportamento dos órgãos reguladores, que agora caminham no sentido proposto pela diretoria da Comunidade Europeia e já passam a permitir a adoção das *poison pills*".

Finalmente, ainda como instrumento de controle pelo mercado, cabe registrar o uso de mecanismo externo cujos efeitos podem ser tão eficazes quanto os das aquisições hostis: *as **disputas abertas por procurações de voto***.

Conhecida como ***proxy fights***, essa força de controle consiste na atuação de um grupo de acionistas não controladores que se une para convencer outros acionistas ainda não integrantes do grupo a unirem-se a ele, dando-lhe procuração para serem representados em Assembleias Gerais. Na hipótese de a reunião de votos chegar a ser majoritária, os acionistas assim aglutinados terão força para proposição de mudanças que levam a melhores práticas de governança, orientadas para a maximização dos interesses dos acionistas. Após a crise nos mercados financeiros do biênio 2008-09, os temas que originaram mais questionamentos e propostas de minoritários são: 1. remuneração de administração (conselheiros e quadro executivo); 2. prestação de contas e transparência quanto a riscos; 3. *poison pills*; e 4. relatórios da administração.

4. MERCADOS COMPETITIVOS

Não é apenas no âmbito do mercado de capitais e do alinhamento de interesses de acionistas e gestores que se encontram forças externas de controle dos processos de governança corporativa. Embora reconhecidamente menos importantes que as do mercado de capitais, duas outras forças de mercado interagem neste sentido:

1. Forças do mercado de atuação da empresa.
2. Forças do mercado de trabalho de altos executivos.

O alinhamento dos interesses de acionistas e gestores pelos mecanismos destes dois mercados não é tão diretamente avaliável como daquele em que a cotação das companhias reflete o grau de confiança e de satisfação com a gestão corporativa. Mas não é desprezível, uma vez que os níveis de geração de riqueza e de retorno dos diferentes setores produtivos são avaliados permanentemente e é com base nos valores comparativos dessas avaliações que os investidores definem a composição de seus portfólios de investimento. E, em cada setor, as empresas eleitas são as que apresentam os melhores resultados.

Empresas que não competem eficientemente – por razões estratégicas ou pela qualidade de suas operações ou, ainda, por elevados custos de agência – tendem a ser menos valorizadas. O valor de mercado reflete assim a competência dos controladores e dos gestores. Os mercados em que elas atuam exigem permanentemente estratégias de negócio fundamentadas e modelos de gestão eficazes. Quando estes dois atributos não estão presentes, os resultados são crescimento inferior ao do setor de atuação, perda de participação e preferência de clientes e consumidores pelos produtos dos concorrentes – o que acaba se refletindo nos resultados de balanço. Fechando o círculo, isto abre espaço para aquisições hostis ou para outras forças de controle, tanto externas quanto internas.

Os desempenhos em relação aos *benchmarks* setoriais atingem os altos executivos, tanto positiva quanto negativamente. Em um de seus mais conhecidos ensaios sobre governança, Jensen[19] observa que o cruzamento da ascensão e queda das corporações reflete-se diretamente na ascensão e queda de seus gestores. E, como um dos objetivos que move a gestão é a conquista de poder e de *status*, as forças dos mercados competitivos, tanto os dos negócios em que a empresa atua quanto o de trabalho dos altos executivos são assumi-

FIGURA 4.3
A evolução previsível. Do surgimento das grandes corporações à definição de boas práticas de governança: o poder de controle e dos investidores institucionais.

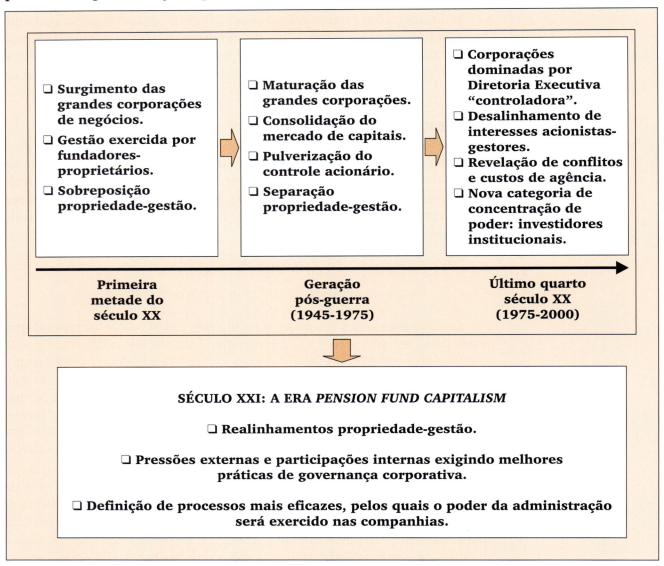

das também como forças de controle da boa governança. E boa governança é a que apresenta, entre outros atributos, um bom ajuste entre os interesses da administração e os da propriedade.

5. Ativismo de Investidores

Especialmente quando dotada de expressivo poder de voto, a atuação de investidores é também uma importante força de controle das corporações.

Aqui vale registrar um aspecto relevante da evolução do mundo corporativo no século XX e da "era de governança" que começa a estabelecer-se no século XXI: o *crescente poder de influência dos investidores institucionais*. A sequência histórica desta evolução está sintetizada na Figura 4.3.

Com o fortalecimento dos investidores institucionais (fundos mútuos de investimentos e fundos de pensão), mais uma expressiva força de controle estabeleceu-se no mercado corporativo. Ela se coloca na interface das forças externas e internas, por ser exercida por proprietários que detêm posições de grandes lotes de ações, quando não exercem o próprio controle das corporações. Nos Estados Unidos, onde vem estabelecendo-se o que Monks-Minow chamam de *pension fund capitalism*, esses investidores possuem cerca de 60% das ações das 1.000 maiores empresas. E a Figura 4.4 registra a relação entre os ativos desses fundos, em outros nove países desenvolvidos, e o valor total da capitalização das empresas de capital aberto. Como sugerem os números de suas participações, os proprietários institucionais têm tamanho, poder e incentivos para monitoramento das corporações. É crescente a sua participação ativa em Conselhos de Administração e a sua capacidade de influenciar positivamente a escolha das estratégias de negócios, os modelos de governança e as estruturas internas de poder.

Os fatores que justificam a qualidade da interferência dos investidores institucionais na governança das corporações podem ser sintetizados em três:

FIGURA 4.4
Ativos dos fundos de pensão em relação à capitalização das empresas de capital aberto.

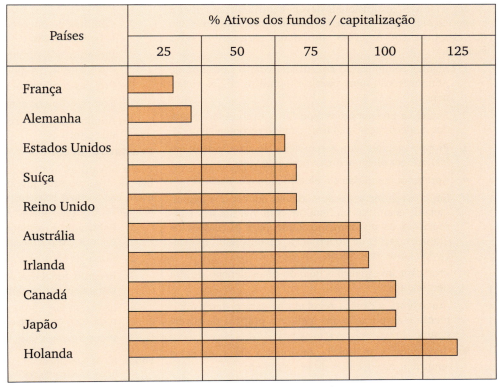

Fonte: FEI - Canada Accounting & Finance Review, Feb. edition, 2008.

> **QUADRO 4.5**
> **Declaração do *Institutional Corporate Governance Network (ICGN)*: as responsabilidades dos acionistas institucionais.**

Preâmbulo

Milhões de famílias em todo o mundo dependem do crescimento de longo prazo do valor de investimentos feitos por acionistas institucionais, seja em função de seus esquemas de poupança, seguro de vida, planos de aposentadoria ou outras razões precaucionais. Como administradores fiduciários destes investimentos, que incluem ações listadas em bolsa, os acionistas institucionais têm a responsabilidade de fazer os melhores esforços para preservar e aumentar esse valor.

O aperfeiçoamento da governança corporativa das empresas é cada vez mais entendido como um meio importante de aumentar o valor de longo prazo de investimentos em ações.

Esta declaração descreve uma estrutura de melhores práticas para a implementação de responsabilidades fiduciárias em relação a participações acionárias. Ela abrange a integridade de tais relações e não apenas a responsabilidade do acionista de exercer seu direito de voto. E considera que a governança e as responsabilidades dos investidores a ela associadas não são um fim em si mesmo, mas meios para a consecução dos interesses ótimos dos beneficiários.

Responsabilidades gerais

Os acionistas institucionais devem contribuir para apoiar e aperfeiçoar a governança corporativa das empresas em que eles investem. As ações apropriadas para este objetivo incluem:

1. Manter comunicação construtiva com o Conselho de Administração sobre políticas e práticas de boa governança.
2. Expressar preocupações específicas ao conselho, seguidas de declarações públicas quando recomendável.
3. Propor agendas para assembleias de acionistas e, nelas, exercer plenamente o direito de voto.
4. Apresentar candidatos à eleição para o conselho.
5. Em circunstâncias recomendáveis convocar a assembleia de acionistas ou reuniões com investidores e associações de investimento, tanto para discussões de questões gerais de governança, quanto para apreciação de casos específicos.
6. Promover investigações quando há evidências de sua necessidade.
7. Atuar junto a órgãos reguladores para o desenvolvimento e a aplicação das melhores práticas de governança.
8. Incorporar a análise da governança praticada pelas empresas nas decisões de investimento.
9. Estimular a realização de pesquisas sobre temas de governança.
10. Terceirizar quaisquer destas ações, caso não reúna internamente as capacidades requeridas para executá-las eficazmente.

Estas responsabilidades devem ser exercidas de forma pragmática, em conformidade com a lei e adaptadas às condições específicas de cada país. Elas devem encorajar as boas iniciativas de gerenciamento corporativo e opor-se às más. Mas, como regra, elas não estimulam a interferência dos investidores institucionais na administração do dia a dia das empresas. Os focos da participação no processo de governança devem ser:

1. Nível e qualidade da transparência.
2. Questões estratégicas significativas.
3. Desempenho financeiro e mudanças substantivas na estrutura de capital e de controle da empresa.
4. Papel, independência e adequabilidade de conselheiros não executivos.
5. Qualidade dos procedimentos de sucessão.
6. Políticas de remuneração de executivos e conselheiros.
7. Conflitos de interesse com acionistas e outras partes interessadas.
8. Proteção dos direitos dos acionistas, com ênfase nos investidores minoritários.
9. Práticas contábeis e de auditoria.
10. Composição dos comitês de remuneração e fiscal.
11. Administração de riscos negociais, éticos, ambientais e sociais.

Prestação de contas

Os acionistas institucionais devem prestar contas aos beneficiários de seus investimentos sobre a forma como estão executando suas responsabilidades de participação acionária. São relevantes:

1. Política de governança adotada, política de investimentos e diretrizes de voto.
2. Como as empresas são monitoradas.
3. Resumo anual dos votos favoráveis e contrários às propostas das corporações.
4. Listagem das empresas de que são acionistas, com indicação de possíveis conflitos de interesse.
5. Procedimentos para lidar com situações de conflito.

Fonte: ICGN. Statement on institutional shareholder responsibilities. Londres: *ICGN News*, Dec. 2003.

1. **Foco**. A maior parte dos fundos elege as empresas em que exercerão forte monitoramento. Geralmente, são aquelas que concentram as maiores parcelas das carteiras desses investidores, as que apresentam problemas mais agudos de governança e que têm alto potencial de criação de valor.

2. **Profissionalismo**. As regras internas de atuação são geralmente definidas em códigos bem estruturados, que atendem aos valores essenciais da boa governança. A direção e os objetivos da intervenção são estabelecidos com clareza. A atuação é aberta e com forte amparo legal. Tendem a prevalecer juízos de valor e recomendações respaldadas em fatos objetivamente apurados.

3. **Visão do todo**. O mapeamento das corporações pelos investidores institucionais conduz a matrizes de posicionamento em que se definem simultaneamente, em dois eixos, os resultados do desempenho recente e as expectativas de retornos futuros. Nos Estados Unidos, por exemplo, a *Calpers*, maior fundo de investimentos do país, que administra uma carteira de US$ 306 bilhões, publica, no *Wall Street Journal*, anualmente, a relação das companhias das quais ela possui ações, listando-as segundo seus padrões comparativos de desempenho. Ela exige reuniões com as companhias *underperformers*, ocasião em que pressiona os executivos de alto nível por medidas que conduzam à recuperação dos resultados. Naquelas em que não se revertem positivamente os números das demonstrações financeiras, esse fundo de pensão assume posições mais contundentes, de ataque, exigindo a demissão do executivo principal.

FIGURA 4.5 Participação dos fundos de *private equity* no número global de transações de fusões e aquisições no período 2000-2009.

Fonte: Dealogic. Financial News. Merger & Acquisitions Analysis, 2010.

Dada a importância que os acionistas institucionais podem exercer no desenvolvimento da boa governança corporativa, o *International Corporate Governance Network (ICGN)* formulou uma declaração sobre as responsabilidades fiduciárias desses acionistas em relação a seus beneficiários e às suas participações. O Quadro 4.5 traz um resumo dessa declaração.

6. A ATUAÇÃO DOS FUNDOS DE *PRIVATE EQUITY*

Em defesa dos interesses de seus cotistas, os fundos de *private equity* são importantes promotores da boa governança nas empresas que recorrem a seus aportes de capital. A importância desses fundos em processos de fusões e aquisições é crescente em termos globais, como mostram os dados da Figura 4.5. No período 2000-09, participaram de mais de 21.500 transações, equivalentes a 7,2% do total das praticadas no sistema corporativo mundial.

A atuação dos administradores desses fundos inicia-se antes mesmo que sejam concluídas as negociações de aporte de recursos, na fase pré-investimento, e se efetivam após sua coparticipação no capital das empresas. O Quadro 4.6 sintetiza as ações nestas duas fases.

O primeiro passo dos administradores dos fundos é a avaliação das práticas de governança, antes da validação do plano de investimento e da análise das alternativas de desenvolvimento dos negócios, que poderão ser viabilizadas pelo aporte de capital. O histórico das empresas é avaliado quanto a questões relativas à governança, com ênfase em transações com partes relacionadas, conflitos de interesse e conformidade com as leis e regulamentos. Os princípios e propósitos dos proprietários, a estrutura de poder estabelecida e os processos e práticas de gestão são também objeto de avaliação, compondo um amplo diagnóstico sobre a estrutura e os processos de governança, que será aberto, em *feedback*, à administração das empresas.

Os ajustes para adequação dos processos internos às boas práticas adquirem, nesta fase, importância equivalente à avaliação do retorno total da operação negociada. Se houver condições para que sejam atendidos e se os resultados projetados forem animadores, realiza-se aporte de capital e se inicia então a implantação de diretrizes de boa governança, focadas em *disclosure* e *accountability*. Introduzem-se então nas empresas, caso ainda não sejam praticadas, normas rigorosas de preparação e de auditoria de demonstrações de resultados, que assegurem a integridade das informações. Os Conselhos de Administração são também objetos de atenção, especialmente quanto à sua composição e à presença de conselheiros independentes, cuja nomeação passará pelo filtro do fundo. É ainda prática comum que o fundo tenha assento no Conselho de Administração.

Não é só nas empresas a que aportam capital que os fundos de *private equity* promovem as boas de práticas de governança. Elas estão também estabelecidas em sua própria administração. Os cotistas recebem informações periódicas sobre os resultados de cada um dos investimentos realizados, em concordância com os estatutos do fundo e a legislação vigente. O processo

QUADRO 4.6
A atuação dos fundos de *private equity* como força promotora de boa governança.

Administradores dos fundos de *private equity*

⬇

Pré-investimento	Pós-investimento
❑ Avaliam as práticas de governança das empresas. ❑ Avaliam e validam o plano de financiamento e as alternativas de desenvolvimento do negócio. ❑ Analisam o histórico das empresas em questões relativas à governança, tais como transações com partes relacionadas, conflitos de interesse e conformidade legal. ❑ Fazem uma checagem independente sobre o histórico da administração da empresa e dos princípios e propósitos dos principais acionistas. ❑ Trabalham com a administração para assegurar a razoabilidade do processo de investimento. ❑ Fornecem à administração *feedback* sobre questões de governança.	❑ Com foco em *disclosure*: ◊ Solicitam que informações relevantes sobre a empresa sejam preparadas, auditadas e divulgadas para apresentação precisa e oportuna aos acionistas. ◊ Asseguram a integridade das informações financeiras e da Auditoria Interna. Propõem a contratação de Auditoria Externa abrangente e conduzida por um auditor de renome. ◊ Exigem que a administração e os conselheiros divulguem quaisquer transações com partes relacionadas ou potenciais conflitos de interesse. ❑ Com foco em *accountability*: ◊ Constituem um Conselho de Administração eficiente para supervisionar a gestão e para se comunicar com os acionistas. Exigem que os conselheiros tenham experiência e qualificações suficientes. Requerem um número apropriado de conselheiros independentes. Criam Comitês de Auditoria, Remuneração e Nomeação. ◊ Introduzem processos formais no Conselho de Administração, tais como divulgação prévia de agenda, elaboração de atas detalhadas, realização de reuniões regulares e ativas. ◊ Estabelecem cultura e práticas orientadas para resultados, reforçadas por um sistema de remuneração vinculado ao desempenho. ◊ Asseguram que a empresa cumpra a lei, os regulamentos e as melhores práticas.

Fonte: SULLIVAN, Peter; LIM, Geoffrey. Corporate governance and *private equity*. In: *Global corporate governance guide 2004*. London: Globe White Page, 2004.

decisório de entrada, permanência e saída das empresas em que os fundos têm recursos investidos é geralmente decidido por órgãos colegiados, como Conselhos Consultivos ou Conselhos de Administração. O ambiente de fiscalização e de controle dos fundos é necessariamente composto por auditores internos e independentes. E a todos os cotistas se estendem o princípio de "uma cota, um voto" e a garantia de *tag along*.

AS FORÇAS INTERNAS DE CONTROLE

1. CONCENTRAÇÃO DA PROPRIEDADE ACIONÁRIA

Vista como força interna de controle de boas práticas de governança, a concentração da propriedade é geralmente apontada como vantajosa, chamando-se a atenção, porém, para as condições e as circunstâncias em que pode também gerar benefícios pouco justificáveis aos controladores, superando padrões compatíveis com suas participações acionárias.

As vantagens mais importantes atribuíveis à concentração da propriedade estão ligadas à possibilidade de o monitoramento ser exercido pelos proprietários, com a provável redução de conflitos e custos de agência. Hitt, Ireland e Hoskisson[20] observam que, "em geral, a propriedade difusa, definida por um grande número de acionistas com pequenos lotes de ações e poucos acionistas, se houver, portadores de grandes lotes, produz uma fraca monitoração das decisões gerenciais. Entre outros problemas, a propriedade difusa torna difícil aos proprietários a coordenação de seus objetivos de forma eficiente. Resultados da fraca monitoração podem ser tanto de decisões estratégicas, quanto de operações, que objetivem mais a segurança dos gestores do que a maximização do valor da empresa para os acionistas".

Há evidências empíricas que comprovam estas hipóteses. Shleifer e Vishny[21] mostraram que a presença de acionistas controladores aumenta a relação benefícios/custos do monitoramento, implicando soluções otimizadas para a questão dos conflitos de agência. Bebchuk[22] destaca outro aspecto: os benefícios da presença de grandes acionistas controladores nos países em que é considerada baixa a proteção dos investidores. A hipótese empiricamente validada é de que o controlador presente conduz o processo de governança de forma a equalizar os interesses de acionistas, gestores e outras partes interessadas, sinalizando para o mercado uma solução satisfatória para os custos de agência. Neste sentido, evidenciam-se fortes vínculos entre a estrutura de propriedade, os padrões de governança e os benefícios privados do controle.

A relação entre propriedade e benefícios privados pode levar os grandes investidores a se assegurarem de retornos através de mecanismos que lhes confiram o controle corporativo. Os mais comuns são:

1. Emissão de ações com direitos de voto limitados.
2. Propriedade cruzada de ações de duas ou mais empresas, dificultando a perda de controle.

3. Estrutura piramidal, através de *holdings* que, por sua vez, detêm a propriedade de empresas-alvo objeto de controle.

Além da otimização de controles, pelo monitoramento eficaz das empresas controladas, a concentração da propriedade acionária é também associável com o maior valor de mercado das empresas. Nos mercados de capitais das novas economias da Ásia, pesquisados por Claessens, Djankov e Lang,[23] evidenciou-se que as companhias controladas pelos executivos têm menor valor, comparativamente àquelas em que há maior concentração da propriedade e controle pelos acionistas. Becht, Bolton e Röel[24] assinalam que "na Europa Ocidental e em outros países da OCDE, com exceção dos Estados Unidos e do Reino Unido, as estruturas de propriedade semiconcentradas, com pelo menos um grande acionista que tenha interesse em monitorar a administração e poder de implementar mudanças e estratégias eficazes é a forma dominante do exercício da governança corporativa. E a que registra maior correlação com o valor de mercado das empresas".

Há, todavia, restrições aos benefícios que podem resultar da concentração de propriedade acionária. Um dos mais destacados é a existência de mercados secundários de alta liquidez. A implicação é evidente: quando acionistas monitoradores podem sair facilmente da empresa, eles tendem a usar menos eficazmente o seu poder de voz e de influência efetiva. Kahn e Winton[25] mostraram que a liquidez do mercado pode reduzir a propensão dos grandes detentores de ações em monitorar a gestão. Os incentivos maiores seriam para negociação, amparada em informações privilegiadas. A participação interna seria mais para a busca de dados e informações de alta relevância para o valor das corporações do que propriamente para colaborar eficientemente nos processos de geração de riqueza e de otimização dos retornos operacionais.

Outras categorias de restrição relacionam-se aos possíveis desalinhamentos entre os interesses do acionista controlador e os dos demais acionistas. Uma delas, que se acentua quando o controlador tem uma carteira acionária altamente concentrada em uma ou poucas empresas, é o exercício do monitoramento mais voltado para redução de riscos do que para maximização de retornos. Neste caso, oportunidades inovadoras de negócios que combinem retornos e riscos elevados seriam desconsideradas, enfraquecendo-se por conservadorismo excessivo o posicionamento estratégico da corporação. Por fim, nos casos em que a concentração está nas mãos de um único acionista, a expropriação dos fluxos de caixa por benefícios autoconcedidos é uma hipótese adicional de desvantagem que não se pode descartar.

Diante destas restrições, uma **abordagem alternativa**, que tende a otimizar as relações entre a concentração da propriedade, o processo de monitoramento interno e o valor da empresa é a existência não de um controlador majoritário, mas de um ***conjunto de acionistas detentores de grandes blocos, que compartilham o monitoramento interno***. Este modelo praticamente elimina a "restrição da liquidez" e tende a minimizar a **restrição da expropriação**.

A ideia básica desta alternativa é a sua eficácia comparativamente superior, tanto do ponto de vista do controle interno da gestão, quanto do ponto de vista dos mercados secundários. Investigando esta alternativa, Bolton e Thadden[26] evidenciaram que "o benefício potencial das estruturas de controle baseadas em detentores de blocos de ações é que o monitoramento ocorrerá em uma base contínua. Em contraste com os custos potenciais do controle único concentrado, trata-se de modelo menos hostil aos investidores minoritários e a outras partes interessadas. E também superior ao sistema de acionistas pulverizados, que somente produz intervenções em situações de crise, quase sempre de difícil reversão, a não ser por *take-over* hostil".

2. Constituição de Conselhos de Administração Guardiões

Praticamente todos os modelos de governança corporativa e, mais enfaticamente, os resultantes da separação da propriedade e da gestão **atribuem à constituição e ao funcionamento de Conselhos de Administração um papel crucial como força interna de controle**.

A propriedade difusa e a propensão a baixo envolvimento direto com a corporação por parte de acionistas com grandes lotes e carteiras de alta diversificação são fatores que tornam os Conselhos de Administração peças fundamentais no processo de governança e justificam os amplos poderes que lhes são conferidos na maior parte dos países, por força de lei e de regulações do mercado.

A importância dos Conselhos de Administração como força interna de controle é de tal ordem que não é possível dissociar as expressões *governança corporativa* e *Conselho de Administração*. Nem parece possível a proposição de um código de boas práticas de governança, desconsiderando-se a existência do Conselho de Administração e de seus comitês. Isto não significa, porém, que a simples constituição desses colegiados, com funcionamento periódico regular e formal, seja garantia suficiente de monitoramento eficaz – redutor, a níveis mínimos, dos conflitos e custos de agência e otimizador, nos limites superiores possíveis, da riqueza e do retorno gerados pelas companhias. Mas sua existência não deixa de ser uma condição necessária à governança de grandes corporações.

As questões fundamentais mais discutidas, que envolvem o **Conselho de Administração como força interna de controle**, podem ser sintetizadas em três:

1. Papel no sistema de governança.
2. Tamanho e composição.
3. Eficácia.

O papel do Conselho de Administração no sistema de governança. Um modelo de referência foi definido no início dos anos 80 por Fama e Jensen.[27] Sua concepção tem inspirado a separação de funções do Conselho de Administração e da Diretoria Executiva. Este modelo está sintetizado, com adaptações, na Figura 4.6. Sua lógica é simples e pragmática. Fundamenta-se em um sistema convencional de cinco etapas, duas de responsabilidade da Diretoria Executiva e três de responsabilidade do Conselho de Administração. Cabe, porém, ao Conselho de Administração o *start* do processo, pela emissão de *guide lines*, direcionadores e expectativas de resultado à Diretoria Executiva.

Partindo de direcionadores emitidos pelo Conselho de Administração, cabe à Diretoria Executiva formular o plano estratégico para os negócios e a gestão que corresponda às grandes diretrizes definidas. Este plano é encaminhado ao conselho para análise, eventuais ajustes e homologação, retornando então aos gestores para desdobramento em propostas orçamentárias, *business plans* e execução. À medida que as operações se realizam, a Diretoria Executiva encaminha ao Conselho de Administração dados e informações, compa-

FIGURA 4.6
Etapas do sistema de governança. A interação conselho-diretoria executiva, com separação formal dos processos: do direcionamento ao monitoramento das estratégias, diretrizes e resultados.

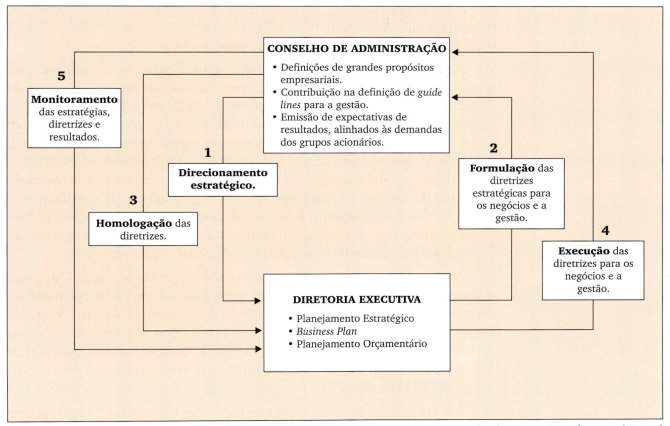

Fonte: Adaptação de modelo originalmente definido por FAMA, Eugene; JENSEN, Michael. Separation of ownership and control. *Journal of Law and Economics*, v. 16, 1983.

rando o planejado e o realizado, para monitoramento do conselho. O que esse sistema evidencia é que o Conselho é um órgão de direcionamento, homologação e monitoramento; a Diretoria Executiva, de formulação e execução.

Esse modelo lógico separa conceitualmente as etapas do processo decisório em *decisões de controle*, que competem ao Conselho de Administração, e *decisões de gestão*, que competem à Diretoria Executiva. É uma tradução formal do senso comum, expresso na conhecida concepção da governança anglo-saxônica – *nose in, fingers out*. O dia a dia das operações é confiado à gestão. O faro, a visão, a lógica empresarial e a análise dos riscos a ela inerentes são dos conselheiros, guardiões dos interesses dos acionistas.

Tamanho e composição do Conselho de Administração. O tamanho do colegiado remete a uma visão quantitativa; a composição diz respeito a atributos que envolvem qualificações. Quanto ao tamanho, as soluções encontradas na realidade do mundo corporativo são bem variadas e parecem fortemente relacionadas a questões culturais. No Japão e em outras economias orientais, os Conselhos de Administração tendem a ser constituídos por um grande número: são "volumosos". Na Alemanha, o tamanho tende a ser menor que no Oriente, mas a tendência é de compartilhar o controle corporativo com maior diversidade de partes interessadas, credores e trabalhadores, por exemplo. Já no sistema anglo-saxão, o número é geralmente menos extenso, com o argumento de que os colegiados volumosos são menos assertivos, aumentam as chances de pautas mais abertas e admitem divagações que reduzem a sua efetividade. Mas não chega a ser subdimensionado, dado o risco de ser mais facilmente dominado pela gestão.

Não há, assim, uma regra definida para tamanho do Conselho de Administração. E é pequena a literatura formal sobre este aspecto do processo de governança. Uma das raras investigações, de Dalton e Daily,[28] sugere que conselhos maiores, desde que com maior proporção de conselheiros externos e com alta diversidade de experiência de seus membros em diferentes ramos de negócio, apresentam correlações positivas, estatisticamente significantes, com o desempenho financeiro das corporações. Mas a análise não se restringiu à questão do número de membros, introduzindo variáveis de qualificação. E a escolha das qualificações – independência e diversidade de experiências – praticamente justifica a principal vantagem apontada pela investigação: um aconselhamento de melhor qualidade para a Diretoria Executiva.

Aceitando-se a divisão formal de decisões sugerida no modelo de Fama e Jensen, parece realmente justificável que a diversidade e a independência – embora não necessariamente apenas estes dois atributos – sejam condições interessantes para um bom desempenho do conselho. E, realmente, a maior parte dos esforços regulatórios voltados para a constituição dos Conselhos de Administração aponta para estes dois atributos, mais fortemente para a independência dos conselheiros.

É desta justificável proposição que Baysinger e Hoskisson[29] sugerem uma composição mista, como a indicada na Figura 4.7. A tipologia da composição fundamenta-se nas relações dos conselheiros com a corporação: os *insiders*, os *outsiders* relacionados e os *outsiders*. Os primeiros são gerentes de alto nível,

FIGURA 4.7
Constituição equilibrada dos conselhos de administração: condição necessária, mas não suficiente, para monitoramento mais eficaz.

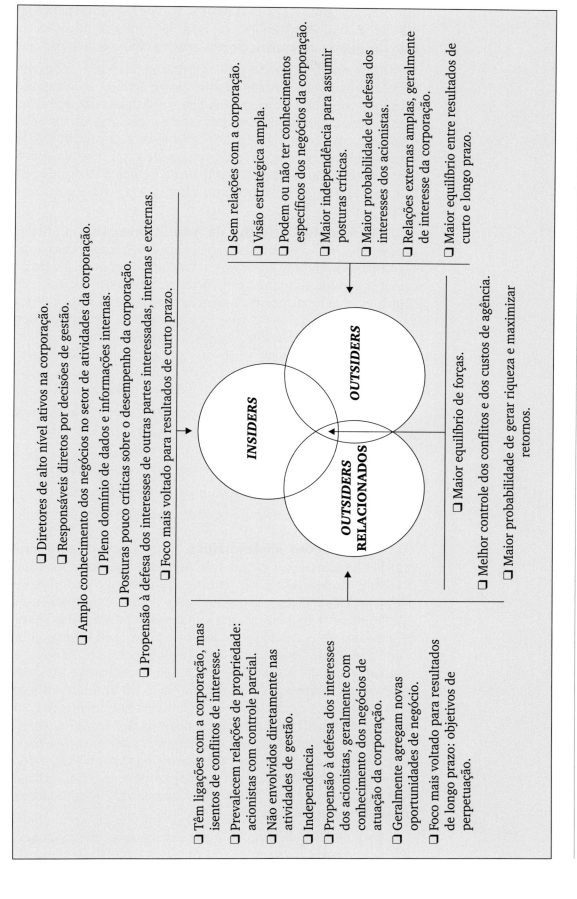

- Diretores de alto nível ativos na corporação.
- Responsáveis diretos por decisões de gestão.
- Amplo conhecimento dos negócios no setor de atividades da corporação.
- Pleno domínio de dados e informações internas.
- Posturas pouco críticas sobre o desempenho da corporação.
- Propensão à defesa dos interesses de outras partes interessadas, internas e externas.
- Foco mais voltado para resultados de curto prazo.

- Sem relações com a corporação.
- Visão estratégica ampla.
- Podem ou não ter conhecimentos específicos dos negócios da corporação.
- Maior independência para assumir posturas críticas.
- Maior probabilidade de defesa dos interesses dos acionistas.
- Relações externas amplas, geralmente de interesse da corporação.
- Maior equilíbrio entre resultados de curto e longo prazo.

- Têm ligações com a corporação, mas isentos de conflitos de interesse.
- Prevalecem relações de propriedade: acionistas com controle parcial.
- Não envolvidos diretamente nas atividades de gestão.
- Independência.
- Propensão à defesa dos interesses dos acionistas, geralmente com conhecimento dos negócios de atuação da corporação.
- Geralmente agregam novas oportunidades de negócio.
- Foco mais voltado para resultados de longo prazo: objetivos de perpetuação.

- Maior equilíbrio de forças.
- Melhor controle dos conflitos e dos custos de agência.
- Maior probabilidade de gerar riqueza e maximizar retornos.

ativos na corporação, citados nos códigos de boa governança como conselheiros-executivos. Os segundos têm relações com a corporação, mas não participam do quadro executivo. Os terceiros são independentes.

Obviamente, Conselhos de Administração constituídos apenas de gestores perderiam suas funções de homologação e de monitoramento. No outro extremo, conselhos constituídos apenas de conselheiros externos independentes podem perder eficácia pelo seu distanciamento em relação às oportunidades e aos riscos dos negócios corporativos. *A constituição mista parece ser a que reúne maior potencial para produzir melhores resultados*. O equilíbrio de forças pode gerar melhor controle dos conflitos e custos de agência e estabelecer condições para maximizar o valor da empresa e o retorno dos negócios corporativos.

Eficácia do Conselho de Administração. Em princípio, o Conselho de Administração de composição mista seria a força interna de controle mais eficaz para monitorar a estratégia, avaliar os resultados e decidir, quando necessário, a adoção de medidas corretivas, inclusive radicais. Os membros seriam eleitos pelos acionistas e uma de suas funções seria a de escolher, admitir e demitir o principal executivo e, por extensão, a sua equipe. Representando os interesses dos acionistas, o conselho teria por missão básica otimizar retornos, agregar valor à corporação e chamar a si a responsabilidade pela orientação de decisões de alto impacto, como cisões, aquisição e fusões, mudanças na estrutura de capital, diversificação de negócios e desimobilizações radicais.

Mas por que esses princípios estão registrados na forma condicional?

Há várias razões. As principais são:

1. A assimetria de informações Diretoria-Conselho.
2. O alto poder de barganha do principal executivo.
3. O efeito reverso do bom desempenho do próprio colegiado.

Informações assimétricas. A assimetria de informações entre a Diretoria Executiva e o Conselho de Administração começa com o processo de produção de relatórios, de dados e de informação: todos são procedentes da gestão. Mesmo que as informações sejam absolutamente corretas e que os conselheiros tenham acesso a quaisquer informações sobre as políticas e os negócios da empresa, o conhecimento da realidade subjacente aos dados tende a ser muito mais sólido e abrangente por parte de quem executa do que pelo colegiado de monitoramento. A não ser que os resultados da corporação caminhem unidirecionalmente para baixo ou apresentem sempre desempenhos inferiores à média do setor, a Diretoria Executiva tem como justificar – e com razoável poder de convencimento – os desvios em relação às metas orçamentárias e ao *business plan*. Há sempre razoáveis razões para desempenhos pontualmente inferiores aos planejados e é possível relacioná-los a complexos problemas enfrentados no dia a dia, que vêm de todos os lados, das cadeias de suprimentos à agressividade da concorrência, das mudanças no mercado à conjuntura macroeconômica.

Esta deficiência tende a aumentar quanto maior for a expressão relativa de *outsiders* na composição do conselho. O seu reduzido contato com as operações diárias da empresa e o seu acesso pontual e não permanente às informações não são condições que os capacitem a uma atuação mais eficaz. Estas suposições são comprovadas por estudos que sugeriram a fraca relação entre a composição de Conselhos de Administração preponderantemente constituída por conselheiros externos independentes e o desempenho da empresa. Os realizados por Hermalin e Weisbach[30] ou Byrd e Hickman[31] sustentam esta hipótese.

Poder de barganha do executivo principal. O alto poder de barganha do executivo principal é outro fator que pode reduzir a eficácia do conselho. Becht, Bolton e Röell[32] apresentam uma abrangente resenha de investigações sobre este fator, concluindo que, "em empresas com estrutura acionária dispersa, o Conselho de Administração tende a se comportar mais como uma assembleia que aprova automaticamente, do que como um órgão de controle, realmente independente, que verifica e contrabalança o poder do presidente executivo. Uma importante razão pela qual os conselhos são capturados pela gestão é que os presidentes geralmente têm uma influência considerável sobre a escolha dos conselheiros. Em consequência, mesmo quando os conselhos conseguem relativa independência em relação à gestão, eles muitas vezes não são tão eficazes quanto poderiam ser, uma vez que os conselheiros preferem desempenhar um papel menos confrontante de *aconselhamento*, do que um papel de *monitoramento crítico*".

A este propósito, uma das mais contundentes conclusões foi resumida em uma investigação específica, conduzida por Warther,[33] sobre a escolha e a renomeação de conselheiros: "Uma vez que os conselheiros preferem permanecer no conselho de administração a ser demitidos, eles relutarão em votar contra a administração, a menos que as evidências de má administração sejam tão fortes que eles possam estar suficientemente confiantes de que será formada uma maioria contra a gestão."

Efeito reverso. Por fim, há a questão do *efeito reverso*, apontado por Hermalin e Weisbach.[34] Conselhos eficazes, pelo seu tamanho, pela sua composição e pela postura de seus membros, que apresentam resultados visíveis não só pelo controle dos conflitos e custos de agenciamento e defesa dos interesses dos acionistas, mas também pelos resultados efetivos da corporação percebidos pelo mercado e expressos na valorização das ações, ajudam a fortalecer a direção executiva. A percepção, sob esta perspectiva, é de que, à medida que a empresa apresenta resultados crescentemente satisfatórios, melhora a posição, fortalece a liderança e cresce o poder do presidente executivo. E estes resultados podem levar à erosão gradual da eficácia dos conselhos ao longo do tempo.

3. MODELOS DE REMUNERAÇÃO DOS EXECUTIVOS

Atrelada ao monitoramento que o Conselho de Administração deve exercer sobre a gestão, uma das mais complexas questões de governança corporativa é a definição de um modelo eficaz de remuneração para a direção executiva. Esta questão é estreitamente ligada a dois propósitos centrais da boa governança – a redução dos custos de agência e o alinhamento dos interesses imperfeitamente simétricos de acionistas e gestores. E a sua complexidade está na difícil compatibilização destes dois propósitos.

Algumas regras básicas têm sido praticadas para o melhor equacionamento desta questão. Pelo menos quatro podem ser relacionadas:

1. Criação de um comitê de renumeração constituído por membros do conselho, preferencialmente acionistas e *outsiders* independentes, que estabelecerá os parâmetros para a negociação do modelo de remuneração entre o presidente, o comitê e o conselho.
2. Vinculação do modelo de remuneração ao desempenho da empresa, tanto no curto quanto no longo prazo.
3. Balanceamento de relações custos/benefícios de agência, sob duas perspectivas, a dos acionistas e a dos gestores.
4. Relação com os padrões de mercado.

Comitês de remuneração. A tarefa destes comitês "é espinhosa". Primeiro porque eles estarão lidando com uma das questões realmente cruciais da governança corporativa – e de alta sensibilidade.

Do modelo de remuneração definido dependerá o ânimo com que a gestão enfrentará os desafios do gerenciamento, em sistemas competitivos crescentemente complexos e em processo permanente de mudança. Do que for definido também dependerá como os gestores se comprometerão, equilibradamente, com objetivos de curto e de longo prazo, tanto os da corporação quanto os pessoais. Mais ainda: o modelo definido terá também implicações com praticamente todas as forças externas de controle das práticas de governança, especialmente as pressões dos mercados e o ativismo dos acionistas institucionais, não participantes da gestão e do conselho.

Outro aspecto bastante sensível da tarefa desses comitês tem a ver com a remuneração dos próprios conselheiros – isto porque um dos parâmetros dos seus ganhos é o conjunto dos benefícios concedidos aos gestores. Embora também aqui não existam regras universais definidas, é bastante comum que as remunerações dos conselheiros sejam estabelecidas a partir de um porcentual anual em relação às dos executivos. Esta ligação cria um conflito de interesses. Indiretamente, ao definirem as remunerações do quadro, especialmente a do principal executivo, os conselheiros do comitê de remuneração estão também decidindo as suas próprias recompensas. Minow[35] vê nesse conflito uma das principais razões das remunerações generosas da alta gestão executiva. E, quando ocorre, é um sinal evidente de fraca governança corporativa.

Vinculação com o desempenho. Para maior alinhamento dos interesses dos gestores com os dos acionistas, um caminho inevitavelmente seguido é o de vincular o modelo de remuneração ao desempenho da corporação. Duas formas são geralmente adotadas:

1. Bonificações com base no desempenho financeiro da empresa, apurado em seus balanços anuais.
2. *Stock options* – opções de compra de ações a um preço predefinido.

As bonificações atendem mais a objetivos de curto prazo; as opções de compra de ações, a objetivos de prazo mais longo. Equilibrar, no interesse dos acionistas, estes dois diferentes tipos de incentivo é um objetivo de alta importância, mas também de alta complexidade.

A gestão dos resultados de curto prazo tem mais vínculos com as operações rotineiras da empresa. Já a gestão mais voltada para o longo prazo envolve questões estratégicas. Quando prevalecem objetivos de curto prazo, é comum que ocorram manipulações administrativas, que poderão comprometer os resultados de longo prazo. Uma influente pesquisa conduzida por Hoskisson, Hitt e Hill[36] evidenciou que incentivos para a busca de "objetivos de balanço" estavam negativamente relacionados com gastos em pesquisa e desenvolvimento (P&D), afetando a competitividade futura das empresas em seus setores de atividade. O mesmo pode ocorrer com outros investimentos estratégicos, como a capacitação dos recursos humanos e até com os padrões de remuneração dos níveis gerenciais mais baixos e do "chão de fábrica", deteriorando-se o clima organizacional. Outras categorias de gastos orçamentários que também podem ser atingidas são pesquisas de mercado, esforços de marketing, *merchandising* e publicidade. Isto sem contar a hipótese, que na recente virada de século se evidenciou não descartável, de manipulações contábeis fraudulentas.

A composição dos incentivos de curto prazo com os de maior alcance passa, assim, por modelos mais fundamentados na participação acionária do que nos demonstrativos financeiros anuais. A utilização de planos de incentivo baseados preponderantemente em *stock options* tem sido bem recebida pelo mercado de capitais, especialmente pelos acionistas institucionais. E é sintomático que, nas companhias onde este tipo de modelo tem sido adotado, os comitês delegados de remuneração são majoritariamente constituídos por *outsiders*. Estudos realizados por Conyon e Peck[37] comprovaram esta relação. E a prática adotada tem ido nesta direção. Nos anos 90, nos Estados Unidos, as bonificações de balanço recuaram e as opções de compra de ações aumentaram, na composição da remuneração dos altos executivos. O resultado é que a quantidade média de ações pertencentes a altos executivos e a conselheiros de administração atingiu 21% do capital das empresas abertas.

Estas tendências e seus bons resultados não significam que os modelos de remuneração mais eficazes devem desconsiderar objetivos de curto prazo. Isto porque, de um lado, a valorização das ações é também fortemente influenciada pelos resultados de balanço e não apenas pelas projeções de resultados futuros fundamentadas em estratégias avaliadas como de alto potencial. De outro lado, o julgamento da qualidade da estratégia é particularmente difícil em ambientes de mudanças. Quando todos os *players* estão buscando objetivos ambiciosos de longo prazo, os riscos a que cada um se submete tendem a tornar-se mais altos. E altos riscos são evitados, tanto por razões financeiras, quanto de prestígio e de carreira.

Balanceamento de relações custos-benefícios. Esta soma de dificuldades remete o modelo de remuneração dos gestores, enquanto mecanismo interno de controle, para a grande questão-chave da governança corporativa: o balanceamento de relações custos/benefícios de agência, sob duas perspectivas – a dos acionistas e a dos gestores. Maus resultados de curto prazo e riscos de longo prazo envolvem custos elevados para ambos. O oposto, tanto do ponto de vista de maximização de retornos, quanto do aumento do valor da empresa, envolve bons balanços e boa estratégia.

A fórmula que parece melhor conciliar os interesse é a de vincular as remunerações a um *padrão qualificado de desempenho*. E este padrão é o sugerido por uma vertente das teorias de avaliação da estratégia corporativa, segundo a qual estratégias bem-sucedidas geralmente produzem, ao longo do tempo, resultados superiores aos da média do setor de negócios. A adoção desse princípio tem sido um caminho bem aceito pelas partes envolvidas: os benefícios concedidos, tanto de bonificações, quanto de *stock options*, são vinculados a índices setoriais de desempenho. A presunção que suporta esta fórmula é que uma empresa dificilmente apresenta resultados superiores aos da média de seu setor, ao longo do tempo, se a estratégia de negócios e o modelo de gestão estiverem mal fundamentados.

Padrões de mercado. Outro alinhamento necessário dos modelos de remuneração da alta administração é com os padrões de mercado mais recentes e mais eficazes. Esses padrões variam muito entre os países. Nos Estados Unidos, eles atingem os mais elevados valores, mesmo levando-se em conta as dimensões das corporações e seus níveis efetivos de geração de riqueza. Na Ásia, os valores tendem a ser bem mais baixos. Na Europa são medianos.

Ainda que solucionam eficazmente as questões de agência, os padrões de remuneração desajustados em relação ao mercado de trabalho da alta gestão levarão ao desconforto da expropriação dos acionistas – quando o desajuste é para cima – ou ao desincentivo dos gestores – quando é para baixo.

É neste sentido que o mercado de trabalho competitivo é uma boa contrapartida, como força externa de controle, dos modelos praticados internamente nas empresas. As práticas mais aceitas e eficazes são assim as que conciliam os propósitos das partes envolvidas. Mas elas variam com o tempo e não são as mesmas em diferentes lugares. É o que justifica a inquietante conclusão de que esta área dos mecanismos de governança, exatamente a mais sensível e a que mais impacta resultados, é a que tem mais problemas abertos, exigindo ainda uma teoria básica para equacionamentos harmonizadores.

4. Monitoramento Compartilhado

Outra força interna de controle da governança é o monitoramento compartilhado com outras partes interessadas, além de acionistas e gestores. No modelo anglo-saxão, embora a base acionária seja predominantemente pulverizada, o emprego desta força é pouco enfatizado e praticado. Mas na Ásia e na Europa observa-se maior propensão ao seu uso, como forma de atender mais equilibradamente aos agentes alcançados pelo *nexo de contratos* da corporação e de incorporar procedimentos valorizados por agências de *rating* e recomendados por instituições multilaterais como a OCDE.

Os credores e os empregados são, dentro do conjunto das "outras partes interessadas", as mais comumente representadas em conselhos de administração que admitem o monitoramento compartilhado. Nas companhias em que a estrutura do capital é fortemente constituída por *debt*, não é incomum que o principal credor tenha assento no conselho. E quando o capital humano é tão importante quanto outras formas de ativos, empreendedores proprietários e empregados tendem a ter relações de governança mais estreitas, com forte tendência a empregados tornarem-se também sócios: é o que ocorre na maioria das grandes empresas de consultoria, auditoria e advocacia e nas grandes agências de publicidade.

As razões que justificam o monitoramento compartilhado diferem bastante em função do terceiro interesse representado. Credores são admitidos por razões diversas que levam à presença de empregados no processo de governança. Em um caso e em outro, as razões mais fortes são:

Credores

- Riscos de expropriação pelos acionistas.
- Alta alavancagem: proteção do sistema financeiro, principal fornecedor de capital.
- Rejeição a oportunidades de geração de riqueza, como fusões, de interesse de minoritários, nos casos em que os controladores, apoiados pelo conselho, preferem manter o negócio e o controle em suas mãos.

Trabalhadores

- Precaução contra ações contundentes, como sindicalização e greves.
- Modelos abertos e participativos de formulação e de implementação da estratégia.
- Mudanças orientadas para modelos de governança recomendados por organizações multilaterais ou para critérios adotados por agências de *rating* corporativo.
- Importância do fator trabalho equiparável à do fator capital.

Cabe registrar que a admissão dessas forças adicionais de controle, mesmo nos casos em que há razões fundamentadas para a sua presença no sistema de governança, é objeto de acirradas controvérsias. Mesmo na Europa e, mais especificamente, na Alemanha, onde a governança corporativa tende para *modelos de múltiplos grupos de interesse*, com firme escolha por uma *concepção stakeholder avançada,* a extensão em que os conselhos devem ter representantes de outras partes, a questão de as empresas serem obrigadas a ter representantes de outros interesses em seus conselhos de administração têm sido fortemente questionada. Esta é uma das controvérsias mais fortes nas discussões, que já se estendem por cinco anos, para a homologação do Estatuto da Empresa Europeia.

5. Estruturas Multidivisionais de Negócios

Finalmente, outra força interna de controle, restrita porém a empresas com negócios diversificados, é a adoção da estrutura corporativa por *unidades estratégicas de negócios*.

O argumento mais forte, favorável às estruturas multidivisionais, é a competição que pode ocorrer entre os gerentes para apresentarem os melhores resultados de balanço e criarem estratégias que alavanquem o valor de suas unidades, na percepção dos acionistas. A monitoração por parte do conselho, neste caso, e o próprio processo de governança tornam-se mais complexos. E os custos de agência podem subir, pela extensão de incentivos a maior número de gestores e pelos controles requeridos pela maior complexidade da estrutura corporativa.

A compensação para os maiores *custos de complexidade* é a percepção, pelo mercado, de que a corporação multidivisional e diversificada concilia dois atributos externamente valorizados: redução de riscos e maior regularidade de resultados ao longo do tempo. Mas, para isto, a estrutura multidivisional não será a principal força de controle da corporação. A ela estarão associados outros mecanismos, como a recompensa aos gestores ligada à contribuição aferida de suas unidades na criação de riqueza dos acionistas.

RESUMO

1. Apesar da diversidade dos modelos de governança, todos gravitam em torno de dois conjuntos de questões-chave: 1. **os conflitos de agência e os custos de agência;** 2. **os direitos assimétricos de acionistas, e as estruturas perversas de poder**.

2. Os conflitos e os custos de agência são as questões-chave, clássicas da governança e as origens do ativismo por melhores práticas. Elas geralmente se manifestam quando se dá a separação entre a propriedade e a gestão, com a outorga da direção das corporações a executivos contratados. Os *outorgantes* são as grandes massas de acionistas que investem seus recursos na aquisição de ações das empresas, ou que as recebem em processos sucessórios. Os *outorgados* são os gestores contratados para a Diretoria Executiva das companhias.

3. O interesse dos outorgantes é a otimização de sua riqueza e dos retornos de seus investimentos; o dos outorgados, podem ser outros e até conflitantes com os dos acionistas, como busca de *status*, altas remunerações, preferência por crescimento em detrimento, ainda que temporário, das margens operacionais e dos resultados de balanço.

4. Os focos dos **agentes principais ou outorgantes** são decisões financeiras, alocação de recursos, carteiras de máximo retorno, riscos e diversificação das aplicações. Os focos dos **outorgados ou agentes executores** são decisões empresariais, domínio do negócio, conhecimentos de gestão, estratégias e operações. Em princípio, são focos que podem ser complementares, caso os objetivos de outorgantes e outorgados estejam bem alinhados.

5. A governança corporativa cuida desse alinhamento. Quando, por problemas de agenciamento, ele não ocorre, a governança se vê envolvida pela mobilização de forças de controle, internas e externas, voltadas para a harmonização de interesses.

6. Os conflitos entre outorgantes e outorgados ocorrem com frequência, pelas razões apontadas nos axiomas de Klein (a *inexistência de contratos completos*) e de Jensen-Meckling (a *inexistência do agente perfeito*). Os **contratos incompletos** e os **comportamentos imperfeitos** deságuam no desalinhamento entre os interesses dos acionistas e dos gestores, levando à ocorrência de dois tipos de custos de agenciamento: os atribuíveis ao oportunismo dos gestores e aqueles em que incorrem os acionistas para o controle da gestão.

7. Entre os **custos atribuíveis ao oportunismo** citam-se: remunerações e benefícios excessivos autoconcedidos; resistência a ações vantajosas aos acionistas quando implicam ameaças às posições dos gestores, como liquidação, cisões e fusões; estratégias de diversificação de negócios, que aumentam a segurança e reduzem os riscos da direção executiva, mas que podem destruir valor.

8. Entre os **custos incorridos pelos acionistas** citam-se: o monitoramento dos outorgados; a construção e a manutenção de sistemas complexos e onerosos de informações gerenciais; e sistemas de incentivos e recompensas para harmonização de interesses.

9. Outra questão-chave da governança é a *existência de* **acionistas com direitos assimétricos**, resultantes do lançamento de mais de uma classe de ações: as com direito a voto e as que não dão direito a voto. Quando a legislação permite que o capital das companhias seja assim representado, um grupo com pequena parcela do capital total, mas com expressiva quantidade de ações votantes, pode controlar a empresa. Exemplo, quando as ações com direito a voto são 1/3 do capital, com 51% delas, ou seja, com 20,4% do capital total, um grupo pode assumir o controle. Neste caso, o conflito potencial é entre acionistas que detêm majoritariamente as ações de controle e os demais, que embora proprietários, não têm o direito de participar ativamente da gestão. As assimetrias de direitos podem levar à expropriação dos minoritários.

10. Em contraposição a estas questões-chave estabelecem-se forças de controle, que buscam harmonizar os interesses em jogo. Estas forças tanto podem ser externas, quanto internas.

11. Entre as *forças externas* que pressionam por boas práticas de governança citam-se: 1. definição de mecanismos regulatórios, que incluem regras de proteção dos investidores, compromissos ampliados das corporações e níveis de *enforcement* para sua efetiva adoção; 2. os padrões contábeis exigidos das companhias; 3. o controle pelo mercado de capitais, 4. as pressões dos mercados de atuação das companhias; e 5. o ativismo de investidores.

12. Entre as *forças internas* estão: 1. a concentração da propriedade acionária; 2. a constituição de Conselhos de Administração guardiões; 3. a definição de modelos da remuneração para os gestores; 4. o monitoramento compartilhado da companhia com outros grupos de interesse; e 5. as estruturas multidivisionais de negócios.

13. Das forças externas, o *ambiente regulatório* é geralmente visto como de alta eficácia. Nos países em que as regras são mais duras, é mais alta a capitalização das empresas via mercado de capitais, tende a ser maior o número de companhias abertas e o ambiente de negócios resulta mais estimulado, com reflexos positivos no crescimento da economia.

14. A convergência para padrões mundiais de contabilidade alcançou maior expressão como força externa de controle com a adoção do International Financial Reporting Standards (IFRS) pela Comunidade Europeia. A adesão a padrões contábeis que deem maior segurança aos investidores é uma força de controle em rápido processo de consolidação em praticamente todos os países, avançados e emergentes.

15. Outra força externa são os *ágios* e *deságios de governança*, transmitidos pelas cotações dos papéis negociados. Cotações desagiadas geralmente sinalizam má governança, maus resultados, pequena confiança na corporação. E, quando resultam em forte queda do valor de mercado das empresas, podem encorajar *take-overs hostis* – através dos quais um novo grupo controlador assume o comando, com objetivos de saneamento e reestruturação da corporação.

16. Os movimentos de *take-over* geralmente não são bem aceitos pelos gestores: daí o adjetivo *hostil*. Tanto que eles opõem às aquisições, para dificultá-las, as chamadas *poison pills* – *"pílulas de veneno"*. As mais praticadas são exigências estatutárias de supermaioria nos Conselhos de Administração para aprovação da mudança de controle, as altas indenizações a que, neste caso, têm direito a Diretoria Executiva, medidas para evitar negociações com grandes blocos de ações e direitos diferenciados de voto.

17. O *ativismo dos investidores institucionais* é também poderosa forma de controle. Com seu crescente poder de influência no mercado de capitais e na avaliação das companhias, suas exigências sobre boas práticas de governança têm tido peso crescente.

18. Entre as forças internas, a *constituição de Conselhos de Administração eficazes*, guardiões de boas práticas, é a que concentra a maior parte das atenções, tanto por parte de investidores, quanto das consultorias e da pesquisa acadêmica. O que se enfatiza é o seu papel, sua constituição e sua eficácia.

19. Conselhos menores, com a média de sete membros (mais dois menos dois), em que estejam presentes conselheiros independentes e focados mais em temas estratégicos, têm sido apontados como potencialmente mais eficazes.

20. Outra forma interna de controle é a definição de **modelos de remuneração de executivos vinculados ao desempenho da empresa**, tanto no curto como no longo prazo. *Bonificações* pelo desempenho de balanço atendem mais a objetivos de curto prazo; *stock options*, a de longo prazo. Uma composição adequada desses incentivos, conciliada com os padrões praticados no mercado de trabalho de altos executivos, é um mecanismo eficaz para conciliar os interesses dos acionistas com os da gestão. E assim definir uma boa solução para uma das questões cruciais da governança corporativa – os conflitos e os custos de agência.

21. O **monitoramento compartilhado** com outras partes interessadas pode também atuar como mecanismo interno de controle. Os credores e os empregados são as partes mais comumente representadas em conselhos de administração que admitem esta prática. As razões para admissão de credores no controle corporativo são: 1. riscos de expropriação por acionistas; 2. alta alavancagem; e 3. rejeição a oportunidades de geração de riqueza, como fusões, nos casos em que os controladores, apoiados pelo conselho, querem conservar o controle em suas mãos. Já a admissão de empregados geralmente atende aos seguintes propósitos: 1. precaução contra ações contundentes de sindicatos; 2. modelos de gestão mais participativos; 3. importância do fator trabalho equiparável à do capital.

22. **Estruturas multidivisionais de negócios** são também apontadas como força de interna de controle, pelos melhores resultados que tendem a produzir, em decorrência da competição entre os gestores das unidades criadas. A governança torna-se mais complexa pelos controles exigidos e pela extensão dos sistemas de incentivos a maior número de gestores. Mas os custos de complexidade tendem a ser compensados pela percepção de redução de riscos e pela maior regularidade dos resultados de longo prazo.

PALAVRAS E EXPRESSÕES-CHAVE

- Conflitos de agência.
- Propósitos imperfeitamente simétricos: acionistas *versus* gestores.
- Juízo gerencial.
- Comportamento imperfeito.
- Monitoramento dos gestores.
- Direitos assimétricos de acionistas.
    - Ações com direito a voto.
    - Ações sem direito a voto.
- Ágios de governança.
- Deságios de governança.

- *Enforcement*.
- *Take-over hostil*.
- *Tag along*.
- *Proxy fights*.
- Forças externas de controle:
    - Mecanismos regulatórios.
    - Padrões contábeis.
    - Controle pelo mercado.
    - Ativismo de acionistas.
    - *Pension fund capitalism*.
- Forças internas de controle:
    - Concentração acionária.
    - Conselhos guardiões.

- Remuneração dos gestores.
- *Stock options*.
- Monitoramento compartilhado.
- Negócios multidivisionais.
- *Poison pills* – pílulas de veneno:
    - *Golden parachutes*.
    - *Golden goodbye*.
    - Supermaioria.
    - Dupla classe de ações.
    - Direitos diferenciados.
- Efeito trincheira.

5

A Estrutura de Poder, o Processo e as Práticas de Governança Corporativa

As promessas e o poder das empresas governadas são claros. Elas desenvolvem processos decisórios mais vigorosos e adaptáveis. Nelas, as novas ideias são mais frequentes e o processo de gestão é menos personalizado: ele se encontra não na competência do principal executivo, mas na eficácia da organização. Há menos riscos de isolamento, de inércia e de falso consenso. No longo prazo, os sistemas abertos e flexíveis, que fomentam o envolvimento de conselheiros e acionistas, aumentam a estabilidade e reduzem a probabilidade de mudanças traumáticas e contenciosas. As diretrizes que os inserem no processo decisório criam corporações governadas mais saudáveis, com maior capacidade de autorrenovação e mais flexíveis. E mais responsáveis perante os mercados.

JOHN POUND
On corporate governance

Este capítulo focalizará 3 dos 8 Ps da governança corporativa: **poder, processos e práticas**. Observaremos que, quanto a estes três aspectos, os procedimentos não são universais, estando também sujeitos à diversidade da cultura, do ordenamento jurídico e das condições estruturais das cadeias de negócios nas diferentes partes do mundo. Mas, repetindo o que se observa com os 2 outros Ps, *princípios* e *propósitos*, manifesta-se com os 3 que agora examinaremos uma forte tendência a *construções convergentes*, tanto na configuração do ambiente de governança, quanto na constituição de seus órgãos, de seus atores e de suas funções. Veremos que, no ambiente de auditoria e de fiscalização, entre outras forças de convergência, destacam-se as exigências da lei Sarbanes-Oxley que alcançam também os emissores estrangeiros com títulos negociados nos mercados dos Estados Unidos, quanto, por exemplo, ao estabelecimento de um Comitê de Auditoria, no âmbito dos Conselhos de Administração.

Seguindo uma sequência hierárquica, trataremos primeiro do órgão soberano das companhias, a **Assembleia Geral**, de onde emana a estrutura de poder que rege os destinos da empresa. Depois, focalizaremos dois órgãos de governança cujos titulares são eleitos pelos proprietários controladores, o **Conselho Fiscal** e o **Conselho de Administração**. E, na sequência, trataremos dos órgãos subsidiários que os Conselhos de Administração têm poderes para constituir, os comitês técnicos – com destaque para o **Comitê de Auditoria**. E, por fim, focalizaremos a **Diretoria Executiva**, cujo poder emana do Conselho de Administração, e a **Auditoria Interna**, responsável pela organização e operação do ambiente interno de controle dos atos da administração.

Além de focalizarmos cada um desses órgãos, como estruturas autônomas que operam em ambientes distintos e com funções exclusivas, trataremos das relações que se estabelecem entre eles – até porque a governança corporativa pode ser conceituada como um **sistema de relações, internas e externas, pelo qual as companhias são dirigidas e monitoradas**.

Por fim, destacaremos as bases para a construção de estruturas de poder, de processos e de práticas de que resultam modos mais eficazes de governança corporativa. Veremos que esses modos, de um lado, têm a ver com a independência, a autonomia e o *empowerment* dos órgãos e dos atores da governança, mas também com um trinômio que deve estar presente em cada um dos ambientes em que eles atuam: **a integridade, a competência e o envolvimento construtivo**.

5.1 O Ambiente e os Atores da Governança Corporativa

Retomando as concepções de governança corporativa descritas no final do Capítulo 2 – particularmente as que enfatizam estruturas de poder e sistemas de relações – descrevemos agora, como primeiro passo deste capítulo, **o ambiente de governança, os seus atores e as suas funções**. Iniciaremos com sínteses qualificativas, que posteriormente, serão, uma a uma, aprofundadas.

Descrição Abrangente do Ambiente de Governança

A Figura 5.1 sintetiza o ambiente e os atores da governança corporativa, subdivididos em quatro blocos interligados: 1. **propriedade**; 2. **controle**. 3. **administração**; e 4. **auditoria e fiscalização**. Esta visão abrangente, adaptada de Lamb,[1] identifica claramente a hierarquia dos órgãos constituídos e de onde emana a estrutura de poder, que dá consistência à governança das companhias; revela ainda o alcance e o sistema de auditoria e de fiscalização das estruturas de poder estabelecidas; mostra as linhas de ligação entre os órgãos e atores; e inclui no ambiente de governança as outras partes com interesses em jogo na companhia.

Como registram Camargo e Bocater,[2] "ainda que estruturados hierarquicamente, os órgãos societários atuam de forma independente e autônoma, em obediência ao princípio da exclusividade de competências, comumente estabelecido na própria lei. A subordinação dos órgãos da administração à Assembleia Geral se dá na medida em que esta pode, a qualquer tempo, destituir, imotivadamente, os seus integrantes. O regime legal das sociedades anônimas, que constituem a principal forma de organização da sociedade empresária contemporânea, pressupõe o funcionamento harmônico desses diferentes órgãos sociais, os quais, no dizer de Comparato,[3] são titulares de poderes-função: a Assembleia Geral, possuidora do poder-função deliberante sobre os aspectos fundamentais e estruturais da companhia; o Conselho de Administração, titular do poder-função deliberante sobre a orientação dos negócios da companhia e o poder-função sindicante dos atos de gestão da Diretoria Executiva, possuidora do poder-função administrativo. Alguns países, como o nosso, adotam também o Conselho Fiscal, titular do poder-função sindicante dos atos dos administradores (membros do Conselho de Administração e Diretoria)".

A esta descrição cabe acrescentar a presença no ambiente de governança de outras partes situadas nas cadeias de negócios e no entorno da companhia. Estas não são alcançadas diretamente pelo sistema de auditoria e de fiscalização. Mas as relações e as transações com elas realizadas são objeto de verificação dos órgãos desses sistemas, particularmente quanto à aderência às leis, marcos regulatórios e condições operacionais instituídas. Mas ainda:

FIGURA 5.1
O ambiente e os atores da governança corporativa: uma visão abrangente.

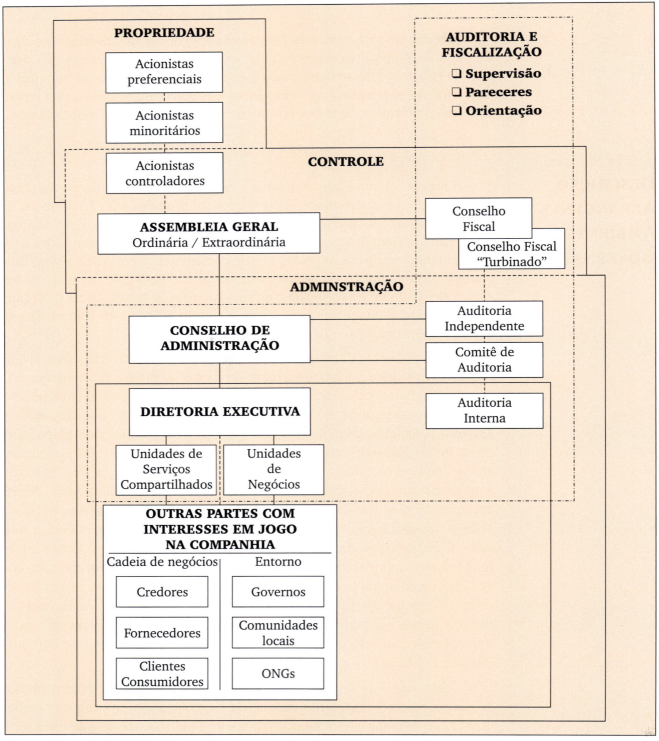

Fonte: Adaptação de LAMB, Roberto. *Uma interpretação sobre o papel e a forma de atuação do Conselho Fiscal de uma S.A.* Porto Alegre: Escola de Administração da UFRGS, jan. 2002.

em resposta às pressões observadas no entorno das corporações pelas comunidades locais em que elas operam e por ONGs, incluídas aqui as de atuação global, cabe aos sistemas internos o levantamento e a aferição dos riscos de externalidades geradas pelas operações da companhia. Mas à frente veremos que estas funções fazem parte da pauta de responsabilidades do Conselho Fiscal "turbinado" ou do Comitê de Auditoria.

Os Atores e os Órgãos: uma Síntese de suas Funções

O Quadro 5.1 sintetiza as funções principais dos atores e órgãos da governança corporativa, seguindo o ordenamento hierárquico e estrutural da Figura 5.1. Os poderes, os processos e as práticas de cada um deles serão objeto de descrições e análises pormenorizadas nos próximos tópicos. Mas alguns aspectos essenciais desta síntese introdutória podem desde já ser destacados. Os principais são:

- **A Assembleia Geral é o órgão soberano da sociedade**. Cabem-lhe deliberações de alto impacto nos destinos da companhia.

- **O poder exercido nas companhias emana da Assembleia Geral**. Os proprietários são agentes outorgantes. Todos os demais órgãos são integrados por agentes aos quais os proprietários outorgam poderes. E é exatamente na forma como se exercerão os poderes outorgados que podem ocorrer conflitos e custos de agência.

- **Os agrupamentos dos órgãos de governança que remetam para duas categorias distintas de atores, os proprietários e os administradores**. Entre eles, mas fazendo parte integrante da administração, é que se estabelece o Conselho de Administração.

- O Conselho de Administração e, extensivamente, os seus comitês e a Auditoria Independente atuarão como **órgãos guardiões dos interesses dos proprietários**.

- **A Diretoria Executiva exerce a gestão das áreas funcionais e de negócios da companhia**, interagindo com o Conselho de Administração no exercício dos poderes e funções que lhes são atribuídos. Mas as grandes diretrizes, políticas e metas corporativas que se executarão serão, antes, homologadas pelo Conselho de Administração, que remeterá para a Assembleia Geral as que exigirem sua deliberação soberana.

Uma vez identificados os órgãos e os atores da governança corporativa, nosso próximo passo será a análise do último dos cinco aspectos essenciais que acabamos de destacar: as relações entre as três âncoras da governança corporativa: a Propriedade, o Conselho de Administração e a Diretoria Executiva.

QUADRO 5.1
Os atores e os órgãos da governança corporativa: uma síntese de suas funções.

Atores e órgãos		Funções
PROPRIETÁRIOS	**Assembleia Geral**	❑ Órgão soberano da sociedade. ❑ Deliberar sobre questões de relevância maior: ◊ Prestação de contas dos administradores. ◊ Destinação dos resultados. ◊ Estrutura, emissões e reduções do capital. ◊ Operações de alto impacto, como fusões, aquisições, cisões. ❑ Reformar os estatutos. ❑ Eleger os administradores. ❑ Eleger o Conselho Fiscal.
	Conselho Fiscal	❑ Fiscalizar atos dos administradores. ❑ Opinar sobre o relatório anual de administração. ❑ Analisar e emitir opinião sobre demonstrações financeiras. ❑ Acompanhar o trabalho dos auditores independentes. ❑ Denunciar irregularidades e fraudes.
ADMINISTRADORES	**Conselho de Administração**	❑ Órgão guardião dos interesses dos proprietários. ❑ Eleger e avaliar o desempenho da Diretoria Executiva. ❑ Homologar e monitorar a estratégia de negócios. ❑ Homologar e acompanhar políticas nas áreas funcionais. ❑ Definir expectativas de resultados e acompanhar sua efetivação. ❑ Definir a criação e a constituição de comitês. ❑ Escolher e contratar a Auditoria Independente. ❑ Definir a constituição do Comitê de Auditoria.
	Comitê de Auditoria	❑ Acompanhar e avaliar o ambiente de controle: auditoria externa e interna. ❑ Identificar, avaliar e analisar os riscos relevantes da companhia. ❑ Supervisionar a elaboração dos relatórios financeiros.
	Auditoria Independente	❑ Verificar a conformidade no cumprimento de disposições legais. ❑ Auditar as demonstrações econômico-financeiras. ❑ Verificar se as demonstrações de resultado refletem adequadamente a realidade da sociedade.
	Direção Executiva	❑ Interagir com o Conselho de Administração e executar as diretrizes dele emanadas. ❑ Exercer a gestão dos negócios e das áreas funcionais da companhia. ❑ Definir a estratégia e os planos operacionais, submetendo-os à homologação do Conselho de Administração. ❑ Prestar amplas informações ao Conselho de Administração: resultados, riscos e oportunidades. ❑ Produzir demonstrações patrimoniais e de resultados, responsabilizando-se pela sua auditagem interna e pela sua integridade.
	Auditoria Interna	❑ Organizar o ambiente interno de controle. ❑ Interagir e contribuir com o sistema de auditoria estabelecido pela Assembleia Geral e pelo Conselho de Administração. ❑ Implantar sistemas de controle e de auditoria, abrangendo todos os processos, práticas e rotinas internas. ❑ Exigir que os relatórios contábil-financeiros sejam: ❑ Aderentes às leis e regulamentos aplicáveis às operações da companhia. ❑ Confiáveis, abrangentes e oportunos.

5.2 A Governança como Sistema de Relações

Independentemente dos princípios e dos propósitos em que se alicerça, do modelo predominantemente praticado em cada país, dos órgãos e dos atores efetivamente envolvidos, a governança corporativa se estabelece pela **interação da Propriedade, Conselho de Administração e Direção Executiva** – três âncoras às quais podem somar-se outras partes interessadas, nos casos em que são formalmente incluídas no sistema de governo.

Para três diferentes modelos nacionais de governança, que serão aprofundados no próximo capítulo, esta interação está sintetizada na Figura 5.2. Trata-se de uma síntese que dá ênfase à estrutura de poder, dentro da qual se articulam, e às práticas de governança. O que ali se destaca é que a alta administração pode ser composta de diferentes formas, reproduzindo os traços dominantes da cultura corporativa praticada.

Nos Estados Unidos, os Conselhos de Administração geralmente constituem pelo menos dois comitês delegados, os de remuneração e de auditoria, este último tendo se tornado uma exigência legal após a Sarbanes-Oxley. Na maior parte das corporações, os presidentes executivos integram o Conselho de Administração e em muitas delas o presidem, sendo também comum terem assento neste colegiado, além do *CEO*, o principal executivo financeiro, *CFO*, e o principal executivo de operações, *COO*, todos, em princípio, dividindo responsabilidades fiduciárias outorgadas pelos acionistas. Na Alemanha, a organização superior é mais complexa e atende a objetivos ampliados. Consequentemente, o número de comitês delegados tende a ser maior, buscando a harmonização dos interesses dos *shareholders* com os de outros *stakeholders*. Já no Japão, o presidente executivo integra o alto Conselho de Administração, exercendo amplos poderes, mas compartilhando decisões de alto impacto com um Grupo Corporativo de Direção. No Brasil, o modelo praticado pelas grandes companhias listadas em bolsa aproxima-se mais do modelo dos Estados Unidos.

Estas diferentes estruturas respondem às culturas corporativas dos países destacados. Mas têm pelo menos quatro pontos em comum, sintetizados na Figura 5.2:

1. A articulação dos processos de gestão se dá a partir dos credos fundamentais, dos princípios e dos propósitos da corporação: eles inspiram as políticas, os processos, e as práticas das unidades de negócio e das de serviços corporativos compartilhados.

2. A existência de pelo menos três atores envolvidos: a **Propriedade**, reunida em Assembleia Geral (acionistas controladores e minoritários representados), o **Conselho de Administração** e a **Diretoria Executiva**.

3. As demandas e as entregas das unidades de negócios à alta administração: respectivamente, metas estratégicas e resultados.

FIGURA 5.2
Três exemplos de estruturas de governança: os grupos de poder, a alta administração, os negócios e as unidades de serviços.

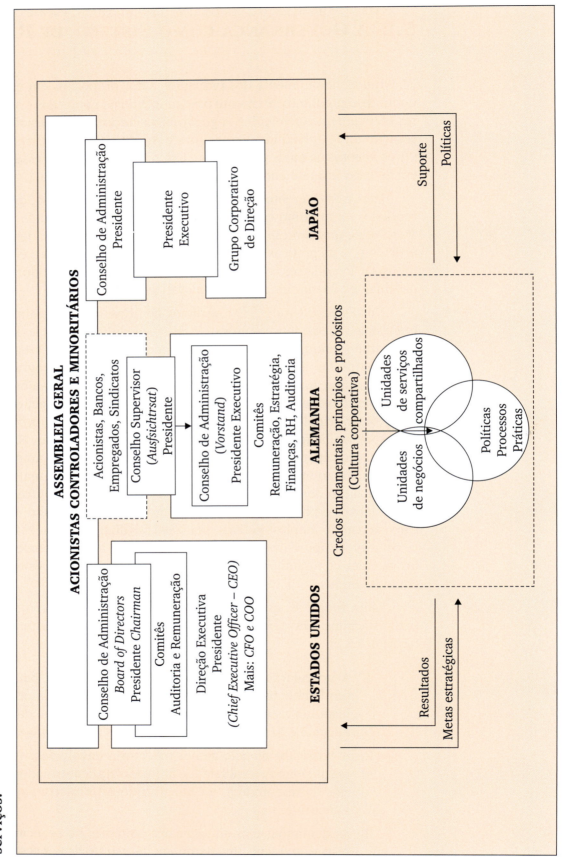

4. As demandas e as entregas das unidades de serviços compartilhados à alta administração: respectivamente políticas e suporte.

O Triângulo Básico: Propriedade – Conselho – Diretoria

As relações que se estabelecem entre os órgãos e atores envolvidos é que definirão a eficácia do processo de governança. Como ponderam Montgomery e Kaufman,[4] "o equilíbrio do poder corporativo é delicado. Depende de três âncoras cruciais: *shareholders*, Conselho de Administração e Diretoria Executiva. Embora cada qual tenha por si importantes responsabilidades, sua interação é fundamental para uma efetiva governança. Quando operam juntas como um sistema, são um forte mecanismo de freios e contrapesos. Já quando uma das peças está faltando ou funcionando mal, o sistema como um todo pode ficar perigosamente desequilibrado. Os bons relacionamentos deste triângulo, de que depende a boa governança, estabelecem-se por prestação de contas e por troca de expectativas e de informações".

Deste ponto de vista organizacional, a governança corporativa reúne os processos e as práticas de gestão, exercidas dentro de uma dada estrutura de poder, envolvendo um conjunto constituído por pelo menos três subconjuntos: *Propriedade, Conselho e Administração e Diretoria*. Cada um destes três subconjuntos tem, por um lado, demandas próprias; por outro lado, responsabilidades por entregas. E estas se realizam não só nos relacionamentos entre eles, mas também nas relações internas que se praticam dentro de cada um deles. O sistema como um todo mobiliza-se assim por *intra e inter-relações*, orientado e controlado por órgãos de auditoria e de fiscalização, internos e externos, estabelecidos pela Assembleia Geral, pelo Conselho de Administração e pela própria Diretoria Executiva.

A Figura 5.3 resume os relacionamentos internos dentro de cada subconjunto e as linhas de inter-relação que liga cada um deles aos outros dois. Proprietários, com propósitos empresariais alinhados, são, fundamentalmente, outorgantes da estrutura de poder, fornecedores de capital e emissores de expectativas de resultados para os negócios: o capital é entregue à Direção Executiva, enquanto as linhas mestras e os direcionadores para alcançá-los são emitidos pelo Conselho de Administração, eleito pelos proprietários e guardião de seus interesses, bem como dos valores tangíveis e intangíveis da empresa. Já a Direção Executiva responsabiliza-se pela contrapartida do capital, na otimização do retorno dos investimentos realizados.

Para a atuação eficaz deste triângulo de poder, além de **proprietários com propósitos alinhados**, exige-se que, dentro do Conselho de Administração, seja praticada entre seus membros uma **forte interação construtiva** que, de um lado, exerça, de fato, a representação fiduciária dos proprietários e, de outro lado, monitore a gestão e cobre os resultados que tenham sido acordados.

A quebra deste sistema de relações, onde quer que ocorra, seja dentro de cada esfera de poder, seja nas linhas de demandas e entregas que as re-

FIGURA 5.3
A governança corporativa como sistema de relações: o triângulo básico proprietários-conselho-diretoria.

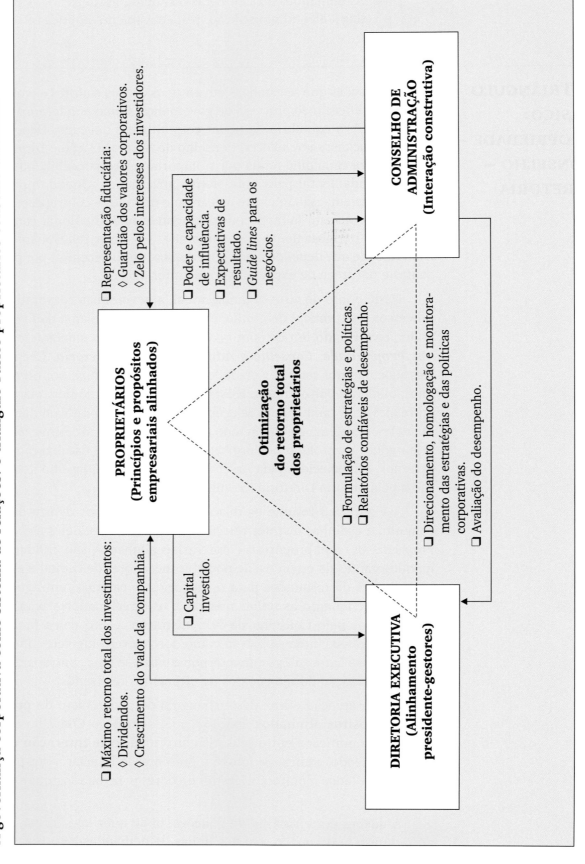

lacionam, certamente reduz a eficácia da governança, especialmente quanto à mediação e à solução de conflitos de agência. Por exemplo, o não envolvimento dos proprietários, provedores de capital, com a cobrança por resultados corporativos, quebra a lógica do triângulo de governança e pode levar a situações perversas, de cooptação diretoria-conselheiros, que deixem de mediar conflitos de agência, elevando-se os custos do agenciamento. No limite, podem até implicar alianças entre estas duas estruturas de poder para manutenção de *status quo* não condizente com os interesses dos proprietários e garantidos por *poison pills* impeditivas de mudanças na confortável estrutura de gestão estabelecida.

Outras linhas de relacionamento exigidas para uma governança eficaz são as que devem estabelecer-se entre a Direção Executiva e o Conselho de Administração. É à Diretoria Executiva que cabe a formulação de estratégias e de políticas corporativas, tanto para as unidades de negócios quanto para as de serviços compartilhados. E é ao Conselho de Administração que cabe o direcionamento das diretrizes e das políticas corporativas e, após formuladas e propostas pela Diretoria Executiva, analisá-las, tanto do ponto de vista das crenças, dos princípios e dos propósitos corporativos, quanto de seus impactos nos resultados de curto e de longo prazos. A homologação das proposições não é um ato meramente protocolar e burocrático. É muito mais do que isto. É o resultado de avaliação crítica e de envolvimento construtivo desse órgão de governança.

Por fim, na sequência do processo de governança, cabe à Diretoria Executiva fornecer ao Conselho de Administração relatórios de desempenho – abrangentes, confiáveis e oportunos – para que este exerça outro importante papel: o de monitorar os rumos definidos e os resultados das operações. Nos casos extremos de desvios não justificáveis e de resultados sequencialmente negativos, cabe a esse colegiado a demissão do principal executivo, como responsabilidade decorrente do poder que os proprietários lhe conferiram e de sua função como representante fiduciário dos altos interesses corporativos.

A passividade de qualquer uma das três estruturas de poder certamente não leva aos melhores resultados possíveis. Intervenções de má qualidade também não. Mas tanto uma situação como outra dificilmente subsistem quando se praticam relações triangulares ditadas pelas práticas de boa governança, em ambiente em que prevalecem estruturas independentes de poder e clareza nos papéis dos órgãos por elas constituídas.

O Quadrilátero: Conciliação de Múltiplos Interesses

É a partir do triângulo básico proprietários-conselho-diretoria que se define o sistema de relações entre os agentes e os órgãos constituídos no ambiente de governança. O foco dos processos e das práticas então estabelecidas é o máximo retorno do capital investido, dentro dos limites estabelecidos pelas instituições legais, pelos marcos regulatórios externos e pelas autorregulações das companhias. No Capítulo 2 exploramos exaustivamente a legitimidade dos interesses dos *shareholders* e aderimos às proposições normativas que justificam o propósito de maximização dos seus interesses. Mas ponde-

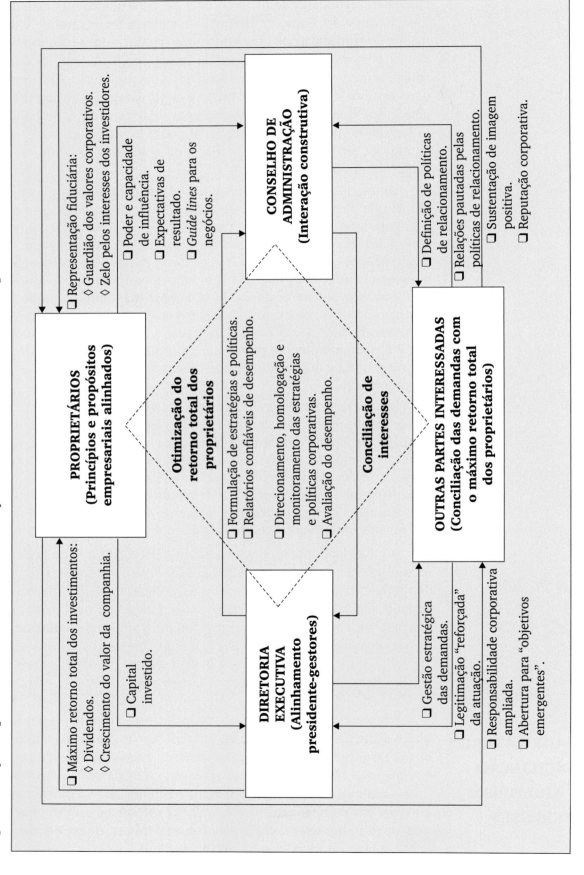

FIGURA 5.4
A governança corporativa como sistema de relações: modelos abertos em múltiplos interesses.

ramos que não se podem mais desconsiderar as pressões externas e internas pela conciliação deste propósito com as demandas legítimas de outras partes com interesses em jogo nas corporações. Há também sólida linhas conceituais nesta direção, que exploram os possíveis *trade-offs* entre os interesses dos *shareholders* e os se outros *stakeholders*.

Em sintonia com as proposições normativas de governança abertas a outras partes interessadas – como ocorre, por exemplo, no modelo praticado preponderantemente na Alemanha – introduzimos um quarto grupo dentro do qual conciliam-se as demandas de outros *stakeholders* com o objetivo primário de máximo retorno total dos investidores: outras partes interessadas. A Figura 5.4 sintetiza as relações adicionais que então se estabelecem entre estas partes e as três âncoras fundamentais de governança corporativa.

O ponto essencial que define esse outro sistema de relações é a assimilação, pelos proprietários, de razões estratégicas que os levem a admitir que a abertura da companhia para "objetivos emergentes", de que resulta o conceito de responsabilidade corporativa ampliada, são movimentos que podem alavancar o valor de mercado da companhia, exatamente por responderem às crescentes pressões por concepções de governança *stakeholders oriented*. Isto significa que os retornos esperados pelos *shareholders*, como contraparte desta abertura, é a sustentação de imagem positiva e de reputação corporativa.

No ambiente interno, para as outras partes envolvidas nos processos e nas práticas de governança, se estabelecerão linhas de relacionamento com o Conselho de Administração e com a Diretoria Executiva, sempre conciliando demandas legítimas com o propósito primário da corporação, que é o máximo retorno total esperado pelos investidores. Caberá ao Conselho de Administração, na qualidade de representante fiduciário dos proprietários, definir as políticas de relacionamento com os demais *stakeholders* e monitorar as relações que serão então estabelecidas, no sentido de que sejam rigorosamente pautadas pelas suas orientações. Já à Diretoria Executiva caberá a gestão estratégica das demandas das outras partes interessadas, dentro dos limites estabelecidos pelo órgão fiduciário. O retorno poderá ser a legitimação "reforçada" de sua atuação.

Cabe, porém, registrar mais uma vez que o quadrilátero de conciliação de múltiplos interesses pode, eventualmente, mais contrariar do que ampliar o retorno total dos proprietários. Macey[5] e Hart[6] apontam para os efeitos colaterais que os propósitos corporativos de conciliação de múltiplos interesses podem acarretar. Um deles é a alegação, pela Diretoria Executiva, de que maus resultados são atribuíveis ao alargamento dos compromissos corporativos. Quando a missão da Diretoria Executiva é ampliada, incluindo metas de conciliação de interesses de múltiplos grupos, há o risco de os resultados corporativos desviarem-se da maximização dos resultados esperados pelos provedores do capital. Neste caso, as expectativas de reputação corporativa e de legitimação "reforçada" dos órgãos da administração seriam refletidas no valor das ações da companhia. E os sinais então emitidos para os investidores, via mercado de capitais, não seriam positivos.

QUADRO 5.2
Matriz de relacionamentos: demandas e entregas dos órgãos envolvidos no processo de governança corporativa.

Demandas → / Entregas ↓	Proprietários	Conselho de Administração	Diretoria Executiva	Auditoria e Fiscalização	Outras Partes Interessadas
Proprietários	Princípios e propósitos empresariais alinhados.	Poder e capacidade influência. Expectativas de resultado.	Capital investido.	Segurança quanto à revelação de conflitos e custos de agência.	Abertura para "objetivos emergentes".
Conselho de Administração	Representação fiduciária: zelo pelos interesses. Guardião de valores.	Interação construtiva.	Homologação da estratégia e das políticas corporativas. Avaliação do desempenho.	Demonstrações econômico-financeiras auditadas. Orientação sobre gestão dos riscos.	Definição de políticas de relacionamento.
Diretoria Executiva	Máximo retorno total dos investimentos.	Proposições de estratégias e políticas. Relatórios de desempenho.	Alinhamento presidente-gestores.	Ambiente interno de controle organizado. Rigor e integridade em suas atuações.	Gestão estratégica das demandas.
Auditoria e Fiscalização	Fiscalização e opiniões sobre os atos da administração.	Acompanhamento e avaliação das auditorias internas e externas. Identificação e avaliação de riscos.	Implantação de sistemas de controle abrangendo a totalidade das operações.	Atuação conjunta. Colaboração na execução dos trabalhos.	Acompanhamento confiável de conformidades.
Outras Partes Interessadas	Reputação. Imagem positiva.	Definições de políticas de relacionamento.	Legitimação de atuação.	Aderência às leis e às políticas de relacionamento definidas.	Conciliação das demandas com o máximo retorno total dos proprietários.

Como contra-argumentação, geralmente se alega que, nos sistemas de múltiplos interesses compartilhados, o poder discricionário da administração tende a ser anulado por monitoramentos exercidos por grupos de poder com objetivos diversos. Todos, porém, comprimindo custos de agência ou substituindo-os por custos corporativos de interesse social inquestionavelmente superior.

O Quadro 5.2 resume, em ordenamento matricial, os relacionamentos entre os quatro subconjuntos de atores considerados na Figura 5.4 – *proprietários, Conselho de Administração, Diretoria Executiva e outras partes interessadas*, acrescidos dos órgãos de **auditoria e fiscalização** atuantes na companhia. A matriz sintetiza, nas linhas, as demandas de cada subconjunto, dirigidas aos outros três. E, nas colunas, as entregas esperadas. A efetivação das entregas entre os subconjuntos – amarradas pelos relacionamentos no interior de cada grupo, registrados na diagonal da matriz – é positivamente associável a estruturas de poder, a processos e a práticas eficazes de governança.

Como síntese do que até aqui foi exposto e retomando a estrutura dos órgãos de governança do ponto de vista organizacional, reproduzimos na Figura 5.5 um modelo abrangente de referência. O sistema de relações que acabamos de descrever processa-se a partir dos órgãos representados nesta estrutura. Na sequência com que ali aparecem, trataremos agora de cada um deles. Iniciaremos assim pela Assembleia Geral.

5.3 A Assembleia Geral no Processo de Governança

A Assembleia Geral é o órgão soberano da sociedade. A soberania desse órgão só é limitada pelas normas da lei e por condições estabelecidas no estatuto da sociedade. É de sua competência privativa deliberar sobre matérias de alta relevância. Ainda que o Conselho de Administração exerça o papel de agente fiduciário dos proprietários, há questões de tão alto impacto societário que só a instância máxima dos órgãos de governança tem poderes para, sobre elas, deliberar.

Os poderes de Assembleia Geral alcançam todos os negócios da sociedade e suas resoluções estarão voltadas para a defesa da companhia, para a sua continuidade e o seu desenvolvimento. Cabe-lhe, porém, também autorizar os administradores a pedir concordata e confessar falência, nas situações extremas em que tais medidas se tornem inevitáveis. Ou, mesmo em estado de liquidez, se assim for decidido por este órgão soberano, a sociedade poderá ser dissolvida e suas atividades encerradas. Outras matérias de impacto também alto são remetidas para sua apreciação, de que são exemplos incorporações, fusões e cisões. Ou mesmo alianças estratégicas, dependendo dos riscos envolvidos e de seu alcance.

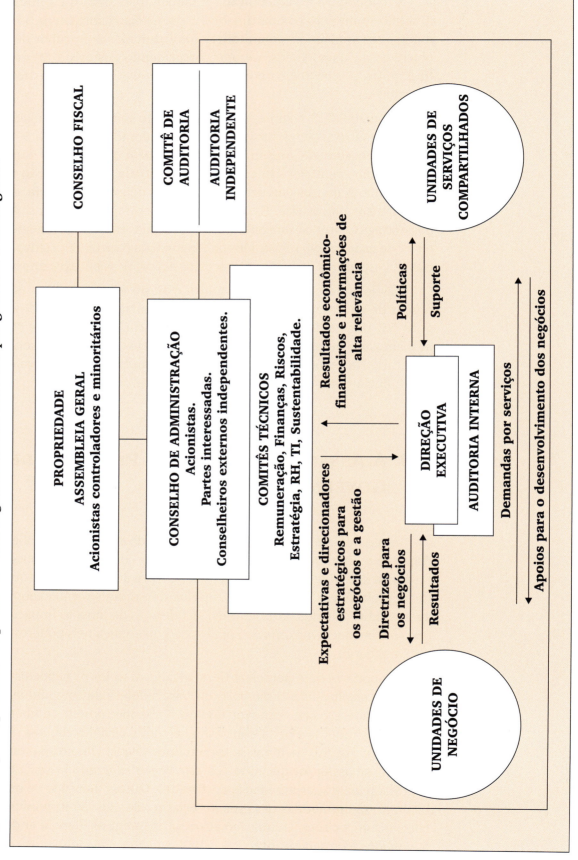

FIGURA 5.5
A governança corporativa do ponto de vista organizacional: um exemplo genérico e abrangente.

A Assembleia Geral Ordinária é convocada anualmente, nos quatro primeiros meses seguintes ao encerramento de exercício social. Nessa reunião são apresentadas para sua deliberação as prestações de contas dos administradores, geralmente acompanhadas de ampla análise do ambiente de negócios em que a sociedade opera. São também apresentadas as demonstrações financeiras de resultados e as patrimoniais. Ocorrendo lucro líquido positivo, compete então à Assembleia Geral deliberar sobre sua destinação – dividendos, novos investimentos ou constituição de provisões.

É na Assembleia Geral Ordinária que são eleitos os membros do Conselho de Administração e do Conselho Fiscal – um órgão da administração da companhia ao qual se delegam poderes de representação fiduciária; outro, do ambiente de fiscalização, diretamente ligado aos proprietários, do qual se esperam rigorosas análise e opiniões sobre os relatórios financeiros, no sentido de orientar as deliberações dos sócios.

A Assembleia Geral Extraordinária delibera sobre assuntos não relacionados à prestação de contas, demonstrações e destinação de resultados e eleição da administração. É convocada quando ocorrem motivos graves e urgentes ou quando a convocação da Assembleia Ordinária é retardada em relação aos prazos legalmente estabelecidos. Reformas de estatutos, transferências de controle, incorporações e demissões de administradores são assuntos de caráter extraordinário.

A estrutura de poder das companhias estabelece-se assim na Assembleia Geral. Tanto que as formalidades para sua convocação são expressas em lei ou em disposições estatutárias conformes com as normas legais – como anúncios públicos de convocação, com indicações precisas sobre data, local, hora da instalação da assembleia e ordem do dia; número mínimo de acionistas para se instalar; quóruns mínimos para deliberações; e disposições para mediação ou arbitragem de conflitos.

5.4 Os Órgãos de Auditoria e Fiscalização no Processo de Governança

Correndo riscos de sobreposição de funções e de ocorrência de conflitos de pontos de vista sobre matérias técnicas, as companhias contam com vários órgãos, internos e externos, que atuam no ambiente de auditoria e de fiscalização. Há os que são instituídos por força de lei, observando-se diferenças substantivas entre os países na regulação deste campo da governança corporativa: entre a postura liberal, que confia na autorregulação, e a intervencionista, que exige sistemas formais de acompanhamento dos atos da administração, há um amplo espaço para as mais variadas disposições legais e regulatórias. Entre os dois extremos, a tendência observada é de formalização legal dos órgãos de fiscalização e auditoria, em resposta a dois fatores determinantes:

1. a ocorrência das grandes fraudes que surpreenderam os mercados nos últimos anos; e 2. as pressões e o ativismo de investidores institucionais e de instituições do mercado para regulação mais severa e mais abrangente.

Os órgãos do ambiente de governança nesta área, destacados na Figura 5.1, são:

- Conselho Fiscal.
- Comitê de Auditoria.
- Auditoria Independente.
- Auditoria Interna.

Suas funções já foram sintetizados no Quadro 5.1, junto com as dos órgãos de reunião dos proprietários e de gestão das companhias. Agora vamos ampliar a descrição dos papéis e responsabilidades de cada um deles.

O Conselho Fiscal

Eleito pela Assembleia Geral, o Conselho Fiscal garante o exercício do direito dos proprietários de fiscalizar a gestão dos negócios, os resultados apresentados pela administração e as variações patrimoniais da companhia. Enquanto os atos do Conselho de Administração estão voltados para a gestão, sendo esta exercida pela Diretoria Executiva, as funções do Conselho Fiscal estão voltadas para o exame, a verificação, a fiscalização e a avaliação das contas e dos atos da administração. Trata-se de órgão de governança que informa, opina, sugere e denúncia, não exercendo, porém, a administração ativa da companhia.

Não é um órgão previsto em lei na maioria dos países – não obstante sejam previstos órgãos com funções similares, como é o caso dos Comitês de Auditoria nos Estados Unidos. No Brasil, a lei não exige seu funcionamento permanente e sua instalação é facultativa, a critério da Assembleia Geral. Como órgão essencialmente fiscalizador, caso se instale, tem sua constituição definida em lei, impedindo-se que o integrem membros da administração da companhia ou que com eles mantenham vínculos conflituosos com as funções a ser exercidas.

A lista das funções é extensa:

- Fiscalizar os atos dos administradores.
- Opinar sobre o relatório anual da administração.
- Opinar sobre propostas da administração a serem submetidas à Assembleia Geral.
- Denunciar aos órgãos da administração erros, fraudes ou crimes, sugerindo providências.
- Analisar mensalmente balancetes e demonstrações financeiras do exercício social.

- Disponibilizar a outros órgãos de auditoria e fiscalização informações relevantes.
- Analisar e opinar sobre as recomendações das auditorias interna e externa.
- Solicitar esclarecimentos e apuração de fatos específicos aos auditores independentes.
- Formular questões a serem respondidas por peritos de notório conhecimento.
- Fiscalizar a utilização adequada dos ativos da companhia.
- Fiscalizar transações entre partes interessadas.
- Levar ao conhecimento do Conselho de Administração de falhas relevantes que envolvam riscos para a companhia.
- Convocar a Assembleia Geral Ordinária, se órgãos da administração a retardarem, e a Assembleia Geral Extraordinária, sob a ocorrência de motivos graves ou urgentes.

O COMITÊ DE AUDITORIA

Órgãos com as funções atualmente atribuídas ao **Comitê de Auditoria** fazem parte da tradição do mundo corporativo e dos mercados norte-americanos e europeus. O vínculo é com o Conselho de Administração, que os constitui, estabelecendo suas funções e aprovando sua composição. Entre as funções tradicionalmente atribuídas a esse órgão de governança encontram-se:

1. Supervisão da integridade e da qualidade das práticas contábeis e dos demonstrativos convencionais de resultados.
2. Verificação da conformidade dos atos da administração em relação ao ordenamento legal e aos estatutos sociais.
3. Orientação das relações da companhia com os analistas, os mercados e os investidores.
4. Levantamento e análise de "riscos vitais".

Um dos marcos construtivos da governança corporativa, o Relatório Cadbury de 1992, destacou expressamente este órgão, como **elemento nuclear dos sistemas de controle**, ressaltando assim a sua importância:[7] "O Comitê de Auditoria deverá ter autoridade explícita para investigar qualquer assunto em sua alçada de responsabilidade, os recursos para efetuar investigações, para total acesso a informações e para assegurar-se de que nenhum ponto de preocupação deixe de ser solucionado. O Comitê de Auditoria poderá recorrer a aconselhamento profissional externo e, se necessário, convidar peritos de fora com reconhecida experiência para participar de suas reuniões."

Com o advento da Lei Sarbanes-Oxley, o Comitê de Auditoria tornou-se, nos Estados Unidos, um órgão de instituição obrigatória, para as companhias abertas, inclusive para as sediadas no exterior que estejam listadas no mercado norte-americano. A *Securities and Exchange Commission* (*SEC*) já estabeleceu as normas finais relacionadas a este órgão de governança, com destaque para o seu **foco** (*full and fair disclosure*), as suas **funções** (assegurar *accountability* e garantir equidade no tratamento das partes interessadas, especialmente acionistas minoritários) e a sua **constituição** (plena independência, assegurada por dois critérios de averiguação, o de *affiliated person* e o de *compensatory fees*, e pela alta pela capacitação reconhecida em matéria financeira, pelo menos para um dos seus integrantes). Quanto à sua estensividade às companhias estrangeiras, tem ocorrido controvérsias, fundamentadas na presunção de semelhança entre o Comitê de Auditoria e outros órgãos que, na sua ausência, supririam formalmente as funções dele exigidas.

No Brasil, por exemplo, a controvérsia se estabeleceu a partir do entendimento de que um Conselho Fiscal "Turbinado" atende às exigências da Sarbanes-Oxley. Bedicks e Mônaco[8] resumem assim esta controvérsia no país: "a reação às exigências da SEC levou a duas posições. De um lado, estão os que concordam em aceitar o Conselho Fiscal (eleito pela Assembleia Geral) em substituição ao Comitê de Auditoria (eleito pelo Conselho de Administração), enfatizando que esta decisão poupa custos e respeita as limitações das empresas brasileiras. Por outro lado, estão os que discordam, enxergando que esta decisão tende a perpetuar uma lacuna no monitoramento da estratégia corporativa". E, citando Arthur Levitt – *os Comitês de Auditoria representam os mais confiáveis guardiões do interesse público* – Bedicks e Mônaco propõem: "independentemente da empresa ter ou não papéis negociados nas bolsas americanas e estar ou não sujeita às regulamentações da SEC, a instituição desse órgão é instrumento que agrega valor não só ao Conselho de Administração como a toda a empresa".

O Quadro 5.3 traz uma síntese da constituição, das funções e das responsabilidades do Comitê de Auditoria. Comparadas com as do Conselho Fiscal, revelam tratar-se de órgãos com origens e atribuições distintas. Tanto que se reconhece a necessidade de "turbinar" o Conselho Fiscal para que ele possa efetivamente preencher as exigências legais estabelecidas no mercado dos Estados Unidos.

A AUDITORIA INDEPENDENTE

As responsabilidades essenciais da Auditoria Independente concentram-se na análise das demonstrações contábeis das empresas, verificando, de um lado, se elas estão conformes com as normas exigidas no país e com as internacionais, para as empresas que emitiram títulos em mercados financeiros externos; de outro lado, se elas refletem corretamente a realidade da empresa, quanto a resultados e a variações patrimoniais. Essas atribuições são do interesse dos proprietários, do Conselho de Administração e de seu Comitê de Auditoria. São também do interesse dos analistas e dos investidores do mercado de capitais.

No Brasil, este órgão é expressamente destacado na Lei das Sociedades Anônimas, ao estabelecer que "as demonstrações financeiras das companhias

QUADRO 5.3
Constituição, funções e responsabilidades do Comitê de Auditoria.

Constituição: qualificação dos membros
❑ Amplo acesso às operações da companhia. ❑ Familiaridade com normas contábeis, de elaboração de relatórios financeiros e de auditoria. ❑ Experiência em sistemas de gerenciamento de riscos. ❑ Independência, transparência e franqueza. ❑ Pro-atividade na comunicação ao Conselho de Administração de preocupações sobre decisões de risco.

Funções e responsabilidades	
Acompanhar e avaliar o ambiente de controle	❑ Avaliar a Auditoria Interna: ◊ Abrangência do escopo geral. ◊ Direcionamento para áreas de risco. ◊ Qualidade dos relatórios. ◊ Adequação dos recursos. ◊ Papel na melhoria de processos de gestão e rotinas de trabalhos. ❑ Avaliar a Auditoria Independente: ◊ Qualificações, experiência e recursos. ◊ Revisão do escopo, dos níveis de materialidade e dos conteúdos dos relatórios. ◊ Nível de responsabilidade com referência a informações. ◊ Sistemas contábeis e de controle a serem revisados. ◊ Áreas de particular interesse. ◊ Antecipação e identificação de novas exigências regulatórias. ◊ Coordenação com os trabalhos da auditoria interna.
Identificar, avaliar e analisar riscos	❑ Definir níveis de aceitação de risco pela companhia. ❑ Atentar para a adequação dos controles-chave dos riscos corporativos: ◊ Estratégicos: concorrência, suprimentos, clientes. ◊ De conformidade: legais e regulatórios. ◊ Contratuais. ◊ Tecnologia de informação. ◊ Financeiros e de operações cambiais. ◊ Fraudes contábeis e fiscais. ◊ Meio ambiente. ◊ Marca, imagem, reputação. ◊ Segurança pessoal e patrimonial. ❑ Estruturar programas de gerenciamento de riscos: sistemas de alerta e mecanismos de redução.
Supervisionar a elaboração de relatórios financeiros	❑ Instituir processos e protocolos formais: calendário anual e extensão das revisões. ❑ Examinar, adequar e aprovar as práticas contábeis. ❑ Auxiliar a administração no entendimento completo das demonstrações. ❑ Identificação de descumprimentos e proposição de correções. ❑ Orientar comunicações com analistas de mercado e investidores. ❑ Orientar a produção de relatórios de interesse especial.

Fontes: DELOITTE. *Comitê de Auditoria: melhores práticas*, nov. 2005. KPMG. *Como estruturar um Comitê de Auditoria efetivo*. São Paulo: KPMG's Audit Committee Institute, 2004. CHALUPOWICZ, Daniel. Gobierno corporativo: control interno, enfoque basado em riesgos y fraudes. Buenos Aires: Osmar Buyatti Libreria Editorial, 2007.

abertas observarão as normas expedidas pela Comissão de Valores Mobiliários (CVM) e serão obrigatoriamente auditadas por auditores independentes registrados na mesma comissão".

O Quadro 5.4 sintetiza as exigências para a contratação, as responsabilidades e as relações da Auditoria Independente com outros órgãos internos do ambiente de auditoria e de fiscalização. Ali se observa que suas funções são mais restritas que as do Comitê de Auditoria, cabendo porém destacar a exigência de sua independência em relação à administração.

**QUADRO 5.4
As exigências para contratação e as funções da Auditoria Independente.**

Exigências

- **Independência profissional.** Ausência de quaisquer outras relações de trabalho com a companhia, não apenas as relacionadas com o ambiente de auditoria e de fiscalização, mas também com quaisquer outras formas de consultoria e assessoria.
- **Independência financeira.** Preferencialmente, é recomendável que seja baixa a dependência financeira em relação à companhia auditada.
- **Rotatividade.** Mesmo nos países em que não estejam definidas normas quanto a este aspecto, é recomendável que a contratação seja por prazo determinado. A renovação de contratos estará também sujeita a critérios rigorosos quanto à independência, à capacitação e à avaliação dos trabalhos.
- **Capacitação.** Competência técnica necessariamente certificada por órgão externo de controle. Exemplos: *American Institute of Certified Public Accountants*, nos Estados Unidos; *Institute of Chatered Accountants*, na Inglaterra; e Instituto dos Auditores Independentes, no Brasil.
- **Atualização.** Sintonia com as mudanças na lei, nas instruções normativas, nos tratamentos contábeis alternativos e nos instrumentos mais eficazes de verificação.

Funções

- **Verificação de conformidade.** Verificar se as demonstrações financeiras elaboradas pela Diretoria Executiva expressam corretamente a realidade e a evolução da companhia.
- **Atuação quanto a erros e irregularidades.** Recomendar à administração procedimentos para correção de erros ou irregularidades contábeis.
- **Avaliação dos controles**. Avaliar a qualidade dos controles internos, especialmente quanto à sua confiabilidade e à sua capacidade preventiva em relação a fraudes.
- **Indicação de preocupações relevantes.** Reportar ao Comitê de Auditoria ou, em sua ausência, ao Conselho de Administração, riscos relacionados a tratamentos contábeis, discordâncias quanto a métodos e a critérios adotados pela companhia e deficiências relevantes.

A verificação das exigências relacionadas à contratação desse órgão e a avaliação do seu trabalho são de responsabilidade do Conselho de Administração, que considerará recomendações e pareceres de seu Comitê de Auditoria. Para o bom desempenho da Auditoria Independente, tanto para a segurança dos administradores, quanto para a confiança dos investidores, três aspectos são de alta relevância: 1. a independência em relação à empresa e a ausência de conflitos de interesse; 2. a rotatividade; e 3. a competência técnica e a atualização. Todos esses aspectos são expressamente exigidos em instruções normativas da CVM.

A AUDITORIA INTERNA

A Auditoria Interna não é habitualmente destacada como órgão de governança, mas como um dos serviços corporativos de apoio da Direção Executiva. Vamos porém destacar suas funções, tendo em vista as relações entre este serviço interno e os órgãos de governança do ambiente de auditoria e fiscalização.

O papel básico da Auditoria Interna é o de organizar o ambiente interno de controle, formalmente focado em *compliance*. A robustez do ambiente de controle começa, efetivamente, com a definição, pela alta administração, dos balizamentos éticos de seu código de conduta; envolve as condições infra-estruturais disponibilizadas para o exercício eficaz da controladoria; e se completa com a criação de processos e de práticas formais e contínuas, abrangendo permanentemente todas as áreas da companhia. Claro que a edição de códigos de ética, sobretudo quando definidos com ampla participação de toda a organização, são uma indicação de compromissos com boas práticas e de dureza na apuração de erros e na punição de fraudes. Mas não bastam, caso não sejam seguidos da criação de condições que efetivem, por bons instrumentos de controle interno, os propósitos corporativos nesta área.

Bergamini Junior,[9] em *Controles internos como instrumento de governança corporativa*, destaca os seguintes aspectos sobre o papel da Auditoria Interna em relação a objetivos de *compliance*, desdobrados em duas áreas de controle, a do alinhamento a normas internas e a do atendimento a normas externas, decorrentes de leis e regulamentos. Destaca ainda a evolução recente do papel desse órgão:

- ❏ A Auditoria Interna constitui o órgão de controle interno da empresa, responsável pela verificação da adequação e da efetividade do gerenciamento de riscos operacionais em relação a exigências internas e externas.

- ❏ O gerenciamento dos riscos operacionais envolve a inibição de fraudes, a minimização de erros nos processos utilizados pela empresa e a redução de falhas nos sistemas, principalmente os de tecnologia da informação.

- ❏ As atribuições da Auditoria Interna são bem conhecidas, contudo seu papel vem evoluindo: inicialmente, sua função estava ancorada na análise das transações, visando inibir fraudes; a seguir, esteve focada na avaliação dos controles internos, de forma abrangente, com o objetivo genérico de reduzir os erros; a abordagem atualmente está centrada na avaliação dos controles internos sob a ótica de risco, com a finalidade de otimizar o processo de gestão.

- ❑ A mudança de um enfoque tradicional para o foco em riscos vem acarretando alterações significantes no escopo do trabalho da Auditoria Interna. O enfoque tradicional era voltado para a inspeção, detecção e reação aos riscos das operações. Os testes de conformidade aplicados eram elaborados com base em programas de trabalho endereçados a objetivos de controle padrão. A nova abordagem exige uma visão mais ampla e aprofundada dos controles internos. A ênfase dos trabalhos está em uma postura mais comprometida com a profundidade organizacional e os ganhos de eficiência e está voltada para a verificação da qualidade da gestão dos negócios da empresa.

- ❑ O processo de apuração de fraudes se afasta gradativamente do âmbito das atribuições de uma moderna unidade de Auditoria Interna, pois estes trabalhos estão sendo canalizados para outras unidades da empresa, sendo solucionados no âmbito da Ouvidoria ou do Comitê de Ética.

O *empowerment* da Auditoria Interna com foco em riscos atribuiu-lhe um papel relevante no ambiente de governança, em atuação sinérgica com o Conselho Fiscal, com a Auditoria Independente e com o Comitê de Auditoria. Sua importância tem evoluído paralelamente com o desenvolvimento das boas práticas de governança corporativa, uma vez que estas dificilmente se efetivam sem controles internos de alta eficácia operacional e estratégica. Ainda que o foco desse serviço, subordinado à Diretoria Executiva, seja *compliance* em relação aos propósitos da companhia e às normas internas e externas, é de um bom trabalho de uma Auditoria Interna comprometida com uma abordagem abrangente que se atenderão a outros dois princípios da boa governança: *accountability* e *disclosure*. Tanto a prestação responsável de contas quanto a transparência têm por fundamentos a existência de adequado controle das operações internas.

5.5 O Conselho de Administração no Processo de Governança

No ambiente de governança corporativa, quando estruturado segundo os códigos de melhores práticas, o Conselho de Administração é o órgão guardião dos interesses dos proprietários. Isto equivale a dizer que se trata de um órgão de caráter nuclear, dotado de poderes emanados da Assembleia Geral, em torno do qual gravitam os demais órgãos da administração. Entre suas funções essenciais cabe destacar, genericamente, a de atuar como ligação fiduciária entre a Propriedade e a Diretoria Executiva, no monitoramento de todo um conjunto de riscos de gestão e de conflitos e custos de agência. É esta função que torna o Conselho de Administração a mais importante força interna de controle das corporações: ele dá o tom de seu envolvimento com a gestão, define em regimento a sua missão e os seus papéis e estabelece regras para suas formas de atuação.

No capítulo anterior, quando focalizamos as forças internas de controle da governança corporativa, registramos as questões fundamentais mais discutidas que definem a capacidade de o Conselho de Administração atuar como órgão de direcionamento e monitoramento: a sua constituição, o seu tamanho e a sua eficácia. Em síntese, registramos que há, por princípio, uma separação formal dos processos e papéis que cabem ao Conselho de Administração e à Diretoria Executiva: as do conselho são mais *decisões de controle;* as da direção, *decisões de gestão*. Registramos também que não se recomendam conselhos "populosos": os mais eficazes parecem ser os de menor número de conselheiros, com equilíbrio entre *insiders*, *outsiders relacionados* e *outsiders*. Quanto à eficácia do Conselho de Administração, destacamos três aspectos que podem comprometê-la: a assimetria de informações direção-conselho, o poder de barganha do executivo principal com os conselheiros e o *efeito reverso* produzido por bons resultados corporativos – quanto mais o Conselho de Administração contribuir para o alto desempenho corporativo, mais se fortalece a liderança da Diretoria Executiva, com possível erosão da influência do órgão colegiado.

Agora examinaremos mais profundamente:

1. Os papéis do conselho.
2. A postura dos conselheiros e os indicadores de sua eficácia.
3. As justificáveis propostas para a avaliação do desempenho do conselho e também dos conselheiros, quanto aos seus atributos, às suas condutas e às posturas deles esperadas.
4. As melhores práticas recomendadas para atuação desse colegiado e as sugestões para o seu *empowerment*.

ATRIBUIÇÕES E RESPONSABILIDADES

Embora deva submeter à Assembleia Geral as decisões de alto impacto corporativo e dela receba orientações fundamentais quanto a questões de alta relevância que interfiram nos propósitos da sociedade, a governança corporativa é efetivamente exercida a partir das decisões de controle do Conselho de Administração. Em sua constituição, têm assento representantes dos proprietários, controladores e minoritários; conselheiros externos independentes; e, nas concepções mais abertas de governança, representantes de outras partes interessadas. Cabe ao Conselho de Administração a instalação do Comitê de Auditoria e a contratação, ouvido esse comitê, da Auditoria Independente. À busca de maior eficácia para sua atuação, geralmente são constituídos outros comitês delegados. Os que ocorrem com mais frequência são os de remuneração, de finanças, de estratégia, de recursos humanos e de tecnologia da informação. Os focos desses comitês são a definição de políticas e de riscos corporativos, passados para o Conselho de Administração e deste para a Diretoria Executiva. E a esta compete corresponder às expectativas emitidas por este órgão fiduciário, em sintonia com os direitos e os propósitos dos proprietários, superintendendo tanto as unidades de negócios quanto as de serviços corporativos compartilhados.

Estas, em síntese, são as regras de governança geralmente aceitas e praticadas. Mas cabe definir mais precisamente os limites para o exercício desses papéis e os requisitos exigidos para que as responsabilidades definidas se traduzam em bons resultados.

Entre as questões diretamente ligadas às atribuições e responsabilidades do Conselho de Administração, as três seguintes são geralmente destacadas na literatura técnica como as de maior relevância:

1. **Separação ou sobreposição de funções**: presidente do Conselho de Administração e presidente da Diretoria Executiva.
2. **Grau de envolvimento**: que tipo de Conselho de Administração se deseja construir, com clara indicação daquele que é mais apropriado para a companhia, dados os seus desafios, as suas deficiências, o seu momento e o seu estágio de desenvolvimento.
3. **Missão e áreas de atuação**: definições harmonizadas com o tipo definido de Conselho de Administração mais adequado para a companhia.

SEPARAÇÃO DE FUNÇÕES

Na maior parte dos países, adota-se o princípio de separar as funções. O presidente do Conselho de Administração (*Chairman*) e o executivo-chefe (CEO) não acumulam os dois cargos. A razão essencial apontada por Coombes e Wong[10] é que este procedimento "constitui um componente indispensável da independência do Conselho de Administração, uma vez que as tarefas do presidente desse órgão de governança, em relação às da gestão executiva são diferentes e potencialmente conflitantes. O executivo-chefe administra a empresa. O presidente do Conselho de Administração conduz um colegiado que tem entre suas funções essenciais a de monitorar adequadamente o executivo-chefe e avaliar o seu desempenho. Se as duas funções são exercidas pela mesma pessoa, fica mais difícil para o Conselho de Administração exprimir opiniões independentes e examinar questões sob diferentes perspectivas. Em um modelo consolidado, a Diretoria Executiva pode ser mais tentada a filtrar informações, reduzindo a capacidade do Conselho de Administração de avaliar o desempenho da empresa. E ninguém estaria monitorando o principal executivo, a não ser ele próprio".

Outra razão apontada para a separação de funções é que a escolha, a admissão, a fixação da remuneração e dos benefícios, a avaliação e o encaminhamento da sucessão do principal executivo incluem-se entre as mais importantes responsabilidades do Conselho de Administração. Outra ainda é a possibilidade de o executivo-chefe ser parte dos problemas da empresa e, neste caso, ser passível de substituição antes da programação sucessória. E mais: executivos-chefe tendem a privilegiar metas de resultados de mais curto prazo, enquanto os Conselhos de Administração se fixam mais em projetos que aumentem, no longo prazo, as chances de perenização da companhia. Por fim, os conselhos existem também para administrar conflitos de agência e, agindo em defesa dos proprietários, reduzir os custos de agenciamento aos menores níveis recomendáveis.

Apesar desses argumentos, a separação não é uma regra universal. A Figura 5.6 revela que, contrariamente até, há países, entre os quais os Estados Unidos e a França, onde é baixa a proporção das empresas listadas em bolsa em que as funções do *chairman* e do *CEO* estão separadas. Na Alemanha e na Holanda, a separação é parte do modelo de governança, com conselhos em dois níveis. Na África do Sul, é exigida por força regulatória. No Reino Unido e na Austrália, a separação é a prática usual, atendendo às recomendações dos

FIGURA 5.6
Separação de funções: presidente do conselho e executivo-chefe.

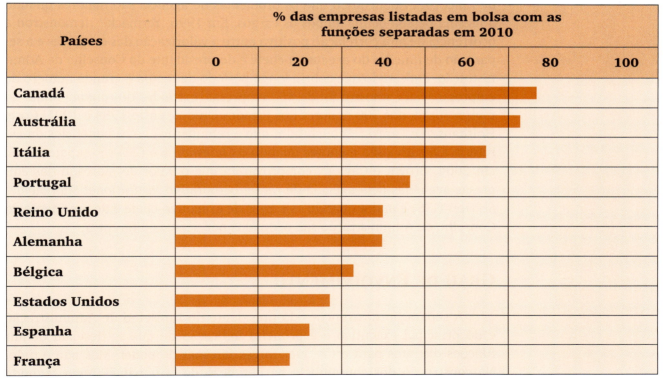

Fonte: HEIDRICK & STRUGGLES INTERNATIONAL. *Board in turbulent times*. Chicago: H&S, 2010.

códigos de boas práticas definidos por comitês nacionais. O comitê Cadbury recomendou a separação, exigindo explicações nos casos de seu não cumprimento. Já no Canadá, na Bélgica e em Cingapura, observam-se as duas práticas em proporções quase iguais.

A não-separação das funções nos Estados Unidos é justificada, primeiro, pela cultura corporativa do país, que cultua o presidente executivo como a estrela maior do mundo corporativo. A redução de sua autoridade e de seu poder não são práticas usuais. Contrariamente até, a sobreposição das funções é aceita como forma de facilitar processos decisórios, imprimindo-lhes maior velocidade. Uma segunda razão é a alegação de que a separação de funções não é condição necessária para se ter um Conselho Independente de Administração e eficaz. E também não é condição suficiente.

Mas os argumentos da separação de funções parecem mais convincentes. E estão alinhados às duas razões essenciais do desenvolvimento da governança corporativa, sintetizadas nos axiomas da Klein (*a inexistência do contrato completo*) e Jensen-Meckling (*a inexistência do agente perfeito*). É aceitável a contra-argumentação de que pessoas diferentes nas duas posições não garantem a independência e a eficácia do Conselho de Administração. Mas a separação de funções é um ponto fundamental que, somado a outros requisitos definidos para cada um dos órgãos e atores do processo de governança, se associa às boas práticas de governança e aos resultados de curto e de longo prazos das companhias.

A comparação empírica fortalece os argumentos em favor da segregação de funções, evidenciando que os problemas de agência são maiores quando a mesma pessoa ocupa ambos os cargos. Em 1996, Yermack[11] demonstrou a ocorrência de alta correlação positiva entre a valorização das empresas e a separação de funções do executivo-chefe e do presidente do Conselho de Administração, em estudo que cobriu longo período de tempo e grande número de empresas – sua amostra foi de 452 empresas, extraídas do *ranking* anual da revista *Forbes* das 500 maiores dos Estados Unidos, entre 1984 e 1991. Core, Holthausen e Larcker[12] concluíram que a remuneração e os benefícios da Diretoria Executiva são menores quando o *Chairman* e o *CEO* são separados. E, em 2004, Brown e Caylor[13] comprovaram que o valor de mercado das empresas avaliadas pela agência de *rating* corporativo *Institutional Shareholder Services* (ISS) é maior quando os cargos de executivo-chefe e de presidente do Conselho de Administração são ocupados por pessoas diferentes.

GRAU DE ENVOLVIMENTO

A separação das funções do presidente do Conselho de Administração e do principal executivo é a primeira indicação de que se desejam definir funções distintas para estas duas forças internas de poder. Mas não é tudo. Na construção dos conselhos e na definição de seus papéis, uma segunda questão, tão ou mais importante que segregação de funções, é que tipo de Conselho de Administração se deseja ter.

QUADRO 5.5
Cinco modelos de Conselho de Administração: envolvimento como fator determinante da diferenciação.

MENOR ENVOLVIMENTO → MAIOR ENVOLVIMENTO				
Conselho passivo	**Conselho certificador**	**Conselho envolvido**	**Conselho interventor**	**Conselho operador**
☐ Funciona segundo o arbítrio do presidente executivo. ☐ Tem atividades e participação limitadas. ☐ Tem imputabilidade limitada. ☐ Ratifica opções da cúpula executiva.	☐ Atesta aos acionistas que o presidente está fazendo o que o conselho espera e que serão tomadas medidas corretivas quando necessário. ☐ Enfatiza a necessidade de conselheiros independentes e se reúne sem o presidente executivo. ☐ Mantém-se a par do desempenho atual e destaca membros externos para avaliar o presidente. ☐ Estabelece um processo sucessório ordenado. ☐ Está disposto a mexer na cúpula executiva para ter credibilidade perante acionistas.	☐ Dá ideias, opiniões e apoio ao presidente e à equipe executiva. ☐ Reconhece a responsabilidade primordial de monitorar o presidente e o desempenho da empresa; orienta e julga o presidente. ☐ Conduz discussões úteis, de mão dupla, sobre decisões importantes para a empresa. ☐ Busca suficiente *know-how* setorial e financeiro para agregar valor a decisões. ☐ Reserva tempo para definir papéis e comportamentos exigidos pelo conselho e os limites das suas responsabilidades e das do presidente.	☐ Envolve-se intensamente na tomada de decisões em torno de assuntos vitais. ☐ Convoca reuniões frequentes e intensas, muitas vezes com pouca antecedência.	☐ Toma decisões importantes, que a cúpula executiva então implementa. ☐ Compensa a eventual falta de experiência da equipe executiva.

OCORRÊNCIAS OBSERVADAS NO BRASIL (% das empresas em que os modelos são praticados, em pesquisa da FDC)				
4,9%	26,8%	59,8%	6,1%	2,4%

Fontes: NADLER, David A. Building better boards. Boston, MA: *Harvard Business Review*, v. 82, nº 5, May 2004. Fundação Dom Cabral. Pesquisa Tendências do desenvolvimento das empresas no Brasil. Nova Lima: FDC, 2008.

Nadler[14] sugere a existência de cinco modelos de Conselho de Administração. As características de cada um deles estão reunidas no Quadro 5.5. Em síntese, esta é a tipificação proposta:

- **Conselho passivo**. É o modelo tradicional. As suas atividades e a sua participação são mínimas e definidas pelo presidente executivo. A responsabilidade é limitada. Sua principal tarefa é ratificar as decisões da alta administração.

- **Conselho certificador**. Neste modelo, é dada maior ênfase ao processo de supervisão da Diretoria Executiva. Seu papel principal é ser o avalista da gestão perante os acionistas, assegurando que estão sendo cumpridas as expectativas dos proprietários. Credibilidade é a maior exigência que pesa sobre este conselho. E a ele cabe encaminhar o processo sucessório da direção.

- **Conselho envolvido**. Neste modelo, o Conselho de Administração e a Diretoria Executiva atuam como parceiros para uma boa governança. O órgão colegiado dá ideias, emite seu parecer e dá seu apoio para decisões importantes consensadas. Assume responsabilidades de monitoramento, de homologação e de fiscalização. Conduz a discussão de questões de alto impacto, dentro seus papéis e seus limites, relativamente aos da Assembleia Geral.

- **Conselho interventor**. Modelo comum durante crises. O Conselho de Administração envolve-se profundamente na tomada de decisões importantes. Tem forte presença na empresa. Realiza reuniões frequentes e intensas. Intervém em processos críticos de gestão.

- **Conselho operador**. É o nível mais profundo de envolvimento. Pode-se aplicar a ele uma variante, de posicionamento oposto ao de uma regra conhecida: de *nose in, fingers out* para *nose and fingers in*. A Diretoria Executiva implementa decisões que são tomadas no Conselho de Administração, envolvendo um leque bem aberto de áreas funcionais e de negócios. É um modelo adotado em empresas que ainda engatinham, embora seus executivos possam ter ampla experiência em áreas específicas de gestão, mas com conhecimentos ainda em formação nos negócios em que a empresa atua.

Estes diferentes modelos sugerem que pode ser definido o grau de envolvimento mais recomendável para a companhia, em função de suas requisições essenciais e de seu estágio de desenvolvimento. E sugerem mais: que o envolvimento pode mudar ao longo do tempo, para o melhor ajustamento do Conselho de Administração às questões que exigem sua participação ativa. No Brasil, os modelos mais praticados são o envolvido (59,8% entre as 1.000 maiores empresas) e o certificador (26,8%).

Uma ferramenta proposta para a regulação desse ajustamento é sugerida no Quadro 5.6. Trata-se de instrumento de avaliação de discrepâncias entre o que se deseja e o que está sendo praticado – análise de hiatos, *gap analysis*.

QUADRO 5.6
Uma ferramenta de avaliação do envolvimento do Conselho de Administração: exercício para definição de áreas de melhoria.

Escala	1	2	3	4	5
Envolvimento	Zero	Baixo	Moderado	Alto	Exclusivo

Diferença (b) – (a): Números maiores indicam áreas a ser trabalhadas, buscando-se maior envolvimento (afastamento positivo) ou redução do envolvimento (afastamento negativo).

Áreas, funções e responsabilidades	Envolvimento Efetivo (b)	Envolvimento Desejado (a)	Afastamento (a) – (b)
Legais, societários e institucionais			
1. Zelo pelas disposições instituídas.	1 2 3 4 5	1 2 3 4 5	
2. Zelo pelas crenças essenciais.	1 2 3 4 5	1 2 3 4 5	
3. Promoção do equilíbrio de interesses.	1 2 3 4 5	1 2 3 4 5	
Estratégia			
4. Consensar propósitos.	1 2 3 4 5	1 2 3 4 5	
5. Definir direção.	1 2 3 4 5	1 2 3 4 5	
6. Definir planos.	1 2 3 4 5	1 2 3 4 5	
7. Propor projetos alternativos.	1 2 3 4 5	1 2 3 4 5	
8. Monitorar execução.	1 2 3 4 5	1 2 3 4 5	
Transações estratégicas			
9. Grandes investimentos.	1 2 3 4 5	1 2 3 4 5	
10. Mudanças na carteira de negócios.	1 2 3 4 5	1 2 3 4 5	
11. Fusões e cisões.	1 2 3 4 5	1 2 3 4 5	
12. Aquisições e desimobilizações.	1 2 3 4 5	1 2 3 4 5	
Operações			
13. Pesquisa e desenvolvimento.	1 2 3 4 5	1 2 3 4 5	
14. Manufatura e logística.	1 2 3 4 5	1 2 3 4 5	
15. Marketing e vendas.	1 2 3 4 5	1 2 3 4 5	
16. Tecnologia da informação.	1 2 3 4 5	1 2 3 4 5	
Recursos humanos e organização			
17. Desenvolvimento de lideranças.	1 2 3 4 5	1 2 3 4 5	
18. Remuneração de executivos.	1 2 3 4 5	1 2 3 4 5	
19. Investimentos em capital humano.	1 2 3 4 5	1 2 3 4 5	
20. Estrutura da organização.	1 2 3 4 5	1 2 3 4 5	
Gestão financeira			
21. Estrutura de capital.	1 2 3 4 5	1 2 3 4 5	
22. Gestão de liquidez.	1 2 3 4 5	1 2 3 4 5	
23. Política de dividendos.	1 2 3 4 5	1 2 3 4 5	
24. Informes financeiros.	1 2 3 4 5	1 2 3 4 5	
Gestão de riscos			
25. Gestão de riscos da empresa.	1 2 3 4 5	1 2 3 4 5	
26. Definição de procedimentos.	1 2 3 4 5	1 2 3 4 5	
27. Auditoria de riscos e vulnerabilidades.	1 2 3 4 5	1 2 3 4 5	
Relações externas			
28. Posicionamento e integridade da marca.	1 2 3 4 5	1 2 3 4 5	
29. Relações com o mercado.	1 2 3 4 5	1 2 3 4 5	
30. Abertura a outras partes interessadas.	1 2 3 4 5	1 2 3 4 5	
Eficácia do presidente			
31. Avaliação do desempenho.	1 2 3 4 5	1 2 3 4 5	
32. Plano de remuneração.	1 2 3 4 5	1 2 3 4 5	
33. Planejamento da sucessão.	1 2 3 4 5	1 2 3 4 5	
Governança			
34. Eficácia do conselho.	1 2 3 4 5	1 2 3 4 5	
35. Seleção de conselheiros.	1 2 3 4 5	1 2 3 4 5	
36. Avaliação de conselheiros.	1 2 3 4 5	1 2 3 4 5	

Fonte: Adaptado de modelo proposto por NADLER, David A. Building better boards. *Harvard Business Review*, Boston, MA, v. 82, nº 5, May 2004.

QUADRO 5.7
Um exemplo de divisão de papéis: grau de envolvimento e de responsabilidades do Conselho de Administração.

Papéis e responsabilidades		Ser informado	Ratificar decisões da diretoria executiva	Aconselhar o diretor presidente	Definir diretrizes para políticas corporativas	Aprovar recomendações da diretoria executiva	Responsabilidade direta
Prestação de contas	☐ Prestação de contas aos acionistas						•
	☐ Apuração do lucro do exercício						•
	☐ Cumprimento das regulamentações				•		
	☐ Auditoria				•		
Estratégia	☐ Objetivos corporativos						•
	☐ Direcionamento estratégico				•		
	☐ Alocação de recursos					•	
	☐ Pagamento de dividendos						•
	☐ Estrutura do balanço patrimonial					•	
Políticas corporativas	☐ Desembolsos de capital				•		
	☐ Remuneração de executivos				•		
	☐ Relações na indústria			•			
	☐ Gestão de riscos			•	•		
	☐ Variações do orçamento						
Supervisão	☐ Avaliação das operações		•				
	☐ Controle de qualidade	•					

⟶ Maior envolvimento da Diretoria Executiva

Fonte: Booz-Allen & Hamilton. *Como fazer um modelo de governança funcionar.* São Paulo, 2004.

Para cada área, função ou responsabilidade, pontua-se o grau de envolvimento praticado e o que é realmente desejado. Afastamentos positivos indicam que maior envolvimento é desejado. O oposto ocorre quando o afastamento é negativo: neste caso, o Conselho de Administração deve retrair-se, conferindo à Diretoria Executiva maior autonomia decisória.

Definições semelhantes podem ser também formatadas diretamente, como no exemplo do Quadro 5.7, com a indicação dos graus de envolvimento recomendáveis para os diferentes papéis e responsabilidades do Conselho de Administração.

Missão e Áreas de Atuação

Como para a maioria das questões (excetuando-se as que se referem à integridade ética), também para o grau de envolvimento do Conselho de Administração uma solução de *meio termo* parece ser a mais recomendável como orientação geral. Orientações para casos específicos certamente admitem soluções também específicas. O Quadro 5.8 sugere razões para a busca do equilíbrio, em sintonia com o que recomendam os códigos de boas práticas corporativas: *a missão e as principais responsabilidades dos Conselhos de Administração que parecem mais condizentes com as exigências do mundo corporativo afastam-se dos extremos da passividade e da intervenção operacional*. Neste caso, adotando uma das expressões propostas por Nadler, o *conselho envolvido* parece ser o mais ajustado à quase totalidade das culturas corporativas que dão sustentação aos diferentes modelos de governança.

Esta proposição é endossada por Felton, Hudnut e Witt:[15] "Imaginar com o que o Conselho de Administração deveria se parecer e como ele deveria interagir com a administração é uma tarefa espinhosa e sobre a qual há pouca concordância." Empresas diferentes têm necessidades diferentes. Algumas precisam de um conselho ativo. Outras, de um conselho com um papel mais tranquilo. De qualquer forma, considerando a crescente pressão dos acionistas por resultados, a alta direção deveria dedicar-se um pouco mais a pensar sobre o papel desempenhado pelo Conselho de Administração. Nos Estados Unidos, as empresas geralmente se enquadram em três categorias nesta questão. Há as que preferem que seus conselhos desempenhem um papel estritamente consultivo. Crises e eventos externos impactantes levam um segundo grupo a fortalecer seus conselhos, pelo menos para satisfazer a seus acionistas. Mas como isto tem de ser feito às pressas, as mudanças podem mais prejudicar do que ajudar, particularmente se os próprios conselheiros resistem a elas. Então, há um terceiro grupo: o de dirigentes proativos que procuram formas mais consistentes de melhorar o desempenho da empresa e que conseguem enxergar os benefícios de longo prazo de um *conselho envolvido e independente*.

O Quadro 5.9 é uma proposta de papéis e responsabilidades do Conselho de Administração, ajustada ao conceito de *conselho envolvido*. Aí as principais responsabilidades estão reunidas em quatro grupos:

QUADRO 5.8
Posições de poder exigem equilíbrio: não há um pacote padronizado, circunstâncias específicas é que devem definir o relacionamento entre o Conselho de Administração e o CEO.

Em uma situação ideal, conselheiro e CEOs deveriam considerar-se membros de uma mesma equipe de administração e trabalhar de maneira conjunta – em vez de lutar constantemente pelo poder. É importante que haja consonância em torno do poder do Conselho de Administração em relação ao do principal executivo.

Nos últimos anos, testemunhamos escândalos corporativos nos Estados Unidos, na Europa e na Ásia, seguidos do colapso de empresas até então bem-sucedidas. Em todos os casos, parece existir uma regra: o papel do CEO não seguiu um padrão específico, à exceção de que todos exibiram, no mínimo, inépcia para avaliar questões de governança corporativa e, nos piores momentos, ganância pura e simples. Retirar parte da autoridade do CEO e transferir mais poder pode parecer a reação mais adequada aos escândalos relevados, a realidade, porém, exige uma solução mais sofisticada. O ponto de equilíbrio ideal entre Conselho de Administração e Diretoria Executiva varia de companhia para companhia e depende principalmente do contexto competitivo.

Comparemos, por exemplo, uma empresa de navegação e um banco. Em uma grande companhia de navegação, o Conselho de Administração limita-se a apresentar premissas gerais de estratégia, como o posicionamento do grupo perante riscos. E deve, em grande medida, delegar as decisões para o CEO, uma vez que é preciso agilidade executiva para obter vantagens nesse mercado. Como a velocidade é um fator crítico, iniciativas importantes, relativas e decisões-chave, devem emanar do CEO. Ao Conselho de Administração restará ser mantido informado segundo os parâmetros e limitações gerais estabelecidos para o CEO.

No outro extremo, o Conselho de Administração de um banco tem obrigação legal de desempenhar um papel ativo em decisões envolvendo créditos volumosos. Quando o Acordo de Basiléia II entrar em vigor, o que está marcado para ocorrer em 2008, o Conselho de Administração talvez tenha de se envolver ainda mais.

Ainda que, como no caso dos bancos, novas exigências legais ameaçam destruir um relacionamento equilibrado, os pontos cruciais da relação do Conselho de Administração com a Diretoria Executiva devem preferencialmente ser solucionados pela busca conjunta do equilíbrio. Uma lista de decisões que devem ser compartilhadas certamente inclui as seguintes:

1. **Estratégia**. Número de plataformas de negócio que devem compor a companhia. Qual deve ser a amplitude de atuação e como deve ser o relacionamento entre as áreas de negócio.

2. **Riscos**. Decisões compartilhadas sobre todos os riscos corporativos, internos e externos: da avaliação de seus graus de probabilidade e de impacto aos mecanismos que serão adotados para mitigá-los ou eliminá-los.

3. **Fusões e aquisições**. Trabalho para administrar a "química entre as partes" das duas companhias, buscando maior envolvimento de ambas nas primeiras mudanças organizacionais e de plataformas estratégicas.

4. **Sucessão**. O CEO e o Conselho de Administração devem se certificar de que contam com um plano de sucessão viável. Mas deve estar claro que o CEO não escolhe o próprio sucessor – esta é uma responsabilidade do órgão colegiado. Mas nada impede que a solução seja encaminhada em comum acordo, ainda que com independência.

Fonte: LORANGE, Peter. Posições de poder exigem equilíbrio. In *Valor Econômico*, Cadernos de Governança Corporativa. São Paulo, jul. 2005.

QUADRO 5.9
Missão, papéis e responsabilidades do Conselho de Administração: uma proposta ajustada ao conceito de *conselho envolvido*.

MISSÃO

Proteger e valorizar o patrimônio tangível e intangível da empresa e otimizar o retorno do investimento; zelar pelos valores e crenças; consensar propósitos estratégicos e o acompanhamento e a avaliação da diretoria executiva.

PRINCIPAIS RESPONSABILIDADES

LEGAIS, SOCIETÁRIAS E INSTITUCIONAIS

- Atender aos requisitos das disposições legais e estatutárias.
- Zelar pelas crenças fundamentais e pelos valores da organização.
- Contribuir para o equilíbrio entre os interesses dos proprietários, dos gestores e de outras partes interessadas.

ESTRATÉGICAS

- Consensar propósitos empresariais.
- Definir e emitir expectativas de resultados para a Diretoria Executiva.
- Propor e acompanhar o desenvolvimento de projetos de alto impacto corporativo.
- Avaliar, homologar e monitorar a estratégia de negócios.
- Acompanhar a gestão de riscos corportativos.

RELACIONADOS À GESTÃO

- Escolher, admitir, avaliar, fixar a remuneração e encaminhar a sucessão do presidente executivo.
- Homologar as políticas nas áreas funcionais de RH, RI, TI e finanças.
- Contribuir na definição e monitorar códigos corporativos de melhores práticas.

RELACIONADAS A QUESTÕES FINANCEIRAS, FISCAIS E DE AUDITORIA

- Deliberar sobre a estrutura e o aumento de capital.
- Sugerir políticas de destinação de resultados.
- Autorizar investimentos e desimobilizações.
- Escolher a Auditoria Externa.
- Homologar diretrizes para auditorias interna e externa.

1. Legais, societárias e institucionais.
2. Estratégicas.
3. Relacionadas à gestão.
4. Relacionadas a questões financeiras, fiscais e de auditoria.

O exercício dessas responsabilidades coaduna-se com a missão geralmente aceita para os Conselhos de Administração: *proteger e valorizar o patrimônio tangível e intangível da empresa; zelar pelos valores e crenças; consensar propósitos estratégicos e exercer o acompanhamento e a avaliação da diretoria executiva.*

Esta missão e os papéis e responsabilidades dela decorrentes parecem estritamente ligados à concepção clássica que separa formalmente as *decisões de gestão*, que cabem à Diretoria Executiva, das *decisões de controle*, que cabem ao Conselho de Administração. Os próprios verbos empregados para designar as responsabilidades desse órgão de governança sugerem esta divisão: *zelar, contribuir, escolher, validar, homologar, consensar, propor e acompanhar*. O sentido geral é o de prover direcionamento que esteja alinhado às expectativas e pressões dos proprietários, monitorar e avaliar o desempenho da companhia e assegurar que a gestão se fundamente nos credos e valores corporativos.

REQUISITOS ESSENCIAIS E NORMAS DE FUNCIONAMENTO

Obviamente, uma definição clara dos papéis e das responsabilidades do Conselho de Administração é condição essencial para o seu bom funcionamento. Mas não é o bastante. Há outros requisitos exigidos para uma atuação realmente contributiva e eficaz. E, além de requisitos, boas normas de funcionamento são também fundamentais. Enfim, um conjunto ampliado de condições para a produção de resultados positivos.

Como sugerimos na Figura 5.7, o Conselho de Administração também deve ter uma perspectiva sistêmica, como qualquer outra unidade da estrutura organizacional: um processador de *inputs*. A qualidade desses *inputs* e a forma com que são processados definirão a qualidade dos *outputs*, na forma de adição de valor e de geração de resultados de curto e de longo prazos.

O conjunto dos *requisitos essenciais para o bom funcionamento do Conselho de Administração* está resumido na Figura 5.8. Esses requisitos começam por um bom quadro de conselheiros. Passam pelo acesso dos conselheiros a dados e a informações internas e externas e pelos apoios organizacionais estabelecidos para o funcionamento desse colegiado. E são completados pelo poder de influência e de decisão que lhes são conferidos e pelos incentivos aos conselheiros, capazes de harmonizar adequadamente os seus interesses com os dos acionistas e dos gestores.

Os *processos* mais comumente associáveis ao bom funcionamento do Conselho de Administração começam pela normatização formalizada de sua constituição e de suas atividades, com clareza quanto às funções e responsabilidades definidas, ajustadas às necessidades da corporação. Passam pela exis-

FIGURA 5.7
Uma representação sistêmica do conselho de administração: requisitos (*inputs*), funcionamento (processamento) e resultados (*outputs*).

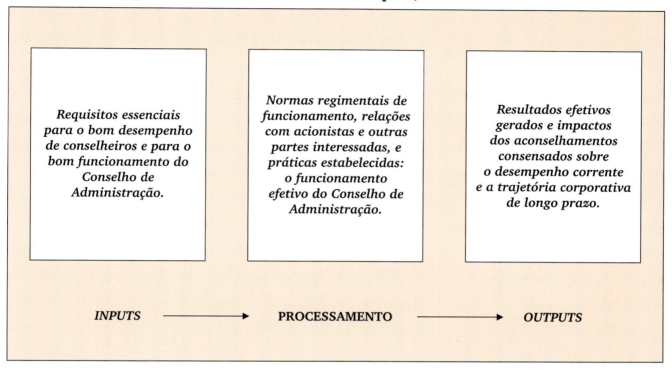

tência de uma pauta-padrão que contemple as responsabilidades de maior relevância, sem contudo engessar o seu funcionamento. Envolvem também questões como periodicidade das reuniões, relações produtivas dos conselheiros com acionistas, gestores e outras partes interessadas, que podem ser fortalecidas através de comitês atuantes. E podem chegar até, como tem ocorrido com frequência crescente nos Estados Unidos, à escolha de um *lead director* – preferencialmente conselheiro *outsider*, que atuará como elo entre a Diretoria e o Conselho de Administração, coparticipando da elaboração de pautas de trabalho, promovendo a independência e conduzindo a análise de questões mais delicadas ou mais impactantes, que tenham alto potencial de dividir os conselheiros ou de colocá-los em rota de colisão com os gestores.

DIMENSÃO DO CONSELHO E ATRIBUTOS DOS CONSELHEIROS

Escolhido o tipo de Conselho de Administração mais adequado às exigências corporativas e definido o grau de seu envolvimento, um requisito essencial para o bom funcionamento do Conselho de Administração diz respeito ao quadro de conselheiros, quanto ao seu dimensionamento, à complementaridade das competências e, principalmente, aos seus atributos, condutas e posturas. As questões menos complexas, certamente, são a dimensão e a com-

FIGURA 5.8
Dos requisitos aos resultados: o funcionamento do Conselho de Administração.

REQUISITOS ESSENCIAIS

- Quadro de conselheiros:
  ◇ Atributos e posturas.
  ◇ Complementaridade.
  ◇ Dimensionamento.
- Acesso a dados e a informações:
  ◇ Internas.
  ◇ Externas.
- Apoio estabelecido.
- Poder de influência.
- Incentivos concedidos.

⬆

PROCESSOS
(Normas de funcionamento)

- Normas formalizadas em regimento:
  ◇ Escopo e objetivos.
  ◇ Constituição e investidura.
  ◇ Normas de funcionamento.
  ◇ Funções e responsabilidades.
  ◇ Constituição de comitês.
  ◇ Interação com outros órgãos de governança.
- Pauta-padrão dos trabalhos.
- Periodicidade das reuniões.
- Relações com acionistas, gestores e outras partes interessadas.
- Comitês constituídos atuantes.
- Liderança: deveres do presidente (*chairman*)

⬆

RESULTADOS

- Graus em que são cumpridas a missão e as funções e responsabilidades definidas:
  ◇ Legais, societárias e institucionais.
  ◇ Estratégicas.
  ◇ Relacionadas à gestão.
  ◇ Relacionadas a questões financeiras, fiscais e de auditoria.

plementação do quadro. E as mais delicadas, principalmente quando se praticam processos de avaliação de desempenho, são as referentes às qualificações que remetem à competência e à integridade pessoal. E, além do binômio *competência-integridade*, há ainda a questão do *envolvimento construtivo* dos conselheiros com a corporação.

DIMENSIONAMENTO E COMPLEMENTARIDADE

Vamos começar pelas questões aparentemente mais simples: o **dimensionamento e a complementaridade**. Excetuando-se o caso do Japão, em que o modelo comum de governança fundamenta-se em conselhos numerosos, é pequena a variância em relação ao tamanho médio recomendado e praticado. Entre os limites mínimo e máximo sugeridos nos códigos de governança, de 3 e de 15 membros, a dimensão efetivamente adotada é de 7 membros, mais 2 menos 2.

Esta prática é respaldada pela evidência empírica. Jensen[16] sugere que a eficácia dos Conselhos de Administração é associável aos seus tamanhos: os mais numerosos têm menor probabilidade de funcionar bem e quanto maior for o número de conselheiros, maior é a chance de o Conselho de Administração ser controlado pelo executivo principal. Yermack[17] demonstrou que conselhos numerosos não asseguram resultados positivos e que o aumento do número de membros é inversamente correlacionado com o desempenho da empresa: "é inversa a relação entre o tamanho do Conselho de Administração e o retorno sobre os investimentos, bem como sobre a utilização eficaz dos ativos das companhias". Anderson, Mansi e Reeb[18] mostraram que o custo de recursos exigíveis é menor nas companhias em que os Conselhos de Administração são menores, "presumivelmente porque os credores enxergam estas empresas como tendo monitores mais eficientes de seus processos contábeis e de auditoria". Consistentemente com estes resultados, Brown e Caylor,[19] evidenciaram que "as empresas com conselhos de Administração constituídos no intervalo entre 6 e 15 membros têm maiores retornos sobre o patrimônio líquido e maiores margens de lucro líquido do que as empresas com conselhos menos ou mais numerosos".

A recomendação de Conselhos de Administração não populosos é, em princípio, conflitante com o critério de complementaridade de competências. Realmente, como Baysinger e Hoskisson[20] argumentam, um colegiado de dimensão reduzida dificulta uma composição mais diversificada de conhecimentos, reduz os níveis de informações úteis para trabalhos estratégicos e incorpora menos experiências em arquitetura de negócios e em políticas corporativas. Estes argumentos são de fato convincentes, mas eles não significam que conselhos exageradamente grandes são uma garantia de diversidade. Em levantamento realizado nas 25 maiores empresas da Austrália, Grady[21] encontrou Conselhos de Administração preponderantemente numerosos. Mas bem uniformes quanto às experiências e às competências de seus membros: "Eles são quase sempre feitos da mesma matéria, de pessoas que moram na mesma cidade das empresas e que têm experiências similares – dos 250 conselheiros não executivos somente 9 vivem fora da Austrália. Conselhos assim constituídos carecem de perspectivas diversificadas, necessárias para desafiar o pensamento da administração. A uniformidade tende a minar a qualidade e a variedade do debate. E oportunidades podem ser perdidas porque falta aos conselheiros uma visão mais aberta e global."

Embora estas observações da realidade e as evidências de pesquisas acadêmicas não sejam suficientes para definir uma regra única e universalmente aplicável, o bom senso aponta, também aqui, para soluções não radicais. E estas são as que combinam **tamanhos em torno de 7 membros, com adequada composição entre *insiders* e *outsiders* e com a diversidade requerida pelo portfólio de negócios e por outras características da corporação,**

QUADRO 5.10
Dimensionamento dos Conselhos de Administração: razões que justificam tamanho, diversidade e complementaridade.

Dimensionamento	
Razões para conselhos numerosos	**Razões para conselhos reduzidos**
❑ Maior diversidade de experiências e competências. ❑ Leque mais aberto de pontos de vista, no aconselhamento da gestão. ❑ Chances ampliadas de constituição de comitês atuantes. ❑ Informações submetidas a análises mais abrangentes. ❑ Visões de maior amplitude. ❑ Contribuições mais abertas para questões estratégicas. ❑ Menor probabilidade de cooptação pela direção executiva.	❑ Evidência empírica de que o tamanho é inversamente relacionado à *performance* corporativa. ❑ Consistência com teorias organizacionais: grupos mais compactos são mais produtivos. ❑ Aumento da relação custos/benefícios. ❑ Maior e mais próxima interação com a direção executiva. ❑ Maior exigência de desempenho construtivo de cada um de seus membros. ❑ Maior exposição dos conselheiros: passividade e omissão ficam mais evidentes.
Recomendações para constituição ótima	
❑ Dimensionamento mediano: 7 membros, mais 2 menos 2. ❑ Constituição mista: *insiders* (conhecimento mais profundo da corporação), *outsiders* (independência e visão mais aberta). ❑ Tamanho, diversidade e complementaridade definidas a partir das características atuais e das perspectivas da corporação. ❑ Mudanças *versus* engessamento: definições ajustadas aos estágios de desenvolvimento da empresa.	

como âmbito geográfico de atuação, fusões e aquisições recentes, alianças estratégicas e projetos de investimento em curso. A combinação mais adequada de tamanho-e-complementaridade variará, assim, não só entre empresas, mas também em uma mesma empresa nos diferentes momentos de seu desenvolvimento. O Quadro 5.10 oferece uma síntese dos prós e contras assinalados e dos fatores que determinam as soluções ótimas.

Adicionalmente à adequada combinação de tamanho-e-complementariedade, a eficácia dos Conselhos de Administração é, em grande parte das empresas, apoiada por comitês técnicos, permanentes ou temporários. Estes são geralmente coordenados por um conselheiro e constituídos por membros da Diretoria Executiva ligados aos temas de suas especialidades e, quando necessário, por consultores e especialistas externos. Os comitês não substituem, todavia, os demais órgãos da administração e, independentemente do conteúdo técnico de suas atividades, não lhes cabe decidir ou deliberar, mas levantar e fornecer elementos para decisões bem fundamentadas possam ser tomadas pelo Conselho de Administração.

O número de comitês permanentes é de 3, mais 1, menos 1. Os três que ocorrem na maior parte das empresas são: Estratégia; Finanças, Auditoria e Riscos; Nomeação, Remuneração, RH e Desenvolvimento Organizacional. No Quadro 5.11 resumimos as principais atribuições desses três comitês e indicações sobre sua ocorrência em países europeus e no Brasil. Além dos três comitês de maior ocorrência nas companhias, outros que também ocorrem com frequência são: Pesquisa, Desenvolvimento e Inovações; Sustentabilidade; e Relações Institucionais.

Sintetizando os aspectos até considerados, resumimos no Quadro 5.12 as boas práticas recomendadas para a constituição e o funcionamento de Conselhos de Administração.

ATRIBUTOS, POSTURAS E CONDUTAS

As definições de tamanho, composição e boas práticas são questões menos sensíveis que as relacionadas às condutas e posturas esperadas dos conselheiros. É certamente embaraçoso para um conselheiro experiente reconhecer que "a desqualificação de conselheiros inadequados é muito mais fácil de se encontrar do que a caracterização de conselheiros apropriados". Mas esta contundente observação é de W. J. Salmon,[22] uma síntese de sua apreciação de conselhos e conselheiros, respaldada por mais de 30 anos de experiência. E são suas essas conclusões e recomendações:

❑ **Atributos pessoais, como integridade e capacidade de ouvir com abertura, são requisitos essenciais de um bom conselheiro.** Igualmente importantes são a disposição de participar de discussões construtivas com outros membros do conselho de administração e a capacidade de tomar decisões difíceis.

QUADRO 5.11
Comitês de assessoramento do Conselho de Administração: os três mais comuns, número usual e ocorrência no Brasil.

Usuais	Atribuições
Estratégia	❏ Discussões e consenso prévio de grandes diretrizes corporativas. ❏ Encaminhamento e coordenação de processo de emissão de direcionadores para a Direção Executiva. ❏ Participação ativa nos trabalhos de formulação das estratégias de negócios e gestão. ❏ Propor indicadores de acompanhamento das diretrizes estratégicas.
Finanças, Auditoria e Riscos	❏ Zelar para que a Diretoria Executiva desenvolva controles confiáveis. ❏ Recomendar, a partir de listas qualificadas, a Auditoria Externa Independente a ser contratada. ❏ Propor planos de trabalho para as Auditorias Interna e Externa. ❏ Propor procedimentos, diante de constatação de falhas e irregularidades. ❏ Propor o mapeamento de todos os tipos de riscos em que a companhia possa incorrer, classificando-os e propondo ações preventivas ou mitigantes.
Nomeação, Remuneração, Recursos Humanos e Desenvolvimento Organizacional	❏ Examinar a estrutura organizacional da companhia e recomendar ajustes, exigidos pelas diretrizes estratégicas de negócios e de gestão. ❏ Propor políticas de cargos e salários e sistemas de avaliação de desempenho. ❏ Recomendar programas de treinamento e desenvolvimento. ❏ Propor, justificando relações benefícios/custos, programas de participação nos resultados (PPRs). ❏ Acompanhar os critérios, acompanhar os trabalhos e propor ações decorrentes de avaliações do clima organizacional.

Número usual de Comitês (Países europeus)

Número médio de Comitês de Assessoramento ao Conselho

País	Número médio
Alemanha	4,5
Reino Unido	3,9
Suíça	3,6
França	3,4
Holanda	3,2
Suécia	3,2
Bélgica	3,1
Portugal	3,0
Espanha	2,9
Áustria	2,7
Itália	2,3
Dinamarca	2,3
Finlândia	2,2
Polônia	2,2
Noruega	2,1

Ocorrências no Brasil: % de empresas que possuem Comitês do Conselho

Ano	%
2003	62
2009	95

Fontes: HEIDRICK & STRUGGLES. Pesquisa *Challenging board performance*, realizada em 2011, em 15 países, com 400 companhias listadas (para número médio de comitês em países europeus); e *Panorama da Governança Corporativa no Brasil*, IBGC – Booz; 2010 (para ocorrências no Brasil).

❑ **Os conselheiros devem ser capazes de expressar seus pontos de vista com franqueza.** Esta conduta agrega substância e fecundidade ao processo decisório do órgão colegiado. As empresas não precisam de conselheiros que manifestam suas opiniões ao executivo principal, em reuniões a dois, particulares e fechadas. Esses procedimentos acabam convertendo-se em situações de misterioso conchavo, contrariando o que deveria ser um ambiente participativo.

QUADRO 5.12
Uma síntese das boas práticas do Conselho de Administração.

Aspectos destacados	Boas práticas recomendadas
1. Razões de ser	❑ Órgão-chave do processo de governança corporativa, exercendo funções deliberativas. ❑ Atua como guardião dos valores corporativos, tangíveis e intangíveis. ❑ Comprometimento com os interesses dos *shareholders*: retorno e valor da companhia.
2. Focos	❑ Assuntos estratégicos: visão, propósitos, direcionadores. ❑ Atento a riscos, oportunidades/ameaças e questões críticas da companhia. ❑ Monitoramento formal, crítico e construtivo de resultados e de desvios em relação a diretrizes e metas. ❑ Orientação de políticas funcionais, compatibilizando-as com estratégia de negócios.
3. Funcionamento	❑ Competências e funcionamento normatizadas em Regimento Interno. ❑ Acesso irrestrito a informações: desempenho, riscos, fatos relevantes, projetos impactantes. ❑ Busca do consenso em suas decisões. ❑ Constituição de Comitês como instrumentos de apoio à administração.
4. Poderes	❑ "Mini AG" permanente. ❑ Nomeia, fixa a remuneração, avalia e destitui o CEO. ❑ Orienta a Auditoria Interna quanto a seus propósitos. ❑ Contrata a Auditoria Independente, bem como especialistas e peritos, para embasamentos técnicos necessários às suas deliberações. ❑ Outros que venham a ser estabelecidos nos Estatutos Sociais.
5. Dimensão e composição	❑ Constituição baseada na complementaridade dos conselheiros, quanto a seus conhecimentos e experiências. ❑ Constituição por *insiders*, *outsiders* relacionados e conselheiros independentes. ❑ Participação de membros da Diretoria Executiva limitada à apresentação de resultados, políticas e projetos alinhados à estratégia.

❑ **As empresas precisam efetivamente de conselheiros com antecedentes e habilidades que se complementem reciprocamente e se relacionem com a missão singular de cada um deles.** Entretanto, um bom Conselho de Administração não é apenas um conjunto de especialistas. É uma equipe de pessoas ponderadas, capazes de aconselhar, apoiar e, por vezes, dissuadir o executivo principal.

❑ Os Conselhos de Administração devem ser capazes de identificar problemas, riscos e soluções, "soprando o apito" o mais cedo possível e assim manifestando uma de suas mais importantes contribuições aos acionistas e à gestão – a *insatisfação construtiva*.

Uma síntese dessas recomendações está reproduzida na Figura 5.9. Aí estão os atributos essenciais de conselheiros de administração: *integridade, competência* e *envolvimento construtivo*. Eles são a base de uma listagem mais ampla, como a da Figura 5.10. Os elementos que a compõem estão presentes na maioria dos documentos produzidos por consultorias de atuação global sobre a constituição dos Conselhos de Administração, sobre os requi-

FIGURA 5.9
Atributos essenciais de conselheiros de administração: *integridade* **e** *competência* **como sustentações de** *envolvimento construtivo*.

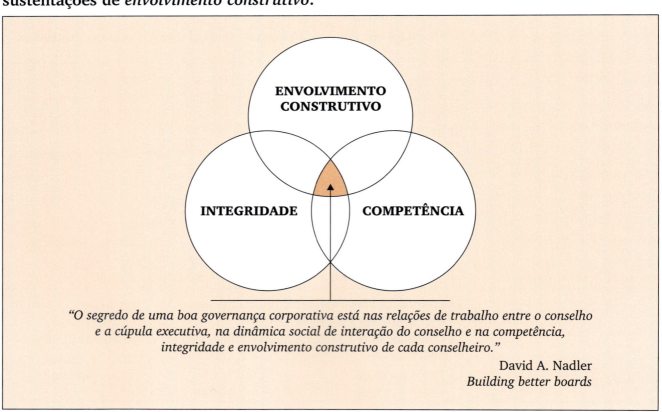

FIGURA 5.10
Atributos, condutas e posturas esperadas dos conselheiros: uma sugestão de pontos para avaliação.

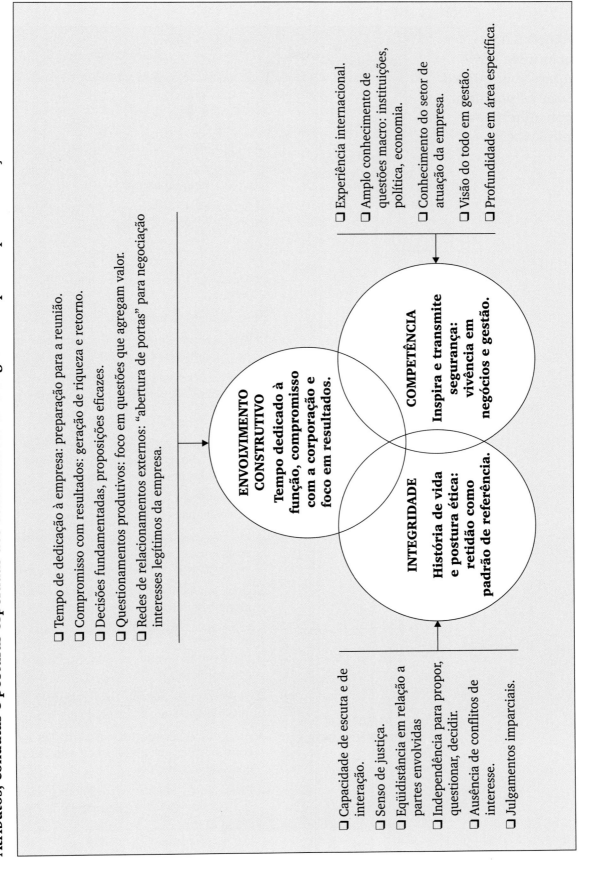

QUADRO 5.13 Uma síntese comparativa: quatro diferentes posturas de conselheiros de administração.

Posturas comparativas	Caracterização
POSTURA DIFICULTADORA	❑ Levanta questões não pertinentes aos temas tratados. ❑ Manifesta-se sem contribuir. Suas observações não agregam valor. ❑ Polemiza em questões já consensadas. ❑ Trava discussões. Atua como agente procrastinador. ❑ Dificulta a eficácia do Conselho.
POSTURA PASSIVA	❑ Limita-se à pauta das reuniões. Não propõe questões. ❑ Raramente se manifesta. ❑ Dificilmente apresenta discordâncias em relação aos assuntos tratados. ❑ Em questões polêmicas, que dividem o Conselho, dificilmente sua posição é externalizada e justificada.
POSTURA CONSTRUTIVA	❑ Manifesta-se com regularidade e seus posicionamentos são geralmente ouvidos com atenção e apreciados pelos seus pares. ❑ Externaliza e justifica posições polêmicas. Assume posicionamento claro e objetivo. ❑ Mesmo quando não domina plenamente os conteúdos e os aspectos técnicos dos assuntos tratados, expõe pontos de vista com reconhecido bom-senso. ❑ Contribui com proposições que impactam positivamente a gestão e os negócios.
POSTURA EMPREENDEDORA	❑ Vai além da postura construtiva: tem vocação empreendedora. ❑ Envolve-se fortemente com questões estratégicas, mais do que com as operacionais. ❑ Atua como agente alavancador. Leva à empresa contribuições substantivas de alta relevância para a gestão e os negócios. ❑ Está atento a oportunidades de negócios. Apresenta as que se alinham à estratégia da empresa.

sitos exigidos de seus membros e sobre os critérios recomendados para as comissões de seleção de novos conselheiros. São também pontos fundamentais de metodologias de avaliação desse colegiado.

Mas há uma desconfortável razão para a proposição sistematizada desses atributos e, mais ainda, para a avaliação efetiva de sua existência: o desempenho histórico dos Conselhos de Administração. "Todos sabemos o que os conselhos têm sido: uma relíquia do tempo dos clubes de cavalheiros, caracterizada pela cerimônia e pela aquiescência. E todos sabemos o que um conselho deveria ser: uma instância de contestação e questionamento, que agregasse valor sem se intrometer e tornasse o presidente executivo mais eficaz, mas não todo-poderoso." Estas avaliações de Nadler[23] são confirmadas por pesquisas recentes e por recomendações que têm resultado delas. E ainda por caracterizações comparativas dos conselheiros, como as do Quadro 5.13, quanto às suas diferentes posturas.

A Tabela 5.1 revela que os conselheiros nem sempre mostram alto grau de compreensão de questões corporativas relevantes. As respostas de questionários de autoavaliação são pouco confortáveis: 37% dos conselheiros não têm pleno entendimento de questões como riscos dos negócios de suas empresas, conflitos de interesse, desempenho em relação a objetivos, atributos dos negócios que criam mais valor e alinhamentos entre políticas de remune-

TABELA 5.1
Grau de entendimento dos conselheiros sobre questões corporativas de alta relevância.

Questões consideradas	Grau de entendimento (% das respostas)		
	Pleno	Algum	Nenhum
Desempenho da empresa em relação aos objetivos estratégicos e operacionais estabelecidos.	77	22	1
Quais os atributos dos negócios da corporação que criam mais valor.	56	42	2
Quais os maiores riscos enfrentados pela empresa (financeiros, regulatórios, internos, setoriais e de atuação da concorrência).	64	36	0
Conflitos de interesse potenciais entre os conselheiros, a direção e a corporação.	70	27	3
Como a política de remuneração adotada para a alta administração se alinha com a estratégia escolhida, com as operações e com os riscos do negócio.	49	47	4
Médias simples	**63**	**35**	**2**

Fonte: FELTON, B.; WATSON, M. Inside the board room: survey on corporate governance 2002. *The Mckinsey Quarterly*, nº 4, 2004.

ração, estratégia e operações. São resultados como estes que têm justificado a avaliação da efetividade dos Conselhos de Administração e da qualificação dos conselheiros.

A AVALIAÇÃO DOS CONSELHOS E DOS CONSELHEIROS

Além das evidências de desempenhos não muito satisfatórios, há pelo menos dez boas razões para a avaliação dos Conselhos de Administração e dos conselheiros de administração:

1. Extensão ao Conselho de Administração de processos de avaliação que se realizam em todas as unidades da corporação.

2. Procedimento crescentemente difundido e adotado por grandes corporações.

3. Induz à definição rigorosa das responsabilidades, dos atributos das e posturas dos conselheiros.

4. Resposta a pressões de forças externas de controle: (a) de investidores institucionais; (b) fundos de *private equity*; e (c) de agências de *rating* corporativo.

5. Resposta a pressões internas, para reconhecimento e remoção de pontos fracos: (a) relacionados a requisitos essenciais do seu bom funcionamento; (b) referentes a normas, processos e práticas.

6. Revela tendências qualitativas dos trabalhos do Conselho de Administração e da coesão dos conselheiros, apontando caminhos para a reversão, caso sejam declinantes.

7. Instrumento vital para mudanças de *performance*: superação da condição de colegiado *pro forma*, passivo e de baixa relação de benefício/custo.

8. Contribui para fortalecer a relação entre o desempenho do Conselho de Administração e os resultados corporativos.

9. Evidencia maturidade, transparência e compromissos com eficácia, elementos que tendem a estabelecer relações internas mais abertas e francas entre seus membros e a melhorar as relações com acionistas e gestores.

10. Depuração do próprio processo de avaliação: crítica e aprimoramento da metodologia empregada.

As dificuldades em recusar estas razões justificam a elevada proporção das empresas que aprovam algum tipo de processo formal de avaliação dos Conselhos de Administração e dos conselheiros; mas, os altos índices de aprovação ocultam resistências e não correspondem às práticas efetivamente adotadas. Embora aprovem a avaliação, é ainda bastante baixa, ainda que tenha aumentado nos últimos anos, a proporção das empresas em que a avaliação formal é realizada. As resistências são inconsistentes com a alta aprovação

FIGURA 5.11
Apoio dos conselheiros a processos formais de avaliação.

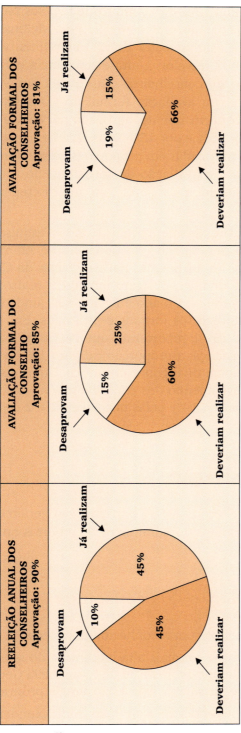

Fonte: FELTON, B.; WATSON, M. Inside the board room: survey on corporate governance 2002. *The Mckinsey Quarterly*, nº 4, 2004.

FIGURA 5.12
Porcentagem de Conselhos de Administração avaliados na Europa

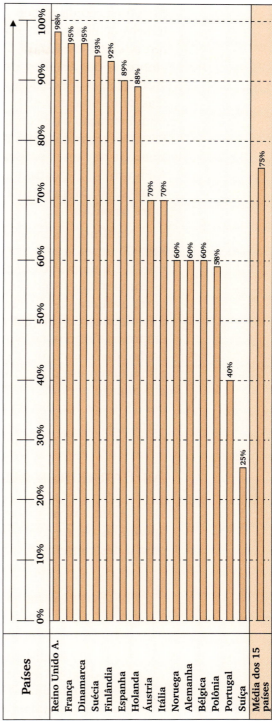

Fonte: HEIDRICK & STRUGGLES. Pesquisa *Challenging board performance*, realizada em 2011, em 15 países, com 400 companhias listadas. *European Corporate Governance Report*. Chicago, 2011

da renovação do quadro de conselheiro, mas são comprovadas pelos baixos índices de efetivação desta prática. Levantamento realizado pela McKinsey,[24] reproduzido na Figura 5.11, junto a uma amostra de 200 conselheiros de empresas dos Estados Unidos em 2002, revelou a alta discrepância entre a aprovação e a execução: a reeleição de conselheiros é aprovada por 90%, mas praticada por 45% das empresas; a avaliação formal do Conselho de Administração e de conselheiros é, respectivamente, aprovada por 85% e por 81% das empresas, mas realizada por 25% e por 15%. Mas recentemente, há sinais de que estas práticas têm sido praticadas em proporções crescentes. A Figura 5.12 mostra que, na Europa, a avaliação de conselhos, no triênio 2008-2010, foi praticada por 75% das empresas, mas com alta discrepância entre os países.

No Brasil, os indicadores são expressivamente mais baixos. Pesquisa da KPMG[25] revelou que a avaliação do desempenho do Conselho de Administração é uma prática recente no país. Impulsionadas por exigências da CVM, as companhias listadas começaram a divulgar obrigatoriamente a realização desta avaliação no Formulário de Referência do ano anterior, mas ainda com dificuldades visíveis em diferenciar processos formais e informais. Entre as empresas listadas no Novo Mercado, 31% reportaram que realizam a avaliação; das dos Níveis 1 e 2 de Governança, a proporção cai para 18%; e nenhuma empresa do segmento tradicional divulgou esta prática. Com relação à avaliação periódica e formal do desempenho dos conselheiros, é praticada por 15% das listadas no Novo Mercado e 14% pelas dos Níveis 1 e 2 de Governança.*

As Barreiras para a Avaliação

Opondo-se às razões para a avaliação, quatro barreiras são geralmente apontadas para a avaliação dos Conselhos de Administração e outras quatro para a dos conselheiros:

1. Barreiras para avaliação dos conselhos

1. Forte oposição de conselheiros com reconhecida notoriedade.
2. O Conselho de Administração é a mais alta hierarquia do sistema de governança estabelecido por deliberação da Assembleia Geral e não há outra instância que possa avaliá-lo a não ser ele próprio.
3. As autoavaliações têm forte tendência a ser mais condescendentes do que críticas, reduzindo sua validade e, no limite, sua própria razão de ser.
4. Resistências a processos mais abertos, que incluam *feedbacks* dos gestores e de outros grupos de interesse, como investidores institucionais.

---

* No capítulo 7, item "O Mercado de Capitais: Níveis Diferenciados de Governança" são descritas as diferenças entre esses quatro segmentos de mercado no Brasil.

2. Barreiras para avaliação de conselheiros

1. O foco deve ser a avaliação do colegiado, não de cada um de seus integrantes.

2. É importante que os autojulgamentos e as autoavaliações sejam cotejados com percepções dos demais membros do Conselho de Administração. É recomendável que os métodos de avaliação mútua revelem a média das percepções, preservando seus autores. Mas as avaliações mantidas no anonimato podem ser fontes de deterioração de relações interpessoais.

3. Como se recomenda a constituição de conselhos heterogêneos, quanto às experiências e às capacidades individuais específicas de seus membros, critérios abrangentes e inespecíficos podem implicar vieses questionáveis.

4. As contribuições efetivas de conselheiros não se limitam ao seu desempenho nas reuniões do Conselho de Administração. E, muitas vezes, resultados corporativos positivos são decorrentes de atuações externas pontuais e de alta relevância.

A estas barreiras somam-se ainda questões de processo, sobre *o que* e *como* avaliar e *a quem cabe* proceder à avaliação. Trata-se de dificuldades adicionais, mas não intransponíveis, como também não o são as barreiras levantadas.

Vamos considerar cada uma destas três questões separadamente.

O QUE AVALIAR

Uma primeira questão a avaliar é o grau com que o Conselho de Administração cumpre as funções e responsabilidades aceitas como suas e predefinidas nos regimentos internos; no caso dos conselheiros, são os atributos associáveis à tríade *integridade, competência* e *envolvimento construtivo*. Certamente, não é difícil definir as funções do colegiado e os atributos de seus membros. Primeiro porque não há controvérsias a esse respeito: quando muito, são superficiais. Segundo, porque os Conselhos de Administração da maioria das empresas define, com periodicidade pelo menos anual, os seus objetivos e as questões que mais exigem a sua atenção. Terceiro, porque nos processos de indicação dos conselheiros são previamente considerados critérios de escolha e estes certamente têm a ver com requisitos avaliáveis. Por último, mas não menos importante, não se trata de avaliar apenas o colegiado e os seus membros, mas também, de forma mais abrangente, *o sistema de governança como um todo*.

Como já destacamos, para produzir bons resultados, o corpo de conselheiros é um *input* importante do sistema. Mas não é o único. Além dele, devem ser considerados o acesso a dados e informações, os apoios internos disponibilizados para o colegiado, o poder que lhe é conferido e os incentivos que alavancam esforços e atuações mais eficazes, além da qualidade do próprio processo que regula o seu funcionamento. Conger, Finegold e Lawer[25] destacam que essas condições, somadas aos atributos dos conselheiros, são também muito importantes para que seja bem-sucedido o desempenho dessa equipe de alta qualificação. As justificações são convincentes:

- ❑ **Informações**. Para ser eficaz, o Conselho de Administração tem necessidade de ampla gama de informações sobre a situação da empresa, sobre a concorrência, sobre questões estratégicas, sobre possíveis alvos de aquisições e sobre mudanças de alto impacto na cadeia de negócios. E essas informações devem ser apresentadas com clareza, precisão e tempo oportuno. As fontes devem ser múltiplas e reproduzir a grande variedade de interesses em jogo.

- ❑ **Poder**. Para ser eficaz, o Conselho de Administração precisa de autoridade para agir como órgão de governança, para tomar decisões críticas e ainda para verificar se suas recomendações estão sendo corretamente adotadas pela administração. Por conseguinte, deve-se investigar se ele desfruta de uma posição de equilíbrio de poder saudável com o executivo principal, se tem condições de agir com rapidez diante de situações críticas – como a substituição da gestão – e se tem condições efetivas de assumir a liderança em tempos de crise.

- ❑ **Apoio e motivação**. Cabe aqui verificar se os incentivos aos conselheiros estão alinhados com os interesses de outras partes, em especial dos acionistas e dos gestores. Quanto a esta condição, há planos bem arquitetados para o efetivo envolvimento com a corporação. Remunerações com ações (*stock options*) são vistas como eficazes, especialmente quando equilibradas com outras recompensas imediatas. E é também importante, além dos benefícios financeiros, que a participação no Conselho de Administração seja estimulante pelo nível das ideias ali discutidas, pelas trocas proporcionadas pela convivência entre os conselheiros, pelo intercâmbio com pares estimulantes e pelas responsabilidades envolvidas na função.

- ❑ **Processos**. Entre o conjunto de requisitos essenciais e os resultados alcançados, há os processos pelos quais o Conselho de Administração atua. As normas regimentais estabelecidas tanto podem emperrar quanto facilitar o seu funcionamento. Limitações de tempo exigem pautas focadas em questões essenciais, não em particularidades operacionais. As reuniões têm que acontecer com periodicidade ditada pelas necessidades da companhia e ser flexíveis para admitir convocações emergenciais quando necessárias. As redes de relações de que participam os conselheiros devem ser suficientemente abrangentes e a sustentação delas deve ser promovida também pela corporação. E é útil a existência de um "campeão da causa" que organize e direcione os esforços. A escolha de um *lead directors* parece aconselhável e sua presença tende a ser bem aceita quando promove a eficácia.

Como Avaliar

Os métodos de avaliação de desempenho geralmente incluem questões estruturadas e outras abertas: as primeiras evitam dispersões, tendem a ser bem focadas no objetivo da avaliação, são o resultado de construções criteriosas e facilitam processos de quantificação de resultados; as segundas, além de sugerir temas para inclusão futura em questionários fechados, são uma oportunidade para justificações ou adendos qualificativos.

Outra tendência observada na aplicação das questões estruturadas é que elas tornam possíveis avaliações cruzadas. Cada um dos membros avalia o desempenho do Conselho de Administração como um todo, o seu próprio e o de cada um de seus pares. Os cruzamentos resultantes são geralmente eficientes para detectar "minas encobertas" e revelar percepções úteis que de outra forma não seriam abertas.

A Quem Cabe Avaliar

Inquestionavelmente, as avaliações são feitas pelos próprios conselheiros. Reconhece-se que é uma tarefa delicada. Mesmo que as avaliações alcancem o sistema de governança como um todo e não apenas o Conselho de Administração e os seus pares, os conselheiros tendem a sentir-se desconfortáveis nos processos de avaliação. Mas não há como atribuir a outros esta tarefa, embora seja admissível sua complementação por *feedbacks* de acionistas e gestores não participantes desse órgão de governança.

Obviamente, autoavaliações e avaliações de pares exigem elevada capacidade de observação, cuidados, precisão, perspicácia, tato, franqueza e assertividade. Mas é de se esperar que conselheiros de administração reúnam essas condições.

Uma Proposta de Método Para Avaliações Estruturadas

O processo de avaliação, quanto ao método, desdobra-se em quatro etapas: definições, formatação, aplicação e análise.

Definições precedentes

❏ Definição do envolvimento desejado do Conselho de Administração: clareza quanto ao modelo que se ajusta às atuais necessidades da companhia.

❏ Levantamento das áreas, funções e responsabilidades do conselho de Administração: indicação daquelas que terão maior atenção. Para se ter consenso sobre o envolvimento, as responsabilidades

QUADRO 5.14
Avaliação de conselheiros: uma proposta fundamentada nos atributos, condutas e posturas esperadas.

Atributos, condutas e posturas esperadas		1 Inexistente	2 Muito baixo	3 Baixo	4 Alto	5 Muito alto	6 Nível de excelência
INTEGRIDADE	☐ Escuta e interação.						
	☐ Senso de justiça.						
	☐ Equidistância.						
	☐ Independência.						
	☐ Ausência de conflitos.						
	☐ Imparcialidade.						
COMPETÊNCIA	☐ Experiência internacional.						
	☐ Questões macro.						
	☐ Conhecimento do setor.						
	☐ Visão do todo em gestão.						
	☐ Profundidade em área específica.						
ENVOLVIMENTO CONSTRUTIVO	☐ Tempo de dedicação.						
	☐ Compromisso com resultados.						
	☐ Decisões fundamentadas.						
	☐ Questionamentos produtivos.						
	☐ Redes de relacionamento.						

Graus atribuídos

e as áreas de atuação do colegiado, o levantamento prévio pode estender-se ao quadro da Diretoria Executiva. Os resultados das definições dos conselheiros e dos gestores, quando cotejados, podem levar a balizamentos úteis, tanto para a clara separação das atribuições, quanto para posterior mensuração de seu cumprimento efetivo.

❑ Definição dos atributos, condutas e posturas esperadas dos conselheiros.

Formatação de instrumentos

❑ Com base nas definições precedentes, formatação do questionário e dos formulários de tabulação das avaliações do Conselho de Administração e de cada conselheiro.

Aplicação dos questionários

❑ Distribuição dos questionários a todos os conselheiros. Cada um realizará sua autoavaliação e avaliará o desempenho de todos os pares. Além dessas avaliações, serão feitas as do Conselho de Administração, quanto a pelo menos três aspectos: os requisitos essenciais para o seu bom funcionamento, os processos adotados e os resultados esperados de seu trabalho.

Tabulação e análise

❑ A tabulação dos resultados das avaliações dos conselheiros indicará as eventuais discrepâncias entre as autoavaliações e a média das avaliações feitas pelos pares (*peer review*).

❑ No caso da avaliação do Conselho como um todo, serão consolidadas as avaliações médias. Considera-se importante, também aqui, apontar as discrepâncias entre as médias e os seus desvios para cima e para baixo.

A AVALIAÇÃO DE CONSELHEIROS

O Quadro 5.14 sugere um modelo para a avaliação formal de conselheiros. Os pontos a avaliar são consistentes com os atributos essenciais que os conselheiros devem reunir. As avaliações de cada atributo são abertas em seis graus – do nível de excelência à inexistência. Evitam-se escalas em números ímpares para maior clareza de avaliação: não há, neste caso, a possibilidade de se apontar um grau mediano.

Os atributos consensados para a avaliação e a escala adotada exigem adaptações às condições vigentes em cada empresa. O conjunto que vier a ser aprovado é geralmente revelador da disposição em se proceder a avaliações formais e estruturadas, com o objetivo de se construir um Conselho de Administração realmente eficaz, integrado por conselheiros engajados, con-

QUADRO 5.15
Avaliação de conselheiros: um modelo para aferição de desvios – a autoavaliação comparada com a dos pares.

Atributos, condutas e posturas esperadas		Auto-avaliação	Avaliação média dos pares	Desvios −	Desvios +
INTEGRIDADE	❏ Escuta e interação.				
	❏ Senso de justiça.				
	❏ Equidistância.				
	❏ Independência.				
	❏ Ausência de conflitos.				
	❏ Imparcialidade.				
CONHECIMENTO	❏ Experiência internacional.				
	❏ Questões macro.				
	❏ Conhecimento do setor.				
	❏ Visão do todo em gestão.				
	❏ Profundidade em área específica.				
ENVOLVIMENTO CONSTRUTIVO	❏ Tempo de dedicação.				
	❏ Compromisso com resultados.				
	❏ Decisões fundamentadas.				
	❏ Questionamentos produtivos.				
	❏ Redes de relacionamento.				

tributivos e abertos a processos que indiquem eventuais desvios entre suas autopercepções e as de seus pares. O Quadro 5.15 sugere um modelo para a comparação dos desvios em relação às autoavaliações. As anotações dos graus atribuídos pelo próprio conselheiro e pelos seus pares indicarão pontos fortes e fracos para cada um dos aspectos avaliados e reunidos nos três conjuntos que adotamos: *integridade, competência* e *envolvimento construtivo*.

O objetivo de exercícios de avaliação como esses não é, obviamente, o de aferir graus de proficiência pessoal. O que efetivamente se busca na corporação como um todo e também na mais alta hierarquia corporativa é a melhoria de *performance* e de envolvimento, voltada para a melhor composição possível de resultados. Por estas razões e também para preservar as melhores relações interpessoais possíveis na alta cúpula, é recomendável que o processo de avaliação seja conduzido por consultoria externa – desde o levantamento das atribuições do colegiado e dos atributos exigidos de seus membros, passando pela definição dos instrumentos de avaliação e chegando até a apresentação e à análise dos resultados.

Além de outros benefícios, as avaliações de conselheiros atendem também ao objetivo de se ter um conselho de dimensões e de complementaridade adequadas a uma boa governança, ajustada às exigências presentes na corporação. A propósito, soam como fortemente pertinentes as quatro seguintes observações de Conger, Finegold e Lawer:[26]

- O **conhecimento e a experiência dos conselheiros** devem ser absolutamente compatíveis com as demandas estratégicas com que se defrontam as empresas.

- Em face da grande complexidade do atual ambiente de negócios, é quase impossível para uma única pessoa ou mesmo para um grupo diminuto compreender todas as questões que normalmente se apresentam ao Conselho de Administração. Tal complexidade exige a composição de um grupo de conselheiros cujas habilidades e antecedentes se caracterizem pela **diversidade e complementaridade**.

- Em condições ideais, para que o Conselho de Administração não cresça em demasia, **cada conselheiro deve satisfazer a mais de uma necessidade**. A seleção de conselheiros que dominem apenas uma área de conhecimento e de experiências pode contribuir para a criação de um colegiado numeroso, em que cada um de seus membros se concentra apenas nos respectivos interesses específicos.

- Assim, a existência de um **processo de avaliação do desempenho** que analise de maneira sistemática os conhecimentos e as experiências de cada conselheiro e identifique os desvios presentes é fundamental para garantir que o colegiado disponha de um conjunto de qualificações, ajustado às necessidades presentes na empresa.

A Avaliação Abrangente do Órgão Colegiado

A avaliação formal dos conselheiros se faz em conjunto com a avaliação abrangente do órgão colegiado. Este procedimento, além de sinalizar com maior clareza o objetivo de avaliação, contribui de fato para a maior eficácia do processo de governança.

Para ser realmente abrangente, a avaliação do Conselho de Administração parte de uma concepção sistêmica que defina para esse colegiado, como *inputs*, os requisitos essenciais para o seu bom funcionamento – que, obviamente, não se limitam ao quadro de conselheiros. Eles vão além, avaliando processos e resultados, tais como indicados nas Figuras 5.6 e 5.7, já apresentadas.

No Quadro 5.16, listamos os requisitos essenciais (*inputs*), os processos e os resultados (*outputs*) atribuíveis a Conselhos de Administração. Nestes três blocos, consideramos diferentes aspectos, sintetizados em um total de 26 itens passíveis de avaliação. Também aqui sugerem-se quatro graus para as avaliações, um número par, que vai de *benchmark* (padrão de referência no mundo corporativo) à desconfortável constatação de que realmente o sistema exige melhorias.

QUADRO 5.16
Avaliação abrangente do Conselho de Administração: os requisitos, os processos e os resultados.

Pontos considerados		Avaliações			
		Benchmark	Padrão muito próximo das melhores práticas	Satisfatório	Realmente exige melhorias
REQUISITOS ESSENCIAIS (*Inputs*)	❏ Quadro de conselheiros[a]				
	❏ Complementaridade.				
	❏ Dimensionamento.				
	❏ Poder do Conselho.				
	❏ Acesso a informações internas.				
	❏ Acesso a informações externas.				
	❏ Apoios estabelecidos				
	❏ Incentivos concedidos.				
PROCESSOS	❏ Normas formalizadas em regimento.				
	❏ Pauta-padrão dos trabalhos.				
	❏ Periodicidade das reuniões.				
	❏ Relações com acionistas.				
	❏ Relações com gestores.				
	❏ Comitês constituídos atuantes.				
	❏ Liderança: *lead directors*.				
RESULTADOS (*Outputs*)	❏ Legais, societários e institucionais.				
	❏ Definição de expectativas.				
	❏ Definição de propósitos estratégicos.				
	❏ Projetos de alto impacto.				
	❏ Gestão de riscos.				
	❏ Homologação e monitoramento da estratégia.				
	❏ Avaliação, escolha e sucessão da gestão.				
	❏ Políticas de remuneração.				
	❏ Políticas em áreas funcionais.				
	❏ Políticas na área financeira.				

⬇

Definição de procedimentos exigidos para maior eficácia do sistema de governança: *empowerment* do Conselho de Administração

(a) Pode-se adotar, por exemplo, a seguinte escala, ligando esta avaliação aos resultados finais, médios, da avaliação dos conselheiros: *benchmark*, graus entre 5 e 6; padrão muito próximo das melhores práticas, entre 4 e 5; apenas satisfatório, entre 3 e 4; realmente exige melhoria, entre 3 e 1.

Com essa avaliação de amplo escopo, o foco se desloca de comparações pessoais de desempenho dos conselheiros (que não passa de 1 dos 26 aspectos reunidos no modelo sugerido) para a criação de condições que impliquem *o empowerment do Conselho de Administração*, envolvendo a totalidade dos processos que lhe dão sustentação e as questões com as quais ele efetivamente se envolve. De um ponto a outro, o que se busca é a eficiência de processos e contribuições eficazes para a geração de bons resultados corporativos, que atendam às expectativas dos proprietários, em equilíbrio com os interesses de outras partes. Neste sentido, *efetividade* e *eficácia* são as expressões-chave que justificam os procedimentos de avaliação e outras medidas para a construção de um bom órgão de governança, como as recomendadas no Quadro 5.17.

QUADRO 5.17
Recomendações para o presidente: um roteiro para a construção de um conselho efetivo e eficaz.

A boa gestão do Conselho de Administração pode ser construída ao longo do tempo. Ela envolve cinco orientações para o presidente:

1. Clima de confiança e franqueza

Compartilhe informações importantes com os conselheiros, dando-lhes tempo para lê-las. Faça uma rotação dos membros do Conselho de Administração entre pequenos grupos e comitês, de modo que eles passem algum tempo juntos. Promova a reunião desses grupos com o pessoal-chave da empresa. Trabalhe para eliminar facções polarizadoras.

2. Cultura de dissensão aberta

Não puna os dissidentes, mesmo que às vezes eles sejam uma pedra no sapato. Discordância não significa deslealdade. Use sua própria resistência como uma oportunidade de aprendizagem. Peça a opinião de membros do Conselho de Administração que normalmente ficam em silêncio. Solicite que eles justifiquem suas posições. Se for convidado a participar de outro conselho, recuse o convite se perceber pressão para se juntar à maioria. Saia do conselho se o presidente executivo esperar obediência. Do contrário, você colocará em risco sua reputação, bem como os bens e a reputação da empresa.

3. Portfólio de funções flexível

Não permita que os conselheiros fiquem presos a posições rígidas e estereotipadas. Peça-lhes que desenvolvam cenários alternativos para avaliar decisões estratégicas. E pressione-os a desafiarem seus próprios papéis e pressuposições. Faça o mesmo com você próprio.

4. Prestação de contas

Atribua aos conselheiros tarefas que exijam que eles avaliem com o conselho as questões estratégicas e operacionais que a empresa enfrenta. Isto pode envolver a obtenção de dados externos, reunião com clientes, visitas anônimas a fábricas e a pontos comerciais e o cultivo de laços com entidades externas críticas para a empresa.

5. Avaliação do desempenho

Avalie a confiança dos conselheiros na integridade da empresa. Promova a qualidade das discussões travadas nas reuniões do conselho. Teste a credibilidade dos relatórios. Não bloqueie conflitos profissionais construtivos. Eleve o nível de coesão interpessoal e o grau de conhecimento. Ao avaliar os conselheiros, não se restrinja às reputações, currículos e experiências, mas considere também a iniciativa, os papéis, as participações, as discussões em que se envolvem e os seus níveis de energia.

Fonte: SONNENFELD, Jeffrey. What makes great boards great. *Harvard Business Review*. Bol. 80, nº 9, Sept. 2002.

5.6 A Diretoria Executiva no Processo de Governança

Em toda a sua extensão, o processo de governança corporativa é exercido pelo composto constituído pela Propriedade (que se reúne em Assembleia Geral), pelo Conselho Fiscal que ela elege (e que a ela reporta), pelo Conselho de Administração (escolhido pelos proprietários) e pela Diretoria Executiva (que é eleita pelo Conselho de Administração e a ele reporta). É esta a estrutura de governo corporativo que está representada na Figura 5.5. Aos seus integrantes é que cabem o sistema de relações e o controle do processo de governança como um todo.

As definições votadas em Assembleia Geral, as expectativas dos acionistas, as diretrizes homologadas pelo Conselho de Administração e as políticas que as tornam factíveis compõem o quadro dos grandes propósitos corporativos. E é a Diretoria Executiva a responsável pelas ações que movimentarão a corporação, em suas unidades de negócios e em suas funções compartilhadas, na implementação desses propósitos.

PAPÉIS E RESPONSABILIDADES

Não obstante integradas, as responsabilidades dos gestores são bem distintas das dos conselheiros. Também não são iguais as suas missões, ainda que ambos trabalhem para os mesmos resultados corporativos. Os Conselhos de Administração delegam poder à Diretoria Executiva para que o presidente e sua equipe tomem as melhores *decisões de gestão*. E mantêm para si as responsabilidades de homologar diretrizes estratégicas, coparticipar da definição e aprovar políticas para funções corporativas e monitorar os resultados das operações. **Mas é ao *CEO que cabe a missão de exercer a gestão executiva da organização, focada na busca incessante de eficácia estratégica, na excelência operacional, na criação de valor e na maximização do retorno dos investimentos.***

Como sintetizamos no Quadro 5.18, deriva dessa missão um amplo conjunto de responsabilidades, algumas até estabelecidas em lei, outras recomendadas por órgãos regulatórios do mercado de capitais. O alinhamento da gestão às crenças fundamentais da corporação e a permanente interação com o Conselho de Administração encabeçam as principais responsabilidades relacionadas. Cobram-se ainda dos gestores, quando efetivamente envolvidos com a corporação, contribuições para o desenvolvimento de novos projetos de alto impacto – que vão de incorporações, de cisões e de revisões fundamentadas de seus portfólios de negócios e de produtos, a mudanças estruturais que acompanhem a dinâmica dos mercados e os avanços em ferramentas e modelos de gestão. Mas o foco mesmo da Diretoria Executiva é definir a estratégia de negócios que corresponde aos propósitos empresariais e às expectativas de resultados emitidas pelos acionistas, *pela voz do Conselho de Administração*. Na esteira dessa definição, cabe-lhe ainda levantar e expor as

QUADRO 5.18
Missão e responsabilidades da Diretoria Executiva.

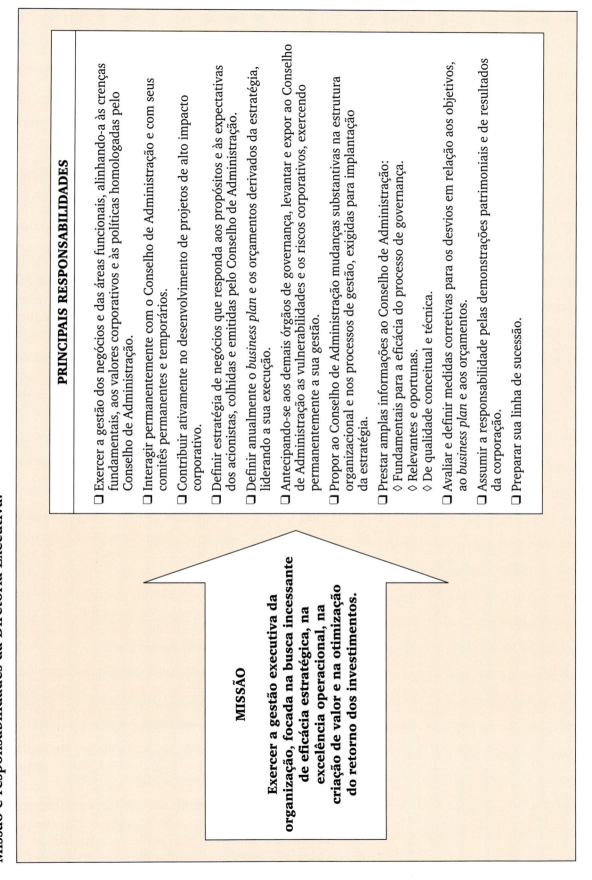

MISSÃO

Exercer a gestão executiva da organização, focada na busca incessante de eficácia estratégica, na excelência operacional, na criação de valor e na otimização do retorno dos investimentos.

PRINCIPAIS RESPONSABILIDADES

- Exercer a gestão dos negócios e das áreas funcionais, alinhando-a às crenças fundamentais, aos valores corporativos e às políticas homologadas pelo Conselho de Administração.
- Interagir permanentemente com o Conselho de Administração e com seus comitês permanentes e temporários.
- Contribuir ativamente no desenvolvimento de projetos de alto impacto corporativo.
- Definir estratégia de negócios que responda aos propósitos e às expectativas dos acionistas, colhidas e emitidas pelo Conselho de Administração.
- Definir anualmente o *business plan* e os orçamentos derivados da estratégia, liderando a sua execução.
- Antecipando-se aos demais órgãos de governança, levantar e expor ao Conselho de Administração as vulnerabilidades e os riscos corporativos, exercendo permanentemente a sua gestão.
- Propor ao Conselho de Administração mudanças substantivas na estrutura organizacional e nos processos de gestão, exigidas para implantação da estratégia.
- Prestar amplas informações ao Conselho de Administração:
  ◇ Fundamentais para a eficácia do processo de governança.
  ◇ Relevantes e oportunas.
  ◇ De qualidade conceitual e técnica.
- Avaliar e definir medidas corretivas para os desvios em relação aos objetivos, ao *business plan* e aos orçamentos.
- Assumir a responsabilidade pelas demonstrações patrimoniais e de resultados da corporação.
- Preparar sua linha de sucessão.

vulnerabilidades e os riscos da corporação, evidenciando as medidas adotadas para seu gerenciamento eficaz.

A clareza na separação das responsabilidades do Conselho de Administração e da Diretoria Executiva e, ao mesmo tempo, o desenvolvimento de relações sinérgicas entre ambos são fatores essenciais de uma boa governança. Todavia, a profundidade e os limites dessa sinergia não são fáceis de se estabelecer. Lorsch[27] chama a atenção para o fato de "os conselheiros atuarem em tempo parcial e a presidência executiva em tempo integral à empresa na qual muitas vezes desenvolveu toda a sua carreira. Sendo assim, não surpreende que os CEOs conheçam a empresa com mais profundidade que os conselheiros, ressalvados os casos de conselheiros *insiders* que são não apenas acionistas, mas fundadores ou ex-dirigentes da empresa. A superioridade de conhecimentos sobre a empresa assegura até aos mais bem-intencionados presidentes executivos efetiva vantagem de poder em relação aos conselheiros externos. Entretanto, os conselheiros dispõem de importante fonte de poder a que recorrer: a solidariedade grupal. E, considerando a experiência e a capacidade dos conselheiros, somente um CEO refratário e arrogante se oporia a um Conselho de Administração coeso e a uma forte interação com esse colegiado".

Comparando as responsabilidades da Diretoria Executiva e as do Conselho de Administração, observamos que, de um lado, são bem nítidas as diferenças entre elas; de outro lado, é também evidente que seus conteúdos são complementares:

- ❑ Partindo de direcionadores vindos do Conselho de Administração, a Diretoria Executiva formula a estratégia; o Conselho de Administração a analisa e a homologa, promovendo ajustes nos rumos quando necessários.
- ❑ A Diretoria Executiva se envolve na gestão e na apuração confiável dos resultados; o Conselho de Administração avalia o desempenho da gestão, olhando para os resultados internos e de mercado.
- ❑ A Diretoria Executiva define e implementa o *business plan* e os orçamentos, alinhados à estratégia; o Conselho de Administração dá o seu aval a esses planos e, simultaneamente, olha para seus desdobramentos e monitora o equilíbrio entre os resultados operacionais de curto prazo e os de longo prazo.
- ❑ A Diretoria Executiva se antecipa às medidas corretivas no caso de desvios substanciais em relação às metas; o Conselho de Administração examina mais atentamente as causas dos desvios, respalda as correções, mas reforça suas atenções sobre a gestão.
- ❑ A Diretoria Executiva envolve-se na gestão dos riscos corporativos; o Conselho de Administração recomenda como enfrentá-los e monitora tendências relacionadas a eles.
- ❑ A Diretoria Executiva é fortemente alinhada às diretrizes de um líder; o Conselho de Administração é também liderado por um presidente ou um *lead directors,* mas o seu fortalecimento é produto da diversidade de visões, da complementaridade de conhecimentos e

FIGURA 5.13
Atributos, condutas e posturas esperadas do principal executivo: uma sugestão de pontos para avaliação.

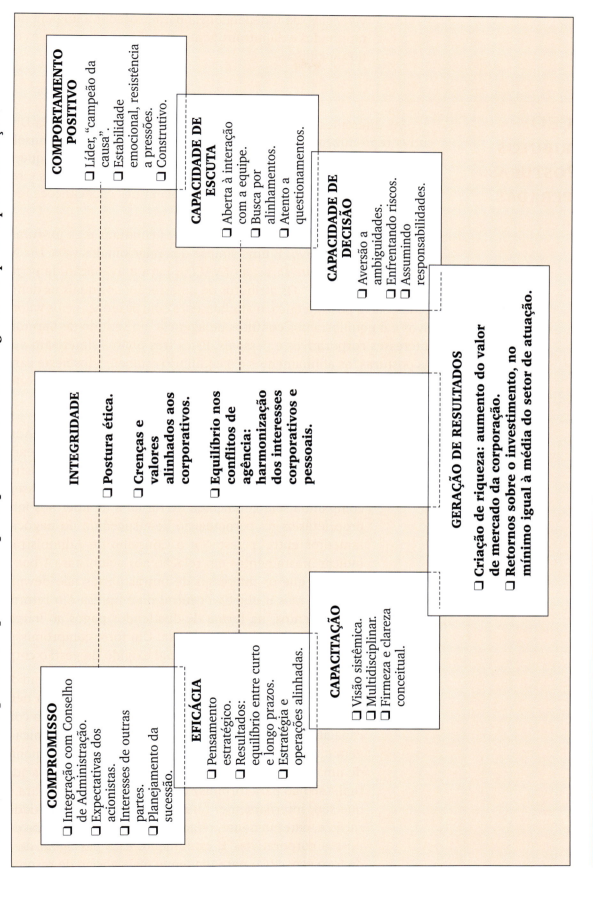

vivências, da independência para proceder a julgamentos não contaminados e da intransigente atenção aos direitos e às expectativas dos acionistas.

O CEO: ATRIBUTOS E POSTURAS ESPERADAS

As diferentes funções do Conselho de Administração e da Diretoria executiva reproduzem-se nos diferentes atributos exigidos dos conselheiros e do CEO. Claro que há condutas e posturas comuns – como as que reportam à integridade. Mas, como há diferenças substantivas nos papéis e responsabilidades de conselheiros e gestores, há também nas capacitações requeridas de cada um.

A Figura 5.13 resume os atributos, as condutas e as posturas esperadas do principal executivo. É uma síntese dos relacionados pela *The National Association of Corporate Directors (NACD)*, para a avaliação da *performance* da alta administração.[28] Os atributos de amarração, aos quais os demais estão ligados, são a postura ética, o alinhamento com as crenças e os valores corporativos e o equilíbrio nos conflitos de agência, no sentido de harmonização dos interesses corporativos e pessoais. Estes três pontos sintetizam a *integridade*. As posturas, os alinhamentos e o equilíbrio estabelecidos neste campo estarão presentes nos demais – *compromisso, capacitação, eficácia, comportamento positivo, capacidade de decisão e capacidade de escuta*.

❑ **Compromisso**. A interação com o Conselho de Administração é um bom indicador do compromisso do principal executivo com a corporação. À medida que o Conselho de Administração, como registra Male,[29] "tem a responsabilidade básica de assegurar que a companhia seja gerenciada de forma a atender aos interesses dos proprietários na perpetuação bem-sucedida do negócio", os afastamentos entre a gestão e o Conselho de Administração podem indicar afastamentos em relação aos acionistas. A boa gestão não significa que os interesses de outras partes não devam ser considerados, mas o objetivo central da empresa é o retorno total dos investimentos, na forma de dividendos pagos ao longo do tempo e aumento do valor da empresa. Um forte compromisso com esses objetivos é um atributo essencial exigido da gestão corporativa.

❑ **Capacitação**. O principal executivo geralmente vem de uma área específica da estrutura corporativa – gestão de um negócio ou de uma função compartilhada. Mas, no topo da gestão corporativa, a capacitação específica cederá espaços à visão sistêmica e à abordagem multidisciplinar. Importa agora não o conhecimento profundo de um aspecto da vida corporativa, mas ampla capacidade conceitual – se não para formular conceitos, certamente para assimilar os que são, internamente, fundamentais em cada unidade da corporação e, externamente, relacionados com os negócios e os compromissos corporativos. É exatamente esta passagem de um estágio de foco específico para um leque mais aberto de responsabilidades que justifica a preparação, pelo *CEO*, de seu sucessor. E as preocupações do Conselho de Administração com o acompanhamento desta tarefa.

- **Eficácia**. O que se valoriza aqui é a capacidade de pensar e de agir estrategicamente. O bom desempenho operacional é sim de alta importância e é dele que deriva a capacidade de a corporação atingir as metas orçamentárias, financeiras, patrimoniais e de mercado. Mas operações de boa *performance* são delegáveis aos gestores das unidades de negócio. Ao executivo principal cabe mais que isto. Primeiro, assegurar um forte alinhamento das operações à estratégia. Segundo, operar com equilíbrio visível entre resultados de curto e de longo prazo. Terceiro, cuidar do alinhamento da corporação às mudanças constantes que se observam no ambiente externo e que podem exigir visões e ações redirecionadoras.

- **Comportamento positivo**. Valoriza-se neste campo a capacidade do *CEO* de construir, de comandar e de motivar a equipe de alta direção diretamente ligada a ele. *CEOs* de alta *performance* são "campeões das causas" corporativas. Estão à frente delas, não dependem de ser empurrados. Agem com clareza, fluência e senso de oportunidade. São promotores de clima organizacional positivo. Em situações de crise, resistem a pressões e mostram equilíbrio emocional – o que não significa busca por soluções no isolamento –, uma vez que podem e devem contar com a colaboração do Conselho de Administração e de outros órgãos do ambiente de governança. Em situações de alto desempenho, não fazem o jogo excludente do poder. Compartilham. E então constroem.

- **Capacidade de decisão**. Como lhe cabe, pela essência de sua missão, a gestão executiva, o *CEO* não pode furtar-se de *decisões de gestão* – especialmente as de maior complexidade. Entre seus atributos, tem alto peso a aversão a ambiguidades. Obviamente, muitas são as decisões de alto impacto que devem, até por questões regimentais ou regulatórias, passar pelo filtro do Conselho de Administração ou mesmo da Assembleia Geral. Mas, no dia a dia dos negócios corporativos, há decisões. operacionais de risco que competem ao *CEO* – e estes riscos precisam ser enfrentados, desde que não signifiquem desvios em relação às políticas homologadas e auditadas pelos colegiados corporativos. A responsabilidade pelos resultados das operações é do *CEO*. E a operação de negócios envolve riscos permanentes e, diante deles, a capacidade de discernir e de tomar a melhor decisão.

- **Capacidade de escuta**. Este atributo é tão importante quanto a capacidade de decisão – até porque decisões bem fundamentadas geralmente passam por forte interação do *CEO* com sua equipe. Mais ainda: a construção de corporações de alto desempenho abre processos para coletar a "sabedoria da organização", estabelece diálogo em vários níveis e envolve as pessoas que estão mais próximas dos concorrentes, dos clientes, dos mercados e das tecnologias relacionadas aos seus negócios. E todos esses ingredientes da boa gestão têm a ver com escuta, no sentido de atenção a questionamentos e de busca por alinhamentos.

O Quadro 5.19 é uma síntese de quatro simulações de posturas do principal executivo. Duas são avaliadas como não estratégicas, a *reativa* e a *inativa*; duas, como estratégicas, a *proativa* e a *interativa*. Na dinâmica atual do mundo corporativo, as duas primeiras são, claramente, o oposto do que se define como atributos do *CEO* e de sua equipe. Alicerçadas na integridade ética, as duas últimas são o que se espera da Diretoria Executiva.

A Avaliação do CEO

A avaliação do *CEO* é uma das mais importantes atribuições do Conselho de Administração. Tanto quanto a avaliação do próprio colegiado ou dos conselheiros, é uma tarefa delicada, mas que completa a avaliação do desempenho corporativo como um todo.

Como observa Lorsch,[30] "por vários motivos, a avaliação anual do *CEO* é essencial para o monitoramento eficaz. Basicamente, é um passo impor-

QUADRO 5.19 Uma simulação de quatro posturas de executivos-chefe: as duas primeiras dificilmente o manteriam no cargo.

Posturas não estratégicas	❏ **POSTURA REATIVA** ◇ Preferência pelo estado anterior ao atual. ◇ Resistência a mudanças. ◇ Propensão a recriar o passado, não a criar o futuro. ❏ **POSTURA INATIVA** ◇ Satisfeito com o estado atual. ◇ Conservador. Considera que sobrevivência é função de estabilidade. ◇ Não crê que haverá mudanças.
Posturas estratégicas	❏ **POSTURA PROATIVA** ◇ Otimiza situações presentes. ◇ Planeja para o futuro. ◇ Construtivo: busca as causas de fracassos, não os culpados. ❏ **POSTURA INTERATIVA** ◇ Vai além: tem vocação empreendedora, está atento a resultados. ◇ É agente alavancador: ouve, interage, lidera. ◇ Antecipa o futuro.

tante para o fortalecimento do Conselho de Administração, pois emite uma mensagem clara para o *CEO* de que ele responde a esse órgão colegiado de governança. Também motiva os conselheiros a se envolverem em discussões abertas e francas, levando-os a compreenderem melhor a corporação. Por fim, a avaliação do desempenho beneficia pessoalmente o *CEO*, ao transmitir-lhe de forma direta as preocupações, as sugestões e os reforços dos conselheiros. Quando é efetuada de maneira adequada, a prática também permite ao *CEO* a manifestação de suas reações. Estabelece-se assim um processo de diálogo e de *feedbacks* de inestimável valor".

A razão central da avaliação do *CEO* confunde-se com os próprios fundamentos da governança corporativa. A Diretoria Executiva é, como já vimos, uma das três âncoras do sistema de governança – as outras duas são a Propriedade e o Conselho de Administração, podendo-se ainda admitir relações formalmente estabelecidas com outras partes interessadas, em modelos mais abertos. E é do desempenho da Diretoria Executiva que deriva o desenvolvimento e a perpetuação bem-sucedida da corporação. Mais ainda: os conflitos e os custos de agência, que se encontram nas raízes do ativismo pela boa governança, são decorrências diretas do poder que é concedido ao executivo principal, sobretudo quando os acionistas são, por alta dispersão ou omissão, como enfatizam Montgomery e Kaufman,[31] o elo mais frágil das relações corporativas.

A avaliação do *CEO* pelo Conselho de Administração é um dos mais importantes sinais de um modelo efetivo de governança. As principais razões são:

- ❑ O sistema de relações acionistas-conselho-direção está bem definido quanto aos papéis de cada um.
- ❑ O presidente do Conselho de Administração e o principal executivo não acumulam as duas funções. E, caso estejam acumuladas, há clima, condições e espaços para avaliações francas e abertas de desempenho.
- ❑ O Conselho de Administração está no exercício de uma das funções relacionadas em praticamente todos os códigos de governança.
- ❑ A avaliação do *CEO* não significa propensão prévia à aprovação ou à desaprovação, mas disposição em aprimorar a gestão, com clareza quanto aos pontos fracos que podem ser removidos.
- ❑ A definição de metas e a contratação de compromissos geralmente precede os processos formais de avaliação. A identificação prévia dos elementos-chave da avaliação é um bom balizamento para a gestão e serve também de base para programas de remuneração e benefícios associáveis ao desempenho.
- ❑ A avaliação formal do CEO pelo Conselho de Administração pode e deve ser cotejada com a autoavaliação. Os desvios para baixo podem indicar metas de desenvolvimento pessoal e não necessariamente processos radicais de substituição.
- ❑ As avaliações formais podem ser preferíveis a avaliações informais. Estas podem estar fundamentadas em critérios menos rigorosos e

QUADRO 5.20
Avaliação do principal executivo: uma proposta fundamentada nos atributos, condutas e posturas esperadas.

Atributos, condutas e posturas esperadas		Graus atribuídos					
		1 Inexistente	2 Muito baixo	3 Baixo	4 Alto	5 Muito alto	6 Nível de excelência
INTEGRIDADE	❏ Postura ética.						
	❏ Crenças e valores alinhados.						
	❏ Harmonização de interesses.						
GERAÇÃO DE RESULTADOS	❏ Criação de riqueza.						
	❏ Retorno dos investimentos.						
COMPROMISSO	❏ Interação com o Conselho de Administração.						
	❏ Expectativas dos acionistas.						
	❏ Interesses de outras partes.						
	❏ Planejamento da sucessão.						
EFICÁCIA	❏ Pensamento estratégico.						
	❏ Equilíbrio curto-longo prazos.						
	❏ Estratégia e operações alinhadas.						
CAPACITAÇÃO	❏ Visão sistêmica.						
	❏ Multidisciplinar.						
	❏ Firmeza e clareza conceitual.						
COMPORTAMENTO POSITIVO	❏ Líder, "campeão das causas".						
	❏ Estabilidade emocional.						
	❏ Construtivo.						
CAPACIDADE DE DECISÃO	❏ Aversão a ambiguidades.						
	❏ Enfrentando riscos.						
	❏ Assumindo responsabilidades.						
CAPACIDADE DE ESCUTA	❏ Aberto à interação com a equipe.						
	❏ Busca por alinhamentos.						
	❏ Atento a questionamentos.						

QUADRO 5.21
Avaliação do *CEO*: um modelo para aferição de desvios – a auto-avaliação comparada com a dos conselheiros.

	Atributos, condutas e posturas esperadas	Auto--avaliação	Avaliação média dos conselheiros	Desvios −	Desvios +
INTEGRIDADE	❏ Postura ética.				
	❏ Crenças e valores alinhados.				
	❏ Harmonização de interesses.				
GERAÇÃO DE RESULTADOS	❏ Criação de riqueza.				
	❏ Retorno dos investimentos.				
COMPROMISSO	❏ Interação com o Conselho de Administração.				
	❏ Expectativas dos acionistas.				
	❏ Interesses de outras partes.				
	❏ Planejamento da sucessão.				
EFICÁCIA	❏ Pensamento estratégico.				
	❏ Equilíbrio curto-longo prazos.				
	❏ Estratégia e operações alinhadas.				
CAPACITAÇÃO	❏ Visão sistêmica.				
	❏ Multidisciplinar.				
	❏ Firmeza e clareza conceitual.				
COMPORTAMENTO POSITIVO	❏ Líder, "campeão da causa".				
	❏ Estabilidade emocional.				
	❏ Construtivo.				
CAPACIDADE DE DECISÃO	❏ Aversão a ambiguidades.				
	❏ Enfrentando riscos.				
	❏ Assumindo responsabilidades.				
CAPACIDADE DE ESCUTA	❏ Aberto à interação com a equipe.				
	❏ Busca por alinhamentos.				
	❏ Atento a questionamentos.				

em jogos de poder. As formais são geralmente objeto de filtragens técnicas e são mais transparentes. E a transparência é um dos valores essenciais da boa governança.

Como no caso da avaliação do Conselho de Administração e dos conselheiros, recomenda-se que a do *CEO:* a) seja conduzida por *outsiders;* b) esteja integrada à avaliação do sistema de governança como um todo; e c) tenha por fundamentos os atributos essenciais que se exigem de um bom presidente executivo.

Em modelo similar ao desenvolvido para os conselheiros, listamos no Quadro 5.20 os atributos, as condutas e as posturas esperadas do principal executivo. Junto com os resultados produzidos pela gestão, são proposições que podem fundamentar um processo formal de avaliação.

Os resultados da avaliação média realizada pelos conselheiros podem ser comparados com pontuações autoatribuídas como sugerimos no modelo apresentado no Quadro 5.21. E os desvios podem ser objeto de uma franca reunião com o conselho, com o justificável objetivo de se definirem condições para mudanças, que desloquem os graus atribuídos ao CEO na direção de níveis de excelência.

Os elementos reunidos neste modelo contêm praticamente os **oito fatores de desempenho** sugeridos pela *NACD* para a avaliação de CEOs:

1. Integridade.
2. Relações com o conselho.
3. Relações com os acionistas.
4. Capacidade de atingir os objetivos corporativos.
5. Visão.
6. Liderança.
7. Planejamento da sucessão.
8. Relações com *stakeholders*.

O Quadro 5.22 traz uma síntese de um conjunto de "proposições negociáveis", formuladas por um "novo *CEO*" sensível à interação de suas responsabilidades com as do Conselho de Administração. As proposições estão na forma de uma carta enviada por este *CEO* ao seu Conselho de Administração. Ela pontua questões pertinentes, alinhadas às mais avançadas concepções da governança corporativa eficaz.

5.7 A Busca por Processos de Alta Eficácia

A construção de Conselhos de Administração fortes, independentes e bem ajustados às necessidades das empresas é defendida por órgãos reguladores, por instituições do mercado, por ativistas externos e, internamente, pelos acionistas e por executivos-chefe orientados pelos princípios da boa go-

QUADRO 5.22
Proposta de um "novo CEO" para uma governança eficaz: a interação do principal executivo com o Conselho de Administração.

1. As razões da proposta

O aumento da responsabilidade dos gestores e conselheiros perante os proprietários é inevitável. Poderosas forças a impulsionam, como a desfronteirização mundial, as comparações obrigatórias entre o desempenho da empresa e o de seus concorrentes e o surgimento de acionistas fortalecidos e mais sofisticados. Tais forças não serão revertidas nem devem ser interpretadas como ameaças. Talvez sejam um fator de união entre proprietários, conselheiros e gerentes, no esforço comum pela excelência do negócio.

Consciente dessas mudanças, proponho um modelo factível de relações. E ele se expressa na forma de uma série de "proposições negociáveis" que um "novo CEO", na tentativa de desenvolver relacionamentos construtivos, apresenta ao seu Conselho de Administração. É enviado na forma de uma carta.

2. A "carta modelo"

Senhores conselheiros.

Desejo trabalhar em parceria com o Conselho de Administração, destacando tanto a independência dos conselheiros na representação dos interesses dos acionistas, como a capacidade do CEO de liderar a organização e, de forma mensurável, impulsionar os resultados de longo prazo. Sugeriria que suas principais responsabilidades sejam:

- *Avaliar minhas recomendações e orientar-me quanto a trajetórias estratégicas e planos de longo prazo.*
- *Avaliar anualmente meu trabalho, os planos de sucessão e os recursos para avançar na trajetória definida. Essas avaliações devem ser formais, exigindo a análise de todo o conselho.*
- *Construir um sistema de recompensas motivadoras, focado em resultados que construam a riqueza de longo prazo dos acionistas.*

Minhas principais responsabilidades serão:

- *Desenvolver estratégias que produzam fortes posições de mercado e excelentes resultados financeiros de longo prazo.*
- *Avaliar as melhores práticas competitivas e informar-lhes sobre tendências comparativas.*
- *Prestar-lhes informações regulares sobre a situação das principais iniciativas necessárias ao cumprimento do plano anual e à superação dos marcos de longo prazo que permitam a verificação do curso estratégico da empresa.*

*Juntos, devemos operar numa atmosfera de **insatisfação construtiva**, explorando a tensão positiva que deriva de valores compartilhados, mas de responsabilidades distintas. Nosso objetivo conjunto deve consistir em atingir a **excelência competitiva** e assim proporcionar grandes recompensas aos nossos acionistas.*

Nosso Conselho de Administração deve ter não mais de dois membros oriundos da gerência – o CEO e seu provável sucessor. As comissões devem ter conselheiros externos. O CEO deve envolver-se ativamente como pivô e recurso dessas comissões.

Precisamos de critérios formais para a seleção e a avaliação dos conselheiros. O parâmetro básico sempre deve ser um histórico de desempenho notável. Mas a prova de excelência serão a liderança e os resultados atuais. Os conselheiros devem comprar ações e manter participação acionária expressiva na empresa.

*Igualmente importante para o longo prazo é a presença de conselheiros com experiências diversas. O objetivo é **o aprendizado e a fecundação cruzada de ideias.***

Juntos, devemos ir além da análise dos resultados. Enriquecendo a parceria almejada, devemos compartilhar ideias, promover inovações, estudar aquisições e outras iniciativas estratégicas importantes para a empresa.

Atenciosamente, o CEO.

Fonte: JOHNSON, David W., *CEO da Campbell Soup Company. On corporate governance.* Boston, MA: Harvard Business School Press, 2000.

vernança, como um dos fatores mais relevantes para o bom desempenho das corporações.

Todavia, a investigação acadêmica tem registrado dificuldades metodológicas para correlacionar o desempenho das corporações com a estrutura, a configuração e os papéis dos Conselhos de Administração. Consequentemente, é ainda insuficiente a teoria formal sobre este aspecto da alta gestão. Mas a maior parte das comprovações disponíveis aponta para a existência de relações significativas entre Conselhos de Administração bem constituídos e o desempenho de longo prazo das empresas. E os casos estudados de insucesso empresarial, quando enfatizam o papel que os Conselhos de Administração vinham desempenhando, geralmente registram o fraco monitoramento exercido pelos conselheiros, em especial no campo das definições estratégicas e dos riscos corporativos.

A tendência que então se nota nos ensaios produzidos por consultorias, nos resultados evidenciados em relatórios de pesquisa e na exploração de casos é a de enfatizar os benefícios de Conselhos de Administração fortes e atuantes. As proposições nesta direção ou enfatizam os benefícios do *empowerment dos conselhos*, ou relatam casos em que a constituição, a forma de atuação e os focos de Conselhos de Administração fortes e interagentes com a Diretoria Executiva produziram bons e sustentáveis resultados. Em oposição, há relatos de omissões desse órgão de governança correlacionáveis com conhecidos fracassos estratégicos.

O *Empowerment* do Conselho e a Eficácia da Governança

Para analistas da alta gestão, a busca por processos de governança de alta eficácia envolve, pelo menos, três objetivos:

1. Promover o *empowerment* do Conselho de Administração.
2. Assegurar o desenvolvimento da Diretoria Executiva.
3. Estabelecer monitoramento estratégico.

A definição e a busca desses três objetivos exige que se removam, como propõe Lorsch,[32] três falsas premissas:

1. **Mais poder implica menos poder.** Trata-se de um velho paradigma que supõe seja zero o resultado do ganho de poder pelo Conselho de Administração, uma vez que isto implicaria a redução do poder da alta gestão. Esta suposição não é necessariamente verdadeira. E por várias razões. As funções do Conselho de Administração e as da Diretoria Executiva não são as mesmas. Se ambas são bem exercidas, elas não se anulam reciprocamente – pelo contrário, fortalecem-se os dois lados. Quando, por exemplo, todos os conselheiros, mobilizados pelos acionistas ou pelos gestores, debruçam-se sobre um propósito corporativo de alta relevância, como custos e benefícios de uma aquisição ou de uma nova e ampla regulação do setor de negócio da empresa, dificilmente a qualidade das decisões será pior ou igual da que resultaria se apenas gestores ou proprietários se debruçassem sobre a questão.

2. **Mais orientação e menos monitoramento.** A segunda premissa, também enganosa, sustenta que o desenvolvimento da Diretoria Executiva requer mais orientação e menos monitoramento. E vai além, assegurando que as duas funções são conflitantes quanto à ênfase que a elas atribui: enfatizar uma significaria, necessariamente, reduzir a outra. Na realidade, porém, essas funções também se reforçam mutuamente. Conselhos de Administração que efetivamente orientam não podem prescindir do subsequente monitoramento, sob o custo de verem suas orientações total ou parcialmente desconsideradas. Já a Diretoria Executiva, ao acolher uma orientação, expondo construtivamente seus pontos de vista sobre ela e negociando com o conselho a sua adequação, não terá qualquer perda em que ela seja monitorada, especialmente quanto aos resultados produzidos. Orientação mais monitoramento pressupõem trabalho em conjunto. São forças que se somam.

3. **Conselhos mais atuantes só em estados de crise.** Esta terceira premissa propõe a passividade do Conselho de Administração e sua atuação mais forte apenas em situações de crise. Como restrição ao *empowerment* deste colegiado, esta premissa é ainda mais frágil que as duas anteriores. E também por várias razões. A era de descontinuidades que se estabeleceu no mundo corporativo exige posturas proativas o tempo todo. A aceleração das mudanças, a expansão territorial dos blocos econômicos, o surgimento de novos países competidores e o fim de velhas hegemonias são variáveis novas que significam um estado latente de oportunidades. Ou de crises para os não atentos a elas. Consequentemente, é a própria passividade que gera a crise.

Removidas essas três falsas premissas, a reestruturação da governança nas empresas ainda movidas por velhas crenças gerenciais privilegiará então os três objetivos descritos no Quadro 5.23. Claro que as diretrizes ali sintetizadas não são uma fórmula universal. São possíveis outras agendas de *empowerment* do conselho de Administração de desenvolvimento da Diretoria Executiva e de monitoramento estratégico, desde que conduzam a revisões eficazes do modelo corporativo de alta gestão. O ponto crucial é a **criação de condições para maior "conversação" entre as três âncoras da governança:** *acionistas-conselho-direção*.

Como recomenda Hawkins,[33] "os executivos-chefe podem se beneficiar de Conselhos de Administração fortes e independentes. Estes são constituídos por grandes acionistas ou pelos seus representantes. Eles estão interessados em adotar estratégias para aumentar o valor de mercado da empresa, o retorno dos investimentos e o preço das ações. Relações harmoniosas com investidores e Conselhos de Administração liberam os executivos-chefe para concentrar tempo e energia em questões substanciais que envolvem os negócios. Embora um Conselho de Administração fraco possa corroborar decisões de direção quando os tempos são bons, muitas vezes sua primeira reação em tempos de crise é a troca da Diretoria Executiva – ao passo que um Conselho de Administração forte, com profundo conhecimento do negócio e da estratégia, com canais formais de comunicação com os acionistas, tenderá

QUADRO 5.23
Reestruturação do processo de governança: objetivos e ações-chave.

Objetivos		Ações-chave
EMPOWERMENT DO CONSELHO DE ADMINISTRAÇÃO	1. Estabelecer liderança independente da direção executiva	❑ Criar comitê de gestão do Conselho de Administração, que se encarregará de pautar as reuniões e prover os requisitos essenciais para seu bom funcionamento. ❑ Constituir comitês permanentes para acompanhamento de processos críticos e de alto impacto corporativo.
	2. Assegurar uma composição ótima do conselho.	❑ Construir um Conselho de Administração eficaz com competências complementares. Promover mudanças, ajustando-o sempre às novas necessidades da corporação. ❑ Manter conselheiros externos em número no mínimo suficiente para compor e liderar comitês-chave. ❑ Definir critérios e metodologia de avaliação do conselho e dos conselheiros.
	3. Estruturar as reuniões para maximizar a eficiência.	❑ Subordinar o tempo das reuniões à efetividade esperada do Conselho de Administração. ❑ Promover reuniões com participações exclusivas de conselheiros independentes, explorando produtivamente as tensões existentes entre visões internas e externas.
	4. Ampliar a comunicação com os acionistas.	❑ Criar canais de comunicação com os acionistas, registrando os trabalhos do Conselho e sua apreciação do desempenho da empresa. ❑ Estender as comunicações a outros grupos, filtrando os temas de seu interesse.
DESENVOLVIMENTO DA DIRETORIA EXECUTIVA	5. Desenvolver metodologia específica de avaliações.	❑ Definir claramente as responsabilidades do executivo-chefe. Revê-las anualmente ou em situações de mudanças internas ou externas de alto impacto. ❑ Definir critérios e metodologias de avaliação formal do executivo-chefe. Abrir a avaliação, com objetivos construtivos. Manter *feedback*.
	6. Assegurar uma equipe ótima para a gestão.	❑ Acompanhar o plano da sucessão. ❑ Homologar as indicações do executivo-chefe para os demais cargos de direção da empresa. ❑ Interagir com a equipe de direção nos assuntos de responsabilidade do Conselho de Administração, ampliando a base de dados e informações sobre o desempenho corporativo. ❑ Examinar em conjunto com o executivo-chefe as avaliações formais da direção por ele conduzidas.
	7. Recompensar com base no desempenho.	❑ Aprovar o programa de remuneração do executivo-chefe, estritamente vinculado aos resultados corporativos e à geração de valor para os acionistas. ❑ Aprovar recompensas propostas pela direção para equipes de alta *performance*.
	8. Desenvolver a compreensão do setor de negócios de empresa.	❑ Aprofundar o conhecimento, em termos globais, das áreas de negócio da empresa. Mapear seus desafios estratégicos. ❑ Acompanhar mudanças impactantes na estrutura do setor, especialmente as resultantes de fusões, aquisições e alianças.
MONITORAMENTO ESTRATÉGICO	9. Monitorar e avaliar a estratégia de longo prazo.	❑ Avaliar oportunidades estratégicas que agreguem valor à corporação. ❑ Acompanhar a estratégia homologada, com foco nas questões críticas e nas capacitações-chave requeridas para sua efetiva execução. ❑ Prover "inteligência estratégica" e questionar direcionamentos, propondo, percursos alternativos para exame conjunto do Conselho de Administração e da Diretoria Executiva.

Fonte: Adaptação de FELTON, R. F.; HUDNUT, A.; WITT, V. Building a stronger board. *McKynsey Quarterly*, nº 2, 1995.

a apoiar a administração. Esta é a síntese da reestruturação da nova era de governança – em benefício dos que comandam o processo nas corporações e de seus acionistas".

AS CORPORAÇÕES GERENCIADAS E AS GOVERNADAS

A contraposição *corporações gerenciadas* versus *corporações governadas* foi criada por John Pound, de Harvard, em influente e inovador ensaio originalmente publicado em 1995. A inovação a que hoje se alinha a maior parte das contribuições sobre governança eficaz consistiu em deslocar o foco dos processos de melhoria da governança, até então centrado em *questões de poder*, para *questões relacionadas ao processo decisório*. O Quadro 5.24 ilustra as diferenças entre os paradigmas das duas abordagens.

O foco dos sistemas de governança na *estrutura de poder* é uma derivação histórica da forma como se deu o desenvolvimento das corporações. Exaustivamente examinado pela literatura econômica e de gestão, esse foco decorreu das situações conhecidas de dispersão e de omissão dos acionistas, o que levou ao controle das empresas pelos gerentes, gerando conflitos e custos que motivaram as preocupações pioneiras com processos menos onerosos de governança, mas não necessariamente mais eficazes. Com este enfoque, as ações dos acionistas estão voltadas para controlar o excesso de poder dos gerentes, reduzir custos de agência e harmonizar interesses. Apenas em casos mais contundentes, diante de sinais evidentes de resultados negativos ou pouco brilhantes, os acionistas mobilizam-se para assumir o controle do Conselho de Administração, reformar sua constituição e então promover a substituição do principal executivo.

Esta linha clássica de reforma e de intervenção no processo de governança é a característica básica das *corporações gerenciadas*. Gerenciam-se estruturas de poder e seus desequilíbrios. Gerenciam-se os gerentes, entendendo-se que esta é a tarefa primordial dos Conselhos de Administração. Só que esta orientação não direciona o principal órgão colegiado da administração para as funções relativas ao exame da estratégia corporativa e das questões que envolvem os negócios, quanto aos seus desafios, riscos e oportunidades.

A situação é bem mais cômoda. Os olhos estão todos voltados para a gestão e para os resultados que ela é capaz de produzir, com os mínimos custos e conflitos de agência. Em caso de fracasso, a contribuição maior do Conselho de Administração é promover uma avaliação rigorosa da Diretoria Executiva, justificar e promover sua substituição. E há até estudos acadêmicos centrados na eficiência dos Conselhos de Administração para desempenharem esta missão. Hermalin e Weisbach,[34] por exemplo, examinaram a correlação entre a constituição dos Conselhos de Administração e a efetividade de sua contribuição para a gestão corporativa, promovendo a demissão de diretores executivos de fraco desempenho. E concluíram que conselhos com maior número de *outsiders* eram mais sensíveis à avaliação do executivo principal, comparativamente aos dominados por *insiders* pertencentes ao quadro diretor.

Descrevendo mais minuciosamente os paradigmas das *corporações gerenciadas*, esta é a síntese do pensamento de Pound:

❏ **Sua ascensão tem raízes históricas.** Reflete a dispersão da propriedade acionária e o advento de uma nova classe de gerentes

QUADRO 5.24
Empresas gerenciadas *versus* empresas governadas: paradigmas e práticas do Conselho de Administração.

Paradigmas das corporações gerenciadas	Paradigmas das corporações governadas
Envolvimento do Conselho de Administração ☐ Separação apenas formal das funções de presidente do Conselho e de presidente executivo. ☐ Presidência executiva como hierarquia dominante: Conselho tem expressão secundária. ☐ Poder suficiente para monitorar o CEO e substituí-lo em situações de crise. ☐ Independência para assegurar a avaliação da gestão e garantir a ausência de conflitos de interesse. ☐ Pauta de trabalhos não inclui acompanhamento sistematizado do ambiente externo. ☐ Homologação da estratégia geralmente garantida: ausência de restrições ou questionamentos críticos. ☐ Processo sucessório não colocado "sobre a mesa". Indicações sutis, mas não definidas, da linha de sucessão. **Modelo de governança** ☐ Não definido com clareza. ☐ Canais informais de comunicação acionistas-conselho-direção prevalecem sobre sistemas formais. ☐ Não considera critérios definidos por agências de *rating* corporativo. **Focos** ☐ Desempenho em relação ao *business plan* e aos orçamentos operacionais e de capital. Distância em relação à definição de políticas. ☐ Análise de demonstrações financeiras, de resultado e patrimoniais. ☐ Análise do desempenho histórico: situação presente em relação ao passado.	**Envolvimento do Conselho de Administração** ☐ Clara e efetiva segregação das funções de presidente do Conselho e de presidente executivo. ☐ Conselho como hierarquia superior. ☐ Forte interação acionistas-conselho-direção na definição de *guidelines*. ☐ Estratégia gerada pela Diretoria Executiva a partir de parâmetros emitidos pelo Conselho de Administração. Após ampla análise crítica, é homologada. ☐ Desempenho do *CEO*, avaliado permanentemente a partir de parâmetros explícitos. ☐ Funcionamento regular de comitês técnicos. Conselheiros presentes e organização aberta para a busca de informações. Solicitações são regulares e aceitas como prática contributiva. ☐ Análise regular e estruturada do ambiente externo: global, do país e do setor. ☐ Processo sucessório estabelecido. **Modelo de governança** ☐ Claramente estabelecido, formatado e explicitado em regimento interno. ☐ Canais formais de comunicação com os acionistas. Reuniões regulares com os controladores. ☐ Práticas alinhadas aos critérios de agências de *rating* e de outras organizações do mundo corporativo. **Focos** ☐ Desempenho em relação ao *business plan* e ao conjunto de metas gerenciais definidas. ☐ Forte envolvimento na definição e homologação de políticas. ☐ Questionamentos crítico-construtivos da estratégia em curso. Contribuições para redirecionamentos estratégicos. ☐ Trajetória futura: visão dos grandes movimentos globais no setor em que a empresa atua. Antevisão do posicionamento da empresa dentro do setor.

Fonte: Adaptado de POUND, J. A promessa da empresa governada. In: *Experiências de governança corporativa*. Rio de Janeiro: Campus, 2001.

profissionais, que não eram grandes acionistas nem fundadores das empresas.

- **Os acionistas não se envolvem em questões de negócios.** A gestão dos negócios e as políticas da empresa são prerrogativas da Diretoria Executiva.
- **Os gerentes são os líderes.** Os acionistas e os conselheiros são os seguidores. Eles se mantêm à distância da formulação da estratégia e da definição de políticas. Os questionamentos ocorrem quando há indícios de falhas de desempenho.
- **O papel do sistema de governança é o de escolher a Diretoria Executiva, monitorar o seu desempenho e substituí-la em situações de crise ou de fracasso.**

Já o foco das *corporações governadas* não é o poder, mas o processo decisório e as contribuições efetivas que os gerentes podem dar no sentido de escolherem as estratégias de melhor qualidade, mais aderentes às mudanças no ambiente competitivo, à revolução geográfica dos mercados, aos movimentos tecnológicos de fronteira e às transformações sociais. Claro que questões de poder são importantes. Como outorgantes, cabe aos acionistas ou ao Conselho de Administração que os representa monitorar os outorgados. Mas o *empowerment* do Conselho de Administração não se resume a esta missão. Vai além, promovendo o desenvolvimento da gestão, balizando os grandes objetivos corporativos e examinando as políticas e as estratégias, tanto do ponto de vista de sua ligação com as expectativas internas, quanto de sua aderência às transformações do ambiente externo. Seu paradigma fundamental é orientar decisões eficazes de estratégias e políticas, não obstante caiba à Diretoria Executiva a sua formulação, seguida de sua análise profunda pelo Conselho de Administração e, então, a sua implementação.

Há, claro, obstáculos a esta orientação. Apontado por Pound, o principal é a relutância dos conselheiros e dos acionistas em questionarem a hierarquia corporativa estabelecida. E as causas desta relutância são a sua insuficiente compreensão dos negócios da empresa e das operações internas, com a sua consequente coopção pela direção. Sem elementos concretos, eles relutam em manifestar-se mais ativamente, colocando em risco não só a sua reputação como também suas relações amistosas com o presidente executivo. Obviamente, este obstáculo se torna tanto mais alto quanto maior for a proporção de *insiders* na composição do Conselho de Administração.

A evolução da corporação gerenciada para a governada impõe a superação deste e de outros obstáculos e coincide com as reestruturações centradas nos três pilares anteriormente examinados: *empowerment* do Conselho de Administração, desenvolvimento da Diretoria Executiva e foco dirigido para temas estratégicos. Nada diferente dos três pontos também pontuados por D. Grady:[35] "Os problemas ocorrem em três áreas – *processos*, ou forma como os Conselhos de Administração funcionam; *pessoas*, ou a formação profissional dos membros do Conselho de Administração; e *cultura*, ou o relacionamento entre os Conselhos de Administração e a gestão. Analisar a história – e não criar o futuro – é o foco dos processos tradicionais. Mas estão no passado os dias em que os negócios eram estáveis, os competidores eram poucos, os clientes eram leais, os resultados financeiros eram previsíveis e as funções do

Conselho de Administração consistiam em nomear o executivo-chefe, aprovar as contas e os orçamentos de capital e certificar-se de que as leis estavam sendo obedecidas. Não havia tempo para o pensamento estratégico ou criativo e os debates eram desencorajados. Os Conselhos de Administração só apareciam como júri quando as coisas iam mal. Mas agora impõe-se a remoção de obstáculos à atuação mais ativa, crítica e estratégica."

A transposição desse modelo de gerenciamento para o de *corporação governada* pressupõe:

- **Forte envolvimento dos Conselhos de Administração nos processos decisórios**, com estabelecimento de canais de comunicação com os acionistas que facilitem a adoção de estratégias de maior impacto.
- **Preparação dos conselheiros** sobre os negócios da empresa e os desafios do setor em que compete.
- **Maior espaço nas reuniões do Conselho de Administração para a compreensão abrangente das grandes decisões**, das estratégias e das políticas, quanto a seus impactos internos e externos.
- **Maior tempo de dedicação dos conselheiros à empresa**, com incentivos adequados para que isto ocorra.
- **Em síntese: mudança nos processos, nas relações acionistas-conselho-direção e nos focos da orientação colegiada**. Enfim, integridade, competência e envolvimento construtivo. E **assentados** sobre os valores essenciais da boa governança: senso de justiça, transparência, prestação responsável de contas e conformidade legal.

5.8 Três Sínteses Relevantes

Neste e nos quatro capítulos anteriores mostramos a abrangência, as raízes e os fatores de desenvolvimento da governança corporativa. Visitamos seus três principais marcos históricos. Focalizamos, uma a uma, suas cinco questões centrais. Sinalizamos que os modelos efetivamente praticados em diferentes partes do mundo submetem-se à força de fatores culturais e institucionais. Analisamos, com olhos críticos, os processos de governança, sob o prisma das relações entre a Propriedade, o Conselho de Administração, a Diretoria Executiva e outras partes interessadas. E, partindo de ensaios influentes, chegamos a dois quadros fundamentais. Um revela os caminhos eficazes para a construção de bons sistemas de governança. Outro põe lado a lado as diferenças marcantes entre as corporações gerenciadas e as governadas.

Nos dois próximos capítulos cuidaremos dos modelos de governança corporativa efetivamente adotados em várias partes do mundo e, especificamente, no Brasil. E, no último, das principais tendências que, presumivelmente, deverão definir daqui para frente o desenvolvimento dos modelos, dos processos e das práticas de governança.

É, assim, um momento adequado para uma síntese. Ainda que não conclusiva, ela destacará três pontos essenciais da governança corporativa, no estágio em que se encontram a sua compreensão e a sua adoção para:

1. A criação de valor.
2. A harmonização de interesses.
3. A promoção do crescimento econômico.

O Quadro 5.25 reúne algumas observações-chave sobre estes três pontos.

QUADRO 5.25
Três sínteses relevantes: criação de valor, conciliação de interesses e promoção do crescimento econômico.

1. A CRIAÇÃO DE VALOR	❑ A governança é um relevante valor corporativo, mas, por si só, ela não cria valor. ❑ A criação de valor ocorre quando temos um negócio atrativo, estrategicamente bem posicionado e bem gerenciado. ❑ Neste caso, as boas práticas de governança corporativa permitirão uma gestão ainda melhor, otimizando a criação de valor para acionistas e outras partes interessadas.
2. A CONCILIAÇÃO DE INTERESSES	❑ **A governança corporativa surge para:** ◊ Administrar conflitos, presentes quando se dá a separação entre a propriedade e a gestão – os interesses dos gestores e de outras partes nem sempre estão alinhados com os dos titulares da corporação. ◊ Fortalecer os vínculos entre acionistas, conselho e direção. ◊ Assegurar que o modelo de gestão e a estratégia das corporações estejam alinhados aos desafios do mundo dos negócios. ◊ Promover a criação de valor para os acionistas. ◊ Conciliar o interesse dos *shareholders* com os de outros *stakeholders*. ❑ **As boas práticas de governança corporativa proporcionam:** ◊ Monitoramento e avaliação da Diretoria Executiva. ◊ Alinhamento Proprietários-Conselho de Administração-Diretoria Executiva. ◊ Alinhamento dos interesses corporativos a outros objetivos emergentes. ◊ Direcionamento estratégico da companhia. ❑ **Mas as boas práticas exigem:** ◊ Conselheiros qualificados e comprometidos. ◊ Conselhos atuantes e eficazes. ◊ Gestores capacitados e interativos. ◊ Integridade de todas as partes envolvidas nos processos corporativos.
3. A PROMOÇÃO DO CRESCIMENTO ECONÔMICO	❑ Instituições estimulantes e confiáveis, bons fundamentos macroeconômicos e disponibilidade de recursos competitivos são fatores que alavancam o crescimento das nações. ❑ Mas um dos complementos mais importantes desta trilogia é um clima de negócios saudável, gerado pelas melhores práticas de governança corporativa: | Evitando	Promovendo
❑ Abusos de poder e custos extorsivos de agência. ❑ Erros estratégicos. ❑ Gestão deficiente. ❑ Fraudes corporativas.	❑ Confiança no mundo dos negócios. ❑ Crescente canalização de recursos para o mercado de capitais. ❑ Amplo envolvimento da sociedade no processo de expansão da economia.	

A CRIAÇÃO DE VALOR

Um dos fundamentos da vida econômica das nações é a tensão entre a limitação dos recursos e a expansão, dificilmente limitável, das aspirações humanas. A boa gestão dos recursos é então essencial para a satisfação dessas aspirações, nos mais altos níveis que seja possível alcançar. Da boa gestão resultam produtos de valor superior ao dos recursos utilizados – e é por esta simples equação que se dá o processo de criação de valor.

As corporações de negócios, entrelaçadas pelos elos das cadeias de suprimentos a que estão integradas, são as organizações criadoras desse conceito de valor. Uma vez gerado, ele se distribui à sociedade como um todo, seja pelas vias privadas dos mercados, seja por realocações de interesse coletivo, pelas vias do setor público. Se não se disponibilizarem recursos para que as corporações invistam nas áreas de negócio a que se dedicam, o que ocorrerá é a estagnação, não a geração criativa de valor. E, pior, se os recursos disponibilizados pelos investidores forem mal geridos, em vez de gerar, as corporações poderão destruir valor.

Os princípios da boa governança são uma contribuição a mais – que permeia vários campos do conhecimento, entre eles o direito, a economia, as finanças, a sociologia das organizações e a administração – para que a criação de valor e a geração de riqueza, ambas de alto interesse social, não sejam contaminadas por instituições inadequadas ou obstruídas por processos de gestão de má qualidade. A governança é, assim, um relevante valor corporativo e social. Mas, por si só, ela não cria valor. A criação de valor ocorre quando temos negócios atrativos, sancionados pelo interesse social, estrategicamente bem posicionados e bem gerenciados. Neste caso, as boas práticas de governança corporativa permitirão uma gestão ainda melhor, maximizando a criação de valor para os acionistas e para outras partes interessadas nos resultados da ação empresarial.

A CONCILIAÇÃO DE INTERESSES

Não é uma tarefa tão simples relacionar todos os interesses envolvidos nas decisões e nos atos das corporações. E eles se tornam ainda mais complexos quando se dá a separação entre a propriedade e a gestão das grandes companhias, com a consequente emergência de uma nova classe social – a dos executivos que assumem, de fato, o poder nas empresas por eles gerenciadas. Foi em meio a essas questões, crescentemente complexas, geradas pelas novas realidades do mundo corporativo, que surgiu a governança corporativa.

Desde o despertar da governança, foram e são seus principais objetivos: 1. administrar conflitos, presentes quando se dá a separação entre a propriedade e a gestão – os interesses dos gestores e de outras partes nem sempre estão alinhados com os dos titulares das corporações; 2. fortalecer os vínculos entre os Acionistas, o Conselho de Administração e a Diretoria Executiva; 3. assegurar que a estratégia das corporações e o modelo de gestão adotado estejam alinhados aos desafios do mundo de negócios; 4. promover a criação de valor para os acionistas; 5. conciliar os interesses dos *shareholders* com os de outros *stakeholders*.

Se bem aplicadas, as práticas da governança corporativa podem conduzir à consecução desses objetivos. Mas a boa governança exige um conjunto de condições. E as quatro essenciais são: 1. conselheiros de administração qualificados e comprometidos; 2. Conselhos de Administração atuantes e eficazes; 3. gestores capacitados e interativos; 4. integridade de todas as partes envolvidas nos processos corporativos. Ou estas condições estão presentes ou correm-se riscos de fraudes e, mais até, o pior e mais perverso de todos os riscos – a desagregação das corporações por processos falimentares. O raio de alcance desses riscos não é pequeno. Dependendo do tamanho da corporação e das cadeias produtivas envolvidas, pode ser de alcance global.

A Promoção do Crescimento Econômico

Estamos agora fechando o círculo e evidenciando a extensão do alcance da governança corporativa.

A teoria econômica básica enfatiza três fatores que alavancam o crescimento econômico das nações – e o crescimento é um objetivo de interesse social, que se manifesta pela criação de valor e geração de riqueza. Os três fatores são: **instituições estimulantes e confiáveis, bons fundamentos macroeconômicos e disponibilidade de recursos competitivos**. Mas agora, por ocorrências que têm abalado o mundo corporativo nos últimos anos e que marcaram a passagem para o século XXI, é consensual que um dos complementos mais importantes dessa trilogia econômica seja um clima de negócios saudável, gerado por boas práticas de governança corporativa.

As boas práticas podem evitar abusos de poder, custos extorsivos de agência, erros estratégicos, gestão deficiente e fraudes corporativas. Podem promover a confiança no mundo dos negócios, especialmente relevante nesta nova era empresarial, em que as transações são cada vez menos personalizadas, crescentemente massivas e global-relacionadas. E o resultado maior pode ser o amplo envolvimento da sociedade, via mercado de capitais, no processo de expansão da economia.

A Figura 5.14 sintetiza este possível círculo virtuoso, envolvendo governança, mercado de capitais, investimentos e crescimento econômico.

RESUMO

1. O ambiente em que se define a estrutura de poder, os processo e as práticas de governança corporativa subdivide-se em pelo menos quatro blocos interligados: 1. **propriedade**; 2. **controle**; 3. **administração**; e 4. **auditoria e fiscalização**. O controle da companhia é exercido pelos proprietários controladores, o que não inclui os minoritários e os acionistas preferenciais. A administração é exercida pelo **Conselho de Administração** e pela **Diretoria Executiva**. E o ambiente de

FIGURA 5.14
A instalação de círculo virtuoso: governança, mercado de capitais, investimentos e crescimento econômico.

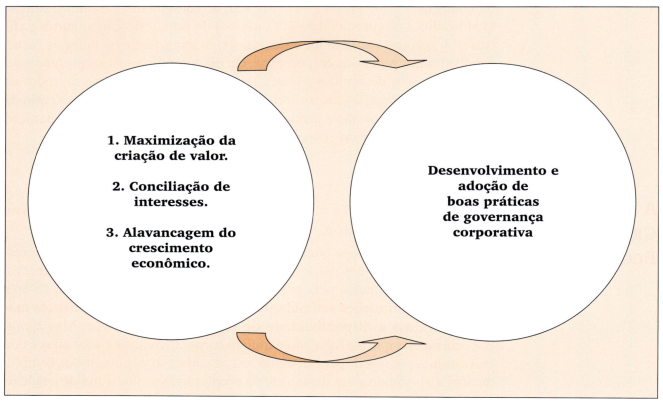

auditoria e fiscalização pode ser integrado por quatro órgãos: 1. **Conselho Fiscal**; 2. **Auditoria Independente**; 3. **Comitê de Auditoria**; e 4. **Auditoria Interna**.

2. Os proprietários reúnem-se em **Assembleia Geral**, que é o **órgão soberano da sociedade**. Cabem-lhe deliberações de alto impacto nos destinos da companhia. O poder exercido na companhia emana desse órgão superior.

3. O Conselho de Administração e, extensivamente, os seus comitês e a Auditoria Independente, atuam como órgãos guardiões dos interesses dos proprietários. A Diretoria Executiva interage com o Conselho de Administração no exercício dos poderes e funções que lhes são atribuídos, abrangendo as áreas funcionais e de negócios da companhia.

4. Independentemente dos princípios e dos propósitos em que se alicerça e do modelo predominantemente praticado em cada país, a governança corporativa expressa-se por um *sistema de relações* entre pelo menos três atores: *a Propriedade, o Conselho de Administração e a Diretoria Executiva*. A essas três âncoras podem-se somar outras, quando se admite a ativa interação com outras partes interessadas no desempenho e nos impactos das corporações.

5. No âmbito de atuação de cada um desses atores estabelecem-se relações internas, além das que ligam uns aos outros. No conjunto dos proprietários, as intra-relações têm como foco *o alinhamento de propósitos empresariais*; no colegiado do Conselho de Administração, *a interação construtiva*; na Diretoria Executiva, *o alinhamento entre o presidente e os gestores*; e entre outras partes interessadas, *a conciliação das suas demandas com o máximo retorno total dos proprietários*.

6. Nas *inter-relações do Conselho de Administração com os proprietários*, estes emitem expectativas de resultado, avaliam o desempenho dos conselheiros, atribuindo-lhes poder e capacidade de influência; na direção oposta, os conselheiros são os guardiões dos valores corporativos e os zeladores dos interesses dos proprietários.

7. Nas *inter-relações dos proprietários com a Diretoria Executiva*, os proprietários são os fornecedores do capital investido. Eles outorgam aos gestores o poder de tomar decisões que agreguem valor à empresa e maximizem o retorno dos investimentos. Eles esperam que os gestores administrem eficazmente as unidades de negócios da corporação e as unidades de serviços compartilhados. O capital e o poder outorgado são as entregas dos proprietários à direção; o valor da empresa e o retorno dos investimentos, as entregas da Diretoria Executiva aos acionistas.

8. Nas *inter-relações do Conselho de Administração com a Diretoria Executiva*, o órgão colegiado da governança emite, *ex-ante*, direcionadores e espera pela proposição de estratégias e políticas que correspondam às expectativas dos proprietários e, *ex-post*, por relatórios que prestem conta do desempenho efetivo. A Diretoria Executiva, de seu lado, espera que o Conselho de Administração avalie, com olhos crítico-construtivos, tanto a estratégia quanto as políticas corporativas, homologando-as co-responsavelmente.

9. Nas *relações abertas a múltiplos interesses*, o que define a extensão e os objetivos do relacionamento é a assimilação, pelos proprietários, de responsabilidades corporativas ampliadas, voltadas para objetivos emergentes – como sociais, ambientais e com atores da cadeia de negócios, a montante e a jusante. O que os proprietários esperam, em contrapartida, é a ampla validação dos resultados da empresa e a sustentação de sua imagem positiva a longo prazo – numa só expressão, a reputação corporativa.

10. Compete ao Conselho de Administração definir as *políticas de relacionamento com as outras partes interessadas*. E à Diretoria Executiva compete implementar essas políticas, olhando para a gestão estratégica das suas demandas. As partes envolvidas emitirão sinais que reforçam a legitimidade da atuação executiva.

11. Do ponto de vista organizacional, a estrutura de suporte da alta administração é constituída: (1) pela Assembleia Geral dos acionistas, à qual está vinculado o Conselho Fiscal; (2) pelo Conselho de Administração, pelos seus comitês técnicos e pela Auditoria Independente; e (3) pela Diretoria Executiva, à qual reportam-

12. Entre os órgãos do ambiente de auditoria e fiscalização, cabe destacar o **Conselho Fiscal** e o **Comitê de Auditoria**. Eles exercem papéis semelhantes, mas não necessariamente iguais. O Conselho Fiscal garante o direito dos proprietários de fiscalizar a gestão dos negócios, opinar sobre os relatórios re resultados e sobre propostas da administração à Assembleia Geral. "Turbinado", ele pode preencher as funções exigidas do Comitê de Auditoria, um importante órgão obrigatório nas companhias abertas dos Estados Unidos e das que, embora com sede no exterior, têm valores mobiliários negociados no mercado daquele país.

13. O **Comitê de Auditoria**, exigido pela lei Sarbanes-Oxley, vai além das atribuições do Conselho Fiscal. Suas três responsabilidades são: 1. acompanhar e avaliar o ambiente de controle, abrangendo a Auditoria Interna e a Auditoria Independente; 2. identificar, avaliar e analisar os riscos corporativos – estratégicos, de conformidade, contratuais, financeiros, tecnológicos, de meio ambiente, de marca, imagem e reputação; e 3. supervisionar a elaboração de relatórios financeiros, auxiliando a administração no entendimento completo das demonstrações de resultados.

14. A **Auditoria Interna** exerce papel bem conhecido, relacionado à organização do ambiente interno de controle, fortemente focado em *compliance*. Mas suas atribuições têm evoluído de um enfoque tradicional para o foco em riscos. A nova abordagem desse órgão auxiliar da governança exige uma postura mais comprometida com a produtividade organizacional. Antigas funções desse órgão têm sido deslocadas para a Ouvidoria e para o Comitê de Ética.

15. Embora submetida a decisões emanadas da Assembleia Geral, a *governança é de fato exercida pelo Conselho de Administração e pela Diretoria Executiva e pelos órgãos criados no âmbito destes dois pilares da Administração*. No Conselho de Administração têm assento representantes dos proprietários, (*insiders*), independentes (*outsiders*) e *outsiders* relacionados. Além da constituição, são três as questões-chave dos Conselhos de Administração: 1. a acumulação da presidência pelo presidente executivo; 2. o grau de envolvimento na governança; e 3. a definição de suas responsabilidades.

16. Na maior parte dos países, as presidências do Conselho de Administração e a da Diretoria Executiva não são acumuladas. As razões principais são: 1. o Conselho tem maior chance de ser independente, no exercício de seu papel crítico-construtivo; 2. as missões e as responsabilidades do Conselho e da gestão não são iguais; 3. uma das funções do Conselho é avaliar a gestão e, em casos de resultados negativos, substituí-la; e 4. cabe ao Conselho julgar e definir soluções para conflitos e custos de agência.

17. Apesar das justificáveis razões para a separação de funções, esta não é uma regra universal. Enquanto em alguns países esta regra é definida em lei, em outros não há regulação para esta questão. Nos Estados Unidos, por exemplo, é baixa a proporção das empresas em que as funções estão separadas. As razões são: 1. cultura corporativa, que cultua o presidente executivo como a estrela maior da

governança; 2. facilitação e maior velocidade de decisões; e 3. o Conselho de Administração pode ser independente e eficaz mesmo quando presidido pelo *CEO*.

18. O grau em que o Conselho de Administração se envolve na governança é outra questão relevante. Também neste caso não há regras definidas. São possíveis vários tipos de conselhos, desde os menos até os mais envolvidos. As requisições essenciais da gestão, o momento que está sendo vivido pela corporação, as características e a complexidade dos negócios é que definem, de fato, o grau de envolvimento. Mas a tendência é o meio-termo: conselhos envolvidos com decisões de controle e com monitoramento estratégico, mas não com o dia-a-dia da gestão – *nose in, fingers out*.

19. A missão e as áreas de atuação do Conselho de Administração são geralmente menos controvertidas. As pautas das reuniões tendem a se concentrar em temas estratégicos, em políticas corporativas e em questões financeiras e de auditoria. A missão é alinhar a direção às expectativas dos proprietários, exercendo o acompanhamento e a avaliação da Diretoria Executiva e dos resultados apresentados.

20. Além das questões relacionadas à presidência, ao envolvimento e à missão, são também requisitos essenciais para um Conselho de Administração eficaz: 1. um bom quadro de conselheiros; 2. apoio organizacional; 3. poder e capacidade de influência; 4. relações permanentes e bem pautadas com proprietários, gestores e outras partes interessadas; 5. normas formais de funcionamento; e 6. incentivos adequados para o envolvimento construtivo dos conselheiros.

21. Quanto às dimensões e à constituição do Conselho de Administração, as recomendações usuais são: 1. tamanho mediano, com 7 membros, mais 2 menos 2; 2. constituição mista, com a presença de *outsiders*; 3. conselheiros com capacitações complementares; e 4. revitalização por substituições programadas de seus membros, não obstante seja prudente equilibrar a rotatividade com a preservação do conhecimento acumulado da corporação e de seus negócios.

22. *Integridade, envolvimento construtivo e competência* resumem os atributos de bons conselheiros. Conselheiros devem expressar seus pontos de vista com franqueza e independência; ter antecedentes e habilidades reconhecidas; ser capazes de identificar riscos e soluções, "soprando o apito" o mais cedo possível; contribuir com os proprietários e a gestão com uma postura definida por insatisfação construtiva.

23. **As avaliações do Conselho de Administração, de conselheiros, da Diretoria Executiva e do *CEO* são reconhecidas como práticas que aumentam a eficácia da governança.** A tendência parece ser a de adoção de processos formais e estruturados. As barreiras para sua adoção são altas e resistentes. A aprovação desta prática é alta, mas a adoção efetiva é baixa. Nos Estados Unidos, 85% dos conselheiros aprovam a avaliação formal do Conselho e 81% a de conselheiros. Mas essas avaliações são respectivamente praticadas por 25% e por 15% das empresas.

24. A **avaliação da Diretoria Executiva**, uma importante atribuição do Conselho de Administração, é baseada, de um lado, nos papéis e responsabilidades que lhes são atribuídas; de outro lado, nos atributos e posturas esperadas do *CEO*. A tendência é o emprego de avaliações formais. Neste caso, as barreiras são menores e a avaliação é geralmente mais extensa.

25. Os **papéis e responsabilidades da Diretoria Executiva** são focados na busca incessante de eficácia estratégica, na excelência operacional, na criação de valor e na maximização do retorno dos proprietários. São atributos e posturas esperadas do *CEO* e de sua equipe: 1. integração com o Conselho de Administração e compromisso com as expectativas dos proprietários; 2. eficaz alinhamento da estratégia e das operações; 3. capacitação expressa por visão sistêmica e multidisciplinar; 4. comportamento positivo, de liderança; 5. capacidade de escuta; 6. capacidade de decisão; e 6. geração de resultados positivos.

26. Geralmente, o *CEO*, o Conselho de Administração e os conselheiros procedem às suas autoavaliações e submetem-se às de seus pares. Os resultados são cotejados. A análise dos desvios (*gap analysis*) tem por objetivo melhorias de *performance*, crescimento pessoal e maior ajustamento às exigências corporativas.

27. A tendência, em todos os países, tem sido a de busca por processos de governança de alta eficácia. As medidas adotadas centram-se em três objetivos: 1. promover o *empowerment* do Conselho de Administração; 2. assegurar o desenvolvimento da Diretoria Executiva; e 3. estabelecer monitoramento estratégico. E, como produto final, criar condições para maior "conversação" entre as três âncoras da governança: acionistas-conselho-direção.

28. *Os níveis de eficácia da governança diferenciam as corporações gerenciadas das efetivamente governadas*. As gerenciadas estão mais focadas em questões de poder; as governadas, em questões voltadas para o processo decisório, com foco na estratégia e nas políticas corporativas. Estas, são corporações mais voltadas para a trajetória futura. Seus focos são a visão dos grandes movimentos do setor em que a empresa atua e a antevisão do posicionamento da empresa dentro do setor.

29. Em síntese, a boa governança corporativa: 1. está voltada para a geração de valor e para a perenidade das empresas; 2. busca a harmonização da geração do máximo retorno total dos proprietários com outros interesses internos e externos; e 3. é vista como fundamental para a criação de um ambiente de negócios saudável e confiável, importante para o desenvolvimento do mercado de capitais, a capitalização das empresas e o crescimento econômico das nações.

PALAVRAS E EXPRESSÕES-CHAVE

- Sistema de relações.
    - Focado no interesse dos proprietários.
    - Aberto a interesses múltiplos.
- Assembleia Geral.
    - Ordinária.
    - Extraordinária.
- Conselho Fiscal.
- Conselho de Administração.
    - *Chairman*.
    - Comitês técnicos.
    - Auditoria Independente.
    - Comitê de Auditoria.
    - *Empowerment*.
    - *Insiders*.
    - *Outsiders* relacionados.
    - *Outsiders*.
    - Complementaridade.
- Independência.
- Grau de envolvimento.
- Monitoramento.
- *Lead directors*.
- Constituição ótima.
- Dimensionamento ótimo.
- Modelos formais de avaliação.
- Modelos de Conselho de Administração.
    - Passivo.
    - Certificador.
    - Envolvido.
    - Interventor.
    - Operador.
- Postura de conselheiros.
    - Dificultadora.
    - Passiva.
    - Construtiva.
    - Empreendedora.
- Direção executiva:
    - CEO – Presidente executivo.
    - CFO – Principal executivo financeiro.
    - COO – Principal executivo de operações.
    - Atributos, condutas e posturas.
    - Fatores de desempenho.
    - Avaliação estruturada.
- Postura da direção executiva.
    - Reativa.
    - Inativa.
    - Proativa.
- *Gap analysis*.
- Corporações gerenciadas.
- Corporações governadas.

6

Os Modelos de Governança Efetivamente Praticados

Nenhuma das questões centrais da governança corporativa tem uma resposta simples. As corporações respondem a uma variada gama de interesses e há múltiplas compensações que se entrelaçam. Diferentes soluções podem ser de boa qualidade e não há um conjunto único de regras ótimas que sejam universalmente aplicáveis a todas as corporações em todas as economias. Na realidade prática, a diversidade dos modelos corresponde à diversidade cultural e institucional dos países. Ocorre com as regras da boa governança o mesmo que com as constituições políticas – não há uma que seja universalmente melhor para todas as nações.

MARCO BECHT, PATRICK BOLTON e ALISA RÖELL
Corporate governance and control

No Capítulo 2, em que tratamos da diversidade dos agentes e dos interesses envolvidos no mundo corporativo, definimos quatro concepções de governança, diferenciadas segundo a clássica distinção entre as orientações focadas nos interesses dos *shareholders* e as que abrangem interesses múltiplos, conciliando os dos *shareholders* com os de outros *stakeholders*.

Neste Capítulo, consideraremos, além das diferenças entre essas duas orientações, mais nove fatores de diferenciação dos modelos de governança efetivamente praticados em diferentes regiões do mundo. Na análise comparativa dos dez fatores, daremos ênfase às situações históricas em que se desenvolveram e a seus vínculos com as condições culturais e institucionais dos países.

6.1 Uma Primeira Síntese: os Fatores de Diferenciação

A extensa relação dos fatores de diferenciação dos modelos de governança corporativa está fundamentada, pelo menos, em quatro abordagens:

- **A abordagem de Prowse**.[1] Focada nas constituições dos Conselhos de Administração e em outros mecanismos internos de governança. Dá ênfase às formas como são conduzidos os conflitos de agência e à atenção dada aos direitos de outras partes interessadas.

- **A abordagem de La Porta, Lopez-de-Silanes e Shleifer**.[2] Enfatiza a concentração da propriedade acionária e a proteção dos minoritários. Introduz um *ranking* de sistemas de governança dos países, de acordo com a extensão da proteção aos minoritários, avaliada por um índice de direitos anticontrolador.

- **A abordagem de Berglöf**.[3] Dá destaque à fonte de financiamento predominante, apontando as diferenças essenciais entre os modelos *market oriented* e *bank oriented*, quanto às decorrentes composições dos Conselhos de Administração e dos objetivos corporativos.

❑ **A abordagem de Franks e Mayer**.[4] Analisa as diferenças atribuídas às forças de controle internas e externas e a eficiência delas na geração de sistemas de boa governança.

Estas abordagens geraram os dez fatores de diferenciação que adotamos:

1. Fonte predominante de financiamento das empresas.
2. Separação entre a propriedade e o controle.
3. Separação entre a propriedade e a gestão.
4. Tipologia dos conflitos de agência.
5. Proteção legal aos minoritários.
6. Dimensões usuais, composição e formas de atuação dos Conselhos de Administração.
7. Liquidez da participação acionária.
8. Forças de controle mais atuantes.
9. Estágio em que se encontra a adoção das práticas da boa governança.
10. Abrangência dos modelos de governança praticados, quanto à conciliação dos objetivos de retorno total dos *shareholders* com os de outros *stakeholders* com interesses em jogo nas companhias.

O Quadro 6.1 foi construído com base nesse amplo conjunto de características definidoras.

Ali são sintetizadas as diferenças entre os modelos de governança praticados nos Estados Unidos e no Reino Unido (anglo-saxão); na Alemanha; no Japão; na Itália, França, Espanha e Portugal (latino-europeu) e em seis países da América Latina, Argentina, Brasil, Chile, Colômbia, México e Peru (latino-americano). Nos dois últimos grupos, as características destacadas sintetizam as que são mais praticadas, devendo-se observar, porém, que as diferenças entre os países, quanto às suas culturas empresariais e às suas instituições legais, apresentam particularidades que destacaremos adiante.

6.2 O Modelo Anglo-Saxão

A pulverização do controle acionário e a separação da propriedade e da gestão destacam-se como os fundamentos maiores do modelo anglo-saxão, sintetizado no Quadro 6.2. Os conflitos de agência daí resultantes e as ações para monitorar os gestores e bloquear as práticas de gestão que contrariam o interesse dos acionistas são as razões essenciais do ativismo de forças externas, que se mobilizaram tanto nos Estados Unidos quanto no Reino Unido, no Canadá e na Austrália, para a adoção de melhores práticas de governança.

QUADRO 6.1
Modelos de governança corporativa: uma síntese comparativa.

Características definidoras	Modelo anglo-saxão	Modelo alemão	Modelo japonês	Modelo latino-europeu	Modelo latino-americano
❑ Financiamento predominante	*Equity*	*Debt*	*Debt*	Indefinida	*Debt*
❑ Propriedade e controle	Dispersão	Concentração	Concentração com cruzamentos	Concentração	Familiar concentrado
❑ Propriedade e gestão	Separadas	Sobrepostas	Sobrepostas	Sobrepostas	Sobrepostas
❑ Conflitos de agência	Acionistas-direção	Credores-acionistas	Credores-acionistas	Majoritários-minoritários	Majoritários-minoritários
❑ Proteção legal a minoritários	Forte	Baixa ênfase	Baixa ênfase	Fraca	Fraca
❑ Conselhos de Administração	Atuantes, foco em direitos	Atuantes, foco em operações	Atuantes, foco em estratégia	Pressões para maior eficácia	Vínculos com gestão
❑ Liquidez da participação acionária	Muito alta	Baixa	Em evolução	Baixa	Especulativa e oscilante
❑ Forças de controle mais atuantes	Externas	Internas	Internas	Internas migrando para externas	Internas
❑ Governança corporativa	Estabelecida	Adesão crescente	Ênfase crescente	Ênfase em alta	Embrionária
❑ Abrangência dos modelos de governança	Baixa	Alta	Alta	Mediana	Em transição

Fontes: Adaptação de vários autores. Ver PAULA, Germano Mendes de. *Governança corporativa no Brasil e México:* estrutura patrimonial, práticas e políticas públicas. Uberlândia: UFU, 2003. NAUGTHON, A. *Corporate governance:* an international perspective. Southcoast: Griffith University, 2002. BECHT, M.; BOLTON, P; RÖELL, A. *Corporate governance and control.* National Bureau of Economic Research. NBER Working Paper Series, nº 9371. Cambridge, MA, 2002.

São também externos os sinais emitidos pelas cotações de mercado das ações negociadas em bolsa: o mau desempenho das companhias leva à baixa dos preços dos papéis e a consequências que, no limite, podem chegar às aquisições hostis, com mudanças do controle e substituição dos gestores.

O modelo é, assim, fortemente orientado para o mercado e também por ele monitorado. Além dos sinais emitidos pelo mercado, outros controles externos são relevantes, como a estrutura regulatória de proteção dos acionistas.

Sua fonte é o Direito Comum e entre os últimos institutos legais destacam-se a *Sarbanes-Oxley Act*, nos Estados Unidos; o *Combined Code* no Reino Unido, *The Governance Policy*, no Canadá, sob grande influência da lei americana; e *The Corporation Act*, na Austrália. Como contrapartida da pulverização do controle, os acionistas são protegidos por exigências que vão da adoção de padrões contábeis certificados à responsabilização legal dos gestores pelos números apresentados, com multas pesadas e penas de prisão nos casos de demonstrações fraudulentas.

A propósito, cabe registrar que as severas penalizações recentemente impostas por forças externas alinham-se à história da formação empresarial anglo-saxônica. Elas não traduzem uma "nova era" no processo de governança das companhias. São, antes, a continuidade de um dos traços culturais da construção do capitalismo nesses países. Esta particularidade está nas raízes e na evolução da governança nesses países, bem como as reações aos desvios observados nos últimos anos: mais fundamentadas em regras, nos Estados Unidos; mais em princípios, nos demais anglo-saxões.

É o que veremos a seguir, destacando alguns aspectos dos modelos dos Estados Unidos, do Reino Unido, do Canadá e da Austrália.

A GOVERNANÇA CORPORATIVA NOS ESTADOS UNIDOS

As batalhas pelo controle corporativo, nos Estados Unidos, remontam à transição do século XIX para o XX. A expressão da época que vigorou durante a primeira metade do século era *company raiding* – ataque a empresas. No início, os movimentos no sistema corporativo eram geralmente vistos como formas literalmente hostis de tomada da propriedade. Muitas vezes, eram manipuladas e irregulares e seus patrocinadores carregavam uma conotação negativa. Mas, com o tempo, depuraram-se os processos e seus objetivos, segundo relato de Pound:[5] "A partir da década de 50, as tomadas de controle ficaram sob o foco da atenção pública, só que agora os atacantes hostis eram bem vistos, combatendo as administrações de empresas inchadas e perdulárias. As guerras de controle, antes das modernas ofertas públicas, eram eminentemente políticas. Os investidores dissidentes empreendiam campanhas por procuração de votos, que se estendiam de costa a costa, discursando em comícios, concedendo entrevistas na mídia e exortando milhões de acionistas dispersos a agirem para a correção das deficiências de grandes empresas."

Este relato evidencia bem como as forças externas, incorporadas à cultura norte-americana, exerceram – e continuam a exercer – papel histórico no processo de governança das corporações.

Em anos mais recentes, a partir da década de 80, outra força externa manifestou-se, a dos investidores institucionais, principalmente os fundos de pensão. O papel pioneiro do "capital institucional" foi exercido pelo *Calpers*, um dos maiores fundos de pensão do mundo, presente em 2.500 empresas, com US$ 234,4 bilhões investidos em ações em fevereiro de 2012 e 1,6 milhão de participantes. Seu ativismo originou-se de uma oferta pública para compra da Texaco em 1984, que não se efetivou por manobras dos gestores.

QUADRO 6.2
Modelo anglo-saxão de governança corporativa: uma síntese das principais características.

Características definidoras	Sínteses
Financiamento predominante	A fonte principal de recursos para as corporações é o mercado de capitais. *Equity* é a base do processo de capitalização. Parte expressiva do patrimônio dos fundos de pensão está em ações. A governança é orientada pelo mercado (*market oriented*).
Propriedade e controle acionário	A estrutura de propriedade é pulverizada. Entre as maiores empresas listadas nas bolsas de valores dos países de formação anglo-saxônica, são raros os acionistas com mais de 10% do capital. A pulverização é decorrência do tipo de financiamento corporativo e também de processos sucessórios. É baixa a incidência de participações acionárias cruzadas.
Propriedade e gestão	A propriedade e a gestão são dissociadas. Até os anos 80, predominava a figura do *CEO* forte, dominando corporações com proprietários distantes. A governança surgiu como reação de acionistas a manobras expropriatórias, aos gananciosos benefícios autoconcedidos e, em anos recentes, aos escândalos e fraudes corporativas.
Conflitos de agência	O conflito fundamental de agência é o que envolve acionistas e gestores. Há um histórico de custos de agência muito altos. No Reino Unido, o despertar da governança originou-se de escândalos no final dos anos 80. Antes, no início dessa década, nos Estados Unidos, a governança surgiu para remoção de *poison pills* e redução de poderes da Diretoria Executiva.
Proteção legal a minoritários	Por disposições legais e regulação dos mercados, é forte a proteção aos minoritários: *tag along*, controle dos gestores por Conselhos de Administração independentes e transparência não são apenas regras, são princípios. Prevalece a regra "uma ação um voto". O poder de voto é efetivamente exercido pelos titulares das ações ou por procuração.
Conselhos de administração	Crescente presença de *outsiders*. Principal forma interna de controle. Há pressões para avaliações estruturadas dos conselheiros e da eficácia do colegiado. Forças externas exigem mudanças nos casos de destruição do valor da empresa e retornos baixos dentro do setor de negócios.
Liquidez da participação acionária	Mercados de capitais ativos e grande número de empresas listadas nas bolsas de valores – de grandes corporações tradicionais a emergentes de alto potencial. Alta liquidez das ações, embora com precificações muito sensíveis.
Forças de controle mais atuantes	Atuação combinada de forças externas e internas. Entre as externas, destacam-se a força da lei (Sarbanes-Oxley e Dodd-Frank, nos Estados Unidos; *Combined Code*, no Reino Unido; *The Governance Policy*, no Canadá; *The Corporation Act*, na Austrália), o ativismo de investidores institucionais e o controle pelo mercado. São comuns os casos de *take-over* hostil. É grande a atenção dos investidores a *poison pills*. Mecanismos internos mais enfatizados: composição dos conselhos corporativos, auditoria e remuneração dos executivos.
Governança corporativa	Códigos pioneiros de boas práticas, emitidos por instituições do mercado de capitais, fundamentados em relatórios de comissões constituídas para revisões normativas. As cotações de mercado das companhias são influenciadas pela qualidade do processo de governança percebido. Crescente influência de agências de *rating* corporativo. As práticas são analisadas e avaliadas.
Abrangência dos modelos de governança	Ainda pouco abrangente. Prevalecem orientações *shareholders*. Há pressões de ativistas por "responsabilidade social corporativa" e para consideração de múltiplos interesses. A conciliação do retorno dos acionistas com as demandas de outros *stakeholders* é admitida como de interesse estratégico.

A oferta de controle era do interesse dos acionistas e, quando finalmente se frustrou, esse fundo definiu novas diretrizes para sua atuação no mercado e tornou-se forte ativista por mudanças nos processos de governança. Seus alvos foram as *poison pills* criadas e implantadas pelos gestores, a dependência do Conselho de Administração em relação à gestão e seu fraco desempenho como guardião do interesse dos acionistas.

Esse fundo mobilizou outras instituições atuantes no mercado e, um ano após o caso Texaco, foi criado um Conselho de Investidores Institucionais – o influente *Council of Institutional Investors (CIL)*, com objetivos bem definidos:

- Estabelecer práticas de boa governança.
- Propor alterações na legislação para resguardar os acionistas de ações expropriatórias ou de manobras contrárias aos seus interesses.
- Atuar em *lobbies* para aprovação das alterações propostas.
- Monitorar as corporações, expondo publicamente as que operam com custos de agência exorbitantes e com Conselhos de Administração passivos.
- Incorporar a avaliação dos processos de governança na constituição de suas carteiras de ações.
- Concentrar seus votos nas Assembleias Gerais para renovação dos Conselhos de Administração.

Desde o seu nascedouro, as preocupações e as ações dos fundos de pensão tinham como razão fundamental o alto poder concentrado nas mãos dos gestores, decorrente da dispersão do capital de controle, combinada com a tradição moderadamente intervencionista da *Security Exchange Act*, de 1934. Não obstante promulgada sob o impacto do *crash* dos anos 1929-33, esta regulação, que perdurou por mais de sessenta anos, alinhou-se à orientação do *Civil Code*, mais fundamentada em valores morais do que em regras.

A propriedade dispersa, as tradições liberais e o monitoramento das companhias pelo mercado exigiam, em contrapartida, elevado grau de transparência das companhias, ausência de conflitos de interesse na composição de seu quadro de administradores (conselheiros e executivos), apuração de resultados rigorosamente auditados e controle de informações privilegiadas. Mas estas contrapartidas não se observaram com o correr do tempo. Acumularam-se vícios conflitantes com os interesses de acionistas dispersos e distantes das companhias. Avolumaram-se as suspeitas de conflitos e de altos custos de agência, que acabaram por gerar o ativismo dos investidores institucionais por boas práticas de governança. Até o momento em que às pressões dos acionistas sobrepôs-se a força da lei, vinda com as fraudes e os resultados forjados que abalaram o mundo corporativo dos Estados Unidos na virada para o século XXI. A reação contundente foi a promulgação da Lei Sarbanes-Oxley, que teve como objetivo fundamental a redução dos espaços dos administradores e dos auditores para distorcerem os resultados das companhias.

As regras de boa governança a partir de então, tornaram-se obrigações legais, não simplesmente princípios éticos recomendados para o mundo dos negócios. Elas atuaram exatamente sobre os pontos fracos do modelo anglo-saxão: os efeitos da dispersão da propriedade e da separação radical entre a propriedade e a administração, exemplificados pela acumulação de funções pelo principal executivo – a de presidente da Diretoria Executiva e do Conselho de Administração – e pela reduzida ocorrência de conselheiros independentes.

Com a Sarbanes-Oxley, o modelo tradicional está sendo modificado. Em seus 1.017 artigos, a lei estabeleceu regras claras para a estrutura, o papel e a independência dos Conselhos de Administração, as relações da administração com a Auditoria Externa, a preparação de relatórios financeiros e a responsabilização pelas informações neles contidas, a constituição de comitês para temas sensíveis (como a remuneração da administração) e as penalidades por "crimes de colarinho branco".

As mudanças que vieram com a lei focaram dois pontos cruciais:

- Aumento da confiabilidade nos Conselhos de Administração como guardiões dos interesses dos *shareholders*:
    - Maioria de conselheiros independentes.
    - Constituição de comitês de auditoria, de nomeação e de remuneração, com objetivos definidos e regras explícitas de constituição e de funcionamento.
    - Criação de mecanismos de avaliação colegiada de riscos corporativos e de políticas para sua administração.
- Aumento da confiabilidade nos relatórios financeiros e nas informações que os acompanham:
    - Criação do *Public Company Accounting Oversight Board* – Conselho de Supervisão Contábil de Empresas de Capital Aberto.
    - Rotação e independência das empresas de auditoria contratadas pelas companhias abertas.
    - Criação de Comitê de Auditoria, composto de pelo menos três conselheiros, todos independentes e com conhecimentos financeiros.
    - Padronização dos relatórios, segundo normas contábeis aceitas pelas instituições de contabilistas certificados.
    - Responsabilização penal dos administradores pelos dados e informações.

Muitos dos impactos da nova lei ainda estão em gestação. A SEC está ocupada em regulamentar todas as exigências criadas e as bolsas de valores em formalizar as mudanças em seus regulamentos. Há muito a fazer para harmonizar a regulação promulgada pelo Congresso com as disposições de órgãos dos Estados Federativos, muitos dos quais possuem suas próprias disposições sobre legislação societária. E às dificuldades de harmonização dos regulamentos dos mercados e das legislações estaduais somam-se ainda as reações internas das companhias, que relutam em mudar a estrutura da governança. Duas questões, por exemplo, caminham vagarosamente: 1. a avaliação formal dos Conselhos de Administração e dos conselheiros; e 2. a separação das funções de executivo-chefe e de presidente do Conselho de Administração. No final de 2006, nas empresas que compõem o índice *S&P500*, a sobreposição das funções era observada em 62,3% das companhias; em junho de 2008, em 52,0%; no final de 2011, 41,0%.

Em junho de 2010, novos avanços foram implementados, sob os impactos decorrentes das dimensões e os efeitos-contágio da crise econômica que se instalou nos países avançados em 2008, mantendo os mercados sob alta volatilidade no triênio 2009-2011, impactaram vários e importantes aspectos da governança corporativa, especialmente os relacionados a marcos regulatórios. A voz dominante entre ativistas por maior regulação fundamentou-se no excesso de liberdade nos mercados financeiros, apontada como uma das causas da crise. A falta de regulação abriu janelas de oportunidade para inovações em produtos financeiros, não considerando adequadamente os riscos sistêmicos envolvidos nas diversas classes de ativos, tanto para emissores quanto para investidores.

Em resposta às crises, adotaram-se medidas emergenciais e reestruturantes. Nos Estados Unidos, uma das mais importantes, pela sua abrangência e profundidade, foi a lei Dodd-Frank, sancionada em junho de 2010. Ambiciosa em sua cobertura, tem por propósito básico a segurança sistêmica do sistema financeiro. No que respeita a processos de governança, destacamos quatro pontos:

❏ **Segurança**. Criação do Conselho de Supervisão da Estabilidade Financeira, focado em instituições com ativos superiores a US$ 50 bilhões, qualificadas como "sistemicamente relevantes". Entre os objetivos deste órgão, destacamos quatro: 1. definir indicadores antecedentes de acumulação de riscos sistêmicos; 2. identificar sinais de desequilíbrios que possam levar a crises sistêmicas, propondo a adoção de providências para evitar eclosão de crises; 3. identificar instituições e mercados passíveis de mecanismos de defesa contra crises, mesmo no setor real da economia; 4. exigir planos de *living wills* – encerramento ordenado de atividades em situações de insolvência, mitigando-se riscos de pânico e contágio.

❏ **Agências de *rating***. Definição de controles externos das agências de risco e exigência de plena transparência em suas metodologias de avaliação.

❏ **"Manter a pele em jogo"**. Expressão com que foi definida a exigência de originadores e ofertantes de papéis securitizados de manterem em suas próprias carteiras 5% dos valores emitidos, sem mecanismos de *hedge*.

❏ **Remuneração de administradores**. Imposição de três disposições de alto impacto na governança de instituições financeiras: 1. transparência nas estruturas de remuneração dos administradores, incluindo a divulgação do quociente entre a maior remuneração e a mediana dos salários da instituição, facultando-se aos acionistas, periodicamente, a aprovação das políticas corporativas nesta área; 2. *clawback* – regra de devolução de recebimentos, como bônus, prêmios por desempenho e outros benefícios que forem julgados indevidos; 3. avaliação das políticas de remuneração pelos comitês de risco, adequando-os às estratégias de risco adotadas pelas instituições.

A Governança Corporativa no Reino Unido

O histórico e os motivos do desempenho da governança corporativa no Reino Unido são bastante próximos dos observados nos Estados Unidos. Quatro motivos se destacam. Primeiro: as semelhanças estruturais dos dois sistemas corporativos, quanto à dispersão do capital e ao financiamento predominante das companhias, que se dá pelas vias do mercado de capitais. Segundo: a questionável eficácia dos Conselhos de Administração, pouco cobrados até o início dos anos 90. Terceiro: o ativismo exercido por investidores institucionais, que passaram a exigir maior vigilância sobre as companhias e maior rigor em suas informações financeiras. Quarto: os desastres corporativos que, no Reino Unido, ocorreram no final dos anos 80, dez anos antes das megafraudes norte-americanas.

O despertar e as mudanças da governança corporativa no Reino Unido foram também movidas por forças externas. O início efetivo se deu em 1991, com o estabelecimento do comitê presidido por Aldrian Cadbury, com dois focos bem definidos: 1. examinar a qualidade das demonstrações financeiras das empresas listadas em bolsa; e 2. remodelar os Conselhos de Administração, atribuindo-lhes missões mais efetivas de monitoramento e de orientação estratégica das corporações. Um ano após a constituição desse comitê, em dezembro de 1992, foi publicado o influente *Report of the Committee on the Financial Aspects of Corporate Governance – o Cadbury Report*, um dos mais importantes marcos da governança corporativa no mundo ocidental.

A esse relatório seguiram-se outros, que mudaram os processos da alta gestão das companhias do Reino Unido, influenciando indiretamente as de outras nações ocidentais. Depois do Cadbury outros comitês foram estabelecidos, também movidos por forças externas de controle das companhias – os Comitês dos anos 90:

- **Greenbury**. Esse comitê foi estabelecido pela Confederação de Indústria Britânia. Os focos foram a remuneração dos conselheiros e a eficácia dos Conselhos de Administração. O relatório foi apresentado em julho de 1995 – *Director's Remuneration: Report of a Study Chaired by Sir Richard Greenbury*.

- **Hampel**. Estabelecido em 1997, ampliou os focos dos processos e das práticas de governança, retomando questões relacionadas à segurança das demonstrações financeiras, à transparência exigida das companhias abertas e às relações entre acionistas, conselhos corporativos e administradores executivos. O relatório final foi publicado em janeiro de 1998 – *Committee on Corporate Governance: Final Report*.

- **Combined Code**. Uma criteriosa e exaustiva cominação das sugestões regulatórias Cadbury, Greenbury e Hampel levou à elaboração do *The Combined Code: Principles of Good Governance and Code of Best Practices*. Editado em junho de 1998, foi adotado pela *London Stock Exchange* como uma das exigências para a listagem das companhias.

- **Turnbull**. Ao código de 1998, seguiu-se, em setembro de 1999, mais uma rodada de discussões em comitê de normas de governança – *Internal Control: Guidance for Directors on the Combined Code*. Conduzidas por Nigel Turbull, as novas orientações incorporaram-se às práticas de governança relacionadas a controles internos e à gestão de riscos.

A vitalidade das forças externas no Reino Unido não se esgotou com a edição do *Combined Code* e com as orientações complementares de *Turnbull Guidance*. Simultaneamente, pressões organizadas de grupos influenciadores levaram o Departamento de Comércio e Indústria a iniciar em 1998 a revisão da lei societária do Reino Unido, concluída em 2001. A esta revisão seguiram-se outras duas revisões dos princípios e das normas de governança codificadas: os Relatórios Higgs e Smith, ambos de 2003, respectivamente focados no papel e na efetividade dos conselheiros não executivos e nos Comitês de Auditoria das companhias. Destas iniciativas resultou a revisão geral do *Combined Code on Corporate Governance*, concluída em julho de 2003.

Em 2009, em reação à crise financeira internacional, o *Walker Review* consolidou recomendações sobre a governança corporativa nas instituições financeiras, incorporadas em 2010 ao *UK Corporate Governance Code*. Nesse mesmo ano, o *Steawrdship Code* enfatizou a qualidade do envolvimento dos investidores institucionais nas companhias listadas, destacando o princípio *comply or explain*. E, em 2011, o *Finance Reporting Council* editou um guia de melhores práticas com ênfase na eficácia da liderança do Conselho de Administração. Este conjunto de recomendações foi adicionado ao código do Reino Unido em 2012.

Todos esses esforços de aprimoramento das normas de governança no Reino Unido originaram-se do poder das instituições do mercado e dos investidores institucionais que, no Reino Unido, exercem mais pressão do que nos Estados Unidos. O *capital institucional* tem participação ativa nas companhias, com assento nos conselhos corporativos, tanto os de administração quanto os do ambiente de auditoria e fiscalização. A regulação em vigor admite a intervenção direta dos representantes do sistema institucional nas empresas, chegando até a exigir que elas desmontem defesas armadas contra aquisições de controle hostis, nos casos em que elas ferem interesses dos acionistas.

Com as mudanças introduzidas nos últimos 20 anos, o modelo de governança do Reino Unido assemelha-se em muitos aspectos com o dos Estados Unidos, especialmente quanto à constituição de comitês de auditoria e de remuneração e à responsabilização dos administradores pelas demonstrações financeiras. Mas há também diferenças. Pelo menos três podem ser destacadas: 1. a separação entre as funções de presidente do Conselho de Administração e da Diretoria Executiva; 2. a maior presença de conselheiros independentes;

e 3. a exigência de as empresas abrirem informações abrangentes sobre os fatores-chave dos negócios, a estratégia, os riscos e as perspectivas futuras.

As pressões por bons resultados associáveis às práticas convencionais de governança corporativa no Reino Unido, como também nos Estados Unidos, não deixam, porém, de ser alvo de restrições. As duas principais são:

1. A força dos controles internos e externos, especialmente as punições legais e a execração pública dos gestores mal sucedidos, pode desestimular talentos a assumirem posições de comando nas organizações. Isto enfraqueceria a competitividade das companhias, exatamente agora que novos *players*, surgidos em novos países competidores, atuam, com agressividade sem precedentes históricos, na conquista de megamercados.

2. Os custos de monitoramento estão tornando-se excessivos. E preocupações exacerbadas com o controle das companhias podem desviar a atenção dos gestores para processos, mais do que para estratégias. E boa parte da reflexão estratégica pode estar mais voltada para questões de controle e de sustentação do poder do que para o planejamento eficaz dos negócios.

A GOVERNANÇA CORPORATIVA NO CANADÁ

Há evidentes semelhanças entre os modelos de governança do Canadá e dos Estados Unidos. A regulação dos mercados está sob jurisdição de órgãos provinciais, que dispõem de orientações próprias, não obstante as empresas listadas na principal bolsa de valores do país, a *Toronto Stock Exchange* (*TSX*), devam seguir suas orientações e seus regulamentos. A regulação do mercado, definida pela *Ontário Securities Commission* (*OSC*) é bastante próxima à da SEC, tanto assim que desde o início dos anos 90, estabeleceu-se o *Multijurisdictional Disclosure System* (*MJDS*), de reconhecimento mútuo, permitindo que os emitentes dos dois países ofereçam títulos nos mercados de capitais dos dois países, usando prospectos de ofertas públicos em conformidade com as suas próprias normas legais.

Como ocorreu no Reino Unido, também no Canadá foi constituído em 1994 um comitê pelos órgãos de mercado para a análise das condições gerais de governança nas empresas e proposição de diretrizes e de recomendações de melhores práticas pelas empresas listadas. Os resultados vieram em 1995: *Guidelines for Improved Corporate Governance in Canada* – o *Dey Report*. A TSX adotou as recomendações desse relatório, exigindo das companhias abertas que declarassem anualmente sua adesão às práticas recomendadas ou, então, a justificativa por não terem ainda aderido.

As diretrizes recomendadas no *Dey Report* foram objeto de revisões e de aperfeiçoamento nos dez anos seguintes à sua publicação. Os principais passos foram:

1. Avaliação da adesão pelas empresas listadas na TSX, de iniciativa do *Institute of Corporate Directors*. Os conselheiros emitiram o relatório *Five Years to the Dey*, em 1999. Neste documento apontaram

os *gaps* em relação às boas práticas recomendadas, com ênfase no papel, na composição e nas responsabilidades dos Conselhos de Administração.

2. Harmonização da regulação canadense com a dos Estados Unidos, após a promulgação da Lei Sarbanes-Oxley. Esta iniciativa foi da TSX, preocupada com os impactos das exigências da lei nas companhias do Canadá, tanto em seus termos de custos, quanto de mudanças em seus ambientes, em órgãos internos e suas práticas de governança. Uma minuciosa comparação entre o modelo do Canadá e o dos Estados Unidos, com forte impacto sobre as condições estabelecidas no MJDS, foi então encaminhada pela TSX à OSC em setembro de 2002.

3. Em 2004, ocorreram duas iniciativas importantes: a) a formalização, pela OSC, das diretrizes de governança corporativa, com a emissão de dois novos documentos normativos – *Governance Policy* e *Disclosure Rule* – ambos sintonizados com os novos marcos regulatórios dos Estados Unidos; e b) a proposição, pela *Industry Canada*, de propostas de alterações na Lei das Sociedades Anônimas – *Proposals for Amendments to the Canadá Business Corporations Act*.

4. Em 2005, por proposta da instituição que congrega os operadores de mercado, a *Canadian Securities Administrators* (CSA), uma das maiores dificuldades para a uniformidade das regras de governança no país foi finalmente superada: um conselho de órgãos providenciais acordou um amplo conjunto de diretrizes comuns.

Resultante destas iniciativas, o modelo de governança corporativa do Canadá convergiu mais fortemente na direção do modelo dos Estados Unidos, mantendo, porém, diretrizes e práticas muito próximas das adotadas no Reino Unido. Como nesses dois países, o financiamento predominante no Canadá, é *equity*. Em dezembro de 2011, o número de empresas listadas na *TMX* chegou a 3.945, superando quantitativamente as listadas na *NYSE*. O valor de mercado dessas empresas superou o PNB canadense em 17,9% (US$ 1,91 trilhão contra US$ 1,62 trilhão). O conflito predominante é entre acionistas e administradores. Os radares das recomendações normativas estão voltados para a constituição e o papel dos Conselhos de Administração, o desempenho da Diretoria Executiva, a transparência, a eficácia dos controles internos e a integridade das demonstrações econômico-financeiras.

As práticas recomendadas para o Conselho de Administração incluem: 1. atuação como guardião dos credos e princípios corporativos; 2. segregação das funções de *Chairman* e de *CEO*; 3. foco em questões estratégicas e em mapeamento de riscos corporativos; 4. rigoroso acompanhamento quanto à conformidade com as leis e marcos regulatórios; 5. remoção de conflitos de interesse entre a administração e os *shareholders*; 6. justo tratamento aos acionistas e demais *stakeholders*; 7. monitoramento do uso adequado dos ativos da companhia; 8. constituição de Comitês de Auditoria, remuneração e nomeação; 9. reação diante de desvios de conduta; e 10. independência da maioria dos conselheiros – condição exigida para o presidente do colegiado.

A Governança Corporativa na Austrália

Na definição de seus princípios e práticas de governança corporativa, a Austrália seguiu o caminho adotado pelo Reino Unido e pelo Canadá: a criação de comitê constituído por grupos influenciadores para a elaboração de relatório com proposições normativas. O comitê foi presidido pelo *Chairman* da *Australian Securities & Investments Commission* (*ASIC*), Henry Bosch, reunindo as mais importantes instituições do governo na área econômica, do sistema corporativo, do mercado de capitais e das entidades de classe dos contadores certificados. As conclusões e as recomendações do *Bosch Report* foram publicadas em 1995. As ênfases foram **a reforma da legislação societária, o maior rigor na regulação do mercado e nas exigências para as empresas listadas na *Australian Stock Exchange* (*ASX*)**.

A essas pressões de organizações internas, somaram-se as recomendações da OCDE aos países membros, reunidas no *Principles of Corporate Governance*, de 1999. Nesse ano, foi editada uma primeira versão de um código de boas práticas, baseado nas recomendações do *Bosch Report* – o *Corporate Governance: Principles and Practices*. Mas somente em 2002, com a criação do Conselho de Governança da *ASX*, constituído por ampla representação do mundo corporativo – companhias abertas, investidores, entidades profissionais do mercado e de contabilistas certificados, entidades empresariais e órgãos reguladores, congregando 21 grupos de influência – foi editado novo código, com prescrições para todas as empresas listadas: o ***Principles of Good Corporate Governance and Best Practices Recommendations*, revisado em agosto de 2007**.

O modelo de governança prescrito neste código reproduz os princípios e práticas anglo-saxônicas. O objetivo central é a satisfação do acionista, em concepção claramente *shareholders oriented*. O mercado de capitais é expressivo: 2.079 companhias abertas em dezembro de 2011, alcançando um valor de mercado 23,9% superior ao PNB australiano (US$ 1,19 trilhão contra US$ 960 bilhões). **A propriedade é dispersa e as forças de controle são predominantemente externas**, expressando-se através do mercado e de grupos de influência, tanto para definir recomendações de boa governança, quanto para atribuir valor às empresas bem governadas. **Os conflitos de agência se estabelecem entre a administração (conselhos e executivos) e os acionistas**.

As recomendações para a administração das companhias abertas australianas foram definidas por forças externas. Elas apontam para as mesmas preocupações que se manifestaram nos Estados Unidos, no Reino Unido e no Canadá. Destacamos seis:

1. **Conselho**. O Conselho de Administração é o guardião das práticas éticas e da integridade da companhia. Seus olhos devem estar voltados para questões estratégicas, de monitoramento do desempenho e dos riscos corporativos. Cumpre-lhe prestar contas aos acionistas.

2. **Independência**. É prática comum na Austrália a composição do Conselho de Administração por membros da Diretoria Executiva e por *outsiders* independentes. A recomendação é que a presidência desse colegiado seja ocupada por um conselheiro externo, não pelo executivo principal.

3. **Auditoria**. No ambiente de fiscalização e controle, as responsabilidades são concentradas no Comitê de Auditoria, nomeado pelo Conselho de Administração. Cabem-lhe a nomeação, a avaliação, a independência e a rotação da Auditoria Externa; a orientação dos procedimentos da Auditoria Interna; e a garantia da qualidade e da integridade dos relatórios econômico-financeiros sobre a real situação da companhia. Seus membros devem ser independentes, não *insiders*, e reunir conhecimentos de finanças e do setor de negócios da companhia.

4. **Remunerações**. Por imposição da *Corporations Act Commonwealth of Australia*, o pacote de remunerações da administração deve ser anualmente divulgado, com indicação da natureza e dos valores pagos. Os holofotes que iluminam esta questão ficam permanentemente acessos. Em 2011, o *Corporations Amendment Bill* fortaleceu o papel dos acionistas, proporcionando-lhes a oportunidade de demitir executivos se o relatório sobre remunerações revelar condições não consistentes com os interesses dos acionistas.

5. **Recomendações**. Excetuando-se a questão da remuneração, que tem controle legal e que é estabelecida por um comitê constituído por conselheiros independentes, praticamente todas as demais questões de governança são estabelecidas por recomendações. O sistema é robusto, porém flexível. Os fundamentos são princípios, não regras. A adoção das *Best Practices Recommendations* aprovadas em 2002 pelo Conselho de Governança da *ASX* é bem-vista pelo mercado e pelos grupos de influência. As companhias podem adotá-las ou não, mas devem explicar por que nos casos em que não são praticadas. A abordagem vigente é do tipo *if not, why not*.

6. **Interesses**. A governança está voltada para os direitos e para a maximização do retorno total dos *shareholders*. Mas é crescente a presença no mercado de "fundos éticos", com carteiras constituídas por ações de companhias que também olham para os interesses de outros *stakeholders*. A reputação, os "ágios de governança" e o valor de mercado das empresas são crescentemente influenciados por essas carteiras.

Os Quadros 6.3 e 6.4 trazem sínteses comparativas de aspectos relevantes do sistema corporativo e da governança nos quatro países anglo-saxões que destacamos: o primeiro destaca aspectos quantitativos; o segundo qualitativos. O número de companhias listadas nas bolsas desses países em relação ao total mundial é de 31,82%; e o valor de mercado alcança 51,96%. No Canadá e na Austrália, a expressão mundial do valor de mercado é inferior à referente ao número de companhias, pela inclusão dos fundos de *equity* e das empresas emitentes de títulos de risco, *venture issuers*.

As **proposições orientativas** e as recomendações de grupos influenciadores ainda prevalecem nesses países, em relação às **regras legais** – um traço cultural alinhado às tradições liberais e de não intervenção nos mercados. Nos Estados Unidos, com a Sarbanes-Oxley, esta orientação foi radicalmente modificada e este é um dos temas que ganham terreno no modelo anglo-saxão. Outros temas que têm avançado são: 1. as causas da crise financeira de 2008-2009, como falta de transparência, ineficiente gestão de riscos, falta de visão estratégica dos conselhos de administração; 2. os impactos da crise na governança corporativa; 3. a nomeação e a remuneração dos administradores; e 4. as questões relacionadas à responsabilidade social e ambiental do sistema corporativo.

6.3 O Modelo Alemão

Diferentemente do que ocorre na cultura empresarial anglo-saxônica, na Alemanha o capital acionário das companhias é concentrado e o financiamento predominante é de origem bancária. Os exigíveis de longo prazo são a alternativa de alavancagem de negócios mais praticada, comparativamente à emissão de ações para subscrição pública. O modelo de governança é predominantemente *bank oriented*, não capital *market oriented*. O Quadro 6.5 registra esta característica fundamental e outras que dela decorrem, como a presença de bancos na estrutura de controle e nos órgãos corporativos de administração, a sobreposição da propriedade e da gestão e a menor expressão relativa do mercado de capitais, com menor liquidez das ações.

QUADRO 6.3
Aspectos quantitativos comparativos do modelo de governança em países anglo-saxões.

Aspectos considerados[a]	Estados Unidos	Reino Unido	Canadá[c]	Austrália
1. Número de companhias listadas.	4.180[a]	2.853	3.886	2.055
2. Valor de mercado das companhias listadas em US$ bilhões.	24.033	3.583	2.113	1.366
3. Capitalização das companhias listadas em relação ao PNB (%).	143,05	142,07	115,78	87,85
4. Expressão mundial: % das companhias listadas. % do valor de mercado.	11,54 40,16	6,58 5,99	8,96 3,53	4,74 2,28

(a) Em dezembro de 2013.
(b) NYSE – New York Stock Exchange e Nasdaq.
(c) TMX Group. Inclui as companhias listadas no segmento TSX Venture.

QUADRO 6.4
Aspectos qualitativos comparativos do modelo de governança corporativa em países anglo-saxões.

Aspectos considerados	Estados Unidos	Reino Unido	Canadá	Austrália
1. Regulação.	☐ Sarbanes-Oxley (2002). ☐ *Key agreed principles to strengthen corporate governance* (2008). ☐ *Report of the NYSE Commission on Corporate Governance* e lei Dodd-Frank (2010). ☐ Regras legais abrangentes. ☐ *Enforcement*. ☐ Regulamentação detalhada e rigorosa pela SEC. ☐ Enquadramento da NYSE e da NASDAQ.	☐ Combined Code (2003). ☐ Companies Act (2004). ☐ The UK Corporate Governance Code (2010). ☐ *Stewardship Code for Institutional Investors* (2010). ☐ Guia para eficácia dos Conselhos de Administração (2011). ☐ Orientações autorreguladas. ☐ Comitês de grupos influenciadores definem normas. ☐ Princípios prevalecem sobre regras.	☐ *Corporate governance: guide to good disclosure* (2006). ☐ Harmonização com Sarbanes-Oxley. ☐ Diretrizes patrocinadas pela TSX. ☐ Abordagens lastreadas em princípios. ☐ *Canadian Coalition for Good Governance* (CCGG).	☐ *Corporations Act* (2001). ☐ *Corporate Governance Principles and Recomendations* (2010). ☐ Princípio dominante das recomendações da ASX: *adopt or explain why not*. ☐ Introdução dos *Strikes votes* (2011).

2. Focos da regulação e de outras forças de controle.	☐ Direitos de voto.
	☐ Rigor e abrangência na integridade dos balanços.
	☐ Cláusulas para mudanças de controle.
	☐ Padrões para listagem.
	☐ Remuneração dos executivos: natureza e valor.
	☐ Nomeação e avaliação dos conselheiros.
	☐ Segurança e riscos sistêmicos.
		☐ Qualidade dos relatórios econômico-financeiros.
		☐ Composição dos Conselhos de Administração.
		☐ Separação de papéis dos conselhos corporativos e dos executivos.
		☐ Auditoria e controles internos.
		☐ Princípio *comply or explain*.
			☐ Harmonização das regras:
			   ◊ Internas: dispositivos provinciais.
			   ◊ Externas: exigências da Sarbanes-Oxley.
			☐ Papéis e funções separadas: *Chairman* e *CEO*.
			☐ Extensão das regras a *venture issuers*.
				☐ Remuneração dos gestores e dos conselheiros.
				☐ Composição dos comitês e conselhos corporativos.
				☐ Nomeação, funções e avaliações dos membros do Conselho de Administração.
				☐ Auditoria: centralização da responsabilidade.

3. Temas que ganham terreno.[a]	☐ Ampliação das regras definidas por institutos legais. Rigidez a custo alto de implementação da Sarbanes-Oxley. ☐ Formalização de códigos de conduta. ☐ Operações internacionais. Interconexação das instituições reguladoras. ☐ Evidência empírica da correlação entre boa governança, desempenho e valor de mercado das companhias. ☐ Conciliação de interesses dos *shareholders* com os de outros *stakeholders*. ☐ Princípios para o investimento responsável, valorizados pelos "fundos éticos" e "fundos verdes". ☐ Causas da crise de 2008-2009: falta de transparência, ineficiente gestão de riscos, falta de visão estratégica dos conselhos de administração.			

(a) Temas incluídos no relatório *A new corporate governance world: from confrontation to constructive dialogue*. Rockville, MD: ISS – Institutional Shareholder Services, 2004; e no *Annual Report 2009: the quality of corporate boards and the impact of their governance practies*. Rockville, MD: ISS, 2009.

QUADRO 6.5
Modelo alemão de governança corporativa: uma síntese das principais características.

Características definidoras	Sínteses
Financiamento predominante	O crédito bancário de longo prazo é a principal fonte de capitalização. Os bancos estabelecem ligações duradouras com empresas. São os grandes investidores de longo prazo. O mercado de capitais tem reduzida expressão, comparando-se a *Deutsche Börse* com a *London Stock Exchange*. A alemã é um terço da inglesa, na relação capitalização/PNB.
Propriedade e controle acionário	Estrutura patrimonial concentrada. Grandes acionistas e bancos controlam substancial parcela do capital. Três dos maiores acionistas nas dez maiores empresas não financeiras e de capital aberto detêm mais de 50% do capital acionário. Mesmo fundos de pensão têm participação secundária.
Propriedade e gestão	Poder dos bancos é grande. Fundamentos: suas próprias carteiras de ações e procurações de acionistas individuais. Bancos monitoram tanto interesses de credores quanto de acionistas. Observa-se sobreposição de propriedade-gestão. Mas as decisões de impacto passam pelo filtro de colegiados. Há aversão a modelos autocráticos.
Conflitos de agência	Conflito básico, quando ocorre, é expropriação de interesses minoritários. Conflitos de agência entre acionistas e administração, com altos custos, são pouco frequentes. Experiências históricas (guerras mundiais, hiperinflação, separação e reintegração territorial) fortaleceram o consenso e a colaboração.
Proteção legal a minoritários	Pela própria constituição do capital, a proteção aos minoritários não é a preocupação central, embora seja cobrada. A tendência é de se fortalecer o mercado de ações e dar mais proteção legal ao investidor. Este foi um dos objetivos do mercado *prime*, que incorporou as regras do *Neuer Markt*, instituído em 1997.
Conselhos de administração	Conselhos de empresas com mais de 2.000 empregados têm duas camadas: *Vorstand*, a de Administração; *Aufsichtsrat*, a de Supervisão. Empregados, sindicatos e acionistas menores designam os membros da segunda camada. Orientações estratégicas são de responsabilidade da primeira, onde os bancos têm assento. O presidente da Diretoria Executiva orienta os trabalhos, mas divide decisões com o colegiado.
Liquidez da participação acionária	Há pequena parcela das ações em circulação. Prevalecem a concentração e um modelo de propriedade mais fechado. Até em corporações que emitem ações para subscrição pública, muitas vezes há um acionista predominante. Comparativamente com outros países, a liquidez é baixa. Em dezembro de 2013, a *Deutsche Börse* operava com 639 companhias nacionais, com valor de mercado de US$ 1,94 trilhão, 53,3% do PNB (US$ 3,6 trilhões).
Forças de controle mais atuantes	O controle interno é preponderante. São raros e historicamente traumáticos os casos de *takeover* hostil. Com o mercado *prime*, fortaleceu-se a força externa da regulação. Mas as forças de controle mais atuantes são derivadas do modelo de múltiplos interesses representados nos órgãos colegiados.
Governança corporativa	Estimulada por força da integração europeia e da crescente desfronteirização de mercados. Está estabelecida em bases culturais próprias. O modelo é rigoroso quanto à participação ampla e à conformidade legal. Mas valores como transparência para fora são menos enfatizados. A adesão ao Código Alemão de Governança Corporativa não é exigência legal. São baixos os índices de adesão às práticas recomendadas, principalmente por companhias em que o controle é concentrado.
Abrangência dos modelos de governança	O modelo é claramente *stakeholders oriented*. É culturalmente forte a busca por maior equilíbrio de interesses (acionistas, credores, empregados e outras partes externas interessadas). A gestão colegiada e os conselhos bicamerais são consistentes com esta orientação.

Estas estruturas societárias e de capital levam à prevalência das forças internas de controle em relação às externas. Os Conselhos de Administração são fortalecidos e os propósitos de maximização do retorno total dos acionistas competem com os objetivos dos credores e de outros atores, levando o processo de governança na direção de um sistema de múltiplos interesses. A competição que se estabelece entre estes interesses minimiza os conflitos e os custos típicos de agência, levando, porém, a outros tipos de relações potencialmente conflituosas, entre acionistas e credores e entre majoritários e minoritários.

Os bancos, historicamente, desempenham papel de alta relevância na governança corporativa alemã. Não há limites legais para sua participação acionária nas empresas, não obstante dividam com outros acionistas não financeiros a posse de grandes blocos de ações. Ocorrem casos em que o controle foi assumido pelos bancos com a inadimplência das companhias que tomaram financiamentos de longo prazo. Mas os casos mais comuns de efetivo exercício do controle corporativo ocorrem pela totalização dos votos de suas próprias participações acionárias e dos que lhes são confiados por procuração. Como registram Hitt, Ireland e Hoskisson,[6] "apesar de os acionistas poderem dizer aos bancos como votar em suas posições de propriedade, geralmente eles optam por não agir assim. Combinando então as suas próprias posições com as das procurações, os bancos exercem posições majoritárias em muitas empresas alemãs. Eles monitoram e controlam os gerentes, tanto como credores quanto como acionistas, elegendo representantes para os Conselhos de Supervisão e de Administração."

Esta não é a única peculiaridade do modelo de governança corporativa praticado na Alemanha. Há uma segunda que resultou de traumáticas experiências históricas vividas pelos alemães e atribuíveis a lideranças autoritárias. **A devastadora hiperinflação dos anos 20, as guerras mundiais e a divisão territorial do segundo pós-guerra geraram custos sociais não vividos por qualquer outro país na Europa Ocidental no século XX. E um dos impactos dessas experiências foi a rejeição a estruturas autocráticas de poder, com o consequente desenvolvimento de alternativas fundamentadas na pluralidade e no consenso.**

Trazido para o campo da governança corporativa, este segundo traço peculiar da moderna sociedade alemã levou a uma **estrutura organizacional representativa de interesses plurais e gerida por decisões consensuais**. Por exigências regulatórias, as empresas com mais de 2.000 empregados têm conselhos compostos em duas camadas: são bicamerais. Os acionistas, os sindicatos e os empregados indicam os membros de um Conselho Supervisor (*Ausfsichtsrat*), que indica os membros do Conselho de Administração (*Vorstand*). É este colegiado que monitora a gestão, homologando os planos estratégicos e exercendo o controle dos resultados das operações. O presidente do *Vorstand* é o responsável pelas operações da empresa, acumulando assim funções executivas, mas ele difere do *Chief Executive Officer*, o *CEO* das companhias americanas, por dividir com o Conselho de Administração a formulação da estratégia e as mais importantes decisões de gestão. Douma[7] sugere que este sistema em duas camadas implica decisões consensuais que permeiam o modelo de gestão como um todo. O princípio subjacente é a avaliação dos efeitos das decisões sobre todos os agentes internos e externos por eles atingidos.

Esta estrutura funcional deriva da estrutura de propriedade. São raros os casos em que acionistas individuais têm participação expressiva no capital das grandes corporações. Mesmo investidores institucionais, como fundos de seguridade ou companhias de seguro, não têm participação importante. Os acionistas de maior peso são instituições financeiras.

O modelo praticado está evoluindo, porém, para maior capitalização via mercado. A integração europeia, a globalização dos mercados financeiros e o grande número de fusões e aquisições interfronteiras são forças que estão impondo mudanças em todo o mundo, tanto na forma de fazer negócios, quanto no processo de governo das corporações. Nas mais importantes economias mundiais está surgindo um novo mercado de capitais – aqui incluídos os países que até final dos anos 80 praticavam um modelo coletivista, oposto, em seus fundamentos, ao modo capitalista de acumulação e de produção, como a Rússia e a China.

A Alemanha não ficou à margem destas transformações. Desde 1997 vem introduzindo mudanças impactantes em seu mercado de capitais. A primeira, naquele ano, foi a criação do *Neuer Markt*, uma nova opção para estimular investimentos de *venture capital*, aberta principalmente a empresas nascentes, em setores de alta tecnologia, com perspectivas favoráveis de rápido crescimento. Marcos regulatórios foram também alterados, dando aos investidores neste novo segmento do mercado cinco proteções diferenciadas das praticadas na *Deutsche Börse*:

1. Apenas uma classe de ações e todas com direito a voto.
2. Transparência nos atos de gestão.
3. Publicação trimestral de resultados, em alemão e inglês, seguindo normas internacionais de contabilidade.
4. Código de conduta em situações de *take-over*.

Como para as empresas que não aderiram ao *Neuer Markt* continuaram a vigorar as regras tradicionais do mercado de capitais, a oposição às mudanças foi praticamente anulada. Mas os investidores individuais e institucionais rapidamente reagiram bem às novas regras e os preços das ações das empresas listadas no primeiro ano do novo mercado registraram valorização de 100%. O desempenho das ações nesse segmento permaneceu bastante satisfatório por três anos, mas em 2001 avaliações mais rigorosas das empresas, quanto ao seu monitoramento interno, às perspectivas efetivas de expansão, a quebras de regras pelos gestores e à conduta dos Conselhos de Administração, levou a *Deutsche Börse* a rever regras de cancelamento do registro das empresas. Fraudes e negócios frágeis foram constatados e o *Neuer Markt* foi fechado em 2003.

Dessa experiência resultaram, porém, dois mercados distintos: o *Padrão Doméstico*, que segue a regulação tradicional, e o *Padrão Prime*, que incorporou as regras do *Neuer Markt* e assimilou as empresas listadas e outras que têm acesso aos mercados de capitais dos Estados Unidos e do Reino Unido:

1. Publicação de calendário corporativo anual.
2. Apresentação anual de resultados a analistas de mercado.
3. Informações contábeis de acordo com as normas do *International Accounting Standards Committee (IASC)*.
4. Apenas uma classe de ações.

Somaram-se a estas mudanças quatro outras iniciativas que modificaram os padrões da governança corporativa na Alemanha. A primeira, desencadeada em 2000, foi a constituição, pelo governo federal, de uma comissão com o objetivo de formular propostas para modernizar a legislação societária alemã: os resultados foram apresentados na forma de **recomendações de conduta** que conduziram à edição do **Código Alemão de Governança Corporativa**, publicado em fevereiro de 2002. A segunda foi a promulgação, em julho de 2002, da **Lei de Transparência e Divulgação**, que ampliou as responsabili-

TABELA 6.1 Classificação amostral das companhias alemãs listadas no Deutsche Börse, quanto à adesão às práticas recomendadas de governança corporativa.

Fatores de classificação considerados	Pontos (Escala de 0 a 6)
1. Compromisso com a governança corporativa.	2,27
2. Direitos dos acionistas.	3,07
3. Transparência.	4,56
4. Conselhos de Supervisão e de Administração.	5,98
5. Auditoria.	3,63
Soma não ponderada dos pontos (Escala de 0 a 30)	19,51
Classificação segundo direitos de voto do maior acionista	**Soma não ponderada dos pontos**
Inferior a 25%.	21,42
Entre 25 e 50%.	18,67
Superior a 50%.	17,30
Soma não ponderada dos pontos.	19,51

Fonte: DROBETZ, Wolfgang; GUGLER, Klaus; HIRSCHVOGL, Simone. *The determinants of the german corporate governance rating*. Vienna: University of Vienna, 2004.

dades das companhias quanto à publicação de resultados e de informações sobre o desempenho futuro. A terceira foi a revisão do código de 2002, concluída em 2005. E a quarta foi a edição de duas importantes orientações complementares: respectivamente *Active ownership and transparency in private equity funds: guidelines for responsible ownership and good corporate governance* (2008) e *Recommendations on corporate governance* (2010). Esta última incorporou procedimentos sugeridos pelas causas da crise financeira do biênio 2008-2009.

As recomendações do código de governança não são exigidas legalmente. O documento aponta para um modelo de **autocompromisso**, não obstante a Lei de Transparência e Divulgação obrigue as companhias a explicarem o não cumprimento das práticas recomendadas. Os objetivos de publicação deste documento normativo foram: 1. atender a alguns poucos grupos de interesse privado em estabelecer práticas de governança para as companhias listadas em bolsa; 2. estabelecer uma visão pragmática sobre as diferenças fundamentais entre os interesses dos acionistas e os de outros *stakeholders*; 3. promover a crença dos investidores nacionais e de outros países nos mecanismos de supervisão e de administração das companhias alemãs; 4. promover tratamento justo e equitativo para todos os acionistas, em um país em que, como demonstram Becth e Röell,[8] "a concentração da participação acionária e dos direitos de voto é enorme, a liquidez das ações é baixa e, frequentemente, há uma separação entre direitos de voto e direitos sobre fluxos de caixa;" 5.

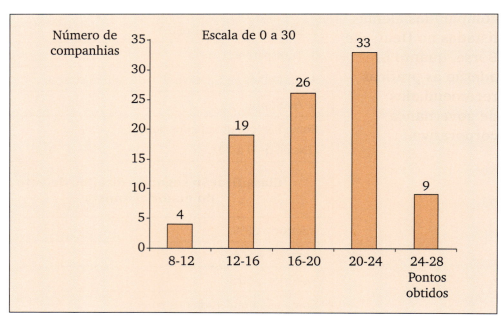

FIGURA 6.1 Distribuição de uma amostra de 91 companhias alemãs listadas na Deutsche Börse, por pontos obtidos na classificação quanto à adesão às práticas recomendadas de governança corporativa.

Fonte: DROBETZ, Wolfgang; GUGLER, Klaus; HIRSCHVOGL, Simone. *The determinants of the german corporate governance rating*. Vienna: University of Vienna, 2004.

responder às pressões, no âmbito da Comunidade Europeia, por adoção de práticas de governança corporativa internacionalmente aceitas.

A adesão a estas recomendações, o desempenho diferenciado das empresas listadas no *mercado prime* e o maior acesso das empresas alemãs aos mercados internacionais de capitais têm, porém, impactado positivamente o modelo de governança do país. Se não na forma como as grandes empresas estruturam sua alta administração e na adoção de um modelo de múltiplos interesses, pelo menos nas relações corporativas com o mercado de capitais e com os acionistas.

Em avaliação realizada em 2004, os padrões de governança das companhias abertas alemãs apresentava *gaps* em relação a um conjunto de trinta fatores de classificação, divididos em cinco categorias: 1. compromisso com a governança corporativa; 2. direitos dos acionistas; 3. transparência; 4. eficácia do Conselho de Supervisão e do Conselho de Administração; e 5. auditoria. Adotando esses fatores, Drobetz, Gugler e Hirschvogel[9] avaliaram uma amostra de 91 empresas, dos principais segmentos da *Deutsche Börse*. Os resultados estão na Tabela 6.1 e na Figura 6.1. A média obtida foi de 19,51 pontos, para um grau máximo de 30, observando-se que as empresas com maior concentração de poder de voto apresentavam resultados inferiores às de capital de controle mais disperso.

Segundo os autores dessa avaliação, "os grandes acionistas ainda mantêm as empresas sob rédeas curtas e vetam recomendações que poderiam levar a uma perda de seu controle e poder, tais como recomendações relativas a *uma ação, um voto* ou à divulgação da remuneração da administração. Estes resultados conduzem ao questionamento da abordagem "cumprir e explicar" e evidenciam a necessidade de abordagem mais baseada em regras que em princípios, para reformular a governança corporativa na Europa".

Em 2011, o influente relatório anual de Heidrick & Struggles, *European Corporate Governance Report*, que nesse ano teve o título de *Challenging board performance*, avaliou o modelo de governança da Alemanha, comparado com os de outros 15 países europeus. Estas foram as principais observações, focadas no conselho de administração – órgão-chave do processo de governança:

Aspectos destacados	Média dos 15 países	Alemanha
1. Número médio de conselheiros	12,1	17,1
2. Reuniões anuais do conselho	9,4	5,9
3. Permanência dos conselheiros (em anos)	5,7	5,5
4. Frequência da avaliação do conselho (entre 2008-2010)	75%	95%
5. % dos conselheiros não nacionais	24%	11%

6.4 Os Modelos do Japão e da Ásia Emergente

Há algumas semelhanças entre os modelos praticados na Alemanha e no Japão – tanto que é comum na literatura a expressão *modelo nipo-germânico*. Mas há também diferenças, como revela a síntese comparativa do Quadro 6.1 e as características do sistema corporativo japonês no Quadro 6.6. As semelhantes relacionam-se com a importância dos bancos na estrutura de capital, no monitoramento e no controle das corporações; com a prática do consenso no processo de gestão; e com a consideração de múltiplos interesses. E as diferenças estão na estrutura de propriedade, na constituição e na efetividade dos Conselhos de Administração, nas questões centrais de governança e, desde a transição para o século XXI, na expressão relativa do mercado de capitais em relação ao PNB: 40,4% na Alemanha, 61,7% no Japão.

A Governança Corporativa no Japão

No Japão, os bancos exercem importante papel no financiamento e no monitoramento das empresas. A estrutura de capital é fundamentada em exigíveis de longo prazo, com os bancos também participando, como acionistas das grandes empresas, até o limite de 5% das ações. Todas têm estreitas relações com o sistema financeiro e, entre os bancos financiadores, aquele que tem maior participação nos exigíveis de longo prazo e no capital geralmente coparticipa da gestão, mantendo com a alta direção relações de aconselhamento estratégico, que vão além da estrutura mais recomendável de capital. Embora as instituições financeiras possam ter até 40% do capital corporativo, o limite por instituição é baixo, limitando-se a 5%, o que faculta ao banco líder o monitoramento da gestão com reduzida participação no passivo não exigível.

Historicamente, como mostram os dados da Tabela 6.2, referentes aos últimos trinta e cinco anos, os bancos são os principais titulares das ações negociadas na Bolsa de Tóquio. Por esta característica, a estrutura do capital das grandes corporações já seria concentrada, comparativamente aos padrões vigentes no modelo de capitalização anglo-saxão. Mas há um fator adicional de concentração, peculiar do Japão, que não se observa nos modelos ocidentais: as ligações horizontais dos *keiretsus* – os conglomerados de negócios. As empresas conglomeradas possuem ligações horizontais entre si, pelas posses cruzadas de ações. Cada uma tem uma pequena parcela das demais, que só em poucos casos chega a 5%, mas somando-se todas as participações cruzadas, no mínimo 20% do capital são controlados pelas empresas-membros do *keiretsu*, taxa que pode chegar a 90%, considerando-se também as participações cruzadas dos bancos, nas formas de exigíveis de longo prazo e de ações.

No modelo japonês de governança corporativa, prevalecem, assim, as forças internas de controle. A propriedade e a gestão resultam sobrepostas, não ocorrendo os conflitos típicos de agência, nem os seus custos, que se observam, por exemplo, nos Estados Unidos. Os principais executivos das corpo-

QUADRO 6.6
Modelo japonês de governança corporativa: uma síntese das principais características.

Características definidoras	Sínteses
Financiamento predominante	Os bancos e não o mercado de capitais são principais financiadores. Quanto a este aspecto, o modelo é mais próximo do alemão do que o anglo-saxão. *Debt* de longo prazo. Relações duradouras dos conglomerados com os bancos. No modelo de governança, o que o mercado é para os Estados Unidos, os bancos foram para o Japão até meados dos anos 90. Mas a propensão é de redução substantiva do domínio dos *main banks* na gestão das companhias.
Propriedade e controle acionário	É um caso peculiar de concentração. Prevalece o *keiretsu* horizontalmente integrado: grupo de empresas ligadas pela posse cruzada de ações. Cada uma tem pequena parcela das demais, mas o conjunto das participações das empresas-membros pode chegar a 90% do capital. Um sistema típico de "investimentos relacionados". A tendência, porém, é a dissolução desse sistema, sob a influência de pressões do mercado global de capitais.
Propriedade e gestão	São ainda sobrepostas, ainda que ambas se caracterizem pelo paradoxo dispersão-relacionamentos cruzados. O traço dominante da gestão é o consenso. Custo dominante: a lentidão do processo decisório. Um dos benefícios: máximo conforto coletivo com a decisão. Mas já foi iniciada a transição formal para o modelo de separação, com a introdução de conselheiros externos e auditores na Composição da Comunidade Organizacional Comum, instância que sintetiza mais o compartilhamento de objetivos e a cooperação do que a sobreposição entre partes interessadas nos destinos corporativos.
Conflitos de agência	Conflitos de agência são raros. O *keiretsu* é mais que um conglomerado econômico: as partes interessadas são membros de uma corporação que ainda mobiliza a energia organizacional para conquistar mentes e fortalecer o compromisso. Mas a crescente participação de empresas estrangeiras no mercado de capitais tem levado a maior monitoramento e à criação de mecanismos de defesa.
Proteção legal a minoritários	A proteção que prevalece é a da sustentação de relações de longo prazo. As participações minoritárias protegem-se mutuamente, pelas relações cruzadas. Processos de gestão ainda são voltados para múltiplos interesses. Os mecanismos clássicos de proteção a minoritários ainda não estão estabelecidos. A contrapartida dos riscos é a reputação das empresas.
Conselhos de administração	Um único conselho, mas numeroso. Composto exclusivamente por *insiders*. Indicações são reconhecimentos a valores como senhoridade e serviços prestados à corporação. Conselhos com 20 membros são comuns. É nos conselhos que se exerce o consenso: são *locus* do processo decisório para questões de longo prazo. São tendências a redução do número de conselheiros e a participação de auditores externos.
Liquidez da participação acionária	Propriedade concentrada-cruzada e *debt* como modelo de financiamento competem com o mercado de capitais. São baixas preocupações com *take-over* hostil. Na bolsa de Tóquio, em dezembro de 2013, o número de empresas negociadas era de 3.408, com valor de mercado de US$ 4,54 trilhões, 92,7% do PNB.
Forças de controle mais atuantes	Prevalecem forças internas. Bancos desempenham importante papel. É o *outsider* relacionado que tem relações mais estreitas com a corporação. Provê orientação financeira, informações e diretrizes estratégicas. Das forças externas, as mais importantes são os mercados competitivos do setor de negócios. Mas há pressões crescentes das empresas estrangeiras no mercado de capitais: de 4,7% das carteiras (1990) para 18,8% (2000) e 26,7% (2013).
Governança corporativa	Forte propensão à mudança. Em 1997, documento consensado indicou direções – *Urgent recommendations concerning corporate governance*. No ano seguinte, as novas práticas foram amplamente discutidas no *Corporate Governance Forum of Japan*. Já iniciada a transição para um sistema legal que leve em conta as relações acionistas-conselhos-gestores, capaz de equilibrar "autonomia e monitoramento", diminuir a antipatia cultural que os japoneses têm com a figura do acionista e criação de proteções a minoritários.
Abrangência dos modelos de governança	Empresas cotadas em bolsa possuem ligações patrimoniais com bancos, seguradoras, fornecedores e clientes. Ligações só se desfazem em casos extremos. O modelo decorrente é o de múltiplos interesses compartilhados. Como caso nacional, é um dos pioneiros da governança *stakeholders oriented*.

TABELA 6.2
Composição dos investidores no mercado de capitais do Japão: período 1970-2013.

Anos	Governo	Bancos	Companhias seguradoras	Empresas japonesas	Investidores estrangeiros	Pessoas físicas	Total
1970	0,6	31,6	1,3	23,9	4,9	37,7	100,0
1980	0,4	38,2	1,5	26,2	5,8	27,9	100,0
1990	0,3	43,0	1,7	30,1	4,7	20,4	100,0
1991	0,3	42,8	1,5	29,0	6,0	20,3	100,0
1992	0,2	42,9	1,2	28,5	6,3	20,7	100,0
1993	0,3	42,3	1,3	28,3	7,7	20,0	100,0
1994	0,3	42,8	1,2	27,7	8,1	19,9	100,0
1995	0,3	41,1	1,4	27,2	10,5	19,5	100,0
1996	0,2	41,9	1,0	25,6	11,9	19,4	100,0
1997	0,2	42,1	0,7	24,6	13,4	19,0	100,0
1998	0,2	41,0	0,6	25,2	14,1	18,9	100,0
1999	0,1	36,5	0,8	26,0	18,6	18,0	100,0
2000	0,2	39,1	0,7	21,8	18,8	19,4	100,0
2001	0,2	39,4	0,7	21,8	18,3	19,7	100,0
2002	0,2	39,1	0,9	21,5	17,7	20,6	100,0
2003	0,2	34,5	1,2	21,8	21,8	20,5	100,0
2004	0,2	32,7	1,2	21,9	23,7	20,3	100,0
2005	0,2	31,6	1,4	21,1	26,7	19,0	100,0
2006	0,3	31,0	1,8	20,7	28,0	18,0	100,0
2007	0,4	30,9	1,6	21,3	27,6	18,2	100,0
2008	0,4	32,0	1,0	22,6	23,5	20,5	100,0
2009	0,3	30,6	1,6	21,3	26,0	20,1	100,0
2010	0,3	29,7	1,8	21,2	26,7	20,3	100,0
2011	0,3	29,4	2,0	21,6	26,3	20,4	100,0
2012	0,2	28,0	2,0	21,7	28,0	20,1	100,0
2013	0,2	26,7	2,3	21,3	30,8	18,7	100,0

Fonte: *Tokyo Securities Exchange. Shareownership survey. Market Information Statistics*, July, 2014.

rações do Japão são remunerados, em média, por valores 20 vezes menores comparativamente ao padrão norte-americano – US$ 500 mil contra US$ 10 milhões. O controle interno é exercido por acionistas com participações cruzadas e por um numeroso Conselho de Administração, constituído exclusivamente por *insiders*. São comuns conselhos de mais de 20 membros; são raros e resultantes de revisões organizacionais recentes, os que reúnem menos de dez membros. Os indicados para os Conselhos de Administração são gestores da companhia, reconhecidos por relevantes serviços prestados, e a presidência desse colegiado é também um reconhecimento à senhoridade daquele que a exerce, à sua sabedoria e à sua história de vida no conglomerado. Mas a Presidência da Diretoria Executiva não coincide com a do Conselho de Administração. Elas são separadas e o executivo que preside a gestão é o homem forte da companhia. Passam por ele as indicações para os órgãos corporativos colegiados e a constituição de comitês. E sua voz tem grande peso no principal colegiado, do qual ele é membro efetivo.

O tradicional Conselho de Administração é, assim, um colegiado que tem funções mais de observação, de aconselhamento de grandes decisões e de acompanhamento dos resultados corporativos, do que de intervenção. Políticas corporativas de gestão, decisões estratégicas, novos negócios, fusões, aquisições, cisões, desimobilizações e alianças passam, porém, pelo crivo consensual desse conselho, que é o *locus* das decisões mais impactantes, onde se exercita o consenso e um tipo peculiar de gestão efetivamente compartilhada. O conforto geral com a decisão afinal consensada pode ser um ganho. Mas em um mundo que muda com rapidez sem precedentes históricos, talvez esse ganho não seja simetricamente compensado pela lentidão do processo.

Estas características podem ser apontadas como um caso típico de *path dependence*. Elas são milenares. Mais do que simplesmente culturais, integram a civilização japonesa. E têm a ver com o *sentido de coletivo*, que é de alta relevância no Japão. Este sentido faz do *keiretsu* mais que um conglomerado econômico de empresas e negócios. Ele é *corporativo* e *aglutinador*, no sentido mais abrangente destas expressões. Em seu interior, as relações trabalhistas tendem a ser vitalícias, da mesma forma como se mantêm por longo prazo os relacionamentos externos com os credores, bem como os que se estabelecem nas cadeias de suprimentos, a montante e a jusante.

Os objetivos de longo prazo dos conglomerados são relacionados à perenidade e ao crescimento dentro do setor, em termos mundiais. Lucros máximos de curto prazo, revelados ao mercado a cada trimestre, como no modelo anglo-saxão, são menos enfatizados. **O que a governança busca é a segurança de longo prazo, fundamentada na atenção que a corporação assegura a múltiplos interesses, em modelo claramente *stakeholders oriented*.**

Às forças internas que geram um sistema de governança de múltiplos interesses contrapõem-se, porém, as forças externas dos mercados em que as corporações competem. Elas têm apontado para reformas que tornem as empresas japonesas tão competitivas quanto eram até o final dos anos 80, época áurea do "Japão S.A.", quando o mundo corporativo era mais protegido e menos exposto às pressões da abertura e da desfronteirização dos mercados. Mas, desde 1997, o mesmo ano da criação do *Neuer Markt* na Alemanha, a Federação das Organizações Econômicas do Japão publicou um relatório recomendando urgentes mudanças na governança corporativa das empresas japonesas, com vistas à adaptação ao novo ambiente globalizado de negócios do século XXI – *Urgent recommendations concerning corporate governance*. Em 98, realizou-se o *Corporate Governance Forum of Japan*, do qual resultou a primeira versão de um *Código de Melhores Práticas de Governança Corporativa*, revisto em 2001 e 2004.

Entre as recomendações do código assinalam-se:

- Mais transparência nas informações ao mercado.
- Redução do tamanho dos Conselhos de Administração.
- Maior poder de análise aos auditores.
- Adoção de padrões mundiais de governança, em aspectos como a presença de *outsiders* nos conselhos, remoção de barreiras a *takeovers*, redução de conflitos de expropriação resultantes de participações cruzadas e sistema de direitos de voto baseado no princípio "uma ação um voto".

Estão ocorrendo movimentos em direção a estas mudanças, mas lentamente. Em 2010, na avaliação da agência de *rating Governance Metrics International*, as 392 corporações japonesas avaliadas receberam índice médio de 3,30 contra 4,86 da média de outros 54 países. Foi o mais baixo entre os países desenvolvidos. Entre as razões desta classificação têm sido apontadas as seguintes, pela *Asian Corporate Governance Association* (ACGA):

- Número inexpressivo de membros externos independentes nos Conselhos de Administração, menos de um a cada dez conselheiros.
- Adoção de *poison pills* para proteger a gestão e dificultar o sucesso de propostas hostis de aquisição. A administração é blindada em relação à disciplina do mercado, inviabilizando o desenvolvimento de um mercado de controle corporativo saudável e eficiente.
- Distorções das votações nas Assembleias Gerais, resultantes das participações acionárias cruzadas – os "investimentos relacionados" do *keiretsu*. Embora imprecisamente, esta situação tem sido descrita como "capitalismo de partes interessadas".
- Falhas em proporcionar retornos exigidos pelos fundos de pensão, com passivos atuariais crescentes: estimativas indicam que em 2025 os japoneses com mais de 65 atingirão 30% da população.

O interesse mundial pelo aperfeiçoamento das práticas de governança corporativa no Japão tem aumentado expressivamente desde a segunda metade dos anos 90 e, mais ainda, nos últimos cinco anos. Os índices baixos das agências de avaliação dos processos de governança incomodam, à medida que têm sido um indicador adicional para a constituição de portfólios de renda variável por investidores globais. Se, por um lado, os "investimentos relacionados" do modelo keiretsu podem dar origem a "harmonização de resultados", em detrimento de empresas que sejam escolhidas pelos seus bons indicadores, de outro lado, tende a ser maior a segurança quanto a perdas de longo prazo. E mais: os valores de mercado das empresas no Japão são ainda atraentes, um fator-chave que tem levado para a Bolsa de Tóquio os investidores estrangeiros. Há 35 anos, quando o Japão estava vivendo um dos mais notáveis processos de crescimento industrial do mundo, os investidores estrangeiros representavam 4,9% dos titulares de ações na Bolsa de Tóquio. Demorou 25 anos para esse número dobrar: apenas em 1995 superou a barreira dos 10%. Mas desde 2003 a barreira dos 20% foi superada, caminhando para níveis próximos de 30%. A interrupção da tendência crescente em 2008 foi atribuível à crise financeira global, que provocou repatriações de recursos, como mostram os dados da Tabela 6.2.

A maior presença do investimento estrangeiro no mercado de capitais do Japão e a disposição das autoridades reguladoras em vencer resistências culturais e adaptar as práticas corporativas aos padrões estabelecidos nos mais exigentes mercados ocidentais são as duas principais forças que estão impulsionando mudanças. Além das recomendadas pelo código de melhores práticas de governança corporativa, destacam-se as seguintes, ainda em curso:

- Dissolução das participações cruzadas.
- Redução do campo de atuação do *main banks* na administração das companhias.
- Abertura da Comunidade Organizacional Comum (forte sinergia entre acionistas, dirigentes e empregados, moldada durante o longo período de ascendência econômica) para a introdução de conselheiros e auditores externos independentes no seio das companhias.
- Maior difusão de informações sobre as companhias: da opacidade para a transparência.
- Revogação *poison pills* e *take-overs defense*.
- Implementação de controles financeiros mais rigorosos e de critérios contábeis universalmente aceitos.

A Governança Corporativa na Ásia Emergente

Diferentemente do Japão, onde o sistema corporativo tem práticas fortemente distintas das adotadas no mundo ocidental, nos países da Ásia Emergente observam-se características-chave de processos de governança mais próximas das europeias. Esta diferença fundamental pode ser associada à ausência, no Japão, e à presença, em vários países emergentes asiáticos (como na Índia, em Hong Kong, em Taiwan, na Coreia do Sul, na Malásia e na Indonésia), de transfusões culturais e institucionais trazidas por colonizadores ao longo de sua formação histórica ou no processo mais recente de seu desenvolvimento industrial.

É verdade que, a partir da Era Meiji, no final do século XIX, o Japão se ocidentalizou, posicionando-se assim à frente das demais nações asiáticas no movimento histórico de conectar sua economia às dos mais desenvolvidos países ocidentais. Mas a conexão se deu mais fortemente na gestão das cadeias de suprimentos e, após a Segunda Grande Guerra, na tipologia dos produtos gerados, do que no campo institucional, que se manteve fortemente vincula-

QUADRO 6.7
Aspectos comparativos do modelo de governança corporativa em países da Ásia Emergente.

Países	Influências históricas sobre estrutura legal	Características-chave dos Conselhos de Administração					
		Estrutura	Número de membros nas empresas listadas	Exigência legal de separação *Chairman* e *CEO*	Comitês exigidos por lei	Independência dos conselheiros	Número mínimo de reuniões por ano
Hong Kong	Direito Comum	Unitária	3	Recomendada	Auditoria e Remuneração	Mínimo de 3	Não definido
Coreia do Sul	Direito Civil Germânico	Unitária	3	Não	Auditoria e Nomeação(b)	3 ou 25%	Não definido
Índia	Direito Comum	Unitária	3	Não	Auditoria e Remuneração(c)	1/3 ou 50%(f)	1
Taiwan	Direito Civil Germânico	Dual	5	Recomendada	Não exigidos	2 ou 1/5	2
China	Direito Comum	Dual: Conselheiros e Auditores	5 a 19	Não(a)	Auditoria, Estratégia, Remuneração e Nomeação	1/3	2
Cingapura	Direito Comum	Unitária	2	Recomendada	Auditoria, Nomeação e Remuneração	2 ou 1/3	2
Malásia	Direito Comum	Unitária	3	Recomendada	Auditoria(d)	2 ou 1/3	2
Tailândia	Direito Civil Francês	Livre	5	Não	Auditoria	3	3
Indonésia	Direito Comum	Unitária	3	Não	Auditoria(e)	1/3	3
Filipinas	Direito Civil Francês	Unitária	7	Não	Auditoria	2 ou 20%	12

Fonte: OECD, CENTRE FOR CO-OPERATION WITH NON-MEMBERS. *White paper on corporate governance in Asia*. Paris: OECD, 2008.

(a) Exceto para instituições financeiras.
(b) Apenas para companhias com ativos superiores a 2 trilhões de *wons*.
(c) São recomendados comitês de nomeação e de acionistas.
(d) São recomendados comitês de remuneração e de nomeação e de administração de riscos (para bancos).
(e) Por exigência da JSX – *Jakarta Stock Exchange*.
(f) 1/3 se o *Chairman* for *outsider*; 50%, se for o presidente da Diretoria Executiva.

do às suas próprias raízes culturais. Já na Ásia Emergente – seja pelo seu mais recentemente desenvolvimento econômico, seja pelas marcas deixadas pelo colonialismo, observa-se maior influência da estrutura legal ocidental – na Índia, em Hong Kong e na Indonésia prevalecem as bases do Direito Comum Britânico; na Coreia do Sul, em Taiwan, o Direito Civil Germânico; na Tailândia e na Malásia, do Direito Civil Francês.

Estas ligações históricas e culturais com o Ocidente transmitiram-se aos sistemas corporativos desses países, de certa forma facilitando a absorção dos princípios recomendados nos códigos de boas práticas de governança corporativa, na linha sugerida pela OCDE. O Quadro 6.7 traz uma síntese dessas influências, nitidamente observadas na estrutura legal e nas características-chave do mais importante órgão colegiado das companhias, o Conselho de Administração. Nesse órgão prevalece a estrutura unitária, excetuando-se os países que adotam, por influência germânica, o modelo dual. O número de membros é reduzido, não tendo sido seguida a prática japonesa de conselhos numerosos. A separação das funções do *Chairman* e do *CEO* ainda não é uma exigência legal, mas notam-se recomendações nesta direção. Os Comitês de Auditoria são exigidos por lei na maioria dos países, bem como a nomeação de conselheiros independentes.

O Quadro 6.8 destaca quatro importantes adequações das práticas de governança da Ásia Emergente aos códigos mundialmente aceitos, mas relaciona também seis prioridades para reformas nos modelos de governança desses países. A China é o país ainda mais afastado das práticas recomendadas. A transição para o sistema capitalista está em marcha, mas ainda longe de ser um processo acabado, até porque, como observa Story,[10] "embora a participação das empresas estatais e coletivas na geração do PNB tenha recuado para níveis próximos de 30%, os direitos privados sobre a propriedade ainda têm de ser inseridos no coração do sistema político: as empresas privadas ainda são em menor número em trinta setores, em que as estatais e seus ministérios ainda detêm posições privilegiadas. Em contrapartida, cresce o número de companhias chinesas abertas, regulada pela Comissão de Valores Mobiliários e Regulamentação da China, negociadas nas bolsas de Shanghai, Shenzhen e Hong Kong. Nesta, elas estão sujeitas a uma avaliação mais rigorosa, tendo que se adaptar às práticas contábeis internacionais; contratar os auditores das 4 Grandes; relatar as transações com partes interessadas; contratar bancos internacionais para avaliar aquisições; e incluir representantes de investidores estratégicos nos seus Conselhos de Administração. Hong Kong passa a ser, assim, um estabelecedor de normas e padrões para outras empresas chinesas que ainda não atingiram um nível aceitável em termos de transparência e de governança corporativa."

Dos países da Ásia Emergente, provavelmente por conta do domínio da Comunidade Britânica, Hong Kong é aquele em que se estabeleceu o mais desenvolvido mercado de capitais e as mais rigorosas normas de governança corporativa. A Tabela 6.3 traz comparações do número, do valor de mercado e da capitalização das companhias abertas de dez países da região. Nos quatro pioneiros Tigres Asiáticos (Hong Kong, Coreia do Sul, Taiwan e Cingapura), a capitalização é mais expressiva do que a média dos dez países: de uma partici-

QUADRO 6.8
Práticas já adequadas aos códigos de boa governança, recomendações para melhorias e prioridades para reformas em países da Ásia Emergente.

Adequações comuns às boas práticas	❏ Informações aos *shareholders*: prestação de contas auditadas, relatório anual do Conselho de Administração sobre operações passadas e perspectivas futuras. ❏ Exigência de submissão à votação dos *shareholders*: ◊ Mudanças nos estatutos das companhias. ◊ Mudanças no portfólio de negócios, fusões e incorporações. ◊ Nomeação dos administradores. ◊ Estrutura e aumento do capital. ❏ Responsabilização dos administradores pelas demonstrações de resultados. ❏ Transparência das transações envolvendo partes interessadas e sanções para informações privilegiadas.
Prioridades para reformas	❏ Estimular e fortalecer as regras e práticas de boa governança, para ampliar a confiança e atrair investidores estrangeiros. ❏ Esforços para efetiva implementação dos marcos regulatórios da governança. ❏ Convergência para padrões internacionais de contabilidade, auditoria e transparência de informações não financeiras. ❏ Envolvimento efetivo dos Conselhos de Administração na estratégia, no monitoramento dos sistemas internos de controle e nas transações envolvendo *insiders*. ❏ Proteção legal a acionistas não controladores. ❏ Intensificação dos esforços do governo para melhorar a regulação e a governança corporativa dos bancos.

Fontes: OECD, CENTRE FOR CO-OPERATION WITH NON-MEMBERS. *White paper on corporate governance in Asia*. Cingapura: OECD, 2006; e *Asian Roundtable on Corporate Governance*. OECD: Shangai, Dec. 2010.

pação da Ásia Emergente de 23,43% no valor de mercado de todas as companhias abertas do mundo, 9,46% correspondem a esses quatro países. Ocorreu também forte crescimento do número e da capitalização das companhias abertas da China: respectivamente 5,1% e 7,1% dos indicadores mundiais.

O crescimento da economia chinesa nos últimos cinco anos do século XX e na primeira década deste século conduzia à posição de segunda potência mundial no *ranking* dos Produtos Nacionais Brutos (PNBs) e confirma-se na Tabela 6.3. Não obstante tenha um número de companhias listadas ainda inferior à da Índia, superou neste indicador todos os demais países asiáticos, inclusive o Japão e a soma do valor de mercado das companhias listadas nas bolsas de Shangai e Shenzhen é o maior e o mais expressivo nos mercados de capitais da Ásia. Pela baixa presença de investidores estrangeiros nas bolsas chinesas, sua volatilidade em cenários de crise internacional tem se mostrado inferior à observada na maior parte dos países.

TABELA 6.3
A expressão da Ásia Emergente no sistema corporativo e no mercado mundial de capitais: quadro comparativo em dezembro de 2013.

Países[a]	Companhias listadas nas bolsas de valores			Expressão mundial	
	Número	Valor de mercado (US$ bilhões)	Capitalização em relação ao PNB	% das companhias listadas	% do valor de mercado
Hong Kong	1.553	3.100,8	1.031,8	3,58	5,18
Coreia do Sul[b]	1.813	1.234,5	94,6	4,18	2,06
Índia[c]	5.206	2.428,2	129,4	12,0	4,06
Taiwan	802	822,7	92,8	1,85	1,37
China[d]	2.489	3.948,9	42,7	5,74	6,60
Cingapura	776	744,4	249,9	1,79	1,24
Malásia	900	500,4	160,1	2,08	0,84
Tailândia	491	354,4	91,5	1,14	0,59
Indonésia	483	346,7	39,9	1,11	0,58
Filipinas	254	217,3	79,8	0,59	0,36
Totais	14.767	13.698,3	87,1[e]	34,06	22,88
Japão	3.408	4.543,2	90,6	7,86	7,59
Mundo	43.348	59.844,5	79,9[f]	100,00	100,00

(a) Ordem decrescente do valor de mercado das companhias listadas.
(b) Soma da *Korea Stock Exchange* e *Kosdaq*.
(c) *National Stock Exchange Índia* e *Bombay SE*.
(d) *Shangai Stock Exchange* e *Shenzhen Stock Exchange*.
(e) Em relação à soma dos PNBs dos dez países considerados: US$ 15.720,5 bilhões em 2013.
(f) Em relação ao Produto Mundial Bruto: Estimativa preliminar de US$ 74.899,9 bilhões em 2013.

Fontes: WORLD FEDERATION OF EXCHANGE. *FOCUS 2011*: Number of listed companies. Domestic market capitalization. Annual statistics tables. Para PNBs e Produto Mundial Bruto: Estimativas preliminares, 2011 World Economic Outlook (WEC), Database.

6.5 O Modelo Latino-Europeu

Por heranças culturais, pelas raízes comuns das instituições e pela formação do sistema empresarial, fundamentada em um misto de grandes grupos familiares e de empresas estatais, são bastante semelhantes as características dominantes dos modelos de governança latino-europeu e latino-americano. Esses modelos distanciam-se dos padrões anglo-saxão e nipo-germânico. Do primeiro, pelo tipo mais comum de *conflito de agência*, que, no caso, é de expropriação, envolvendo acionistas majoritários e minoritários. Do segundo, pela ênfase atribuída a interesses múltiplos, que, no caso, não está ainda estabelecida, mas em transição.

Como registramos nas sínteses do Quadro 6.9, não é tão claramente definida no modelo latino-europeu a modalidade predominante de financiamento. Os mercados de capitais têm índices de liquidez considerados baixos e os movimentos de oscilação das ações tendem a ser mais pronunciados que os dos mercados mais maduros e mais expressivos, medidos em relação ao PNB. Casos de mudanças de controle por *take-over* hostil são raros; por fusões, são mais frequentes; e, por privatizações, ocorreram principalmente na primeira metade dos anos 90, com redução do número de transações nos últimos anos. Mas, em todos eles, a propriedade manteve-se concentrada, geralmente na forma de controle por consórcios de acionistas, detentores de blocos de ações. Os bancos são menos representativos que nos casos da Alemanha e do Japão e a posse de ações de companhias do setor real pelo setor financeiro é contingenciada por disposições regulatórias. São, porém, comuns os casos de companhias capitalizadas, expressivamente, por passivos de longo prazo em relação ao total dos ativos.

Nos quatro países do grupo latino-europeu – Espanha, França, Itália e Portugal –, a predominância de famílias controladoras já em terceira ou quarta geração, com bem arquitetados e rígidos acordos de acionistas, reflete-se na sobreposição da propriedade e da gestão. Quando as companhias são abertas, é fraca a proteção aos acionistas minoritários, pois, antes das mais recentes mudanças regulatórias, a lei facultou a emissão de classes de ações sem direito a voto, cabendo notar o baixo grau de *enforcement* na execução dos direitos assegurados. Em avaliação de ampla repercussão, realizada por La Porta, Shleifer, Lopez-de-Silanes e Vishny,[11] os índices de proteção dos acionistas e a garantia de aplicação das leis nos países em que os marcos regulatórios do mercado seguiram os fundamentos do Direito Civil francês foram os mais baixos, quando comparados com os dos países de estruturas regulatórias influenciadas pelo Direito Civil alemão, escandinavo e anglo-saxão.

Além de refletir-se na sobreposição da propriedade e da gestão, a concentração acionária é importante fator de definição da composição e do funcionamento dos Conselhos de Administração. Na França, por exemplo, ainda predomina a acumulação dos cargos de presidente do Conselho de Administração e de Presidente Executivo pelo *Président Directeur Générale (PDG)*. Os *Relatórios Viénot*, tão importantes na França quanto os *Relatórios dos Anos 90* no Reino Unido, sugeriram a separação das funções, a admissão de conselheiros independentes e a constituição de comitês, entre os quais os de remuneração da Diretoria Executiva. E note-se que a denominação dos relatórios franceses é uma homenagem a Marc Viénot, o coordenador da comissão que elaborou os relatórios, então PDG de um dos mais importantes bancos franceses, o *Société Générale*. Na Itália, a prática mais frequente ainda é a de Conselhos de Administração constituídos para harmonizar interesses acionários

QUADRO 6.9
Modelo latino-europeu de governança corporativa: uma síntese das principais características.

Características definidoras	Sínteses
Financiamento predominante	Indefinido. Embora menos que nos casos da Alemanha e do Japão, a alavancagem por exigíveis é expressiva. Mas, tanto na França como na Itália, é expressiva a presença do Estado em indústrias de base, infraestrutura e serviços de utilidade pública. É também expressiva a empresa familiar fechada e aberta. Em amostras de 250 empresas abertas francesas, 185 italianas e 290 espanholas, os bancos detinham respectivamente 17,3%, 8,6% e 9,2% do bloco de controle; grupos familiares, 14,3%, 65,3% e 20,4%, no final de 2010.
Propriedade e controle acionário	O controle é concentrado. Na Itália, em 75% das 500 maiores empresas, o principal acionista, no final de 2010, detinha mais de 30% do capital. Na Bolsa de Valores de Milão, em 2010, a participação do maior controlador alcançava, em média, 29%. Na França, com as privatizações, fusões e aquisições, os consórcios passaram a ter maior importância nos últimos dez anos. Em Portugal e na Espanha, predominam grupos familiares. Na Espanha, no final de 2010, nas 100 maiores empresas, o maior acionista detinha 37,5%; os cinco maiores, 55,8%.
Propriedade e gestão	O padrão dominante é de sobreposição. Mesmo nos casos em que prevaleçam grupos piramidais, o acionista majoritário exerce forte controle. A concentração patrimonial dá suporte a modelos fechados de gestão, com Conselhos de Administração exercendo mais funções consultivas.
Conflitos de agência	A justaposição propriedade-controle reduz a níveis poucos expressivos os conflitos típicos de agenciamento. Os benefícios privados do controle, com amplos direitos sobre fluxo de caixa, levam à expropriação de minoritários.
Proteção legal a minoritários	Prevalece, como regra, a fraca proteção, típica do Direito Civil Francês, com baixo *enforcement*. Os mercados de capitais, consequentemente, são pouco desenvolvidos. Baixa transparência e pequena presença do "capital institucional" completam o quadro.
Conselhos de administração	Vários sistemas. Na Franca há dois modelos. No mais praticado, o principal gestor, *Président Directeur Générale (PDG)*, acumula as funções de presidente do Conselho de Administração e da Diretoria Executiva. Outro modelo é de dois conselhos: o de administração, *Conseil de Surveillance*, e o de gestão, *Directoire*. A prática de duas instâncias de conselhos é adotada por 42% dos países (2011) (Report 2011 de Heidrick & Struggles), como o alemão; 27% possuem conselho unitário; 31% modelos mistos.
Liquidez da participação acionária	A liquidez é baixa, comparativamente com a do modelo anglo-saxão. Mas a tendência é de abertura do capital por grupos familiares, ainda que com a manutenção do controle. O crescente ingresso de investidores globais nas bolsas da Europa Ocidental, a integração e as fusões e aquisições *cross-border* são fortes estímulos ao maior desenvolvimento do mercado de capitais.
Forças de controle mais atuantes	Predominantemente internas, pela concentração da propriedade. A tendência é a abertura das corporações ao controle externo, com a criação de um novo e mais ativo mercado de capitais. As duas principais iniciativas nesta direção são o *Nouveau Marché*, na França, e o *Nuovo Mercato*, na Itália.
Governança corporativa	Ênfase crescente nas práticas da governança. Códigos foram editados em todos os países. A iniciativa pioneira foi da França, em 1995, com o Relatório Viénot. As recomendações tendem a seguir *Principles of Corporate Governance* da OCDE. Os focos são: constituição de Conselhos de Administração eficazes, direitos de minoritários, remuneração dos gestores e responsabilidade corporativa.
Abrangência dos modelos de governança	Tende a ser alta, em resposta aos critérios do *European Corporate Governance Rating* e às pressões sociais pela adoção de governança orientada para múltiplos interesses.

estabelecidos na forma de pirâmides de participações, enquanto na Espanha e em Portugal eles são órgãos de reforço do poder de controle dos majoritários.

Estes traços institucionais não estimulam o desenvolvimento do mercado de capitais, alijando os pequenos investidores. Há comprovações empíricas de alta correlação entre a desproteção dos minoritários, os baixos níveis de *enforcement* e a baixa expressão do mercado de capitais como fonte de financiamento das corporações. Ainda que raquíticos, os mercados subsistem por dois fatores apontados por Shleifer e Vishny:[12] 1. ondas de otimismo que atraem os investidores, nos ciclos de alta dos mercados de capitais; e 2. reputação das empresas no ambiente corporativo, pelas suas marcas e pelos seus produtos, não necessariamente como gestoras de recursos com baixos *custos de agência*. É consensual, porém, que, para o desenvolvimento amplo do mercado, a esses fatores devem ser acrescentadas as proteções legais e outras formas de controle externo, como a ocorrência não meramente pontual de aquisições hostis, com direitos extensivos aos minoritários, especialmente *tag along*. Mas não é o que ainda ocorre com frequência nos mercados de capitais e nos modelos de governança dos países latino-europeus.

As condições prevalecentes explicam os baixos índices comparativos de governança atribuídos em setembro de 2010 pela *Governance Metrics International* às 206 corporações dos quatro países desse grupo: todos abaixo da maior parte dos países desenvolvidos integrantes da OCDE. As médias das corporações da Itália, França, Portugal e Espanha foram de respectivamente 5,25, 4,70, 4,14 e 3,97. Têm ocorrido, porém, mudanças que poderão alterar esse quadro. Destacam-se as seguintes:

1. **Edição de códigos de governança corporativa** pelas instituições do mercado de capitais em todos os países, seguindo os padrões recomendados pela OCDE, pela Associação Europeia de Corretores de Títulos e por investidores institucionais, como o AFG-ASFFI na França. Na França, a iniciativa de definir códigos de boa governança foi do *Conseil National du Patronat Français* (CNPF) e da *Association Française des Entreprises Privées* (AFEP), instituições que congregam empresas privadas. O primeiro relatório sobre os padrões vigentes de governança, com propostas de mudanças, foi publicado em 1995 e revisto em 1999 – conhecidos como Viénot I e II. Em outubro de 2003, a AFEP, com o co-patrocínio do *Mouvement des Entreprises de France*, editou o código que incorporou as propostas dos Relatórios Viénot I e II. Na Itália, desde 1998, a *Commissione Nationale per le Societá e la Borsa* tem promovido importantes modificações nas regras de governança, com foco na proteção dos minoritários, na transparência dos atos da administração e na integridade das demonstrações de resultados. Na Espanha, as iniciativas foram semelhantes às da França, quanto ao patrocínio inicial de uma entidade privada, o Círculo de Empresários, por reformas nas práticas de governança corporativa. O foco foi a composição e as funções dos Conselhos de Administração: em 1996 foi divulgado o primeiro documento – *Una propuesta de normas para un mejor funcionamiento de los Consejos de Administración*. Em 1997, uma

comissão governamental foi criada para estabelecer normas mais rigorosas de governança – a Adama Comisión. O influente Informe Aldama (*Informe de la Comissión Especial para el Fomento de la Transparencia y Seguridad em los Mercados y em las Sociedades Cotizadas*) foi publicado em 2003. Nesse mesmo ano foi promulgada a *Ley de Transparencia*, tornando compulsórias várias recomendações desse informe. Nos quatro países, a proporção de companhias com comitês ativos nos Conselhos de Administração aumentou entre 2001 e 2011: de auditoria, de 66 para 98%; de remuneração, de 62 para 91%; de nomeação, de 47 para 71%; de estratégia, de 13 para 15%; e de ética, de 7 para 12%.

2. **Esforços da Comunidade Europeia** em padronizar as regulações dos mercados nacionais de capitais, em meio a propostas ainda em estudos para a criação de um mercado único europeu.

3. **Abertura do capital** de empresas familiares fechadas. São exemplos, na Itália, Benetton e Campari.

4. **Criação de novos segmentos no mercado de capitais**, na direção da experiência pioneira da Alemanha: o *Nouveau Marché*, na França, e o *Nuovo Mercato*, na Itália.

5. **Redução das participações cruzadas**, de pirâmides, *holdings* e outras formas de concentração de poder.

6. **Recomposição dos Conselhos de Administração**, com a presença de *outsiders*, fortalecendo seus papéis como colegiados focados em

TABELA 6.4
Características dos Conselhos de Administração nos países latino-europeus, comparadas com as médias da Europa Ocidental.

Países	Número de conselheiros	Tempo de permanência dos conselheiros (anos)	Números de comitês	Composição dos conselhos (Proporção de conselheiros, %)		
				Externos independentes	Mulheres	Não nacionais
França	14,2	6,5	3,4	40	11	27
Itália	13,9	5,1	2,3	48	3	12
Espanha	14,3	6,5	2,9	33	9	10
Portugal	15,2	5,3	3,0	30	4	17
Média latino-europeus	14,4	5,9	2,9	38	6,8	17
Média da Europa Ocidental	12,1	5,7	3,0	43	12	24

Fonte: HEIDRICK & STRUGGLES. *Challenging board performance*. London: Heidrick & Struggles International, 2011.

boas práticas de governança. A Tabela 6.4 revela que é expressiva e próximas da média da Europa Ocidental a presença desses conselheiros, a maioria deles independente.

7. **Proteção a minoritários**: novas leis de aquisições, universalização do direito de voto, com unificação das ações de classes diferentes e facilitação do acesso e da efetiva participação em assembleias.

As forças que têm conduzido estas mudanças são basicamente cinco: 1. o maior volume de investimentos estrangeiros nos mercados de capitais europeus e, reciprocamente, a procura por recursos em mercados externos pelas empresas europeias, de que são exemplos as emissões de ADRs nos Estados Unidos; 2. fusões internas e interfronteiras; 3. reformas nos institutos legais; 4. pressões de investidores institucionais e de minoritários; 5. reações dos mercados após a crise financeira mundial que eclodiu em 2008.

A Tabela 6.4 destaca seis características dos conselhos de administração dos países latino-europeus, comparadas com as médias da Europa Ocidental. Há diferenças, mas não muito acentuadas. E as mudanças observadas nos últimos cinco anos indicam nítida tendência à convergência.

6.6 O Modelo Latino-Americano

As condições históricas e institucionais do sistema empresarial e governança corporativa na América Latina, bem como as mais recentes iniciativas dos países da região nesta área, foram sintetizadas em *White Paper*[13] produzido pelo (CCNM) *Centre for Co-operation with Non-Member* da OCDE, a partir de levantamento realizado no quadriênio 2000-2003.* Como introdução à análise comparativa do modelo latino-americano, destacaremos algumas características regionais, apontadas nesse levantamento, que impactam o modelo dominante de governança observado na região.

Características das Corporações na Região

São destacadas como características fundamentais das economias da região as oito seguintes:

1. **Privatização.** Desde o final dos anos 80 e durante toda a década de 90, ocorreram mudanças substanciais na divisão de responsabilidades entre os setores público e privado. Na travessia para o século XXI, os partidos de esquerda assumiram o poder na maior

---

* Os trabalhos do *Latin American Corporate Governance Roundtable* são parte de um esforço global da OCDE voltado para o desenvolvimento da governança corporativa em países não membros. Mesas-redondas semelhantes estão estabelecidas no Sudeste da Europa, na Rússia, na Eurásia e na Ásia.

parte dos países da região. Mas ainda prevalece o consenso de que o setor privado deve fornecer a maior parte dos bens e serviços que os cidadãos exigem, excetuando-se os de interesse público e difuso, cujo suprimento não seja viável pelas vias do mercado. Justificadas por esta concepção e também pela reduzida capacidade de investimento do setor público, as privatizações dos anos 90 abrangeram amplo leque de atividades até então nas mãos do Estado. No entanto, ainda não resultaram em maior desenvolvimento do mercado de capitais. Boa parte foi viabilizada por tomada de recursos exigíveis de longo prazo ou pela participação de empresas de atuação global, que ingressaram nos setores privatizados através de investimentos diretos.

2. **Concentração patrimonial**. As empresas latino-americanas caracterizam-se por elevado grau de concentração patrimonial. Mesmo nas maiores sociedades de capital aberto, a participação controladora está nas mãos de grupos familiares. A existência de acionistas majoritários plenamente engajados na gestão constitui uma grande força interna de controle, assegurando supervisão ativa e suporte financeiro em situações de crise. No entanto, se os lucros retidos e os recursos próprios dos controladores forem insuficientes diante de oportunidades de forte crescimento, e se a opção foi por aportes não exigíveis de fontes minoritárias, individuais ou institucionais, práticas mais abertas de governança passarão a ser exigidas por forças externas de controle.

3. **Grandes grupos**. É notório o papel que os grupos financeiros e financeiros-industriais desempenham no desenvolvimento privado da América Latina. Eles caracterizam-se pelo controle comum e pela operação de grandes empresas, com portfólio de negócios não necessariamente relacionados. Os resultados dos negócios mais lucrativos servem de "carro-chefe" para financiar novos empreendimentos carentes de capital. O número de grupos fechados é expressivo. E a falta de transparência que, tipicamente, caracteriza as operações é vista como obstáculo ao acesso aos mercados domésticos de capitais.

4. **Reestruturação dos sistemas financeiros**. A estrutura dos sistemas financeiros nacionais mudou significativamente. Houve redução da presença estatal e os bancos internacionais aumentaram sua participação. Maior abrangência institucional, com intermediários financeiros especializados, foi outro aspecto das mudanças. Estas devem trazer, em sua esteira, maior concorrência entre as fontes de financiamento, possível desenvolvimento do mercado de capitais e maiores exigências quanto às boas práticas de governança.

5. **Internacionalização**. Os vínculos da América Latina com a Europa, a América do Norte e a Ásia são historicamente importantes e assim se mantiveram mesmo no período protecionista de substitui-

ção de importações (segundo pós-guerra até primeira metade dos anos 80). Empresas multinacionais participaram deste processo e têm presença importante nas economias da região. Nos últimos 20 anos, o processo de internacionalização avançou, com projetos nacionais de integração regional e de desfronteirização dos mercados – a tal ponto que já é difícil considerar os países da região como unidades econômicas totalmente independentes. Fusões de empresas e mudanças de controle, com dramática "eliminação de concorrentes", foram decorrências diretas desses movimentos de integração. E outros efeitos colaterais incluem a saída de empresas do mercado de capitais doméstico e a adoção, por parte de subsidiárias de multinacionais, de *modelos híbridos de governança*, que incorporem às práticas locais as adotadas nos países das matrizes.

6. **Limitação dos mercados de capitais.** A crescente internacionalização das finanças e da indústria na América Latina contribui para a redução do número de sociedades de capital aberto listadas nos mercados locais de capital. As operações de empresas de maior porte têm migrado para mercados mais sólidos, como o de ADRs nos Estados Unidos. Estes movimentos têm impactado positivamente os padrões de transparência e as práticas de governança das companhias latino-americanas. Na busca de recursos e de liquidez para seus valores mobiliários, os emissores da região passaram, necessariamente, a enquadrar-se no contexto da lei Sarbanes-Oxley, de 2002. Isto tem implicado esforços de adaptação de suas práticas de governança corporativa.

7. **Fundos de pensão e de investimentos.** Estes fundos são os mais importantes investidores institucionais na região. A gestão e o grau de responsabilidade com que estes fundos são administrados serão forças externas de controle que poderão promover, nos próximos anos, a transparência e outros valores da boa governança corporativa na América Latina, potencializando o retorno de capital a seus clientes. São fatores determinantes dos avanços que poderão ocorrer: a) a relação entre os obstáculos e as motivações que levarão os gestores dos fundos a exigirem a adesão aos códigos de boas práticas; b) a estrutura reguladora dos mercados; e, principalmente, c) o caráter e a eficiência da própria governança dos fundos.

8. **Tradições jurídicas.** Os países latino-americanos compartilham de uma mesma origem jurídica – a tradição do Código Civil francês. Os pontos em comum estendem-se também à interpretação das leis e contratos e aos graus de *enforcement* com que são cumpridos. Uma das reações a essas tradições é a criação de novos mecanismos de resolução de controvérsias em âmbito privado, como câmaras de arbitragem, em processo de teste.

QUADRO 6.10
Modelo latino-americano de governança corporativa: uma síntese das principais características.

Características definidoras	Sínteses
Financiamento predominante	Predomina a alavancagem por exigíveis (*debt*). Os mercados de capitais são pouco expressivos e é reduzido o número de companhias abertas. Em relação ao PNB, o valor de mercado das companhias é de 76,1%, e o valor total negociado em bolsas é de 1,3%. Nos seis países de maiores mercados, as empresas abertas listadas em bolsa somam, em média, 245. No mundo, esses mesmos indicadores são, respectivamente, 85,6%, 12,3% e 887.
Propriedade e controle acionário	A propriedade das grandes corporações é concentrada. Em 2006, o maior acionista detinha em média perto de 50% do capital de controle; os dois maiores, cerca de 60%; os três maiores, mais de 70%. Considerando-se os três maiores, o grau mais baixo de concentração era na Colômbia, 63,5%; o mais alto, no Peru, 78,2%.
Propriedade e gestão	A gestão é exercida por acionistas majoritários. A identidade dos controladores alterou-se nos últimos dez anos, com aumento da participação estrangeira. O controle privado nacional está com grupos familiares ou consórcios, estes últimos formados para aquisições de estatais. São práticas correntes as estruturas piramidais, as participações cruzadas e a emissão de ações sem direito a voto.
Conflitos de agência	O conflito predominante, associável à concentração do capital, é entre acionistas majoritários e minoritários. As ações sem direito a voto representam 37% das emissões de capital. No Chile e na Colômbia, esta relação é baixa, respectivamente 7 e 9%. Mas no Brasil essas ações superam em 29% as com direito a voto.
Proteção legal a minoritários	Predominantemente fraca. A alta proporção de ações sem direito a voto dificulta a ação dos minoritários, praticamente alijados de Assembléias Gerais e representação nos Conselhos de Administração. A regulação privilegia processos burocráticos, mais que direitos. São amplas as possibilidades de controladores decidirem sem considerar os interesses do universo de acionistas. A extensividade dos preços pagos pelas ações de controle nos casos de aquisições (*tag along*) não é universalmente assegurada.
Conselhos de Administração	A composição dos Conselhos de Administração é afetada pela sobreposição propriedade-gestão. A maioria dos membros está ligada aos controladores por vínculos familiares, por acesso a interesses externos e por relações de negócio. O poder desses colegiados é reduzido, são raros os comitês atuantes e prevalece a postura consultiva, não de controle.
Liquidez da participação acionária	Prevalece a baixa liquidez, em mercados de alta volatilidade. Predomina a posse de blocos de ações. Os valores totais negociados no mercado são quatro vezes inferiores, na média da região, ao total das emissões. Os valores mensais negociados em relação aos PNBs dos países alcançam, em média ponderada, 1,3%, contra 12,3% da média mundial. Apenas Brasil, México e Chile apresentam números mais expressivos, mas também distantes dos valores globais.
Forças de controle mais atuantes	As forças mais atuantes são internas. Entre as externas, o ambiente regulatório está em transição: novas leis modificam condições históricas. Registram-se exigências de melhores padrões contábeis. E é positivo o ativismo de investidores institucionais. Requisitos para o lançamento de ADRs nos EUA por mais de 100 empresas da região nos últimos 15 anos também exerceram efeitos positivos nos modelos de governança.
Governança corporativa	Embrionária, mas evoluindo com rapidez. Boas práticas têm sido introduzidas pelo "capital institucional": mais transparência, integridade e qualidade das informações e criação de segmentos de mercado diferenciados. Instituições do mercado editaram códigos de governança em todos os países. E foram criados institutos para desenvolvimento da governança corporativa.
Abrangência dos modelos de governança	Prevalecem os interesses dos acionistas. Mas com a participação alta do capital estrangeiro e por exigências globais, é expressivo o número de empresas com maior atenção a interesses múltiplos. Conceitos de responsabilidade corporativa têm sido internalizados e grandes grupos editam balanços social e ambiental, junto com relatórios financeiros. Observa-se evolução na direção de modelos *stakeholders oriented*.

DETERMINANTES DO MODELO PRATICADO

Estas oito características sintetizadas pelo *White Paper* da OCDE são o "pano de fundo" da governança corporativa na América Latina. E, apesar das disparidades econômicas entre os países da região, elas são fatores determinantes de pelo menos cinco traços comuns da estrutura empresarial e da governança na região, que se encontram resumidos no Quadro 6.10: 1. os exigíveis de longo prazo como financiamento predominante; 2. a concentração da propriedade acionária; 3. o controle predominantemente familiar dos grandes grupos; 4. a sobreposição propriedade-gestão; e 5. o estágio ainda embrionário da governança corporativa.

A diminuta dimensão do mercado de capitais em seis países da região, primeira característica dominante destacada, está evidenciada na Tabela 6.5. A capitalização média ponderada nas empresas abertas é inferior à média mundial e o valor mensal negociado em relação aos PNBs é ainda mais distante: 2,07% contra 14,53%, respectivamente. É também significativamente

TABELA 6.5
Indicadores do mercado de capitais em países latino-americanos em dezembro de 2013.

Países	Capitalização das empresas	Valor mensal negociado	Número de sociedades de capital aberto listadas	Nº de empresas	% das empresas listadas	% dos valores negociados
Argentina	8,68	0,61	97	12	11,4	69,8
Brasil	45,4	3,75	363	21	5,6	70,1
Chile	95,6	2,41	227	10	3,7	54,3
Colômbia	53,6	1,94	72	nd	nd	nd
México	41,7	2,81	138	29	6,1	56,8
Peru	40,0	0,93	271	10	3,9	71,5
Média ponderada[a]	43,1	2,07	197	16	6,2	62,3
Média mundial	79,9	14,53	883[b]	–	–	–

(a) Exceto para número de empresas.
(b) Número médio de empresas de capital aberto listadas nas bolsas de valores do mundo.
Fontes: WORLD FEDERATION OF EXCHANGES. Focus, Dec. 2013.

inferior o número médio de sociedades de capital aberto por países: 4,4 vezes inferior à média mundial. Além do número médio de empresas listadas ser bem inferior, as negociações no mercado de capitais são fortemente concentradas em pequeno número de empresas: em média ponderada, 62,3% das negociações são de 6,2% das empresas. Este indicador sugere que é baixa a liquidez no mercado como um todo. Os mercados em que se registraram mais negociações em relação aos PNBs são os do Brasil, do México e do Chile, mas também distantes da média mundial.

As dimensões das companhias de capital aberto listadas nas seis maiores bolsas de valores da América Latina, comparadas, por exemplo, com as dos dez maiores países da Ásia Emergente, revelam-se bem menos expressivas. É o que mostram os dados da Tabela 6.6. Só há um aspecto em que os países emergentes da Ásia não apresentam valores mais robustos: o valor médio de mercado das companhias – o que não é um mau indicador, pois revela o acesso maior das companhias a processos de abertura de capital. Em todos os demais, como número médio de companhias por país, valor total de mercado e capitalização em relação aos PNBs, a Ásia Emergente supera a América Latina. A expressão mundial, neste campo, de cada uma dessas duas regiões emergentes é uma síntese reveladora: o número de companhias da Ásia Emergente alcança 34,1% do total mundial; as da América Latina, 2,6%. E o valor de mercado das asiáticas é de 22,9% do total das companhias abertas do mundo; o das latino-americanas, 3,6%.

TABELA 6.6
Comparações entre a expressão mundial das companhias abertas da América Latina e da Ásia Emergente, em dezembro de 2013.

Indicadores das companhias listadas nas bolsas de valores	Ásia Emergente	América Latina
❏ Número total de companhias	14.767	1.168
❏ Número médio de companhias por país	1.477	195
❏ Valor de mercado (US$ bilhões)		
◊ Total (US$ bilhões)	13.698	2.148
◊ Média por companhia (US$ milhões)	927	1.839
❏ Capitalização do total das companhias em relação à soma dos PNBs (%)	79,9	43,1
❏ Expressão mundial		
◊ % das companhias listadas	34,1	2,6
◊ % do valor de mercado	22,9	3,6

Fontes: WORLD FEDERATION OF EXCHANGE. *FOCUS*, Dec. 2013. Number of listed companies. Domestic market capitalization. Annual statistics tables. Para PNBs: WORLD BANK. *World development indicators*.

TABELA 6.7
Concentração média e desvio padrão do controle acionário dos 3 maiores acionistas em cinco países da América Latina.

Países	Número de acionistas	2000 Média	2000 Desvio padrão	2002 Média	2002 Desvio padrão	2004 Média	2004 Desvio padrão	2006 Média	2006 Desvio padrão
Brasil	1	48,1	25,9	50,9	26,7	52,2	26,9	53,3	26,9
Brasil	2	59,2	25,3	61,7	25,6	63,2	25,7	64,4	24,9
Brasil	3	63,3	24,8	65,6	24,8	66,9	24,7	68,9	23,6
Chile	1	51,2	26,0	53,4	25,6	53,6	25,6	54,0	25,6
Chile	2	66,3	24,8	66,9	23,5	66,5	23,6	66,6	23,6
Chile	3	72,5	23,3	73,3	22,0	72,5	21,9	72,5	22,0
Colômbia	1	37,4	25,6	46,3	26,2	46,6	26,8	46,0	28,5
Colômbia	2	49,4	26,6	58,9	25,3	59,3	26,1	57,7	28,6
Colômbia	3	56,0	25,2	65,2	23,3	65,3	24,1	63,5	26,9
Peru	1	51,4	29,1	52,7	29,7	54,4	30,2	60,0	32,2
Peru	2	66,0	27,8	67,1	28,3	68,8	28,2	72,6	28,7
Peru	3	72,8	23,3	73,1	26,3	75,2	25,4	78,2	25,5
Venezuela	1	49,2	23,4	44,9	26,0	44,9	26,0	44,9	26,0
Venezuela	2	67,2	22,9	60,6	24,8	60,6	24,8	60,6	24,8
Venezuela	3	73,5	20,6	67,2	22,2	67,2	22,2	67,2	22,2

% em relação do capital de controle

Fonte: Economática, *Data base* 2007. Citada por ASSAF NETO, A.; GUASTI LIMA, F; PROCÓPIO DE ARAÚJO, A. M. *A realidade da concentração do capital no Brasil:* um estudo comparativo com outras economias emergentes. São Paulo: FEA, USP, 2007.

Entre as condições estruturais do mercado de capitais na América Latina uma das mais relevantes e determinantes é a concentração do capital de controle. Os dados da Tabela 6.7, para cinco países da região, revelam que o maior acionista em três países detinha o controle, em 2006, com mais de 50% do capital de controle: Brasil, Chile e Peru. Em todos os países, os dois maiores superavam, em média, mais de 60% do capital com direito a voto; os três maiores chegavam a 70%. Os dados revelam ainda que esta característica não se modifica a curto prazo. À concentração soma-se a sobreposição entre a propriedade e o controle, principalmente no Brasil, dada a alta proporção das empresas com lançamentos de ações sem direito a voto. Os dados complementares da Tabela 6.8 revelam que, na média dos países, das empresas que recorreram ao financiamento via mercado de capitais, 34% lançaram ações sem direito a voto, proporção que chega a 86,9% no Brasil. Consequentemente, a relação entre essa classe de ações e as com direito a voto é expressiva, atingindo a média de 37%. Por fim, mais um dado expressivo que compõe o quadro em que se exerce a governança corporativa na região: em todos os países é bem alta a proporção das empresas com estruturas piramidais de propriedade. Na média, 79% recorrem a esta forma de controle acionário.

TABELA 6.8
Separação de propriedade e controle em empresas de capital aberto em países latino-americanos.

Países	% de empresas com ações sem direito a voto (a)	Relação entre ações sem/com direito a voto (b)	% de empresas com estruturas piramidais de controle (c)
Argentina	3,9	0,14	93
Brasil	86,9	1,29	89
Chile	7,2	0,07	68
Colômbia	7,1	0,09	50
México	37,8	–	72
Peru	61,0	0,25	100
Média	**34,0**	**0,37**	**79**

(a) Relação entre o número de empresas que emitiram ações e o total das empresas de capital aberto.

(b) Relação entre o número de ações preferenciais e o de ordinárias.

(c) Dados extraídos de formulários 20-F de processos de emissão de ADRs.

Fonte: LEFORT, F. Estructura de la propiedad y gobierno corporativo en los países latino-americanos: un panorama empírico. *"White paper"* sobre gobierno corporativo en América Latina. Paris: Editons de l'OCDE, 2004.

Dado este conjunto interconsistente de características, torna-se bem claro o quadro em que se define o modelo latino-americano de governança corporativa: **concentração familiar de propriedade** ou, como resultado de mudanças recentes, **controle consorciado exercido por grande grupos, com crescente participação estrangeira; sobreposição da propriedade e da gestão; e conflitos típicos de agência entre acionistas majoritários e minoritários**, com rarefeita ocorrência de conflitos entre acionistas e gestores.

Em síntese definida por Lefort,[14] são, assim, os seguintes os elementos determinantes do modelo praticado:

1. **Composição societária e controle**. Nas corporações latino-americanas, o controle societário é estritamente exercido pelos acionistas majoritários. Portanto, a preocupação-chave da governança corporativa na região é o possível conflito de interesses entre acionistas controladores e não controladores. Este conflito pode ser exacerbado por estruturas desenhadas para separar os direitos de propriedade dos direitos de fluxo de caixa. Neste sentido, uma característica importante das composições de controle acionário na região é a presença amplamente praticada de conglomerados financeiros, industriais e heterogêneos, com estruturas piramidais, participações cruzadas e emissão de ações sem direito a voto.

   A predominância de uma forma ou outra de sustentação do controle varia muito entre os países. Na Argentina, as estruturas piramidais são amplamente utilizadas, com crescente participação estrangeira nos últimos anos: em 24 empresas que emitiram ADRs, observou-se um índice de 93% de filiação a grupos por pirâmides, mas com pouca utilização de ações sem direito a voto, somente 3,9%. Já no Brasil, ocorrem os dois mecanismos: entre 39 emissores de ADRs, a conglomeração por meio de pirâmides alcançou um índice de 89%, enquanto 87% das empresas de capital aberto emitiram ações sem direito a voto. No Chile, apenas 7,2% das empresas de capital aberto têm ações sem direito a voto, mas 68% são controladas por um dos 50 maiores conglomerados do país – e estes detêm 91% dos ativos das corporações não financeiras. No México, ações sem direito a voto foram emitidas por 37% das companhias abertas e 59% delas pertencem a uma estrutura piramidal.

3. **Investidores institucionais**. Pela concentração do capital e pela alta expressão das ações sem direito a voto, os investidores individuais não são representativos nas empresas da América Latina. Mas os institucionais, especialmente os fundos de pensão, têm papel importante, ampliado por recentes reformas institucionais, quer como provedores de recursos, quer como participantes dos processos de governança. Ainda que, como acionistas minoritários, atuem como forças externas de controle, com focos na questão central do oportunismo dos acionistas e dos administradores e na defesa dos interesses de minoritários. Complementando sua atuação,

eles se tornaram importantes formadores de opinião em assuntos relacionados à governança corporativa.

4. **Práticas e composição dos Conselhos de Administração.** As leis corporativas na maioria dos países da América Latina indicam de forma explícita que o Conselho de Administração é o principal órgão decisório das empresas e seus membros têm o dever de lealdade e de proteção perante todos os acionistas. Entretanto, como uma das consequências da alta concentração da propriedade acionária, este colegiado tende a ser muito menos poderoso do que, por comparação, nos modelos de governança dos países anglo-saxões. Em termos gerais, têm função basicamente consultiva para os controladores, com menor número de membros independentes e poucos comitês atuantes. Tomando o caso do Chile como exemplo, os dados oficialmente divulgados dão conta de que 55% dos conselheiros são independentes. Contudo, o número real de *outsiders* não relacionados com as corporações é provavelmente muito menor, uma vez que muitos conselheiros autodenominados independentes recebem boa parte de seus rendimentos não só por participação nos conselhos corporativos, mas também por atividades consultivas. Nos cinco maiores conglomerados do país, constatou-se que 80% dos conselheiros podem ser considerados "filiados" aos controladores. Mais ainda: somente 29% dos presidentes de Conselhos de Administração estabelecem comitês permanentes. A situação não é muito diferente no México, onde 53% dos conselheiros são altos executivos da própria empresa, de outras empresas do grupo ou ligados a estes por laços familiares. Pior: a falta de independência é também atribuível a relações políticas e a outros tipos de relacionamentos, como o apadrinhamento – ou *compadrazgo*, como os mexicanos o denominam.

Cabe notar que, nos casos em que os direitos dos minoritários estejam assegurados e os Conselhos de Administração reforcem a capacitação estratégica dos empreendedores e o monitoramento da gestão, a concentração da propriedade e as demais condições dela decorrentes não podem ser definidas, *a priori*, como indicações de má governança. A concentração acionária define-se até como uma das forças internas de controle de governança corporativa. Ou, como Monks e Minow[15] defenderam em seu texto pioneiro, "a empresa que conta com o monitoramento eficaz dos acionistas adiciona mais valor e gera mais riqueza que aquelas que não dispõem de tal recurso". Resta apenas saber se a governança é tão eficaz para gerar riqueza quanto é para bem distribuí-la entre o universo de acionistas.

A questão desloca-se, assim, da concentração, enquanto mecanismo de poder, para os efeitos da sua atuação quanto à justa extensão de benefícios aos minoritários. Os testes conduzidos por Fuert e Kang[16] – construídos para avaliar se a concentração da propriedade acionária e a presença de grandes acionistas que compartilham a gestão promoveriam tanto a criação de riqueza quanto a sua distribuição através de altas nas cotações das ações – mostraram

QUADRO 6.11
Recomendações da OCDE para melhores práticas de governança corporativa nos países latino-americanos.

Aspectos destacados	Recomendações
Direitos dos acionistas	❏ Forte e eficaz proteção dos minoritários. ❏ Participação efetiva de todos em Assembleias. Exercício do direito de voto sobre as ações. ❏ Extensão dos direitos de preferência aos detentores de ADRs nas ofertas de novas ações. ❏ Exequibilidade de nomeação de conselheiros.
Tratamento equitativo de acionistas	❏ Por ocasião de mudança no controle acionário: 1. transparência sobre condições econômicas e não econômicas da operação; 2. preço da aquisição; 3. *tag-along*. ❏ Quando de mudanças no objeto social da empresa e nas reestruturações do capital social. ❏ No exercício dos direitos de retirada da sociedade por minoritários, com justo valor para suas ações.
Outras partes interessadas	❏ Explicitação, pelos Conselhos de Administração, dos direitos assegurados aos empregados e demais partes com interesse na corporação. ❏ Emissão de relatórios sociais e ambientais. ❏ Definição de código de ética corporativa, fundamentando padrões para o sistema de relações internas e externas.
Qualidade e integridade dos relatórios financeiros e de outras informações	❏ Relatório público anual sobre o desempenho da companhia. ❏ Padrões dos demonstrativos financeiros coincidentes com os do *International Financial Reporting Standards*. ❏ Análise por auditores externos independentes, segundo padrões internacionais. ❏ Transparência em informações sobre o posicionamento da companhia em *rankings* de crédito e classificações de risco.
Participações e controle acionário	❏ Divulgação da estrutura acionária, indicando detentores da propriedade do controle. Objetivos: 1. identificação de conflitos de interesse, envolvendo controladores, conselheiros e gerentes; 2. operações com partes relacionadas; 3. uso de informações privilegiadas. ❏ Comunicação de acordos de acionistas, indicando: 1. exercício dos direitos de voto; 2. opções de venda e compra de ações; 3. direitos de preferência; 4. poderes para a nomeação de gestores. ❏ Abertura das operações com ações da empresa por acionistas controladores, conselheiros e gestores.
Práticas de governança corporativa	❏ Conteúdos das práticas adotadas. ❏ Integridade, capacitação, motivação e independência dos conselheiros. ❏ Processos regimentais: conselhos efetivamente guardiões e instituição de comitês eficazes.
Órgãos reguladores	❏ Remoção de sobreposições e inconsistências legais. ❏ Proposição e implementação de normas rigorosas. Em contrapartida: *enforcement* eficaz. ❏ Ampliação dos poderes de supervisão das normas de boa governança corporativa. ❏ Emprego eficaz de arbitragem privada.

que não. Eles evidenciaram que a concentração e a presença de grandes controladores supera os modelos de propriedade difusa no desempenho interno das empresas, mas não necessariamente nas cotações das ações. Comprovações como esta reforçam a presunção de que o mercado de capitais exige realmente regulação. E justificam as recomendações da OCDE para a melhoria dos padrões de governança na América Latina.

RECOMENDAÇÕES DA OCDE PARA A REGIÃO

O Quadro 6.11 resume as recomendações da OCDE para o modelo latino-americano de governança corporativa. Elas foram fundamentadas na análise das condições vigentes e envolvem mudanças a serem implementadas por órgãos reguladores do governo, por instituições privadas do mercado de capitais e pelas próprias companhias. São específicas para a região e foram desenvolvidas de forma consensual.

O Quadro 6.12 é uma tentativa de enquadramento dessas recomendações segundo os quatro princípios essenciais da governança corporativa – *fairness, accountability, disclosure e compliance*. A totalização das indicações sugere que a maior parte das recomendações não está centrada na produção de demonstrações confiáveis e na prestação responsável de contas. Está na transparência, no senso de justiça e, mais fortemente, na conformidade com as proteções da lei aos acionistas minoritários e na geração de novos institutos reguladores.

Em 2011, a OCDE[17] editou um conjunto de recomendações visando ao fortalecimento da governança corporativa na América Latina. O foco foi o papel dos investidores institucionais junto às companhias abertas da região. Em síntese, foram estas as recomendações:

- **Equilíbrio regulatório.** Buscar equilíbrio entre os requisitos legais, a autorregulação dos mercados e as práticas voluntárias das companhias.
- **Avaliação de investimentos.** Distinguir as empresas com melhores práticas de governança para propósitos de investimento.
- **Transparência.** Abrir para os mercados as políticas institucionais de investimento relacionadas com a governança das empresas em que investem. Dar a forma de códigos de governança à políticas praticadas, monitorando sua implementação.
- **Direitos.** Exercer os direitos assegurados aos acionistas nas companhias em que investem, em múltiplos níveis: contribuir para o melhor funcionamento dos conselhos de administração, promover a transparência e sinalizar para o mercado as empresas com bons padrões de governança.
- **Voto.** Exercer o direito de voto nas Assembleias Gerais. Desenvolver e revelar políticas e procedimentos relacionados a esse direito. Nos casos em que são impedidos de votar, revelar as razões.

QUADRO 6.12
As principais recomendações da OCDE para a América Latina, segundo os valores essenciais da boa governança corporativa.

Principais recomendações		Valores equivalentes			
		Fairness	*Accountability*	*Disclosure*	*Compliance*
Direitos e tratamento dos acionistas	❏ Proteção de minoritários.	●			●
	❏ Direitos de preferência.	●			●
	❏ Equanimidade em mudanças de controle.	●			●
	❏ Participação efetiva em Assembleias.	●			●
	❏ Exercício exequível do voto.	●			●
Outras partes interessadas	❏ Explicitações dos direitos.	●		●	●
	❏ Emissão de relatórios.		●		
	❏ Definição de códigos de ética corporativos.			●	
Relatórios financeiros	❏ Relatórios anuais de desempenho.		●	●	
	❏ Padrões contábeis internacionais.		●		●
	❏ Informações relevantes e abrangentes.			●	
	❏ Auditorias externas independentes.		●		●
Controle acionário	❏ Divulgação da estrutura acionária.			●	
	❏ Comunicação de acordos de acionistas.	●		●	●
	❏ Operações com ações da empresa.	●		●	●
Práticas de governança	❏ Padrões adotados pela companhia.		●	●	
	❏ Integridade e capacitação de conselheiros.		●	●	
	❏ Instituição de comitês eficazes.		●	●	
Órgãos reguladores	❏ Remoção de sobreposições e inconsistências.				●
	❏ Normas rigorosas e *enforcement*.	●			●
	❏ Ampliação dos poderes de supervisão.				●
	❏ Emprego eficaz de arbitragem privada.	●			
Totalização das indicações		**10**	**7**	**10**	**13**

❏ **Rede de comunicação.** Estabelecer rede de comunicação entre os investidores institucionais, promovendo diálogos e troca de experiências relacionadas com as práticas de governança nas empresas de suas carteiras de investimento.

❏ **Governança própria.** Desenvolver sistemas de governança para o próprio fundo de investimento, alinhadas às recomendações do *Guidelines for Pension Fund & Governance*.

RESUMO

1. **Não há um modelo único e universal de governança corporativa.** As diferenças resultam da diversidade cultural e institucional das nações. Decorrentes delas, estabelecem-se vários fatores de diferenciação da governança. Uns definem-se no ambiente externo às organizações; outros desenvolvem-se internamente.

2. Entre os diferenciais externos destacam-se: 1. as proteções legais aos acionistas e outras categorias de regulação; 2. as fontes predominantes de financiamento das empresas; e 3. o estágio em que se encontram, no país, as práticas de boa governança. Entre os internos, os mais destacados são: 1. a separação entre a propriedade e a gestão; 2. a tipologia dos conflitos de agência; 3. as dimensões usuais, a composição e as formas de atuação do Conselho de Administração.

3. Há nítidas diferenças entre os modelos de governança *anglo-saxão, alemão, japonês, dos países emergentes da Ásia, dos latino-europeus e dos latino-americanos*. As diferenças entre eles são bem definidas e a maior parte é associável a fatores externos, aos quais se moldam as características internas da governança.

4. O *modelo anglo-saxão* caracteriza-se pela pulverização do controle acionário e pela separação da propriedade e da gestão. As empresas são financiadas via mercado de capitais: *equity* é a fonte predominante. O conflito básico é entre acionistas e gestores, mas com forte proteção legal dos minoritários. É alta a presença de *outsiders* nos Conselhos de Administração. Eles atuam com foco nos direitos dos acionistas e são atentos ao objetivo essencial do modelo, que é o de maximizar o valor da companhia e o retorno dos investimentos. O modelo é *shareholders oriented*.

5. É grande a influência exercida pelos investidores institucionais no modelo anglo-saxão de governança. O *Calpers*, um dos maiores fundos de pensão do mundo, está presente em 2.500 empresas e tem US$ 290 bilhões investidos em ações. De sua mobilização resultou a criação do *Council of Institutional Investors (CIL)*, um influente conselho externo que define práticas de boa governança, propõe alterações na legislação, monitora as corporações, avaliando-as segundo seus padrões de governança e influindo na constituição dos seus Conselhos de Administração. Mas nenhuma força externa produziu mudanças tão amplas e profundas quanto as decorrentes da promulgação da Lei Sarbanes-Oxley, de 2002. Muitos de seus impactos ainda estão em gestação.

6. No **Reino Unido**, o **capital institucional** tem ainda mais força que nos Estados Unidos. Suas participações acionárias são ainda maiores, resultando um merca-

do acionário menos pulverizado que o dos Estados Unidos. A regulação inglesa permite a intervenção dos fundos de investimento nas empresas. A operação desse *pension fund capitalism* é tão forte que é também alvo de restrições. As mais notadas são: 1. preocupação dos gestores com bons resultados de balanço, com possível desequilíbrio entre resultados de curto e longo prazo; e 2. custos excessivos de monitoramento.

7. No Canadá, o modelo de governança é um misto do praticado nos Estados Unidos e no Reino Unido. O número de empresas listadas na TSX supera as listadas na NYSE, por estarem também listadas nas bolsas canadenses também as companhias e os fundos do segmento de *capital venture*. A regulação do mercado está focada na qualidade dos relatórios econômico-financeiros, na composição dos Conselhos de Administração e na separação de papéis e funções do *Chairman* e do *CEO*.

8. Na Austrália, a definição dos princípios e das práticas de governança segue efetivamente os padrões anglo-saxões. O modelo é *shareholders oriented*. O ambiente de fiscalização e controle é enfatizado. Buscam-se a independência e a eficácia dos conselhos corporativos e os conflitos de agência predominantes são entre gestores e acionistas. O foco dos processos de governança é o controle da administração.

9. Nos quatro países anglo-saxões que destacamos, cinco temas de governança ganham terreno; 1. ampliação das regras definidas por lei; 2. formalização de códigos de conduta; 3. operações internacionais das companhias; 4. evidência empírica da relação benefícios/custos da governança corporativa; e 5. a conciliação dos interesses dos *shareholders* com os de outros *stakeholders*.

10. No *modelo alemão*, é forte o papel exercido pelos bancos – *debt* de longo prazo é a principal fonte de financiamento. O mercado de capitais tem menor expressão. A estrutura patrimonial é concentrada, mas a gestão é compartilhada – revelando aversão a modelos autocráticos – e aberta a múltiplos interesses. Os conselhos de grandes empresas têm duas camadas, a de gestão (*Vorstand*) e a de supervisão (*Aufsichtsrat*). Este último é constituído por representantes dos empregados, sindicatos e bancos. E é ele que define o segundo, encarregado da administração. O modelo é *stakeholders oriented*.

11. O *modelo japonês* tem algumas semelhanças com o alemão. Três são bem evidentes: 1. a orientação *stakeholder;* 2. a gestão consensual; e 3. a forte presença dos bancos nas corporações, dada a origem predominante do capital (*debt*). Nos últimos 44 anos (1970-2014) a participação dos bancos no capital das empresas oscilou entre 43,0% e 26,7%. A propriedade é concentrada, com cruzamentos entre as empresas. Os *keiretsu* são horizontalmente integrados. A gestão se sobrepõe à propriedade e o modelo não está precipuamente voltado para conflitos de agência. O foco dos conselhos, geralmente bem numerosos, é a estratégia corporativa. O mercado de ações não tem o mesmo peso ou a mesma atratividade que se observa no caso anglo-saxão. Mas a tendência é de expansão, dado o crescente peso dos investidores estrangeiros na Bolsa de Tóquio: de menos de 5% (1970), para 10,5% (1995), 26,7% (2005) e 30,8% (2013).

12. Nos países da Ásia Emergente, os modelos de governança não seguem o padrão japonês, aproximando-se dos países ocidentais a que estiveram ligados, recentemente ou em sua formação histórica, por laços de colonização. A própria estrutu-

ra legal ocidental influenciou fortemente a da maioria desses países, como Índia, Taiwan, Coreia do Sul, Malásia, Tailândia, Hong Kong e Indonésia. As ligações recentes com as economias ocidentais também têm influenciado seus padrões de governança e a vitalidade de seus mercados de capitais. Nos dez países emergentes da região, presentes nas *roundtables* e nos *White Papers on Corporate Governance* da OCDE, o número de companhias listadas totalizou 14.767 em dezembro de 2013, 34,06% do total mundial.

13. Para maior adequação aos padrões mundiais, as principais prioridades para reformas dos modelos de governança na Ásia Emergente são: 1. convergência para a elaboração de demonstrações financeiras segundo critérios contábeis ocidentais; 2. constituição de Conselhos de Administração efetivamente envolvidos na estratégia e no monitoramento das companhias; 3. proteção legal aos acionistas não controladores; e 4. intensificação de esforços para evidenciar os benefícios da boa governança nas companhias, nos mercados e nas economias nacionais.

14. No *modelo latino-europeu*, não é tão bem definida a fonte predominante de financiamento. São grandes as diferenças entre o modelo latino-europeu e os modelos anglo-saxão e nipo-germânico. A propriedade é concentrada e é expressivo o número de grandes corporações familiares ou controladas por grupos consorciados. Conflitos de agenciamento ocorrem por fraca proteção a minoritários. As forças externas de controle são menos atuantes – e é baixo o *enforcement*. Geralmente, as presidências do Conselho de Administração e da Diretoria Executiva são justapostas, mas é crescente e alta (54%) a presença de *outsiders* independentes no órgão colegiado. Por pressões ativistas, o modelo tende a abrir-se mais a interesses múltiplos.

15. O *modelo latino-americano* é fortemente influenciado pelas seguintes características históricas do ambiente empresarial: 1. concentração patrimonial; 2. grandes grupos privados familiares; 3. baixa expressão do mercado de capitais; 4. tradição jurídica do Código Civil Francês, com baixo *enforcement*. A estas raízes somaram-se em anos recentes mais duas fortes influências: 1. privatizações; e 2. abertura dos mercados.

16. No modelo latino-americano, predomina a alavancagem (*debt*). Os mercados de capitais são pouco expressivos. A propriedade das grandes corporações é concentrada e a gestão é exercida por acionistas majoritários. Os conflitos são com os minoritários, que têm fraca proteção: *tag along*, por exemplo, não é universalmente assegurado. O ambiente regulatório está em transição. A governança é embrionária, mas evoluindo com rapidez. Prevalecem os interesses dos acionistas, mas se observam movimentos na direção de modelos de múltiplos interesses.

17. Como indicadores expressivos do modelo latino-americado (seis principais países), destacamos cinco: 1. a capitalização das companhias abertas é de 43,1% do PNB; 2. o valor mensal negociado no mercado de ações é de 2,07% do PNB; 3. a participação do maior acionista gravita em torno de 50% do capital de controle – a dos três maiores supera, em média, 70%; 4. as empresas com ações sem direito a voto são 34% do total; e 5. a relação entre ações sem/com direito a voto é de 37%; 6. a expressão mundial das companhias é bem inferior às médias mundiais.

18. Entre as recomendações da OCDE para a governança corporativa nos países latino-americanos, destacamos cinco: **1. forte e eficaz proteção a minoritários; 2. *tag along* universalmente garantido; 3. divulgação da estrutura acionária; 4. emprego eficaz de arbitragem privada no mercado de capitais; e 5. emissão de relatórios sociais e ambientais**.

PALAVRAS E EXPRESSÕES-CHAVE

- Modelos de governança.
- Diferenciação dos modelos.
    - Fontes de financiamento.
    - Separação propriedade-controle.
    - Proteção legal a minoritários.
    - Liquidez das ações.
    - Forças atuantes de controle.
- Concentração acionária.
- Dispersão acionária.
- Modelo anglo-saxão.
    - *Equity*.
    - Orientação *shareholders*.
    - Separação propriedade-gestão.
- Modelo alemão.
    - *Bank oriented*.
    - Conflito acionistas-credores.
    - *Neuer Markt*.
    - *Vorstand*.
    - *Aufsichtsrat*.
    - Governança compartilhada.
    - Orientação *stakeholders*.
- Modelo japonês.
    - *Debt*.
    - *Keiretsu*.
    - Investimentos relacionados.
    - Gestão colegiada.
- Modelo da Ásia Emergente.
    - Influências de colonizadores.
    - Ocidentalização.
- Modelo latino-europeu.
    - Conflito majoritários-minoritários.
    - Baixo *enforcement*.
    - *Nouveau marché*.
    - *Nuovo mercato*.
    - Sobreposição propriedade-gestão.
    - Baixa liquidez acionária.
- Modelo latino-americano.
    - Direitos acionários assimétricos.
    - Concentração patrimonial.
    - Participações cruzadas.
    - Estruturas piramidais.

7

A Governança Corporativa no Brasil

As mudanças no cenário competitivo, como a maior estabilidade econômica, a globalização e a maior dificuldade de acesso a recursos a um custo competitivo, junto com mudanças internas na estrutura de liderança, colocam o atual modelo de governança corporativa no Brasil sob a intensa pressão. Está ocorrendo uma mudança rumo a um modelo emergente. Mas há barreiras a esta transição e ainda é cedo para avaliar se ela será suficiente para as empresas competirem globalmente.

MCKINSEY & COMPANY e KORN/FERRY INTERNATIONAL
Panorama da governança corporativa no Brasil

Partindo do enquadramento conceitual das forças externas e internas que modelam a governança corporativa, trataremos neste capítulo das condições gerais em que ela é exercida no Brasil. No Capítulo 6, em que focalizamos os modelos de governança efetivamente praticados em diferentes regiões do mundo, resumimos os traços determinantes do modelo latino-americano, definido a partir de características comuns observadas em seis países da região, entre eles o Brasil. Agora, aprofundaremos aspectos específicos observados no país, com a seguinte sequência expositiva:

- **Enquadramento conceitual:** uma ampla visão das forças que interferem no modelo e nos processos da governança corporativa no Brasil.

- **Breve visão do ambiente corporativo no Brasil:** os alinhamentos às grandes transformações mundiais, os movimentos estratégicos, as mudanças dos anos 90 e as condições atuais, quanto à dimensão das empresas, às fontes de capitalização, à estrutura da propriedade e à expressão relativa do mercado de capitais.

- **Descrição das forças externas da governança corporativa no país**, com ênfase nos marcos regulatórios definidos em lei, nas recomendações da Comissão de Valores Mobiliários (CVM), nos requisitos exigidos para a listagem de empresas nas bolsas de valores, nas pressões dos investidores institucionais e nas boas práticas sugeridas pelo Instituto Brasileiro de Governança Corporativa.

- **Descrição do ambiente interno nas companhias**, quanto às práticas efetivas de governança, com ênfase nas características do modelo adotado – quanto à sua abrangência e formalização. Análise da aderência do modelo aos melhores processos recomendados, quanto à interação acionistas-conselhos-direção, à constituição e à efetividade dos Conselhos de Administração e de outros órgãos internos de governança. Registro das mudanças e tendências observadas. A base dessas análises serão as pesquisas de consultorias e as investigações acadêmicas realizadas no país nos últimos cinco anos.

- **Uma síntese dos desafios à efetiva adoção no Brasil das melhores práticas de governança corporativa.** O alinhamento do país com as exigências atuais e as tendências do mundo corporativo.

7.1 Enquadramento Conceitual: Uma Ampla Visão das Forças Modeladoras

A Figura 7.1 sintetiza o conjunto das forças externas e internas que interferem nos princípios, nos propósitos, na estrutura de poder, nos processos e nas práticas de governança corporativa efetivamente adotadas no Brasil. Elas vão desde as condições que prevalecem no macroambiente global e que impactam os mercados reais e financeiros – exigindo realinhamentos estratégicos e operacionais do mundo corporativo – até as que se observam no macroambiente nacional e no sistema empresarial do país. De forma mais próxima, envolvem as condições legais e regulatórias das companhias de capital aberto, as recomendações da CVM, as condições para listagem e negociação das empresas nas bolsas de valores e o ativismo exercido por investidores, especialmente os institucionais e os fundos de *private equity*. E chegam até as características estruturais das companhias, quanto ao controle, à estrutura organizacional e à interação dos três agentes centrais da governança – os acionistas, os Conselhos de Administração e a Diretoria Executiva.

A aderência do modelo de governança praticado no país às condições do macroambiente global é, de um lado, dependente do alinhamento da estratégia econômica nacional aos traços dominantes da economia mundial; de outro lado, do grau de internacionalização das corporações que operam no país. Já a aderência às condições internas estabelecidas por órgãos reguladores é influenciada, de um lado, pelo grau de *enforcement* dos estatutos legais e das regulamentações; de outro lado, pelo poder de pressão das forças ativistas e, primordialmente, pelas condições estruturais em que operam as companhias, com destaque para as fontes de acumulação, a origem do capital e a concentração ou dispersão da propriedade acionária.

Em princípio, quanto maiores os graus de internacionalização do complexo corporativo maior a aderência às condições observadas no ambiente mundial. E quanto maiores forem os graus de *enforcement*, o poder das forças ativistas e a dispersão da propriedade, maiores serão as linhas de influência das condições vigentes no país sobre os modelos de governança corporativa efetivamente praticados.

Examinaremos a seguir como estão estabelecidas no Brasil essas forças modeladoras e como o mundo corporativo está respondendo a elas. Começaremos pela análise das megamudanças na economia mundial e na do país e seus impactos no mundo corporativo.

7.2 Uma Breve Visão do Ambiente Corporativo no Brasil

As grandes mudanças observadas na economia e nas condições gerais de operação das empresas no Brasil nos últimos vinte anos estiveram alinhadas

FIGURA 7.1
O ambiente da governança corporativa no Brasil: as forças externas e internas de modelação e de controle.

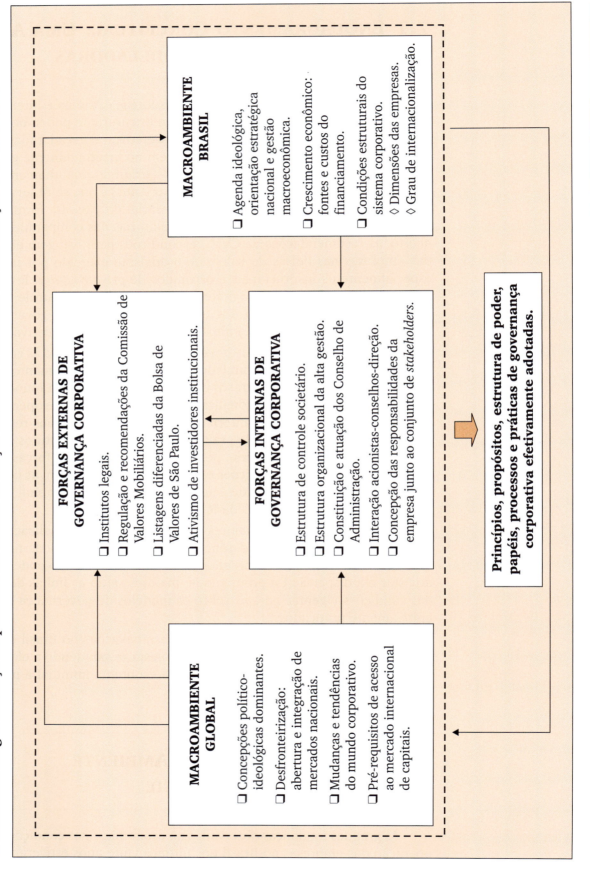

às megamudanças globais, gestadas na transição da década de 70 para a de 80 e desencadeadas desde o início dos anos 90. O alinhamento da estratégia brasileira às transformações daquela época sugere ser interessante um passar de olhos em seus aspectos essenciais.

As Megamudanças Globais: Uma Síntese em Três Dimensões

No Quadro 7.1 agrupamos as megamudanças globais dos anos 80 e 90 e da travessia para o século XXI, em três conjuntos inter-relacionados, indicados na Figura 7.2: 1. as concepções político-ideológicas; 2. a ordem geopolítica; e 3. a ordem econômica. Vamos olhar para cada um separadamente, mas buscando ao mesmo tempo compreender a sequenciação lógica das transformações, as linhas de influência recíproca entre os conjuntos e as possíveis justaposições de seus fundamentos.

As Concepções Político-ideológicas

❑ A maior parte do século XX, cerca de dois terços pelo menos, caracterizou-se pela radicalização político-ideológica. Construíram-se dois sistemas antagônicos: o capitalismo liberal e o coletivismo de estado, estabelecendo-se a histórica controvérsia sobre suas eficácias comparativas. Os valores de um e de outro eram radicalmente opostos: uma dialética exacerbada enfatizava, de um lado, a liber-

FIGURA 7.2
Das concepções políticas à ordem econômica: sequenciação lógica, linhas de influência e retroalimentação.

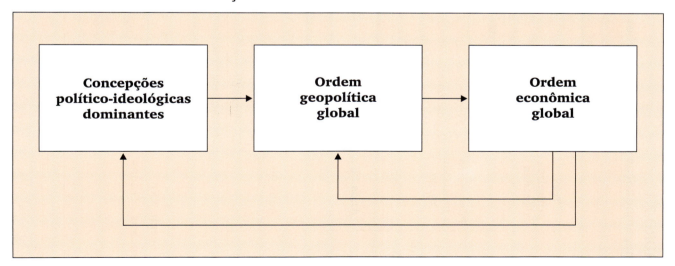

QUADRO 7.1
As megamudanças globais: concepções político-ideológicas, geopolítica e economia.

Momentos históricos		Padrões dominantes		
		Concepções político-ideológicas	Ordem geopolítica	Ordem econômica
Século XX	Três primeiras décadas	□ Construção de sistemas antagônicos: ◇ Capitalismo liberal. ◇ Coletivismo de Estado. □ Controvérsias: a eficácia dos sistemas.	□ Definição das fronteiras nacionais. □ Colonialismo contestado. □ Soberania e segurança nacional: objetivos dominantes.	□ Economias nacionais fechadas. □ Surgimento de grandes conglomerados. □ Novas indústrias, novos produtos, nova gestão.
	Pós-guerra à transição 70/80	□ Valores radicalmente opostos: liberdade versus igualdade. □ Exacerbação dialética. □ Confrontação latente: a Guerra Fria. □ Movimentos centrífugos: a fuga para posições extremadas.	□ Proteção de fronteiras. □ Alianças militares. □ Cortina de Ferro: o isolacionismo. □ Autodeterminação das nações. □ Contradições: posturas imperialistas das superpotências.	□ Fim do *laissez-faire*. □ Alongamento das funções do Estado: ◇ O Estado-militarista. ◇ O Estado-empresário. ◇ O Estado do bem-estar. □ Nacionalismo, protecionismo, estatização.
	Anos 80	□ Desradicalizações embrionárias. □ Revisionismo: nova esquerda e neoliberalismo. □ Das confrontações para a *détente*.	□ A caminho da desfronteirização. □ O questionamento do nacionalismo. □ Macroalianças: da gestão à formalização.	□ Questionamento do protecionismo. □ Revisão de fundamentos estratégicos. □ Revisão dos limites e das funções do Estado.
	Anos 90	□ Fim do coletivismo soviético. □ Desmonte da Cortina de Ferro. □ *Praxis* neoliberal. □ Movimentos centrípetos. □ Pluralismo e multilateralismo.	□ A desfronteirização. □ A convergência de estratégias nacionais. □ A reassimilação Leste-Oeste: fim dos "dois mundos".	□ A emergência do estado neoliberal. □ Abertura e integração de mercados. □ Globalização: movimento avassalador.
Século XXI	Primeiras décadas	□ Liberdade como valor essencial. □ Inclusão, não igualitarismo, como objetivo fundamental. □ Governança global: conceitos e práticas emergentes. □ Governança dos Estados-nação: ◇ Pressões para aferição e adoção. ◇ *Ranking* dos países.	□ Macroalianças continentais. □ Civilizações: crescente interação. □ Contradições: ◇ Movimentos antiglobalização. ◇ Extremismos e terrorismo.	□ Multipolaridade competitiva: ◇ Maior número de países competidores. ◇ Fim de hegemonias "insuperáveis". ◇ As emergências ascendentes: ◇ Nações. ◇ Empresas. ◇ Classes socioeconômicas. □ Crises soberanas nos países avançados: riscos de efeitos-contágio.

dade, o direito à propriedade privada, o Estado não interventor, e, como decorrência, a eficiência operacional do sistema; de outro lado, enfatizavam-se a igualdade, a propriedade coletiva, o estado empreendedor e, como, decorrência, a construção de uma sociedade igualitária. Não havia como conciliar esses valores. Estabeleceu-se então a confrontação e a guerra fria entre as duas superpotências que os defendiam – os Estados Unidos e antiga União Soviética – com a consequente divisão da ordem mundial em "dois mundos": o do capitalismo liberal e o do coletivismo centralista.

❑ Este modelo bipolar radicalizado estendeu-se até os anos 80, quando se iniciou um amplo e bilateral processo de desradicalização. O revisionismo levou a uma nova economia política: de um lado, a um capitalismo com maior responsabilidade social; de outro, à reestruturação e à abertura do sistema centralizado, em busca de maior eficiência econômica. Das confrontações, evolui-se para a *deténte*, para o entendimento e para a reassimilação Leste-Oeste. As expressões mais visíveis dessa nova era política foram a abertura econômica da China Continental, o fim do coletivismo soviético, o desmonte da Cortina de Ferro e a *praxis* neoliberal.

❑ Na travessia para o século XXI, a radicalização que havia se estabelecido durante a maior parte do século XX estava superada. O pluralismo e o multilateralismo forçaram a abertura dos modelos monocráticos. Estabeleceram-se então as condições para reformas institucionais mais uniformes, quanto aos seus fundamentos doutrinários. A liberdade passa a ser o valor essencial e a inclusão socioeconômica, em substituição ao igualitarismo, torna-se um dos objetivos fundamentais das nações.

A ORDEM GEOPOLÍTICA

❑ As concepções político-ideológicas refletiram-se na ordem geopolítica que se estabeleceu na maior parte do século XX. Prevaleciam modelos fechados: autodeterminação, independência, definição e defesa de fronteiras nacionais, soberania e segurança tornaram-se expressões dominantes – e, na esteira delas, a escolha do alinhamento político a uma das duas superpotências. Estabeleceram-se assim novas alianças militares e as fronteiras nacionais recém-definidas nos pós-guerras passaram a ser fortemente protegidas, ao mesmo tempo em que os "dois mundos", diferenciados por concepções doutrinárias opostas, isolaram-se com o estabelecimento da Cortina de Ferro.

❑ O processo de desfronteirização que se desencadeou na segunda metade dos anos 80, na esteira do revisionismo político-ideológico, encontrou seus mais fortes fundamentos no questionamento do nacionalismo e na avaliação crítica do fechamento econômico das fronteiras nacionais. O consenso que parecia firmar-se apontava para a baixa relação benefícios/custos do isolacionismo. O castigo maior a uma nação não alinhada era o embargo econômico e o isolamento. E as expectativas de crescimento e de desenvolvimento definiam-se a partir de movimentos de integração e de macroalianças nacionais, como a que se concretizou no Velho Mundo – a Comunidade Econômica Europeia.

❑ Do isolamento caminhou-se então para a abertura, ensejada pelo fim dos "dois mundos". Seguindo-se à Comunidade Econômica Europeia, desencadearam-se em todos os continentes iniciativas semelhantes de criação de uniões alfandegárias e aduaneiras, de zonas de livre comércio e de mercados comuns – diferentes formas de atuação conjunta, tendo por diretriz fundamental a convergência de estratégias nacionais. Em seu estágio avançado, já então com movimentos de integração interblocos, o conjunto dessas iniciativas definia-se por uma nova expressão-síntese: a globalização.

❑ Nos anos 90, ao avassalador processo de macro-alianças continentais, passaram a atuar, em direção oposta, os movimentos antiglobalização. E à maior interação das civilizações contrapuseram-se então manifestações extremistas, muitas delas movidas por facções fanáticas, de fundo étnico ou religioso. As expectativas de um amplo processo de globalização foram fortemente impactadas. Em 1993, Huntington,[1] em ensaio influente, assim sintetizou a nova ordem: "A intenção e o esforço para universalizar os benefícios da globalização choca-se com a realidade da *centrifugação social* em cada nação e com um cenário de numerosos conflitos potenciais entre nações. No mundo pós-guerra fria, as distinções mais importantes entre os povos não são ideológicas, políticas ou econômicas. Elas são culturais. A rivalidade das superpotências estará sendo substituída pelo choque de civilizações."

❑ As contestações à nova ordem e as expressões mais contundentes das reações radicais, como o terrorismo de alcance global, não interromperam, todavia, o processo de abertura e de integração. Este continuou avançando. Como expressões mais visíveis dos avanços podem ser citadas: 1. a entrada na Comunidade Econômica Europeia de mais doze países, entre os quais três que pertenciam à antiga União Soviética e sete à Cortina de Ferro, desfeitas ambas no início dos anos 90; 2. a constituição da União dos Estados Africanos, envolvendo 38 países; e 3. a proposta de criação da Associação de Livre Comércio das Américas, uma iniciativa de integração continental que, se viabilizada, abriria as fronteiras de 34 países.

A ORDEM ECONÔMICA

❑ No campo específico da economia, os movimentos mais importantes do final do século XX sofreram alta influência do revisionismo ideológico e do reordenamento geopolítico. Durante quatro terços

TABELA 7.1
Um dos aspectos da nova ordem global: a expansão dos fluxos reais interfronteiras.

Anos	Produto Mundial Bruto (a)	Comércio mundial Mercadorias (b)	Comércio mundial Mercadorias e serviços (c)	(b)/(a)	(c)/(a)
	Em trilhões de US$ correntes			Relações (%)	
1970	3,3	0,3	0,4	9,1	12,1
1980	11,2	1,3	1,5	11,6	13,4
1985	13,9	2,0	2,4	14,4	17,3
1990	21,8	3,4	4,3	15,6	19,7
1991	22,1	3,5	4,4	15,8	19,9
1992	23,2	3,8	4,8	16,4	20,7
1993	24,4	3,7	4,8	15,2	19,7
1994	25,6	4,2	5,2	16,4	20,3
1995	27,0	5,0	6,2	18,5	22,9
1996	28,2	5,2	6,5	18,4	23,1
1997	29,0	5,5	6,7	18,6	23,1
1998	29,5	5,4	7,1	19,0	24,0
1999	30,1	5,6	7,6	19,9	25,3
2000	31,2	6,3	8,1	20,5	26,0
2001	32,4	6,1	8,2	18,8	25,3
2002	34,5	6,6	8,8	19,2	25,5
2003	37,1	7,6	9,3	20,4	26,0
2004	40,8	8,6	10,8	21,1	26,5
2005	44,3	9,4	11,6	21,2	26,1
2006	48,2	11,9	12,9	24,7	26,8
2007	54,3	13,8	14,8	25,4	27,3
2008	60,1	15,9	17,2	26,5	28,6
2009	58,1	12,3	15,7	21,2	27,0
2010	63,0	14,5	17,8	22,5	28,3
2011	69,9	16,7	19,4	24,0	27,8
2012	71,7	17,7	21,2	24,6	29,6
2013	74,9	18,6	23,1	24,8	30,8
Projeções[a]					
2015	80,2	20,7	25,7	25,8	32,0
2020	95,3	29,1	33,6	30,5	35,2

(a) Em US$ de 2013. Taxas anuais de crescimento geométrico consideradas: 1. Produto Mundial Bruto, 3,5%; 2. comércio mundial de mercadorias, 5,5%; 3. mercadorias mais serviços, 6,0%.

Fonte: UNCTAD. *Handbook of International Trade and Development Statistics*. Genebra: vários anos.

do século, em alinhamento com as lógicas da soberania nacional e da proteção das fronteiras, cristalizaram-se as condições do trinômio estratégico, que se manteve até o revisionismo dos anos 80: *nacionalismo, protecionismo, estatização*.

❏ Nos anos 80, na esteira da construção da nova ordem geopolítica, desencadeou-se um amplo questionamento dos fundamentos estratégicos da ordem econômica até então prevalecente. O resultado, de alcance mundial, foi a revisão funda dos custos e benefícios da proteção de mercados e dos limites e funções do Estado. Emergiu então o estado neoliberal. E, com ele, um novo trinômio estratégico: *abertura, integração, privatização*. À globalização, expressão-chave da nova ordem geopolítica, somavam-se assim os processos de liberalização e de desregulação.

❏ Os resultados, do ponto de vista da reconstrução da ordem econômica, são bem conhecidos: crescente interconexão de mercados nacionais, tanto reais, quanto financeiros, como mostram os dados reunidos na Tabelas 7.1 e 7.2: em relação ao Produto Mundial Bruto, os fluxos do comércio mundial de mercadorias e serviços aumentaram de 12,1%, em 1970, para 13,4% em 1980; 19,7% em 1990; 26,0% em 2000, com projeção para chegar a 35,9% em 2020. E, no lado dos movimentos de capital, os investimentos estrangeiros diretos saltaram de 0,52% do Produto Mundial Bruto para 2,78%, entre os quinquênios de 1980-84 e 2000-05; em 2010, atingiram 2,95%, com maior dispersão dos fluxos, ampliando-se a participação dos países emergentes, como evidenciam os números da Tabela 7.3. E, em suporte a esses movimentos, foi crescente o número de países que introduziram mudanças liberalizantes na regulação dos fluxos de investimentos estrangeiros: das mais de

**TABELA 7.2
A expansão dos fluxos mundiais de investimentos diretos estrangeiros.**

Períodos	Fluxos médios anuais (Em US$ bilhões)	Relações (%) IED/Produto Mundial Bruto
1980-84	65	0,52
1984-89	130	0,59
1990-95	290	1,21
1996-99	650	2,23
2000-05	920	2,78
2010	1.895	2,95
2020(a)	3.800	4,12

(a) Projeções, em US$ de 2011.

Fonte: IMF – International Monetary Fund. *International capital markets*. Washington: IMF Publication Services, vários anos.

TABELA 7.3 Evolução e tendências da dispersão dos fluxos mundiais de investimento estrangeiro direto.

Anos	Destino dos fluxos mundiais (%)		
	Países desenvolvidos	Países em desenvolvimento e emergentes	Países em transição institucional(a)
Estimativa anos 70 e 80	85,0	15,0	–
1990	83,0	16,5	0,5
1991	71,4	26,7	1,9
1992	67,4	29,7	2,9
1993	62,4	34,4	3,2
1994	57,1	40,5	2,4
1995	63,0	32,4	4,6
1996	58,4	38,0	3,6
1997	59,1	36,8	4,1
1998	70,8	26,2	3,0
1999	73,6	23,9	2,5
2000	72,7	24,1	3,2
2000-2010	62,3	32,4	5,3
Média ponderada 1990-2010	**63,9**	**32,2**	**3,9**
Tendência 2010-2020	⬇	⬆	➡

(a) Antiga União Soviética e Europa Central e do Leste (antiga Cortina de Ferro).

Fonte: IMF – International Monetary Fund. *International capital markets*. Washington: IMF Publication Services, vários anos.

3.300 mudanças, praticadas por mais de 100 países, 91,3%, foram favoráveis a esses fluxos. Os números, para o período 1991-2013, estão na Tabela 7.4.

O Alinhamento do Brasil às Megamudanças Globais

O Brasil não ficou à margem das megamudanças globais do século XX. Praticamente nas mesmas direções observadas na maior parte do mundo, mudaram, no país, o ambiente político, a orientação estratégica e, como consequência, o alinhamento das empresas às novas condições estabelecidas.

O Quadro 7.2 sintetiza as transformações mais importantes observadas no país nos anos 90 e na travessia para o século XXI, comparativamente às condições praticadas nas décadas precedentes.

TABELA 7.4 Um dos impactos das megamudanças globais: novas regulações nacionais dos fluxos de investimento estrangeiro direto (IED).

Anos	Número de países que introduziram mudanças	Número de mudanças Mais favoráveis aos fluxos de IED	Número de mudanças Menos favoráveis aos fluxos de IED
1991	35	80	2
1992	43	79	–
1993	57	101	1
1994	49	108	2
1995	64	106	6
1996	65	98	16
1997	76	135	16
1998	60	136	9
1999	63	131	9
2000	69	147	3
2001	71	194	14
2002	70	236	12
2003	82	220	24
2004	102	235	36
2005	85	208	27
2006	107	219	41
2007	101	221	38
2008	93	191	15
2009	112	132	20
2010	105	138	12
2011	109	122	12
2012	112	115	10
2013	115	163	8

Totalização 1991-2013
Mudanças mais favoráveis aos fluxos de IDE: 91,3%
Mudanças menos favoráveis aos fluxos de IED: 8,7%

Fonte: UNCTAD. *World investment report:* transnational corporation and the internationalization of R&D. Genève, 2005. *Trade and development Report 2014*. Genève, 2014.

A POLÍTICA E A ORIENTAÇÃO ESTRATÉGICA ATÉ OS ANOS 90

Nos anos 40, até a segunda metade dos anos 80, reproduziram-se internamente as controvérsias ideológicas radicais, fomentadas no segundo pós-guerra pelas disputas imperialistas em que se envolveram as duas superpotências mundiais. Os movimentos dominantes eram centrífugos, numa espécie de fuga para posições extremadas. Nos anos dos governos militares, a exacerbação dos conflitos políticos radicais foi ainda maior. Não obstante o estado ditatorial tenha outorgado uma estrutura bipartidária, as facções extremas não se acomodaram nos dois partidos admitidos e passaram a atuar

QUADRO 7.2
As grandes mudanças no ambiente político do Brasil e na orientação estratégica da economia nacional: os impactos no mundo corporativo.

	Décadas precedentes	**Anos 90**	**Travessia para o século XXI**
O AMBIENTE POLÍTICO	❏ Movimento centrífugo: posições ideológicas extremadas. ❏ Sistema bipartidário. ❏ Estado ditatorial. ❏ Autoritarismo e centralismo decisório. ❏ Continuísmo: sistema fechado de poder.	❏ Reorientação centrípeta: redução das distâncias ideológicas. ❏ Sistema pluripartidário. ❏ Estado de direito. ❏ Abertura: poder compartilhado. ❏ Disputas abertas pelo poder.	❏ Centro como facção política modal. ❏ Nova lógica político-partidária: interesses plurais representados. ❏ Decisões estratégicas negociadas. ❏ Alternância: nova estrutura de poder.
A ORIENTAÇÃO ESTRATÉGICA	❏ Nacionalismo: doutrina de soberania e segurança. ❏ Estatização: a ocupação de "espaços vazios" na estrutura produtiva. ❏ Protecionismo exacerbado. ❏ Preferência por exigíveis na estrutura de capitalização. ❏ Modelo estratégico de autossuficiência.	❏ Internacionalismo: inserção na nova ordem global. ❏ Privatização: retroação do Estado-empresário e abertura de espaços ao setor privado. ❏ Abertura econômica: fim das reservas de mercado. ❏ Forte expansão dos investimentos estrangeiros diretos. ❏ Modelo estratégico de integração.	❏ Revisão crítica do modelo de inserção global: negociação de interesses. ❏ Reversão do afastamento do estado: a integração dos estados provedor, indutor e interventor. ❏ Abertura não descontinuada: fluxos reais expandidos. ❏ Esforços para redução da vulnerabilidade externa e alcance do "grau de investimento". ❏ Integração: maior dispersão das relações.
O ALINHAMENTO DAS EMPRESAS	❏ "Cartorização": proteção oficial de interesses privados. ❏ Cartelização: coalizões não competitivas. ❏ Preservação das estruturas de concorrência. ❏ Custos em expansão: estatização, estruturas pesadas, processos ineficientes. ❏ Eficiência gerencial comprometida: ◊ Inflação crônica. ◊ Protecionismo. ❏ A empresa fechada: aversão a alianças e fusões.	❏ Desregulação: quebra de privilégios "cartoriais". ❏ Competição: fator de sobrevivência. ❏ Entrada de novos *players*. ❏ Custos em baixa: privatizações, *downsizing*, reengenharia de processos. ❏ Eficiência gerencial estimulada: ◊ Fim do ciclo inflacionário. ◊ Abertura dos mercados, em praticamente todos os negócios. ❏ Predisposição a fusões e aquisições.	❏ Regulação: conduzida por agências nacionais, em sintonia com o poder central. ❏ Inovação e escala: fatores de sustentação da competitividade. ❏ *Global players*: nova lógica das cadeias produtivas. ❏ Pressões crescentes para redução de custos sistêmicos. ❏ Novos parâmetros de eficiência: ◊ Margens operacionais. ◊ Ganhos por global-localização. ❏ Consolidações setoriais: movimento avassalador.

na clandestinidade. Durante 20 anos, o continuísmo autoritário foi garantido por um sistema fechado de poder, que manteve sob orientação autocrática e centralista as grandes decisões macroeconômicas e as de investimento do Estado-empresário.

Nesse período, que se estendeu até a transição para os anos 90, a orientação estratégica nacional não destoou das diretrizes dominantes que se praticavam na maior parte dos países. Desde o segundo pós-guerra até o final dos anos 80, excetuando-se a abertura industrialista do período 1956-60, a estratégia do governo brasileiro fundamentou-se em princípios nacionalistas, básicos para a doutrina então vigente de soberania e de segurança, bem como para os propósitos protecionistas, para a imposição de reservas de mercado e para a concessão de incentivos subsidiados para o setor produtivo nacional. O modelo estratégico protecionista completava-se com a nacionalização das cadeias produtivas, independentemente das escalas e dos custos envolvidos. No limite, buscava-se a auto-suficiência. E o Estado-empresário ocupava os "espaços vazios" na estrutura de produção. A essa orientação interna, somava-se, no *front* externo, a alavancagem por exigíveis de longo prazo, preferencialmente aos investimentos estrangeiros diretos. O pressuposto era que os recursos exigíveis, embora aumentassem o endividamento externo, impactavam menos a soberania e a segurança nacionais, dado o seu baixo conflito com o propósito maior de construção de uma nova economia emergente, protegida, autossuficiente e fechada, candidata a potência mundial.

Construiu-se, então, com base nesse modelo, um parque produtor estatizado nos segmentos considerados estratégicos (prospecção e refino de petróleo, petroquímica, mineração, siderurgia e outras indústrias de base, energia elétrica, telecomunicações, transporte ferroviário, portos, indústria aeronáutica e intermediação financeira de fomento. A presença externa era admitida onde a capacitação tecnológica nacional fosse insuficiente, como nos setores químico, farmacêutico, automobilístico e eletroeletrônico. Mas, uma vez estabelecida, era também protegida por barreiras à entrada de similares estrangeiros – as mesmas barreiras que protegiam o capital privado nacional, de controle predominantemente familiar. Este, estabeleceu-se nos setores de mais fácil acesso e menos intensivos em capital, voltados para a produção de bens finais de menor conteúdo tecnológico ou para bens intermediários que atendessem às cadeias produtivas finais das multinacionais e das estatais.

No campo corporativo, as consequências destas posturas foram, durante décadas, a cartorização – no sentido de proteção oficial de interesses privados – e a cartelização, com a formação de coalizões não competitivas. A competitividade e a produtividade foram sacrificadas e os custos médios se expandiam, sob os efeitos da preservação das estruturas de concorrência, da estatização em áreas básicas, das estruturas organizacionais pesadas e de processos produtivos pouco eficientes. Não surpreende que tenha então se estabelecido uma inflação de fundo estrutural, crônica e recorrente, com a debilitação das operações de longo prazo nos diferentes segmentos do mercado financeiro.

OS ANOS 90: DESRADICALIZAÇÃO E REORIENTAÇÃO ESTRATÉGICA

Nos anos 90, as mudanças que se observaram no Brasil foram na direção da desradicalização, seguindo tendência mundial. O plano de fundo dessas mudanças foi a redução das distâncias ideológicas que haviam se estabelecido nas décadas anteriores entre as facções dominantes da estrutura político-partidária. Esta então multiplicou-se até o limite da fragmentação, gerando um sistema pluripartidário, típico de um período de ruptura com a antiga ordem autoritária. Estabeleceram-se, assim, no âmbito do estado de direito, as condições institucionais para disputas abertas pelo poder.

Na economia, em sintonia com os movimentos mundiais de liberalização, de aumento expressivo das transações interfronteiras e de globalização de mercados, desencadeou-se no Brasil um processo de mudanças que atingiu os antigos fundamentos estratégicos da economia protegida e em grande parte estatizada. O processo de mudanças na orientação estratégica da economia não ocorreu passivamente. Opunham-se a ele, as correntes remanescentes do nacionalismo e do corporativismo do Estado-empresário.

Na transição política de 1989, as disputas abertas pelo poder central, em eleições diretas, colocaram frente a frente duas orientações estratégicas opostas, sintetizadas na Figura 7.3: a *inserção competitiva* e a *proteção nacionalista*. Nas eleições presidenciais diretas daquele ano, se as facções nacionalistas tivessem vencido, o modelo estratégico teria sido mantido, ou talvez mesmo aprofundado, abrindo-se ainda mais o leque de atividades do estado. Como no período militar, os monopólios continuariam justificados pelo binômio soberania-segurança e provavelmente se desencadeariam reformas distributivas contundentes. Mas o propósito vencedor foi o de abertura da economia, implicando um processo amplo e profundo de revisão dos fundamentos estratégicos da economia nacional, que tinham por objetivo mudar o curso do modelo nacionalista estatizado.

Os grandes movimentos estratégicos que então se desencadearam foram, em síntese:

- Inserção global.
- Integração regional.
- Abertura econômica:
    - Quebra de barreira de entrada.
    - Fim de reservas de mercado.
- Privatizações.
- Novos marcos regulatórios:
    - Liberalização, com desmonte de "cartórios".
    - Criação de agências nacionais.
- Desmonopolização: competição estendida a todos os mercados.

FIGURA 7.3
A reorientação estratégica: o alinhamento do Brasil às megamudanças globais.

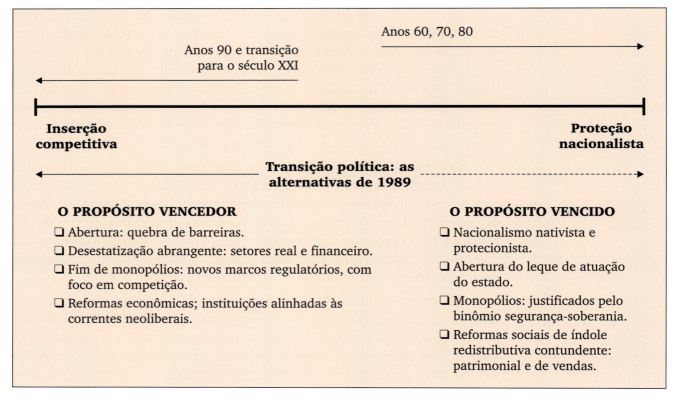

OS IMPACTOS: A REENGENHARIA DOS NEGÓCIOS

Essa ampla revisão das instituições, dos fundamentos políticos e da orientação estratégica nacional implicou a formação de um novo vetor de reengenharia de negócios, com os seguintes movimentos:

1. **Privatizações**. Inverteu-se a tendência histórica de fortalecimento do Estado-empresário: da sua expansão, nos anos 70 e 80, para o seu desengajamento, nos anos 90. As primeiras privatizações de alto impacto ocorreram em 1991: duas no setor siderúrgico e duas no setor ferroviário. Em 1992, aumentou substantivamente o número de setores e de empresas alcançadas pelo programa nacional de desestatização: foram 14 empresas dos setores siderúrgico, petroquímico e de fertilizantes. Em 1994, o programa estendeu-se para os setores de mineração e de energia elétrica e para a indústria aeronáutica. Em 1995, a ênfase foi no setor petroquímico. Em 1997, aprofundou-se a privatização no setor de energia elétrica e se iniciou a do setor de intermediação financeira. Em 1998, prosseguiram as privatizações no setor de energia e privatizou-se o setor de telecomunicações. Ao todo, privatizaram-se mais de 100 em-

FIGURA 7.4
As privatizações no Brasil 1991-2001: valores alcançados nos leilões e setores envolvidos.

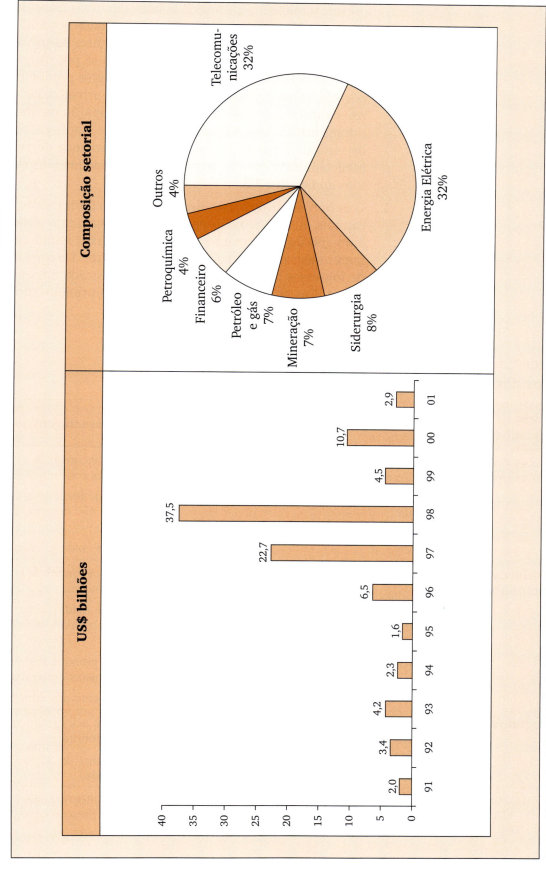

Fonte: BNDES. In: LAMONNIER, B.; FIGUEREDO, R. (Orgs.). *A era FHC: um balanço*. Capítulo 1, NASSIF, L. Política macroeconômica e ajuste fiscal. São Paulo: Cultura, 2002.

presas, totalizando US$ 98,3 bilhões de ativos transferidos para o setor privado, na soma dos valores alcançados nos leilões. A Figura 7.4 sintetiza os resultados desse movimento. As privatizações no Brasil, segundo Aranha,[2] "caracterizavam-se por transferências de controle do Estado para consórcios formados predominantemente por empresas do mesmo setor daquelas privatizadas (fornecedores, concorrentes e clientes), com a participação mediana de investidores institucionais (fundos de pensão) e empregados". Do ponto de vista do impacto do processo na governança dessas empresas, Mello Júnior[3] destacou as vantagens e desvantagens que sintetizamos no Quadro 7.3.

2. **Quebra de barreiras de entrada.** As barreiras ao ingresso de capitais estrangeiros no país foram praticamente removidas, com aumento da participação do Brasil nos fluxos mundiais de investimentos estrangeiros para países emergentes. De uma média anual de ingressos inferior a US$ 1 bilhão, registrada nos anos 80, ocorreram dois grandes saltos nos anos 90: o primeiro, no quadriênio

QUADRO 7.3
Impactos das privatizações brasileiras no processo de governança.

Novos proprietários	Vantagens	Desvantagens
Empresas do mesmo setor	❑ Criação de economias de escala com redução dos custos. ❑ Fortalecimento de ligações retroativas na economia. ❑ Envolvimento ativo na administração.	❑ Redução da concorrência e da transparência, pela alta concentração acionária. ❑ Risco de transferência de ativos pelos investidores que não detêm o controle das *holdings*. ❑ Proliferação de *holdings* cruzadas.
Investidores institucionais	❑ Ampliação das carteiras de investimento. ❑ Pressão para divulgação de informações em tempo hábil, monitoramento direto e melhores padrões contábeis. ❑ Maior atratividade para investimento estrangeiro. ❑ Redução de *problemas de agência*.	❑ Grande fatia dos fundos de pensão de estatais nas operações. ❑ Proliferação de *holdings* cruzadas (agravamento dos problemas de controle pela propriedade). ❑ Conflito entre grandes acionistas controladores e acionistas externos. ❑ Entrincheiramento dos administradores.
Empregados	❑ Alinhamento de interesses (administração/empregados/acionistas) no processo de reestruturação. ❑ Melhoria no emprego do capital humano.	❑ Conflitos entre acionistas controladores e acionistas minoritários. ❑ Riscos ampliados de acesso a informações privilegiadas.

Fonte: MELLO JÚNIOR, Luiz R. de. Privatização e governança empresarial no Brasil. In PINHEIRO, Armando Castelar; FUKASAKU, Kichiro (Org.). *A privatização no Brasil:* o caso dos serviços de utilidade pública. Rio de Janeiro: BNDES-OCDE, fev., 2000.

1994-1998, com fluxos quase dez vezes maiores que os da década anterior: US$ 9,1 bilhões anuais; o segundo, no quadriênio seguinte, de 1998-2001, quando se alcançaram valores sem precedentes históricos: US$ 28,2 bilhões anuais. Esses fluxos só não produziram uma onda sustentável de crescimento econômico, porque uma boa parte, como registra Giambiasi,[4] "foi representada por privatizações ou pela aquisição de firmas brasileiras".

3. **Fusões e aquisições**. A Tabela 7.5 e a Figura 7.5 resumem o terceiro movimento de alto impacto na economia e nos mercados: o ciclo de fusões e aquisições, associável ao de abertura. Entre 1990

TABELA 7.5
O ciclo de fusões e aquisições no Brasil nos anos 1990-2013: média anual crescente e alta participação estrangeira.

Anos	Total de transações (a)	Média anual acumulada	Transações envolvendo *players* estrangeiros Número (b)	% em relação ao total de transações (b)/(a).100
1990	186	186	56	30,1
1991	184	185	47	25,5
1992	262	211	83	31,7
1993	245	219	86	35,1
1994	175	210	94	53,7
1995	212	211	130	61,3
1996	328	227	167	50,9
1997	372	246	204	54,8
1998	351	257	221	62,9
1999	309	262	208	67,3
2000	353	271	230	65,2
2001	340	276	194	57,1
2002	227	273	84	37,0
2003	230	266	114	49,6
2004	299	271	199	66,5
2005	363	277	213	58,7
2006	473	288	290	61,3
2007	699	310	348	50,2
2008	663	328	284	42,8
2009	454	336	235	51,2
2010	726	354	348	48,0
2011	817	376	407	49,8
2012	816	395	342	41,9
2013	796	411	365	45,9
Período	**9.880**	**411**	**4.949**	**50,1**

Fontes: *PricewaterhouseCoopers* (para os anos de 1990-92). Fundação Dom Cabral para 1993. *KPMG* para 1994-2013.

FIGURA 7.5
Brasil 1990-2013. Ciclo de fusões e aquisições sem precedentes históricos: uma das reações à estratégia de inserção competitiva.

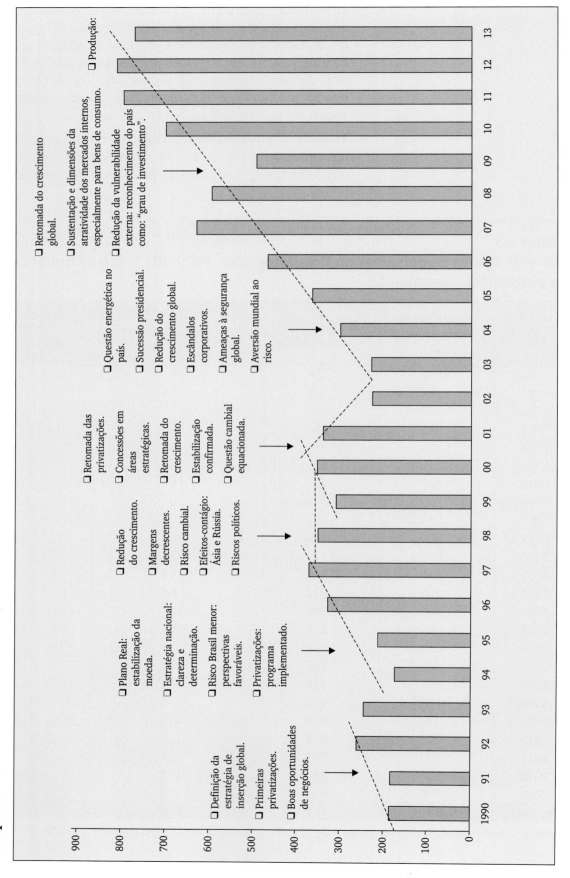

e 2013 ocorreram 9.880 transações, com média anual de 411, equivalentes a mais de um negócio fechado a cada dia útil. A participação de *players* estrangeiros também alcançou relações sem precedentes históricos: a média de 24 anos foi de 50,1%, tendo superado 65% no triênio 1997-1999, período de privatizações mais intensas e mais expressivas em valor. Este ritmo, bem como o de privatizações, só se contraiu nos anos de transição política (1994-1995 e 2002-2003), no ano de 2009, sob os efeitos contagiantes da crise financeira dos países avançados. O ritmo historicamente crescente de fusões e aquisições no país tem sido também impulsionado pela ocorrência de processos sucessórios nas empresas familiares, intensificados desde o início dos anos de 1990. Grande número de empresas familiares chegou à terceira geração, exatamente a de mais difícil transição sucessória. É geralmente expressivo o número de sucessores da terceira geração, mesmo da segunda, que têm propósitos profissionais não alinhados com os de seus ancestrais. Em decorrência, amplia-se o mercado de aquisições.

4. **Abertura de mercados**. Redução expressiva dos mecanismos tradicionais de proteção tarifária. As tarifas médias de proteção do setor industrial eram superiores a 40% no final dos anos 80. Recuaram ano a ano, aproximando-se de 12% no final dos anos 90 e assim se mantiveram na primeira década do século XXI. Com essa redução, praticamente se extinguiram as reservas de mercado.

5. ***Trade-off* abertura-produtividade**. Entre os movimentos no sistema corporativo brasileiro um dos mais importantes dos últimos anos – praticamente síntese de todos os demais – foi o *trade-off* que se estabeleceu entre a abertura de mercados, as privatizações, o ciclo de fusões e aquisições e o aumento expressivo da produtividade industrial. As séries históricas e o gráfico da Figura 7.6 registram essa correlação, cabendo aqui notar que os índices crescentes de produtividade nesse período podem ser também atribuíveis a outras variáveis, como o fim do ciclo inflacionário e os investimentos em modernização tecnológica que, desde a segunda metade dos anos 90, afastaram o fantasma do sucateamento das plantas, em praticamente todos os setores de produção.

Esta reengenharia de negócios, que se operou no Brasil no período 1990-2002, não foi exposta a rupturas ou a processos de reversão com a alternância na estrutura do poder central a partir de 2003. Cabe apenas notar que o modelo de inserção global tem sido submetido a revisão crítica, concomitante com esforços para a redução da vulnerabilidade externa do país. Além dessas novas posturas, cabe ainda registrar que o processo de privatizações foi descontinuado e parece que está se restabelecendo, ainda que localizadamente, mas sob aprovação do governo, uma propensão ao fortalecimento dos grandes grupos privados nacionais e das empresas estatais remanescentes, nos segmentos de base e de infraestrutura.

FIGURA 7.6
O *trade-off* abertura-produtividade no Brasil: um impacto-síntese da reengenharia de negócios no período 1989-2013.

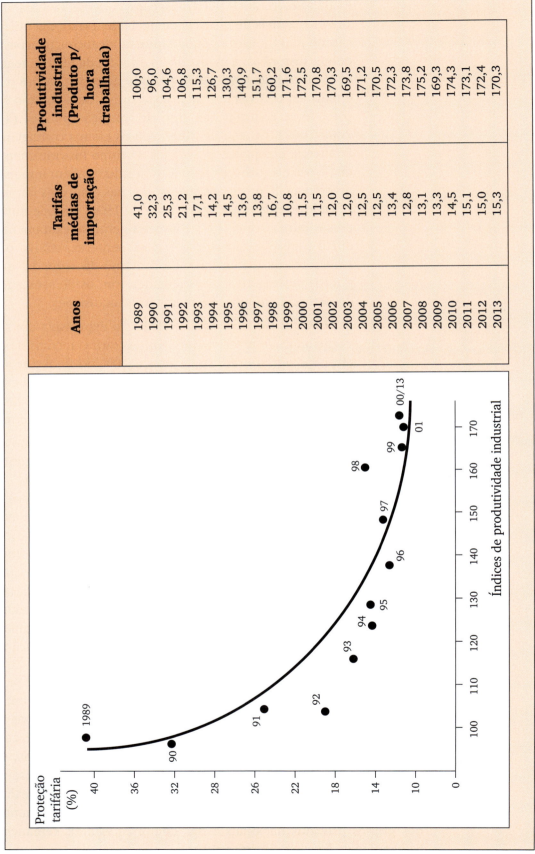

Anos	Tarifas médias de importação	Produtividade industrial (Produto p/ hora trabalhada)
1989	41,0	100,0
1990	32,3	96,0
1991	25,3	104,6
1992	21,2	106,8
1993	17,1	115,3
1994	14,2	126,7
1995	14,5	130,3
1996	13,6	140,9
1997	13,8	151,7
1998	16,7	160,2
1999	10,8	171,6
2000	11,5	172,5
2001	11,5	170,8
2002	12,0	170,3
2003	12,0	169,5
2004	12,5	171,2
2005	12,5	170,5
2006	13,4	172,3
2007	12,8	173,8
2008	13,1	175,2
2009	13,3	169,3
2010	14,5	174,3
2011	15,1	173,1
2012	15,0	172,4
2013	15,3	170,3

Fontes: Conjuntura estatística. *Conjuntura Econômica.* Rio de Janeiro. FGV, vários números, período 1989-2002. Confederação Nacional de Indústria (CNI), período 2003-2013.

OS IMPACTOS NO ÂMBITO MAIS ESPECÍFICO DA GOVERNANÇA

Além dos impactos já destacados – privatizações, quebra de barreiras à entrada de competidores externos, abertura de mercados, fusões e aquisições – as mudanças que se observaram na economia brasileira a partir da segunda metade dos anos 80, em sintonia com as megamudanças globais no mesmo período, produziram dois outros conjuntos de impactos, mais especificamente relacionadas à governança corporativa: 1. a reconfiguração do mercado de capitais; e 2. as mudanças nos padrões da governança.

A Reconfiguração do Mercado de Capitais

❑ A abertura da economia brasileira não se limitou ao setor real. Como já destacamos, ela alcançou também os movimentos de capitais, tanto os investimentos estrangeiros diretos, quanto as carteiras de aplicações voláteis. A entrada de capitais estrangeiros nas bolsas aumentou substancialmente: os saldos das aplicações de origem externa no mercado de ações superou a barreira histórica de US$ 30 bilhões em 1997. As razões determinantes teriam sido a estabilização da economia, a ampliação do mercado pelas privatizações e a confiança na reorientação estratégica nacional, então alinhada às megamudanças praticadas nos principais centros econômicos mundiais. Este movimento, que atingiu seus mais altos volumes no quinquênio 1995-99, com média anual de US$ 24,6 bilhões, foi impactado para baixo no triênio 2000-02, quando recuou para US$ 14,8 bilhões, em decorrência de vários fatores externos e internos: a) as crises desencadeadas nos mercados emergentes; b) as expectativas de desvalorização da moeda brasileira; e, principalmente, c) os receios quanto a mudanças radicais na condução estratégica da economia. Parte das aplicações foi então transferida para outros países, não obstante permanecessem nas bolsas brasileiras aplicações de investidores institucionais com visões de retorno a mais longo prazo. Recompostas no período 2003-2010, as aplicações externas no mercado de ações ficaram acima – e bem distantes – das médias dos períodos em que se praticaram os fundamentos da estratégia nacionalista. Essas aplicações são orientadas pela presença, no sistema financeiro nacional, de instituições estrangeiras. No final de 2010, operavam no mercado de capitais do Brasil mais de 60 corretoras e distribuidoras de origem externa, ligadas a grupos financeiros de atuação internacional. E os valores aplicados no mercado acionário alcançaram níveis historicamente inusitados: US$ 89,0 bilhões médios anuais em 2003-2008, superando US$ 225 bilhões no biênio 2009-2010.

❑ Em contrapartida ao ingresso de capitais externos nas bolsas brasileiras, expandiu-se, tanto no número de empresas, quanto nos volumes das operações, a ida de grandes companhias brasileiras ao mercado internacional de capitais, via lançamento de programas de

ADRs – American Depositary Receipts, constituídos por certificados representativos de ações ou de outros valores mobiliários, emitidos e negociados no mercado de capitais dos Estados Unidos. Pelo menos dois motivos parecem ter impulsionado esses lançamentos: 1. exposição das companhias a um mercado mais sofisticado, desenvolvido e exigente, com consequentes ganhos em reputação e em obtenção de uma espécie de aval internacional; e 2. abertura de portas para acessar outras fontes externas de financiamento, competitivas em custos com as alternativas domésticas.

❑ Exigências ampliadas por remodelação tecnológica das bolsas de valores do país, com vistas a: 1. maior agilidade das negociações, na direção dos melhores padrões mundiais; 2. redução dos custos das transações; 3. garantia das operações; e 4. maior segurança dos investimentos e dos serviços de custódia. O atendimento dessas exigências não foi apenas uma resposta aos novos desafios impostos pela interligação crescente dos mercados de capitais, mas também um sinal claro de que o mercado doméstico está se capacitando para a competição com os mercados de outros países por recursos de origem externa.

❑ Avanços na definição de padrões mundiais para listagem de empresas e operação do mercado.

❑ A médio prazo, coparticipação na criação e na operação de um *global equity market*.

As Mudanças nos Padrões de Governança

❑ Aderência às regras da boa governança e aos seus valores fundamentais, resultando em aumento do valor das companhias no mercado doméstico, com redução dos custos de capital.

❑ Adaptação das demonstrações financeiras aos padrões contábeis internacionais.

❑ Estratégias de negócios mais complexas, pela tendência à global-localização dos grandes grupos empresariais e pelo acirramento da competição, resultante da abertura dos mercados.

❑ Exigência de Conselhos de Administração e de outros órgãos internos de governança mais eficazes, com admissão de *insiders* com experiência e presença internacionais.

CONDIÇÕES ESTRUTURAIS DO SISTEMA CORPORATIVO

Já no último terço da primeira década do século XXI, as condições do sistema corporativo do Brasil mudaram sob as fortes influências exercidas pelo conjunto de fatores que acabamos de destacar. Da origem do capital ao tamanho das empresas, dos tipos de sociedades à estrutura do controle, da diversidade setorial às escalas de operação, dos graus de internacionalização à inserção global das cadeias produtivas – a caracterização estrutural das companhias que operam no país são o resultado histórico de um complexo conjunto de elementos determinantes. Sintetizando-os, listamos, sob a perspectiva do sistema corporativo, os mais importantes pontos fortes e fracos:

- A orientação estratégica definida pelas forças do poder político estabelecido.
- Os objetivos fundamentais da política econômica do governo, especialmente a mudança de foco para crescimento econômico.
- As condições macroeconômicas, como o ritmo do crescimento do PNB, a estabilidade da moeda nacional, o regime do câmbio e a estrutura do balanço de transações internacionais.
- A complexidade da estrutura legal – especialmente do direito econômico – e a ineficiência operacional do sistema judiciário.
- A estabilidade e a segurança institucionais.
- Os marcos regulatórios das atividades produtivas.
- As condições de acesso à diversidade do capital natural e as limitações impostas pela política ambiental.
- O "clima" e a qualidade do ambiente de negócios, historicamente dominantes.
- As dimensões da oferta e os custos das operações de crédito e de financiamento, especialmente as de fomento e de longo prazo.
- As dimensões, a liquidez, a regulação e as taxas históricas de retorno do mercado de capitais.
- A cultura empresarial dominante e o apetite dos empreendedores privados.
- A atratividade comparativa do país para a atração de investimentos de origem externa.
- O recrudescimento do apetite do Estado-empresário.
- As condições infraestruturais e outras externalidades vitais para a atuação competitiva das empresas.

Resultante desse conjunto de fatores, o sistema corporativo brasileiro apresenta-se, neste final da primeira década do século XXI, sob as seguintes condições:

1. **Pequeno número de empresas que têm expressão mundial**, tanto do ponto de vista de suas dimensões, como de seus graus de inserção no ambiente global de negócios.
2. **Presença expressiva de empresas de origem externa** entre as 100 maiores do setor financeiro e, principalmente, entre as 500 maiores do setor real.

3. Entre as sociedades anônimas, preponderância das de capital fechado, em relação às abertas, tanto de capital privado, quanto estatais.

4. Expressiva participação do capital privado tanto nacional, quanto de origem externa, relativamente ao de controle do estado.

5. Pequeno número de empresas listadas em bolsa.

6. Participação expressiva dos investimentos estrangeiros e dos institucionais no mercado de capitais.

7. Entre as empresas de capital privado nacional, forte presença de grupos familiares e alta concentração da propriedade.

Vamos examinar a seguir, uma a uma, essas sete condições estruturais. As características destacadas serão o pano de fundo da descrição e da análise das forças externas e internas que modelam a governança corporativa no país, bem como de suas principais tendências.

O Tamanho das Empresas e a Origem do Capital

A Tabela 7.6 revela o tamanho das 500 maiores empresas do setor real da economia em operação no Brasil, classificadas segundo o valor anual das vendas, em 2013. Destas, 32 companhias, 6,4% deste universo, têm vendas anuais superiores a US$ 5 bilhões. Mas, quase a totalidade (83,6%) está abaixo da linha de US$ 2,5 bilhões. Entre estas empresas, a maior parte (290, ou 58,0% desse segmento) são de capital privado nacional. Em decorrência do abrangente e quase radical programa de privatizações do período 1990-2002, é reduzido o número de estatais – 7,8% desse conjunto, apenas 39 empresas. E, também em decorrência da estratégia de abertura, da remoção das barreiras de entrada a empresas estrangeiras em praticamente todos os negócios e da elevada participação dos grupos externos no ciclo de fusões e aquisições nos últimos 20 anos, é bastante expressivo o número de empresas de controle externo: 171, 34,2%.

Cabe notar que são bastante parecidas as distribuições de frequência das empresas de controle externo e das de capital privado nacional, segundo os valores anuais das receitas operacionais, até o intervalo de US$ 4,99 bilhões a US$ 2,50 bilhões anuais. A baixa discrepância entre os dois conjuntos, quanto ao valor das operações no país, é uma das indicações mais importantes da presença expressiva do capital externo no mundo corporativo brasileiro, especialmente no setor real da economia. A destacada participação do capital externo no ciclo de fusões e aquisições do período 1990-2013 acentuou essa presença, que pode ser apontada como uma das causas do baixo número de empresas listadas em bolsa, dos valores comparativamente baixos, em termos mundiais, do ativo total das sociedades anônimas em operação no país e, entre estas, do reduzido número das de capital aberto.

TABELA 7.6
Tamanho das 500 maiores empresas do setor real que operam no Brasil, segundo o valor anual das receitas operacionais anuais em 2013.

Classes, em US$ bilhões	Empresas Número	Empresas % sobre o total	Origem do capital Estatal	Origem do capital Privado nacional	Origem do capital Externo
Mais de 15,00	5	1,0	2	2	1
14,99 a 10,00	7	1,4	–	2	5
9,99 a 5,00	20	4,0	1	5	14
4,99 a 2,50	50	10,0	6	19	25
2,49 a 1,25	100	20,0	11	72	17
1,24 a 0,75	147	29,4	8	79	60
Menos de 0,75	171	34,2	11	111	49
Totais	**500**	**100,0**	**39**	**290**	**171**

Fonte: EXAME. As 500 maiores empresas do país. Edição 2014 *Melhores e Maiores*.

No segmento financeiro, a presença de bancos de origem externa é também numericamente expressiva, como revelam os dados da Tabela 7.7. Segundo o patrimônio líquido em 2010, apenas quatro superavam a linha de US$ 10,00 bilhões, sendo 17 o número dos situados acima da linha de US$ 1,00 bilhão. 52,0% das 50 maiores instituições bancárias em operação no país são de controle nacional – e, entre as dezessete maiores, cinco são estatais.

TABELA 7.7
Maiores bancos em operação no Brasil, segundo o patrimônio líquido ajustado em 2013.

Classes, em US$ bilhões	Número de bancos	Estatal	Origem do capital Privado Nacional	Origem do capital Externo
Mais de 30,00	2	–	2	–
29,99 a 10,00	2	1	–	1
9,99 a 2,00	6	2	3	1
1,99 a 1,00	9	2	4	3
0,99 a 0,50	13	1	4	8
Menos de 0,50	18	1	6	10
Totais	**50**	**7**	**19**	**23**

Fonte: EXAME. As 500 maiores empresas do país. 50 maiores bancos por patrimônio. Edição 2014 *Melhores e Maiores*.

TABELA 7.8
As 500 maiores sociedades anônimas do Brasil, segundo o total do ativo, em 2013.

Classes de ativo total (US$ bilhões)	Número de empresas	Tipo de sociedade		Origem do capital	
		Aberta	Fechada	Privado	Estatal
Mais de 10,00	7	6	1	5	2
9,99 a 5,00	14	8	6	13	1
4,99 a 2,00	39	21	18	32	7
1,99 a 1,00	65	30	35	56	9
0,99 a 0,50	136	63	73	126	10
Menos de 0,50	239	91	148	212	27
Totais	**500**	**219**	**281**	**444**	**56**

Fonte: Dados primários extraídos da listagem das 1.000 maiores em operação no país. Exame, *Melhores e Maiores*, edição 2013.

AS SOCIEDADES ANÔNIMAS, AS ABERTAS E AS LISTADAS EM BOLSA

Não é muito expressivo, entre as 500 maiores sociedades anônimas do Brasil, o número das que têm o capital aberto. Deste universo, em 2013, 219 eram abertas (43,8%). A Tabela 7.8 mostra a composição desse conjunto, classificado segundo o total do ativo. Apenas 7 companhias superavam a linha de US$ 10,0 bilhões, das quais 6 com capital aberto e 1 fechado. Destas, 2 estatais e 5 de controle privado. Das 125 companhias com ativos acima de US$ 1 bilhão, a metade desse bloco era de capital aberto. Dessa linha de corte para baixo, em que se situavam 375 companhias, a classificação por tipo de sociedade não mantinha a mesma proporção observada entre as de maior porte: apenas 154 eram de capital aberto (30,8% do bloco), contra 221 (69,2% do bloco) que mantinham o capital fechado.

As matrizes da Tabela 7.9 mostram que a proporção das companhias abertas, entre as 500 maiores sociedades anônimas do Brasil, é ainda menor entre as de controle privado: das 219 companhias abertas, 23 são estatais (13,2%). Entre as 281 fechadas, 33 são estatais (9,6%).

A Tabela 7.10 revela outro ângulo das sociedades anônimas registradas e listadas no Brasil: sua evolução no período 1995-2013. O número dessas companhias aumentou nos quatro primeiros anos do período: as registradas e as listadas em bolsa aproximaram-se, respectivamente, de 1.000 e de 600. Mas, daí em diante, até o ano de 2005, observou-se forte redução: em dez anos, o número de registradas recuou 25,2%; a das listadas, 32,4%. Este movimento foi em direção oposta ao que se observou no sistema mundial. Entre 1995 e 2013, o número de companhias abertas aumentou de 25.050

TABELA 7.9
As 500 maiores sociedades anônimas do Brasil, segundo o tipo de sociedade e a origem do capital.

500 maiores sociedades anônimas			
Origem do capital \ Tipo de sociedade	Aberta	Fechada	Total
Privado	190	254	444
Estatal	23	33	56
Total	219	281	500

% sobre totais			
Origem do capital \ Tipo de sociedade	Aberta	Fechada	Total
Privado	42,8	57,2	100,0
Estatal	41,1	58,9	100,0
Total	43,8	56,2	100,0

% sobre totais			
Origem do capital \ Tipo de sociedade	Aberta	Fechada	Total
Privado	86,8	90,4	88,8
Estatal	13,2	9,6	11,2
Total	100,0	100,0	100,0

Fonte: Dados primários extraídos da listagem das 1.000 maiores companhias em operação no país. Exame, *Melhores e maiores*, edição 2013.

para 43.348, um acréscimo de 73,0%, ou 3,09% ao ano. A maior parte dessa evolução ocorreu em países emergentes, notadamente da Ásia, da Europa Central e Oriente Médio.

A retração do número de companhias listadas em bolsa não é o único indicador ainda baixa expressão do mercado de capitais brasileiro. Tem sido também historicamente decrescente o número de emissões primárias de ações e de debêntures conversíveis, como mostram os números da Tabela 7.11. Em contrapartida, mantêm-se alto o número de lançamentos de debêntures simples, bem como os valores dessas operações.

TABELA 7.10
Companhias abertas no Brasil: evolução no período 1995-2013.

Anos[a]	Companhias registradas[a]	Companhias listadas em bolsa	Evolução 1995 = 100,0 Registradas	Evolução 1995 = 100,0 Negociadas
1995	870	577	100,0	100,0
1996	920	589	105,7	102,1
1997	966	595	111,0	103,1
1998	900	599	103,4	103,8
1999	882	534	101,4	92,5
2000	851	495	97,8	85,7
2001	830	468	95,4	81,1
2002	792	436	91,0	75,5
2003	718	410	82,5	71,1
2004	651	390	74,8	67,6
2005	620	381	71,2	66,0
2006	624	394	71,7	68,2
2007	682	449	78,3	77,8
2008	679	439	78,1	76,1
2009	659	434	75,7	75,2
2010	649	471	74,6	81,6
2011	645	466	74,1	80,8
2012	637	468	73,2	81,1
2013	638	454	73,3	78,7

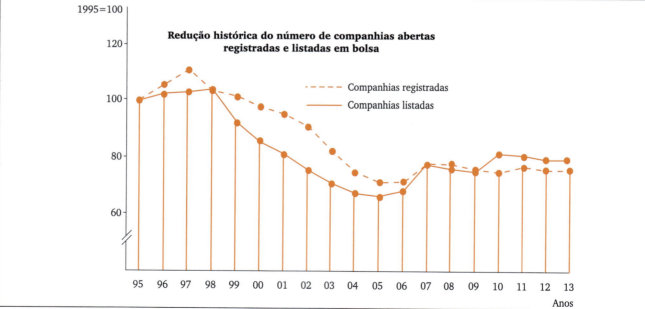

(a) Em dezembro de cada ano.

Fonte: CVM – Comissão de Valores Mobiliários Assessoria Econômica – ASE (companhias registradas) e BOVESPA (companhias listadas).

TABELA 7.11
Mercado primário de ações e debêntures: número e valor das emissões no Brasil no período 1995-2013.

Anos	Ações – Número de emissões[a]	Ações R$ Milhões Ordinárias	Ações R$ Milhões Preferenciais	Debêntures Número de emissões	Debêntures R$ Milhões Conversíveis	Debêntures R$ Milhões Simples
1995	31	612,6	1.385,7	93	634,6	5.646,2
1996	23	4.880,6	4.626,4	99	1.288,3	7.071,2
1997	23	1.323,8	2.641,4	57	1.499,6	6.018,2
1998	20	3.108,2	1.003,9	62	3.353,7	6.303,6
1999	10	1.210,7	1.538,8	38	1.594,1	5.082,3
2000	6	340,6	1.069,6	42	1.462,4	7.285,6
2001	18	3.137,3	4.074,7	41	600,3	14.561,9
2002	10	4.294,1	2.382,9	26	68,7	14.567,9
2003	8	2.178,4	544,6	17	69,5	5.214,5
2004	18	7.031,1	2.641,9	38	814,7	8.772,8
2005[b]	24	15.009		45	41.539	
2006	40	2.918		47	69.464	
2007	112	70.077		47	48.037	
2008	15	34.515		36	40.049	
2009	30	47.131		24	12.230	
2010	35	152.180		20	16.235	
2011	36	19.167		9	3.180	
2012	19	14.300		21	50.047	
2013	27	23.907		16	10.945	

(a) Primárias, secundárias e mistas.
(b) Dados não disponíveis segundo tipos de ações e de debêntures, a partir de 2005.
Fonte: Comissão de Valores Mobiliários (CVM). Assessoria Econômica – ASE.

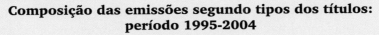

Composição das emissões segundo tipos dos títulos: período 1995-2004

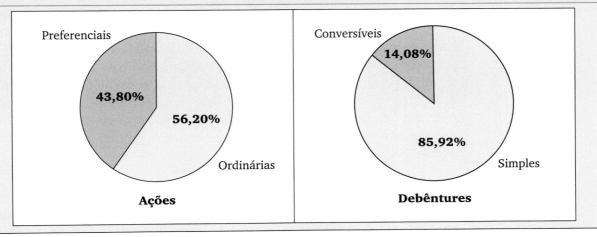

Essa redução não é atribuível a um único fator. Entre os que provavelmente a determinam, destacamos os quatro seguintes:

1. Nova regulação do mercado, advinda com a reforma, em 2001, da Lei de Sociedades Anônimas. Como observam Orenstein e Rocha,[5] "algumas empresas, prevendo dias difíceis no relacionamento com seus acionistas minoritários, resolveram se antecipar e anunciar o fechamento de seu capital, profetizando o fim do mercado".
2. Volatilidade acentuada do mercado acionário no país.
3. Baixa pulverização da propriedade acionária por ocasião das privatizações, o que caracterizaria uma perda de oportunidade de ampliação e de democratização do mercado.
4. Baixa proporção dos investimentos produtivos em relação ao PNB, explicada por pelo menos dez determinantes: 1. baixa capacidade de investimento do governo, pelo alto peso dos dispêndios de custeio em relação à carga tributária; 2. pressão tributária excessiva sobre a riqueza gerada pelas empresas (44,0% no universo das 500 maiores, segundo Exame;[6] 3. insuficiências infraestruturais; 4. gargalos em suprimentos básicos; 4. oferta insuficiente de pessoal qualificado; 5. ônus sistêmicos – o "custo" Brasil; 6. baixa oferta de crédito a longo prazo; 7. política ambiental inflexível e desconectada de objetivos de crescimento econômico; 8. exigências burocráticas excessivas em relação às práticas mundiais; 9. resistências às parcerias público-privadas; e 10. inapetência para a promoção de reformas estruturais que encorajariam as inversões produtivas (trabalhista e tributária).

Em contrapartida, cabe também destacar pelo menos oito fatores que têm atuado em direção oposta: 1. as dimensões do mercado interno – 7º no *ranking* mundial; 2. a mobilidade social ascendente, que tem resultado a criação de mercados de massa no país; 3. a ocorrência de cadeias produtivas com inequívocas vantagens competitivas globais – agro (grãos e fibras), produção animal, mineração, celulose e bioenergia, como exemplos; 4. fundos de *private equity* ativos e agressivos, em busca por negócios no país e abrindo as portas do mercado de capitais a crescente número de empresas; 5. nova classe empresarial emergente, que tem levado ao mercado projetos atrativos; 6. a promoção do país para o segundo degrau do "grau de investimento"; 7. as amplas oportunidades de negócios de grande porte no país, nos segmentos de infraestrutura e nas indústrias de base; e 8. a criação dos segmentos diferenciados da Bolsa de Valores de São Paulo, particularmente o Novo Mercado, que ensejou forte movimento de abertura de capital, particularmente no triênio 2005-2007.

Este último fator interrompeu a série histórica de redução do número de companhias listadas no Brasil, enquanto em todo o mundo o movimento era em direção oposta. Cabe porém notar que cerca de dois terços das ofertas públicas iniciais de abertura de capital foram adquiridos por fundos de investimento estrangeiros, ampliando a participação desses investidores no mercado

TABELA 7.12
Composição dos investidores no mercado de capitais do Brasil: período 1994-2013.

Anos	Investidores estrangeiros	Institucionais[a]	Instituições financeiras[b]	Pessoas físicas	Empresas	Outros	Total
1994	17,9	22,5	46,2	6,6	6,5	0,3	100,0
1995	29,4	11,3	41,9	11,9	5,4	0,1	100,0
1996	38,2	12,9	38,1	8,1	2,5	0,2	100,0
1997	24,9	24,6	35,6	9,2	5,3	0,4	100,0
1998	25,0	11,9	34,6	12,9	15,3	0,3	100,0
1999	22,0	16,8	39,6	17,2	4,0	0,4	100,0
2000	22,0	15,8	36,7	20,2	4,2	1,1	100,0
2001	25,1	17,3	34,0	20,5	3,0	0,2	100,0
2002	26,0	17,6	32,1	20,8	3,3	0,2	100,0
2003	24,1	29,4	18,0	24,4	3,7	0,4	100,0
2004	27,3	28,1	13,8	27,5	3,0	0,3	100,0
2005	32,8	27,5	11,7	25,4	2,3	0,3	100,0
2006	35,5	27,3	10,4	24,6	2,2	0,1	100,0
2007	34,1	27,5	6,3	29,5	2,4	0,2	100,0
2008	36,0	24,0	6,0	31,0	3,0	0,0	100,0
2009	30,0	28,0	10,0	30,0	2,0	0,5	100,0
2010	29,2	33,9	7,7	26,2	2,4	0,0	100,0
2011	36,6	33,4	8,2	20,4	1,8	0,0	100,0
2012	40,4	32,1	8,1	17,9	1,5	0,0	100,0
2013	43,6	32,8	7,4	15,2	1,0	0,0	100,0

(a) Fundos mútuos, fundos de pensão, clubes de investimento e seguradoras.
(b) Bancos múltiplos e comerciais, bancos de investimento, corretoras e distribuidoras de títulos e valores mobiliários.
Fontes: BOVESPA – Gerência Técnica de Mercado. *Relatório Anual* (2001 a 2013).

de capitais do país, o que amplia sua volatilidade em condições mundiais adversas, como a da crise financeira que se instalou nas economias avançadas em 2008. É o que veremos a seguir.

A COMPOSIÇÃO DOS INVESTIDORES NO MERCADO DE CAPITAIS

A Tabela 7.12 mostra a composição dos investidores no mercado de capitais do Brasil. No período 1994-2013, os investidores estrangeiros, os institucionais e as instituições financeiras responderam por mais de 80% do mercado. Destes três grupos, os estrangeiros e institucionais – e, dentro deles, os fundos de pensão – ampliaram significativamente sua presença no mercado. Cabe notar que essa ampliação não se deu apenas quanto aos valores aplicados em ações, mas na difusão e nas exigências pela adoção de melhores práticas de governança corporativa.

TABELA 7.13
Composição da carteira dos investidores estrangeiros no mercado financeiro do Brasil: período 1995-2013.

Anos	Valor da carteira (US$ bilhões)	% Aplicações sobre o total						
		Mercado de ações	Renda fixa	Debêntures	Moedas de privatização	Derivativos e outros	Total
1995	18,65	89,46	–	5,54	3,68	1,32	100,0
1996	28,16	91,96	–	5,72	2,79	0,52	100,0
1997	35,78	96,46	–	2,12	–	1,42	100,0
1998	17,37	94,80	–	1,00	0,04	4,16	100,0
1999	23,11	98,98	–	0,82	0,02	1,20	100,0
2000	18,53	91,92	7,04	0,91	0,01	1,30	100,0
2001	15,50	88,45	9,32	0,73	0,01	1,50	100,0
2002	10,40	74,70	21,51	1,15	0,01	2,55	100,0
2003	20,12	86,79	11,60	0,68	0,01	0,91	100,0
2004	29,07	90,10	8,28	0,24	0,01	1,37	100,0
2005	53,44	90,99	6,84	0,23	–	1,94	100,0
2006	101,60	85,43	11,36	0,39	–	2,82	100,0
2007	214,11	77,39	19,05	0,05	–	3,51	100,0
2008	123,09	57,97	35,47	0,32	–	1,99	100,0
2009	304,37	67,40	27,72	0,15	–	1,12	100,0
2010	380,71	66,77	31,33	0,15	–	1,75	100,0
2011	350,43	62,21	35,02	0,29	–	2,48	100,0
2012	398,65	58,02	39,24	0,49	–	2,25	100,0
2013	371,59	54,74	39,40	0,72	–	5,13	100,0

Fonte: Comissão de Valores Mobiliários (CVM). Assessoria Econômica – ASE.

Das carteiras desses três grupos de investidores, a dos estrangeiros é a que tem maior densidade de aplicações em ações. Os dados da Tabela 7.13 mostram que as aplicações dos investidores externos no mercado de ações do Brasil supera – e fortemente – as suas carteiras nos demais segmentos do mercado financeiro. No período 1995-2013, o segmento de ações representou, em média, cerca de 75% de suas aplicações no mercado financeiro nacional. Os valores das carteiras, porém, variaram acentuadamente no período, evidenciando forte volatilidade.

A Figura 7.7 mostra os altos e baixos da série histórica dos 17 anos considerados. De um pico de US$ 35,8 bilhões, em 1997, dos quais 96,5% em ações, para US$ 10,4 bilhões em 2002, dos quais 74,7% em ações. Isto significa que a carteira de ações desses investidores no país caiu 77,7% de 1997 para 2002: de US$ 34,5 para US$ 7,8 bilhões. Essa flutuação é atribuível a fatores externos e internos. Entre os externos, a redução do ritmo das aquisições e das megafusões, a queda na velocidade das privatizações, os efeitos-contágio das crises financeiras em países emergentes e, por fim, os escândalos corporativos da variada do século. Entre os internos, as expectativas de alta do risco país, seja em função de desvalorizações cambiais acentuadas, como em 1998-1999, seja pelo temor de mudanças nos rumos estratégicos ou nas regras de mercado para o capital estrangeiro que poderiam ocorrer quando da alternância do poder central, a partir de 2003.

A partir de 2003, todavia, os números voltaram a subir acentuadamente, até alcançarem o pico de US$ 398,7 bilhões em 2012, elevando para US$ 375,3 bilhões a média do quadriênio 2010-2013, superando os "efeitos contágio" da crise financeira de 2008-09. No triênio 2005-2007, a média dos investimentos estrangeiros no mercado financeiro do país alcançou US$ 123,1 bilhões – em níveis anualmente crescentes – cinco vezes superior à do decênio, 1995-2004. Entre as razões dessa retomada histórica, as cinco seguintes se destacam: 1. atratividade do país entre os do bloco emergente; 2. confiabilidade da política econômica interna; 3. níveis atrativos do valor de mercado das companhias brasileiras; 4. forte movimento de IPOs no triênio 2005-2007; e 5. adesão de parte das empresas às boas práticas de governança corporativa e aos segmentos diferenciados criados pela Bovespa.

Nos últimos anos, só se observou forte redução da carteira e da parcela aplicada no mercado de ações no segundo semestre de 2008, decorrente da

FIGURA 7.7
Valor da carteira dos investidores estrangeiros no mercado financeiro do Brasil: período 1995-2013.

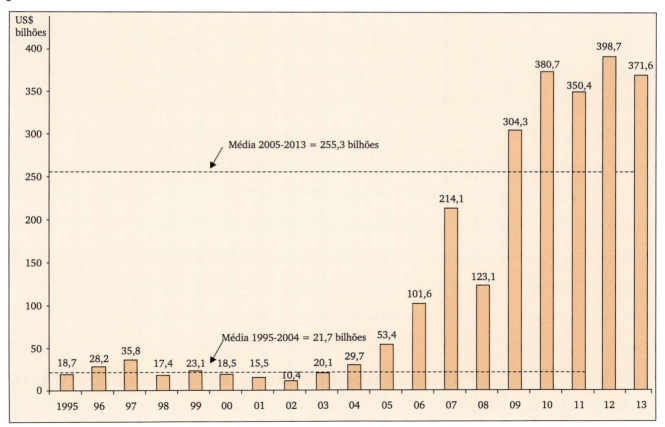

Fonte: Comissão de Valores Mobiliários (CVM). Assessoria Econômica – ASE.

TABELA 7.14 Carteira consolidada dos fundos de pensão no Brasil: Evolução no período 1990-2013.

Anos	Em R$ bilhões Reservas Carteira consolidada (a)	Em R$ bilhões Aplicações em ações (b)	PIB (c)	Relações (%) (a)/(c)	Relações (%) (b)/(c)
1990	26,4	4,0	787,8	3,1	0,5
1991	36,8	11,7	795,9	4,6	1,5
1992	43,3	12,6	791,6	5,5	1,6
1993	60,0	22,5	830,6	6,5	2,7
1994	72,7	18,2	879,2	8,2	2,1
1995	74,8	16,9	916,3	8,2	1,8
1996	86,6	23,9	927,0	9,3	2,6
1997	86,9	24,7	939,1	9,3	2,6
1998	90,8	17,5	979,3	9,3	1,8
1999	115,1	30,3	1.065,0	10,8	2,8
2000	130,1	30,7	1.179,5	11,0	2,6
2001	154,8	28,6	1.302,1	11,9	2,2
2002	168,5	26,7	1.477,8	11,4	1,8
2003	216,2	41,0	1.699,9	12,7	2,4
2004	255,8	51,2	1.941,5	13,2	2,6
2005	295,3	59,9	2.147,9	13,7	2,8
2006	352,2	73,8	2.322,8	15,2	3,2
2007	435,8	90,4	2.661,0	16,4	3,4
2008	419,3	54,4	3.005,0	13,9	1,8
2009	492,1	82,8	3.185,9	15,4	2,6
2010	538,4	88,3	3.675,0	14,6	2,4
2011	573,7	80,4	4.143,0	13,8	1,9
2012	641,7	89,4	4.392,1	14,6	2,0
2013	640,3	84,2	4.844,8	13,2	1,7

Fonte: ABRAPP – Associação Brasileira das Entidades Fechadas de Previdência Complementar. *Consolidado Estatístico*. Dezembro de 2014.

crise financeira internacional. A saída de capitais foi drástica: a queda no valor das carteiras foi de 46,0%; a das aplicações no mercado de ações, de 57,4%: de 77,39% de US$ 214,11, para 57,97% de US$ 123,09. São dados que revelam a alta volatilidade desses recursos e descartam a hipótese de pleno descolamento do Brasil em relação aos movimentos dos mercados globais.

A PRESENÇA DOS FUNDOS DE PENSÃO NO MERCADO DE AÇÕES

Como ocorre, já de longa data, nos principais mercados mundiais, os fundos de pensão têm alta expressão também no mercado de ações do Brasil.

A Tabela 7.14 evidencia a crescente importância das reservas consolidadas dos fundos de pensão no país. Em relação ao PIB, o valor dessas reservas evoluiu de 3,1% para 13,2% em vinte e quatro anos (1990-2013). Em valores correntes, cresceram 24 vezes: de R$ 26,4 para R$ 640,3 bilhões.

As aplicações dos fundos de pensão em ações e em fundos de renda variável têm se mantido ao longo do tempo, em relação ao valor consolidado das reservas desse grupo de investidores institucionais. Mas, pela expressiva expansão real dessas carteiras, as aplicações no mercado de capitais são também crescentes em relação ao PIB. No mesmo período considerado, saíram de 0,5% para 1,7%, com pico de 3,4% antes da crise financeira mundial.

A carteira consolidada desses fundos é bastante concentrada quanto às entidades que a controlam. Das 260 entidades fechadas de previdência complementar que atuavam no país no final de 2013, as quatro maiores em investimentos, todas de empresas estatais, totalizavam R$ 312,7 bilhões, 48,8% do universo. Quando se totalizam 10% das entidades, chega-se a 77,5% das reservas (R$ 640,3 bilhões).

Esta alta concentração confere aos fundos de pensão de maior porte alto poder de influência no mercado. Um poder que tem sido crescente – e não apenas limitado à dimensão das carteiras de investimentos e ao impacto de seus movimentos no valor de mercado das empresas listadas, mas também

TABELA 7.15 Comparações internacionais: número e valor de mercado das companhias listadas em bolsa.

Indicadores	Dados de dezembro de 2013 Mundo (a)	Dados de dezembro de 2013 Brasil (b)	Relações (%) (b)/(a)
Número de companhias	43.348	363	0,83
Valor de mercado em US$ bilhões	59.844	1.020,5	1,71
Capitalização média das companhias listadas em US$ milhões	1.380	2.811	2,04

Comparações com agregados macroeconômicos (Estimativas, em US$ trilhões, para 2013)

MUNDO	$\dfrac{\text{Valor de mercado das companhias listadas}}{\text{Produto Mundial Bruto}} = \dfrac{59,84}{74,90}$	= 79,89%
BRASIL	$\dfrac{\text{Valor de mercado das companhias listadas}}{\text{Produto Interno Bruto}} = \dfrac{1,02}{2,25}$	= 45,33%

Fontes: World Federation of Exchanges, *Focus: Monthly statistics tables*. IBGE, Centro de Contas Nacionais e Bolsa de Valores de São Paulo.

TABELA 7.16 Dimensões das 500 maiores empresas do Brasil, comparadas com as mundiais, as dos Estados Unidos e as da América Latina em 2013.

Conjuntos	Receitas operacionais totais em US$ bilhões			
	Mundo	Estados Unidos	América Latina	Brasil
Maior	476,3	476,3	130,5	104,3
10	3.713,1	2.204,9	652,4	267,8
100	14.264,4	7.712,1	1.631,8	637,8
200	20.640,7	9.738,6	2.027,8	792,6
300	24.973,7	10.878,1	2.272,6	890,2
400	28.372,9	11.642,6	2.455,8	959,8
500 maiores	31.058,4	12.210,5	2.599,2	1.010,3
Médias por empresa	62,1	24,4	5,2	2,0

Fontes: FORTUNE. *500 largest world corporations*. Europe Edition, Aug. 2014. AMÉRICA. *500 maiores empresas da América Latina*. Edição Brasil, Ago. 2014. EXAME. As 500 maiores empresas do Brasil. *Melhores e Maiores*. São Paulo, jul. 2014.

na influência sobre os padrões praticados de governança corporativa. Nada diferente, mantidas as proporções, do que ocorre em outros países.

COMPARAÇÕES INTERNACIONAIS

Por fim, complementando essa ampla visão das características estruturais do sistema corporativo em operação no Brasil, cabe destacar algumas comparações internacionais. De uma forma geral, essas comparações indicam:

1. A grande distância entre as dimensões das empresas em operação no Brasil, comparativamente às maiores mundiais.
2. A distância, em direção oposta, entre o valor médio de mercado das companhias listadas em bolsa no Brasil, comparativamente ao das listadas no conjunto das bolsas de valores de todo o mundo.
3. A discreta assimetria entre o valor de mercado das companhias listadas em bolsa e os agregados macroeconômicos do Brasil e do

mundo como um todo, nesse caso devida à valorização do Real no final do ano considerado.

A Tabela 7.15 indica as dimensões comparativas das corporações brasileiras, a partir de indicadores consolidados. O primeiro deles é sobre o número de companhias listadas nas bolsas de valores de todo o mundo: elas superam 43.300. Segundo dados da World Federation of Exchanges,[7] o valor de mercado dessas companhias totaliza US$ 59,84 trilhões, 79,89% do Produto Mundial Bruto, estimado em US$ 74,90 trilhões em 2013. No Brasil, no final desse mesmo ano, o valor de mercado das 363 companhias listadas alcançou R$ 1,02 trilhão, correspondentes a 45,33% do PIB. A maior expressão do valor médio de mercado das companhias listadas não significa, porém, que as dimensões do mundo corporativo brasileiro sejam superiores às observadas nas maiores economias mundiais. As assimetrias entre as comparações com os agregados macroeconômicos são mais expressivas. A Tabela 7.16 compara as dimensões médias das 500 maiores companhias mundiais, dos Estados Unidos, da América Latina e do Brasil, segundo o total e as médias de suas receitas operacionais anuais. Os números brasileiros são bem menores, para todos os conjuntos considerados, mesmo em relação à América Latina. A média das receitas operacionais das 500 maiores empresas brasileiras (US$ 2,0 bilhões) é 30 vezes inferior às das 500 maiores do mundo; 12 vezes inferior às dos Estados Unidos e menos que a metade das maiores latino-americanas.

Na Tabela 7.17 mostramos uma outra visão da representatividade do mundo corporativo brasileiro em relação ao mundial: o número de empresas, por países, entre as 500 maiores do mundo. No *ranking* da *Fortune*,[8] entre essas empresas classificam-se apenas 7 brasileiras, sendo 3 do setor de intermediação financeira. Entre os grandes emergentes, grupo que passou a ser identificado pela sigla BRICs – Brasil, Rússia, Índia e China – o Brasil e a Rússia são os países que têm menor número de empresas entre as 500 maiores do mundo, próximos da Índia, mas muito distantes da China. O total das receitas operacionais das 95 chinesas é mais de quatro vezes superior à soma das receitas dos outros três países desse grupo, números que confirmam a supremacia chinesa já revelada anteriormente, quando destacamos o número e o valor de mercado das companhias de capital aberto dessa potência emergente.

Cabe por fim observar que o valor de mercado das companhias brasileiras, a despeito da queda do número de empresas listadas na Bolsa de Valores de São Paulo, é historicamente crescente, embora com períodos de baixas acentuadas, como mostram os dados da Tabela 7.18. Nos últimos vinte e quatro anos (1990-2013), registraram-se cinco movimentos de baixa, três deles em anos de transição política – 1994-1995; 1998 e 2001-2002, neste último mais acentuada e prolongada, devido também ao ataque terrorista às torres gêmeas em Nova Iorque e aos escândalos corporativos nos Estados Unidos, que abalaram o mercado de capitais de todo o mundo. O quarto movimento de baixa foi em 2008, sob o impacto da crise financeira mundial. E o quinto, em 2013, decorreu da perda de valor de mercado da maior empresa de capital aberto do país e também da redução do ritmo de crescimento da economia.

Já a forte alta, historicamente inusitada, que apesar da forte queda de 2008 observou-se no quinquênio 2005-2010, é atribuível a seis fatores: 1. apreciação

TABELA 7.17 Países de origem das 500 maiores empresas do mundo, em 2013, segundo o valor anual das receitas operacionais.

Países	Número de empresas entre as 500 maiores (a)	Receitas operacionais em US$ bilhões Totais (b)	Médias por empresa (b)/(a)
Estados Unidos	128	8.558,9	66,8
China	95	5.839,2	61,5
Japão	57	3.085,7	54,1
França	31	2.078,7	67,1
Alemanha	28	2.060,6	73,6
Reino Unido	27	1.599,0	59,2
Holanda	12	1.023,8	85,3
Coreia do Sul	17	916,7	53,9
Suíça	13	795,6	61,2
Itália	9	726,3	80,7
Rússia	8	567,2	70,9
Espanha	8	450,3	56,3
Brasil	**7**	**447,5**	**63,9**
Austrália	8	381,8	47,7
Índia	8	367,0	45,9
Canadá	10	322,2	32,2
Taiwan	5	263,8	52,8
México	3	219,2	73,1
Venezuela	1	121,0	121,0
Noruega	1	108,5	108,5
Suécia	3	103,1	34,4
Malásia	1	100,7	100,7
Indonésia	2	96,1	48,1
Tailândia	1	92,6	92,6
Luxemburgo	1	79,4	79,4
Bélgica	2	73,0	36,5
Cingapura	2	70,2	35,1
Reino Unido/Holanda	1	66,1	66,1
Dinamarca	1	57,5	57,5
Áustria	1	56,3	56,3
Irlanda	2	54,3	27,2
Arábia Saudita	1	50,4	50,4
Emirados Árabes	1	49,7	49,7
Colômbia	1	37,7	37,7
Polônia	1	36,0	36,0
Turquia	1	34,7	34,7
Finlândia	1	31,1	31,1
Chile	1	24,3	24,3
Totais	**500**	**31.058,4**	**62,1**

Fonte: FORTUNE. *500 largest world corporations*. Europe Edition, vol. 170, nº 1, Jul. 2014.

cambial do real, que eleva o valor em dólar dos ativos; 2. a retomada do crescimento econômico interno, com reflexos positivos nos resultados operacionais das empresas, especialmente nas relacionadas a mercados de consumo de massa; 3. o bom período de crescimento de grandes países emergentes, com forte impacto na demanda de produtos básicos, originários da diversidade de capital natural do país; 4. a atratividade das aberturas de capital no triênio 2005-2007, coincidente com a obtenção, pelo país, do "grau de investimento" e com a alta liquidez mundial; 5. os preços atrativos das empresas brasileiras, comparativamente aos padrões internacionais; e 6. os bons fundamentos macroeconômicos do país e sua crescente e positiva visibilidade em mercados internacionais.

TABELA 7.18
Brasil, 1990-2013. Companhias domésticas listadas e negociadas em bolsa, consideradas pela World Federation of Exchanges.

Anos	Número (1)	Valor de mercado em US$ bilhões (2)	Capitalização média em US$ milhões (2)/(1)
1990	579	11,2	19
1991	570	32,2	56
1992	565	45,4	80
1993	551	96,8	176
1994	549	189,3	345
1995	543	148,2	273
1996	550	217,3	395
1997	536	256,0	478
1998	527	161,3	306
1999	478	221,8	464
2000	459	224,6	489
2001	428	182,1	425
2002	399	120,8	303
2003	369	234,2	635
2004	358	332,9	930
2005	343	493,7	1.439
2006	350	722,6	2.065
2007	404	1.369,7	3.390
2008	392	592,0	1.510
2009	386	1.337,2	3.464
2010	379	1.503,6	3.967
2011	373	1.228,9	3.295
2012	364	1.227,4	3.371,9
2013	363	1.020,5	2.811,3

Fonte: World Federation of Exchanges. *Number of listed companies. Domestic market capitalization.*

7.3 O Ambiente Externo da Governança Corporativa no Brasil

Seguindo o esquema básico definido para este capítulo no Quadro 7.1, destacaremos agora aspectos fundamentais do ambiente externo da governança corporativa no Brasil. Focalizaremos as principais forças de controle, nesta sequência: 1. os marcos legais e as recomendações da Comissão de Valores Mobiliários; 2. os compromissos exigidos pela Bolsa de Valores de São Paulo para listagem diferenciada das empresas, segundo os padrões praticados de governança corporativa; 3. as pressões por boa governança exercida por investidores institucionais; e 4. o código das melhores práticas de governança corporativa definido pelo IBGC.

Os Novos Marcos Legais

Na transição do século XX para o XXI, o Brasil assistiu a um impactante conjunto de reformas em estatutos legais, seguido de novas regulações e recomendações da CVM, que mudaram o cenário da governança corporativa no país. As duas reformas de maior impacto foram a da Lei das Sociedades por Ações, em 2001, e a do Código Civil, em 2002.

Exatamente em meio a estas mudanças em importantes estatutos legais do país, ocorreu nos Estados Unidos uma das mais amplas reações regulatórias aos escândalos e às megafraudes corporativas que abalaram o mundo dos negócios no início do novo milênio: a Lei Sarbanes-Oxley, de 2002. Como as disposições dessa lei alcançam empresas estrangeiras com emissões de capital no mercado norte-americano, elas se somaram aos novos marcos legais aplicáveis do sistema empresarial do país.

Dos principais aspectos dessas reformas destacaremos os onze seguintes:

1. A redução do limite máximo de emissão de ações preferenciais.
2. A redefinição dos direitos dos titulares de ações preferenciais.
3. A competência e a convocação da Assembleia Geral de acionistas.
4. A composição, o funcionamento e a competência do Conselho Fiscal.
5. A composição e a competência do Conselho de Administração.
6. A eleição e a composição da Diretoria Executiva.
7. Os acordos de acionistas.
8. A alienação do controle das companhias abertas.
9. A arbitragem e a solução de conflitos internos.
10. As novas formalidades inseridas no Código Civil.
11. O alcance da Lei Sarbanes-Oxley.

1. LIMITE DE EMISSÃO DE AÇÕES PREFERENCIAIS

Um dos pontos de maior relevância da Lei nº 10.303, de 2001, que ficou conhecida como a Nova Lei das Sociedades Anônimas, foi a redução do limite máximo para emissão de ações preferenciais. A Lei nº 6.404, de 1976, que a de 2001 reformou, foi o marco legal que praticamente estabeleceu as bases sobre as quais se edificaram as sociedades por ações no Brasil, o mercado de capitais e, por consequência, os processos de governança corporativa no Brasil.

Um dos fundamentos da lei de 1976 foi a permissão para a emissão de ações preferenciais até o limite de dois terços das ações emitidas, confiando às empresas a definição, em seus próprios estatutos, dos direitos dos proprietários dessas ações. Às preferenciais não se conferia o direito de voto, isolando seus detentores de processos que envolvessem o controle da companhia e a definição de seus rumos; em contrapartida, asseguravam direitos diferenciados quanto à distribuição de dividendos ou ao reembolso do capital. Apenas nos casos de não distribuição de dividendos por três exercícios consecutivos, as ações preferenciais teriam o direito assegurado de voto.

Esse fundamento legal, segundo a avaliação de Andrezo e Lima[9] poderia ser atribuído à preocupação do legislador em não ferir a cultura empresarial brasileira em uma de suas mais importantes singularidades: a manutenção do controle das companhias pelos seus empreendedores, ainda que estes buscassem sócios anônimos no mercado de capitais. Com o lançamento de 2/3 do capital acionário sem direito a voto, com apenas 17% do total das ações (51% de 1/3), o controle da companhia estaria assegurado. Este princípio reforçava-se pela suposição de que, no Brasil, os investidores em ações estariam mais interessados no retorno e na liquidez de suas aplicações do que em participar de órgãos de governança e de decisões atribuíveis à alta gestão das companhias.

A força com que são defendidos os interesses envolvidos nestes traços culturais é ainda seguramente expressiva. A Nova Lei das Sociedades por Ações não suprimiu a prerrogativa de emissão de duas classes de ações; mas reduziu de 2/3 para 50% o limite máximo de emissão das preferenciais. Como pondera Barbosa Filho,[10] o novo limite reflete duas tendências: a) conciliar o controle majoritário das companhias com maior risco patrimonial; e b) desincentivar o exercício do poder com baixo risco patrimonial, onerando o controlador ou o grupo de controle que deseje mantê-lo. Mas, em contraste, foram introduzidas regras de transição, para manter a integridade do sistema até então vigente, assegurado pelas disposições da Lei nº 6.404. Como resultado, a nova proporção das ações sem direito a voto só é aplicável às novas sociedades que se constituírem e àquelas que vierem a abrir o seu capital.

2. DIREITOS DOS DETENTORES DE AÇÕES PREFERENCIAIS

O objetivo da reforma foi o de garantir maior segurança aos detentores de ações preferenciais quanto à remuneração do capital integralizado na companhia. Os direitos assegurados pela lei de 1976 foram reafirmados, seguindo-se o princípio de se estabelecerem vantagens que compensem a não-concessão do direito de voto. Entre estas, destacamos quatro:

- No total dos dividendos distribuídos, participação mínima correspondente a 25% do lucro líquido do exercício, garantindo-se prioridade equivalente a, no mínimo, 3% do valor do patrimônio líquido representado pela ação.
- Depois de assegurados os recebimentos mínimos, participação, em igualdade de condições com os detentores de ações ordinárias, na distribuição da fatia do lucro restante.
- Direito ao recebimento de dividendos pelo menos 10% maiores que os atribuídos a cada ação ordinária.
- Direito de inclusão das ações preferenciais na oferta pública de alienação de controle, assegurando-lhes participação pelo menos igual ao das ordinárias.

Em adição a essas *vantagens compensatórias*, deverão constar do estatuto da companhia, com precisão e minúcia, outras preferências ou vantagens atribuídas aos detentores de ações sem direito a voto ou com restrições ao exercício desse direito.

3. COMPETÊNCIA E CONVOCAÇÃO DA ASSEMBLEIA GERAL

Competem privativamente à Assembleia Geral dos acionistas decisões sobre matérias de alto impacto corporativo e que sejam determinantes dos destinos da companhia, entre as quais destacamos:

- Reforma do estatuto social.
- Transformação, fusão, incorporação e cisão da companhia.
- Dissolução e liquidação da sociedade.
- Autorização aos administradores para pedir concordata e confessar falência.
- Tomar, anualmente, as contas dos administradores e deliberar sobre as demonstrações financeiras por eles apresentadas.
- Eleger o Conselho de Administração e Conselho Fiscal, respeitadas as regras peculiares ao tipo de sociedade – inexistindo o Conselho de Administração, obrigatório apenas em sociedades abertas, que então elegeria a Diretoria Executiva, esta será eleita pela Assembleia Geral.
- Autorizar a emissão de debêntures com garantia real ou conversíveis – a emissão de debêntures simples pode ser autorizada pelo Conselho de Administração.

- Deliberar sobre a avaliação de bens com que os acionistas possam integralizar o capital subscrito
- Suspender o exercício dos direitos do acionista inadimplente de seus deveres contratuais.

4. Composição e Competência do Conselho Fiscal

Quando incluído na estrutura de governança das companhias, o Conselho Fiscal é eleito pela Assembleia Geral dos acionistas. Poderá funcionar em caráter permanente ou nos exercícios sociais em que for instalado por decisão da assembleia. Sua composição é de no mínimo três e no máximo de cinco membros – acionistas ou não – que exercerão seus cargos até a primeira Assembleia Geral Ordinária que se realizar após a sua eleição. Poderão ser reeleitos.

São da competência desse conselho as seguintes funções, definidas em lei:

- Fiscalizar os atos dos administradores e verificar o cumprimento dos seus deveres legais e societários.
- Denunciar aos órgãos da administração e, se estes não tomarem as providências necessárias para a proteção dos interesses dos acionistas, à Assembleia Geral, erros, fraudes ou crimes constatados.

Os pareceres e representações do Conselho Fiscal ou de qualquer um de seus membros poderão ser apresentados e lidos na Assembleia Geral, ainda que não constem da ordem do dia.

Quando o funcionamento do Conselho Fiscal não for permanente, ele poderá ser instalado pela Assembleia Geral a pedido dos detentores de, no mínimo, 10% das ações ordinárias ou 5% dos detentores de ações preferenciais. Cabe ainda notar que os titulares de ações sem direito a voto ou com voto restrito poderão eleger um membro do Conselho Fiscal, desde que representem, em conjunto, o correspondente a, no mínimo, 10% das ações com direito a voto.

5. Composição e Competência do Conselho de Administração

Obrigatório nas companhias abertas, o Conselho de Administração será composto por, no mínimo, três membros, eleitos pela Assembleia Geral e por ela destituíveis a qualquer tempo. As matérias da responsabilidade desse órgão de governança devem ser objeto de normas estatutárias específicas, nestas incluídas as que definem o número dos conselheiros, os processos de sua substituição, os prazos de seus mandatos e a escolha do presidente. O estatuto da sociedade poderá estabelecer quórum qualificado para determinadas deliberações, desde que sejam especificadas. A Nova Lei das Sociedades Anônimas definiu, porém, as atribuições gerais desse órgão da governança:

- Fixar a orientação geral dos negócios da companhia.
- Eleger e destituir os diretores da companhia, definindo suas atribuições.
- Fiscalizar a gestão da Diretoria Executiva.
- Convocar Assembleia Geral, à presença de matérias de alta relevância corporativa.
- Manifestar-se sobre os relatórios da administração e as demonstrações patrimoniais e de resultados.
- Quando autorizado pelo estatuto de sociedade, deliberar sobre as emissões de capital, a alienação de bens do ativo permanente e a constituição de ônus e garantias reais em contrapartida a obrigações da companhia.
- Escolher e destituir os auditores independentes que apoiarão suas funções fiscalizatórias.

6. Eleição, Composição e Competência da Diretoria Executiva

Foram mantidas as disposições da lei de 1976: a eleição da Diretoria Executiva, composta por dois ou mais diretores, é de atribuição do Conselho de Administração ou, se não existente, da Assembleia Geral. A lei remete ao estatuto da companhia o número máximo de diretores, o modo de sua substituição, o prazo de sua gestão (que não poderá ser superior a três anos, permitida a reeleição) e os seus poderes e responsabilidades, respeitados os dois seguintes princípios:

- Os gestores devem ter, no exercício de suas funções, o cuidado, a diligência e a probidade que empregam na administração de seus próprios negócios ou interesses.
- As atribuições que os estatutos lhes conferirem devem ser exercidas para atingir os objetivos privados dos acionistas da companhia, respeitadas as exigências do bem público e as funções sociais da empresa.

7. Acordos de Acionistas

Os acordos de acionistas constituem um dos mais importantes fundamentos legais para o alinhamento dos proprietários no exercício de seus direitos em relação à companhia e na salvaguarda de interesses comuns. Esses acordos envolvem consentimentos convergentes, reciprocidades, maior segurança e determinação em decisões de alto impacto, estabelecimento de mecanismos internos destinados à superação de desacordos pontuais, instituição de um sistema permanente de mediação e de harmonização de interesses e de pontos de vista sobre questões estratégicas de companhia.

Ao reconhecimento legal desses acordos pela lei de 1976, para duas finalidades específicas – a compra e venda ou a preferência para a aquisição de ações de titularidade dos acordantes e o exercício conjunto do direito de voto – a reforma de 2001 acrescentou a referência explícita a um terceiro objetivo, o *poder de controle*. Ampliou-se assim o âmbito desses acordos, restando, porém, controvérsias sobre a postura dos conselheiros de administração em relação a decisões orientadas pelo bloco de controle assim constituído.

Dos vários aspectos regulatórios que cercam esses acordos, destacamos quatro mais diretamente vinculados às práticas da governança corporativa:

- Os acionistas acordados deverão indicar seu representante para comunicar-se com a companhia, para prestar ou receber informações e para apresentar pontos de vista compartilhados levados para deliberação da alta direção.

- A companhia poderá solicitar esclarecimentos sobre as cláusulas do acordo.

- As ações averbadas em decorrência dos acordos não poderão ser negociadas em bolsa, adicionando-se, assim, aos *acordos de voto*, os *acordos de bloqueio*, resultantes de direitos de preferência internamente estabelecidos.

- Reconhece-se a legitimidade legal dos *acordos de controle*, a partir da construção de uma maioria de votos para as deliberações da Assembleia Geral e para o consequente poder de eleger a maioria dos conselheiros ou gestores da companhia.

8. ALIENAÇÃO DO CONTROLE DAS COMPANHIAS ABERTAS

Uma das mais importantes inovações da reforma de 2001 da Lei das Sociedades Anônimas é a que estabeleceu a obrigatoriedade de assegurar preço no mínimo igual a 80% aos acionistas minoritários, em relação ao pago aos integrantes do bloco de controle. Consagrou-se, assim, o *tag along* – ou seja, o "alongamento" do prêmio pago pelo controle da companhia, assegurando maior proteção patrimonial aos minoritários.

O impacto dessa mudança não é pequeno. De um lado, protegeu as minorias fora dos blocos de controle, conferindo-lhes tratamento mais paritário, mediante oferta pública simultânea para aquisição de suas ações ao preço mínimo agora definido em lei. De outro lado, a nova disposição não deixa de ser uma espécie de *poison pill* imposta pela lei, que aumenta os custos das operações de *take-over*, desestimulando-as ou, mais profundamente ainda, desincentivando aberturas e promovendo fechamentos de capital. O *efeito-proteção* estimula o desenvolvimento do mercado de ações; o *efeito-custo* atua na direção oposta. Os resultados líquidos transparecerão a médio-longo prazo.

Dois aspectos adicionais merecem registro quanto a esta inovação. O primeiro é seu alcance limitado, pois não abrange as ações preferenciais, apenas as ordinárias nas mãos de minoritários não controladores. Ações preferenciais são alcançadas por este mecanismo de *tag along* em situações peculiares, como a que a lei lhes confere na hipótese de não pagamento compensatório de dividendos por três exercícios consecutivos. O segundo é o fortalecimento da CVM, que, nos casos de alienação de controle de companhias abertas deixou de apenas exercer "poder de polícia", para atuar preventivamente na condução dos processos.

9. Arbitragem Interna

A reforma alcançou ainda um novo aspecto, de alta relevância para as práticas de governança corporativa, que não era contemplado na lei de 1976. Foi agora definido que o estatuto da sociedade pode estabelecer que as divergências entre os acionistas e a companhia, ou entre os acionistas controladores e os minoritários, poderão ser solucionados mediante arbitragem interna, nos termos e segundo os processos que vierem a ser especificados.

Esta nova disposição – que sinaliza, claramente, a intenção de se estimular a solução interna para os mais diferentes tipos de *conflitos de agência* e de *conflitos de interesse*, evitando-se, mas não os excluindo, os recursos ao Poder Judiciário – alinhou-se às disposições de legislação específica anterior: a Lei nº 9.307, de 1996, que consolidou a regulamentação do instituto da arbitragem.

10. Formalidades do Código Civil

As sociedades de responsabilidade limitada, geralmente de menor porte, foram também alcançadas por reformas, no caso introduzidas pelo Novo Código Civil, Lei nº 10.406, de 2002. Antes essas sociedades eram regidas pelo Código Comercial de 1919. **Agora, os dispositivos do Novo Código Civil que alcançam o sistema empresarial, aproximaram as sociedades limitadas às sociedades por ações, quanto a um conjunto de aspectos, a maior parte referente a normas da governança.** Os principais são:

- ❑ Obrigação de realização de Assembleia Anual dos Cotistas, quando estes sejam em número superior a dez, para deliberação sobre mudanças no contrato social, designação de novos gestores, fusões, aquisições e dissolução da sociedade.
- ❑ Presença de cotistas detentores de pelo menos 3/4 do capital social para a realização da Assembleia Anual.

- Fixação do prazo de 30 dias, como na Nova Lei das Sociedades Anônimas, para que os cotistas decidam subscrever as novas cotas que lhes cabem, quando a sociedade decidir por aumento de capital.

- Maior proteção aos sócios minoritários, especialmente em decorrência das responsabilidades ampliadas dos administradores e dos majoritários, entre elas a nova disposição que prevê o uso dos bens dos sócios em caso de não cumprimento de obrigações pela sociedade, que mudou a concepção legal anterior que restringia a responsabilidade de cada sócio ao valor do capital por ele subscrito.

- Desde que prevista no contrato social, possibilidade de exclusão de sócio minoritário em situações de impasse que coloquem em risco a continuidade do negócio.

- Possibilidade de formalização de *acordo de cotistas*, de forma semelhante ao acordo de acionistas nas sociedades por ações.

11. O ALCANCE DA LEI SARBANES-OXLEY

Desde a década de 30, quando ocorreu o *crash* do mercado de capitais dos Estados Unidos, ensejando a criação da *Securities and Exchange Commission* (SEC), como órgão regulador das disposições da *Securities Exchange Act* e da *Holding Company Act*, nenhuma outra mudança da extensão e do impacto da Lei Sarbanes-Oxley foi imposta à vida corporativa norte-americana. Composto por complexas normas, este novo estatuto legal contém mais de 1.107 artigos, dispostos em 32 seções, abrangendo praticamente a totalidade dos temas-chave da governança corporativa: 1. separação das funções do presidente do Conselho de Administração e do executivo-chefe; 2. composição, independência e responsabilidades do Conselho de Administração; 3. transparência das transações envolvendo a administração e os principais *stakeholders*; 4. conflitos de interesse; 5. práticas de auditoria e instituição de Comitê de Auditoria; 6. responsabilidade corporativa pelos demonstrativos financeiros; 7. avaliação dos controles internos pela administração; 8. remunerações e benefícios autoatribuídos pela alta administração; 9. riscos financeiros; e 10. proposição e adoção de código de conduta.

Segundo o IBGC,[11] "a Lei Sarbanes-Oxley regulamentou de forma rigorosa a vida corporativa, imprimindo nova coerência às regras da governança corporativa e apresentando-se como um elemento de renovação das boas práticas de conformidade legal (*compliance*), prestação responsável de contas (*accountability*), transparência (*disclosure*) e senso de justiça (*fairness*). Ao introduzir nas companhias mecanismos para proteger os investidores contra fraudes, tornando mais confiáveis e transparentes a avaliação da gestão e a cobrança de resultados que atendam aos interesses dos acionistas e de todo o conjunto de partes interessadas, rompe nas corporações com a espessa crosta de isolamento dos executivos. Um dos pontos mais relevantes da nova legislação é a exigência de que o principal executivo e o diretor financeiro se tornem

QUADRO 7.4
A Lei Sarbanes-Oxley no Brasil: uma análise dos impactos de suas exigências.

As limitações do acesso à poupança nacional pelas vias das bolsas de valores, e a própria disponibilidade dos recursos desejados, levaram muitas companhias brasileiras ao mercado internacional, captando recursos de investidores estrangeiros. O canal de acesso priorizado tem sido a *New York Stock Exchange*.

Naquele mercado, em resposta aos escândalos e fraudes que abalaram a credibilidade de instituições, até então predominantemente autorreguladas, o advento, em 2002, da Lei Sarbanes-Oxley ("Sarbox") impôs novas regras rígidas de governança corporativa, estendidas pela *Securities Exchange Commission* (SEC) às companhias estrangeiras com emissões negociadas nos Estados Unidos.

A extraterritorialidade na aplicação dessa lei e das normas regulatórias conexas é um das consequências da globalização dos mercados: passa a haver inter-relações entre ordenamentos jurídicos distintos. Há, para tanto, procedimentos previstos no Direito Internacional Privado de reenvio e recepção para solucionar conflitos de normas no mesmo espaço. No caso brasileiro, por exemplo, isto se deu para permitir a adaptação das exigências de criação do Comitê de Auditoria, que conflitavam com os do Conselho Fiscal previsto na nossa legislação. Após manifestação da CVM à SEC, o Conselho Fiscal foi aceito como instituição que cumpria a finalidade desejada, desde que com adaptações: criou-se assim o chamado Conselho Fiscal "Turbinado".

Outros requisitos foram recepcionados, como a criação de Comitês de Divulgação, conciliando os preceitos da Sarbox com as instruções da CVM, contendo passo a passo os procedimentos para a elaboração de relatórios anuais e demais divulgações ao mercado, segundo os princípios enumerados no título IV, *Enhanced Financial Disclosures*.

Outra questão crítica foi sobre a competência para a escolha da Auditoria Independente, que na nossa lei é de competência exclusiva do Conselho de Administração, e que de acordo com as regras da Sarbox é de competência do Comitê de Auditoria. A solução adotada pelas companhias brasileiras foi atribuir ao Conselho Fiscal "Turbinado" a indicação do auditor independente ao Conselho de Administração, que, caso concorde, o nomeará.

Ademais, as companhias foram obrigadas a incluir em seus relatórios anuais declarações de natureza civil e penal, emitidas pelo Diretor-Presidente e pelo Diretor Financeiro, nos quais esses administradores atestam a veracidade e a precisão das informações prestadas naquele documento, particularmente as contábeis e financeiras. Isto levou as companhias brasileiras à avaliação rigorosa de seus controles internos – pela administração e pelos auditores externos – mapeando-os e elaborando planos de ação para correção de falhas.

O cumprimento destas exigências envolve elevados custos, aos quais não estão sujeitas as companhias brasileiras que não acessaram o mercado dos Estados Unidos. E mais: além desta assimetria, ao adquirir outras empresas, as companhias que acessaram a *Nyse*, se expõem aos riscos decorrentes de controles deficientes da empresa-alvo, incorrendo nos custos de remoção das falhas constatadas. Claramente, estas assimetrias impactam negativamente as condições competitivas das empresas sujeitas à Sarbox.

Outra questão importante relacionada à aplicação dos dispositivos da Sarbox no Brasil diz respeito às diferenças nas estruturas de controle. Nos Estados Unidos, o capital é detido por um enorme universo de investidores; já as companhias brasileiras emissoras de ADRs têm um acionista controlador ou um grupo identificado de controle. (Embora isto comece a mudar recentemente). O eixo de poder é, portanto, diferente. Enquanto lá, na maior parte das companhias, são os executivos munidos de mandatos (*proxies*) que nomeiam os membros do Conselho de Administração, podendo assim ocorrer – como de fato ocorreram – fraudes, resultados forjados e autopremiações ilegítimas para a administração, aqui são os grupos de acionistas controladores que escolhem os administradores (conselheiros e executivos). Dada esta estrutura de poder, as atribuições da Diretoria Executiva são comparativamente mais limitadas.

Tais características se refletem na doutrina brasileira, que, ao tratar de temas como o *affectio societatis*, centra-se nas relações entre os sócios e na sua conduta enquanto acionistas. Aqui, o conflito de interesses tem como centro o acionista controlador, não a Diretoria Executiva. E é neste campo que, no Brasil, se instalam os embates sobre os limites legais do exercício do poder nas sociedades anônimas.

É interessante perceber que há paralelos entre as sociedades por ações e, em sentido amplo, as sociedades organizadas sob o regime democrático. Segundo Norberto Bobbio, a democracia pressupõe controle. O poder deve ser controlado e o único meio de controlá-lo é que haja participação que alcance todas as áreas aonde ele é exercido. A Sarbox e as normas decorrentes têm exatamente este propósito.

Pedro Aguiar de Freitas
Consultor Geral Jurídico da
Companhia Vale do Rio Doce

responsáveis pelas informações que divulgam, atestando também a veracidade de seus relatórios financeiros".

O Quadro 7.4 traz uma avaliação dos impactos da Sarbanes-Oxley no Brasil.

AS RECOMENDAÇÕES DA CVM

A esse conjunto de novas disposições legais, que mudou alguns dos marcos institucionais da gestão das empresas no Brasil, somaram-se novas iniciativas de outras forças externas às empresas, entre elas as recomendações da CVM sobre governança corporativa, levadas ao mercado desde 2002.

De acordo com a lei que a criou, a missão e os objetivos da CVM, destacados no Quadro 7.5, são óbvia e claramente relacionados ao desenvolvimento, à regulação e à fiscalização do mercado de capitais. Embora não tenham sido definidos, entre seus objetivos, a difusão e a promoção de boas práticas de governança, a edição de sua "cartilha" – centrada em questões como assembleias, estrutura acionária, proteção a minoritários, funções, constituição e funcionamento do Conselho de Administração, do Conselho Fiscal e da Audi-

**QUADRO 7.5
Missão e objetivos da Comissão de Valores Mobiliários.**

MISSÃO	❑ Desenvolver, regular e fiscalizar o mercado de valores mobiliários, como instrumento de captação de recursos para as empresas, protegendo o interesse dos investidores e assegurando ampla divulgação das informações sobre os emissores e os valores emitidos.
OBJETIVOS	❑ Assegurar o funcionamento eficiente e regular dos mercados de bolsa e de balcão. ❑ Proteger os titulares de valores mobiliários contra emissões irregulares e atos ilegais de administradores e acionistas controladores de companhias ou de administradores de carteira de valores mobiliários. ❑ Evitar ou coibir modalidades de fraude ou manipulação destinadas a criar condições artificiais de demanda, oferta ou preço de valores mobiliários negociados no mercado. ❑ Assegurar o acesso do público a informações sobre valores mobiliários negociados e as companhias que os tenham emitido. ❑ Assegurar a observância de práticas equitativas no mercado de valores mobiliários. ❑ Estimular a formação de poupança e sua aplicação em valores mobiliários. ❑ Promover a expansão e o funcionamento eficiente e regular do mercado de ações e estimular as aplicações permanentes em ações do capital social das companhias abertas.

toria Independente – é uma clara sinalização do reconhecimento desse órgão regulador quanto aos **benefícios que a boa governança pode trazer para o desenvolvimento do mercado de capitais e, mais amplamente, para o crescimento econômico do país, via expansão da poupança interna e externa aplicada na capitalização das empresas**.

As recomendações editadas por esse órgão regulador procuraram também superar a insuficiência dos marcos institucionais para a efetivação da sequência virtuosa *governança-mercado-crescimento*. Como a CVM[12] regis-

QUADRO 7.6 Recomendações da CVM sobre governança corporativa: assembleias, estrutura acionária e proteção a minoritários.

ASSEMBLEIAS	❏ Facilitar o acesso dos acionistas. ❏ Descrever com precisão os temas que serão tratados. ❏ Incluir matérias sugeridas pelos minoritários.
ESTRUTURA ACIONÁRIA	❏ Tornar acessíveis os termos de acordos de acionistas. ❏ Dar publicidade à relação dos acionistas e respectivas quantidades de ações. ❏ Definir com clareza as exigências para o voto e representações.
DECISÕES RELEVANTES	❏ Deliberação pela maioria do capital social. ❏ Cada ação um voto, independentemente de classe ou espécie. ❏ Temas relevantes: 　◊ Avaliação de ativos incorporáveis. 　◊ Alteração do objeto social. 　◊ Fusão, cisão, incorporação. 　◊ Transações com partes interessadas.
TAG ALONG	❏ Alienação de controle: oferta pública de aquisição de ações pelo mesmo preço, independentemente de classe ou espécie. ❏ Tratamento igual a todos os acionistas.
PROTEÇÃO A MINORITÁRIOS	❏ Direito a voto para ações preferenciais no caso de não pagamento de dividendos. ❏ Divergências entre controladores e minoritários solucionadas por arbitragem. ❏ Proporção de ações ordinárias e preferenciais: limite de 50%. ❏ Transações entre partes interessadas: alinhadas aos interesses de todos os acionistas.

trou, a adoção de suas recomendações significa a utilização de padrões de conduta superiores aos exigidos pela lei ou pelas suas próprias regulações. Embora elas não constituam normas cujo descumprimento seja passível de punição por esse órgão regulador, a tendência é de se exigir que as informações anuais das companhias abertas indiquem o nível de adesão às práticas recomendadas, na forma de "pratique ou explique": ao não adotá-las, a companhia explicará suas razões.

As práticas recomendadas estão sintetizadas nos Quadros 7.6 e 7.7.

O Mercado de Capitais: Níveis Diferenciados de Governança

A criação, em 2000, do **Novo Mercado** e dos **Níveis Diferenciados de Governança Corporativa** pela Bolsa de Valores de São Paulo inseriu-se entre as iniciativas que têm respondido, nos últimos anos, à demanda por melhores padrões de governança das empresas no Brasil. A sinalização dessa iniciativa não difere da emitida pela CVM quando da edição de sua "cartilha" de melhores práticas: os institutos das sociedades por ações e o próprio modelo institucional do mercado acionário têm vícios de origem difíceis de ser removidos pela reforma da lei.

O modelo adotado no Brasil desde o início dos anos 70 para as sociedades por ações e para o mercado acionário alinhou-se às concepções então dominantes de conceder forte proteção às empresas e a seus controladores e de atrelar o seu desenvolvimento à criação de incentivos oficiais. As leis da década de 70 que disciplinaram o mercado de capitais e definiram os princípios de funcionamento das sociedades não tiveram por objetivo definir condições sólidas para a governança e, por esta via criar um mercado de ações alavancador do desenvolvimento empresarial e estimulador de melhores práticas de gestão. As questões centrais eram outras. Em síntese:

1. Atender à necessidade de financiamento dos investimentos das empresas via emissão de ações, mas **sem o risco de perda de controle, mantido preponderantemente por grupos familiares ou pelo Estado-empresário**.

2. **Criar um mercado comprador de ações**, quer por incentivos fiscais, quer por via compulsória.

3. **Manter o órgão regulador do mercado sob o controle do Estado**, pela ausência de autonomia financeira e pela ingerência direta do Poder Executivo na nomeação e destituição de seus diretores.

Para atender a estes três propósitos, as iniciativas oficiais foram, respectivamente:

1. Elevação do limite de emissão de ações sem direito a voto (preferenciais) para 66%.

2. Instituição do Fundo 157, constituído por "ações incentivadas" (cuja aquisição era abatível do imposto de renda dos adquirentes)

QUADRO 7.7 Recomendações da CVM sobre governança corporativa: Conselhos de Administração e Fiscal, auditoria e demonstrações financeiras.

CONSELHO DE ADMINISTRAÇÃO	**FUNÇÕES E OBJETIVOS** ❑ Proteger o patrimônio da corporação. ❑ Orientar a direção para maximizar o retorno do investimento.
	CONSTITUIÇÃO ❑ De 5 a 9 conselheiros, tecnicamente qualificados. ❑ Pelo menos 2 conselheiros com capacitação em finanças e técnicas contábeis. ❑ Em corporações com controle compartilhado, o número pode ser maior.
	FUNCIONAMENTO ❑ Definir o seu regimento, detalhando atribuição e procedimentos. ❑ Submeter a Diretoria Executiva, anualmente, a uma avaliação formal. ❑ Admitir participação de detentores de ações preferenciais. ❑ Os cargos de presidente do conselho (*Chairman*) e da direção (*CEO*) devem ser exercidos por pessoas diferentes.
CONSELHO FISCAL E AUDITORIA	**CONSELHO FISCAL E AUDITORES** ❑ Constituição definida por titulares de ações ordinárias e preferenciais. ❑ Adoção de regimento com atribuições e procedimentos. ❑ Relacionamento com auditores supervisionados por Comitê de Auditoria. ❑ Acesso sem limitações a quaisquer informações.

	ANÁLISE TRIMESTRAL
	❑ Exame e divulgação de fatores que influenciaram o resultado.
	❑ Indicação de fatores de risco a que a corporação está sujeita.
	❑ Perspectivas do ambiente de negócios:
	  ◊ Macroeconômicas.
	  ◊ Relacionados ao setor.

DEMONSTRAÇÕES FINANCEIRAS	❑ Adoção de normas internacionais:
	  ◊ *IASB – International Accounting Standards Board.*
	  ◊ *GAAP – United States Generally Accepted Accounting Principles.*

e obrigatoriedade de os fundos de pensão manterem ações em suas carteiras de investimento.

3. Limitação da autonomia da CVM, quer por não ter dotação orçamentária própria, quer pelo fato de seus diretores, nomeados e exonerados pelo Presidente da República, não terem mandato administrativo.

Como já destacamos, um amplo conjunto de fatores levou à revisão das condições institucionais e dos processos de governança das empresas a partir dos anos 90 e, mais fortemente, na virada do século, entre elas as exigências decorrentes de abertura do mercado à participação mais ativa dos investidores institucionais nas empresas. Mas, ainda que tenham ocorrido mudanças, as resistências políticas à remoção do regime de duas classes de ações foram muito fortes – o máximo que passou foi o recuo para o limite de 50% e a garantia de *tag along*, mas com deságio de 20%, para as ações com direito a voto fora de controle, além de outras alterações sem dúvida expressivas, mas menos essenciais. Segundo Carvalho,[13] "reformas da legislação referentes à governança de empresas de capital aberto geralmente enfrentam barreiras políticas. Obviamente, a principal fonte de oposição é formada pelos grupos que controlam essas empresas, pois o aumento da proteção aos minoritários equivale à redução do valor do controle. A grande dificuldade em viabilizar uma reforma plena reside no elevado poder político dos grupos controladores".

Mas, em contrapartida, a importância da boa governança corporativa para o desenvolvimento do mercado de capitais e do país – confirmada por uma série de estudos de reconhecida fundamentação teórica e de elaborada metodologia estatística – tem levado a recomendações e a mecanismos de adesão voluntária, como alternativas compensatórias.

A adesão ao Novo Mercado criado pela Bolsa de Valores de São Paulo é voluntária. Mas, dadas as condições estruturais em que opera o sistema corporativo no Brasil, as regras estabelecidas para a adesão a esse mercado são restritivas, entre elas a da existência de apenas uma classe de ações, as ordinárias, com direito a voto. Tais são as restrições, que foram também criadas duas outras opções para adesão voluntária: os Níveis Diferenciados de Governança. Tentando superar as inadequações da lei, estão estabelecidos na realidade cinco mercados no país:

1. O **mercado tradicional**, com regras de listagem definidas em lei e regulamentadas pela CVM.
2. O mercado diferenciado, para listagem de empresas **Nível 1 de Governança Corporativa**.
3. O mercado diferenciado para listagem de empresas **Nível 2 de Governança Corporativa**.
4. O **Novo Mercado**.
5. O **Bovespa Mais**.

**QUADRO 7.8
Fundamentos e objetivos do Novo Mercado e dos Níveis Diferenciados de Governança Corporativa da BOVESPA.**

FUNDAMENTOS	❏ Correlações positivas comprovadas: 　◊ Entre a rigidez na regulamentação da proteção dos acionistas minoritários e o fortalecimento do mercado de capitais. 　◊ Entre o fortalecimento do mercado de capitais e o crescimento econômico. ❏ Maior crescimento, nos países onde os acionistas minoritários contam com mais garantias, de dois relevantes indicadores. 　◊ Capitalização das empresas. 　◊ Número de empresas abertas.
OBJETIVOS	❏ Listar empresas segundo adoção das melhores práticas de governança corporativa. ❏ Sinalizar para o mercado as empresas compromissadas: 　◊ Com monitoramento dos atos da administração. 　◊ Com regras que equilibram direitos de todos os acionistas (controladores e investidores minoritários). ❏ Compatibilizar o desenvolvimento do mercado, o interesse dos acionistas e a valorização das companhias. ❏ Promover transparência, reduzir volatilidade, aperfeiçoar critérios de precificação e minimizar riscos.

Os fundamentos e os objetivos das diferenciações em relação às exigências para listagem no mercado tradicional estão sintetizadas no Quadro 7.8.

Os mercados para listagem de empresas diferenciadas segundo os níveis de governança corporativa foram implantados em dezembro de 2000. Em 2006, 2010 e 2011, foram introduzidas alterações nos regulamentos para a listagem com três objetivos: 1. adequar as normas à evolução das próprias companhias; 2. atender às crescentes exigências dos investidores; 3. uniformizar as definições do mercado com as dos órgãos reguladores.

Esses segmentos especiais de listagem foram criados com o objetivo de proporcionar um ambiente de negociação que estimule, ao mesmo tempo, o interesse dos investidores e a valorização das companhias. Os *Níveis 1* e *2* são para empresas já negociadas no mercado tradicional que aderirem às condições exigidas para a diferenciação. O *Novo Mercado* é mais voltado à listagem de empresas que venham a abrir o capital.

Nesses novos segmentos, a adesão às práticas diferenciadas de governança corporativa é voluntária e implica a assinatura de contrato de adesão envolvendo os controladores, os administradores (Conselhos de Administração e Diretoria Executiva) e a bolsa. Mesmo que, por hipótese, uma companhia já atenda, reconhecidamente, às práticas exigidas, a bolsa não a classifica sem a adesão contratual. A migração para os mercados diferenciados é, assim, um ato que implica compromissos que vão além das disposições legais, na expectativa de que as ações da empresa passem a apresentar maior valorização, retornos positivos mais expressivos e maior volume de negociação. Se, realmente, o mercado valoriza as boas práticas de governança, a migração para as listagens diferenciadas implicará maiores retornos e maior liquidez para os investidores e, para empresas, maiores preços para suas ações e, consequentemente, menores custos de acesso ao mercado.

O ponto-chave exigido para listagem das empresas nesses segmentos diferenciados de mercado é a *maior proteção* e, como decorrência esperada, a *maior presença do investidor minoritário no mercado*. Maior número de investidores, em princípio, é condição necessária para maior liquidez e para a criação de círculos virtuosos que, a partir de um mercado de capitais mais robusto, trarão benefícios para os próprios investidores, para as empresas e para a economia como um todo. Além desta condição necessária, outras se impõem, como transparência, prestação responsável de contas, equanimidade no tratamento dos acionistas, regras claras e *enforcement* das condições contratadas.

NÍVEL 1 DE GOVERNANÇA CORPORATIVA

São as seguintes, em síntese, as condições exigidas das empresas para listagem no Nível 1:

- *Free-float*. Manutenção em circulação de parcela mínima de ações, representando 25% do capital.

- **Informações adicionais**. Além das informações trimestrais e anuais obrigatórias por lei, abrir para o mercado demonstrações consolidadas; revisão especial emitida por auditor independente; fluxos de caixa da companhia e do consolidado; quantidade e características dos valores mobiliários de emissão da companhia detidos pelos grupos controladores, por conselheiros e por diretores executivos, indicando a sua evolução nos últimos doze meses; quantidade das ações em circulação, por tipo e classe.

- **Dispersão**. Mecanismos de ofertas públicas de ações que favoreçam a maior dispersão do capital.

- **Partes beneficiárias**. Proibição de emissão de partes beneficiárias e inexistência desses títulos em circulação.

- *Disclosure*. Cumprimento de regras de *disclosure* em operações envolvendo ativos da companhia, por parte de seus acionistas, controladores ou administradores.

- **Subsídios para análise**. Nos prospectos de oferta pública de ações, abrir informações sobre descrição dos negócios, processos produtivos e mercados, fatores de risco dos negócios da empresa, avaliação da administração e outros elementos que subsidiem o processo de precificação.
- **Demonstrações financeiras anuais**. Em padrão internacional, IFRS.
- **Posições acionárias**. Abertura da posição acionária de qualquer acionista que detiver mais de 5% do capital votante.
- **Acordos de acionistas**. Divulgação dos acordos de acionistas, para boa compreensão das regras que regem o relacionamento entre os controladores.
- *Stock options*. Divulgação dos programas de opções de aquisição de ações destinados aos administradores.
- **Negócios com ações**. Obrigatoriedade de divulgação mensal dos negócios com ações da empresa por parte de controladores, administradores e conselheiros fiscais.
- **Reunião pública**. Realização de pelo menos uma reunião pública anual com analistas de mercado para apresentar a situação econômico-financeira da empresa, seus projetos e perspectivas.
- **Calendário anual**. Disposição para o mercado do calendário anual dos principais eventos corporativos, como assembleias e reuniões de divulgação de resultados.
- **Sanções**. Divulgação dos nomes das companhias às quais forem aplicadas penalidades pela BM&FBovespa.
- **Arbitragem**. Obrigatória a adoção da Câmara de Arbitragem do mercado.

NÍVEL 2 DE GOVERNANÇA CORPORATIVA

Além dos compromissos assumidos para listagem no mercado Nível 1, são acrescidos os seguintes requisitos para listagem no Nível 2:

- *Tag along*. Em caso de venda do controle acionário, extensão da oferta de compra para todos os acionistas detentores de ações ordinárias, com pagamento do mesmo valor de aquisição das ações do grupo de controle. Aos detentores de ações preferenciais, pagamento de no mínimo 80% do valor das ordinárias.
- **Direito de voto**. Concessão de direito de voto aos detentores de ações preferenciais, para matérias de alta relevância corporativa: a) transformação, incorporação, fusão ou cisão da companhia; b) aprovação de contratos entre a companhia e o seu controlador ou outros em que possa haver conflitos de interesses; c) avaliação de

bens que concorram para o aumento de capital; e d) escolha de empresa especializada para determinação do valor econômico da companhia, na hipótese de fechamento do capital.

- **Fechamento do capital**. Oferta pública de aquisição das ações em circulação, tomando por base o valor econômico da companhia, determinado por empresa especializada, selecionada, pela Assembleia Geral, de uma lista tríplice indicada pelo Conselho de Administração. A escolha será por maioria absoluta dos votos das ações em circulação, independentemente de sua espécie ou classe.

- **Controle difuso**. Nas companhias em que o controle não é exercido por um acionista controlador formalmente caracterizado, a Bovespa conduzirá o processo de oferta pública de aquisição de ações para a saída desse segmento de mercado.

- **Conselho de Administração**. Constituição por, no mínimo, cinco membros, com mandatos de dois anos. A proporção de conselheiros independentes deverá ser, no mínimo, de 20%.

NOVO MERCADO

Embora com fundamentos, objetivos e pré-requisitos semelhantes aos exigidos para os segmentos de nível 1 e 2, o Novo Mercado é mais voltado para: a) empresas que venham a abrir capital; b) empresas de capital aberto que tenham pelo menos quinhentos acionistas, apenas com ações ordinárias; e c) empresas de capital aberto com ações também preferenciais, que possam convertê-las em ordinárias.

Os requisitos para adesão ao Novo Mercado são os definidos para o Nível 2, acrescidos em síntese, dos seguintes:

- **Apenas ações ordinárias**. A empresa deve ter e emitir exclusivamente ações ordinárias, tendo todos os acionistas direito ao voto.

- *Tag along*. Em caso de venda do controle acionário, o comprador estenderá a oferta de compra a todos os demais acionistas, assegurando-lhes o mesmo tratamento dado ao grupo controlador.

EFEITOS DA MIGRAÇÃO PARA AS LISTAGENS DIFERENCIADAS

As primeiras migrações do mercado tradicional para as listagens diferenciadas (Níveis 1 e 2 e Novo Mercado) ocorreram em junho de 2001, seis meses após a criação dos novos segmentos. Na mesma época, a bolsa começou a divulgar um novo índice de desempenho das empresas no mercado, o IGC – Índice de Ações com Governança Corporativa Diferenciada.

A migração não foi massiva, mesmo já passados mais de sete anos de criação dos novos segmentos de mercado diferenciados. No final de 2013, o número de empresas listadas no Nível 1 era de 31; no Nível 2, apenas 22; e no Novo Mercado, 135, totalizando 188. Somadas, as empresas classificadas nos três segmentos representavam 41,4% do total das empresas negociadas na bolsa. A Tabela 7.19 mostra a evolução, ano a ano e acumulada, do número de empresas que migraram para as listagens diferenciadas. Na Tabela 7.20 registramos o número das migrantes em relação ao total das companhias negociadas na bolsa, bem como as participações dessas empresas no valor de mercado do total das companhias e no total do volume negociado. Os números revelam que há um significativo descolamento entre a capitalização e a negociação das empresas de listagens diferenciadas em relação ao mercado como um todo. Este descolamento reflete-se nos índices de evolução do mercado. Os investidores têm mostrado preferência pelas empresas que compõem o índice IGC,* relativamente às do índice IBOVESPA.** No final de 2013, como mostramos na Tabela 7.21, a valorização das empresas das ações medidas pelo Ibovespa foi de 279% em relação a 2001; a do IGC foi de 671% em igual período. Em nenhum ano, desde que os dois índices foram calculados, o das empresas das listagens diferenciadas ficou abaixo do mercado como um todo.

A realidade do mercado comprova os resultados de elaborada estimação econométrica sobre os efeitos da migração das companhias para os níveis

TABELA 7.19 Número de empresas listadas nos segmentos diferenciados da BOVESPA.

Anos	Nível 1 de Governança Corporativa	Nível 2 de Governança Corporativa	Novo Mercado	Totais Ano a ano	Totais Acumulado
2001	15	–	–	15	15
2002	6	3	2	11	26
2003	10	–	–	10	36
2004	2	7	7	16	52
2005	3	1	12	16	68
2006	–	3	23	26	94
2007	8	5	55	68	162
2008	– 1	– 1	–	– 2	160
2009	– 8	1	6	– 1	159
2010	–	–	5	5	164
2011	3	– 1	16	18	182
2012	– 6	3	6	3	185
2013	– 1	1	3	3	188
Totais	**31**	**22**	**135**	**188**	**188**

Fonte: BOVESPA.

---

* O IGC – Índice de Ações com Governança Corporativa Diferenciada inclui todas as empresas admitidas à negociação no novo mercado e nos níveis 1 e 2 de governança corporativa. Sua base foi fixada em 1.000 pontos na data de sua implantação (junho de 2001).

** O IBOVESPA é composto por uma carteira teórica das ações que, em conjunto, representam 80% do volume transacionado na bolsa.

TABELA 7.20 Participação das empresas listadas nos segmentos diferenciados no valor de mercado e no volume negociado na BOVESPA.

Anos	Participação (%) em relação ao total		
	Do universo das companhias listadas	Do valor de mercado das companhias listadas	No volume negociado
2001	3,5	19	14
2002	6,5	23	23
2003	9,8	35	25
2004	14,5	39	34
2005	19,8	45	45
2006	26,9	53	51
2007	36,1	59	64
2008	36,4	55	65
2009	36,6	56	63
2010	34,8	58	66
2011	39,1	59	67
2012	39,5	62	64
2013	41,4	61	63

Fonte: BM&FBOVESPA.

de governança da BOVESPA: em janeiro de 2003, Carvalho[14] comprovou os impactos significativamente positivos da migração sobre o volume de negociação, sobre a valorização das ações e sobre a liquidez.

Estes resultados contrastam, porém, com a baixa adesão das companhias do mercado tradicional aos segmentos diferenciados – cabendo notar que das

TABELA 7.21 Evolução comparativa dos índices IBOVESPA e IGC.

Anos[a]	Índices nominais		Evolução	
	IBOVESPA	IGC	IBOVESPA	IGC
2001	13.577	1.010	100	100
2002	11.268	1.026	83	102
2003	22.236	1.845	164	183
2004	26.196	2.545	193	252
2005	33.455	3.658	246	362
2006	44.473	5.169	328	511
2007	63.886	6.907	471	683
2008	37.550	3.697	277	366
2009	68.588	6.779	505	671
2010	70.673	7.715	521	764
2011	56.754	6.679	418	661
2012	60.952	7.950	450	787
2013	51.507	7.778	379	771

(a) Índices no final de dezembro.
Fonte: BM&FBOVESPA.

167 empresas desses segmentos no final de 2010, 112, equivalentes a 67,1% do total, são empresas que abriram o seu capital nos últimos dez anos, aderindo ao Novo Mercado. Subtraindo essas empresas do total das listagens nos dois outros segmentos de governança (níveis 1 e 2), a proporção em relação ao total das companhias listadas na bolsa cai de 44,1% para 14,5%. Isto significa que, entre cada 10 empresas do mercado tradicional menos de 2 aderiram às novas condições autorreguladas.

As razões da baixa adesão foram evidenciadas em pesquisa realizada por Peixe,[15] sintetizadas no Quadro 7.9. O maior obstáculo à adesão é o temor pela perda do controle ou pelo compartilhamento do poder. De uma amostra das empresas já listadas no Nível 1, portanto já praticando níveis diferenciados de governança corporativa, 85,7% concordaram que esse requisito é um obstáculo à migração para o segmento mais rigoroso, enquanto os graus de concordância com outros dois obstáculos considerados (direito de voto às ações preferenciais em matérias de alto impacto e adesão à câmara de arbitragem) ficaram entre 61,9% e 52,4%. Já exigências como *tag along*, transparência e restrições ao uso de informações assimétricas foram consideradas atrativas. E mais: de todos os requisitos avaliados, o único com prazo estimado como longo para a adequação das empresas foi também a emissão de apenas ações ordinárias, o que comprova os temores por perda de poder e de controle.

QUADRO 7.9
Reações das empresas a requisitos exigidos na migração para listagens diferenciadas.

Requisitos considerados		Avaliação das empresas		Prazo estimado para adequação	
		Obstáculos	Atrativos	Médio	Longo
GOVERNANÇA	❏ Direito de voto às ações preferenciais em matérias de alto impacto.	●		●	
	❏ *Tag along*.		●	●	
	❏ Adesão à câmara de arbitragem.	●		●	
	❏ Mandato unificado para conselho de administração.	Indefinido		●	
TRANSPARÊNCIA	❏ Demonstrações contábeis seguindo normas internacionais.		●	●	
	❏ Uso de informações assimétricas: restrições à negociação de ações por controladores e gestores.		●	●	
CONTROLE	❏ Emissão apenas de ações ordinárias.	●			●

Fonte: PEIXE, Franciane Cristina Darós. *Novo mercado:* obstáculos e atrativos para as empresas do Nível 1 de governança corporativa. São Paulo: FEA/USP, jul. 2003.

UM NOVO SEGMENTO: BOVESPA MAIS

Além dos segmentos de listagens diferenciadas, Nível 1 e Nível 2, e do Novo Mercado, a BM&FBOVESPA ampliou as alternativas para o ingresso de novas companhias abertas no mercado de capitais. Um novo segmento de mercado foi criado em 2005, o BOVESPA MAIS – sigla de Mercado de Ações para o Ingresso de SAs na mesma época em que se criaram segmentos semelhantes em outras bolsas, como o *Alternative Investment Market* (Londres), o *TSX Venture* (Toronto) e o *MAB – Mercado Alternativo Bursátil* (Madrid). O propósito desse segmento é acolher companhias que tenham uma estratégia gradual de acesso ao mercado, viabilizando sua exposição e apoiando sua evolução em termos de transparência, de ampliação da base de acionistas e de liquidez. Em contrapartida, são exigidos das empresas requisitos para listagem, resumidos no Quadro 7.10.

A iniciativa foi respaldada, de um lado, pelo aquecimento do mercado acionário primário no Brasil e pelo crescente número de empresas que abriram o seu capital com ingresso no Novo Mercado e no Nível 2; de outro lado, pelo número, também crescente, de empresas que têm anunciado oficialmente seu interesse em abrir o capital. Trata-se, como regra, de empresas fechadas bem-sucedidas, comprometidas com boas práticas de governança, cujos acionistas pretendem alienar parcialmente investimentos maturados e, assim, criar condições para crescimento dos negócios. A expectativa é que a flexibilização para acesso dessas empresas ao mercado abre perspectivas para sua futura listagem no Novo Mercado.

As empresas poderão optar por: 1. realização de ofertas iniciais de ações de volumes menores; 2. venda inicial de ações de forma concentrada, junto a um pequeno número de investidores, com a perspectiva de realização posterior de uma colocação pulverizada; e 3. registro nesse segmento, sem a realização inicial de oferta de ações, mas ampliando, com esta iniciativa, o seu contato com o mercado investidor e melhorando, assim, as condições para a futura venda de ações. Em contrapartida, a bolsa estará realizando um programa permanente de exposição das companhias listadas nesse novo segmento de mercado, abrangendo: 1. análises independentes periódicas das empresas listadas; 2. envio permanente de informações dessas companhias para investidores, administradores de recursos e corretoras de valores; e 3. apoio na realização de apresentações a analistas de mercado.

Até o final de 2011, porém, ocorreram apenas duas aberturas de capital nesse novo segmento. Entre as razões apontadas para a não decolagem desse segmento de ingresso são as exigências de controles e de governança possivelmente pesadas para o porte das empresas interessadas, o desinteresse dos investidores pela classe das empresas listáveis, os resultados apresentados pela primeira e única empresa listada nesse segmento e a inexistência de incentivos oficiais. A tendência é a revisão dos requisitos e a promoção das empresas candidatas, com foco em fundos dedicados a *small caps* e investidores sensíveis a empresas de menor porte, mas com estratégias consistentes de crescimento e de geração de valor.

QUADRO 7.10 BOVESPA MAIS: novo segmento de acesso das empresas ao mercado de capitais.

	Requisitos para listagem
Direitos societários	☐ Somente ações ON podem ser emitidas e negociadas, mas é permitida a existência de PN. ☐ Não ter partes beneficiárias. ☐ Conselho de Administração com mandato unificado, de 2 anos para os conselheiros, permitindo-se reeleição. ☐ *Tag along* de 100% para os titulares de ações ordinárias. ☐ Oferta pública pelo valor econômico, em caso de fechamento do capital ou de saída do segmento. ☐ Utilização da Câmara de Arbitragem para solução de conflitos societários.
Transparência	☐ Fornecimento de informações adicionais ao mercado: ◇ Fluxo de caixa. ◇ Posições acionárias dos controladores e dos administradores. ◇ Posições de todo acionista com mais de 5% do capital. ☐ Calendário anual de eventos corporativos. ☐ Contratos com partes relacionadas. ☐ Negócios com ações realizados pelos acionistas controladores.
***Lock up*, liquidez e situação financeira**	☐ Vedação à negociação (*lock up*) nos seis meses subsequentes à oferta pública. Exceção: empréstimo de ações para atividades de formador de mercado e de estabilização. ☐ A partir do 7º ano de listagem: ◇ *Free float* de, no mínimo, 25%. ◇ Média mínima de 10 negócios/mês e presença de 25% dos pregões ao final de cada exercício. ☐ Não apresentar 5 anos consecutivos de prejuízo e, simultaneamente, patrimônio líquido negativo nos últimos 3 anos. ☐ Ou 5 anos consecutivos de patrimônio líquido negativo e não incorrer em prejuízo nos últimos 3 anos. ☐ Caso os requisitos econômico-financeiros não sejam atendidos, o controlador recomprará as ações dos minoritários por oferta pública pelo valor econômico.

Fonte: PELLINI, Patrícia. *Documento de divulgação do segmento MAIS*. São Paulo: BOVESPA, Gerência de Desenvolvimento de Empresa, maio 2005.

O Quadro 7.11 sintetiza os requisitos para listagem nos segmentos diferenciados criados pela BM&FBOVESPA, comparados com o mercado tradicional.

QUADRO 7.11
Uma síntese comparativa dos níveis diferenciados do mercado: uma síntese.

Regras	Novo Mercado	Nível 2	Nível 1	BOVESPA MAIS	Mercado Tradicional
Características das ações emitidas	Permite a existência somente de ações ON	Permite a existência de ações ON e PN (com direitos adicionais)	Permite a existência de ações ON e PN (conforme legislação)	Somente ações ON podem ser negociadas e emitidas a existência de PN	Permite a existência de ações ON e PN (conforme legislação)
Concessão de *tag along*	100% para ações ON	100% para ações ON e PN / 100% para ações ON e 80% para PN (até 9/5/2011)	80% para ações ON (conforme legislação)	100% para ações ON	80% para ações ON (conforme legislação)
Percentual mínimo de ações em circulação (*free float*)	No mínimo 25% de *free float*			25% de *free float* até o 7º ano de listagem, ou condições mínimas de liquidez	Não há regra
Distribuições públicas de ações	Esforços de dispersão acionária			Não há regra	
Vedação a disposições estatutárias	Limitação de voto inferior a 5% do capital, *quorum* qualificado e "cláusulas pétreas"			Não há regra	
Composição do Conselho de Administração	Mínimo de 5 membros, dos quais pelo menos 20% devem ser independentes com mandato unificado de até 2 anos			Mínimo de 3 membros (conforme legislação)	
Vedação à acumulação de cargos	Presidente do conselho e diretor presidente ou principal executivo pela mesma pessoa (carência de 3 anos a partir da adesão)			Não há regra	
Obrigação do Conselho de Administração	Manifestação sobre qualquer oferta pública de aquisição de ações da companhia			Não há regra	
Demonstrações financeiras	Traduzidas para o inglês			Conforme legislação	
Reunião pública anual e calendário de eventos corporativos	Obrigatório			Facultativo	
Divulgação adicional de informações	Política de negociação de valores mobiliários e código de conduta			Não há regra	
Oferta pública de aquisição de ações no mínimo pelo valor econômico	Obrigatoriedade em caso de fechamento de capital ou saída do segmento		Conforme legislação	Obrigatoriedade em caso de fechamento de capital ou saída do segmento	Conforme legislação
Adesão à câmara de arbitragem no mercado	Obrigatório		Facultativo	Obrigatório	Facultativo

Fonte: BM&FBOVESPA.

Os Investidores Institucionais: Pressões por Boa Governança

Em itens anteriores deste capítulo (quando destacamos as expressões relativas dos principais investidores no mercado de ações do país) e do Capítulo 4 (quando exploramos as forças externas de controle da governança corporativa), destacamos os seguintes pontos sobre os fundos de pensão:

- Eles se colocam na interface das forças externas e internas, uma vez que podem deter expressivas participações acionárias das empresas e então participar ativamente das assembleias gerais e ter assento nos conselhos de administração e fiscal.

- Com o objetivo de rentabilizar suas carteiras de investimento, pressionadas por responsabilidades atuariais crescentes, os fundos de pensão combinam tamanho e poder com alto interesse na boa governança das empresas.

- Entre os atributos com que os fundos de pensão podem contribuir para a melhoria dos padrões da governança corporativa destacamos: foco (empresas eleitas para maior monitoramento), profissionalismo (atuação a partir de códigos bem estruturados) e visão do todo (seleção das empresas com base em critérios diferenciados de avaliação das regras de governança praticadas).

No Brasil, é recente o despertar dos fundos de pensão quanto à sua atuação na governança das empresas. Suas carteiras de ações foram originalmente constituídas por força da lei. Visando o desenvolvimento do mercado acionário, o governo tornou obrigatória a compra de ações pelos fundos de pensão, definindo a parcela de seus investimentos neste tipo de ativo. A constituição compulsória desta carteira, em um mercado predominantemente formado por ações preferenciais e por emissões movidas a incentivos fiscais, não foi baseada, em sua origem, em critérios técnicos. Os fundos atuaram, por quase três décadas, como simples doadores de recursos, em posições minoritárias, com carteiras largamente diversificadas e formadas por ações sem direito a voto. Seus direitos de acionistas, a despeito do valor de suas carteiras, não eram exercidos em sua plenitude.

A partir dos anos 90, vários fatores contribuíram para mudar as condições históricas vigentes. Um deles foi a participação dos fundos de pensão nos consórcios formados para a aquisições de empresas estatais. Em várias empresas, os fundos passaram a integrar os blocos de controle e a ter, assim, presença mais ativa nos processos de governança. Paralelamente, ampliaram sua participação no capital de empresas privadas que, expostas à abertura dos mercados e à competição globalizada, passaram a exigir aportes adicionais de recursos. E ocorreram também aumentos de participação no capital acionário por suprimento de recursos destinados a liquidar posições exigíveis que, de outra forma, levariam à liquidação da empresa inadimplente.

Com o aporte massivo de recursos, as empresas abriram suas portas para participação mais ativa dos fundos de pensão nos seus órgãos de governança. E os fundos, de seu lado, sentiram a necessidade de se prepararem para a nova etapa de seu papel no sistema corporativo do país. Isto ocorreu, em iniciativa provavelmente pioneira, com a PREVI, maior fundo de pensão do país, que concentra mais de 30% do total dos investimentos das entidades de previdência complementar em atuação no Brasil. Em 1999, a PREVI contratou a Fundação Dom Cabral para criar as bases de um modelo estruturado para sua mais efetiva presença no processo na governança das empresas em que mantinha altas participações acionárias, exercendo em muitas delas o controle ou fazendo parte do acordo de acionistas. O projeto então realizado era também justificado pela estratégia de ampliação da carteira de participações acionárias.*

No final de 2011, o número de empresas em que a PREVI mantinha participações expressivas era de 87. Em todas elas, esse fundo de pensão está efetivamente presente, mantendo 89 assentos em Conselhos de Administração e 41 assentos em Conselhos Fiscais. E, em 10 das 87 empresas em que participa ativamente dos órgãos de governança, faz parte de acordos de acionistas. Estas expressivas presenças são justificadas pela composição dos investimentos desse fundo de pensão: no final de 2010, 63% do patrimônio líquido estavam aplicados em ações – R$ 90,8 bilhões, 3,6% do valor de mercado das companhias listadas em bolsa. Do total desta carteira, 81,97% estavam em empresas onde o fundo tem participação ativa em órgãos de governança e 48,71% em empresas onde faz parte do bloco de controle.

Em 2004, foi editado o Código PREVI de Melhores Práticas de Governança Corporativa. Esta iniciativa, pioneira entre os fundos de pensão do Brasil, foi orientada pelos seguintes objetivos:

- ❏ Nortear as relações entre o fundo, as empresas onde mantêm participação e os conselheiros indicados para os órgãos de governança.
- ❏ Contribuir na otimização do desempenho das companhias.
- ❏ Promover a proteção dos investidores e de outras partes interessadas nos resultados corporativos.
- ❏ Estabelecer caminhos para maior acesso das companhias ao mercado de capitais.
- ❏ Contribuir em processos que proporcionem a clara definição da estratégia empresarial, orientada para um crescimento sustentável e por uma postura socialmente responsável.
- ❏ Estabelecer bases para o alcance dos objetivos das companhias, para a avaliação de seu desempenho e a fiscalização de seus atos.

---

* A coordenação técnica do projeto foi exercida por J. P. Rossetti, coautor deste livro. O relatório final, com modelação dos sistemas de participação nas empresas e com as diretrizes para sua implantação progressiva, fundamentou-se na concepção da governança corporativa como um sistema de relações, envolvendo, no caso, o fundo de pensão, as empresas, seus Conselhos de Administração e Fiscal e sua Diretoria Executiva. O trabalho foi um dos embriões do Código de Melhores Práticas de Governança Corporativa que a PREVI editou em 2004.

QUADRO 7.12 Código PREVI de melhores práticas de governança corporativa: as diretrizes gerais.

TRANSPARÊNCIA, DIVULGAÇÃO E RESPONSABILIDADE	❏ Demonstrações financeiras segundo normas contábeis internacionais. ❏ Relatório anual com informações *off balance-sheet*, planos de médio prazo, indicação de riscos e práticas de governança. ❏ Balanço social levantado com metodologias estruturadas. ❏ Transações com partes relacionadas: segundo condições de mercado, amplamente divulgadas. ❏ Informações sobre estrutura acionária e direito a voto. ❏ Divulgação do calendário anual dos eventos corporativos.

DIREITOS DOS ACIONISTAS	❏ Informação a todos os acionistas de decisões corporativas relevantes:
	   ◇ Emissões de capital.
	   ◇ Vendas de ativos estratégicos.
	   ◇ Transformação, incorporação, fusão e cisão.
	   ◇ Criação e extinção de subsidiárias.
	❏ Tratamento equânime a todos os acionistas de uma mesma classe.
	❏ Divulgação para o mercado de acordos entre acionistas.
	❏ Recomendação para que a estrutura acionária seja constituída só por ações ordinárias. No caso de não adesão a essas diretrizes, limite máximo de 50% para preferenciais.
	❏ Direito aos ordinaristas minoritários e aos preferencialistas de eleição de membros do Conselho de Administração.

TRATAMENTO EQUÂNIME	❏ *Tag along*: aquisição, pelo adquirente, das ações com direito a voto por 80% do valor pago pelas ações de controle; aquisição das preferenciais por 70% do valor pago às ordinárias fora do bloco de controle. ❏ Níveis mínimos de *free float*: 35% do capital social, com 20% do capital votante.
ÉTICA EMPRESARIAL	❏ Aprovação e implantação de códigos de ética empresarial. ❏ Coibição da utilização de informações privilegiadas e de negociações abusivas. ❏ Conflitos solucionados por mediação e outros mecanismos facilitadores. ❏ Criação de restrições estatutárias para evitar a ocorrência de conflitos de interesse.

QUADRO 7.13
Código PREVI de melhores práticas de governança corporativa: as recomendações para os órgão de governança.

CONSELHO DE ADMINISTRAÇÃO	❏ Responsabilidades e atribuições: ◊ Aprovar e monitorar a orientação estratégica. ◊ Eleger e destituir a Diretoria Executiva. ◊ Fiscalizar a gestão e manifestar-se sobre relatórios, contas e contratos. ◊ Convocar a Assembleia Geral. ◊ Acompanhar a execução orçamentária e o resultado das operações. ◊ Implantar Auditoria Independente. ◊ Identificar e administrar conflitos de interesse. ◊ Avaliar as práticas de governança corporativa. ❏ Tamanho, composição e mandato: ◊ No mínimo 5 e no máximo 11 membros. ◊ Mandato de no máximo 2 anos, com reeleição considerando a avaliação formal de desempenho. ◊ Composição preferencialmente por conselheiros não executivos. ❏ Desempenho: avaliação do desempenho e da conduta por métodos formais e periodicidade anual. ❏ Remuneração fixada pela Assembleia Geral.
DIRETORIA EXECUTIVA	❏ Responsabilidades e atribuições: ◊ Propor ao Conselho de Administração as diretrizes estratégicas, os planos de investimentos e de negócios e as políticas institucionais e funcionais. ◊ Apresentar mensalmente a execução das projeções orçamentárias. ◊ Elaborar o relatório anual da administração e as demonstrações financeiras que o acompanham. ❏ Mandato não superior a 3 anos. ❏ Avaliação do desempenho focalizada na geração de valor para os acionistas e no cumprimento de responsabilidades sociais. ❏ Remuneração: atribuída pelo Conselho de Administração.
CONSELHO FISCAL	❏ Responsabilidade e atribuições: ◊ Fiscalizar os atos dos administradores. ◊ Opinar sobre o relatório anual da administração. ◊ Denunciar erros, fraudes e crimes, sugerindo providências à companhia. ◊ Analisar demonstrações financeiras. ◊ Prover informações solicitadas por acionista ou grupo de acionistas que representem, no mínimo, 5% do capital social. ❏ Mandato, tamanho e composição: ◊ Membros eleitos pela Assembleia Geral. ◊ Mandato de um ano, permitida reeleição. ◊ Composição: 3 ou 5 membros, pelo menos um com reconhecido conhecimento em finanças.
COMITÊS	❏ Presididos por membros não executivos do Conselho de Administração. ❏ Temas de competência: auditoria, RH, finanças, estratégia, ética e governança corporativa.
AUDITORIA INDEPENDENTE	❏ Contratação por período máximo de 5 anos. ❏ Não acumulação de outros serviços de consultoria na empresa. ❏ Declaração de independência firmada anualmente.

O código PREVI é constituído de duas partes: 1. diretrizes de alcance geral; e 2. recomendações para os órgãos de governança. Os Quadros 7.12 e 7.13 sintetizam os conteúdos de cada uma delas. Eles reproduzem conceitos clássicos de governança e estão bem alinhados aos critérios adotados pelas agências internacionais de *rating* corporativo. O desenho das práticas recomendadas é inspirado não só em disposições legais e em instruções de órgãos reguladores. Vai além: busca assegurar o equilíbrio de duas visões – a empresarial, centrada na maximização do valor da empresa e do retorno dos acionistas; e a do interesse público, centrada na gestão de convergências entre os retornos privados e sociais. O modelo vai na direção de uma *concepção stakeholders oriented*.

A trajetória da presença do maior fundo de pensão do país nas companhias e seu recente ativismo por melhores práticas de governança são exemplares quanto às diferentes etapas de participação desses investidores institucionais, nas companhias abertas do país. Em síntese, destacamos quatro:

1. **Anos 70 e 80.** Constituição compulsória de carteira de ações, preponderando a classe preferencial, com alta dispersão por companhias e baixo interesse por controle ou exercício dos direitos de acionista.

2. **Primeira metade dos anos 90.** Maior preocupação com o retorno dos investimentos, pela percepção da tendência crescente dos exigíveis atuariais. Revisão de critérios de investimento, com incorporação de fundamentos técnicos metodologicamente estruturados.

3. **Segunda metade dos anos 90.** Participação efetiva em consórcios e blocos de controle, ensejada pelo programa nacional de privatizações, pelos processos sucessórios em empresas familiares e por trocas, pelas empresas, de posições exigíveis por nova estrutura de capital.

4. **Virada do século.** Presença ativista, promovendo melhores práticas de governança corporativa. Presença efetiva nos órgãos de governança das empresas. Avaliação da governança corporativa como um dos critérios seletivos para a constituição das carteiras de investimento em empresas.*

O Quadro 7.14 traz uma visão complementar do ativismo dos fundos de pensão por boas práticas de governança corporativa no país, registrando as razões que fundamentam as posições assumidas por esta categoria de investidor institucional.

---

* Desde 2001, também incentivando a adoção de boas práticas de governança corporativa, a Secretaria de Previdência Complementar, órgão normativo que propõe e fiscaliza a composição, por categorias de ativos, das carteiras dos fundos de pensão no Brasil, tem estabelecido limites para aplicações em ações de companhias abertas, variáveis em função da adesão das empresas aos níveis diferenciados de governança estabelecidos pela Bolsa de Valores de São Paulo. Revistos em 2003, segundo a Resolução 3.121 do Banco Central do Brasil, os limites das aplicações em ações, que são de 35% das reservas desses investidores institucionais, podem chegar a 50%, caso as ações sejam de companhias listadas no Novo Mercado e no Nível 2; e a 45%, caso sejam listadas no Nível 1.

QUADRO 7.14
O ativismo dos fundos de pensão por boas práticas de governança corporativa.

O desenvolvimento conceitual e a adoção efetiva das práticas de governança corporativa e de investimento socialmente responsável são duas tendências inexoráveis, que se afirmam em todas as partes do mundo. Uma das razões fundamentais destas tendências foi apontada pelo estudo *Investimentos socialmente responsáveis dos fundos de pensão no Brasil, Chile, Estados Unidos, Países Baixos e Reino Unido*, produzido por *SR Rating* e *M&E – Management & Excellence* em outubro de 2005, por solicitação da Associação Brasileira das Entidades Fechadas de Previdência Complementar (ABRAPP): a evidência empírica da correlação positiva entre as boas práticas das companhias nestes dois campos, a redução do risco e o aumento do retorno nos investimentos de longo prazo.

Somam-se a essas correlações, que sem dúvida são do alto interesse dos fundos de pensão, a constatação de que as companhias com boas práticas de governança, além da transparência com os acionistas, relacionam-se também da melhor forma com outros grupos de interesse e com as comunidades em que atuam. Em contrapartida, as companhias abertas também demonstram interesse em atender ao ativismo dos fundos por melhores práticas de governança, de responsabilidade social e de sustentabilidade ambiental, tendo em vista seu peso e seu papel como importantes investidores institucionais.

Os interesses por boas práticas estão, assim, intercruzados. Um estudo realizado por P. Gompers e J. Ishii, da Universidade de Harvard, junto a 1.500 companhias, evidenciou que o valor de mercado das que apresentavam práticas de boa governança cresceu 22,3% ao ano, em média, no período 1999-2003, enquanto o valor das que não apresentavam bons indicadores neste campo não foi além de 14%. Parte desta diferença na valorização dos papéis das companhias é atribuível à tendência de os fundos de pensão considerarem, em suas decisões de constituição de carteira, não só indicadores de balanço, mas também, os processos e as práticas de governança adotados pelas empresas. No Brasil, resultados semelhantes aos revelados nos Estados Unidos, quanto ao melhor desempenho dos índices de mercado das empresas dos segmentos diferenciados, justificam o interesse dos fundos de pensão por investimentos junto às empresas com boa governança.

A escolha das empresas que compõem o portfólio dos investimentos dos fundos de pensão está cada vez mais fundamentada em critérios que vão além da análise dos resultados e das projeções de balanços econômico-financeiros. Há uma firme tendência em se considerarem outros cinco aspectos: 1. consistência na prestação de contas; 2. transparência; 3. eqüidade nas relações com os investidores; 4. responsabilidade social; e 5. cuidados ambientais. Prova desta crescente consciência foi a ativa participação da ABRAPP no comitê constituído para construir o *Índice de Sustentabilidade Empresarial* (ISE) da Bovespa, um indicador que mede o retorno total de uma carteira composta por ações de empresas comprometidas com operações fundamentadas em três dimensões: econômico-financeira, social e ambiental, nos moldes do *Dow Jones Sustentability Indexes* (DJSI).

Os compromissos envolvidos nesta participação estão alinhados com o importante passo dado com a Resolução 13, de outubro de 2004, do Conselho de Gestão da Previdência Complementar, que estabelece regras e práticas de governança e de controles internos para os fundos de pensão, recomendando ainda a adoção de um código de ética e conduta envolvendo suas transações no mercado. Mais de cem fundos de pensão já definiram seus códigos. A partir deles desempenharão papéis ainda mais ativos na disseminação de boas práticas de governança nas empresas brasileiras. Eles estarão cada vez mais atentos às empresas que revelarem adesão aos fundamentos da sustentabilidade empresarial. Até porque, afinal, as entidades de previdência buscam por rentabilidade e liquidez, mas sem perder de vista empresas comprometidas com princípios e práticas que lhes deem sustentação a longo prazo.

Devanir da Silva
Superintendente Geral da ABRAPP

O Instituto Brasileiro de Governança Corporativa

Outro importante marco do desenvolvimento e da difusão de boas práticas de governança corporativa no Brasil foi a criação, no final de 1995, do Instituto Brasileiro de Conselheiros de Administração (IBCA). O foco dessa instituição era reunir e promover a formação de profissionais qualificados para atuação, como *outsiders*, em conselhos de alta *performance*, que de fato contribuíssem para o desenvolvimento dos negócios e da gestão das companhias, superando assim o longo período em que, tornados obrigatórios para as companhias abertas, esses órgãos de governança cumpriram, na maior parte dos casos, apenas formalidades legais e burocráticas.

Em 1999, esta instituição ampliou seus objetivos, até então limitados à constituição e às funções dos Conselhos de Administração, mudando sua denominação para Instituto Brasileiro de Governança Corporativa (IBGC). Naquele ano, lançou o primeiro código de melhores práticas de governança produzido no país e anunciou suas novas diretrizes institucionais:

- Ser referência nacional em governança corporativa, atuando como centro de difusão dos melhores conceitos e práticas nesta área.
- Formar profissionais qualificados para atuação em Conselhos de Administração e em outros órgãos de governança das empresas.
- Estimular e promover a capacitação profissional de acionistas, sócio-quotistas, diretores executivos, auditores e membros de conselhos de família, consultivo e fiscal, preparando-os para atuação segundo as práticas da boa governança.
- Promover o treinamento dos órgãos de governança das empresas, buscando excelência nessa área.
- Promover pesquisas sobre governança corporativa.
- Contribuir para que as empresas adotem os valores da boa governança – transparência, equidade, *accountability* e responsabilidade corporativa – como diretrizes fundamentais de sucesso e perpetuação.

Em 2001, o primeiro código foi amplamente revisado, com ampliação dos temas abordados. Dividido em seis partes – propriedade, conselho de administração, gestão, auditoria, conselho fiscal, ética e conflitos de interesse – difundiu os valores essenciais e abordou questões cruciais de governança corporativa. A revisão abrangeu questões como transparência, *accountability*, mudança de controle, *tag along*, *poison pills* protetoras de *status quo*, acordos de proprietários, relacionamento com minoritários, titulares de ações preferenciais e outros *stakeholders*, constituição de conselhos, relações acionistas-conselhos-direção, conflitos de interesse e arbitragem.

Uma terceira versão do código do IBGC foi editada em 2004. Embora mantendo a mesma estrutura da revisão de 2001, o código incluiu temas novos, como responsabilidade corporativa, conselho de família, *free float*, maior detalhamento dos atributos e do escopo de atuação de conselheiros independentes e a constituição de comitê de auditoria, à luz dos requisitos da lei Sarbanes-Oxley. Os Quadros 7.15 e 7.16 sintetizam o conteúdo desta última

**QUADRO 7.15
Objetivos e princípios básicos da governança corporativa definidos pelo IBGC.**

TRANSPARÊNCIA	❏ Mais que "a obrigação de informar", as corporações devem cultivar "o desejo de informar". ❏ Resultado esperado da transparência: clima de confiança, tanto interno, quanto nas relações com terceiros. ❏ Não restrita ao desempenho econômico financeiro: vai além, contemplando outros fatores – inclusive intangíveis – que norteiam a ação empresarial e criam valor.

EQUIDADE	❏ Tratamento justo e igualitário de todos os grupos minoritários:
	  ◊ Acionistas.
	  ◊ Outras partes interessadas.
	❏ Ausência de atitudes ou políticas discriminatórias.

PRESTAÇÃO DE CONTAS (*ACCOUNTABILITY*)	❏ Os agentes da governança devem prestar contas a quem os elegeu. ❏ Os agentes da governança devem responder integralmente pelos atos praticados no exercício de seus mandatos.

RESPONSABILIDADE CORPORATIVA	❏ Zelo pela perenidade da organização.
	❏ Visão de longo prazo, com foco em princípios de sustentabilidade.
	❏ Envolvimento em questões sociais e ambientais.
	❏ Consideram-se funções sociais das companhias:
	  ◊ Criação de riquezas e de oportunidades de emprego.
	  ◊ Qualificação e diversidade da força de trabalho.
	  ◊ Desenvolvimento científico e tecnológico (C&T e P&D).
	  ◊ Contribuições para melhor qualidade de vida.
	  ◊ Contratação preferencial de recursos das comunidades em que atua.

revisão. No primeiro quadro resumimos os objetivos e os princípios básicos da boa governança, orientativos da missão ativista do IBGC. No segundo, sintetizamos as melhores práticas recomendadas.

Dois aspectos cruciais merecem destaque – um sobre direitos, outro sobre processo. No campo dos direitos dos acionistas, o código do IBGC propõe procedimentos corporativos que vão além dos assegurados pela Nova Lei das

QUADRO 7.16
Uma síntese das melhores práticas de governança corporativa recomendadas pelo IBGC.

PROPRIEDADE	❏ Adoção do conceito "uma ação, um voto". ❏ Acessibilidade de todos os acionistas aos acordos entre sócios. ❏ Assembleia Geral como órgão soberano. ❏ Transferências de controle a preços transparentes e estendidos a todos os acionistas (*tag along*). ❏ Solução de conflitos preferencialmente por meio de arbitragem. ❏ Manutenção de alta dispersão (*free float*) das ações em circulação.
CONSELHO DE ADMINISTRAÇÃO	❏ Recomendável para todas as companhias, independentemente de sua forma societária. ❏ Normatização por regimento interno, com clara definição de funções. ❏ Dois presidentes: *Chairman* e *CEO* não acumulam funções. ❏ Criação de comitês especializados, com destaque para o de auditoria. ❏ Número de membros entre 5 e 9, em sua maioria independentes, com experiências e perfis complementares. ❏ Clara definição das qualificações dos conselheiros: base para avaliações individuais, com periodicidade anual. ❏ Processos formalmente estabelecidos.
GESTÃO	❏ Escolha e avaliação formal dos gestores pelo Conselho de Administração. ❏ O *CEO* é o responsável pela execução das diretrizes fixadas pelo Conselho de Administração. ❏ Demais diretores executivos: *CEO* indica, Conselho de Administração aprova. ❏ Relacionamento transparente com todos os *stakeholders*. ❏ Transparência, clareza e objetividade na prestação de contas. ❏ Responsabilidade pela geração do relatório anual. ❏ Responsabilidade pelo desenvolvimento do código de conduta corporativo.
AUDITORIA INDEPENDENTE	❏ Existência obrigatória. ❏ Independência em relação à companhia. ❏ Função essencial: verificar se demonstrações financeiras refletem adequadamente a realidade da companhia. ❏ Plano de trabalho fixado pelo Conselho de Administração.
CONSELHO FISCAL	❏ Órgão não obrigatório, eleito pelos acionistas. ❏ Composição: conhecimento do campo de atuação da companhia e diversidade de experiências profissionais, pertinentes às funções desse conselho. ❏ Atuação sob regimento interno. ❏ Agenda complementar de cooperação com as das auditorias interna e independente.

Sociedades Anônimas. Primeiro, por estender a todas ações o direito de voto, entendendo-o como o melhor e mais eficiente instrumento de alinhamento de interesses (redução de conflitos e de custos de agência) e de intervenção na gestão. A proposta fundamenta-se no conceito "uma ação, um voto" ou, caso as empresas que tenham emitido ações preferenciais não contemplem este princípio, é sugerido que nos estatutos sociais conste a concessão do direito de voto aos portadores dessas ações em matérias de alta relevância corporativa. Segundo, por recomendar que, nos casos de transferência de controle, o prêmio pago pelo adquirente deve ser estendido a todos os sócios, não apenas aos detentores do bloco de controle, com total transparência sobre as condições da aquisição. E, terceiro, por sugerir que os estatutos definam com clareza as situações nas quais o sócio tem o direito de retirar-se da sociedade, recebendo por suas ações um reembolso não inferior ao correspondente valor econômico da empresa.

No campo dos processos de governança, o código do IBGC sugere que o conselho e os conselheiros de administração sejam formalmente avaliados. As avaliações, com periodicidade anual, serão fundamentais para as indicações de reeleição e estarão baseadas no escopo de atuação dos conselheiros e nas qualificações, bem definidas, que lhes são exigidas. Processos formais são também sugeridos para a avaliação anual, pelo Conselho de Administração, do desempenho da Diretoria Executiva. O CEO será o alvo dessa avaliação, cabendo-lhe proceder às avaliações de sua equipe, encaminhá-las ao conselho, sugerir ações para melhorias de *performance*, anotar aspectos positivos e opinar sobre reeleições. As demais recomendações sobre processos, envolvendo os órgãos consultivos, executivos e de fiscalização fundamentam-se em três princípios, presentes em todos os capítulos do código: 1. indicação das competências requeridas; 2. formalização; e 3. atuações com independência, ainda que pautadas por relacionamentos internos mutuamente benéficos.

O Quadro 7.17 traz uma síntese da história do IBGC e de suas contribuições para a adoção de boas práticas de governança corporativa no Brasil.

7.4 O Ambiente Interno da Governança Corporativa no Brasil

Trataremos agora dos valores, da cultura, das condições estabelecidas e das forças observadas no interior das companhias, que influenciam o modelo de governança corporativa efetivamente adotado no Brasil.

Iniciaremos pela listagem das condições determinantes desse modelo, sintetizando, de um lado, o impacto das forças externas que acabamos de analisar e, de outro lado, o poder das forças internas, que em parte decorrem das condições estabelecidas no entorno das corporações, em parte da cultura empresarial dominante no país. Em seguida, descrevemos as condições em que se estabelecem, no país, as relações entre as três âncoras de governança

QUADRO 7.17
IBGC, dez anos de governança corporativa: as conquistas e os desafios.

A expressão governança corporativa desfruta de posição singular, no âmbito das práticas de alta gestão: ela é magnética como conceito, mas exige constante evolução daqueles que decidam incorporá-la ao temário cotidiano dos negócios. Desde 1995, o Instituto Brasileiro de Governança Corporativa (IBGC), vem trabalhando para superar essa dualidade e, assim, pôr em relevo as verdadeiras vocações da governança – em essência, criar valor para as companhias, facilitar seu acesso ao capital e contribuir para a sua perenidade. Tudo isso, a partir dos alicerces da *transparência*, da *equidade*, da *prestação de contas* e da *responsabilidade corporativa*.

Quando da sua fundação, o foco era nos conselheiros de administração. Em 27 de novembro de 1995, liderado por Bengt Hallqvist e João Bosco Lodi, e com o apoio de um pequeno grupo de entusiastas fundou-se o Instituto Brasileiro de Conselheiros de Administração – IBCA. Esse grupo de pioneiros, todos voluntários, levaram a entidade a ir além das expectativas, graças ao seu otimismo e visão de futuro.

Aos poucos, com perseverança e dedicação, transcenderam as fronteiras da tradição de controle familiar das empresas fizeram germinar as sementes do diálogo, assim como lançaram pontes para dar forma a frutífero relacionamento entre acionistas, conselheiros de administração, gestores, auditores externos, conselheiros fiscais e outros *stakeholders* (empregados, credores, clientes, fornecedores, enfim, o universo que gravita em torno da empresa). Em 1999, antes mesmo de a expressão ser conhecida no mercado brasileiro, a entidade foi rebatizada com o nome de IBGC – Instituto Brasileiro de Governança Corporativa.

A força da ideia. No princípio com poucos associados, o instituto contava com uma única funcionária com dedicação parcial de tempo e ocupava um espaço cedido gratuitamente pela administração do *World Trade Center*. A sede, que hoje conta com instalações funcionais no mesmo edifício, à época simbolizava apenas um sonho distante, que muitos não tinham certeza que um dia seria alcançado. Em outras palavras, acompanhar o passo do que estava acontecendo nos Estados Unidos e na Inglaterra, no que se referia ao posicionamento ativista dos acionistas por Conselhos de Administração mais eficientes e por novos modelos de gestão, com administração profissionalizada e conscientização da necessidade de prestação de contas, de transparência e de tratamento equitativo aos acionistas, eram novidades que pareciam estar em um horizonte ainda intangível. Mas a força da idéia era maior do que os obstáculos.

Uma das faces mais pronunciadamente promissoras do IBGC se revelava no fato de que ele pregou, desde a origem, a linguagem da contribuição construtiva. No princípio, foi difícil fazer com que fosse compreendida. Havia resistências. Mas, com o tempo, ocorreram evoluções respaldadas pelos avanços da legislação, pela nova geração de investidores institucionais, pelo Novo Mercado da Bovespa e pelos ventos de mudança em âmbito internacional que deram força de lei às práticas éticas.

O IBGC tornou-se parte indissociável de todo esse processo, ao fazer um trabalho de catequese na divulgação de boas práticas e ao promover cursos, seminários e congressos. Construiu consistentes parcerias, abriu espaços para o diálogo com profissionais das mais variadas especialidades e aproximou-se das corporações com mensagens que vêm permitindo acesso a uma nova realidade modernizadora.

Recriação permanente. O IBGC tem evoluído constantemente, passo a passo. Estes números contam uma história de dinamismo e êxito: mais de 700 associados, três versões amplamente aceitas do *Código das Melhores Práticas de Governança Corporativa*, que desde sua primeira publicação já somou mais de 20 mil cópias distribuídas, lançamento dos *Cadernos de Governança* e cursos de capacitação em governança corporativa e para conselheiros de administração, que já receberam mais de 1.800 participantes desde 1998. Em paralelo, o trabalho voluntário, distribuído por 16 comitês, que congregam 220 associados, se expandiu, se consolidou e contribuiu para criar saudável relação de vasos comunicantes com as empresas. Esse trabalho voluntário exercido pelos associados é o traço distinto do IBGC.

Há, porém, muito ainda por fazer: democratização dos conceitos para o aprofundamento das discussões sobre governança corporativa, detalhar e aprofundar os temas *Conselhos de Administração*, responsabilidade corporativa, atuação em processos críticos, criação de valor, administração de situações de riscos e gestão do fator humano. O caminho a percorrer é extenso, pontilhado de desafios. Mas sempre que olhamos para trás fica evidente que nos tornamos uma entidade de referência, de excelente reputação, respeitada no Brasil e no exterior, capaz de produzir, aprimorar e fazer circular ideias. No futuro, não será diferente, pois uma das características da governança é seu dinamismo e sua permanente recriação, aportando o desenvolvimento da ciência da administração, a evolução dos mercados e as demandas dos *stakeholders* pela necessidade crescente de eficácia na gestão das empresas.

Heloisa Belotti Bedicks
Secretária Geral do IBGC

corporativa – a Propriedade, o Conselho de Administração e a Diretoria Executiva. Depois olharemos para dentro dos Conselhos de Administração, esse órgão fundamental da boa governança, avaliando sua eficácia, a partir de sua constituição, das funções que exerce e dos processos praticados. Por fim, destacaremos os traços essenciais do modelo dominante.

UMA PRIMEIRA QUALIFICAÇÃO: CONDIÇÕES DETERMINANTES

O ambiente interno da governança corporativa no Brasil – que, em princípio, define o padrão das relações entre os Acionistas, o Conselho de Administração e a Diretoria Executiva, bem como a eficácia dos órgãos de governança e, por consequência, o desempenho da companhia e o seu valor de mercado – é resultante de um amplo conjunto de condições historicamente estabelecidas. A Figura 7.8 destaca as que, presumivelmente, exercem maior influência.

As mudanças institucionais e econômicas, a constituição de novos grupos de poder e de pressão e as reacomodações societárias vão, ao longo do tempo, redefinindo o ambiente interno e impondo novas práticas de governança. No

FIGURA 7.8
O ambiente interno da governança corporativa: as condições influenciadoras.

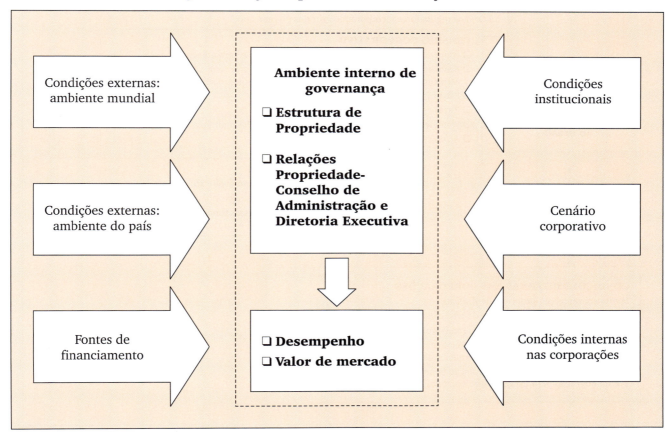

FIGURA 7.9
Condições determinantes do modelo brasileiro de governança corporativa efetivamente praticado.

CONDIÇÕES EXTERNAS: AMBIENTE MUNDIAL
- Crescente número de países com códigos de governança corporativa.
- Reconhecimento do impacto positivo da boa governança.
- Ativismo de investidores institucionais.
- Reações do mercado e de órgãos reguladores aos escândalos corporativos.
- Criação de agências de *rating*: pressões resultantes das aferições.
- Desfronteirização dos mercados: maior rigor e exigências expandidas.

CONDIÇÕES EXTERNAS: AMBIENTE NO PAÍS

CENÁRIO MACROECONÔMICO
- Estabilização: retornos dos investimentos via resultados operacionais.
- Alta pressão tributária: exação fiscal perto de 50% da riqueza gerada pelas empresas.
- Crescimento com gargalos: oportunidades de investimento.
- Desfronteirização: escalas e fluxos internacionais sem precedentes históricos.

CONDIÇÕES INSTITUCIONAIS
- Recomendações da CVM por melhores práticas.
- Revisão dos marcos legais e regulatórios.
- Crescentes pressões por boas práticas de governança.
- Mercado de ações: critérios diferenciados para listagem de empresas.
- Órgãos reguladores incorporando critérios do mercado.

CENÁRIO CORPORATIVO
- Pequeno número de empresas de grande porte e com atuação global.
- Nova estrutura de propriedade: privatizações, processos sucessórios na estrutura de controle, fusões e aquisições em número sem precedentes.
- Estrutura de propriedade concentrada.
- Raras estruturas pulverizadas.
- Número ainda expressivo de grandes sociedades anônimas fechadas.
- Acionistas minoritários pouco ativos.

FONTES DE FINANCIAMENTO
- Mercado doméstico de capitais em evolução, mas ainda pouco expressivo.
- Altos custos de alavancagem financeira (*debt*).
- Propensão das empresas em acessar fontes externas de financiamento em *equity* (ADRs) e fundos de *private equity*.

Modelo de governança corporativa efetivamente praticado no Brasil

CONDIÇÕES INTERNAS NAS CORPORAÇÕES
- Alta sobreposição propriedade-direção.
- Estilo de gestão predominante do tipo *command-and-control*.
- Conselhos de Administração em reconstituição: ingresso de *outsiders*.
- Em grupos familiares, papéis dos Acionistas, do Conselho de Administração e da Diretoria Executiva não claramente definidos: potencial de conflitos.
- Ainda pouca clareza quanto à relação benefícios/custos da boa governança e da migração para listagens diferenciadas.

Brasil, como em todo o mundo, desde a segunda metade dos anos 80 e, mais fortemente, desde o início dos anos 90, tem sido grandes os impactos dessas mudanças. Mas, mesmo assim, ainda prevalecem, no interior das empresas, estruturas de poder e de controle sedimentadas, que modelam o processo de governança, repercutindo nos resultados de balanço e no valor de mercado das empresas e, por extensão, na configuração do cenário corporativo.

Seguindo a sequência sugerida na Figura 7.9, destacamos as seguintes condições influenciadoras do ambiente interno da governança corporativa no país:

CONDIÇÕES EXTERNAS: AMBIENTE MUNDIAL

- **Adoção por número crescente de países de códigos de boas práticas de governança corporativa**, propostos por órgãos reguladores, por instituições do mercado, e por comitês nacionais de alta representatividade e reconhecida legitimidade.
- **Ativismo de investidores institucionais** com atuação global.
- **Reconhecimento por organizações multilaterais (Nações Unidas, Banco Mundial e OCDE) do impacto positivo da boa governança** sobre o desenvolvimento econômico dos países, via melhor *performance* das companhias e expansão dos mercados.
- **Reações aos escândalos corporativos** do primeiro biênio do século: regulação mais severa, investidores mais atentos e exigentes.
- **Criação de agências de *rating* corporativo:** pressões exercidas pela classificação das companhias segundo os padrões praticados e aferidos de governança.
- **Desfronteirização dos mercados:** avaliações mais rigorosas de investidores globais para a constituição de suas carteiras nos mercados nacionais em que investem.
- **Crise financeira internacional:** forte efeito-contágio no quadriênio 2008-2011, revelação de novos escândalos, queda acentuada do mercado de ações, agências de avaliação de riscos e governança corporativa sob fortes questionamentos. Medidas adotadas pelas autoridades reguladoras do sistema financeiro e pelos tesouros nacionais têm conseguido controlar a crise. Mas as boas práticas de governança permanecem sob pressões. Focos: controles, auditorias, remuneração da administração, mapeamento e gestão eficaz de riscos.

CONDIÇÕES EXTERNAS: AMBIENTE NO PAÍS

1. Cenário macroeconômico

- **Estabilização da economia**, pressionando as empresas por maior geração de resultados operacionais.

- **Alta participação dos impostos na riqueza gerada pelas empresas.** Segundo dados de Exame,[16] na média ponderada do período 1997-2011, os impostos absorveram 47,1% da riqueza gerada pelas empresas do *ranking* das 500 maiores; no setor de serviços, chegaram a 39,7%. Em ambos, a tendência é crescente: em 2000, os números foram, respectivamente, 44,4% e de 37,3%.
- **Retomada do crescimento,** mas com gargalos em infraestrutura, nas cadeias de suprimentos (principalmente indústrias de base) e na oferta de recursos humanos qualificados.
- **Abertura e maiores fluxos de transações externas,** inclusive com grandes emergentes, levando a operações em escalas sem precedentes históricos, que exigem investimentos de alta expressão.

2. Condições institucionais

- **Pressões e recomendações para adoção de melhores práticas de governança,** por órgãos reguladores, por investidores institucionais, por fundos de *private equity* e pelo mercado.
- **Revisão dos marcos legais e regulatórios,** embora os novos institutos legais ainda tenham mantido condições pouco favoráveis ao desenvolvimento do mercado de capitais.
- **Crescentes incentivos às boas práticas de governança:** a) limites das aplicações dos fundos de pensão mais altos para carteiras de empresas listadas em bolsa nos níveis diferenciados de governança; b) sinalizações do mercado, com a evolução das cotações indicando preferência do investidor por empresas de boa governança.
- **Critérios para listagens em bolsa,** diferenciadas segundo os requisitos de governança atendidos pelas empresas.
- **Órgãos reguladores incorporando os requisitos estabelecidos para listagens diferenciadas** e recomendando às empresas práticas de boa governança que vão além das disposições dos novos estatutos legais.

3. Cenário corporativo

- Comparativamente com os padrões das economias industriais mais avançadas, **pequeno número de empresas de grande porte e de atuação global.**
- **Companhias focadas em maximização do retorno total dos proprietários.**
- **Mudanças na estrutura de propriedade:** com privatizações, fusões, aquisições e sucessões, surgimento de empresas comandadas por grupos consorciados e por blocos de controle, exigindo a reestruturação do ambiente de governança.

- **Estrutura de propriedade concentrada**, com baixa assimetria entre controle e risco patrimonial: alta proporção de ações sem direito a voto.
- **Número ainda expressivo de grandes sociedades anônimas com capital fechado**, controladas por grupos familiares já em segunda ou terceira geração.
- **Acionistas minoritários e portadores de ações preferenciais pouco ativos**, embora com demandas não inteiramente atendidas.
- **Raras estruturas de propriedade pulverizadas**; em contrapartida, expressivo número de estruturas de controle cruzadas ou piramidais.

4. Fontes de financiamento

- **Dificuldades em acessar os recursos de fundos internos de longo prazo.**
- **Mercado doméstico de capitais pouco expressivo** (em relação ao sistema financeiro como um todo) e alto custo de alavancagem financeira: propensão das empresas em acessar fontes externas, como novas opções de financiamento em *equity* (ADRs).
- **Níveis ainda baixos de emissão de ações e de debêntures conversíveis**. Preferência pela emissão de debêntures simples.
- **Maior parte das empresas com ações negociadas em bolsa ainda fora dos níveis de governança**: pouca transparência, conflitos de agência presumidamente altos, alto prêmio de controle.
- **Baixos índices de investimento em relação ao PIB.**

5. Condições internas nas corporações

- **Alta sobreposição entre a Propriedade e Diretoria Executiva.**
- **Conselhos de Administração em transição, de baixa para alta efetividade**, ainda constituídos por membros escolhidos por afinidades pessoais, laços de família e ligações com bloco de controle.
- **Estilo de gestão predominante do tipo *command-and-control*.** Eficácia estratégica e bons resultados dependentes de lideranças carismáticas e personalistas.
- **Em empresas familiares, não se observa segregação e clareza na divisão dos papéis dos Acionistas, do Conselho de Administração e da Diretoria Executiva**: alto potencial de geração de conflitos.

A Figura 7.8 sintetiza os seis conjuntos das condições influenciadoras que destacamos. Todas elas, com maior ou menor poder de influência, definem o *modelo brasileiro de governança*, efetivamente praticado pela maior parte das empresas. De todas as condições, as reunidas no cenário corporativo são, seguramente, as de maior influência e, entre elas, a alta concentração da propriedade acionária e, consequentemente, o poder exercido pelo bloco de controle. A combinação desta condição com a cultura empresarial e com o estilo de gestão predominante, que se observa principalmente nos grupos familiares tradicionais, conduz a práticas internas ainda bem distantes das recomendadas pelos códigos de boa governança.

A Estrutura da Propriedade Acionária no Brasil

No Brasil, a estrutura da propriedade acionária predominante é concentrada. As grandes transformações que ocorreram na economia do país e, por extensão, no ambiente corporativo, implicaram mudanças mais na tipologia dos controladores, do que nos graus de concentração. Os resultados de levantamentos com dados dos últimos vinte anos (início dos anos 90 ao final da primeira década do século XXI) não são significativamente diferentes quanto à presença de controladores majoritários: os três maiores têm mantido uma participação superior a 75% do capital votante na maioria das grandes companhias. Ao mesmo tempo, porém, é geralmente baixa a relação entre a propriedade de ações de controle e o total das ações emitidas, como resultado histórico da permissão legal de lançamento de duas classes de ações.

Os resultados não revelam diferenças significativas em levantamentos realizados em quatro momentos deste período: anos 90, travessia para o século XXI, 2006 e 2010. As seis tabelas seguintes evidenciam que a estrutura

TABELA 7.22
Estrutura de propriedade das empresas brasileiras.

Anos	Número de empresas (amostra)	Ações ordinárias do controlador (ou grupo de controle) em relação ao total das ações ordinárias emitidas (%)	Ações ordinárias e preferenciais do controlador (ou grupo de controle) em relação ao total das emissões (%)
1998	194	75,7	52,0
1999	190	75,5	53,5
2000	182	76,1	54,0
2001	171	77,3	54,6
2002	154	76,2	54,6
Média	–	**76,1**	**53,7**

Fonte: OKIMURA, Rodrigo Takashi. *Estrutura de propriedade, governança corporativa, valor e desempenho das empresas no Brasil*. São Paulo: FEA/USP, 2003.

da propriedade acionária, mesmo com o bom número de novas aberturas de capital nos últimos dez anos, não se modificou substantivamente no Brasil. Os resultados sugerem que a estrutura acionária de controle é um dos mais resistentes e expressivos traços culturais e institucionais do sistema corporativo. A atenta leitura dos números confirma esta particularidade.

A Tabela 7.22 apresenta resultados de amostras significativas das empresas listadas na Bolsa de Valores de São Paulo, para os anos de 1998 a 2002, segundo levantamento realizado por Okimura.[17] As ações ordinárias mantidas pelo controlador (ou grupo de controle) chegam a 76,1% na média do período em relação ao total das ações com direito a voto emitidas. Somando a essas ações as preferenciais de propriedade de integrantes do grupo de controle, a relação com o total das emissões cai para 53,7%. Complementados pelos dados da Tabela 7.23, observa-se que, à concentração, adiciona-se uma outra característica dominante: ao longo do período, os controladores individuais ou grupos familiares representavam quase a metade (47,0%) das demais categorias de proprietários, seguidos por grupos privados estrangeiros (23,3%). Observa-se, assim, uma assimetria entre as participações dos investidores institucionais e das instituições financeiras no mercado de ações do país e a detenção do controle das empresas. Embora os bancos e os fundos de pensão no mesmo período desse levantamento, detivessem, respectivamente, mais de 50% e mais de 15% das aplicações totais no mercado acionário brasileiro, suas presenças, como categorias controladoras, eram de 5,2% e de 0,6%.

Esses resultados são bastante próximos de outros levantamentos.

TABELA 7.23
Proporção de controladores das empresas no Brasil, segundo categorias.

Categorias de controladores	Anos (% s/ total)					
	1998	1999	2000	2001	2002	Média 1998-2002
Familiar ou individual	48,7	47,4	46,8	46,5	46,0	**47,0**
Privado estrangeiro	21,6	23,0	23,7	23,9	24,2	**23,3**
Privado nacional	16,9	16,5	16,7	17,0	17,4	**16,9**
Estatal	6,7	7,2	7,1	7,0	6,8	**7,0**
Fundos de pensão	5,4	5,3	5,1	5,0	5,0	**5,2**
Bancos ou outras instituições financeiras	0,7	0,6	0,6	0,6	0,6	**0,6**

Fonte: OKIMURA, Rodrigo Takashi. *Estrutura de propriedade, governança corporativa, valor e desempenho das empresas no Brasil*. São Paulo: FEA/USP, 2003. Dados atualizados no artigo *Determinantes da concentração do direito de controle nas companhias abertas brasileira*, apresentado no 4º Encontro da Sociedade Brasileira de Finanças. Rio de Janeiro: COPPEAD/UFRJ, 2004.

TABELA 7.24
Composição acionária direta das companhias brasileiras em 2000.

Maiores acionistas		Companhias com um acionista majoritário		Companhias sem um acionista majoritário		Total da amostra	
		Capital volante	Capital total	Capital volante	Capital total	Capital volante	Capital total
Maior		76%	54%	37%	23%	72%	51%
Três maiores		88%	65%	62%	41%	85%	62%
Cinco maiores		89%	65%	66%	44%	87%	63%
Amostra	Número	203		22		225	
	% sobre total	90,2%		9,8%		100,0%	

Fonte: SILVA, André Luiz Carvalhal da. *A influência da estrutura de controle e propriedade no valor, estrutura de capital e política de dividendos das empresas brasileiras*. Rio de Janeiro: UFRJ/COPPEAD, 2002.

No relatório *Panorama da Governança Corporativa no Brasil*, as consultorias McKinsey e Korn-Ferry[18] constataram, em 2001, em uma amostra de 74 empresas, que a participação do maior acionista chegava a 61% do total das ações ordinárias e a dos três maiores a 85%. Silva,[19] em amostra de 225 empresas de capital aberto, evidenciou que 90,2% possuíam um acionista majoritário (203 empresas) e apenas 9,8% (22 empresas) apresentavam estruturas mais dispersas de propriedade, mas ainda assim com participação dominante do maior acionista. Os dados, para o ano de 2000, estão na Tabela 7.24. Nas companhias com acionista majoritário, o maior acionista detinha 76% do capital votante; os três maiores, 88%; os cinco maiores, 89%. E era também alto o grau de concentração nas companhias sem acionista majoritário: nestas, o maior acionista detinha 37%; os três maiores, 62%; os cinco maiores, 66%. Quanto aos grupos controladores, os resultados também confirmam os de outros levantamentos: as categorias dominantes de controladores são grupos familiares (48%) e estrangeiros (23,7%). Estes resultados estão na Tabela 7.25, onde também se registram as proporções de empresas com acordos de acionistas e com estruturas piramidais: para o total da amostra, são de 23% e de 86%, respectivamente.

Confirmando esses indicadores de concentração, Silveira[20] constatou, para o triênio 1998-2000, que as ações ordinárias dos acionistas identificados pelas empresas como controladores nos relatórios anuais para a CVM, detinham 73,8%, 74,5% e 75,6% do total as ações com direito a voto, respectivamente para os três anos pesquisados. Dados complementares também ob-

TABELA 7.25
Participações acionárias dos grupos controladores, seguindo categorias.

Grupos controladores		Número de empresas		Participação direta (%)		% das empresas com acordo de acionistas	% das empresas com estruturas piramidais de controle
		Total	%	Capital volante	Capital total		
Total da amostra		225	100,0	72	51	23	86
Empresas com um acionista controlador	Grupo familiar	108	48,0	73	46	27	91
	Estrangeiro	60	26,7	79	62	20	87
	Institucional	19	8,4	80	66	21	79
	Governo	16	7,1	75	57	6	63
	Total	203	90,2	76	54	23	86
Empresas sem um acionista controlador		22	9,8	37	23	27	82

Fonte: SILVA, André Luiz Carvalhal da. *A influência da estrutura de controle e propriedade no valor, estrutura de capital e política de dividendos das empresas brasileiras*. Rio de Janeiro: UFRJ/COPPEAD, 2002.

tidos nesse levantamento (como as constatações de que, em média, 23% das empresas possuem acordos de acionistas ou de que, em 30% das companhias abertas os controladores possuem mais de 90% das ações ordinárias) deram respaldo às seguintes observações desse autor:

1. Poder-se-ia esperar que, em uma economia em desenvolvimento, a propriedade das empresas se tornasse mais difusa ao longo dos anos, em virtude da necessidade de captação de recursos por parte das empresas e do desenvolvimento do mercado de capitais. Entretanto, a tendência observada é inversa.

2. Os valores encontrados permitem constatar que a companhia aberta brasileira possui acionistas controladores com forte poder de decisão e que esta situação não tende a ser alterada no curto prazo.

3. Esta constatação corrobora o ceticismo de La Porta, Shleifer e Lopez-de-Silanes[21] em relação à ideia bastante difundida de que o padrão da estrutura de propriedade das empresas tende a evoluir para a pulverização e para a clara separação de acionistas e executivos. Todavia, segundo os autores citados, a pulverização só ocorre mediante aperfeiçoamentos da estrutura legal, que acarretem maior proteção aos acionistas não controladores. Só que, nos países com fraca proteção legal, o aperfeiçoamento das leis diminuiria os benefícios privados dos acionistas controladores, levando a maior transferência de riqueza para os minoritários. Mas como

TABELA 7.26
Composição acionária das empresas listadas na BOVESPA, por setores e classes de ações, em 2006.

Setores	Número de acionistas	ON Média	ON Desvio padrão	PN Média	PN Desvio padrão
Energia Elétrica	1	64,1	26,5	62,0	26,6
	2	78,5	20,5	75,9	21,7
	3	83,8	18,0	80,1	20,5
Eletroeletrônicos	1	55,8	24,4	56,4	23,0
	2	73,7	25,2	70,3	25,3
	3	77,7	20,9	73,9	24,3
Finanças e Seguros	1	62,0	29,3	64,0	30,7
	2	71,6	24,8	70,3	26,0
	3	75,5	21,9	73,5	23,3
Química	1	57,0	27,9	57,4	28,3
	2	69,1	21,6	67,1	24,5
	3	74,5	18,9	70,8	22,4
Minerais não Metálicos	1	58,7	30,3	61,8	33,1
	2	69,8	27,4	68,0	29,2
	3	73,6	25,1	72,2	26,8
Máquinas Industriais	1	52,5	26,3	54,8	29,2
	2	66,0	22,5	63,5	26,7
	3	73,4	24,1	67,1	23,6
Telecomunicações	1	64,9	26,7	60,0	26,5
	2	71,0	24,5	66,7	24,5
	3	73,0	23,6	69,0	23,6
Transportes	1	52,5	25,3	58,2	23,0
	2	62,4	22,7	65,7	20,7
	3	69,1	22,5	70,6	20,8
Alimentos e Bebidas	1	50,6	21,7	47,5	21,7
	2	63,9	21,3	58,7	22,5
	3	68,5	21,3	62,7	22,6
Agro e Pesca	1	44,0	21,7	58,4	2,1
	2	60,0	24,0	73,2	1,9
	3	68,1	23,0	81,4	2,0
Mineração	1	64,5	32,4	34,7	13,4
	2	67,0	30,6	39,8	13,2
	3	67,9	29,6	42,3	11,2
Comércio	1	45,4	30,0	44,5	21,5
	2	58,9	28,9	57,7	21,4
	3	64,8	28,8	64,8	22,2
Construção	1	43,8	23,2	49,5	23,4
	2	59,3	23,3	71,4	25,4
	3	64,6	21,5	75,2	22,6
Siderurgia e Metalurgia	1	45,7	24,6	51,1	29,1
	2	57,3	21,2	60,7	24,8
	3	63,6	19,5	66,2	23,0
Têxtil	1	43,3	26,0	45,5	24,5
	2	55,9	24,8	56,8	24,5
	3	62,6	22,3	62,0	22,8
Veículos e peças	1	40,7	21,4	44,6	25,4
	2	52,3	20,5	56,6	23,9
	3	60,0	19,8	64,5	22,7

Fonte: Economática, dezembro 2006.

os acionistas controladores possuem maior poder de persuasão político nesses países e não parecem apoiar as reformas legais para maior proteção aos minoritários, a concentração da propriedade acionária tende a permanecer.

4. A alta concentração da propriedade das empresas confere aos controladores poder quase total sobre as decisões corporativas. Quando somada à alta proporção das ações preferenciais emitidas (sem direito a voto) e à frequente utilização de estruturas piramidais (*holdings* que controlam empresas que controlam subsidiárias), tem-se uma situação em que os controladores possuem direitos de decisão maiores que sua fatia sobre o capital total da companhia, acarretando a ocorrência de ações oportunistas sobre os demais acionistas.

A Tabela 7.26, com dados de 2006, comprova a resistência histórica da estrutura acionária das companhias abertas no Brasil, tanto de ações ordinárias quanto de preferenciais e com baixas discrepâncias entre dezesseis setores. Não há setor em que a soma das participações médias dos três maiores acionistas não detém o controle das companhias. Em cinco setores, mesmo aplicando para baixo o desvio padrão das médias, o controle é preservado. E em onze dos dezesseis setores os resultados sugerem que um único acionista é detentor do controle.

TABELA 7.27
Composição acionária das 100 companhias mais negociadas na Bolsa de Valores, em 2010.

Setores	Número de companhias	Participação do capital dos três maiores acionistas		
		Companhia com menor participação	Companhia com maior participação	Média
Infraestrutura	19	30,9	100,0	**76,5**
Bancos e outros serviços financeiros	11	1,9	99,6	**63,9**
Indústrias de base e bens de capital	17	22,7	99,0	**62,4**
Bens de consumo	11	28,2	90,9	**62,1**
Comércio, educação, saúde e outros serviços não financeiros	18	24,6	94,3	**60,1**
Bens industriais	11	30,7	99,8	**57,2**
Construção civil	13	12,6	81,3	**46,9**

Fonte: Anuário de Governança Corporativa das Companhias Abertas, 2010. *Revista Capital Aberto*, São Paulo, ano 3, nº 22, outubro de 2010. Dados primários. Tabulação dos autores.

Resultados semelhantes são indicados na Tabela 7.27, com dados de 2010. A amostra, neste levantamento, é das 100 empresas de maior volume de negociação entre as listadas na Bolsa de Valores de São Paulo. Destas, em dezessete, os três maiores acionistas detêm menos de 50% do capital de controle, contrastando com a alta concentração observada em 13 empresas do outro extremo, em que os três maiores detêm mais de 90% do capital de controle. As distribuições de frequência indicam uma curva assimétrica, em que em 83% das empresas o controle é exercido por três grupos acionários.

AS RELAÇÕES ACIONISTAS – CONSELHO – DIREÇÃO

As relações que se estabelecem entre a Propriedade, o Conselho de Administração e a Diretoria Executiva – e das quais dependem a eficácia do modelo de governança e, em princípio, os resultados de balanço e a avaliação das empresas pelo mercado – são basicamente determinadas pela estrutura da propriedade, pelo comportamento dos controladores e pelo grau de alinhamento entre eles.

Um aspecto relevante relacionado à estrutura societária das empresas no Brasil é a coesão observada entre os controladores. Pesquisa realizada pela Fundação Dom Cabral em 2007[22], sintetizada na Figura 7.10, evidencia que é

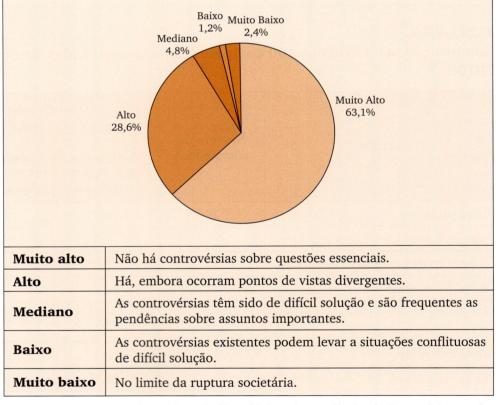

FIGURA 7.10 Graus observados de coesão entre os controladores das empresas no Brasil.

Fonte: ROSSETTI, J. P.; CYRINO, A. B. (Coord.) *Pesquisa Tendências do Desenvolvimento das Empresas no Brasil*. Nova Lima; MG: Fundação Dom Cabral, 2007.

FIGURA 7.11 Participação dos acionistas na Administração e graus de sintonia entre eles e o Conselho de Administração.

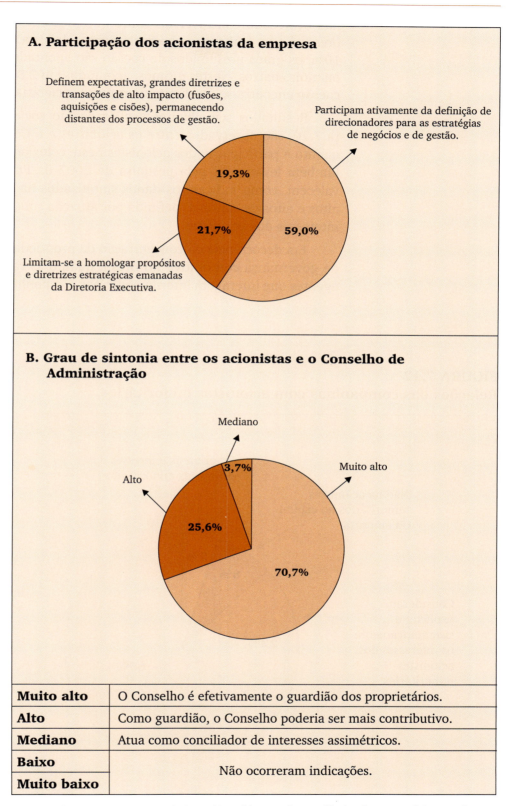

Fonte: ROSSETTI, J. P.; CYRINO, A. B. (Coord.). *Pesquisa Tendências do Desenvolvimento das Empresas no Brasil*. Nova Lima; MG: Fundação Dom Cabral, 2007.

muito alto o grau de coesão entre os controladores, em 63,1% das empresas, não ocorrendo controvérsias sobre questões essenciais. Em 28,6% das empresas é alto, embora se observem pontos de vista divergentes. Em menos de 10%, os graus presumidos de coesão são apontados como medianos, baixos ou muito baixos. Nestes últimos, apontados em 2,8% das empresas, a falta de coesão encontra-se "no limite da ruptura societária".

Resultados semelhantes aos da coesão societária, revelados na Figura 7.10, são observados entre os acionistas e o Conselho de Administração, quanto à participação dos acionistas neste colegiado e aos graus de sintonia, também levantados pela pesquisa de 2007 da Fundação Dom Cabral. Prevalecem, como indicam os dados sintetizados na Figura 7.11, níveis muito altos e altos de sintonia, definida por atuação considerada como guardiã dos interesses dos acionistas.

Em decorrência da concentração da propriedade acionária, os processos de governança corporativa no Brasil, quanto às relações entre os principais agentes que interagem internamente nas companhias, registram um conjunto

FIGURA 7.12
Relações das companhias com acionistas minoritários.

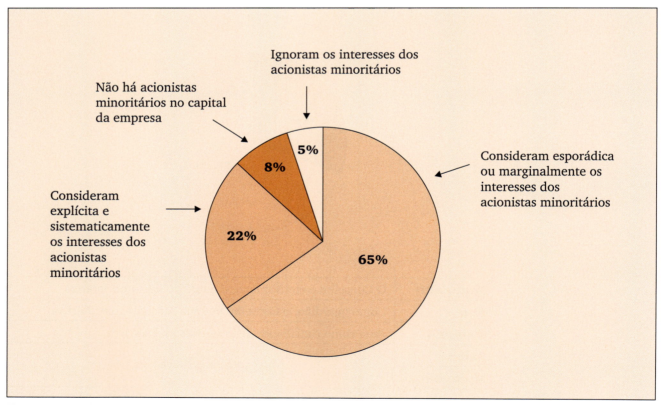

Fonte: MCKINSEY; KORN/FERRY. *Panorama da governança corporativa no Brasil*. Pesquisa realizada entre abril e setembro de 2001. São Paulo: McKinsey & Company e Korn/Ferry International, 2002.

de aspectos que conflitam com as recomendações dos códigos de melhores práticas. Destacamos os cinco seguintes:

1. **É reduzido o número de companhias que consideram explícita e sistematicamente os interesses dos acionistas minoritários.** Pesquisa realizada em 2001 pelas consultorias McKinsey e Korn-Ferry[23] evidenciou que 65% de uma amostra significativa de 74 empresas consideram os interesses dos minoritários apenas esporádica ou marginalmente, enquanto 5% os ignoram. Os interesses são sistematicamente considerados, como mostra a Figura 7.12, em apenas 22% das empresas. Estes resultados sugerem a existência de uma das categorias de *conflito de agência*, associável ao oportunismo dos majoritários controladores.

2. **É pequeno o grupo de empresas em que há clara separação entre a Propriedade e a Diretoria Executiva.** Ainda com base nos resultados na pesquisa McKinsey e Korn-Ferry, a Figura 7.13 revela que o grau de sobreposição é baixo em apenas 16% das empresas e médio em 24%. Na maioria, 60%, é considerado alto. A separação de funções é particularmente indicada nas companhias com controle pulverizado, nas quais o Conselho de Administração atua

FIGURA 7.13 Sobreposição acionistas-direção: uma decorrência da concentração da propriedade acionária.

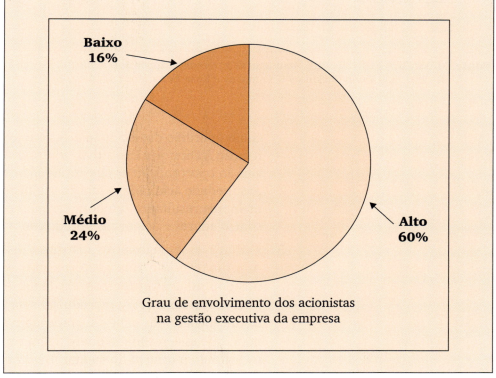

Fonte: MCKINSEY; KORN/FERRY. *Panorama da governança corporativa no Brasil*. Pesquisa realizada entre abril e setembro de 2001. São Paulo: McKinsey & Company e Korn/Ferry International, 2002.

FIGURA 7.14
Separação de papéis do Conselho de Administração e dos gestores (*CEO* e Diretoria Executiva).

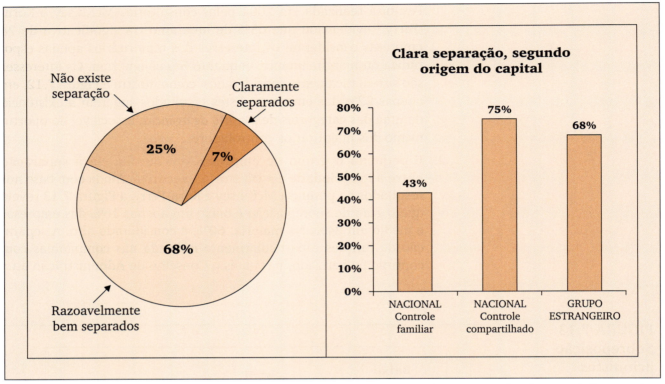

Fonte: MCKINSEY; KORN/FERRY. *Panorama de governança corporativa no Brasil*. Pesquisa realizada entre abril e setembro de 2001. São Paulo: Mckinsey & Company e Korn/Ferry International, 2002.

como guardião dos acionistas e, caso atue com independência em relação à Diretoria Executiva, controlará *custos de agência*, atribuíveis ao oportunismo dos gestores. Já nos casos de concentração da propriedade acionária, a junção acionistas-direção pode conduzir a melhores resultados, embora assimetricamente distribuídos entre controladores e acionistas sem direito a voto.

3. **Embora essencialmente distintos, os papéis do Conselho de Administração e dos gestores não estão claramente separados em todas as empresas**. Os dados levantados pela pesquisa da McKinsey e Korn-Ferry, reproduzidos na Figura 7.14, indicam que a distinção clara dos papéis é praticada por 68% das empresas. Cabe notar que esse resultado difere de forma significativa quando aberto segundo a origem do capital. Nas companhias de controle compartilhado, chegam a 78%, mas nas nacionais limitam-se a 43%.

4. **As práticas de governança corporativa não estão plenamente formalizadas em 36,4% das empresas**. Os dados são de pesquisa da Fundação Dom Cabral (FDC),[24] realizada com uma amostra sig-

nificativa de 90 empresas. Na pesquisa, o conceito de formalização envolvia: a) regras regimentais para o Conselho de Administração; b) separação dos papéis dos Acionistas, Conselho de Administração e Diretoria Executiva; c) pauta padrão e reuniões regulares do Conselho de Administração. Quanto à distinção de papéis, os resultados desta pesquisa apresentam números praticamente coincidentes com os da pesquisa de McKinsey e Korn-Ferry, inclusive nas diferenças entre empresas de controle nacional e grupos estrangeiros. E adiciona um dado a mais, relevante: entre as empresas maiores, a formalização chega a 87,5%, como mostramos na Tabela 7.28.

5. Pesquisa realizada em conjunto pelo IBGC e pela consultoria Booz-Allen-Hamilton[25] evidenciou que em 54% das empresas **não existem mecanismos para endereçar conflitos de interesse** e em 69% não estão previstos como se encaminharão procedimentos de arbitragem. Considerando que, no caso brasileiro, os conflitos de agência preponderantes são os que envolvem os interesses de acionistas majoritários e minoritários, a inexistência desses meca-

TABELA 7.28 Formalização do modelo de governança: adoção e fatores determinantes.

Caracterização	% sobre total das empresas			
	Total da amostra	Grupos nacionais	Grupos estrangeiros	Maiores[a]
Práticas formalizadas	63,6	52,4	76,8	90,3
Práticas parcialmente formalizadas	19,3	29,5	11,7	9,7
Práticas não formalizadas	17,1	18,1	11,5	–

Principais fatores determinantes da formalização (classificação ordinal)

Maior importância ↑↓ Menor importância

- Abertura de capital.
- Acesso ao mercado internacional de capitais.
- Reorganização societária.
- Fusões, aquisições e alianças.
- Adesão aos segmentos diferenciados de governança da Bovespa.
- Exigência de investidores institucionais com presença no capital de controle.

(a) Resultados das 50 maiores empresas da amostra, constituída por 90 empresas, de um universo das 750 maiores que operam no país de onde se extraiu amostra.

Fonte: FDC – Fundação Dom Cabral. *Tendências do desenvolvimento das empresas no Brasil*. Belo Horizonte: FDC, 2007.

TABELA 7.29 Separação das funções de presidente do conselho de administração e de presidente executivo.

Caracterização	% sobre total das empresas			
	IBGC e Booz-Allen-Hamilton	FDC		
		Total	Grupos nacionais	Grupos estrangeiros
Funções claramente definidas.	80,0	72,9	72,1	72,7
Funções não claramente definidas: ocorrem interferências e choques, dificultando a gestão.	–	5,7	7,0	4,5
Funções não definidas.	20,0	21,4	20,9	22,7

Fontes: IBGC e BOOZ-ALLEN-HAMILTON. *Panorama atual da governança corporativa no Brasil*. São Paulo, 2003. FDC. *Tendências do desenvolvimento das empresas no Brasil*. Belo Horizonte, 2002.

---

nismos implica desproteção aos não controladores, especialmente quanto titulares de ações preferenciais. E a pesquisa confirmou esta hipótese: para 48% das empresas, o relacionamento entre controladores e minoritários é irrelevante, enquanto 46% não contam com política de proteção aos minoritários. Nos casos em que ocorrem, a proteção se dá por representação dos grupos minoritários no conselho de administração.

Há, em contrapartida, duas práticas adotadas que se alinham às recomendações dos códigos de boa governança:

1. **Há clareza quanto às diferentes funções de presidente do Conselho de Administração e de presidente da Diretoria Executiva**. Os dados levantados pela FDC e pelo IBGC e Booz-Allen-Hamilton são coincidentes. Estão reunidos na Tabela 7.29. Apenas em 20% das empresas não há clareza na definição dessas funções. E em apenas em 5% das 80% em que as funções são reconhecidas como distintas, ocorrem interferências e choques que dificultam a gestão.

2. **Os propósitos das companhias parecem não restritos aos interesses dos acionistas**. Em uma escala de ênfases atribuídas aos propósitos e objetivos corporativos – de zero (nenhuma ênfase) a dez (ênfase muito alta), os três primeiros foram: 1. otimizar os interesses dos acionistas quanto a retorno, crescimento e perpetuação da empresa (média 8,59); 2. garantir as condições para o alcance da estratégia corporativa (8,23); e 3. alinhar a estratégia às mudanças, aos desafios e às pressões externas à organização (7,69). Entre esses desafios e pressões está a de adoção de um

modelo de governança voltado para múltiplos interesses. Embora o propósito dominante (ênfase mais alta) seja com o retorno do investimento, o crescimento e a perpetuação, 75,0% das empresas indicaram que os propósitos também contemplam outros *stakeholders*. E, quanto a este aspecto, é discreta a diferença entre grupos nacionais (72,1%) e estrangeiros (79,2%).

Quanto a um outro aspecto relevante, a transparência, a pesquisa da McKinsey e Korn-Ferry revelou pontos de vista controvertidos. A maioria dos conselheiros (76%) acredita que "a transparência com o mercado é satisfatória, já que um nível excessivo de comunicação resultaria na disseminação de informação valiosa para os concorrentes em um mercado em que predominam empresas de capital fechado". Todavia, os investidores, incluídos os não institucionais, não estão satisfeitos com as informações abertas pelas companhias. Eles indicaram ser este um dos impedimentos para a realização de mais investimentos no mercado.

Os Conselhos de Administração: Estrutura e Eficácia

Destacaremos agora, especificamente, as características essenciais dos Conselhos de Administração das empresas no Brasil. O destaque se justifica pela importância deste colegiado no processo de governança. É dele a atribuição de decidir sobre quatro das cinco questões cruciais da governança corporativa: os *conflitos de agência* (tanto entre acionistas e gestores, quanto entre acionistas majoritários e minoritários), os *custos de agência* (definindo critérios e limites com vistas à maior relação possível benefícios/custos), os *direitos assimétricos* (resultantes da incongruente relação entre direitos de voto e proporção das ações de controle em relação ao total das emissões de capital) e o *alinhamento de interesses* (orientando decisões quanto à abrangência dos propósitos corporativos). Isto sem contar que o Conselho de Administração também desempenha papel crucial como força interna de controle – cabendo aqui lembrar que o poder de influência das forças de controle é descrito como uma das questões cruciais da governança corporativa.

A descrição e a análise das práticas de governança exercidas pelo Conselho de Administração serão desdobradas em cinco aspectos:

1. A evolução dos Conselhos de Administração no Brasil, sob perspectiva histórica.
2. Papéis e responsabilidades reconhecidas.
3. As dimensões e a composição.
4. Os processos e a eficácia dos Conselhos de Administração.

Perspectiva Histórica

O Quadro 7.18 traz uma síntese, em perspectiva histórica, da instalação de Conselhos de Administração no Brasil. Adotando a pertinente divisão

QUADRO 7.18
Os três momentos históricos das experiências com conselhos de administração no Brasil.

As experiências com Conselhos de Administração e consultivo, no Brasil, são relativamente recentes. Podem ser divididas em três momentos diferentes: antes de 1976 – pré-reforma da Lei das SAs; depois de 1976 – conselho obrigatório para as sociedades anônimas de capital aberto; anos 90 – militância nos conselhos, com o surgimento da governança corporativa.

Antes de 1976: pré-reforma das SAs

As práticas dos conselhos estiveram ligadas, principalmente, a empresas multinacionais (particularmente norte-americanas), seguindo o modelo da matriz. Os participantes tinham como função precípua assessorar o CEO na sua introdução à sociedade local, apresentando-o ou assessorando-o, inclusive junto ao governo. Normalmente eram pessoas bem conhecidas na sociedade e no mundo dos negócios.

Com a lei do mercado de capitais, em 1965, algumas instituições que lançaram e subscreveram emissões de capital requisitaram assentos na diretoria ou em seu conselho, caso existisse. Em alguns casos, foram criados conselhos consultivos, com a finalidade de contar com algumas "cabeças coroadas" e também para acomodar executivos do exterior, que, na época, não podiam ter responsabilidade pela gestão de companhias abertas.

Mas muitas aberturas aconteceram em função de incentivos oficiais, sem que os controladores tivessem consciência das reais implicações de uma companhia aberta. A falta de cultura nesse relacionamento provocou frustrações nos minoritários. Esses eram vistos como fornecedores de capital, aos quais era devido, exclusivamente, o pagamento de um dividendo, se e quando as condições de rentabilidade permitissem.

Não havia propriamente um conceito associativo nem uma avaliação plena do que significava ter sócios. Exemplo extremo foi a abertura de capital de empresas em áreas incentivadas. Algumas desapareceram sem deixar pistas! No raciocínio de empresários oportunistas, o dinheiro que haviam recebido era benesse do governo e, portanto, não deviam satisfações.

Nesse contexto, a representação em conselhos era uma deferência, não um requisito para que as companhias viessem a ter uma base de sustentação mais ampla.

Depois de 1976: a obrigatoriedade

Com a Lei das Sociedades por Ações o Conselho de Administração tornou-se obrigatório. Algumas empresas assimilaram o Conselho de Administração como órgão superior para orientar a estratégia e promover relacionamento entre controladores e minoritários. Mas outras simplesmente cumpriram a lei, preenchendo cargos com "amigos da casa", pois 2/3 não podiam ser executivos.

Talvez uma minoria tenha absorvido plenamente a função do conselho, constituindo-o com profissionais ou dirigentes de empresas não concorrentes, que pudessem aportar algum tipo de experiência diversificada para orientar a estratégia e o futuro da companhia.

É interessante lembrar que, nas décadas de 60/70, várias empresas abriram o capital por razões políticas e pela crença de que, mantendo uma pluralidade de acionistas, estariam melhor inseridas na sociedade, gozando desse *status*. Mas, na prática, esse benefício nunca foi materializado, o que levou a um recuo no processo de abertura. As empresas abertas remanescentes, passaram a ter atitudes mais construtivas no relacionamento com os minoritários. Concluíram que isto afetava decisivamente o custo do capital e que, portanto, era importante maximizar o chamado *shareholder value*.

Mas não foi vencido o tabu do acionista controlador, o que condicionou que o mercado fosse formado basicamente por ações preferenciais, sem direito a voto.

Os anos 90: sugere a governança

Finalmente nesta terceira fase, de maior militância institucional nos conselhos, percebe-se claramente uma preocupação dos investidores institucionais, que passam a ter maior peso no conselho, especialmente nas companhias recentemente privatizadas.

Essa fase coincide com a divulgação do conceito de governança corporativa e com a criação do Instituto Brasileiro de Governança Corporativa (IBGC), que vem ocupando importante espaço na divulgação desse conceito.

Mais recentemente, após discussões que se arrastaram por quatro anos no Congresso Nacional e com a sanção presidencial de revisão da Lei das SAs, a questão da representação dos minoritários no conselho trouxe à tona a questão da relevância da representação naquele órgão colegiado.

Os acionistas preferenciais, através de associações que os representem, lutam por essa participação. Há resistências. Mas, certamente, teremos uma nova fase de militância onde os dois lados terão muito que aprender para convivência harmoniosa e produtiva, quando alguns tabus serão quebrados.

Nesta busca por um melhor relacionamento entre majoritários, surgiram e ocuparam espaços as associações de defesa de acionistas minoritários, que têm sido atuantes quando ocorrem ofertas públicas para aquisição de ações por parte dos controladores, buscando maximizar preços e condições de tais ofertas. Constatamos também nesta fase o fechamento do capital de várias empresas, adquiridas por grupos estrangeiros, de onde passaram a emanar as decisões. No entanto, tendo em vista o relacionamento com os conselheiros e sua efetiva contribuição em vários casos, eles foram convidados para compor um conselho consultivo. As reuniões desses conselhos (duas ou três ao ano) se alternam entre sua sede no país e sua matriz no exterior. Esta prática tem permitido maior convívio e melhor conhecimento dos valores, dos cultos e das operações das empresas por parte desses conselheiros.

Fonte: COSTA, Roberto Teixeira da. Síntese extraída de Importância dos conselhos na governança corporativa. In: ÁLVARES, Elismar (Org.). *Governando a empresa familiar*. Rio de Janeiro: FDC e Qualitymark, 2003.

proposta por Teixeira da Costa,[26] observam-se, nitidamente, três diferentes momentos na evolução desses colegiados no país: 1. antes da Lei das SAs, de 1976; 2. depois de 1976 até o início dos anos 90; e 3. a partir das grandes mudanças dos anos 90.

1. Antes da Lei das Sociedades por Ações, de 1976

Antes da Lei das SAs eram raras as companhias no Brasil que haviam estabelecido formalmente Conselhos de Administração. Eles não eram uma obrigação legal e os que se constituíam atendiam a objetivos bem definidos e que justificavam sua existência. Os exemplos notórios são de empresas multinacionais que aportaram no país em número crescente, a partir da segunda metade dos anos 50, atraídas pelo projeto nacional de industrialização substitutiva de importações. Além de a lei exigir que essas empresas tivessem um presidente brasileiro, elas próprias sentiam-se mais protegidas no país com a constituição de um Conselho de Administração que as assistisse em suas adaptações à cultura local e as assessorasse em suas relações com as cadeias internas de negócio a que estivessem integradas e com os órgãos de governo que regulassem sua atuação. Nessa época, os conselhos constituídos com esses propósitos tinham muito mais funções consultivas do que de monitoramento. Suas responsabilidades não eram a de ser guardiões dos acionistas e de outras partes interessadas, mas a de inserir as companhias no mundo de negócios do país.

Outro motivo que levou à constituição de conselhos de administração antes que se tornassem obrigatórios por lei foi o surgimento no país de instituições financeiras de fomento, que passaram a ter posições importantes na constituição do capital das empresas e então requisitavam presença formalmente estabelecida em sua alta gestão – direção executiva ou conselho. Ao mesmo tempo, com a lei do mercado de capitais de 1965, que incentivou a abertura de empresas por mecanismos oficiais, como a dedução, no imposto de renda, de investimentos em fundos de ações, levou os grandes subscritores das emissões a também pressionarem por presença mais efetiva nas empresas recém-abertas. Esta exigência, de certa forma, ia de encontro a objetivos das próprias empresas, que se apresentavam ao mercado com Conselhos de Administração constituídos por "cabeças coroadas", o que lhes dava maior respaldo na captação de recursos.

A esses motivos somou-se mais um, a partir do último triênio dos anos 60: a expansão do Estado-empresário, resultante da criação de grande número de empresas estatais em áreas estratégicas, a maior parte delas na forma de sociedades anônimas de capital aberto, mas com controle majoritário do governo.

2. Depois de 1976 até o início dos anos 90

Havia, assim, um conjunto motivante de razões para a instalação de Conselhos de Administração nas companhias em operação no Brasil, como resumimos no Quadro 7.19. Mas, ao mesmo tempo, observavam-se razões

QUADRO 7.19
A instalação de Conselhos de Administração no Brasil na década de 70: razões desmotivantes e motivantes.

Razões desmotivantes	Razões motivantes
❏ Concentração da propriedade acionária: ◊ Predominância de um acionista controlador. ◊ Ausência de pulverização do capital de controle. ❏ Sobreposição propriedade-gestão. ❏ Relativo conforto quanto às condições do ambiente de negócios: ◊ Protecionismo. ◊ Previsibilidade. ◊ Mudanças lentas. ❏ Relativo conforto quanto às condições internas nas empresas: ◊ Hierarquia. ◊ Departamentalização. ◊ Quadros estáveis. ❏ Prevalência do curto sobre o longo prazo: gestão por objetivos anuais (orçamentação) como prática corrente. ❏ Incipientes pressões externas para controle das empresas. ❏ Mercado de capitais pouco expressivo.	❏ Expansão do Estado-empresário: vigorosa criação de estatais em áreas estratégicas. ❏ Monitoramento de empresas nascidas de incentivos oficiais. ❏ Bancos de fomento aportando capital e exigindo participação mais efetiva na gestão ou em seu monitoramento. ❏ Presença significativa de empresas estrangeiras no país: importância do apoio de um órgão consultivo. ❏ Início da era das sucessões nas empresas familiares. ◊ Novos controladores aglutinados em órgãos colegiados. ◊ Separação de funções de acionistas e de gestores. ❏ Sinais de mudanças no ambiente de negócios: descontinuidades à vista. ❏ Permissão legal para emissão de duas classes de ações: abertura da empresa aos minoritários não controladores. ❏ Expansão e fortalecimento do mercado de capitais como parte da estratégica de crescimento econômico.

desmotivantes, que iam da concentração da propriedade acionária, passavam pelo relativo conforto das condições do ambiente de negócio e pelas características internas das empresas e chegavam até às incipientes pressões externas exercidas por um mercado de capitais pouco expressivo.

Contrabalançadas as razões, pesaram mais as motivantes. E, por força de disposição da Lei das SAs, promulgada em dezembro de 1976, todas as companhias abertas e as de capital autorizado deveriam ter Conselhos de Administração. Estabeleceu-se então um prazo pouco superior a um ano, para que as empresas atendessem a esse imperativo legal. Em fevereiro de 1978, todas deveriam ter constituído e instalado esse órgão colegiado.

Mas nos quinze primeiros anos que se seguiram à Lei das SAs de 1976, a quase totalidade dos Conselhos de Administração imperativamente constituídos parece ter sido pouco eficaz. Foram vários os motivos da baixa efetividade dos Conselhos de Administração neste período. Pelo menos quatro podem ser apontados:

1. **Compulsoriedade**. A instalação dos Conselhos de Administração atendeu ao imperativo da lei: tornou-se obrigatória. Mas poucas companhias de fato assimilaram as funções que o legislador pretendeu outorgar a esse colegiado, entre as quais a de definir grandes diretrizes estratégicas e de monitorar a sua execução ou ainda de harmonizar os interesses dos acionistas controladores e dos minoritários. A preocupação dominante não era a de ouvir conselheiros que de fato contribuíssem com a estratégia e com os objetivos dos acionistas, mas a de, simplesmente, não ferir a lei. Lodi[27] assim se refere a essa situação: "As mudanças impostas pela lei foram cumpridas em sua fria formalidade."

2. **Composição**. A lei estabeleceu que o Conselho de Administração seria composto por, no mínimo, três membros, eleitos pela Assembleia Geral e por ela destituíveis a qualquer tempo. Cumprida esta exigência mínima, o número máximo seria decidido pelos próprios acionistas. Um terço dos membros do Conselho de Administração poderia ser de gestores: dois terços seriam *outsiders,* relacionados ou independentes. Mas o processo de escolha dos conselheiros subordinou sua representatividade e sua legitimidade ao juízo do acionista controlador. O sistema de votos múltiplos, que poderia levar à constituição de conselhos representativos de diversos grupos de interesse, tornou-se facultativo. Pela sistemática adotada, as ações com direito a voto é que definiriam a constituição do colegiado. Como registra Mônaco,[28] "o voto múltiplo, mesmo sem prometer certeza de representatividade, oferece a acionistas minoritários a possibilidade de construí-la caso consigam valer-se de estratégia adequada. Mas sob a sistemática que a lei permitiu, a composição do Conselho de Administração seria indicada pelo acionista majoritário".

3. **Complementariedade**. Conselhos de Administração de número mínimo, constituídos por força de lei, dificilmente atenderiam ao princípio da complementariedade de seus membros. Neles, seria também difícil a ocorrência, em suas reuniões, de transfusões úteis de competências, visões alternativas compartilhadas, aprendizado e fecundação cruzada. Em vez de atuar como um grupo de proposições fecundas e de monitoramentos construtivos, os colegiados minimalistas que apenas atendessem ao imperativo da lei acabariam por ser vistos e tidos como *apêndice legal desnecessário* ou como *custo sem qualquer retorno.*

4. **Cooptação**. Com membros indicados por controladores que também acumulavam a função executiva, os Conselhos de Administração impostos por lei geralmente tendiam a ser pouco ou quase nada críticos em relação à gestão. Os escolhidos cumpriam rituais de fidelidade, mais do que de avaliações rigorosas da estratégia de negócios, das políticas corporativas e do comportamento da em-

presa em relação a outras partes interessadas. Discordâncias construtivas cediam espaço a aprovações subalternas.

3. A partir dos anos 90

Essa situação começou a mudar a partir dos anos 90, não pela força de alterações nas condições legais estabelecidas, mas pela necessidade de *empowerment* dos Conselhos de Administração das empresas. O movimento por conselhos mais eficazes foi motivado pelo conjunto, já exaustivamente examinado, de mudanças no ambiente de negócios, nas sinalizações vindas do mercado de capitais e na configuração do mundo corporativo. O enriquecimento das funções dos Conselhos de Administração foi decorrente das mesmas mudanças que reconfiguraram o ambiente externo e interno das empresas no país. Dez em síntese, podem ser relacionadas:

1. **Privatizações**. As privatizações levaram à constituição de grupos consorciados para a aquisição das estatais. As empresas consorciadas passaram a compartilhar o monitoramento da gestão, através de Conselhos de Administração constituídos por seus representantes.

2. **Sucessões**. Os processos sucessórios, que se avolumaram em anos recentes, com a chegada da terceira geração ao controle das empresas privadas nacionais, induziram a acordos de acionistas e à reformulação dos Conselhos de Administração.

3. **Fusões**. As fusões, alianças e associações, induziram à redefinição do modelo de governança das companhias abertas e fechadas, a começar pela composição de novos Conselhos de Administração.

4. **Abertura**. A abertura da economia, que tirou as empresas do conforto propiciado pela proteção, exigiu novas capacitações para a gestão de negócios, então expostos à concorrência globalizada, bem como Conselhos de Administração capazes de orientação efetiva diante dos novos desafios corporativos.

5. **Financiamento externo**. A busca, pelas empresas, por fontes externas de financiamento, que exigiam padrões de governança melhores que os historicamente praticados, levou à constituição de Conselhos de Administração efetivamente orientadores e monitores.

6. **Mudanças**. As novas conquistas tecnológicas e as transformações sociais, ambas rápidas e profundas, também foram indutoras de mudanças na alta gestão das empresas, levando a Conselhos de Administração mais profissionais, capazes de sugerir e avaliar novas estratégias adaptativas.

7. **Investidores**. O despertar dos investidores, principalmente dos institucionais, quanto à sua participação efetiva nos Conselhos de Administração das empresas.

8. **IBGC**. A criação do IBGC, que passou a ocupar importante espaço na promoção de Conselhos de Administração profissionalizados, atuantes e eficazes.

9. **Mercado**. A atuação do mercado de capitais, como outra força externa de controle, que passou a exigir Conselhos de Administração renováveis para a listagem diferenciada das empresas.

10. **Códigos**. As recomendações, quanto ao papel efetivo dos Conselhos de Administração, repetidas em todos os códigos de melhores práticas de governança corporativa.

Papéis e Responsabilidades Reconhecidas

Essa onda de reformulação dos Conselhos de Administração tem levado à definição, com maior clareza, das suas atribuições e responsabilidades, bem como à avaliação do grau efetivo de seu envolvimento com as questões críticas que as companhias oferecem à sua consideração e aconselhamento.

As pesquisas realizadas nas empresas no triênio 2001-2003 ainda revelavam que, a despeito da evolução observada nos anos 90, os papéis reservados aos Conselhos de Administração das empresas no Brasil eram mais voltados para a análise e aprovação de propostas emanadas da Diretoria Executiva, do que para a apresentação de propostas próprias. Neste sentido, os Conselhos de Administração vinham sendo mais demandados para a avaliação do desempenho do que para contribuírem mais ativamente no desenvolvimento dos negócios, dos modelos de gestão e das políticas funcionais. Foi também constatado que os Conselhos de Administração se envolviam pouco com questões consideradas críticas, como os planos de sucessão do executivo principal e a gestão dos riscos corporativos.

De uma forma geral, porém, observava-se paralelismo entre as atribuições e responsabilidades reconhecidas como desse colegiado e as que, de fato, vinham sendo por ele exercidas.

O Quadro 7.20 traz uma listagem de responsabilidades e atribuições reconhecidas como dos Conselhos de Administração, preparada pela Fundação Dom Cabral, em pesquisa realizada em 2002. O objetivo foi o de verificar o grau de envolvimento atribuível pelas empresas à lista previamente preparada. Os resultados revelaram as percepções, em escala de zero (nenhum) a dez (muito alto). A responsabilidade que obteve o mais alto grau (8,26) é um dos imperativos da lei, que atribui à Assembleia Geral a escolha dos membros do conselho e, a estes, a eleição, e, se necessário for, a destituição da Diretoria Executiva. Estreitamente ligada a essa primeira atribuição definiu-se como segunda a avaliação do desempenho da empresa e a *performance* da Diretoria. Outros envolvimentos considerados importantes relacionaram-se à criação de valor para os acionistas, à autorização para investimentos e desimobilizações, à orientação da estrutura de capital e à homologação de planos estratégicos. Em questões relacionadas à gestão e às operações, o grau de envolvimento foi indicado como baixo.

QUADRO 7.20
Responsabilidades e atribuições do Conselho de Administração: grau de envolvimento nas empresas brasileiras.

Responsabilidades e atribuições reconhecidas	Grau de envolvimento atribuível ao Conselho (Zero/Nenhum — Dez/Muito alto)
Escolher, admitir e demitir a Diretoria Executiva.	8,26
Avaliar o desempenho da empresa e a *performance* da Diretoria Executiva.	7,84
Autorizar investimentos e desimobilizações.	7,46
Promover a criação de valor para os acionistas.	7,44
Orientar a estrutura de capital, deliberar sobre alternativas de aumento do capital e definir políticas de destinação de resultados.	7,24
Participar da definição, homologar e monitorar os planos estratégicos.	7,21
Contribuir para o equilíbrio entre os interesses dos acionistas e de outros grupos.	5,78
Contribuir ativamente no desenvolvimento de negócios: levantar oportunidades, ativar sinergias e propor aquisições, fusões, cisões e encerramento de negócios.	5,71
Contribuir no desenvolvimento de modelos de gestão.	5,35
Estabelecer e monitorar códigos de melhores práticas.	4,91
Orientar, avaliar e homologar políticas nas áreas funcionais (processos produtivos, logística, mercado, TI, RH).	4,64

Escala: 0 – 10

Fonte: FDC – Fundação Dom Cabral. *Tendências do desenvolvimento das empresas no Brasil*. Belo Horizonte: FDC, 2002.

Pesquisa de 2003 do IBGC e da consultoria Booz-Allen-Hamilton sobre a mesma questão enfatizou a importância atribuída pelas empresas às diferentes responsabilidades do Conselho de Administração, cotejando-as com as frequências dos temas levados às reuniões desse colegiado. Os resultados estão no Quadro 7.21 e mostram discrepâncias entre o reconhecimento das funções do Conselho de Administração e a sua efetiva mobilização pelas empresas. Mostram, também, que as companhias abertas atribuam importância maior ao Conselho de Administração do que as companhias fechadas, embora estas esperassem mais desse colegiado em questões relacionadas à avaliação da Diretoria Executiva, à sucessão, à sustentação das crenças corporativas e dos propósitos dos acionistas. Já as companhias abertas focavam mais o desempenho, a estratégia, a qualidade dos demonstrativos financeiros e o cumprimento de políticas internas.

Quando, porém, se compararam os graus atribuídos à importância do envolvimento dos Conselhos de Administração nas questões relativas a estratégia, desempenho, avaliação da Diretoria Executiva, propósitos dos acionistas e sucessão com a frequência dos temas efetivamente levados às reuniões, observou-se que as empresas propunham aos Conselhos de Administração pautas fortemente focadas em cinco pontos: desempenho da empresa, acompanhamento de projeções orçamentárias, metas, estratégias e portfólio de negócios. Questões mais sensíveis, como avaliação da Diretoria Executiva e sucessão, ou mais críticas, como gestão dos riscos corporativos, eram até então menos enfatizadas.

Esses resultados foram confirmados quando se examinou o papel esperado dos Conselhos de Administração nas decisões críticas das empresas. Sob este prisma, havia divergências entre os papéis efetivamente atribuídos a esse colegiado e o seu efetivo envolvimento em sua análise, monitoramento ou equacionamento, como revelam os resultados sintetizados no Quadro 7.22. Na gestão dos riscos corporativos, predominava o papel de apenas "ser informado". Nas questões que envolviam os planos de sucessão, o papel de "aprovar" rivalizava com a postura de que "não é atribuição". O mesmo ocorria com a sensível questão da avaliação da diretoria executiva.

MUDANÇAS À VISTA

Nos levantamentos realizados até final de 2003, as funções atribuídas aos Conselhos de Administração nas empresas brasileiras estavam ainda presas à raízes históricas de sua constituição. Ainda se reservavam para esse colegiado, essencialmente, papéis relacionados à aprovação de propostas vindas da Diretoria Executiva.

Eram até então raras as empresas em que o Conselho de Administração, em sintonia estreita com os acionistas, levava à Diretoria Executiva as expectativas dos proprietários quanto a retorno, geração de riqueza, perpetuação da empresa, eficaz gestão dos riscos e construção da visão de longo prazo. Os dados do Quadro 7.22 são bem claros: em apenas 15% das companhias

QUADRO 7.21
Responsabilidades do Conselho de Administração, comparadas com a frequência dos temas levados para o colegiado.

	Responsabilidades		
Maior importância relativa ↑ ↓ **Menor importância relativa**	Importância atribuída		Classificação ordinal
	Companhias abertas	Companhias fechadas	
	3,8	3,4	❑ Melhorar o desempenho da empresa.
	3,7	3,4	❑ Zelar pela perpetuidade da empresa.
	3,7	3,3	❑ Desenvolver a estratégia da empresa.
	3,6	3,8	❑ Representar a crença e os propósitos dos acionistas.
	3,6	3,3	❑ Garantir o cumprimento dos padrões éticos e legais.
	3,4	3,0	❑ Assegurar que os demonstrativos financeiros reflitam a situação da empresa.
	3,1	3,3	❑ Avaliar o desempenho dos membros da Diretoria.
	3,1	3,0	❑ Aprovar as indicações dos membros da Diretoria.
	3,0	2,8	❑ Aportar visões externas.
	2,8	2,9	❑ Zelar pela sucessão de conselheiros e executivos.
	2,9	2,8	❑ Garantir o cumprimento das políticas internas.

	Frequência dos temas		
Maior importância relativa ↑ ↓ **Menor importância relativa**	Grau de frequência (Escala de 1 a 4)		Classificação ordinal
	Companhias abertas	Companhias fechadas	
	3,8	3,9	❑ Desempenho da empresa.
	3,4	3,2	❑ Acompanhamento do orçamento.
	3,3	3,0	❑ Estratégia de negócios.
	3,3	3,0	❑ Metas da empresa.
	3,1	2,8	❑ Portfólio de negócios.
	2,9	2,9	❑ Estrutura de capital.
	2,7	2,5	❑ Riscos.
	2,2	1,9	❑ Avaliação da Diretoria Executiva.
	2,1	1,7	❑ Composição da Diretoria Executiva.
	1,7	1,5	❑ Sucessão.

Fonte: IBGC e BOOZ-ALLEN-HAMILTON. *Panorama atual da governança corporativa no Brasil*. São Paulo, 2003.

QUADRO 7.22
Papel do Conselho de Administração nas decisões críticas das empresas abertas e fechadas.

Decisões	% sobre práticas adotadas							
	Formular		Aprovar		Ser informado		Não é atribuição	
	Cias. abertas	Cias. fechadas	Cias. abertas	Cias. fechadas	Cias. abertas	Cias. fechadas	Cias. abertas	Cias. fechadas
Estratégia da empresa.	5	7	90	74	5	13	0	7
Composição da Diretoria Executiva.	6	7	84	55	9	32	1	7
Contratação da auditoria externa.	4	3	84	82	7	13	5	2
Portfólio de negócios.	4	13	81	64	10	23	5	0
Orçamento da empresa.	3	0	70	75	26	18	1	7
Metas da empresa.	15	10	57	45	27	33	1	13
Estrutura de capital.	8	0	55	52	36	38	2	10
Avaliação da Diretoria Executiva.	6	13	47	36	30	23	17	28
Plano de sucessão.	13	10	35	46	19	13	33	32
Riscos.	11	13	25	26	62	58	2	3

Fonte: IBGC e BOOZ-ALLEN-HAMILTON. *Panorama atual da governança corporativa no Brasil*. São Paulo, 2003.

abertas e em 10% das fechadas o Conselho de Administração se envolvia na "formulação" das grandes metas da empresa, o mesmo ocorrendo com outras questões críticas fortemente relacionadas com a perenidade da corporação, como planos de sucessão e gestão de riscos corporativos. A Figura 7.15 sintetiza as questões com que os Conselhos de Administração então se envolviam efetivamente e a aquelas em que o envolvimento era ainda restrito a poucas companhias.

Pesquisas mais recentes, porém, realizadas no biênio 2004-2005, têm revelado importantes mudanças nas responsabilidades e nas atividades dos Conselhos de Administração no Brasil. O Quadro 7.23 revela os resultados de pesquisa de 2005 conduzida pelo IBGC e pela consultoria Watson Wyatt. Os resultados mostram que o envolvimento desse colegiado em questões mais delicadas é classificado com médias superiores às de levantamentos anterio-

FIGURA 7.15
Alguns aspectos do envolvimento dos Conselhos de Administração com questões críticas.

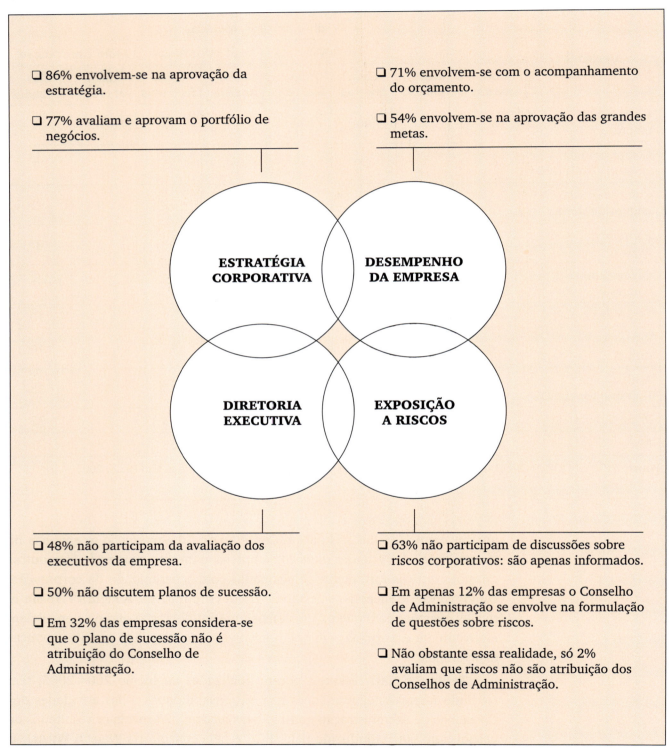

Fonte: IBGC e BOOZ-ALLEN-HAMILTON. *Panorama atual da governança corporativa no Brasil.* São Paulo, 2003.

QUADRO 7.23
Responsabilidades e atividades do Conselho de Administração reportadas por empresas brasileiras.

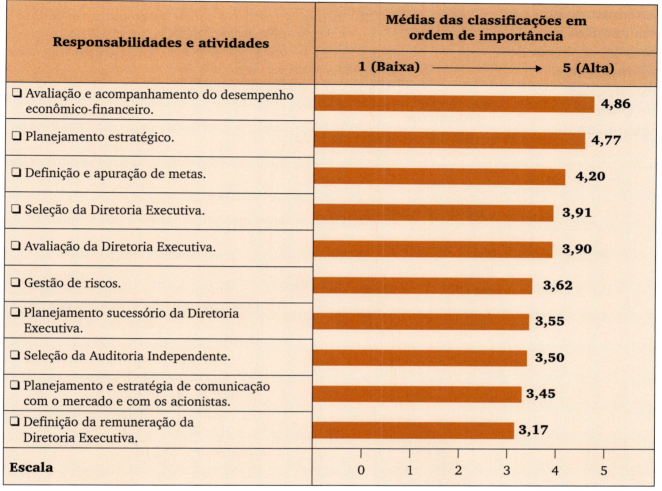

Fonte: IBGC e WATSON WYATT. *Pesquisa de remuneração e estruturas de Conselhos de Administração*. São Paulo, maio 2005.

res, de que são exemplos a seleção, a avaliação e o planejamento sucessório da Diretoria Executiva. Observa-se ainda que o envolvimento com o planejamento estratégico e com a definição e a apuração de metas estão no topo da classificação, sendo superados apenas pela tradicional função de controle e acompanhamento do desempenho econômico-financeiro da companhia.

Esses resultados são confirmados por evidências empíricas levantadas por Martins,[29] em 2004, em *Governança corporativa em cenário de mudanças*. Essa investigação foi fundamentada na divisão dos papéis dos Conselhos de Administração em três dimensões – a estratégica, a de controle e a institucional – e evidenciou que as funções estratégicas foram apontadas, em ordem

Quadro 7.24 Responsabilidades do Conselho de Administração, em empresas brasileiras, segundo as dimensões estratégicas, de controle e institucional.

Dimensões	Descrição sumária
Estratégica	❏ Definir e revisar as atividades corporativas: qual é o negócio da companhia. ❏ *Gatekeeping*: avaliar e revisar as propostas estratégicas, mudando-as por aconselhamento. ❏ Construir relação de confiança: encorajar gestores com boas pistas para realizar o objetivo estratégico.
Controle	❏ Controle estratégico: verificar se objetivos de longo prazo estão sendo cumpridos. ❏ Controle operacional: verificar execução orçamentária e níveis de retorno, liquidez e crescimento.
Institucional	❏ Assegurar direitos dos constituintes internos e externos da empresa. ❏ Mediar as coalizões internas e externas. ❏ Antecipar forças ambientais que poderão impactar a empresa. ❏ Aprovar o relatório anual da administração.

Resultados da pesquisa: as dimensões indicadas em ordem de preferência.	Ordem decrescente das três mais importantes, dentro de cada dimensão
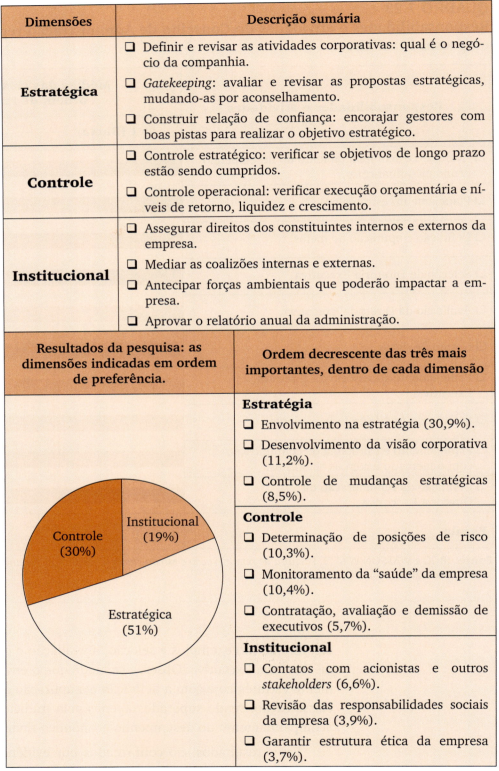 Controle (30%) Institucional (19%) Estratégica (51%)	**Estratégia** ❏ Envolvimento na estratégia (30,9%). ❏ Desenvolvimento da visão corporativa (11,2%). ❏ Controle de mudanças estratégicas (8,5%). **Controle** ❏ Determinação de posições de risco (10,3%). ❏ Monitoramento da "saúde" da empresa (10,4%). ❏ Contratação, avaliação e demissão de executivos (5,7%). **Institucional** ❏ Contatos com acionistas e outros *stakeholders* (6,6%). ❏ Revisão das responsabilidades sociais da empresa (3,9%). ❏ Garantir estrutura ética da empresa (3,7%).

Fonte: Síntese dos autores, extraída de MARTINS, Henrique Cordeiro. *Governança corporativa em cenário de mudanças*: evidências empíricas das alterações dos atributos, papéis e responsabilidades do Conselho de Administração das empresas brasileiras. Belo Horizonte: CEPEAD/UFMG, 2004.

de preferência, por 51% das empresas pesquisadas, seguidas por funções de controle com 30% e por institucionais com 19%. O Quadro 7.24 resume os resultados, indicando as concepções do autor sobre as atribuições consideradas em cada dimensão.

AS DIMENSÕES E A COMPOSIÇÃO

Os levantamentos disponíveis sobre as dimensões dos Conselhos de Administração no Brasil revelam que está superado, para a maioria das empresas, o momento histórico em que esses colegiados foram constituídos tão somente para o cumprimento da lei. Os dados de duas pesquisas reunidos na Tabela 7.30, evidenciam que é reduzido o número de empresas que têm apenas três membros neste colegiado. De uma amostra de 438 companhias abertas, 28,1% têm conselhos da dimensão mínima exigida em lei; e de uma

TABELA 7.30 Dimensões dos Conselhos de Administração nas empresas brasileiras. Unificação dos cargos de presidente do conselho e de presidente executivo. Mandatos dos conselheiros.

Conselheiros	Companhias abertas Levantamento L. C. Ventura		Companhias listadas Levantamento A. M. Silveira	
	Número de empresas	% sobre total	Número de empresas	% sobre total
Número				
3	123	28,1	28	14,4
4 a 6	166	37,9	77	39,7
7 a 9	109	24,9	62	32,0
Mais de 9	40	9,1	27	13,9
Total	438	100,0	194	100,0
Média	5,6	–	6,6	–
Funções				
Separadas da gestão	259	40,9	122	62,9
Não separadas	179	59,1	72	37,1
Mandatos				
1 ano	114	26,0	–	–
2 anos	110	25,1	–	–
3 anos	214	48,9	–	–

Fontes: VENTURA, Luciano Carvalho. *A composição dos conselhos de administração das empresas de capital aberto no Brasil*. Resultados de pesquisa. São Paulo, 2000. SILVEIRA, Alexandre di Miceli. *Governança corporativa, desempenho e valor da empresa no Brasil*. São Paulo: FEA/USP, 2002 – Agrupamentos dos autores, a partir de dados apresentados nas duas pesquisas.

TABELA 7.31 Conselheiros com participação em mais de um conselho, segundo anos de atuação.

Tempo de atuação como conselheiro	Apenas 1	2 a 3	Mais de 3	Totais Número	Totais %
Até 5 anos	28	27	14	69	54,3
5 a 10	11	13	10	34	26,8
10 a 20 anos	5	2	7	14	11,0
Mais de 20 anos	1	4	5	10	7,9
Totais Número	45	46	36	127	100,0
Totais %	35,4	36,2	28,4	100,0	–

Cabeçalho das colunas: Número de conselheiros de amostra, segundo número de conselhos de que participam.

Fonte: MCKINSEY; KORN-FERRY. *Panorama da governança corporativa no Brasil*. Pesquisa realizada entre abril e setembro de 2001. São Paulo: McKinsey & Company e Korn/Ferry International, 2002.

outra amostra, apenas de companhias listadas em bolsa, a proporção é ainda menor, de 14,4%.

O tamanho médio dos conselhos é de 5 a 7 membros. Nas duas pesquisas, o intervalo modal é de quatro a seis membros (praticamente 40% das empresas das duas amostras) e o segundo mais expressivo é de sete a nove (25% entre as companhias de capital aberto e 32% das negociadas em bolsa).

Outras duas características importantes são a acumulação das funções de presidente do Conselho de Administração e de principal executivo. Nas companhias abertas como um todo, as funções são separadas em 40% das empresas; nas listadas em bolsa, a proporção se eleva para 63%. É bastante provável que a junção de funções seja decorrente da alta concentração do capital votante. Segundo Silveira,[30] "levando em conta que, em média, apenas 17,6% dos conselheiros são executivos das empresas, esta informação sugere que o diretor executivo consegue eleger-se presidente do conselho graças à sua posição como acionista controlador e não à sua posição como diretor executivo". Pode-se ainda inferir desses resultados que a posição mais ativa do controlador é a direção, indicando um dos traços importantes que caracteriza o modelo brasileiro de governança corporativa: a sobreposição do controle e da gestão e, em número expressivo de empresas, também a acumulação do comando do conselho.

A Tabela 7.31 revela dois outros relevantes aspectos da composição dos Conselhos de Administração no Brasil. Um deles é referente ao número de conselhos de que os conselheiros participam: mais de um terço (35,4%) atua em apenas um conselho, o que sugere a presença expressiva de acionistas controladores nesse colegiado, que participariam apenas das empresas em que detêm parcelas significativas do capital votante, quando não o próprio controle da companhia. Outro aspecto é o tempo de atuação dos conselheiros nessa função: mais da metade (54,3%) têm até cinco anos de atuação. A proporção dos conselheiros com mais experiência em conselhos é inversamente proporcional ao tempo de dedicação a essa função, valendo ainda notar que o pequeno grupo de conselheiros que atuam há mais de 20 anos (7,9% do total) são, em termos proporcionais, os mais requisitados para atuação em maior número de conselhos. Ainda em termos relativos, os menos requisitados são os menos experientes. Estas indicações sugerem tendências à profissionalização dos conselheiros de administração: 36,2% da amostra atuam em dois a três conselhos; 28,4%, em mais de três.

QUADRO 7.25 Composição dos Conselhos de Administração e qualificações mais valorizadas dos conselheiros.

Composição (% sobre total dos conselheiros)		
Conselheiros	Companhias abertas	Companhias fechadas
Acionistas controladores ou seus representantes.	64	56
Demais acionistas ou seus representantes.	16	13
Executivos da empresa.	8	22
Conselheiros independentes.	9	3
Outros.	3	6

Responsabilidades		
	Importância atribuída (escala 1 a 4)	Classificação ordinal
Mais valorizadas ↑	3,9	Integridade pessoal.
	3,4	Independência.
	3,3	Conhecimento dos propósitos dos acionistas.
	3,3	Conhecimento das melhores práticas de governança.
	3,2	Comprometimento/motivação.
	3,2	Conhecimento do setor da empresa.
	3,2	Domínio de relatórios contábeis.
↓ Menos valorizadas	2,9	Experiência como gestor.
	2,7	Confiança dos controladores.
	2,5	Disponibilidade de tempo.

Fonte: IBGC e BOOZ-ALLEN-HAMILTON. *Panorama atual da governança corporativa no Brasil.* São Paulo, 2003.

Ainda quanto à composição dos conselhos, o Quadro 7.25 revela dados compatíveis com todos os demais até aqui examinados. Tanto nas companhias abertas quanto nas fechadas, a maior parte dos conselheiros são acionistas controladores ou seus representantes. Em termos ponderados, a proporção chega a 60%. Outros 15% são também acionistas, mas não controladores ou fora do bloco de acordo. Os executivos têm presença baixa nas companhias abertas (8%) e bem expressiva nas fechadas (22%), indicando que, nestas últimas, tende a ser mais alto o grau de cooptação envolvendo o conselho e a direção. Os conselheiros efetivamente independentes são 9% nas companhias abertas e 3% nas fechadas.

Por fim, o Quadro 7.25 indica as qualificações mais valorizadas dos conselheiros pelas empresas brasileiras, em levantamento de 2003. Todas elas estão incluídas nos modelos de avaliação de conselheiros que examinamos no Capítulo 5. O trinômio *integridade, conhecimento e envolvimento construtivo* é a base do que as empresas mais valorizam, tratando-se do quadro que atua em seus conselhos de administração. Na classificação ordinal das qualificações, a "cabeça de chave" é a integridade, valorizando-se em seguida a independência, o comprometimento, o conhecimento dos propósitos dos acionistas e das melhores práticas de governança corporativa. O Quadro 7.26, da pesquisa de 2005 do IBGC e da consultoria Watson Wyatt, focado em competências, praticamente confirma esses resultados: o trinômio enfatizado, com as mais altas indicações foi *visão estratégica, valores da companhia e finanças*.

OS PROCESSOS E A EFICÁCIA

Diante das características e de evolução dos Conselhos de Administração das empresas brasileiras, é de se esperar que haja espaços para avanços em sua efetividade. Os possíveis hiatos ainda observados em relação às melhores práticas podem ser atribuíveis a pelo menos seis fatores determinantes:

1. A ainda alta proporção dos Conselhos de Administração em que, tanto nas companhias fechadas quanto nas abertas, o presidente acumula as funções de principal executivo.

2. A assimetria entre as funções e responsabilidades reconhecidas e os temas efetivamente levados às reuniões.

3. O menor envolvimento do Conselho de Administração com questões críticas das empresas e com a visão futura dos negócios, comparativamente com a análise dos resultados, uma característica que indica serem as empresas muitos mais gerenciadas do que governadas.

4. A ainda expressiva proporção das empresas com conselhos minimalistas, de três membros, indicando maior preocupação com o cumprimento da lei do que com a heterogeneidade e com as decorrentes contribuições para os negócios e a gestão que possam vir desses colegiados.

QUADRO 7.26
Competências requeridas dos membros dos Conselhos de Administração, indicadas por empresas brasileiras.

Competências de conselheiros	Médias das classificações em ordem de importância 1 (Pequena) ⟶ 5 (Alta)
❑ Visão estratégica.	4,69
❑ Alinhamento com os valores da companhia.	4,50
❑ Conhecimentos de finanças.	4,50
❑ Capacidade de ler e entender relatórios gerenciais e financeiros.	4,42
❑ Conhecimento das melhores práticas de governança corporativa.	4,42
❑ Conhecimentos do mercado nacional e internacional.	4,00
❑ Disponibilidade de tempo.	4,00
❑ Conhecimentos dos negócios da companhia.	3,92
❑ Conhecimentos de questões ligadas à gestão de pessoas.	3,80
❑ Conhecimentos contábeis.	3,70
❑ Experiência em identificação e controle de riscos.	3,70
❑ Experiência de participação em outros Conselhos de Administração.	3,64
❑ Experiência em administrar crises.	3,50
❑ Experiência como executivo principal (CEO), na própria companhia.	3,33
❑ Relacionamento com o governo.	3,33
❑ Conhecimento de questões jurídicas.	3,10
❑ Experiência como executivo principal (CEO), em outras companhias.	2,80
❑ Contatos comerciais de interesse da companhia.	2,67
Escala	0 1 2 3 4 5

Fonte: IBGC e WATSON WYATT. *Pesquisa de remuneração e estruturas de Conselhos de Administração*. São Paulo, maio 2005.

5. A concentração ainda alta de conselheiros com poucos anos de experiência no exercício dessa função.
6. A proporção ainda muito baixa de conselheiros efetivamente independentes.

Os próprios conselheiros e as empresas em que atuam parecem reconhecer os hiatos ainda observados em relação às práticas recomendadas para os Conselhos de Administração pelos códigos de boa governança. A Tabela 7.32 indica claramente os campos em que há possibilidade de programas de

TABELA 7.32 Avaliação dos Conselhos de Administração das empresas brasileiras, quanto a processos e práticas adotadas.

Processos e práticas	Bom 4	Bom 3	Preo-cupante 2	Preo-cupante 1	Médias (escala 1 a 4)
Frequência às reuniões.	92	7	1	0	3,9
Cumprimento da pauta das reuniões.	86	10	4	0	3,8
Duração do mandato dos conselheiros.	85	13	2	0	3,8
Regra de reeleição do presidente do Conselho.	82	2	15	1	3,8
Critério de escolha do presidente do Conselho.	82	13	3	2	3,8
Frequência das reuniões.	81	17	2	0	3,8
Número de conselheiros.	80	14	5	1	3,8
Regra de votação do Conselho.	79	17	4	0	3,8
Qualificação dos conselheiros.	77	20	1	2	3,7
Definição das atribuições do Conselho.	69	26	4	1	3,6
Representatividade dos acionistas.	68	27	6	0	3,6
Remuneração dos conselheiros.	68	25	7	0	3,6
Disponibilidade de informações aos conselheiros.	68	26	6	0	3,6
Contribuições dos conselheiros.	61	33	5	1	3,5
Processo de avaliação da Diretoria	56	24	16	3	3,3
Papel dos comitês no Conselho.	49	30	18	3	3,3
Processo de avaliação dos conselheiros.	34	18	42	6	2,8
Médias	**71**	**19**	**8**	**2**	**3,6**

Fonte: IBGC e BOOZ-ALLEN-HAMILTON. *Panorama atual da governança corporativa no Brasil.* São Paulo, 2003.

QUADRO 7.27
Posturas e processos dos Conselhos de Administração que exigem mudanças e ações recomendadas para maior eficácia desses colegiados.

Principais posturas e processos que exigem mudanças	% dos respondentes, em múltipla escolha
1. Postura estratégica do conselho de administração.	57
2. Perfil dos conselheiros.	50
3. Atribuições, responsabilidades do conselho de administração.	47
4. Estrutura do conselho de administração (tamanho, comitês, processos).	41
5. Remuneração e responsabilização dos conselheiros.	21

Principais ações para melhorar as práticas em curso	% dos respondentes, em múltipla escolha
❏ Capacitar os conselheiros para novas abordagens estratégicas e organizacionais.	77
❏ Melhorar a preparação e o acompanhamento das decisões.	74
❏ Aumentar o entrosamento entre os conselheiros.	56
❏ Estabelecer subcomitês dedicados a assuntos específicos.	50
❏ Aumentar o número de conselheiros externos, não executivos e não acionistas.	44
❏ Aumentar a frequência das reuniões.	31
❏ Aumentar a remuneração dos conselheiros.	15
❏ Modificar as regras de voto.	8
❏ Reduzir a frequência de reuniões.	7

Fonte: MCKINSEY; KORN-FERRY. *Panorama da governança corporativa no Brasil*. Pesquisa realizada entre abril e setembro de 2001. São Paulo: McKinsey & Company e Korn/Ferry International, 2002.

melhoria. Os processos e práticas melhor avaliados são de natureza burocrática e ritualística – como frequência às reuniões e cumprimento das pautas. Questões mais substantivas como qualificação e contribuição dos conselheiros, disponibilidade, qualidade e condições de acesso a informações, papéis exercidos nos comitês técnicos e processos de avaliação dos Conselhos de Administração e dos conselheiros são pior avaliadas.

O Quadro 7.27 complementa essas avaliações, relevando insatisfações com a postura estratégica dos Conselhos de Administração (57% dos respondentes, cabendo observar que, na metodologia da pesquisa de que se extraíram esses dados, incluíam-se conselheiros), com o perfil dos conselheiros (50%), com as atribuições (47%), com a estrutura (41%) e com a remuneração e responsabilidades atribuídas aos conselheiros (21%). E são então indicadas as principais ações para melhorar as práticas em curso. Três de alta relevância se destacam, enfatizando os graus de insatisfação com a eficácia dos Conselhos de Administração no país em levantamento de 2002: capacitar conselheiros para novas abordagens estratégicas e organizacionais, melhorar a preparação para a tomada de decisões e seu acompanhamento e aumentar o entrosamento entre os conselheiros.

Cabe registrar, porém, que a baixa efetividade de boa parte dos Conselhos de Administração não é atribuível apenas à sua composição, à experiência e à preparação dos conselheiros. É também decorrente de como as empresas demandam pelas suas possíveis contribuições. Teixeira da Costa[31] é enfático quanto a este contraponto, observando que "conselhos funcionam se estimulados, o que depende basicamente do desejo dos acionistas controladores, da figura de seu presidente e da contribuição de cada conselheiro. Quando existe uma combinação favorável, de um *chairman* disposto a discutir e a ouvir e conselheiros com experiências diversificadas, o conselho é importante instrumento de gestão, capaz de desempenhar papel de maior relevância na orientação dos negócios das companhias, sejam elas abertas ou fechadas."

Não obstante lentos ao longo do tempo, os movimentos que se observam nas empresas têm sido, porém, preponderantemente positivos, como foi revelado na mais recente pesquisa sobre a governança corporativa no país. O relatório Panorama na Governança Corporativa no Brasil,[32] da Booz&Co./IBGC, editado em 2010, com levantamentos realizados em 2009, revela que "a relevância do tema evoluiu significativamente nos últimos anos, com maior conhecimento e aderência das empresas às melhores práticas": em 2003, 34% das empresas admitiram desconhecer o código de melhores práticas do IBGC, em 2009, esse número caiu para 13%. Além deste aspecto, outros revelados nesse panorama estão sintetizados no Quadro 7.28.

7.5 Uma Síntese: o Modelo de Governança Corporativa do Brasil

Nos Quadros 7.29 e 7.30 sintetizamos o modelo de governança corporativa praticado pelas empresas brasileiras. Com o objetivo de facilitar comparações internacionais, a estrutura do quadro é a mesma adotada para a dife-

QUADRO 7.28
Percepção da evolução e da aderência às melhores práticas de governança corporativa no Brasil.

Aspectos avaliados	Sínteses reveladas
Benefícios percebidos	❑ Aprimorar a transparência, para 95% das empresas respondentes; melhorar a gestão, 93%; melhorar a imagem da empresa, 93%; alinhar acionistas e executivos, 86%. ❑ "Governança é fundamental pela transparência, mostra ao mercado onde a empresa está e para onde está indo."
Composição dos Conselhos de Administração	❑ Dimensões: em 86% das empresas, 5 a 11 membros. ❑ Participação de conselheiros independentes, 22% dos membros. ❑ "Conselheiro externo é selecionado com base na contribuição que pode dar para a empresa: tem que trazer novas visões, capacitações."
Características valorizadas dos conselheiros	❑ Integridade pessoal, para 92% das empresas respondentes; visão de longo prazo, 62%; independência, 60%.
Responsabilidades do Conselho de Administração	❑ Estratégia, para 77% das empresas respondentes; gestão do desempenho, 71%; gestão de riscos, 50%. ❑ "O papel do Conselho está evoluindo de fiscalização para agregação de valor para a empresa."
Comitês de assessoramento	❑ 95% das empresas possuem comitês de assessoramento. ❑ "Comitês são órgãos acessórios ao Conselho de Administração. Sua existência não implica a delegação de responsabilidades que competem ao Conselho como um todo."
Avaliações formais	❑ Avaliação do Conselho: praticada em 21% das empresas. ❑ Avaliação da Diretoria Executiva: 56% das empresas.
Relacionamento entre controladores e minoritários	❑ Em 41% das empresas, avaliado como "intenso e colaborativo". ❑ "A participação dos minoritários ainda é bastante baixa – não existe este hábito no mercado brasileiro." ❑ 76% das empresas possuem políticas de proteção aos minoritários.
Resolução de conflitos	❑ 78% das empresas possuem mecanismos para resolução de conflitos: ◊ Prevenção a *insider information*. ◊ Transações com partes relacionadas. ◊ Afastamento em discussões e deliberações.

Fonte: BOOZ & CO.; IBGC. *Panorama da governança corporativa no Brasil*. São Paulo: Booz & Co. e IBGC, 2010.

QUADRO 7.29
Modelo de governança corporativa praticado no Brasil: uma síntese das principais características, quanto a fontes de financiamento, propriedade, conflitos, proteção a minoritários e liquidez da participação acionária.

Características definidoras	Ocorrências predominantes	Sínteses
Financiamento predominante	*Debt* e geração de caixa	O mercado de capitais é ainda pouco expressivo. Do total das companhias abertas registradas (cerca de 640), 59,2% são negociadas em bolsa. A relação abertas/negociadas é historicamente decrescente. As emissões de capital, não obstante o forte ciclo de IPOs em 2005-2007, é pouco expressivo em relação a outras fontes. Predominam os exigíveis de longo prazo (*debt*) e a geração própria de caixa. Grandes empresas têm acessado fontes externas em *equity* (ADRs). Fundos de *private equity* têm registrado forte expansão, como opção para crescimento dos negócios.
Propriedade e controle acionário	Alta concentração	A propriedade acionária é concentrada. Na maior parte das companhias, os três maiores acionistas detêm mais de 75% do capital votante e o maior mais de 50%. Predominam empresas familiares (38% das abertas). Com as privatizações, constituíram-se consórcios. As empresas que não têm um acionista controlador ou grupo fechado de controle são menos de 10%. E mais de 65% tem estruturas piramidais de controle.
Conflitos de agência	Majoritários-minoritários	O conflito predominante é entre majoritários e minoritários. Pela concentração da propriedade e sobreposição com a gestão, são menos expressivos os conflitos de agência acionistas-gestão. Mas apenas 30% das empresas consideram sistematicamente os interesses dos minoritários.
Proteção legal a minoritários	Fraca	A lei admite o lançamento de 50% do capital em ações preferenciais. É garantida a distribuição de dividendos de 25% do lucro líquido e igualdade com os controladores na distribuição da fatia restante do lucro. O mecanismo de *tag along* não é estendido às ações preferenciais. E mesmo as ações ordinárias fora do bloco de controle recebem 80% do valor pago nos casos de aquisições.
Liquidez da participação acionária	Especulativa e oscilante	A alta liquidez das companhias é afetada pela predominância da posse de blocos de ações de controle. É baixo o nível do *free-float*. Baixa também a proporção das companhias listadas com alta negociabilidade. O valor médio mensal das negociações em relação ao valor de mercado das companhias é 3,5%; no mundo, em média ponderada, é três vezes maior: 12,0%.

QUADRO 7.30
Modelo de governança corporativa praticado no Brasil: uma síntese das principais características, quanto a gestão, conselhos, forças de controle, processos e abrangência do modelo.

Características definidoras	Ocorrências predominantes	Sínteses
Propriedade e gestão	Sobreposição	Como decorrência da alta concentração da propriedade acionária, é também alto o grau de envolvimento dos controladores na gestão. Considera-se baixo em menos de 20% das empresas. Há clareza quanto à separação das funções do conselho e da direção. Mas mesmo nas listadas em bolsa é alta a unificação de funções (31% das empresas).
Conselhos de Administração	Baixa eficácia	Obrigatórios por lei para as companhias abertas, eram raros os casos de conselhos de alta eficácia até final do século XX. Razões: acumulação de presidências conselho-direção, baixa heterogeneidade dos membros (ocorrência de conselhos minimalistas), poucos conselheiros independentes e pequeno envolvimento em questões críticas. Levantamentos recentes (quinquênio 2005-2010) têm sugerido mudanças em todos esses aspectos. Há evidências de tendência para maior efetividade.
Forças de controle mais atuantes	Internas	É crescente a pressão de forças externas de controle: mudanças (mas pouco profundas) na Lei das SAs, níveis diferenciados para listagem em bolsa, ativismo dos fundos de pensão e outros grupos institucionais, edição de código de boa governança pelo IBGC. Mas prevalecem as forças internas, fundamentalmente associáveis às concentrações da propriedade acionária e à rigidez das estruturas estabelecidas de poder.
Governança corporativa	Em evolução	As características estruturais do mundo corporativo no país ainda mantém os padrões da governança algo afastados das melhores práticas. Mas há evoluções, resultantes de pressões externas e internas sobre o modelo vigente. Razões: privatizações, via consórcios de aquisição; processos sucessórios; fusões; presença crescente de investidores estrangeiros e institucionais no mercado; profissionalismo dos fundos de *private equity*; listagens diferenciadas nas bolsas; e ativismo da mídia.
Abrangência dos modelos de governança	Em transição	O modelo predominante é *shareholders oriented*, movido pela concentração do capital e suportado pelas demandas dos investidores globais. É expressivo o número de empresas que emitem balanços de alcance externo (social e ambiental). Mas a cultura empresarial dominante é ainda refratária a modelos de múltiplos interesses, estrategicamente orientados também para outras partes interessadas.

renciação dos modelos de governança expostos no Capítulo 6. Mantivemos, para a descrição sumarizada do caso brasileiro, as mesmas dez características definidoras, referentes ao financiamento predominante, à propriedade, aos conflitos predominantes, à tipologia dos conselhos e às forças de controle mais atuantes. Destacamos também a evolução e abrangência percebidas das práticas de governança corporativa no país.

Seria ocioso repetir ou estender o que, em síntese, os quadros revelam. Mas, entre as dez características sintetizadas, destacamos quatro cruciais:

1. **A alta concentração da propriedade acionária**.
2. **A sobreposição propriedade-gestão**, que de certa forma ainda se estende ao Conselho de Administração.
3. **A fraca proteção aos acionistas minoritários**, essencialmente associável a dois fatores, a concentração da propriedade e a permissão legal de lançamento de duas classes de ações.
4. **A expressão ainda diminuta do mercado de capitais e a pequena parcela das companhias listadas em bolsa nos níveis diferenciados de governança corporativa**.

Estas quatro características têm raízes históricas, são estruturais, ainda descrevem um **círculo vicioso**, como o esquematizado a Figura 7.16, são parte integrante da cultura empresarial do país e dificilmente se modificarão a curto prazo. São atribuíveis a elas as sete situações contraditórias vigentes no ambiente da governança corporativa no Brasil, resumidas no Quadro 7.31.

Essas visíveis contradições, as sinalizações claramente emitidas pelo mercado de capitais e os prováveis benefícios de uma boa governança parecem ainda não sensibilizar suficientemente as empresas para processos de mudança. As pressões por melhor governança não se estabeleceram ainda dentro das empresas: as forças internas atuam no sentido de manter os mecanismos de controle e a estrutura de poder. As pressões vêm de fora e as mais importantes são a desfronteirização da economia, as consolidações setoriais, decorrentes de fusões e aquisições, a crescente ocorrência de formação consorciada de blocos de controle, as exigências dos fundos de *private equity* e os esforços do mercado capitais para estimular a abertura de empresas e para superar regras legais que afastam investidores. Somam-se a estas forças o ativismo do IBGC, de investidores institucionais, de analistas de mercado e de agências de *rating* corporativo.

Em contrapartida, o poder das forças internas ainda tem prevalecido sobre as pressões de origem externa, não obstante sejam estas que produziram as mais importantes mudanças no mundo corporativo brasileiro nos últimos quinze anos – do início dos anos 90 até agora. Dentro das companhias, o grau aferido de satisfação com os processos praticados é significativamente superior às insatisfações que, sem grande poder de fogo, pressionam por mudanças nas práticas de empresariar, financiar projetos e governar. Os levantamentos das consultorias McKinsey e Korn-Ferry não deixam dúvidas quanto

FIGURA 7.16
Do empresariamento oportunista à baixa atratividade do mercado de ações: um círculo vicioso de raízes históricas.

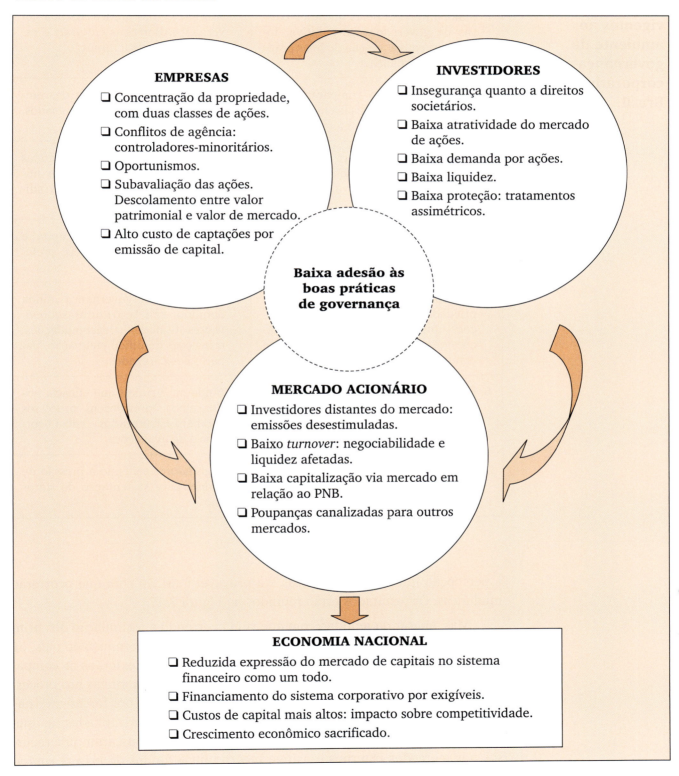

QUADRO 7.31
Situações contraditórias vigentes no ambiente da governança corporativa no Brasil.

De um lado	De outro lado
1. Crescente conscientização pública e maior interesse pelas questões básicas de governança corporativa. Incentivos para a adoção de boas práticas de governança.	1. Lenta absorção pelas empresas dos conceitos e das práticas da boa governança. Barreiras culturais e estruturais de difícil remoção.
2. Bom desempenho comparativo das empresas tradicionais listadas nos níveis diferenciados de mercado.	2. Migração ainda reduzida das empresas para os níveis diferenciados.
3. Boas perspectivas para o mercado de capitais: oferta pública de ações como opção competitiva.	3. Empresas tradicionalmente listadas em bolsa fechando o capital: número ainda alto de empresas tradicionais abertas.
4. Recursos exigíveis: acesso sob custos e riscos elevados.	4. Ainda baixas emissões de capital e de debêntures conversíveis: preferência por exigíveis.
5. Reacomodações na estrutura de propriedade das empresas: consolidações, fusões, aquisições, privatizações e sucessões, ensejando controle compartilhado.	5. Processos de governança ainda definidos por "estruturas sobreviventes de poder": reacomodações, transições de difícil efetivação, papéis não segregados.
6. Eficácia empresarial: foco em resultados aferíveis e em avaliação de desempenho em todos os níveis da organização.	6. Ainda mais rituais que eficácia nos Conselhos: prevalecem processos não bem estruturados e baixa ocorrência de avaliações.
7. Comprovação empírica dos benefícios sociais da boa governança.	7. Legisladores cedendo à pressão de *lobbies* para sustentação do *status quo*.

à percepção interna das empresas e à provável lentidão com que ocorrerão mudanças. Os resultados estão reunidos na Figura 7.17.

Mas, apesar da lentidão com que vêm ocorrendo a assimilação dos princípios e a adoção dos processos e das práticas de boa governança no país, há claros sinais de mudanças em curso, movidas por forças externas às companhias. As empresas em que se registraram mudanças substantivas nos processos de governança foram exatamente as mais impactadas por forças externas e pelas reestruturações internas delas decorrentes: as privatizadas, as que passaram por processos de fusões e aquisições, as que buscaram por recursos nos mercados externos e as que recorreram a fundos de *private equity*. Também houve mudanças nas práticas internas e nos compromissos com o

FIGURA 7.17
A percepção das empresas, no Brasil, quanto às práticas de governança corporativa: a satisfação com o modelo e a disposição para promover mudanças.

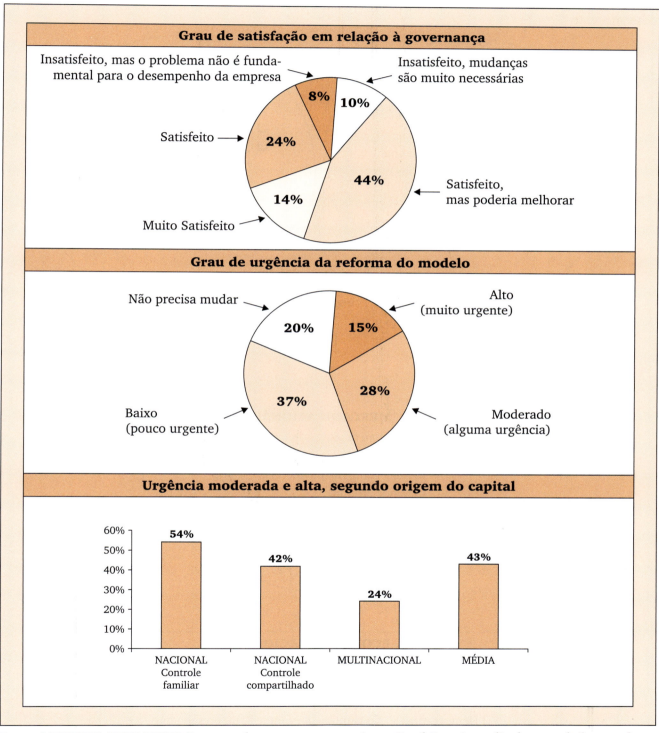

Fonte: MCKINSEY; KORN/FERRY. *Panorama da governança corporativa no Brasil*. Pesquisa realizada entre abril e setembro de 2001. São Paulo: McKinsey & Company e Korn/Ferry International, 2002.

FIGURA 7.18
Da boa governança à atratividade e ao desenvolvimento do mercado: um círculo virtuoso de impactos macroeconômicos.

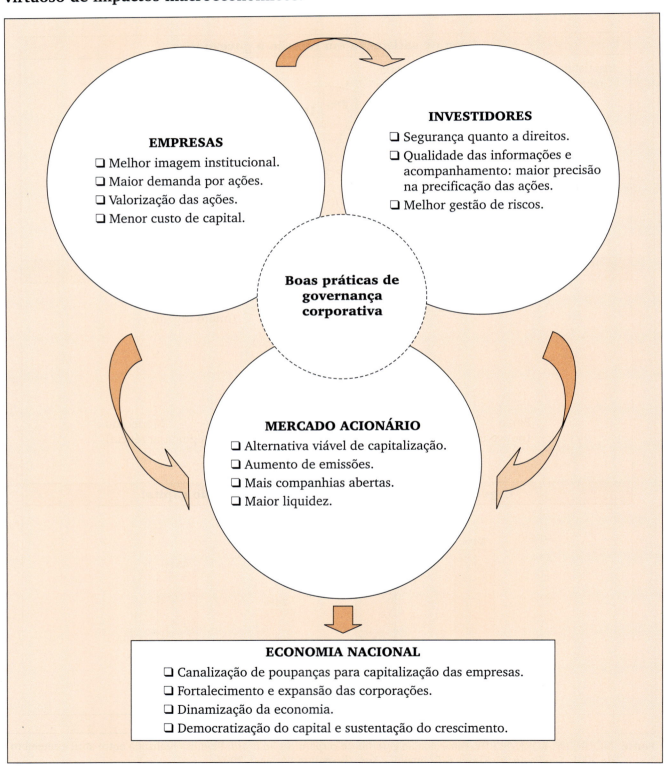

mercado e com os investidores nas companhias que, voluntariamente, aderiram aos Níveis 1 e 2 de Governança Corporativa da Bovespa. E, por fim, nas companhias que abriram o capital segundo as regras do Novo Mercado.

Nas empresas abertas que ainda operam segundo os padrões do mercado tradicional as mudanças em processos de governança têm sido decorrentes de um misto de forças externas e internas. Entre as externas, as de maior peso são a crescente complexidade do ambiente de negócios e internacionalização – ambas exigem Conselhos de Administração mais atuantes e com as competências requeridas para redirecionar os negócios e ajustar a gestão. Entre as internas, os processos sucessórios têm exigido padrões de governança mais bem estabelecidos que os praticados pelos proprietários fundadores.

Em síntese: se não há avanços mais rápidos e mais abrangentes, também não se observam retrocessos. O que, realmente, se está observando é uma irrecusável propensão à adesão às boas práticas de governança corporativa, à qual se somam outras tendências, sustentadas pelos benefícios auferidos pelas companhias a elas alinhadas. Essas tendências, que serão examinadas no próximo capítulo, poderão reverter o círculo vicioso que ainda prende as forças da boa governança no país. Trata-se de uma reversão que, embora lenta, estará fundamentada em pilares que se reforçam mutuamente – a segurança dos investidores, a valorização das empresas, o desenvolvimento do mercado de capitais, o crescimento e a dinamização econômica do país.

RESUMO

1. Como em qualquer país, **a governança corporativa no Brasil é influenciada por amplo conjunto de forças externas e internas**, que interferem nos princípios e nas estruturas de poder das companhias e, por extensão, nos modelos efetivamente praticados. Estas forças vão desde as condições do macroambiente global até as que, mais proximamente, se encontram no macroambiente nacional e no sistema corporativo do país.

2. O **ambiente corporativo do Brasil** foi fortemente impactado pelas megamudanças globais que se iniciaram nos anos 80 e se aprofundaram na década de 90. As mais impactantes agrupam-se em três dimensões: 1. concepções político-ideológicas; 2. ordem geopolítica; e 3. ordem econômica.

3. As concepções políticas evoluíram para a desradicalização. Partindo de um modelo bipolar radicalizado, com a consequente definição de "dois mundos", o do capitalismo e o do coletivismo centralista, chegou-se a uma nova ordem convergente: de um lado, a **abertura dos sistemas centralizados**; de outro, um **capitalismo com maior responsabilidade social**.

4. As mudanças político-ideológicas levaram a uma nova ordem geopolítica. Prevaleciam modelos fechados: autodeterminação, soberania e segurança nacional eram as expressões-chave. Desencadeou-se, porém, um amplo e quase universal processo de desfronteirização. Do isolamento, caminhou-se para a integração, para a formação de blocos, áreas de livre comércio e outras formas de macroalianças entre nações.

5. No campo mais específico da economia, na esteira da nova ordem geopolítica, questionaram-se os fundamentos estratégicos da ordem econômica até então prevalecentes. O resultado, de alcance mundial, foi a revisão funda dos custos e benefícios da proteção dos mercados e dos limites e funções do Estado. Emergiu, então, o estado neoliberal. E, com ele, um novo trinômio estratégico: *abertura, liberalização, privatização*. Em decorrência, ampliaram-se os fluxos reais e financeiros interfronteiras, com maior dispersão geográfica. Os fluxos reais, em relação ao Produto Mundial Bruto, subiram de 12,1% (1970), para 29,0% (2011). Os investimentos estrangeiros diretos, de 0,52% (1980-1984), para 2,95% (2010). Mais de 100 países mudaram as regulações para os fluxos financeiros: 90,2% das mudanças foram liberalizantes.

6. **O Brasil alinhou-se às megamudanças globais.** Até os anos 90, a orientação estratégica era nacionalista, básica para a doutrina então vigente de soberania e segurança, bem como para o protecionismo, para a imposição de reservas de mercado, para a estatização em áreas-chave e para a concessão de incentivos subsidiados ao setor privado nacional. A partir dos anos 90, os rumos estratégicos mudaram. Os principais movimentos foram: 1. inserção global; 2. integração regional; 3. abertura econômica, com o fim das reservas de mercado; 4. privatizações; 5. novos marcos regulatórios, de direção liberalizante; e 6. desmonopolização, estendendo-se a competição a todos os mercados.

7. **Os impactos da reorientação estratégica no mundo corporativo do país foram profundos.** Com as privatizações (que alcançaram US$ 98,3 bilhões), grupos privados e fundos de pensão em consórcios passaram a controlar grandes empresas em áreas-chave. Quebraram-se barreiras para a entrada de competidores externos em todos os negócios. A exposição à competição externa levou a um número sem precedentes de fusões e aquisições: 8.268 transações (1990-2011), com média anual de 393, mais de uma a cada dia útil. E a participação estrangeira nesse movimento foi de 46,3%.

8. No âmbito mais específico da governança, reconfigurou-se o mercado de capitais: a abertura não se limitou ao setor real. A entrada de capitais estrangeiro na bolsa avolumou-se: chegou a US$ 34,5 bilhões em 1997, 24,9% do valor de mercado das empresas listadas. No quinquênio 1998-2002, por razões internas e externas (crises nos mercados emergentes, maior aversão global ao risco e encaminhamento da transição política no país), as aplicações recuaram: US$ 15,5 bilhões em média anual. Em contrapartida, grandes companhias brasileiras lançaram programas de ADRs. Estabeleceram-se então as condições para avanços na definição de padrões mundiais para a listagem de empresas e estas passaram a sofrer pressões para maior aderência às regras da boa governança. Conselhos de Administração mais eficazes foram exigidos, com admissão de *insiders* com experiência e presença internacionais. No período 2003-2011, os investimentos estrangeiros na bolsa voltaram. E em 2008, antes da crise financeira, ultrapassaram o patamar de US$ 210 bilhões, 13,9% do valor de mercado das empresas listadas. Com a crise, recuaram para US$ 71,4 bilhões em 90 dias. Mas recuperaram-se no biênio 2009-2011, voltando a níveis superiores a US$ 220 bilhões.

9. Na virada para a segunda década do século XXI, as condições estruturais do sistema corporativo brasileiro são o resultado das influências de todos esses movimentos históricos. Entre as 500 maiores empresas do país, o número de estatais diminuiu (39), mantêm-se expressivas as de controle externo (172) e o número das empresas nacionais de capital privado (289) fica acima da metade, 57,8%.

10. Em síntese, as **condições vigentes no sistema corporativo brasileiro** são: 1. em comparação com os padrões mundiais, o tamanho das empresas é pequeno, poucas têm expressão mundial e só há 7 entre as 500 maiores do mundo; 2. presença expressiva de empresas de origem externa entre as 500 maiores do setor real e as 50 maiores do setor financeiro; 3. entre as sociedades anônimas, preponderância das de capital fechado; 4. entre as empresas de capital privado nacional, forte presença de grupos familiares e alta concentração da propriedade.

11. É pouco expressivo, entre as 500 maiores sociedades anônimas do Brasil as que abriram o capital. Deste universo, em 2010, 213 eram abertas (42,6%). Das abertas, 88,3% eram privadas; 11,7%, estatais. O número de companhias abertas registradas no Brasil caiu significativamente; elas eram em torno de 900, mas a tendência foi de forte redução, para menos de 700. O mesmo tem ocorrido com o número de empresas listadas em bolsa: em 1995 era de 577; no final de 2011, 466. Em relação a 1995, as registradas recuaram 23%; as listadas, 19,2%.

12. A **retração do número de companhias listadas em bolsa** é atribuível a vários fatores: 1. nova e mais exigente regulação do mercado, advinda da reforma da Lei das Sociedades por Ações em 2001; 2. desinteresse histórico dos investidores pelo mercado de renda variável, dada a elevada remuneração, com baixos riscos, da renda fixa; 3. volatilidade acentuada do mercado acionário no país; 4. baixa pulverização da propriedade acionária; 5. redução dos investimentos produtivos em relação ao PNB.

13. A **debilitação do mercado de capitais** do país só não foi maior nos anos de 1990 pelo ingresso de investidores estrangeiros, que vieram em maior número e com mais recursos com a abertura da economia. Estrangeiros e institucionais respondem por 70,0% do mercado acionário (2011). Das aplicações estrangeiras no mercado financeiro do Brasil, 62,21% vão para o mercado de ações (US$ 218 bilhões em 2011).

14. **A participação estrangeira no mercado financeiro** sofre forte influência de fatores extraeconômicos. Sob riscos políticos, retrai-se significativamente. Em 1998 (ano de eleições presidenciais), caiu 51,4%, recuando de US$ 35,8 bilhões para US$ 17,4. Em 2002, a queda foi ainda mais pronunciada: o mais baixo patamar dos dez anos anteriores: US$ 10,4 bilhões. Com a adoção, pelo novo governo, de linha ortodoxa na condução de economia, esses investimentos voltaram. Recuaram do patamar de US$ 200 para o de US$ 100 bilhões com a crise financeira global de 2008. Mas recuperaram-se fortemente no biênio 2009-2011, ultrapassando US$ 340 bilhões em média anual. Em contrapartida, além de firme, é crescente a participação dos fundos de pensão. Em relação ao PIB do país, as reservas consolidadas desses fundos evoluiu de 3,1% (1990) para 13,3% (2011). E suas aplicações no mercado de capitais, em relação ao PIB, aumentaram mais expressivamente: no mesmo período, de 0,5% para 2,4%.

15. **Em comparações internacionais, é porém diminuto o mercado de capitais do Brasil, bem como o valor de mercado das companhias listadas.** O Brasil tem 1,01% do número total de companhias listadas nas bolsas de todo o mundo, e 2,59% do valor de mercado totalizado dessas companhias. Em relação ao Produto Mundial Bruto, o valor de mercado das companhias listadas nas bolsas mundiais é de 70,02%; no Brasil, em relação ao PIB, é de 57,14%.

16. O ambiente externo da governança corporativa no Brasil está sob crescentes pressões por melhores práticas. Em 2001 foi reformada a Lei das SAs e em 2002

o Código Civil, com novas formalidades que alcançaram as sociedades de responsabilidade limitada. Entre essas duas reformas em institutos legais, a Comissão de Valores Mobiliários, em 2002, editou sua "cartilha" de governança. As direções dos novos marcos legais e das recomendações da CVM são: 1. redução do limite de emissão de ações preferenciais; 2. maior segurança aos detentores de ações sem direito a voto; 3. reafirmação das disposições sobre conselhos fiscais e de administração, mantendo-se a obrigatoriedade deste último para as companhias abertas; 4. reconhecimento legal dos acordos de acionistas, incorporando o *poder de controle* como objetivo, mas com transparência de suas cláusulas; 5. consagração do *tag along*, com regras que alcamçam todas as ações ordinárias, mas ainda com exclusão das preferenciais, a não ser em condições peculiares; 6. estimulação das câmaras de arbitragem para solução de conflitos de agência e de interesse.

17. Outra força externa de pressão por melhores práticas vem da Bolsa de Valores de São Paulo, que definiu **critérios para listagens diferenciadas das companhias**, segundo os padrões de governança praticados. Tentando superar o que, no entendimento do mercado, são ainda inadequações da lei, foram estabelecidos, na realidade, quatro mercados: 1. o *tradicional*, com regras de listagens definidas em lei; 2. o *Nível 1* de governança corporativa; 3. o *Nível 2*; e 4. o *Novo Mercado*. Estes três últimos com requisitos que vão além das exigências regulatórias oficiais.

18. Nos três primeiros anos das listagens diferenciadas foi proporcionalmente pequeno o número de empresas que migrou para os novos mercados. No final do primeiro semestre de 2003, eram 36 as empresas listadas nos segmentos diferenciados, 9,8% do total das listadas. No biênio seguinte (2004-2005), a migração foi ainda menor: 5 companhias. Em contrapartida, aumentou o número de empresas que abriram o capital segundo as regras do Novo Mercado: de 2, no triênio 2001-2003, para 19 nos dois anos seguintes e 48 em 2006-2007 (até final do 1º semestre). O que mais parece dificultar a migração das empresas tradicionais é a que envolve o controle. No **Novo Mercado** só se listam empresas com apenas uma classe de ações, as ordinárias com direito a voto. E nos *Níveis 1 e 2* as preferenciais também têm direito a voto em matérias de alto impacto.

19. No Brasil, os investidores institucionais têm também exercido pressões por melhores práticas de governança. Eles se colocam na interface das forças externas e internas. Pela suas participações, têm assento nos Conselhos de Administração e participação ativa em Assembleias Gerais. Com objetivos de rentabilizar suas carteiras de renda variável, pressionados por suas crescentes responsabilidades atuariais, eles têm editado códigos de melhores práticas, incorporando princípios que se universalizam.

20. Ao ativismo das bolsas e dos fundos e às pressões por melhores práticas dos investidores estrangeiros, soma-se a ampla difusão dos princípios da governança pelo Instituto Brasileiro de Governança Corporativa. Criado em 1995, foi do IBGC o primeiro código de governança proposto no Brasil. Editado em 1999, foi revisado em 2001 e 2004. As recomendações para os acionistas, os Conselhos Fiscal e de Administração, a gestão e a Auditoria Independente são arramadas a quatro princípios básicos: 1. *transparência;* 2. *equidade;* 3. *prestação de contas (accountability);* e 4. *responsabilidade corporativa.*

21. O ambiente interno da governança corporativa no Brasil é fortemente determinado pela estrutura predominante da propriedade acionária, sofrendo porém crescentes pressões de forças externas – tanto mundiais, quanto do país. As con-

dições internas que prevalecem são: 1. alta sobreposição propriedade-direção; 2. Conselhos de Administração de baixa efetividade; 3; em grupos familiares, papéis dos acionistas, dos conselhos e da direção não bem definidos; 4. pouca clareza quanto à relação benefícios/custos da boa governança.

22. Quanto à **estrutura de controle**, a que prevalece é a alta concentração. Levantamentos amostrais significativos revelam que o controle é predominantemente familiar (47,0% das empresas). As ações ordinárias nas mãos do controlador (ou grupo de controle) são superiores a 75% das ações ordinárias emitidas. A estrutura padrão é assim disposta: o maior acionista tem 72%, com 51% do capital total emitido; os três maiores têm 87% do capital votante e 63% do emitido. Observa-se ainda que 27% das empresas têm acordos de acionistas e 82% operam com estruturas piramidais de controle.

23. As **relações das empresas com acionistas minoritários** são conflituosas – os conflitos revelam-se mais fortemente e se tornam abertos por ocasião de transferências do controle. Abrem-se as distâncias entre o valor de mercado das ações ordinárias e o das preferenciais, em prejuízo destas. E é reduzido o número de companhias que consideram explícita e sistematicamente os interesses dos minoritários.

24. As **relações acionistas-conselho-direção** ainda predominantes sofrem a influência da formação histórica das SAs no Brasil. Os conselhos foram instalados por força da lei, com número mínimo de três membros, a partir de 1976. As relações então estabelecidas foram cumpridas segundo a fria formalidade da lei. Não se buscava na composição dos conselhos apoio efetivo à estratégia e à gestão. Prevaleciam relações burocráticas.

25. Em perspectiva histórica, os **Conselhos de Administração** no Brasil passaram por três momentos: 1. antes da Lei das SAs, de 1976; 2. depois de 1976 até o início dos anos 90; 3. a partir das grandes mudanças dos anos 90. Antes de 1976, limitavam-se em geral a companhias estrangeiras, com objetivos de assessoramento e de "abertura de portas". Depois, com a compulsoriedade, atenderam ao imperativo da lei, mas na maior parte das empresas eram vistos como "apêndice desnecessário" ou como "custo sem qualquer retorno".

26. A partir dos anos 90, mais especificamente a partir da segunda metade da década, ocorreram movimentos na direção de Conselhos de Administração mais eficazes. O *empowerment* desses colegiados decorreu em função dos mesmos fatores que têm levado a melhores práticas de governança no país. Em síntese: 1. privatizações, com aquisições por grupos consorciados; 2. processos sucessórios em empresas privadas; 3. fusões, alianças e associações; 4. abertura da economia, exigindo novas capacitações para enfrentar concorrência globalizada; 5. pressões de forças do mercado (recomendações da CVM, listagens diferenciadas das bolsas, ativismo de investidores institucionais, difusão de melhores práticas e preparação de conselheiros profissionais e independentes pelo IBGC).

27. Ainda persistem no país *conselhos minimalistas*, constituídos pelos três membros exigidos pela lei: 14,4% são assim. Mas o número modal de conselheiros está entre 5 e 7. Há até conselhos numerosos, com mais de nove membros: eles quase alcançam a proporção dos mininalistas, são 13,9% do total. Ainda não são separadas as funções de presidente do Conselho de Administração e de presidente da Diretoria Executiva em 59,0% das companhias abertas; nas listadas em bolsa, a acumulação de funções cai para 37,1%. A maior parte dos conselhos de administração (54,3%) têm menos de 5 anos de experiência nessa função, o que indica a revitalização desses colegiados no país.

28. A eficácia dos Conselhos de Administração é ainda percebida como baixa na maior parte das companhias. Há hiatos em relação às melhores práticas recomendadas. É baixo o envolvimento efetivo em questões críticas. Frequência às reuniões e cumprimento de pautas têm avaliações melhores que contribuições efetivas. Registram-se porém preocupações com medidas para melhorar as práticas em curso. Respondendo a pesquisa sobre desempenho, 77% dos conselheiros admitem necessidade de maior capacitação para novas abordagens estratégicas e organizacionais.

29. Em síntese, são estas as características predominantes da governança corporativa efetivamente praticada no Brasil: 1. *debt*, não *equity*, como fonte de financiamento; 2. alta concentração da propriedade acionária; 3. sobreposição propriedade-gestão; 4. conflitos de agência entre majoritários e minoritários; 5. fraca proteção legal a minoritários; 6. eficácia ainda baixa dos Conselhos de Administração; 7. liquidez da participação acionária baixa; 8. prevalência de forças internas de controle; 9. governança corporativa em evolução para modelos mais conformados às melhores práticas; e 10. modelo predominante *shareholders oriented*.

PALAVRAS E EXPRESSÕES-CHAVE

- Megamudanças globais.
    - Desradicalização.
    - Desfronteirização.
    - Liberalização.
    - Macroalianças.
    - Multipolaridade competitiva.
- Macromudanças no Brasil.
    - Inserção global.
    - Abertura de mercados.
    - Privatizações.
    - Fusões e aquisições.
    - Desmonopolização.
- Marcos regulatórios.
    - Lei das SAs.
    - Código Civil.
    - Lei Sarbanes-Oxley.
    - Recomendações da CVM.
- Mercado de ações.
    - Valor de mercado das companhias.
    - Capitalização.

- Ações ordinárias.
- Ações preferenciais.
- Companhias abertas registradas.
- Companhias listadas em bolsa.
- IPOs.
- Companhias fechadas.
- Listagens diferenciadas
    - Nível 1.
    - Nível 2.
    - Novo Mercado.
- Mercado Mais.
- Investidores.
    - Estrangeiros.
    - Institucionais.
- Fundos de pensão.
- Acordos de acionistas.
    - Acordos de votos.
    - Acordos de controle.
    - Acordos de bloqueio.

- Acordos de cotistas.
- *Tag along*.
- *Free float*.
- Códigos de melhores práticas.
    - Princípios.
    - Propriedade.
    - Conselho de Administração.
    - Conselho Fiscal.
    - Auditoria Independente.
    - Arbitragem.
- Modelo brasileiro de governança corporativa

8

As Tendências Prováveis da Governança Corporativa

Têm aumentado as expectativas de como as empresas devem administrar seus negócios e contribuir para enfrentar os desafios de uma sociedade mais ampla. É crescente a disposição dos stakeholders em pressionar para que suas expectativas sejam satisfeitas por um novo padrão de responsabilidade corporativa. Estratégias minimalistas já não atendem mais às forças globais de mudança. Para enfrentá-las, as práticas caminham na direção de modelos mais avançados, integrando desafios econômicos, ambientais e sociais de alcance global.

DAVID GRAYSON e ADRIAN HODGES
Everybody's business

Este último capítulo será dedicado à análise das tendências prováveis da governança corporativa. Inicialmente, vamos expor o enquadramento conceitual que amarra, umas às outras, as quatro grandes tendências percebidas. Elas podem ser sintetizadas em quatro palavras: ***convergência, adesão, diferenciação*** e ***abrangência***. Em apêndice, exploraremos uma quinta tendência, a ***transposição*** dos conceitos-chave, das questões centrais e das proposições normativas da *governança corporativa* para a *governança do Estado*.

Essas tendências serão examinadas separadamente, embora constituam um conjunto integrado – parecem ser quatro dimensões que têm indutores próprios, mas também fatores determinantes comuns. São percebidas em resultados de pesquisas, nos efeitos de forças ativistas externas e nas mudanças internas nas companhias. Elas estão em curso em praticamente todo o mundo e a velocidade com que se concretizarão estará na dependência da adaptação dos valores culturais, dos sistemas institucionais e das características estruturais das corporações às condições de boa governança que se comprovarem eficazes para a maximização do retorno total dos *shareholders*, em harmonia com as demandas de outros *stakeholders* com interesses em jogo nas empresas.

No final do capítulo, sintetizaremos, especificamente, as tendências da governança corporativa no Brasil. Há sinalizações de mudanças na direção de um modelo mais próximo daquele que provavelmente resultará da convergência para práticas que, nos mercados mundiais mais exigentes e mais desenvolvidos, produzam bons resultados privados e sociais.

8.1 Enquadramento Conceitual: As Tendências de Maior Evidência

Os modos de governança das corporações não são imutáveis nem se desenvolvem no vácuo. Eles respondem a um amplo conjunto de transformações que margeiam o mundo dos negócios – ideológicas, institucionais, sociais, econômicas, tecnológicas –, umas de âmbito restrito, pontuais, localizadas e de interesse limitado; outras, de alcance global, difuso e abrangendo amplo espectro de interesses. Como registra Monks,[1] "as corporações são partes de um mundo que se movimenta, são um sistema para criar riqueza para seus proprietários e para a sociedade como um todo. Elas estão em transição, submetidas a um processo que pode ser chamado de *restauração corporativa*".

São vários e originários de diferentes fontes os elementos das mudanças que se observam na governança das corporações. E são biunívocos, transitando em ambiente de dupla mão de direção. Coombes e Wong[2] chamam a atenção para o valor crescente que atores externos atribuem aos modos de governança e, concomitantemente, para os movimentos que se processam internamente nas corporações para atrair recursos e elevar sua reputação pública. Estes são alguns sinais claros de mudanças em curso:

COMPORTAMENTO DE ATORES EXTERNOS

- Entre 70 e 80% dos investidores, em diferentes partes do mundo, dizem-se dispostos a pagar um *prêmio de mercado* pelas ações das corporações bem governadas.

- A governança corporativa tem sido considerada, junto com outros indicadores de desempenho, como as demonstrações da evolução patrimonial e dos resultados das operações, como fator de avaliação das empresas.

- Cerca de 60% dos investidores em todos os continentes não valorizam apenas fatores como direitos dos acionistas e transparência nas prestações de contas, mas as condições que se estabelecem nos países para o desenvolvimento dos negócios, como normas contábeis, direitos de propriedade e desvios de conduta, especialmente as fraudes corporativas.

MOVIMENTOS INTERNOS NAS CORPORAÇÕES

- Observa-se crescente adesão às recomendações expressas nos códigos nacionais de boa governança.

- São visíveis o *empowerment*, a profissionalização e a maior independência dos Conselhos de Administração.

- Na maior parte das companhias, redesenham-se os papéis dos órgãos e dos agentes envolvidos nos processos de governança.

- É crescente a atenção das companhias aos impactos dos movimentos e das tendências nos ambientes externos (macro e de negócios) nos processos e práticas de alta gestão.

Os sinais evidentes da crescente reaproximação dos movimentos internos nas companhias com o comportamento de atores externos exigindo boa governança estão sintetizados no Quadro 8.1. O que o quadro revela é bastante claro e pode ser resumido em seis tendências:

QUADRO 8.1
Uma visão das mudanças no ambiente da governança corporativa: sinais evidentes da afirmação de novas tendências.

Âmbito das mudanças	Direções predominantes	
	De	**Para**
Mudanças no ambiente externo de governança	❑ Sistemas econômicos fechados, isolamento. ❑ Modelos próprios de governança em cada país, não expostos a comparações internacionais. ❑ Desvios de conduta e fraudes "enjauladas" nos países. ❑ Pouca atenção às diferenças de governança das empresas. ❑ Mercado de capitais mais soltos: autorregulação, baixo *enforcement*. ❑ Acionistas passivos: "rentistas parasíticos", afastados das corporações. ❑ Padrões de governança desconsiderados pelos investidores e pelo mercado. ❑ Adoção das melhores práticas não cobrada efetivamente.	❑ Operações reais e financeiras interfronteiras em escalas crescentes. ❑ Eficácia comparada dos sistemas de regulação, dos mercados e das empresas. ❑ Propagação global dos efeitos-contágio de escândalos corporativos. ❑ *Ratings* de governança aplicados às corporações. ❑ Mercados mais regulados: normas duras, maior rigor. ❑ Nova postura: adoção de práticas recomendadas ou explicações por recusá-las. ❑ Propensão a posturas mais ativas dos investidores. ❑ Governança como um dos fatores determinantes da composição de carteiras de investimento.
Mudanças no ambiente interno de governança	❑ Diferenciação, sob amparo da lei, dos direitos dos acionistas: duas classes de ações como prática usual. ❑ Conflitos de interesses. Maximização dos ganhos da direção, em detrimento dos retornos dos investimentos. ❑ Pouca consideração dos interesses de outros *stakeholders*. ❑ Divórcio propriedade-gestão. ❑ Conselhos cooptados pela direção executiva: monitoramento complacente. ❑ Sobreposições propriedade-conselho-direção.	❑ Equalização dos direitos dos acionistas: tendências à remoção de classes distintas. ❑ Remoção de conflitos: foco no retorno do acionista, como principal agente corporativo. ❑ Propensão à conciliação de interesse dos acionistas com os de outros agentes. ❑ Reconciliação: novo padrão de relações entre a propriedade e a gestão. ❑ Conselhos mais independentes: maior rigor na avaliação da estratégia e dos resultados. ❑ Separação de papéis como uma regra fundamental da boa governança.

1. **Não há mais sistemas nacionais fechados, isolados e "enjaulados"**, mas crescentes operações interfronteiras, comparações da eficácia de práticas nacionais consagradas e efeitos-contágio de desvios em relação às boas regras.

2. As **normas de governança são mais duras** e os **mercados de capitais são os mais regulados do sistema financeiro como um todo**.

3. Os **padrões de governança** se estabelecem como **fatores complementares de avaliação, de valorização e de precificação** das ações das empresas.

4. Os **direitos dos acionistas caminham para crescente equalização**, ao mesmo tempo em que se observa maior propensão à conciliação dos interesses dos proprietários das corporações com os de outros agentes alcançados pelas suas decisões e pelos seus resultados.

5. Estabelecem-se novos padrões de relação entre a propriedade e a gestão das companhias, com clara separação dos seus papéis.

FIGURA 8.1
Grau de importância atribuída à governança corporativa, pelos formuladores de políticas e de marcos regulatórios, quanto aos benefícios econômicos decorrentes de boas práticas.

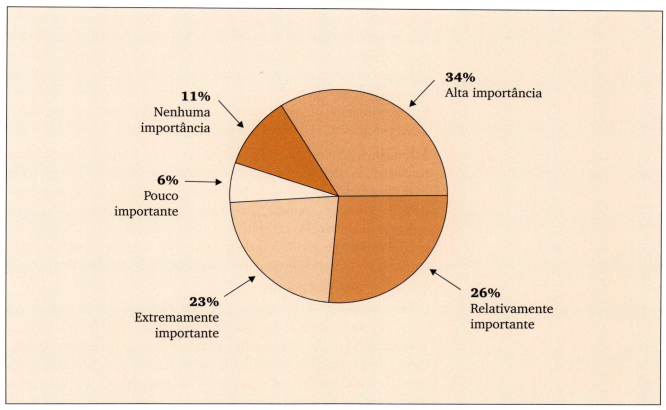

Fonte: MCKINSEY & COMPANY. *Emerging market policymaker opinion survey*: key findings. Nov. 2002.

6. Os conselhos corporativos são cada vez mais independentes e eficazes, atuando com maior rigor na avaliação da estratégia e dos resultados.

A tendência-síntese que se extrai dessa recente evolução é a **maior importância atribuída à governança, por praticamente todos os atores envolvidos na gestão do mundo corporativo**, a começar pelos formuladores de políticas e de marcos regulatórios. A clássica demonstração de La Porta, Lopez-de-Silanes e Shleifer,[3] enfatizando a correlação positiva entre bons padrões de governança, capitalização das companhias via mercado e número de companhias abertas, com evidentes benefícios macroeconômicos, reforça-se atualmente com a visão de *policy makers* sobre os benefícios difusos, decorrentes da adoção de melhores práticas. Os resultados revelados na Figura 8.1 são inquestionáveis: apenas 11% não veem a governança corporativa como peça importante na engrenagem do desenvolvimento das nações; 6% a entendem como pouco importante, mas 83% atribuem-lhe graus relativos, altos e extremos de importância.

Resultantes de um amplo conjunto de fatores determinantes, que têm levado à irrecusável valorização das boas práticas de governança corporativa, destacamos quatro agrupamentos de tendências que reforçam e dão solidez à tendência-síntese destacada. São os seguintes:

1. **Convergência**. Os códigos editados em diferentes países tendem a enfatizar os mesmos pontos cruciais das boas práticas de governança. Os sistemas nacionais tendem a ser comparados, buscando-se a identificação de fatores determinantes de alta eficácia, tanto o interesse das corporações, quanto dos mercados, quanto ainda da economia como um todo. Entre os modelos nacionais, aquele para o qual parecem convergir as mudanças na regulação dos mercados e das práticas nas companhias é o anglo-saxão.

2. **Adesão**. É visível a adesão das corporações às melhores práticas consagradas. Resistências são gradualmente vencidas. Estabelece-se a percepção de que *good governance is good business*, como resumem Phillips e Thomas,[4] pelo menos por três razões: a) melhora o processo decisório; b) contribui para reduzir a volatilidade dos preços das ações e o custo do capital; e c) amplia o engajamento construtivo dos *stakeholders* da produção de resultados e no monitoramento das companhias.

3. **Diferenciação**. A governança corporativa passa a ser, cada vez mais, um elemento diferenciador das empresas. Mau posicionamento nos *ratings* corporativos induz a custos; bom, a benefícios. Dificilmente as companhias deixarão de corresponder aos critérios de boa governança adotados pelas agências avaliadoras. E, nos mercados de capitais, elas tendem a observar mais atentamente a descolagem do valor das empresas com práticas de governança, relativamente ao valor daquelas que atuam sem qualquer diferenciação.

2. **Abrangência**. Não obstante o objetivo central das corporações seja o retorno total de longo prazo dos *shareholders*, outros interesses tendem a ser também considerados. Os modos de governança parecem se inclinar na direção de soluções tipo *stakeholders oriented*.

A Figura 8.2 sintetiza essas quatro tendências, destacando os principais eventos que desencadearam cada uma delas, bem como cinco fatores determinantes comuns, todos relacionados a movimentos de alcance global.

8.2 A Tendência à Convergência

A primeira tendência aponta na direção de maior uniformidade dos princípios, dos códigos e das práticas de governança corporativa entre os países. Claramente, não é um movimento que se completará no curto prazo. E os principais obstáculos são as diferentes condições estruturais e operacionais do mundo corporativo dos países, que geralmente respondem a fatores ligados à sua formação histórica, à construção de seus sistemas institucionais e às marcantes diferenças em suas culturas, quando não nas bases mais profundas das civilizações em que se inserem.

Os mecanismos que reforçam as dificuldades à convergência encontram-se não só nas condições estruturais, culturais e institucionais dos países, mas dentro das próprias corporações. Nos países em que, por exemplo, a estrutura da propriedade é de alta concentração, há maiores resistências de forças internas a mudanças em regras de governança que impliquem melhor definição e separação dos papéis de proprietários, conselhos e gestores. Em outros países, são mais difíceis as mudanças que exigem alterações em institutos legais. As condições institucionais historicamente estabelecidas implicaram direitos que se cristalizaram, criando efeitos-trincheira de difícil remoção.

A clara dicotomia entre movimentos de convergência e *path dependences* tende, porém, a ser superada pela força de um influente e amplo conjunto de fatores que vão se consolidando no entorno das corporações. Eles são de amplitude global e certamente exigirão posicionamentos menos rígidos e menos viscosos das empresas e de seus controladores. Como pondera a OCDE,[5] os princípios de governança estabelecidos em cada país "são de natureza evolutiva e devem ser revistos sempre que houver mudanças significativas nos ambientes em que operam. Para se manter competitivas em um mundo em transformação, as empresas precisam inovar e adaptar suas práticas de governança corporativa para atender a novas exigências e aproveitar novas oportunidades. Da mesma forma, os governos e órgãos de regulação têm grande responsabilidade pela criação de uma estrutura reguladora eficaz, que proporcione flexibilidade suficiente para que os mercados funcionem bem e atendam às expectativas de acionistas e de outras partes interessadas".

Atentar para a criação dessas condições, em sistemas crescentemente globalizados e competitivos, é um dos requisitos para o desenho de modelos de governança que se ajustem às crenças e aos interesses nacionais e, ao mesmo tempo, às tendências de investidores globais e ao conjunto das operações de companhias global-localizadas.

FATORES DETERMINANTES DA CONVERGÊNCIA

A Figura 8.2 destaca os fatores determinantes da *tendência à convergência* dos modelos e das práticas nacionais de governança corporativa. Estes cinco são, provavelmente, os de maior peso:

1. **Desfronteirização**, implicando maior uniformidade institucional.
2. **Avaliação comparativa dos modelos nacionais** ou regionais de governança corporativa, buscando-se por aqueles que mais atendem aos requisitos universalmente exigidos pelos mercados.
3. ***Global benchmarking* em governança corporativa**.
4. **Internacionalização do mercado de ações**, com tendência à unificação de bolsas de valores.
5. **Universalização das boas práticas**: foco em *compliance* e em *accountability*.

A busca pelos mais eficazes padrões de governança está fortemente ligada à competição global, entre os países, pelo capital e pelos investimentos das corporações. Os investimentos são atraídos pela existência de condições favoráveis ao pleno desenvolvimento dos negócios corporativos. E entre estas condições estão as práticas adotadas pelas empresas, em conformidade com os princípios, com os códigos e com as condições institucionais dos países. Proteção a acionistas, padrões rigorosos na contabilização das operações, prestação responsável e abrangente de contas, relações eficazes entre a propriedade, os conselhos e a direção contam pontos positivos na definição dos níveis de atratividade dos países. E, desde que se criaram agências de *rating* corporativo, a avaliação destas condições tem escopos comparativos e, seguramente, influenciarão mudanças nos países com práticas questionáveis, tanto pelo interesse das companhias, quanto dos *policy makers*, tendo em vista a comprovada correlação dos indicadores de boa governança com o ritmo dos investimentos e o crescimento econômico dos países.

Submetida à influência desses fatores determinantes, uma das mais claras sinalizações da tendência à convergência é a edição de códigos nacionais de governança corporativa. Claro que a edição em si não é indicação suficiente de princípios convergentes. Ocorre, porém, que os códigos editados, da América à Ásia e à Oceania, passando pela Europa Ocidental, pela Europa Central, pelo Leste Europeu e pela África, já totalizando mais de 70 países, têm objetivos e vários pontos comuns, derivados do atendimento de práticas universalmente recomendadas, com sólida base em princípios aglutinadores.

FIGURA 8.2
As grandes tendências da governança corporativa: principais eventos desencadeadores.

FATORES DETERMINANTES COMUNS

- Ativismo de forças externas: pressões crescentes.
- Mudanças internas: em direção às práticas de governança recomendadas.
- Reavaliação crítica da estrutura de poder nas corporações.
- Proposição em todos os continentes de códigos de boas práticas.
- Criação de instituições independentes de difusão da boa governança.
- Irrecusabilidade dos 8 Ps da boa governança corporativa.
- Transfusões de culturas e práticas: global-localização das empresas.
- Correlação positiva entre boa governança e crescimento econômico.

1. CONVERGÊNCIA

- *Global benchmarking* em governança corporativa.
- Desfronteirização: maior uniformidade institucional.
- Avaliação comparativa dos modelos nacionais de governança.
- Universalização das boas práticas: foco em *compliance* e em *accountability*.
- Internacionalização dos mercados de ações, com tendência à unificação de bolsas.

4. ABRANGÊNCIA

- A harmonização de múltiplos interesses: modelo *stakeholder oriented*.
- Evidenciação do papel das companhias diante de grandes questões de interesse difuso.
- Envolvimento efetivo das corporações com questões de alcance externo.
- Prestação ampliada de contas, não limitada aos balanços patrimonial e de resultados.
- Força crescente com que se manifestam questões emergentes, sociais e ambientais.

2. ADESÃO

- Normas mais duras e efetivas dos órgãos de regulação.
- Ativismo de investidores institucionais.
- Mobilização de acionistas minoritários.
- Percepção de benefícios superiores a custos.
- Harmonização de conflitos de agência.
- Reestruturações societárias e processos sucessórios.
- Reordenamentos organizacionais nas corporações.
- Gestão preventiva: fraudes e outros custos de agência.

3. DIFERENCIAÇÃO

- Criação de níveis diferenciados pelas bolsas de valores.
- Resposta às reações do mercado de capitais: "ágios" e "deságios" de governança.
- Natureza evolutiva dos modelos de governança: adaptação a proposições normativas emergentes.
- Exigências crescentes dos investidores globais.
- Reação às pontuações das agências de *rating* corporativo.

Os princípios e as práticas aglutinadoras estão reproduzidos nos critérios das agências de *rating* corporativo. E é a partir deles que se classificam os países quanto ao atendimento das práticas correspondentes. Com a edição e a adoção dos códigos, a tendência esperada é que as assimetrias entre as avaliações se reduzam, aproximando as médias obtidas pelas companhias dos países à média geral de todos os países avaliados. As distâncias ainda são altas, como evidencia a visível correlação entre os índices de governança totalizados por países e as datas de edição dos códigos de melhores práticas, mostrada na Figura 8.3. Provavelmente, os índices mais baixos tenderão a subir, à medida que as recomendações dos códigos sejam efetivamente praticadas. Esta é a tendência esperada, indicada pela posição dos países no *ranking* da agência *Governance Metrics International* (*GMI*), em 2010. A maior parte dos países com índices inferiores são exatamente os que definiram em anos mais recentes seus códigos de boa governança.

FIGURA 8.3
Correlação dos índices de avaliação da governança corporativa por países (*rating* GMI 2010) e as datas de edição dos códigos de melhores práticas.

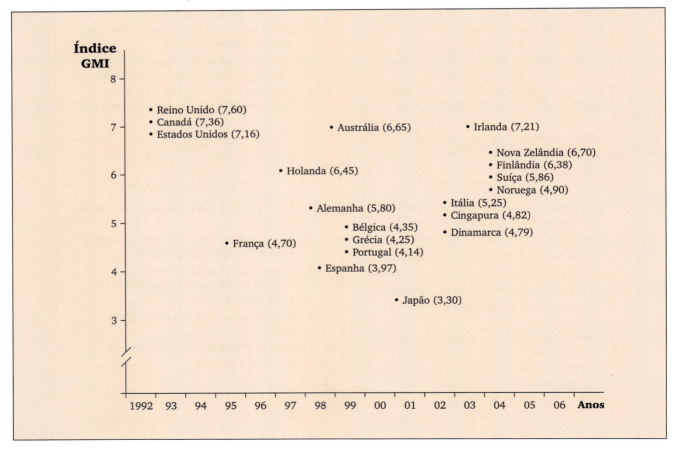

Tabela 8.1
Enquadramento dos países no *Corporate Governance Index 2006* do World Economic Forum: as altas discrepâncias ainda observadas.

Intervalos dos índices	Número de países	Exemplos de países nos intervalos
Acima de 7,0	15	Nova Zelândia (10,0) Reino Unido (9,13) Canadá (8,08) Estados Unidos (7,83) Austrália (7,65) Dinamarca (7,36) Finlândia (7,05)
6,9 a 5,0	21	Noruega (6,86) Suécia (5,93) Alemanha (5,83) Tailândia (5,23) Suíça (5,17) Holanda (5,16)
4,9 a 3,0	31	Portugal (4,93) Espanha (4,46) Luxemburgo (4,26) China (4,16) Índia (3,97) **Brasil (3,56)** Romênia (3,33) Turquia (3,13)
Abaixo de 2,9	55	Eslováquia (2,76) Paquistão (2,59) Jordânia (2,35) Polônia (2,33) Grécia (2,01) Filipinas (1,25) Venezuela (0,26)
Ranking de 132 países		**Médias** ❏ 15 primeiros no ranking: 7,96 ❏ Posições 16 a 50: 4,78 ❏ Posições 50 a 100: 2,82 ❏ Últimos 30: 1,22

Fonte: WORLD ECONOMIC FORUM. *Corporate Governance Index (CGI) 2006*. New York: WEF, Feb. 2006.

Esses resultados são consistentes com um levantamento recente e bem mais abrangente quanto ao número de países, promovido pelo *World Economic Forum*, de que resultou o seu *Corporate Governance Index (CGI) 2006*. Disponível para 132 países, o *WEF-CGI 2006* foi constituído a partir de quatro componentes:

1. **Grau de *enforcement***, na aplicação de disposições legais e marcos regulatórios para remoção de conflitos de agência, que envolvam administradores, proprietários ou ambos – componente considerado "o mais significativo problema que levou às pressões pela adoção de boas práticas de governança corporativa".

2. ***Investor Protection Index* (IPI) do *World Bank***, que compara o ambiente e o estilo de fazer negócios dos Estados Unidos com os de outros 145 países ao redor do mundo, do ponto de vista dos direitos dos *shareholders*.

3. ***Corporate Governance Index* (CGI) do *World Economic Forum***, constituído com base na percepção dos principais executivos das maiores companhias dos 104 países cobertos pelo Global *Competitiveness Report*, quanto aos padrões com que são adotadas as recomendações da boa governança.

4. ***Corporate and Public Ethics Index***, calculados segundo metodologia de D. Kaufmann para o *World Bank Institute*.

Estes indicadores combinados produziram um índice com campo de variação entre 10 (o mais alto grau) a 0 (o mais baixo). A Tabela 8.1 sintetiza os resultados, indicando o número de países segundo classes de índices e dando como exemplos países enquadrados em cada classe. Cabe destacar três realidades reveladas por este levantamento comparativo: 1. a alta discrepância ainda observada entre os países, 2. a correlação inversa entre número de países e índices de governança classificados em ordem decrescente – quanto mais baixos os índices, maior o número de países enquadrados; e 3. a correlação direta entre níveis de desenvolvimento econômico e índices de governança corporativa.

ORIENTAÇÕES CONVERGENTES

Em conclusões alinhadas à tendência à convergência, Hitt, Ireland e Hoskisson[6] assinalam que "o panorama competitivo do século XXI e a economia global estão fomentando a criação de uma **estrutura de governança relativamente uniforme**, que tende a ser adotada pelas corporações de todas as partes do mundo". Embora as filosofias de gestão subjacentes aos diferentes modelos de governança corporativa ao redor do mundo sejam distintas, a tendência parece ser a de maior aproximação dos sistemas e práticas em relação aos adotados nos países que têm os mais importantes, mais ativos e mais líquidos mercados de capitais de todo o mundo – os Estados Unidos e o Reino Unido. Junto com o Canadá, são esses países que têm obtido os mais altos índices das agências de *rating*, aqueles em que há mais tempo se investigam e se exercem pressões para a adoção dos modos mais eficazes de governança e também os primeiros a editarem, no início dos anos 90, códigos e recomendações de boas práticas.

O simples fato de os índices desses países estarem ainda afastados da avaliação máxima (em torno de 7,0, em relação ao nível máximo de 10,0) indica que há hiatos a preencher e divergências entre práticas usuais e mudanças recomendadas. Nos Estados Unidos, por exemplo, há dois aspectos que prendem os índices corporativos em níveis inferiores: a não separação de funções do presidente do Conselho de Administração e do presidente da Diretoria Executiva e a quase exclusiva atenção aos interesses dos *shareholders*, com reduzida consideração para com os de outros *stakeholders*. No Reino Unido estes dois requisitos são satisfatoriamente atendidos, mas a composição dos Conselhos de Administração ainda é objeto de avaliações críticas, não só quanto ao tamanho, mas à ocorrência de conflitos de interesses e à presença dos mesmos conselheiros em um número considerado alto de companhias. Além dessas restrições, Becht e Röel[7] apontam mais duas, observadas no Reino Unido e nos Estados Unidos: 1. obsessão dos gestores pela apresentação de bons resultados trimestrais, que tende a ofuscar suas preocupações estratégicas; e 2. as reações a aquisições hostis, que levam à criação de *poison pills* ou *shark repellents*, nem sempre coincidentes com os interesses dos acionistas.

As orientações convergentes podem ser sintetizadas a partir dos princípios coincidentes expostos nos códigos de boa governança. Adotando o critério sugerido por Coffee,[8] elas podem ser agrupadas em *convergências legais* e *convergências funcionais*. Uma listagem parcial inclui as seguintes:

CONVERGÊNCIAS LEGAIS

- ❑ Equanimização dos direitos dos acionistas, quanto a:
    - ◇ Votos.
    - ◇ Participação em órgãos de governança.
    - ◇ Informações relevantes.
    - ◇ Participação em decisões de alto impacto.
    - ◇ *Tag along*.
- ❑ Responsabilização da alta gestão pela integridade dos relatórios financeiros.
- ❑ *Enforcement*: maior dureza na aplicação das normas legais.

CONVERGÊNCIAS FUNCIONAIS

- ❑ Padronização das normas contábeis e apresentação de relatórios financeiros: adoção dos princípios recomendados pelo *International Accounting Standards Board* (IASB).

- Instituição de Conselho Fiscal, eleito pela Assembleia Geral.
- *Empowerment* dos Conselhos de Administração, com vistas a:
    ◊ Maior efetividade, como guardião de princípios e de práticas.
    ◊ Envolvimento construtivo: foco em questões estratégicas.
    ◊ Independência e ausência de conflitos.
    ◊ Complementaridade entre os membros
- Constituição de comitês técnicos, de auxílio, de monitoramento e de avaliação da gestão.
- Robusta Auditoria Independente.
- Remuneração e pacotes de benefícios da Diretoria Executiva e dos conselheiros condicionada a indicadores de bom desempenho no curto e no longo prazo.
- Foco na geração de valor e na maximização do retorno dos investidores, harmonizado-os com os interesses de outros *stakeholders*.
- Clara separação e não acumulação de funções do *chairman* e do *CEO*.
- Criação de câmaras privadas de arbitragem para resolução de controvérsias.

8.3 A Tendência à Adesão

Ao mesmo tempo em que se consolida em todo o mundo um conjunto de princípios convergentes de boa governança, observa-se uma firme tendência

TABELA 8.2 Cinco principais barreiras a vencer para a implementação de melhores e mais apropriadas práticas de governança nas empresas.

Barreiras	% dos respondentes
Conflitos com os interesses dos gestores.	42
Hostilidade cultural dos gestores às denúncias de práticas questionáveis.	29
Falta de compreensão dos bons processos e das boas práticas pelos conselheiros.	25
Custo de implementação na organização.	16
Diferenças entre os regimes regulatórios adotados pelos países.	14

Fonte: THE ECONOMIST & KPMG. *Corporate governance:* business under scrutiny. London: The Economist Intelligence Unit. 2003.

para adoção das práticas recomendadas, apesar de serem ainda altas as discrepâncias entre companhias de um mesmo país e, principalmente, entre as avaliações agregadas por países.

A velocidade com que esta tendência se manifesta é claramente variável entre os países. A viscosidade ou a maior fluxidez das condições culturais, institucionais e estruturais vigentes, dentro e fora das corporações, é um dos fatores determinantes da rapidez, da abrangência e da profundidade da adesão. Outro fator é a dimensão do hiato ainda observado entre as práticas usuais em cada país e as de convergência mundial. E há ainda outras barreiras, indicadas na Tabela 8.2. Mas, vencendo os obstáculos, a *tendência à adesão* é crescente, impulsionada por um bom número de fatores determinantes.

FATORES DETERMINANTES

A tendência de crescente adesão às boas práticas de governança corporativa é atribuível tanto a fatores internos quanto a externos. Os de maior relevância parecem ser os cinco seguintes:

FATORES EXTERNOS

❑ Normas mais duras e efetivas dos órgãos de regulação.
❑ Ativismo de investidores institucionais.
❑ Organização e mobilização de acionistas minoritários.

FATORES INTERNOS

❑ Emprego dos princípios da boa governança para harmonização de conflitos de agência.
❑ Gestão preventiva contra fraudes e outros custos de agência.
❑ Reordenamentos organizacionais nas corporações.
❑ Percepção de benefícios superiores a custos.

Obviamente, por mais agudas que fossem as forças externas, empurrando as companhias para adesão às práticas mais recomendadas de governança, se a avaliação dos seus benefícios, comparada com os seus custos, não fosse percebida como positiva, dificilmente esta tendência se manifestaria e se afirmaria. Mas ela está se manifestando, como evidenciam os dez "sinais de afinação" com as boas práticas de governança, observados no topo das empresas e sintetizadas no Quadro 8.2.

Esta afinação é consistente com a inclusão da governança corporativa na lista de prioridade das empresas, revelada pelos dados da Figura 8.4 e com o crescente tempo de dedicação da alta administração a questões relacionadas com governança, mostrado na Tabela 8.3.

QUADRO 8.2 Dez sinais de afinação no topo das empresas com as boas práticas de governança.

Aspectos relevantes da governança	Os sinais observados
1. Monitoramento	Supervisão detalhada das finanças das empresas por conselheiros independentes qualificados, livres de pressões da administração e dispondo de recursos para contratar seus próprios consultores especializados.
2. Conflitos de interesse	Ausência de conflitos de interesse da parte de conselheiros externos, como relacionamentos com seus próprios negócios, contratos de consultoria e outras relações que lhes possam gerar benefícios conflituosos com os das empresas em que atuam.
3. Conselho de administração	Constituição de conselhos bem equilibrados em termos de experiência, selecionados por um comitê de nomeação independente do executivo-chefe.
4. Remuneração da direção executiva	Padrões de remuneração do quadro executivo relacionados de forma convincente com o desempenho de longo prazo, medido por uma variedade de critérios. Vinculação do pagamento de incentivos ao desempenho comparado com o dos concorrentes, tanto em termos financeiros como em termos de mercado.
5. Participação acionária	Requisitos rigorosos quanto à participação acionária, que limitem a capacidade dos executivos e conselheiros de se desfazerem de suas ações nas posições de pico no mercado.
6. Conselheiros externos	Reuniões regulares de conselheiros externos sem a presença do executivo-chefe.
7. Questões estratégicas	Sistemas estruturados que mantenham o conselho informado de forma regular e detalhada sobre questões estratégicas, que são ali abertamente debatidas.
8. Questões operacionais	Conselhos que sabem como ficar fora de questões operacionais e se concentrem no cenário geral dos negócios e em questões corporativas críticas.
9. Normas contábeis	Demonstrações financeiras acessíveis que evidenciem claramente os princípios contábeis subjacentes e as consequências das decisões tomadas.
10. Transparência	Informações transparentes sobre decisões corporativas, tanto de questões estratégicas, como de governança.

Fonte: THE ECONOMIST & KPMG. *Corporate governance:* business under scrutiny. London: The Economist Intelligence Unit. 2003.

CONSEQUÊNCIAS ESPERADAS

Todas estas evidências estão alicerçadas na percepção dos benefícios da adoção dos princípios e das práticas de boa governança. Observa-se no mundo corporativo consenso quanto aos dez seguintes ganhos:

1. Maior valorização das companhias por investidores dispostos a pagar "ágios de governança".
2. Maior acesso ao mercado e menores custos de capital.
3. Importante requisito para acesso a mercados financeiros internacionais.
4. Requisito para alianças estratégicas, em especial as que envolvem agentes internacionais.
5. Promoção de maior alinhamento entre proprietários, Conselhos de Administração e Diretoria Executiva.
6. Redução de conflitos de interesse.

FIGURA 8.4
Enquadramento da governança corporativa na lista de prioridades das empresas.

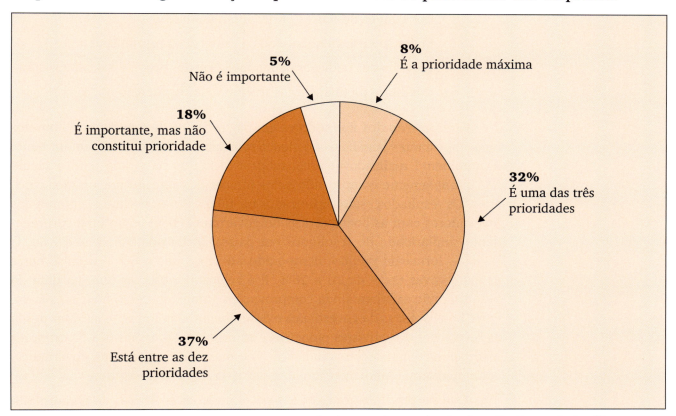

Fonte: THE ECONOMIST & KPMG. *Corporate governance*: business under scrutiny. London: The Economist Intelligence Unit. 2003.

TABELA 8.3
Mudanças no tempo de dedicação da alta administração a questões relacionadas à governança corporativa.

Tempo de dedicação	Evolução		
	Um ano atrás	Atualmente	Daqui a um ano
Menos de 5%	**38**	13	10
Entre 5 e 10%	36	**33**	27
Entre 10 e 20%	16	28	**33**
Entre 20 e 30%	5	16	17
Entre 30 e 50%	4	7	10
Mais de 50%	2	3	3

Fonte: THE ECONOMIST & KPMG. *Corporate governance:* business under scrutiny. London: The Economist Intelligence Unit. 2003.

7. Encaminhamento da harmonização dos interesses dos proprietários com os de outras partes interessadas.
8. Maior segurança quanto aos direitos dos proprietários.
9. Provisão de condições para a melhoria dos processos de alta gestão.
10. Melhoria da imagem institucional da corporação.

A disposição dos investidores em pagar "ágios de governança", um dos mais importantes benefícios do elenco relacionado, foi constado em influente levantamento realizado pela consultoria Mckinsey na virada para o século XXI e amplamente comprovado pelos índices de mercado nos últimos cinco anos. Os resultados estão sintetizados na Tabela 8.4 e revelam a sintonia dos investidores com as boas práticas de governança, bem como uma surpreendente similaridade de resultados em países da Europa, América e Ásia. O "ágio" – forma de prêmio incorporado ao preço das ações – situa-se entre as expressivas taxas de 20 a 28%. E é relevante observar que, na data da pesquisa, não existiam ainda comprovações empíricas, como hoje já existem, entre boas práticas de governança e desempenho das corporações. Mas desde as revelações dos ativistas pioneiros e as primeiras pressões dos investidores institucionais, havia claras indicações de mercado de que a má governança, como registrou Mahoney,[9] "tira a empresa da tela dos investidores".

Esta percepção é comprovada pelas posições reveladas no Quadro 8.3. Elas complementam os resultados da pesquisa sobre a disposição em pagar "ágios", indicando que é realmente expressivo, em relação ao total dos investidores, o número dos que estão dispostos à adição desse prêmio ao preço das

TABELA 8.4 Disposição de investidores institucionais em pagar "ágio" sobre os preços das ações de companhias com boas práticas de governança.

Regiões	Países	"Ágios" (%)
Ásia	Indonésia	27
	Tailândia	26
	Malásia	25
	Coreia do Sul	24
	Japão	20
	Taiwan	20
Europa e América do Norte	Itália	22
	França	20
	Alemanha	20
	Espanha	19
	Suíça	18
	Reino Unido	18
	Estados Unidos	18
América Latina	Venezuela	28
	Colômbia	27
	Brasil	23
	México	22
	Argentina	21
	Chile	21

Fonte: MCKINSEY & COMPANY, WORLD BANK e INSTITUTIONAL INVESTOR. *Investor opinion*. Survey Relative premium: measuring the value of good governance in three regions. 2000.

ações e que é também alta a proporção dos que atribuem à governança importância igual ou maior que a qualidade das informações financeiras abertas para o mercado.

8.4 A Tendência à Diferenciação

A terceira grande tendência que destacamos, de *diferenciação*, é movida preponderantemente por forças externas às corporações. Ela vai além da adoção das boas práticas de governança, internamente eficazes. As pressões que a movimentam são geradas por agentes externos, neste caso as agências de *rating* corporativo, as bolsas de valores e os investidores institucionais.

QUADRO 8.3 Posição dos investidores em relação às práticas de governança corporativa, em diferentes regiões do mundo.

Percepções quanto às práticas	
Governança deficiente (Empresa A)	**Boa governança (Empresa B)**
❏ Minoria de conselheiros externos. ❏ Os conselheiros externos têm laços financeiros com a administração. ❏ Os conselheiros não possuem ou possuem poucas ações. ❏ Os conselheiros são remunerados apenas em bases monetárias. ❏ Não há um processo formal de avaliação dos conselheiros. ❏ A empresa reage mal às solicitações dos investidores por informações sobre questões de governança.	❏ Maioria de conselheiros externos. ❏ Os conselheiros externos são verdadeiramente independentes: não possuem quaisquer laços com a administração. ❏ Os conselheiros têm participação acionária significativa. ❏ Uma proporção significativa da remuneração dos conselheiros está vinculada a ações. ❏ Existe um processo formal de avaliação de conselheiros. ❏ A empresa reage bem às solicitações dos investidores por informações sobre questões de governança.

Investidores dispostos a pagar um ágio de governança por empresas tipo B	
Regiões	**% s/ total**
❏ Europa Ocidental	78
❏ Ásia	78
❏ América do Norte	76
❏ América Latina	76
❏ Europa Oriental/África	73

Grau de importância atribuída à boa governança das empresas, quando comparada com a qualidade das informações financeiras			
Regiões	**Menor**	**Igual**	**Maior**
❏ Europa Oriental/África	15	45	40
❏ América Latina	16	66	18
❏ Ásia	18	61	21
❏ América do Norte	43	50	7
❏ Europa Ocidental	44	41	15

Fonte: MCKINSEY & COMPANY. *Global investor opinion survey:* key findings. Jul. 2002.

INDUTORES DE ORIGEM EXTERNA

Na Figura 8.2 indicamos cinco relevantes indutores externos que deverão sustentar a tendência à adoção de sistemas diferenciados de governança pelas companhias:

1. Criação de níveis diferenciados pelas bolsas de valores.
2. Reações do mercado de capitais aos padrões de governança: "ágios" e "deságios" nos preços das ações.
3. Natureza evolutiva dos sistemas de governança: adaptação das companhias a proposições normativas emergentes.
4. Exigências crescentes dos investidores globais.
5. Reação às pontuações das agências de *rating* corporativo.

O poder de influência das agências de *rating* tende a ser crescente. Para Mahoney,[10] "certamente, as empresas querem ter uma boa reputação. Os administradores sabem que os investidores estão dando mais importância à governança; na verdade, muitos investidores institucionais estão trabalhando para torná-la um fator nos seus modelos de investimentos, analisando e atribuindo peso aos seus componentes básicos – independência do Conselho de Administração, remuneração dos executivos, nível de resposta às preocupações dos acionistas. Por esta razão, as empresas estão conscientes do preenchimento dos quesitos de *rating* – elas sabem que os investidores estarão usando os dados da matriz de informações para qualificar suas plataformas de governança. E as agências de *rating* de governança estão confiantes de estarem fornecendo informações valiosas tanto para os investidores quanto para as empresas".

Esta cadeia de informações agências-investidores-empresas ainda está em formação. Embora a tendência pareça apontar para a sua consolidação, como um elemento adicional de avaliação e de precificação das ações das empresas listadas em bolsa, pelo menos três aspectos ainda estão sendo filtrados:

1. O impacto efetivo da boa governança, segundo os parâmetros adotados pelas agências de *rating*, no valor intrínseco das empresas.
2. As relações "incestuosas" entre empresas e agências, decorrentes de estas oferecerem serviços de consultoria de aprimoramento dos sistemas de governança.
3. As metodologias de avaliação, ainda recentes, de que decorrem diferenças substantivas entre as agências quanto à lista de critérios e de pesos e, consequentemente, entre as classificações das companhias.

A filtragem dessas três restrições tende, provavelmente, a ser feita pelos três interessados envolvidos. As agências tendem a aperfeiçoar seus métodos de avaliação e a rever relações que realmente envolvam conflitos de interesse.

QUADRO 8.4 Grupos de influência mais eficaz na pressão sobre as empresas por melhores práticas de governança: a visão dos gestores.

Grupos de influência mais citados	% do total das respostas
❏ Mídia	21
❏ Acionistas	19
❏ Órgãos reguladores	19
❏ Conselhos de administração das empresas	15
❏ Direção executiva das empresas	12
❏ Governo	6
❏ Outros grupos externos de interesse	3
❏ Empregados das empresas	1
Total	100

Fonte: THE ECONOMIST & KPMG. *Corporate governance:* business under scrutiny. London: The Economist Intelligence Unit. 2003.

As empresas tendem a ouvir mais este alerta vindo de fora sobre seus sistemas internos de governança e sobre suas relações com o mercado – como registrou Parkinson,[11] é "mais um apito que está soando". E os investidores dificilmente desconsiderarão indicações reveladas por métodos estruturados, até porque elas virão simultaneamente de várias agências e é bastante provável que seja baixa a variância dos resultados. Em criteriosa avaliação, Brown[12] sancionou essas direções.

Ademais, a tendência à diferenciação não está sendo movida apenas pelos emergentes serviços das agências de *rating* corporativo. As bolsas de valores criam níveis diferenciados, focados em diferentes aspectos: *governança, sustentabilidade ambiental, balanço social*. E o mercado de ações tende a reagir a cada um desses indicadores, gerando relações de causa-e-efeito difíceis de medir, mas que de qualquer forma mudam as trajetórias de precificação. E, dificilmente, as ações do topo dos *rankings* de valorização estarão entre as sistematicamente mal cotadas pelas agências de *rating* ou não incluídas nas listagens diferenciadas.

Em contrapartida, cabe notar que, de um lado, os gestores das empresas ainda não veem as agências de *rating* ou as *bolsas ativistas* entre os grupos de influência mais eficazes, na indução a práticas diferenciadas de governança. O Quadro 8.4 revela que a mídia, os acionistas e os órgãos reguladores, junto com o Conselho de Administração e a Diretoria Executiva, são agentes de mudança mais importantes. De outro lado, o Quadro 8.5 revela que os investidores globais também não incluem *ratings* de agências e de bolsas entre os fatores "muito importantes" para suas decisões de investimento. Mas há indicadores confiáveis de que eles são crescentemente seletivos quanto aos países

QUADRO 8.5
Fatores considerados por investidores globais para decisões de investimentos.

Tipologia		% dos investidores que consideram o fator "muito importante"
Fatores corporativos	❏ Informações contábeis divulgadas: oportunas, regulares e confiáveis.	71
	❏ Tratamento equânime dos acionistas.	47
Fatores do mercado de capitais	❏ Infraestrutura e regulamentação do mercado.	43
	❏ Adoção de normas contábeis internacionais.	42
	❏ Liquidez do mercado.	37
Fatores relativos ao país	❏ Direitos de propriedade.	46
	❏ Pressões exercidas sobre práticas não éticas.	32
	❏ Normas legais referentes a situações de insolvência e falimentares.	32
	❏ Ambiente fiscal: regras estáveis e tributação dos ganhos de capital.	31
	❏ Sistema bancário: solidez e eficiência.	30

Fonte: MCKINSEY & COMPANY. *Global investor opinion survey:* key findings. Jul. 2002.

e às corporações incluídas em suas carteiras. E entre os elementos de seleção estão as práticas de governança, com pesos que tendem a ser cada vez mais próximos dos indicadores econômico-financeiros.

GRANDES MUDANÇAS DECORRENTES

A Figura 8.5 sintetiza as mudanças que poderão resultar da tendência à diferenciação. Os três estágios destacados não correspondem a realidades universais – eles variam entre as diferentes regiões do mundo e entre os países de uma mesma região. Na Europa, na América do Norte, na Oceania e na África do Sul, o *estágio 2* parece ser preponderante. A Ásia evolui rapidamente do *estágio 1* para o *estágio 2*. E, na América Latina, ainda parecem prevalecer as condições do *estágio 1*.

O *estágio 3* tende a ser o ponto de chegada das companhias de todas as partes do mundo nestas primeiras décadas do século XXI. Enquanto no primeiro estágio, que gradualmente está sendo superado, prevalecem condições que contrariam os princípios da boa governança, no terceiro, eles são buscados como elementos de *diferenciação das corporações*. A evolução para este estágio, como todas as demais tendências da governança corporativa, não se dará com a mesma velocidade nem com igual profundidade em todos os países. Mas parece ser inexorável – tanto quanto as tendências à *convergência* e à *adesão*.

Claramente, a evolução para o *estágio 3* não se limita a movimentos no interior das corporações. Nestas, deverão se consolidar mudanças já em curso, como a constituição de Conselhos de Administração mais fortes, a maior efetividade das ações para equacionar *conflitos e custos de agência* e a harmonização de interesses externos e internos. Paralelamente, porém, o mercado de capitais tende a evoluir da posição histórica de provedor passivo de recursos (e com direitos diferenciados por classes de ações), para a de indutor da boa governança e de filtro de diferenciação das companhias. E deverão se estabelecer também, em corredores paralelos, as agências de *rating*, produtoras de indicadores corporativos extra-mercados. A classificação das companhias segundo os padrões de sua governança tende a somar-se às precificações de mercado, definindo o valor as companhias – um misto de avaliações objetivas, fundamentadas em dados históricos de balanço, em projeções de resultados e em levantamentos estruturados sobre os modos como são governadas.

8.5 A Tendência à Abrangência

A questão-chave desta tendência é o comprometimento das corporações com objetivos que vão além da geração de máximo retorno total para os investidores. No sentido com que a conceituamos, a *tendência à abrangência* implica a adoção de um modelo de governança com objetivos ampliados, estabelecidos a partir de ampla teia de relações com *stakeholders*, que vão dos empregados e dos demais agentes que atuam na cadeia de negócios da companhia às comunidades locais, governos e organizações não-governamentais.

A tendência à abrangência tem a ver com, pelo menos, cinco pressões de origem predominantemente externa:

1. A evidenciação do papel das corporações diante de questões de interesse difuso.
2. O envolvimento efetivo das companhias com questões de alcance externo.
3. A harmonização de múltiplos interesses, por modelo de governança *stakeholders oriented*.
4. A força crescente com que se manifestam duas grandes categorias de questões emergentes – as ambientais e as sociais.
5. As cobranças por prestações ampliadas de contas das companhias à sociedade, não limitadas aos balanços patrimonial e de resultados financeiros.

FIGURA 8.5
Uma tendência que se afirma: corporações distantes, propensas e sensíveis à governança diferenciada.

DÉCADAS PRECEDENTES	ANOS 90	SÉCULO XXI
Estágio 1	**Estágio 2**	**Estágio 3**
Corporações distantes dos princípios da boa governança	Corporações propensas à adesão às regras da boa governança	Corporações sensíveis a sistemas diferenciados de governança
- Princípios de boa governança ainda contrariados. - Altos *custos de agência*. - Decisões estratégicas não consensadas: tomadas fora dos conselhos. - Forças internas de controle prevalecendo sobre externas. - Mercado de capitais como provedor passivo de recursos. - Ausência de indicadores extramercado de avaliação comparativa das corporações. - Acionistas não controladores distantes das corporações.	- Difusão dos valores da boa governança. - Ações efetivas sobre *conflitos e custos de agência*. - Conselhos mais fortes: homologação e monitoramento de questões estratégicas. - Forças externas de controle contrabalançadas com as internas. - Mercado de capitais em nova era: indutor de boa governança. - Criação de indicadores extramercado: a emergência das agências de *rating* corporativo. - Acionistas reaglutinados: força crescente como grupo de influência.	- Companhias sob pressões por diferenciação via governança. Não adesão implica exposições de motivos: *comply or explain*. - Harmonização de interesses internos e externos: a gestão eficaz dos conflitos de agência. - Conselhos integrados aos processos corporativos: efetividade avaliada. - Forças externas de controle preponderando sobre as internas. - Mercado de capitais como filtro: preços-prêmio para ações das corporações diferenciadas. - Depuração de filtros adicionais: agências de *rating* se afirmando como forças externas diferenciadoras. - Crescente despertar das corporações para integração governança-cidadania-sustentabilidade.

AMPLA VISÃO: OS FATORES DO CRESCIMENTO GLOBAL

As razões essenciais das pressões por objetivos corporativos abrangentes encontram-se nas questões críticas que ameaçam a sustentabilidade do crescimento global. E o interesse das companhias em participarem da avaliação e do encaminhamento das soluções está em que, como sintetiza Makower,[13] "os negócios prosperam onde a sociedade prospera".

As questões críticas, de alcance global, que atingem os interesses de longo prazo das corporações, alcançaram dimensões sem precedentes históricos. Entre as de maior complexidade, destacamos:

1. **Expansão econômica**. O Produto Mundial Bruto, pelo critério paridade do poder aquisitivo – que expressa mais precisamente o *quantum* da atividade produtiva – ultrapassou US$ 72,3 trilhões em 2010. A uma taxa de crescimento de 3,5%, que é a média dos últimos vinte anos, a expansão anual é da ordem de US$ 2,53 trilhões. Em termos acumulados, a expansão econômica mundial em uma década é de 41,1%, correspondentes a um acréscimo de US$ 29,7 trilhões. Isto significa que, em dez anos, a expansão da economia global é praticamente equivalente à soma do PNB atual dos Estados Unidos e da União Europeia.

2. **Impacto ambiental**. As escalas da expansão econômica mundial e, obviamente, as decorrentes pressões sobre o capital natural não têm precedentes. Os riscos de degradação, de extinção de espécies e de exaustão acelerada e, então, de rupturas nas cadeias globais de suprimentos, são efetivamente muito altos e há sinais evidentes de que se ampliam a cada dia. O processo de produção nada mais é do que a transformação incessante do capital natural – e este é fixo, enquanto as aspirações humanas, objeto dos negócios corporativos, ampliam-se segundo a trajetória de uma função não linear crescente. Entre dezenas de sinais de alerta conhecidos, reproduzimos três, citados por Grayson e Hodges:[14] a) cerca de 80% das florestas nativas do planeta já foram transformadas em fontes de energia e em outros insumos para a produção – e não se renovaram; b) antes abundantes e citadas como exemplo de "bens livres", as águas das bacias continentais tornam-se progressivamente escassas, sob a pressão de necessidades de irrigação, industriais e urbanas, que crescem a um ritmo duas vezes superior ao do crescimento demográfico – em algumas partes do mundo, a escassez absoluta poderá levar a "guerras por água"; e c) nos últimos 50 anos, as emissões de dióxido de carbono mais do que quadruplicaram, de 1,6 bilhão para 7 bilhões de toneladas anuais – a expansão se deve à queima de combustíveis fósseis, contribuindo para o esgotamento de fontes não renováveis e provocando o aquecimento do planeta.

3. **Exclusão massiva**. Em 2010, os 30 países mais prósperos do mundo, com PNB *per capita* superior a US$ 20.000 anuais, res-

ponderam por 49,8% da produção, mas o total de seus habitantes correspondia a 9,0% da população. Isto equivale a dizer que metade do que o mundo produz atende a menos de 10% de seus habitantes. Ou, então, incluindo um segundo grupo de países, situados em posição intermediária de riqueza, confirma-se a *regra de Pareto*: cerca de 80% da produção mundial de bens e serviços atendem a 20% da população. E à questão da desigualdade, que não é propriamente a mais crítica, soma-se a da exclusão massiva: dos 6,7 bilhões de habitantes do mundo, 2,2 bilhões (32,8%) vivem abaixo da linha de pobreza absoluta, com renda inferior a US$ 2 por dia; e 950 milhões (14,2%), abaixo da linha de indigência, com renda inferior a US$ 1 por dia.

A totalidade do Produto Mundial Bruto é gerada pelas empresas, na forma de bens finais destinados ao consumo (cerca de 78%) e à formação bruta de capital fixo (cerca de 22%). A riqueza gerada é apropriada por três agentes econômicos: pelas próprias empresas (cerca de 15%), por pessoas físicas que disponibilizaram, além de seu próprio trabalho, outros recursos de sua propriedade para a produção (cerca de 60%) e pelos governos (os restantes 25%, na forma de tributos líquidos, diretos e indiretos).

As empresas estão, assim, no epicentro dos processos da geração da riqueza e da renda e são também extraídos de suas atividades os recursos que a sociedade confia aos governos. Os US$ 72,3 trilhões de Produto Mundial Bruto nascem da extração da natureza, são processados em cadeias em que interagem milhões de empresas de todos os tamanhos, com os objetivos primários de gerar riqueza, de ter os seus produtos aceitos pelo mercado, de auferir lucros, de ter continuidade e de crescer. E esses mesmos US$ 72,3 trilhões retornam às empresas, pelos dispêndios de todos os agentes econômicos em bens e serviços finais, de consumo e de capital, que elas produziram, sustentando-se assim o processo econômico de transformação do capital natural em mais e mais riquezas.

Os números agregados que acabamos de registrar atingiram proporções historicamente insólitas, bem como o tamanho e o papel das grandes corporações, em praticamente todas as cadeias produtivas. Com a crescente desfronteirização dos fluxos reais e financeiros e com a globalização dos negócios, as escalas movimentadas pelos grandes conglomerados alcançaram níveis que superam os agregados econômicos da maior parte dos países: as 100 maiores empresas do mundo têm receitas anuais que superam o PNB de mais da metade dos países do mundo. Mais um dado: 360 corporações movimentam 40% do comércio mundial.[15] Não é, portanto, sem razão que se apontam os líderes de negócios e os governos como responsáveis pelas questões globais relacionadas à expansão econômica, aos impactos de transformação do capital natural, à desigualdade e à exclusão massiva.

QUADRO 8.6
Objetivos abrangentes: respostas às expectativas e às questões emergentes propostas pelos principais *stakeholders* com que as corporações interagem.

Grupos de interesse	Focos	Expectativas e questões emergentes
Investidores	Retorno do investimento e maximização do valor da empresa.	❏ Comprometimento com melhores práticas de governança corporativa. ❏ Posicionamento consistente em relação a questões ambientais e sociais. ❏ Gerenciamento eficaz das vulnerabilidades e dos riscos corporativos. ❏ Sustentação da reputação corporativa.
Empregados	Empregos, salários e reconhecimento.	❏ Reações a mudanças estruturais que impliquem *downsizing*. ❏ Qualidade do clima organizacional. ❏ Posição das corporações no *ranking* das "melhores para se trabalhar": benefícios, acompanhamento, desenvolvimento.
Consumidores	Produtos confiáveis e seguros	❏ Materiais empregados, processos e produtos ecologicamente corretos. ❏ Cumprimento de padrões mundiais quanto a direitos em relação aos recursos humanos empregados. ❏ Imagem e indicadores explícitos de conformidade.
Fornecedores	Regularidade e relações pautadas por rigorosa conformidade.	❏ Pesquisa e desenvolvimento compartilhados. ❏ Alavancagem de sinergias. ❏ Defesa conjunta dos interesses da cadeia de negócios como um todo. ❏ Relacionamento não conflitivo, reciprocidade, relações de longo prazo, certificações integradas.
Comunidades locais	Geração de empregos e contribuições para o desenvolvimento.	❏ Diálogo regular sobre problemas comunitários: avaliação e encaminhamento de soluções. ❏ Provisão e gestão conjunta de externalidades positivas: infraestrutura econômica e social. ❏ Sensibilidade, respeito e apoio à preservação da cultura local: usos e costumes, tradição e folclore.
Governos	Crescimento, geração de empregos, conformidade legal.	❏ Negociação conjunta dos termos de acordos internacionais bilaterais e na constituição de áreas de integração. ❏ Engajamento na definição de projetos nacionais de desenvolvimento. ❏ Corresponsabilidade na geração e na sustentação de bons fundamentos econômicos. ❏ Parcerias público-privado: gestão eficaz de retornos e de riscos para os dois lados.
Organizações não governamentais (ONGs)	Ambientalismo, direitos de minorias e provisões de interesse social.	❏ Gestão responsável de conflitos de interesses privados e públicos. ❏ Ampliação das fronteiras corporativas: a governança mais abrangente, integrando interesses econômicos, ambientais e sociais. ❏ Alongamento do horizonte estratégico: responsabilidades transgeracionais. ❏ Extensão da responsabilidade espacial: atuação consistente com questões de alcance global.

Fonte: Adaptações de quadros propostos por GRAYSON, David; HODGES, Adrian. *Everybody's business*. 2. ed. London: Dorling Kimdersley, 2004.

A RESPONSABILIDADE CORPORATIVA

Derivada direta das dimensões e do poder das corporações, a expressão *responsabilidade corporativa* tem sido empregada para enfatizar um amplo conjunto de compromissos, além da geração de riquezas, com os quais as modernas corporações têm se envolvido. Esse conjunto inclui respostas às expectativas dos *stakeholders* que com elas interagem, bem como às questões emergentes que eles propõem. Claro que há restrições a esse amplo envolvimento, como as conhecidas posições de Friedman[16] e de outros defensores do capitalismo ortodoxo, para os quais o objetivo exclusivo das corporações de negócios é o de maximizar o retorno total dos acionistas. Mas, o consenso que se afirma vai em outra direção. Generalizam-se concepções mais abrangentes, que não veem na ampliação dos compromissos corporativos uma ofensa aos direitos dos acionistas e uma desconfiguração do sistema capitalista. Contrariamente até. Na nova ordem mundial estabelecida nos últimos 20 anos, em que praticamente faliram os sistemas totalitários de apropriação e de gestão de recursos, bem como os de acumulação radical e excludente, os **sistemas reformados de mercado em que as corporações atuam terão continuidade à medida que os propósitos dos proprietários se harmonizarem com os de outros grupos de interesse**.

Como registra Whiterell,[17] "a importância da boa governança vai muito além dos interesses dos acionistas de uma determinada corporação. Os princípios centrais da responsabilidade corporativa são cruciais para a integridade e a credibilidade do sistema de mercado. Confiamos às corporações a criação de empregos, o fornecimento de bens e serviços ao mercado e a geração de receitas fiscais. Comprovadamente, o setor privado funciona na provisão desses ativos sociais, mas está constantemente sob vigilância e assim deve continuar. Os preços de mercado de suas ações já não refletem apenas a geração de lucros, mas a confiança na integridade e na abrangência de suas políticas, isto é, na sua *responsabilidade corporativa*. É por esta razão que os acionistas esperam que suas corporações atendam às demandas da sociedade, maximizando a sua reputação e o seu valor de mercado. E a experiência recente tem mostrado que as empresas que assim operam são, geralmente, as que têm melhor performance a longo prazo".

O Quadro 8.6 sintetiza as expectativas dos grupos de interesse com os quais as corporações interagem e as demandas quanto às decorrentes das grandes questões emergentes, de alcance global, que assumiram proporções gigantescas nos últimos quinze anos, com tendência a se ampliarem.

A *tendência à abrangência* é uma resposta a estas expectativas e demandas. Mas ela não significa rejeição à *demanda primária* a que as corporações devem atender e sem a qual as demais dificilmente serão atendidas: o retorno dos investimentos e a maximização do valor da empresa. Atendida essa demanda, a tendência à abrangência sintetiza um caminho que vem sendo trilhado pela quase totalidade das grandes empresas em todas as partes do mundo, tanto em resposta a pressões externas, quanto a fundamentadas diretrizes internas: a boa governança tende a se estender a outros campos de interesse, até para viabilizar os objetivos corporativos primários. E esses campos já não se limitam apenas aos agentes que interagem na sequência restrita da cadeia de negócios – proprietários, empregados, fornecedores e consumidores. Eles abrangem as comunidades locais, os governos e as organizações não governamentais, tendo como pré-requisito a gestão responsável de conflitos de interesses privados e públicos.

Como sintetizamos na Figura 8.6, objetivos e concepções mais abrangentes de governança significam pelo menos quatro direções ampliadas:

1. Incorporação, aos objetivos internos, de um conjunto ampliado de objetivos de alcance externo.

2. Adoção de **modelo *stakeholders oriented***, como propõe a OCDE,[18] com a convicção de que "a contribuição de diferentes fontes constitui um recurso valioso para a formação de empresas competitivas e lucrativas".

3. Atenção para os efeitos globais dos negócios corporativos e não apenas para os impactos nos lugares onde eles se realizam.

4. Compromisso transgeracional, com ampla extensão do horizonte estratégico – a produção crescente para satisfação dos mercados atuais deve ser conciliada com os direitos das futuras gerações, garantindo-se a elas as provisões necessárias não só à sua sobrevivência, mas a padrões de vida melhores que os atualmente vigentes.

São essas concepções – empresariais, sociais e ambientais – que resumem o conceito-base do *triple botton line*, ou de *responsabilidade corporativa*, que implica sejam simultaneamente equacionadas as questões econômico-financeiras, ambientais e sociais. Na Figura 8.7 está uma síntese desse conceito. A boa governança corporativa, mesmo ampliada a abrangendo múltiplos interesses situados nas cadeias de negócios, é uma das três dimensões da responsabilidade corporativa. As outras duas são a cidadania e a sustentabilidade. Os pontos cruciais de cada uma delas definem a tendência a uma *nova plataforma de atuação*.

Como Monks e Minow[19] anteciparam em 1996, em *Watching the watchers: corporate governance for the 21st century*, "no próximo século, à medida que as empresas forem criando um mundo sem fronteiras e de mercados globais, o foco se voltará para assegurar que o poder corporativo seja compatível com novos padrões de responsabilidade para com as pessoas e as sociedades".

Esta plataforma de atuação está se afirmando. É visível. E as projeções das grandes questões globais realmente exigem que ela seja construída com determinação e visão de longo-longo prazo. Até porque – este é um consenso que parece já estabelecido – a perpetuação das corporações, objetivo fundamental de sua constituição e de suas operações, não é dissociável da boa governança, da sustentabilidade e da cidadania corporativas.

FIGURA 8.6
Os quatro eixos do posicionamento corporativo: abrangência da governança, objetivos, horizonte estratégico e alcance espacial das ações.

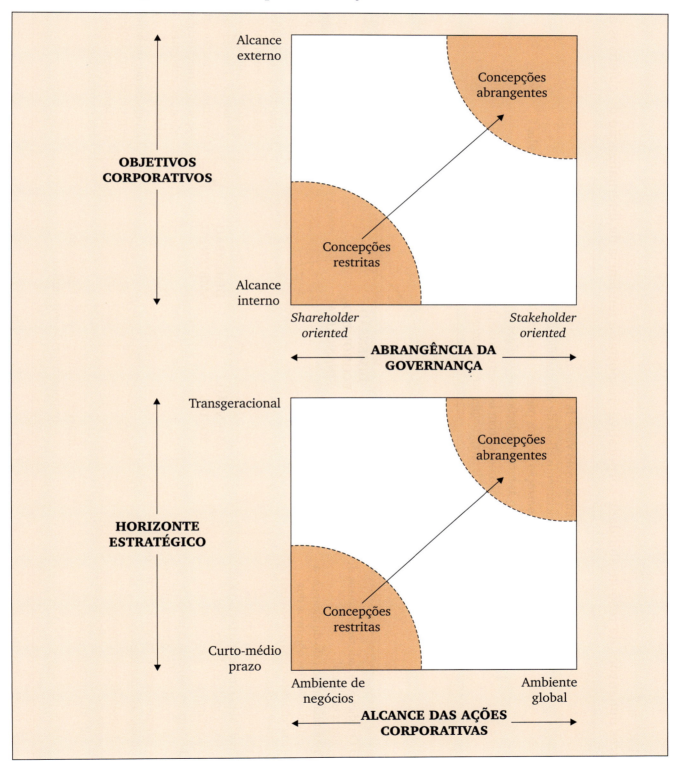

FIGURA 8.7
As três dimensões da responsabilidade corporativa: respostas à tendência de internalização de objetivos abrangentes.

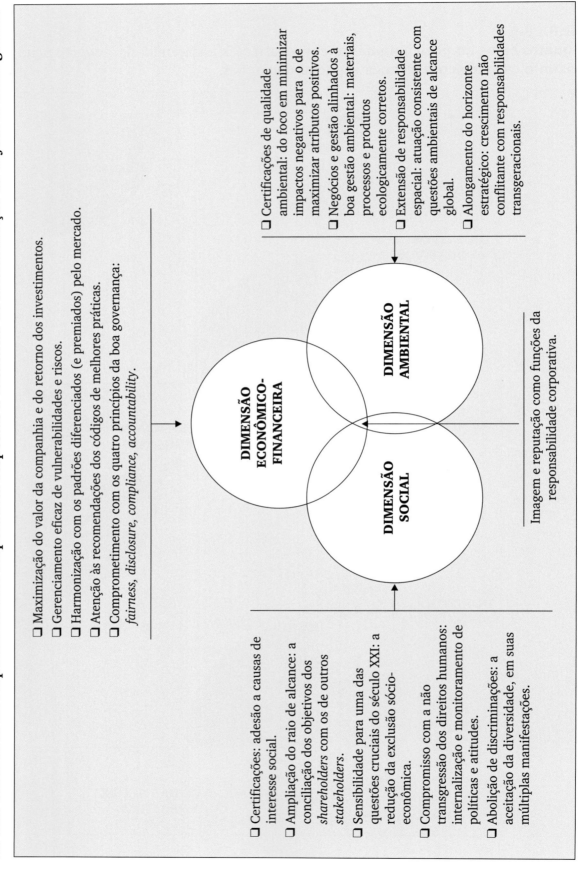

8.6 Tendências da Governança Corporativa no Brasil

Das quatro tendências que acabamos de expor, duas parecem mais relacionadas aos desenvolvimentos recentes e às perspectivas da governança corporativa no Brasil – *adesão* e *abrangência*. A tendência à convergência, que implica o deslocamento das características definidoras do modelo de governança praticado no país em direção a *benchmarks* mundiais, é dificultada – como também o é na maioria dos países – por condições estruturais e institucionais que não se modificam facilmente no curto prazo. E a tendência à diferenciação tem como principal obstáculo o nível de exigências para formalização dos contratos de adesão às listagens diferenciadas, que contrasta com características decorrentes da concentração da propriedade e da alta proporção de ações sem direito a voto em relação ao total do capital emitido. Há também obstáculos decorrentes das discrepâncias entre os direitos dos acionistas não controladores definidos em lei e os requisitos exigidos das empresas de listas diferenciadas nos casos de venda do controle e de fechamento do capital, além das exigências quanto à pulverização das ações das companhias no mercado.

Os obstáculos maiores à *convergência* e à *diferenciação* não significam que não há movimentos nestas duas direções. Implicam, porém, em mudanças provavelmente mais lentas. Já a tendência à *adesão* parece mais conformada aos movimentos observados no país no campo da governança. As fusões e aquisições, as privatizações, a maior presença do capital externo, as alianças estratégicas e os acordos de *joint ventures* nas empresas, a concorrência crescente de operações com fundos de *private equity*, os lançamentos de programas de *ADRs* e os movimentos de separação propriedade-gestão em bom número de grandes empresas de controle familiar têm levado à adesão a melhores práticas de governança, com alta probabilidade de prosseguimento e aprofundamento desse processo. E a tendência à *abrangência*, no sentido de ampliação dos compromissos corporativos com questões relacionadas à responsabilidade social e à sustentabilidade ambiental, tem sido fortemente influenciada pela sensibilidade das companhias em relação às condições vigentes no país, combinadas pelo crescente poder de persuasão e de pressão das forças ativistas que atuam nessas áreas.

Os resultados da mais abrangente pesquisa sobre tendências da governança corporativa do país, realizada pelas consultorias McKinsey e Korn-Ferry,[20] apontam exatamente na direção de *progressiva adesão* às melhores práticas, ao mesmo tempo em que poderá mudar – embora mais lentamente – a estrutura da propriedade das companhias, com impactos então mais pronunciados nos sistemas praticados. O Quadro 8.7 reproduz as conclusões quanto às tendências prováveis da estrutura de propriedade, da relação propriedade-gestão e da composição, papéis e processos dos conselhos de administração, em três modelos sequenciais – o *atual*, o *emergente* e o de *mercado*.

QUADRO 8.7
Tendências do modelo de governança corporativa: as mudanças em curso no Brasil.

MODELO ATUAL

ESTRUTURA DE PROPRIEDADE
- Alta concentração da propriedade.
- Preponderam o controle familiar, o compartilhado (poucos controladores) e grupos multinacionais.
- Interesses dos minoritários ainda não inteiramente reconhecidos.
- Minoritários ainda pouco ativos.

RELAÇÃO PROPRIEDADE-GESTÃO
- Alta sobreposição.

CONSELHO DE ADMINISTRAÇÃO
- Estruturas informais e processos não definidos.
- Maioria de conselheiros internos. Baixa demanda por externos.
- Pouca clareza na divisão de papéis conselho-direção, especialmente nas empresas familiares.
- Boas informações nos relatórios, mas insuficientemente analisadas.
- Escassez de profissionais capacitados para atuação como conselheiros.
- Envolvimento em questões estratégicas e operacionais.
- Remuneração como fator pouco importante.

⇒

MODELO EMERGENTE

ESTRUTURA DE PROPRIEDADE
- Alta concentração da propriedade.
- Empresas fundamentalmente de controle familiar, consórcios resultantes de fusões, maior presença de grupos de atuação global.
- Mais explícita consideração pelos interesses dos não controladores e minoritários.
- Acionistas minoritários mais ativos, especialmente nos casos de mudanças de controle.

RELAÇÃO PROPRIEDADE-GESTÃO
- Sobreposição moderada.

CONSELHO DE ADMINISTRAÇÃO
- Estruturas formais.
- Balanço entre conselheiros externos e internos.
- Conselheiros com boa capacitação, buscando formação especializada para atuação em conselhos.
- Maior clareza na divisão de papéis proprietários-conselho-direção.
- Envolvimento centrado em questões estratégicas.
- Maior efetividade. Decisões eficientes.
- Remuneração variável mais estendida.

⇒

MODELO DE MERCADO

ESTRUTURA DE PROPRIEDADE
- Maior dispersão do controle e da propriedade.
- Retenção de controle determinada pelo desempenho.
- Consideração sistemática dos interesses dos acionistas minoritários.
- Acionistas minoritários organizados e muito ativos.

RELAÇÃO PROPRIEDADE-GESTÃO
- Baixa sobreposição.

CONSELHO DE ADMINISTRAÇÃO
- Estruturas completamente formais.
- Maioria de conselheiros externos.
- Conselho e direção totalmente profissionalizada, baseadas em competências e habilidades.
- Processos formais e transparentes, com adequada comunicação com o mercado.
- Gerenciamento por desempenho.
- Remuneração como fator importante, ligada ao desempenho.

Fonte: MCKINSEY; KORN-FERRY. *Panorama da governança corporativa no Brasil.* São Paulo: McKinsey & Company e Korn/Ferry International, 2002.

O *modelo atual* em seus elementos principais, é rigorosamente coincidente com o que sintetizamos no capítulo anterior. Os traços definidores são essencialmente decorrentes da alta concentração da propriedade e da sobreposição propriedade-gestão. Mas há sinais evidentes de mudanças na direção de um *modelo emergente*, no qual, embora ainda prevaleça a concentração da propriedade, a atuação dos minoritários é mais forte, especialmente nos casos de mudança de controle, e seus interesses tendem a ser mais explicitamente considerados. Nesse modelo, predomina ainda a empresa de controle familiar, mas com moderada sobreposição propriedade-gestão, resultante de conselhos melhor constituídos, mais profissionais e mais efetivos.

O *modelo de mercado*, apresentado como estágio mais avançado em relação ao atual, deverá ter por fundamentos maiores a dispersão do controle da propriedade e a baixa sobreposição propriedade-gestão. Sua ocorrência é praticamente inevitável, seja pelos processos sucessórios e pela continuidade dos movimentos de fusões, alianças estratégicas, *joint ventures* e formação de consórcios de aquisição de controle, seja pela crescente necessidade de profissionalização dos conselhos, em resposta à maior complexidade do ambiente mundial de negócios. As características redefinidoras desse modelo, no âm-

QUADRO 8.8
Uma síntese da evolução do modelo de governança corporativa do Brasil.

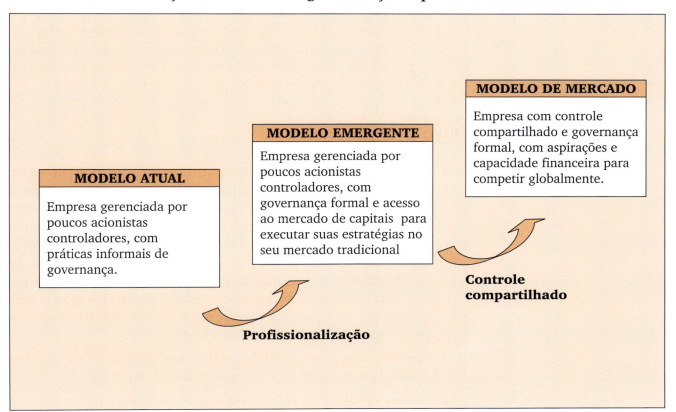

Fonte: McKINSEY; KORN-FERRY. *Panorama da governança corporativa no Brasil*. São Paulo: McKinsey & Company e Korn-Ferry International, 2002.

bito do conselho, tendem a ser a estrutura formal, a presença majoritária de conselheiros externos, a transparência e o gerenciamento por desempenho.

No Quadro 8.8 reproduzimos as sínteses desses três estágios. As tendências-chave são a *profissionalização*, do modelo atual para emergente, e o *controle compartilhado*, do modelo emergente para o de mercado.

Claramente, essas tendências esbarram em obstáculos externos e internos. Os mais importantes são:

Obstáculos externos

- **Institutos legais** ainda privilegiando a dissociação entre capital emitido e capital de controle.
- **Pequena expressão do mercado de ações**, decorrente dos institutos legais e de características estruturais do mundo corporativo do país.
- *Crowding out*: processo, dificilmente reversível, de ocupação, pelo governo, de amplo espaço na tomada de recursos do mercado financeiro como um todo, implicando elevação dos juros, redução relativa dos de origem privada e desincentivo ao desenvolvimento do mercado de capitais.
- **Alta relação custos/benefícios de abertura do capital no país**, segundo avaliação das empresas. Principais determinantes, apontados em pesquisa de Rocca e Carvalho:[21] a) custo de manutenção; b) preços das ações inferiores ao valor da companhia; c) custos de *underwriting* e elevado *underpricing* na colocação das ações.

Obstáculos internos

- **Dilema entre manutenção do controle e maximização do valor econômico da empresa**, sintetizado na Figura 8.8. A evolução para um modelo de mercado pode implicar a perda da posição de conforto quanto ao controle da corporação. No Brasil, a maior parte dos acionistas controladores têm adotado estratégias de menores aspirações de crescimento para manutenção do controle, reduzindo as possibilidades de maximização do valor da empresa. Já a postura dos minoritários e investidores do mercado é na direção oposta: eles são focados na liquidez e na maximização do valor, atributos que exigem modelos de controle mais abertos.
- **Opinião, postura e perfil dos acionistas**. Falta de motivação dos conselheiros e resistência dos executivos não conselheiros.
- **Poucos modelos de referência bem-sucedidos**. Até 2005, havia poucas ocorrências de aberturas bem-sucedidas, com manutenção do controle. A partir de então, têm ocorrido casos notáveis no Novo Mercado.

A estes obstáculos contrapõem-se fatores positivos de impulsão, também desdobráveis em externos e internos. Destacamos os seguintes:

Impulsores externos

- **Pressões exercidas no âmbito do mercado de capitais por adequação de institutos legais**. Pontos de sustentação: a) importância do mercado para o desenvolvimento econômico; b) evidências dos efeitos perversos das distorções observadas de longa data no país; e c) aumento da competitividade doméstica, exigido pela crescente internacionalização do mercado de ações.
- **Pressões crescentes dos acionistas minoritários**.

FIGURA 8.8
O dilema entre manutenção do controle e maximização do valor da empresa: a preferência pelo controle geralmente conflita com oportunidades de crescimento.

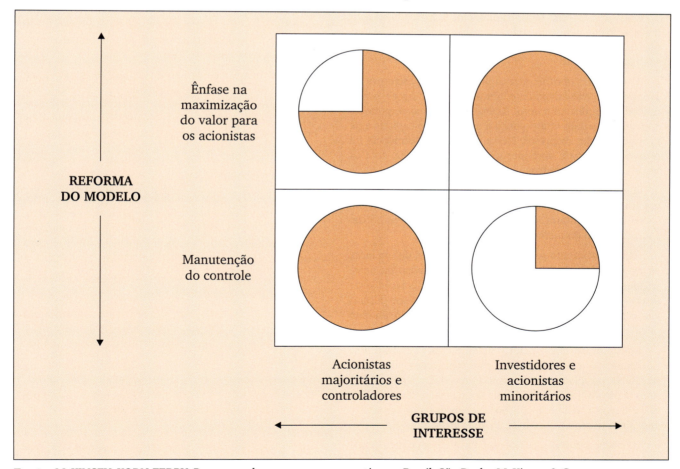

Fonte: McKINSEY; KORN-FERRY. *Panorama da governança corporativa no Brasil*. São Paulo: McKinsey & Company e Korn-Ferry International, 2002.

QUADRO 8.9
A construção de um novo modelo brasileiro de governança corporativa: os fatores determinantes de um renovado ciclo histórico que se abre.

Observa-se atualmente uma renovada oportunidade de aperfeiçoamento do mercado de capitais brasileiro e nela se inclui a adoção de padrões de governança corporativa mais elevados.

Renovada oportunidade porque, num momento anterior, há aproximadamente 35 anos, abriu-se uma que guardava algumas semelhanças com o momento atual. Naquela época, o sistema financeiro e o mercado de capitais foram alvos de grande número de ações que os projetaram para um outro patamar de importância na vida econômica do país.

Os empresários então vislumbraram um ciclo de crescimento da economia e lançaram-se em um monitoramento de captação de financiamentos, em grande parte sob a forma de oferta de ações de seu capital.

Esse ciclo, porém, ficou incompleto. O mercado, apesar dos aperfeiçoamentos introduzidos, ficou ainda preso a normas legais, societárias e tributárias, que acabaram limitando sua maior extensão.

As empresas abriram seu capital com uma estrutura de propriedade excessivamente alavancada em ações preferenciais, sem direito a voto. Assim, aperfeiçoou-se pouco o mercado e evoluiu muito pouco a estrutura de capitais e de propriedade das empresas. Nesse período de dormência foi possível observar e aprender com as experiências, com os erros e acertos dos outros.

O que tem se observado atualmente é a sociedade e os governos gerando ações que aperfeiçoam a moldura legal, societária e tributária, que foram fatores restritivos ao desenvolvimento do mercado e das empresas.

Nesse movimento recente, observamos que, de um lado, os agentes do mercado vêm ocupando o espaço da autoregulação, modernizando os sistemas de negociação e de intermediação. De outro lado, iniciativas do setor público vão removendo obstáculos importantes ao funcionamento eficiente dos mercados.

Diante desse novo quadro, as empresas começam a se posicionar para bem aproveitar esse espaço de oportunidade. Ao se posicionarem, passam a considerar, após muitos anos, a possibilidade de se financiarem através da oferta pública de ações. Essa conjugação de eventos é que torna esta época muito semelhante à de 35 anos atrás.

Há então a possibilidade de uma grande mudança de patamar, para um estágio em que o perfil de propriedade contemple um maior equilíbrio de direitos, em que os aspectos tributários privilegiem os investimentos e as visões de longo prazo e em que a governança seja adotada pela contribuição que traz para as organizações.

Reconhecemos que os elementos constitutivos do modelo de governança brasileiro têm sido:

1. Um mercado de capitais não desenvolvido em sua plenitude.
2. Empresas com estrutura não diluída de capital e com o perfil de propriedade que se caracteriza pela existência de núcleos de controle (grande diferença em relação ao modelo norte-americano).
3. Instituições financeiras sem participações expressivas no capital de empreendimentos não financeiros, em função da pequena disposição de parte de boas empresas em alavancar seus balanços (importante diferença com as realidades europeia e asiática).
4. Empresas bem-sucedidas atravessando um período importante de sucessão na propriedade e na gestão, em que os novos atores incorporam conhecimento sobre as várias tensões que são criadas e sobre as vantagens da busca do equilíbrio de interesse nas decisões.

Assim, pensando no futuro, é provável que o modelo brasileiro deve incorporar:

1. As vantagens de existência de núcleos de controle, principalmente a capacidade desse grupo de manter a alma, a cultura que construiu o sucesso do empreendimento e, como parte disso, sua competência no que diz respeito à visão estratégica.
2. A atração de novos sócios crescentemente através da oferta de ações com direito a voto.
3. A modernidade dos gestores, que veem na governança um sistema para alavancar competências de seus membros e aumentar a probabilidade de sucesso do empreendimento.
4. A elevação da consciência com relação à responsabilidade perante os vários *stakeholders*, e que tem como objetivo central a sustentabilidade do negócio.

Fonte: MONFORTE, José Guimarães. Mercado de capitais e governança corporativa. Síntese de publicação em *Valor*, 8 de set. 2004.

❏ **Reduzida expressão de um mercado de dívida de longo prazo.**

❏ **Ativismo de investidores institucionais**, que fortalece as pressões por mudanças institucionais.

❏ **Disposição dos investidores em pagar "ágios de governança"**, o que, apesar dos obstáculos, incentiva as companhias a aderirem a níveis diferenciados nas listagens nas bolsas de valores.

Impulsores internos

❏ **Mudanças nas estruturas de controle**: a) *naturais*, decorrentes de processos sucessórios; b) *negociadas*, resultantes de fusões, aquisições e de outras situações em que o controle compartilhado pode ser fator crítico de sucesso, como em movimentos de internacionalização que recomendam a entrada de parceiro estratégico.

❏ *Empowerment* **dos Conselhos de Administração** e outras mudanças na alta gestão, exigidas tanto pelo crescimento das corporações quanto pelas agudas transformações do ambiente de negócios.

O balanço entre obstáculos e impulsores seguramente não é fácil de se fazer. Mas, as mudanças em direção a sistemas mais eficazes, quanto à geração de valor de alcance externo e de interesse interno, têm sido uma das mais marcantes características do mundo corporativo em todos os países – economicamente maduros ou emergentes, tradicionalmente orientados pelo mercado ou em transição institucional. E a adoção de melhores práticas de governança corporativa está entre as mudanças de maior relevância, que tendem a se consolidar.

Há firmes evidências de mudanças nas direções apontadas.

O Quadro 8.9 traz uma síntese delas, elaboradas por Monforte[22], chamando a atenção para um novo ciclo de aperfeiçoamento simultâneo do mercado de capitais e da governança corporativa no país. Pela flexibilidade e adaptabilidade – reconhecidos traços da formação cultural do Brasil – dificilmente o país ficará à margem dessas mudanças: é alta a probabilidade de que boas práticas de governança, junto com a reconstrução do mercado de ações, se incluam entre fundamentos de novo ciclo empresarial e de crescimento econômico do país.

RESUMO

1. As principais tendências da governança corporativa podem ser sintetizadas em quatro palavras: *convergência, adesão, diferenciação* e *abrangência*. Elas constituem um todo integrado com indutores comuns. Resultam mais de pressões externas do que de mudanças internas nas companhias. Estão em curso em todo o mundo, mas a velocidade com que ocorrem é fortemente influenciada por valores culturais, sistemas institucionais e características estruturais das organizações.

2. A *tendência à convergência* é reforçada por códigos de melhores práticas, já editados em mais de 70 países. Eles tendem a enfatizar os mesmos pontos cruciais das boas práticas de governança. Sistemas nacionais tendem a ser comparados, com identificação dos fatores de alta eficácia, tanto do interesse das corporações, quanto dos mercados, quanto ainda da economia como um todo.

3. A *tendência à adesão* às melhores práticas consagradas é visível na maior parte dos países, de todos os continentes. Parece afirmar-se a percepção de que *good governance is good business*. As resistências internas à adoção de sistemas eficazes de governança têm sido gradualmente vencidas.

4. A *tendência à diferenciação* tem sido movida preponderantemente por forças externas às companhias, neste caso pelas agências de *rating* corporativo, pela criação de níveis diferenciados nas bolsas de valores e pelas reações do mercado, onde se observa nítida propensão a pagar "ágios", na forma de preços-prêmio, às ações das empresas mais bem governadas.

5. A *tendência à abrangência* diz respeito à harmonização dos interesses dos acionistas com os de outros grupos (empregados, consumidores, fornecedores, comunidades locais, governos e organizações não governamentais). É também uma resposta das corporações à força crescente com que se manifestam duas grandes categorias de questões emergentes – as ambientais e as sociais. O interesse das companhias em adotarem concepções abrangentes está na concepção, gradualmente internalizada, de que "os negócios prosperam onde a sociedade prospera".

6. Os principais **fatores determinantes da tendência à *convergência*** são: 1. formação de blocos e desfronteirização das economias, promovendo maior uniformidade institucional; 2. internacionalização do mercado de ações, com tendência à unificação de bolsas; e 3. avaliação dos modelos nacionais de governança, com movimentos de *global benchmarking* nessa área.

7. Os **indutores da adesão às boas práticas de governança** são: 1. harmonização de conflitos e redução de custos de agência; 2. percepção de benefícios superiores a custos; 3. reestruturações societárias e processos sucessórios; 4. ativismo dos investidores institucionais e maior mobilização dos minoritários; e 5. normas mais duras e efetivas dos órgãos de regulação.

8. A *tendência à internalização de objetivos abrangentes* tem levado à integração de três dimensões – econômico-financeira, social e ambiental, alinhadas ao conceito-base do *triple bottom line*. Elas sintetizam o conceito ampliado de responsabilidade corporativa, que tem sido empregado para enfatizar um amplo conjunto de compromissos, além da geração de máximo retorno total dos proprietários, com os quais as modernas corporações têm se envolvido. Esse conjunto inclui respostas às expectativas dos principais *stakeholders* que com elas interagem, bem como às questões emergentes que eles propõem.

9. Entre os compromissos de longo alcance das corporações destacamos dois, referentes a questões sociais e ambientais: 1. atenção para os **efeitos globais dos negócios e do crescimento exponencial de suas escalas** e não apenas para os impactos pontuais nos locais onde eles se realizam; e 2. **visão transgeracional**, com ampla extensão do horizonte estratégico, conciliando a produção para satisfação dos mercados atuais com os direitos das futuras gerações às provisões necessárias a padrões de vida melhores que os atualmente vigentes.

10. No Brasil, observam-se movimentos na direção das quatro principais tendências da governança corporativa. Mas os dois mais visíveis são *adesão aos melhores modelos* e *abrangência das boas práticas adotadas*. A tendência à adesão é

impulsionada pelas fusões e aquisições, pela maior presença do capital externo, pelas alianças estratégicas e *joint ventures* nas empresas, pelos lançamentos de programas de ADRs e pelos movimentos de separação propriedade-gestão. Já a tendência à abrangência tem sido influenciada pela sensibilidade das companhias às condições ambientais e sociais no país.

11. Os principais impulsores externos da boa governança no país têm sido: 1. pressões exercidas no âmbito do mercado de capitais por adequação dos institutos legais do país; 2. reduzida expressão de um mercado de dívida de longo prazo, levando as empresas a um novo ciclo de capitalização via oferta pública de ações; 3. ativismo dos investidores institucionais; e 4. disposição dos investidores em premiar as empresas melhor governadas.

12. As mudanças nas estruturas de controle – *naturais* (resultantes de processos sucessórios) e *negociadas* (decorrentes de movimentos de fusões, aquisições, constituição de consórcios e de acordos de acionistas) – têm sido o principal indutor, no país, de melhores práticas de governança. E o principal obstáculo tem sido o dilema entre a manutenção do controle e a maximização do valor da empresa.

13. **Há firmes evidências de que o Brasil caminha para o aperfeiçoamento simultâneo do mercado de capitais e da governança corporativa.** Um novo ciclo está se iniciando. E o mercado de ações tem pago prêmios a empresas bem governadas que recentemente promoveram a abertura do seu capital e a oferta pública de suas ações.

PALAVRAS E EXPRESSÕES-CHAVE

- Tendências da governança corporativa.
    - Convergência.
    - Adesão.
    - Diferenciação.
    - Abrangência.
- Convergências legais.
    - Equanimização de direitos.
    - Responsabilização da gestão.
    - *Enforcement*.
- Convergências funcionais.
    - Padronização contábil.
    - Separação *Chairman/CEO*.
    - Efetividade de conselhos.
    - Arbitragem privada.
    - Harmonização de interesses.

- Mudanças no ambiente externo de governança.
    - Operações interfronteiras.
    - Eficácia regulatória.
    - Efeitos-contágio.
    - *Ratings* de governança.
    - Prêmios por governança.
    - Normas mais duras.
    - *Comply or explain*.
    - Minoritários ativos.
- Mudanças no ambiente interno de governança.
    - Conciliação de interesses.
    - Remoção de conflitos.
    - *Empowerment* de conselhos.
    - Equalização de direitos.
    - Separação de papéis.

- Questões emergentes.
    - Expansão econômica.
    - Impacto ambiental.
    - Exclusão massiva.
- *Triple bottom line*.
    - Dimensão econômico-financeira.
    - Dimensão social.
    - Dimensão ambiental.
- Responsabilidade corporativa.

Apêndice

Transposição Conceitual: da Governança Corporativa para a Governança do Estado

As práticas de governança são essencialmente diferentes no Estado e nas empresas. No entanto, seria um equívoco afirmar que as práticas de governança do setor público e do setor privado estão confinadas em universos paralelos. Em reação ao crescente fortalecimento da cidadania, ao aprimoramento das legislações e aos mecanismos de controle da sociedade, esses dois mundos, que nunca formaram um todo homogêneo, estão ampliando pontos de convergência. Ambos se encontram cada vez mais próximos nos objetivos comuns de busca de transparência, nas relações com a sociedade e na ampliação dos limites da eficiência operacional. Três linhas interligadas norteiam essa nova identidade de propósitos: a busca de capitais para investimentos, a sustentabilidade e a garantia da saúde econômica do conjunto da nação.

LUIZ FERNANDO FURLAN
Uma década de governança corporativa

As quatro tendências da governança corporativa que destacamos no último capítulo incluem-se entre as condições-chave que têm potencial para influir substantivamente na forma como serão conduzidas as empresas no século XXI quanto à estrutura e ao exercício do poder, às relações internas e com o ambiente externo, à definição da estratégia, à harmonização dos interesses privados em jogo em suas operações e à conciliação do máximo retorno total dos seus proprietários com as exigências de sua inserção no esforço global por maior e mais rápida inclusão socioeconômica e dilatação dos mercados básicos em todas as partes do mundo.

Este registro é uma síntese de avaliações da relevância da governança corporativa que se encontra em estudos acadêmicos, em visões de investidores e de administradores, em justificativas de proposições normativas de instituições reguladoras dos mercados e em relatórios de organizações multilaterais. São de semelhante conteúdo tanto as visões de Monks (*os propósitos que movem a governança serão as bases das corporações restauradas do novo milênio*) e de Carlsson (*o século XXI será a era da governança*), quanto avaliações como as do G8 (*a governança corporativa é um dos mais novos e importantes pilares da arquitetura econômica global*) e da OCDE (*a governança corporativa é um dos instrumentos determinantes do desenvolvimento sustentável, em suas três dimensões – a econômica, a ambiental e a social*).

A amplitude dos impactos positivos dos princípios dos propósitos e das práticas da boa governança é, assim, uma das raras unanimidades que se estabeleceram nos últimos anos nos campos da economia, das finanças e da administração. Tanto que uma quinta tendência – que se sobrepõe às quatro que destacamos – é o esforço que se observa em vários sistemas organizacionais, tangentes aos das corporações, para a absorção e a transposição do *composto conceitual da governança corporativa*. Entre eles se podem seguramente incluir as organizações do terceiro setor e o Estado.

Este Apêndice é uma tentativa de *transposição conceitual* para a gestão do Estado. Talvez uma contribuição para o desenho de um caminho que estabeleça bases para a sua reconstrução.

GOVERNANÇA DO ESTADO: UMA ABORDAGEM TEÓRICA

Os conflitos e os custos de agência são derivações diretas de uma das características do moderno mundo corporativo: a **dispersão do capital de controle**, tanto a resultante do financiamento das companhias via emissões e ofertas públicas de ações, quanto a que decorre do inexorável processo de partilha da propriedade pela sucessão dos acionistas fundadores, geração após geração.

Paralelamente ao desenvolvimento da governança corporativa, têm sido observados, pelo menos desde o início da segunda metade dos anos 90, vários esforços de transposição de princípios e de metodologias de aferição para o organismo no Estado. As transposições envolvem desde as questões relacionadas a *problemas de agência* até as que exploram a ocorrência de *forças de controle* e os mecanismos de sua redução ou, no limite, de sua anulação.

A Figura A.1 é um exemplo de transposição do conceito de conflito de agência, claramente também presente no processo de gestão do Estado. Neste caso, no lugar dos acionistas, colocam-se os contribuintes, como agentes principais e outorgantes do modelo de governança pública. Afinal, são os cidadãos contribuintes que canalizam recursos para o Estado, capitalizando-o, para que ele possa produzir bens e serviços de interesse público. A expectativa é que os administradores do setor público cuidem da eficaz alocação destes recursos e, consequentemente, ao máximo retorno total dos tributos pagos, expressos pelos *dividendos sociais* proporcionados por bens e serviços de interesse difuso. Ocorre, porém, como no caso das corporações, que as decisões

FIGURA A.1
Os *conflitos de agência* no processo de governança do Estado.

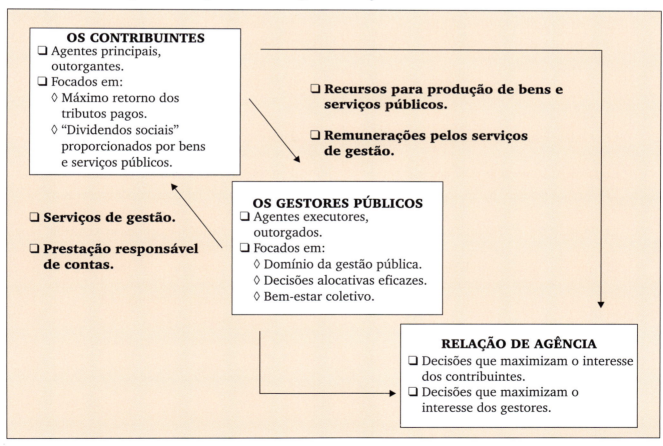

dos gestores públicos podem conflitar com os interesses dos contribuintes, até porque, enquanto agente alocador de recursos, o governo tende a ser menos perfeito que os agentes privados, seja pela alta dispersão dos contribuintes e pela consequente dificuldade de controle presencial e direto da administração pública, seja porque também é outorgada a representantes a participação nos processos decisórios envolvendo a destinação de suas provisões.

O Quadro A.1 resume os interesses imperfeitamente simétricos de contribuintes (agentes outorgantes) e de gestores públicos (agentes outorgados). As contraposições são claras e se verificam efetivamente na realidade. Os interesses dos contribuintes estão, em princípio, focados na recepção de serviços de excelência, proporcionados por servidores comprometidos com qualidade e produtividade. E vão além: há evidentes razões que os levam a preferir a

QUADRO A.1
Interesses imperfeitamente simétricos de contribuintes e de gestores do Estado.

INTERESSES DOS CONTRIBUINTES: OS OUTORGANTES	INTERESSES DOS GESTORES: OS OUTORGADOS
❑ Serviços públicos de excelência: ◊ Qualidade. ◊ Produtividade.	❑ Garantia aos servidores públicos: ◊ Serviços não avaliados. ◊ Ausência de avaliações de desempenho dos servidores. ◊ Permanência no emprego: inamovibilidade.
❑ Máxima relação investimentos/custeio.	❑ Elevação dos próprios benefícios: aumento dos dispêndios de custeio.
❑ Eficácia na alocação dos recursos.	❑ Alocações clientelistas de recursos.
❑ Gestão eficiente: baixos custos de transação.	❑ Gigantismo e burocracia: altos custos de transação.
❑ Corrupção zero: conformidade absoluta.	❑ Corrupção endêmica: práticas condenáveis recorrentes.
❑ Transparência, integridade das contas e auditoria rigorosa e independente.	❑ Auditoria "sob controle": nomeação interna dos juízes dos Tribunais de Contas, comprometendo independência.
❑ Carga tributária: ◊ Sob limites e controle. ◊ Compatível com benefícios sociais efetivamente gerados e percebidos.	❑ Carga tributária: ◊ Permanentemente pressionada para cima. ◊ Insensibilidade à relação benefícios/custos.

execução de orçamentos que maximizem a relação entre dispêndios de investimento e de custeio, bem como a imposição de limites para a carga tributária. Mais ainda: a preferirem rigorosa conciliação entre a carga tributária definida e os benefícios sociais por ela proporcionados. Obviamente, a satisfação desses interesses pressupõe eficácia no emprego de recursos, gestão eficiente e baixos custos de transação. Implica também corrupção zero e prestação responsável de contas.

A realidade, porém, pode estar bem distante desses interesses, dada assimetria entre eles e os dos gestores públicos. Estes estão interessados na elevação de seus próprios benefícios, o que implica pressões por aumento nos dispêndios de custeio, comprimindo a poupança do governo e, consequentemente, os orçamentos de investimento. Somam-se a estas pressões os vícios inerentes ao jogo político-partidário, tornando a alocação de recursos muito mais sujeita a atendimento clientelista do que a decisões orientadas por planos estrategicamente consistentes. E há mais conflitos entre os interesses das duas partes: um é a qualidade e a produtividade dos serviços públicos, que são geralmente afetadas pela ausência de avaliações estruturadas do desempenho dos servidores e às garantias legais de sua inamovibilidade: outro é o gigantismo da burocracia no serviço público e os consequentes custos de transação, que, além de naturalmente altos, são inflexíveis para baixo e tendem a crescer. Quanto à carga tributária, em contraposição à definição de limites, o que se observa são movimentos expansionistas, além de manifesta insensibilidade para a relação benefícios/custos. Por fim, a auditagem e a prestação responsável de contas podem ser comprometidas pelo processo e pelos critérios de nomeação de juízes de Tribunais de Contas – eles são escolhidos e indicados pelos próprios gestores, que terão suas contas a eles submetidas. Seria surpreendente se estas práticas questionáveis não contrariassem as exigências de corrupção zero.

Os resultados destas assimetrias estão no Quadro A.2. Adotando a terminologia consagrada pela governança corporativa, eles são uma síntese dos custos de agência que podem ser observados na administração do Estado. São associáveis às imperfeições do governo como agente econômico e aos interesses imperfeitamente simétricos de contribuintes e gestores públicos. Os principais são: 1. o questionável gigantismo do Estado e a predominância de práticas burocráticas que não geram valor para os contribuintes; 2. os altos custos de transação, alimentados por estruturas organizacionais burocráticas, por lentidão processual e pela negociação de sobrepreços; 3. as estruturas onerosas de controle, que, apesar de sobreposições, são geralmente pouco eficazes; 4. a prática generalizada de nepotismo; 5. as alocações pulverizadas de recursos, que privilegiam interesses regionais e político-partidários, comprometendo os focos estratégicos que deveriam orientar a construção e a execução orçamentária; 6. o aparelhamento político da máquina administrativa; e 7. a promulgação de leis que enrijecem os benefícios autoconcedidos.

Claro que, pela observação recorrente destes custos, desenvolveram-se as *forças de controle do Estado*, que estão registradas no Quadro A.3. Como no caso das corporações, elas podem ser desdobradas em externas e internas. Entre as forças externas, destacam-se as quatro seguintes: 1. o julgamento público dos governos, que se realiza universalmente por ocasião dos processos eleitorais, por levantamentos amostrais da opinião pública e por comparações abertas entre os objetivos anunciados e os resultados efetivos da atuação do governo; 2. as liberdades civis, que ensejam a mobilização coletiva contra atos que contrariem o direito e o interesse público; 3. a organização de grupos de poder atuantes, que se manifestam diante de desvios de conduta do governo; e 4. a avaliação de indicadores nacionais de desempenho econômico e social. Entre as forças internas, a mais importante remonta aos primórdios da construção do Estado a separação dos poderes. Outras são. 1. as instituições expressas no direito constitucional; 2. as restrições impostas às ações do governo, de que são exemplos as leis que regulam as ações fiscais, nos dois lados do orçamento público – a criação de tributos e outras receitas correntes e a execução dos dispêndios; 3. a livre atuação de facções oposicionistas, atentas a quaisquer formas questionáveis de atuação do governo; 4. a atuação de corregedorias; e 5. a instalação de Tribunais de Contas.

QUADRO A.2
Os *custos de agência* no processo de gestão do Estado.

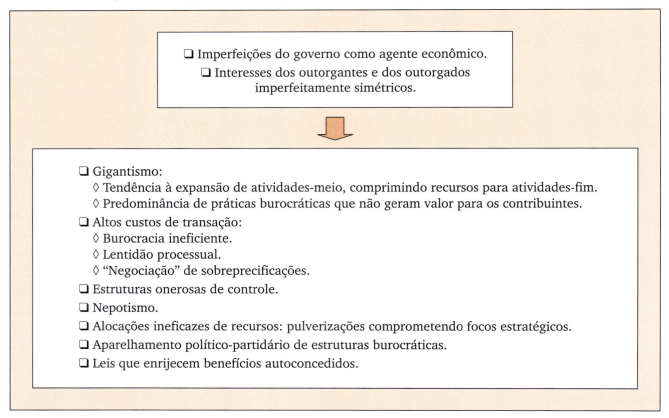

QUADRO A.3
As forças de controle da gestão do Estado e os mecanismos de sua redução ou anulação.

FORÇAS EXTERNAS
- Julgamento público:
  - Processo eleitoral: a avaliação universalizada.
  - Levantamentos amostrais de opinião.
  - Comparações: objetivos anunciados/resultados efetivos.
- Liberdades civis: mobilização coletiva.
- Organização atuante de grupos de poder.
- Avaliação dos indicadores de desempenho:
  - Econômicos.
  - Não econômicos.

FORÇAS INTERNAS
- Instituições expressas no Direito Constitucional.
- Separação dos poderes.
- Restrições: leis de responsabilidade fiscal.
- Atuação de facções políticas oposicionalistas.
- Corregedorias.
- Tribunais de Contas.

MECANISMOS DE REDUÇÃO OU DE ANULAÇÃO
- Co-optação das oposições: composições para "governabilidade".
- Restrições às liberdades civis e censura aos meios de comunicação.
- Propaganda oficial: autopromoção.
- Seleção, manipulação e sonegação de indicadores de desempenho.
- Comprometimento do princípio de separação de poderes.
- No limite: construção de estruturas totalitárias de poder.

Estas forças externas e internas estabelecem-se para o controle dos conflitos e dos custos de agência expressos pela má gestão do Estado. Mas todas elas podem ser reduzidas ou até anuladas pelo gestor público oportunista e expropriador. Os mecanismos utilizados neste sentido vão da cooptação das oposições – via "composições – que são justificadas pela busca de governabilidade –, passam pelo comprometimento do princípio de separação dos poderes e, no limite, podem chegar à construção de estruturas totalitárias de poder, que suprimem, anulando-as, as forças externas de controle, abrindo espaços para a maximização dos interesses da burocracia e da nomenclatura estabelecida na estrutura do Estado. O uso do poder do Estado para impor restrições às liberdades civis e aos meios de comunicação é também forma empregada para limitar a atuação de forças de controle, enquanto a manipulação e a sonegação de indicadores negativos de desempenho podem se contrapor às avaliações e às manifestações contrárias aos interesses do governo.

GOVERNANÇA: UMA BASE PARA RECONSTRUÇÕES

Seria ocioso relacionar as experiências históricas resultantes do conflito entre o interesse público legitimamente esperado pelos contribuintes e o interesse privado ilegitimamente buscado pelo gestor público oportunista. Vale, porém, registrar os principais fatores que têm contribuído para a expropriação e o oportunismo. Seis se destacam:

1. A expansão do aparelho burocrático do Estado, geralmente decorrente da criação de atividades-meio desnecessárias, cujos custos comprimem os recursos para atividades-fim.
2. A criação de empresas estatais, em áreas preenchíveis vantajosamente pela iniciativa privada.
3. A prerrogativa de nomeações para cargos de confiança, em número injustificável.
4. A inexistência de limitações legais à geração de déficits orçamentários.
5. A possibilidade de cobertura de déficits por endividamento irresponsável.
6. O recurso, também sem limitações explicitadas em lei, de aumento imoderado da carga tributária.

Boas e rígidas regras de governança podem ser estabelecidas tanto para coibir o uso de mecanismos de anulação das forças de controle do Estado quanto para limitar os fatores que favorecem o oportunismo e a expropriação. Em *Stateburlding: governace and world order in the 2st centure*, Francis Fukuyama[1] sugere que a concepção de um novo ordenamento para o setor público no século XXI se estabelecerá a partir da revisão da governança do Estado em dois eixos de referência – o das funções e dimensões e o das práticas de gestão. A Figura A.2 sintetiza diferentes situações, definidas por quatro quadrantes: o pior é o 4, em que se combinam dimensões e funções expandidas com o enfraquecido do Estado por altos *custos de agência*; o melhor é o 1, onde se situam os Estados fortes, geridos por boas práticas de governança e com dimensões limitadas ao exercício de funções essenciais, aceitas pela sociedade e avaliadas como de alto interesse público.

Pelas características sumarizadas em cada quadrante, é notório que o Brasil está no pior quadrante, exatamente aquele em que a reforma do Estado é um objetivo nacional irrecusável. A saída do quadrante 4 para o 3, com drástico enxugamento de estruturas improdutivas, é um propósito que se justificaria pela simples relação hoje observada entre os custos e os benefícios das dimensões alcançadas pelo Estado no Brasil. Mas não bastaria este deslocamento. Ele se completaria se um Estado essencial passasse a ser gerido pelas regras da boa governança, redutoras de conflitos e de custos de agência. Ocorre, porém, que esta não é uma trajetória possível, pelo próprio enrijecimento legal do gigantismo do Estado e das mais variadas formas de oportunismo praticadas ao longo dos anos – como é o caso das conhecidas discre-

FIGURA A.2
As dimensões, as funções e a governança do Estado.

	Quadrante 1	**Quadrante 2**
Boas práticas: Estado forte	☐ Transparência e instituições sólidas. ☐ Baixa participação do Estado no PNB. ☐ Foco em bens públicos essenciais. ☐ Alocação de recursos públicos estrategicamente definida. ☐ Alta conformidade exigida do setor privado. ☐ Altos níveis de atratividade e competitividade nacionais. ☐ Bons fundamentos para crescimento sustentável.	☐ Instituições sólidas. ☐ Transparência e *accountability*. ☐ Alta participação do Estado no PNB. ☐ Foco: *social welfare*. ☐ Eficaz canalização de recursos públicos. ☐ Fundamentos econômicos sólidos. ☐ Desenvolvimento socioeconômico includente.
	Quadrante 3	**Quadrante 4**
Altos "custos de agência": enfraquecimento do Estado	☐ Instabilidade institucional. ☐ Baixa participação do Estado no PNB. ☐ Ineficaz alocação de recursos públicos. ☐ Ocorrência de gargalos infra-estruturais. ☐ Fragilidades e vulnerabilidades, internas e externas. ☐ Crescimento insustentável. ☐ Baixos padrões do desenvolvimento.	☐ Instituições frágeis: inconformidades. ☐ Alta participação do Estado no PNB. ☐ Ineficaz alocação de recursos públicos. ☐ Crescimento econômico sacrificado. ☐ Burocracia do Estado alta e contestada. ☐ Reações e insatisfações crescentes com a exação fiscal. ☐ Reforma do Estado: mudança irrecusável.

GOVERNANÇA DO ESTADO ←→

DIMENSÕES E FUNÇÕES DO ESTADO: Essenciais ←→ Expandidas

Fonte: Síntese de análises da situação mundial e de proposições normativas a partir de FUKUYAMA, Francis. *State-building: governance and world order in the 21st century*. Ithaca, NY: Cornell University Press, 2004.

pâncias entre os benefícios previdenciários concedidos aos egressos do setor público e do setor privado. A saída possível, como indicamos na Figura A.3, é para o quadrante 2, via estabelecimento de regras rigorosas de governança do Estado, a partir das quais, daqui para o futuro, o Estado superdimensionado passaria a se concentrar no exercício de funções que, em essência, são de sua competência e responsabilidade.

Vale notar que não se propõe, neste processo de reconstrução, a implantação de estruturas autocráticas de poder. A via da reconstrução há de ser a da abertura democrática, efetivamente sancionada por propósitos republicanos. Este é o caminho sugerido pelo *World Bank Institute* (*WBI*), que, desde 1966, avalia e classifica países, hoje em número de 212, segundo os padrões de governança do Estado.

Desenvolvido por Daniel Kaufmann,[2] da *Toronto University*, o modelo do *WBI* está fundamentado em seis fatores: 1. liberdade de voz e voto, poder da opinião pública e prestação de contas à sociedade; 2. estabilidade política e das instituições; 3. efetividade do governo; 4. qualidade do ambiente regulatório; 5. aplicação efetiva das leis – *enforcement versus* impunidade; e 6. controle da corrupção, em todas as suas manifestações.

FIGURA A.3
A reconstrução do Estado: foco em funções essenciais e em boa governança.

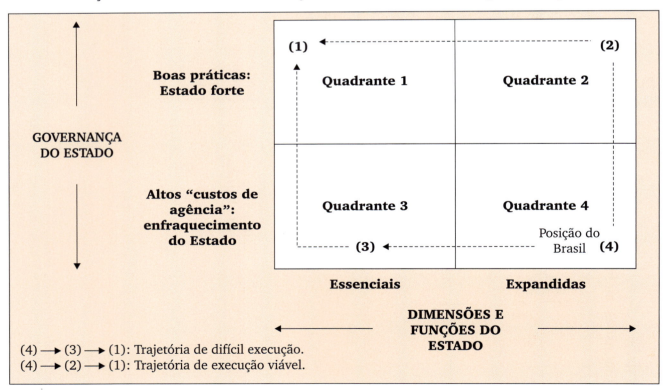

TABELA A.1
A abordagem de D. Kaufmann: a avaliação dos padrões de governança do Estado, em 2012.

Critérios de avaliação	Escala do índice: 0 (ausência) a 100 (plenamente satisfatório)		
	Países da OCDE	Países da América Latina	Brasil
1. Liberdade de voz e voto, poder da opinião pública e prestação responsável de contas à sociedade.	86,9	60,6	60,7
2. Estabilidade política e das instituições legais e regulatórias.	75,4	55,3	47,9
3. Efetividade do governo.	87,3	57,9	50,2
4. Qualidade do ambiente regulatório.	87,1	55,8	54,6
5. Aplicação efetiva das leis: *enforcement versus* impunidade.	87,1	51,2	51,7
6. Controle da corrupção, em todas as suas manifestações.	84,9	56,9	56,5
MÉDIAS	**84,8**	**56,3**	**53,6**

Fonte: WORLD BANK INSTITUTE. *Governance matters IV*: governance indicators for 1996-2007. *Governance matters 2014*. KAUFMANN, D.; KRAAY, A.; MASTRUZZI, M. University of Toronto, 2014.

TABELA A.2
Evolução dos índices de governança do Estado no Brasil.

Critérios de avaliação	1996	2000	2002	2010	2012
1. Liberdade de voz e voto, poder de opinião pública e prestação responsável de contas à sociedade.	59,7	59,1	56,5	63,5	60,7
2. Estabilidade política e das instituições legais e regulatórias.	39,6	47,0	41,0	48,1	47,9
3. Efetividade do governo.	54,7	53,7	59,3	56,9	50,2
4. Qualidade do ambiente regulatório.	60,2	63,3	62,6	56,0	54,6
5. Aplicação efetiva das leis: *enforcement versus* impunidade.	46,4	45,9	46,6	55,5	51,7
6. Controle da corrupção, em todas as suas manifestações.	55,3	55,6	56,4	59,8	56,5
MÉDIAS	**52,6**	**54,1**	**53,7**	**56,7**	**53,6**

Fonte: WORLD BANK INSTITUTE. *Governance matters IV*: governance indicators for 1996-2007. *Governance matters 2014*. KAUFMANN, D.; KRAAY, A.; MASTRUZZI, M. University of Toronto, 2014.

O Brasil é um dos 212 países avaliados segundo estes critérios. Os resultados estão nas Tabelas A.1 e A.2. Na primeira, os padrões de governança do Estado brasileiro são comparados com os dos países da OCDE (os mais altos do mundo) e com os da América Latina e do Caribe (um dos mais baixos do mundo). Na segunda, registram-se as tendências da avaliação no período 1996-2012. É desalentador verificar que os índices brasileiros são ainda mais baixos que os dos países da América Latina. E mais: não registram tendências unidirecionais de melhorias substantivas em três importantes indicadores – aplicação efetiva das leis, controle da corrupção e efetividade do governo.

Estas avaliações revelam que *a questão-chave do Estado não é de governabilidade, mas de governança*. Enquanto a primeira é uma conquista circunstancial e geralmente efêmera do poder estabelecido, a segunda é uma conquista da sociedade, estrutural e duradoura. E que estará necessariamente alicerçada nos quatro princípios que definem a boa governança das corporações: *fairness, disclosure, accountability* e *compliance*.

Referências Bibliográficas

1
O Desenvolvimento das Corporações e o Despertar da Governança Corporativa

1. G8. Declaração homologada da Reunião de Cúpula, Colônia, Jun. 1999. In: *International Corporate Governance Network*. Annual Conference. Frankfurt, Jul. 1999.

2. OECD. *Guidelines for multinational enterprises:* annual report 2001. Global instruments for corporate responsibility. Paris: OECD, 2001.

3. NUSSBAUM, Frederick L. *History of economic institutions of Modern Europe*. New York: F. S. Crofts, 1933.

4. SOMBART, Werner. *The quintessence of capitalism*. New York: Dutton, 1915.

5. WEBER, Max. *General economic history*. New York: The Free Press, 1950.

6. MARX, Karl. *Das Kapital*, apud HEILBRONER, Robert L. *The worldly philosophers*, 6. ed. New York: Simon & Schuster, 1986.

7. DOBB, Maurice. *Studies in the development of capitalism*. London: Routledge and Kegan Paul, 1963.

8. HEILBRONER, Robert L. *The making of economic society*. New Jersey: Prentice-Hall, 1975.

9. STEINER, George A. *Governement's role in economic life*. New York: MacGraw-Hill, 1962.

10. WATKINS, Frederick. *A idade da ideologia*. Rio de Janeiro: Zahar, 1966.

11. DOBB, Maurice. The industrial revolution and the XIX century. *Studies in the development of capitalism*. London: Routledge and Kegan Paul, 1963.

12. MANTOUX, Paul. *The industrial revolution in the eighteenth century*. 2. ed. New York: Harcourt, 1928.

13. DUNHAM, A. *The industrial revolution in France, 815-48*. New York: Exposition Press, 1955.

14. CHANDLER, Alfred D. *The visible hand:* the managerial revolution in American business. Cambridge: Harvard University Press, 1977.

15. GALBRAITH, John Kenneth. *The new industrial state*. Boston: Houghton Mifflin, 1967.

16. DAVIS, Joseph S. *Essays in the earlier history of American corporations*. Cambridge: Harvard University Press, 1917.

17. BERLE, Adolf A.; MEANS, Gardiner C. *The modern corporation and private property*. 2. ed. New York: Harcourt Brace Jovanovich, 1965.

18. KEYNES, John Maynard. *The end of laissez-faire*. New York: Prometheus Books, 2004.

19. KEYNES, John Maynard. *The general theory of employment, interest and money*. Cambridge: The Royal Economic Society: MacMillan, 1973.

20. CORIAT, Benjamin. *L'atelier et le robot*. Collection Choix-Essais. 2. ed. Paris: Christian Bourgois Éditeur, 1994.

21. CHANDLER, Alfred D. Organizational capabilities and industrial restructuring: a historical analysis. *Journal of Comparative Economics*, Boston, v. 17, nº 2, 1993.

22. TAYLOR, Frederick Winslow. *Princípios de administração científica*. 8. ed. São Paulo: Atlas, 1990.

23. FAYOL, Henry. *Administração industrial e geral*. 10. ed. São Paulo: Atlas, 1994.

24. McCLELAND, David C. *The achieving society*. New York: Van Nostrand, 1961.

25. MASLOW, Abraham H. *Motivation and personality*. 2. ed. New York: Harper & Row, 1970.

26. HERSEY, Paul; BLANCHARD, Kenneth H. *Management of organization behavior*. Englewood Cliffs: Prentice Hall, 1972.

27. McGREGOR, Douglas. *The human side of enterprise*. New York: Harper & Row, 1973.

28. FEIGENBAUM, A. V. *Total quality control*. New York: McGraw-Hill, 1983.

29. ISHIKAWA, Kaoru. *What is total quality control*. Englewood Cliffs: Prentice Hall, 1985.

30. BERTALANFFY, Ludwig von. *General system theory*. New York: George Braziller, 1968.

31. PORTER, Michael. *Competitive strategy*. New York: Free Press, 1980.

32. SANGE, Peter. *The fifth discipline*. New York: Double Day, 1990.

33. CHAMPY, James; HAMMER, Michael. *Reengenharia. Revolucionando a empresa*. Rio de Janeiro: Campus, 1993.

34. KAPLAN, R.; NORTON, D. The balanced scorecard. *Harvard Business Review*, Jan./Feb. 1992.

35. BERLE, Adolf A.; MEANS, Gardiner C. *The modern corporation and private property*. 2. ed. New York: Harcourt Brace Jovanovich, 1965.

36. GALBRAITH, John Kenneth. *The new industrial state*. Boston: Houghton Mifflin, 1967.

37. MONKS, Robert A. G.; MINOW, Nell. *Corporate governance*. 3. ed. Oxford: Blackwell, 2004.

38. DURBIN, Evan F. *The Politics of democratic socialism*: An Essay on social policy. London: G. Routledge & Sons, 1940.

39. BERLE, Adolf A.; MEANS, Gradiner C. *The modern corporation and private property*. 2. ed. New York: Harcourt Brace Jovanovich, 1965.

40. GORDON, R. A. *Business leadership in the large corporation*. Washington: Brookings Institution, 1945.

41. LARNER, Robert J. Ownership and control in the *200* largest non-financial corporations: 1929 and 1963. *The American Economic Review*, v. LVI, nº 4, 1966.

42. MONKS, Robert A. G.; MINOW, Nell. Shareholders: owenship. In *Corporate governance*. 3. ed. Oxford: Blackwell, 2004.

43. ALCHIAN, A.; DEMSETZ, H. Production, information costs and economic organization. *American Economic Review*, nº 72, 1972.

44. GROSSMAN. S.; HART. O. The costs and benefits of ownership: a theory of vertical and lateral integration. *Journal of Political Economy*, v. 94, nº 4, 1986.

45. HALL, R. L.; HITCH, C. J. Price theory and business behavior. Oxford Economic Paper, 2, 1939.

46. BAUMOL, William J. *Business behavior, value and growth*. New York: McMillan, 1959.

47. MARRIS, Robin. *The economic theory of "managerial" capitalism*. New York: Free Press of Glencoe, 1964.

48. KLEIN, Benjamin. Contracting costs and residual profits: the separation of ownership and control. *Journal of Law & Economics*, v. 26, 1985.

49. JENSEN, Michael C.; MECKLING, William. Theory of the firm: managerial behavior, agency costs and ownership structure. *Journal of Financial Economics*, v. 3, 1976.

50. SCITOVSKY, Tibor. A note in profit maximization and its implications. *Review of Economic Studies*, nº 2, 1943.

51. DAVIS, G. E.; THOMPSON, T. A. A social movement perspective on corporate control. *Administrative Science Quarterly*, v. 39, 1994.

52. ALCHIAN, A.; DEMSETZ, H. Production, information costs and economic organization. *American Economic Review*, v. 62, 1972.

53. ROSS, Stephen A. The economic theory of agency: the principal's problem. *American Economic Review*. v. 63, nº 2, 1973.

54. JENSEN, Michael C.; MECKLING, William H. The nature of man. *Journal of Applied Corporate Finance*, v. 7, nº 2, 1994.

55. CARVALHO, Antonio Gledson. Governança corporativa no Brasil em perspectiva. *Revista de Administração*, São Paulo, v. 37, nº 3, jul./set. 2002.

56. DALTON, D. R.; DAILY, C. M.; ELLSTRAND, A. E.; JOHNSON, J. L. Meta-analitic reviews of board composition, leadership structure and financial performance. *Strategic Management Journal*, v. 9, 1998.

57. SEWARD, J. K.; WALSH, J. P. The governance and control of voluntary corporate spinoffs. *Strategic Management Journal*, v. 17, 1996.

58. HITT, A.; IRELAND, R. D.; HOSKISSON, R. E. *Strategic management:* competitiveness and globalization. Cincinnati, Ohio: South-Westerm College Publishing, 2001.

59. WRIGHT, P.; FERRIS, S. P. Agency conflict and corporate strategy: the effect of divestment on corporate strategy. *Strategic Management Journal*, v. 18, 1997.

60. BRANCATO, Carolyn Kay. *Institutional investors and corporate governance*. Chicago: Irwin: The Conference Board, 1997.

61. DUPAS, Gilberto. Foco estratégico, sucesso empresarial e coesão societária familiar. In ÁLVARES, E. (Org.). *Governando a empresa familiar*. Rio de Janeiro: Fundação Dom Cabral: Qualitymark, 2003.

2 Objetivos, Concepções e Valores da Governança Corporativa

1. CAMPOS, Taiane. *Impacto das políticas para stakeholders sobre o desempenho das companhias de capital aberto no Brasil: uma conexão*. Tese de doutorado. Belo Horizonte: UFMG, dez. 2003.

2. CLARKSON, Max B. E. Reflections on stakeholders theory. The Toronto Conference. *Business and Society*, Apr. 1994.

3. MITCHELL, Ronald; AGLE, Bradley; WOOD, Donna. Toward a theory of stakeholders identification and salience: defining the principle of who and what really counts. *Academy of Management Review*, v. 2, 1997.

4. ALTKINSON, Anthony; WATERHOUSE, John. A stakeholders approach to strategic performance measurement. *Sloan Management Review*, v. 38, nº 3, 1997.

5. DONALDSON, T.; PRESTON, L. E. The stakeholder theory of the corporation: concepts, evidence and implications. Ohio: *Academy of Management Review*, v. 20, 1995.

6. BOATRIGHT, John R. *Ethics and the conduct of business*. New Jersey: Prentice Hall, 1999.

7. SILVEIRA, Alexandre Di Miceli da. *Governança corporativa e estrutura de propriedade:* determinantes e relação com o desempenho das empresas no Brasil. São Paulo: USP, mimeo. nov. 2004.

8. SUNDARAM, Anant K.; INKPEN, Andrew C. The corporate objective revisited. *Thunderird School of Management Working Paper*, Oct. 2001.

9. FRIEDMAN, Milton. The social responsibility of business is to increase its profits. In HARTMAN, Laura. *Perspectives in Business Ethics*. New York: McGraw-Hill, 1998.

10. STERNBERG, E. The stakeholders concept: a mistaken doctrine. *Foundation for Business Responsibilities*. Issue Paper, nº 4, Nov. 1999.

11. FREEMAN, R. E.; McVEA, J. *A stakeholder approach to strategic management*. Apud SILVEIRA, A. Di Miceli da.; YOSHINAGA, Claudia E.; BORBA, Paulo R. F. Crítica à teoria dos stakeholders como função-objetivo corporativa. São Paulo: *Caderno de Pesquisas em Administração*, v. 12, nº 1, jan./mar. 2005.

12. METCALFE, Chris E. The stakeholder corporation. *Business Ethics*. v. 7, nº 1, 1998.

13. BERLE, Adolf A.; MEANS, Gardiner C. *The modern corporation and private property*. 2. ed. New York: Harcourt Brace Jovanovich, 1965.

14. BABIC, V. Corporate governance problems in transition economies. Winston-Salem: Wake Forest University, *Social Science Seminar*, 2003.

15. BERTERO, Carlos O. Questões de governança empresarial. In RODRIGUES, S. B.; CUNHA, M. P. *Estudos organizacionais:* novas perspectivas na administração de empresas. São Paulo: Iglu, 2000.

16. COOMBES, Paul; WONG Simon. Investor perspectives on corporate governance: a rapidly envolving history. In *Gobal corporate governance guide 2004*. London: Globe White Paper, 2004.

17. JENSEN, Michael. Value maximization, stakeholder theory and the corporate objetive function. *Journal of Applied Corporate Finance*, v. 14, nº 3, 2001.

18. MONKS, Robert A. G.; MINOW, Nell. In What is a corporation? Balancing interests. *Corporate governance*. 3. ed. Oxford: Blackwell, 2004.

19. SHAWN, Berman; WICKS, Andrew C. Does stakeholder orientation matter? *Academy of Management Journal*, v. 42, nº 5, 1999.

20. BECHT, Marco; BOLTON, Patrick; RÖELL, Alisa. Corporate governance and control. *NBER Working Paper Series*. Cambridge, MA: National Burear of Economic Research, nº 9.371, Cambridge, MA, 2002.

21. ALLEN, Franklin; GALE, Douglas. *Comparing financial systems*. Cambridge, Massachudetts: MIT Press, 2000.

22. GILLAN, S.; STARKS, L. Corporate governance proposals and relationship shareholder activism: the role of institucional investors. *Journal of Financial Economis*, nº 57, 2000.

23. MITCHELL, M.; MULHERIN, H. The impact of industry shocks on takeover and restructuring activity. *Journal of Financial Economics*, nº 53, 1996.

24. GUBITTA, Paolo; GIANECCHINI, Martina. Overnance and flexibility in family-owned SMES. *Family Business Review*, v. XV, no 4, Dec. 2002.

25. YIP, George. *Total global strategy*. New York: Prentice Hall, 2003.

26. MONKS, Robert A. G.; MINOW, Nell. 3. ed. *Corporate governance*. Oxford: Blackwell, 2004.

27. BLAIR, M. M. For whom should corporations be run? An economic rationale for stakeholder management. *Long Range Planning*, v. 31, 1999.

28. WILLIAMSON, O. E. *The mechanisms of governance*. Oxford: Oxford University Press, 1996.

29. OECD. *OECD principles of corporate governance*. Paris: OECD, 1999.

30. SHLEIFER, Andrei; VISHNY, Robert W. A survey of corporate governance. *Journal of Finance*, v. 52, 1997.

31. IBGC – Instituto Brasileiro de Governança Corporativa. *Governança corporativa*. São Paulo: IBGC, 2003.

32. CADBURY COMMITTEE. *The report of the committee on financial aspects of corporate governance*. Londres: Cadbury Committee, Dec. 1992. Mimeografado.

33. BABIC, V. *Corporate governance problems in transition economies*. Winston-Salem: Wake Forest University, Social Science Research Seminar, 2003.

34. HITT, M. A.; IRELAND, R. D.; HOSKISSON, R. E. *Strategic management*: competitiveness and globalization. Cincinnati, Ohio: South-Werstern College Publishing, 2001.

35. MATHIESEN. *Management ownership and financial performance*. PhD dissertation, series 18.2002. Copenhagen Business School, 2002.

36. CADBURY, Adrian. The future of governance: the rules of the game. *Journal of General Management*, v. 24, 1999.

37. CLAESSENS, S.; FAN, P. J. *Corporate governance and investment policy*. Pittsburgh: Center for Research on Contracts and the Structure of Enterprise. Working paper, 1996.

38. GERSICK, Kelin E.; DAVIS, John A.; HAMTON, M. McCollom; LANSBER, Ivan. *Generation to generation*: life cicles of family business. Bons: Harvard Press, 1997. Ver também ROSSETTI, J. P.; ADORNO, Matheus Mason. Uma introdução à governança nas empresas familiares. In: MELO, Marcelo; LUCENA, P. *Acontece nas melhores famílias*. São Paulo: Saraiva, 2008.

39. ROSSETTI, J. P. Os "8 Ps" da governança corporativa em empresas familiares: uma proposta metodológica para levantamento de hiatos. In: FONTES FILHO, Joaquim Rubens; CÂMARA LEAL, Ricardo Pereira (Coord.). *Governança corporativa em empresas familiares*. São Paulo: IBGC/Saint Paul Editora, 2011.

3
Os Grandes Marcos Construtivos da Governança Corporativa

1. BERLE, A.; MEANS, G. *The modern corporation and private property*. 2 ed. New York: Harcourt Brace Jovanovich, 1965.

2. MONKS, Robert A. G.; MINOW, Nell. *Power and accountability*. New York: Harper Collins, 1992.

3. SANTAZONO, Tetsuji. *Pioneer of corporate governance:* Bob Monks, a record of struggle. Tóquio: Nikkei Financial Daily, p. 9, 25 June 2001.

4. MONKS, Robert A. G. *The emperor's nightingale*. Oxford: Capstone, 1998.

5. JONES, Ian; POLLITT, Michael. *Understanding how issues in corporate governance develop:* Cadbury report to Higgs Review. Cambridge: ESRC Centre for Business Research, University of Cambridge. Working Paper nº 277, 2003.

6. LODI, João Bosco. *Governança corporativa*: o governo da empresa e o conselho de administração. Rio de Janeiro: Campus, 2000.

7. BUCKINGHAM, Lisa. Cadbury drive to rebuilt trust in the way business is run relies on market. *The Guardian*, Londres, 2 Dec. 1992, p. 12.

8. HIGGS REVIEW. *Review of the role and effectiveness of non-executive directors*. Londres: DTI, 2003.

9. MILLSTEIN REPORT. *Corporate governance improving competitiveness and access to capital in global markets*. Paris: OECD, 1998.

10. OCDE. *OCDE principles of corporate governance*. Paris: OCDE, 1999.

11. JOHNSTON, Donald. *The revised OECD principles of corporate governance*. Paris: OECD, 2004.

12. HASSET, Joe; MAHONEY, Bill. Comportem-se! *RI – Relações com Investidores*, Rio de Janeiro: IMF Editora, nº 57, nov. 2002.

13. MONKS, Robert A. G. *The new global investors*. Oxford: Capstone, 2001.

14. OECD PRINCIPLES. Part one: Preamble, p. 11-13. Paris: OECD, 1999.

15. ICGN. *Statement on global corporate governance principles*. Annual Conference. London: ICGN, 2005.

16. ICGN. *Global corporate governance principles revised*. London: ICGN Committee, Sept. 2009.

17. DELOITTE. *Lei Sarbanes-Oxley:* guia para melhorar a governança corporativa através de eficazes controles internos. São Paulo: Deloitte, 2003.

18. INSTITUTIONAL SHAREHOLDER SERVICES (ISS). *Corporate governance*: best practices user guide & glossary. ISS: Rockville, MD, 2010.

4
As Questões Centrais da Governança e as Forças de Controle das Corporações

1. SMITH, Adam. *An inquiry into the nature and causes of causes of the wealth of nations*. New York: Randon House, 1937.

2. LA PORTA, Rafael; SHLEIFER, Andrei; LOPEZ-DE-SILANES, Florêncio; VISHNY, Robert. Law and finance. *Journal of Political Economy*. v. 106, 1998.

3. FURUBOTN, E.; RICHTER, R. *Institutions and economic theory*: the contribution of new institutional economics. Ann Arbour: The University of Michigan Press, 1997.

4. MARRIS, Robin; WOOD, Adrian. *The corporate economy: grouth, competition and innovative power*. 2. ed. London: Macmillan, 1971.

5. BAUMOL, William J. *Business behavior, value and growth*. 2. ed. New York: Harcourt Brace, 1967.

6. WILLIAMSON, O. Transaction cost economics. In SCHMALENSEE, R. (Ed.). *The handbook of industrial organization*. Amsterdã: North-Holland, 1989.

7. MILGRON, P.; ROBERTS, J. *Economics, organization and management*. Englewood Cliffs: Prentice Hall, 1993.

8. JENSEN, Michael C.; MECKLING, William. Theory of the firm: managerial behavior, agency costs and ownership structure. *Journal of Financial Economics*, v. 3, 1976.

9. BECHT, Marco. The separation of ownership and control: a survey of 7 european countries. *International Corporate Governance Network*. Londres: ICGN, Report, v. 1, 1997.

10. SHLEIFER, Andrei; VISHNY, Robert. Large shareholders and corporate control. *Journal of Political Economy*, nº 94, 1986.

11. LA PORTA, Rafael; SHLEIFER, Andrei; LOPEZ-DE-SILANES, Florêncio; VISHNY, Robert. Law and finance. *Journal of Political Economy*. v. 106, 1998.

12. DJANKOV, Simeon; LA PORTA, Rafael; LOPEZ-DE-SILANES, Florencio; SHLEIFER, Andrei. *The law and economics of self-dealing*. Cambridge: National Bureau of Economic Research. Working paper nº 11.883, 2005.

13. MOURAD, Nabil Ahmad; PARASKEVOPOULOS, Alexandre. *IFRS*: normas internacionais de contabilidade para bancos. São Paulo: Atlas, 2010.

14. RAMANNA, Karthrik; SLETTEN, Ewa. *Network effects in countries adaption of IRFS*. Boston: Harward Business School. HBS Workings Paper 10-092, Nov. 2010.

15. HITT, H. A.; IRELAND, R. D.; HOSKISSON, R. E. *Strategic management: competitiveness and globalization*. Cincinnati, Ohio: South-Western College Publishing, 2001.

16. BECHT, Marco; BOLTON, Patrick; RÖELL, Alisa. Corporate governance and control. *NBER Working Paper Series*, Cambridge, MA: National Bureau of Economic Research, nº 9.371, 2002.

17. SCHAFSTEIN, David. The disciplinary role of takeovers. *Review of Economic Studies*, nº 55, 1988.

18. HESSEL, Camila Guimarães. Aquisição hostil: vitamina ou veneno? São Paulo, Revista *Capital Aberto*, ano 3, nº 31, mar. 2006.

19. JENSEN, Michael C. The modern industrial revolution: exit and failure of internal control systems. *Journal of Finance*, v. 48, nº 3, July 1993.

20. HITT, H. A.; IRELAND, R. D.; HOSKISSON, R. E. *Strategic management: competitiveness and globalization*. Cincinnati, Ohio: South-Wester College Publishing, 2001.

21. SHLEIFER, Andrei; VISHNY, Robert. Large shareholders and corporate control. *Journal of Political Economy*, nº 94, 1986.

22. BEBCHUK, Lucian Arye. A rent protection theory of corporate ownership and control. *NBER Working Paper Series*, Cambridge, MA: National Bureau of Economic Research nº 7.205, 1999.

23. CLAESSENS, Stijn; DJANKOV, Simeon; LANG, Darry H. P. The separation of ownership and control in East Asian corporation. *Journal of Financial Economics*, nº 58, 2000.

24. BECHT, Marco; BOLTON, Patrick; RÖELL, Alisa. Corporate governance and control. *NBER Working Paper Series*, Cambridge, MA: National Bureau of Economic Research, nº 9.371, 2002.

25. KAHN, Charles; WINTON, Andrew. Ownership structure, speculation and shareholder intervention. *Journal of Finance*, nº 53, 1998.

26. BOLTON, Patrick; THADDEN, Ernst-Ludwig. Liquidity and control: a dynamic theory of corporate ownership structure. *Journal of Institutional and Theoretical Economics*, v. 154, 1998.

27. FAMA, Eugene; JENSEN, Michael. Separation of ownership and control. *Journal of Law and Economics*, v. 16, 1983.

28. DALTON, Dan; DAILY, Catharine. The board and financial performance: bigger is better. *NAD Director's Monthly*, National Association of Corporate Directors. Aug. 2000.

29. BAYSINGER, B. D.; HOSKISSON, R. E. The composition of boards of directors and strategic control: effects on corporate strategy. *Academy of Management Review*, nº 15, 1990.

30. HERMALIN, Benjamin; WEISBACH, Michael. Endogenously chosen boards of directors and their monitoring of the CEO. *American Economic Review*, v. 88, 1998.

31. BYRD, John W.; HICKMAN, Kent A. Do outside directors monitor managers? Evidence from tender offer bids. *Journal of Political Economy*, v. 32, 1992.

32. BECHT, Marco; BOLTON, Patrick; RÖELL, Alisa. Corporate governance and control. *NBER Working Paper Series*, Cambridge, MA: National Bureau of Economic Research, nº 9.371. Cambridge, MA, 2002.

33. WARTHER, Vincent A. Board effectiveness and board dissent: a model of the board's relationship to management and shareholder. *Journal of Corporate Finance: Contracting, Governance and Organization*, v. 4, 1998.

34. HERMALIN, Benjamin E.; WEISBACH, Michael E. Endogenously chosen boards of directors and their monitoring of the CEO. *American Economic Review*, nº 88, 1998.

35. MINOW, Nell. *CEO contracts 1999*. The Corporate Library, 2000.

36. HOSKISSON, R. E.; HITT, M. A.; HILL, C. W. L. Managerial incentives and investment in R&D in large multiproduct firms. *Organization Science*, nº 4, 1993.

37. CONYON, Martin J.; PECK, Simon, I. Board control, remuneration committees and top management compensation. *Academy of Management Journal*, nº 41, 1998.

5
A Estrutura de Poder, o Processo e as Práticas de Governança Corporativa

1. LAMB, Roberto. *Uma interpretação sobre o papel e a forma de atuação do Conselho Fiscal de uma SA*. Porto Alegre: Escola de Administração da UFRGS, 2002.

2. CAMARGO, João Lando; BOCATER, Maria Isabel do Prado. Comitê de Auditoria no âmbito do Conselho de Administração. *RI – Relações com Investidores*, São Paulo, nº 62, abr. 2003.

3. COMPARATO, Fábio Konder, apud CAMARGO, J. L.; BOCATER, M. I. do Prado. *O poder de controle na sociedade anônima*. São Paulo: Forenso, 1983.

4. MONTGOMERY, Cynthia A.; KAUFMAN, Rhonda. The board's missing link. *Harvard Business Review*, BOSTON, MA, v. 80, nº 3, Mar. 2003.

5. MACEY, Jonathan R. An economic analysis of the various rationales for make shareholders the exclusive beneficiaries of corporate fiduciary duties. *Stetson Law Review*, nº 21, 1992.

6. HART, Oliver. *Firms, contracts and financial structure*. Londres: Oxford University Press, 1995.

7. CADBURY COMMITTEE. The report of the committee on financial aspects of corporate governance. London: Cadbury Committee, Dez. 1992. Mimeografado.

8. BEDICKS, Heloisa; MÔNACO, Douglas. Há razões conceituais e práticas para o IBGC apoiar a adoção do Comitê de Auditoria. *RI-Relações com Investidores*, São Paulo, nº 62, abr. 2003.

9. BERGAMINI JUNIOR, Sebastião. Controles internos como um instrumento de governança corporativa. *Revista do BNDES*, Rio de Janeiro, v. 12, nº 24, dez. 2005.

10. COOMBES, Paul; WONG, Chiu-Yin. Chairman and CEO: one job or two? *The Mckinsey Quarterly*, nº 2, 2004.

11. YERMACK, David. Higler market valuation of companies with a small board of directors. *Journal of Financial Economics*, v. 40, nº 3, Feb. 1996.

12. CORE, John; HOLTHAUSEN, Robert; LARCKER, David. Corporate governance, chief executive compensation and firm performance. *Journal of Financial Economics*, nº 60, 1999.

13. BROWN, Lawrence D.; CAYLOR, Marcus L. *Corporate governance and firm performance*. Georgia State University. Working Paper, Oct. 2004.

14. NADLER, David A. Building better board. *Harvard Business Review*, Boston, MA, v. 82, nº 5, May 2004.

15. FELTON, Robert; HUDNUT, Alec; WITT, Valda. Building a stronger board. *The McKinsey Quarterly*, nº 2, 1995.

16. JENSEN. Michael. The modern industrial revolution, exit and the failure of internal control systems. *Journal of Finance*, v. 48, 1993.

17. YERMACK, David. Higher market valuation of companies whith a small board of directors. *Journal of Financial Economics*, v. 40, nº 3, 1996.

18. ANDERSON, Ronald; MANSI, Sattar; REEB, David. Board characteristics, accounting report integrity and the cost of debt. *Journal of Accounting and Economics*, nº 37, 2004.

19. BROWN, Lawrence D.; CAYLOR, Marcus L. *Corporate governance and firm performance*. Georgia State University. Working Paper, Oct. 2004.

20. BAYSINGER, B. D.; HOSKISSON, R. E. The composition of boards of directors and strategic control: effects on corporate strategy. *Academy of Management Review*, nº 15, 1990.

21. GRADY, Diane. No more board games! *The McKinsey Quarterly*, nº 3, 1999.

22. SALMON, Walter. Prevenção de crises: como engrenar um conselho. In: *Experiências de governança corporativa*. Rio de Janeiro: Campus, 2001.

23. NADLER, David. Building better boards.: *Harvard Business Review*, Boston, MA, v. 82, nº 5, May 2004.

24. MCKINSEY. Inside the boardroom, April-May 2002. *The McKinsey Quaterly*, nº 4, 2002.

25. KPMG. *A governança corporativa e o mercado de capitais*: um panorama das empresas abertas 2011-2012. São Paulo: KPMG, 2012.

26. CONGER, Jay A.; FINEGOLD, David; LAWER, Edward E. Recursos: de que o conselho de administração precisa para executar um trabalho eficaz. In: *Experiências de governança corporativa*. Rio de Janeiro: Campus, 2001.

27. LORSCH, Jay W. *Empowerment* do conselho de administração. In: *Experiências de governança corporativa*. Rio de Janeiro: Campus, 2001.

28. NACD. National Association of Corporate Directors. *Performance evaluation of CEOs, boards and directors*. Washington: NACD, 1999.

29. MALE, John G. Redesenhando a linha entre o conselho de administração e o CEO. In: *Experiências de governança corporativa*. Rio de Janeiro: Campus, 2001.

30. LORSCH, Jay W. Eficácia do Empowerment. In: *Experiências de governança corporativa*. Rio de Janeiro: Campus, 2001.

31. MONTGOMERY, Cynthia A.; KAUFMAN, Rhonda. The board's missing link. The shareholder-board relationship. *Harvard Business Review*, Boston, MA, v. 80, nº 3, Mar. 2003.

32. LORSCH, Jay W. Pressupostos errôneos sobre o fortalecimento dos conselheiros. In: *Experiências de governança corporativa*. Rio de Janeiro: Campus, 2001.

33. HAWKINS, Jennifer A. Why investors push for strong corporate boards. *McKinsey Quarterly*, nº 3, 1997.

34. HERMALIN, Benjamin; WEISBACH, Michael. Board of directors as an endogenously determined institution: a survey of economic literature. *NBER Working Paper*, National Bureaus of Economic Research nº 8.161. Cambridge, MA, 2001.

35. GRADY, Daine. No more board games: the boards are weak. *McKinsey Quarterly*, nº 3, 1999.

6
Os Modelos de Governança Efetivamente Praticados

1. PROWSE, Stephen. Corporate governance in an international perspective: a survey of corporate mechanisms among large firms in the United States, the UK, Japan and Germany. *BIS Economic Papers*, nº 41, May 1994.

2. LA PORTA, Rafael; LOPEZ-DE-SILANES, Florencio; SHLEIFER, Andrei. Corporate ownership around the world. *Journal of Finance*, v. 54, nº 2, 1999.

3. BERGLÖF, Erik. *Corporate control and capital structure*: essays on property rights and financial contracts. Estocolmo: Stockholm School of Economics, 1990.

4. FRANKS, Julian; MAYER, Colin. Hostile takeovers and the correction of managerial failure. *Journal of Financial Economics*, nº 40, 1996.

5. POUND, John. Além das tomadas de controle. In: *Experiências de governança corporativa*. Rio de Janeiro: Campus, 2001.

6. HITT, M. A.; IRELAND, R. D.; HOSKISSON, R. E. *Strategic management and globalization*. Cincinnati, Ohio: South-Western College Publishing, 2001.

7. DOUMA, A. The tow-tier system of corporate governance. *Long Range Planning*, v. 30, nº 4, 1997.

8. BRECHT, M.; RÖELL. Blockholdings in Europe: an international comparation. *European Economic Review*, v. 43, nº 4, 1999.

9. DROBETZ, Wolfgang; GUGLER, Klaus; HIRSCHVOGEL, Simone. *The determinants of the german corporate governance rating*. Vienna: University of Vienna, Department of Economics, 2004.

10. STORY, Jonathan. *China*: a corrida para o mercado. São Paulo: Futura, 2004.

11. LA PORTA, Rafael; LOPEZ-DE-SILANES, Florencio; SHLEIFER, Andrei. Corporate ownership around the world. *Journal of Finance*. v. 54, nº 2, 1999.

12. SHLEIFER, Andrei; VISHNY, Robert. A survey of corporate governance. *Journal of Finance*, v. 52, nº 2, 1997.

13. OCDE. *"White Paper" sobre gobierno corporativo en América Latina*. Paris: Editions de l'OCDE, 2004.

14. LEFORT, Fernando. Estrutura de la propriedad y gobierno corporativo en los países latinoamericanos: un panorama empírico. *"White paper" sobre gobierno corporativo em América Latina*. Paris: Editons de l'OCDE, 2004.

15. MONKS, Robert A. G.; MINOW, Nell. *Corporate governance*. Oxford: Blackwell, 2004.

16. FUERT, Oren; KANG, Sko-Hyon. Corporate governance, expected operating performance and pricing. *Working in Progress*, v. 22, Yale School of Management, 2000.

17. OCDE. The 2011 Latin American Corporate Governance. *Journal Table*. Fortaleciendo el Govierno Corporativo Latinoamericano: el papel de los Inversionistas Institucionais. OCDE. Lima, 2011.

7
A Governança Corporativa no Brasil

1. HUNTINGTON, Samuel. *Clash of civilizations and the remarking world order*. New York: Simon Schuster, 1996.

2. ARANHA, Bruno Caldas. *A governança e o mercado de capitais*. Rio de Janeiro: UERJ/TJ, 2002.

3. MELLO JÚNIOR, Luiz R. de. Privatização e governança empresarial no Brasil. In PINHEIRO, Armando Castelar; FUKASAKU, Kichiro (Org.). *A privatização no Brasil: o caso dos serviços de utilidade pública*. Rio de Janeiro: BNDES-OCDE, fev. 2000.

4. GIAMBIASI, Fábio. Restrições ao crescimento da economia brasileira: uma visão de longo prazo. *Revista do BNDES*. Rio de Janeiro, v. 9, nº 17, jun. 2002.

5. ORENSTEIN, L.; ROCHA, B. Prefácio à edição brasileira de ROSEMBERG, Hilary. *A traitor to his class. Mudando de lado*, Rio de Janeiro: Campus, 2000.

6. EXAME. *Melhores e Maiores*: as 500 maiores empresas do Brasil Indústria: visão geral. São Paulo: Jul. 2011.

7. WFE. Monthly statistics tables. Paris: World Federation of Exchanges, *FOCUS*, nº 179, Dec. 2007.

8. FORTUNE. 500 largest world corporations. *Europe Edition*, nº 10, Aug. 2011.

9. ANDREZO, Andrea Fernandes, LIMA, Iran Siqueira. *Mercado financeiro: aspectos históricos e conceituais*. 2. ed. São Paulo: Pioneira Thompson Learning, 2002.

10. BARBOSA FILHO, Marcelo Fortes. *Sociedade anônima atual: comentários e anotações às inovações trazidas pela Lei nº 10.303/01 ao texto da lei nº 6.404/76*. São Paulo: Atlas, 2004.

11. IBGC. *Uma década de governança corporativa*: história do IBGC, marcos e lições da experiência. São Paulo: Saint Paul Institute of Finance/Saraiva, 2006.

12. COMISSÃO DE VALORES MOBILIÁRIOS. *Recomendações da CVM sobre governança corporativa*. Rio de Janeiro: CVM, jun. 2002.

13. CARVALHO, Antonio Gledson. Governança corporativa no Brasil em perspectiva. *Revista de Administração*, São Paulo, v. 37, nº 3, jul./set. 2002.

14. CARVALHO, Antonio Gledson. *Efeitos da migração para os níveis de governança da BOVESPA*. São Paulo: FEA/USP, jan. 2003.

15. PEIXE, Francisco Cristina Darós. *Novo mercado: obstáculos e atrativos para as empresas do nível 1 de governança corporativa*. São Paulo: FEA/USP, jul. 2003.

16. EXAME. *Melhores e maiores*. Indicadores setoriais. Visão geral: indústria e serviços. São Paulo: Jun. 2008.

17. OKIMURA, Rodrigo Takashi. *Estrutura de propriedade, governança corporativa, valor e desempenho das empresas no Brasil*. São Paulo: FEA/USP, nov. 2003.

18. MCKINSEY e KORN-FERRY. *Panorama da governança corporativa no Brasil*. São Paulo: McKinsey & Company e Korn-Ferry International, 2002.

19. SILVA, André Luiz Carvalhal da. *A influência da estrutura de controle e propriedade no valor, estrutura de capital e política de dividendos das empresas brasileiras*. Rio de Janeiro: UFRJ/COPPEAD, 2002.

20. SILVEIRA, Alexandre Di Miceli da. *Governança corporativa, desempenho e valor da empresa no Brasil*. São Paulo: FEA/USP, out. 2002.

21. LA PORTA, R. LOPEZ-DE-SILANES, Forenio; SHLEIFER, A. Corporate ownership around the world. *Journal of Finance*, v. 54, Apr. 1999.

22. ROSSETTI, José Paschoal; CYRINO, Alvaro Bruno. *Pesquisa tendências do desenvolvimento das empresas no Brasil*: relatório 2007. Nova Lima, MG: Fundação Dom Cabral, 2007.

23. MCKINSEY e KORN-FERRY. *Panorama da governança corporativa no Brasil*. São Paulo: Mckinsey & Company e Korn-Ferry International, 2002.

24. FUNDAÇÃO DOM CABRAL. *Tendências do desenvolvimento das empresas no Brasil*. Belo Horizonte: FDC, 2002.

25. IBGC; BOOZ-ALLEN-HAMILTON. *Panorama atual da governança corporativa no Brasil*. São Paulo, nov. 2003.

26. COSTA, Roberto Teixeira da. Importância dos conselhos na governança corporativa. In ÁLVARES, Elismar. *Governando a empresa familiar*. Rio de Janeiro: Qualitymark e Edições FDC, 2003.

27. LODI, João Bosco. *Conselho de administração*. São Paulo: Atlas, 1998.

28. MÔNACO, Douglas Cláudio. Estudo da composição dos conselhos de administração e instrumentos de controle das sociedades por ações no Brasil. São Paulo: FEA/USP, 2000.

29. MARTINS, Henrique Cordeiro. *Governança corporativa em cenário de mudanças*: evidências empírias das alterações dos atributos, papéis e responsabilidades do Conselho de Administração das empresas brasileiras. Belo Horizonte: CEPEAD/UFMG, 2004.

30. SILVEIRA, Alexandre Di Miceli da. Governança corporativa, desempenho e valor da empresa no Brasil. Ver Parte 4, Análise de resultados. São Paulo: FEA/USP, 2002.

31. COSTA, Roberto Teixeira. Importância dos conselhos na governança corporativa. Ver Papel do conselho: os conselhos funcionam? In ALVAREZ, Elismar. Governando a empresa familiar. Rio de Janeiro: Qualitymark e Edições FDC, 2003.

32. BOOZ&Co.; INSTITUTO BRASILEIRO DE GOVERNANÇA CORPORATIVA. *Panorama da governança corporativa no Brasil*. São Paulo: Booz&Co. e IBGC, 2010.

8
As Tendências Prováveis da Governança Corporativa

1. MONKS, Robert A. G. *The emperor's nightingale*. Oxford: Capstone, 1998.

2. COOMBES, Paul; WONG, Geoffrey, Corporate governance and private equity. *In Global corporate governance guide 2004*. London: Globe White Page, 2004.

3. LA PORTA, R.; LOPEZ-DE-SILANES, Florêncio; SHLEIFER, A. Corporate owership around the world. *Journal of Finance*, v. 54, Apr. 1999.

4. PHILLIPS, David H. M.; THOMAS, Alison. Corporate governance: a reporting perspective. *In Global corporate governance guide 2004*. London: Globe White Page, 2004.

5. OECD. *OECD principles of corporate governance*. Paris: OECD, 1999.

6. HITT, M. A.; IRELAND, R. D.; HOSKISSON, R. E. *Strategic management: competitiveness and globalization*. Cincinnati, Ohio: South-Western College Publishing, 2001.

7. BECHT, Marco; BOLTON, Patrick; RÖEL, Alisa. Corporate governance and control. *NBER Working Paper Series*, Cambridge, Massachusetts: National Bureau of Economic Research, nº 9.731, 2002.

8. COFFEE, John C. The future as history: the prospects for global convergence in corporate governance and its implications. *Northwestern University Law Review*, nº 93, 1999.

9. MAHONEY, William. Os segredos do crescimento sustentado das empresas. *RI – Relações com Investidores*, nº 76, jun. 2004.

10. MAHONEY, William. *Rating* de governança. *RI – Relações com investidores*, nº 77, jul. 2004.

11. PARKINSON, J. E. *Corporate power and responsibility*, 2. ed. Oxford: Clarendon Press, 1996.

12. BROWN, Matthew S. The ratings game: corporate governance ratings and why you should care. *In Global corporate governance guide 2004*. London: Globe White Page, 2004.

13. MAKOWER, Joel. Business for social responsibility. *In Beyond the bottom line: putting social responsibility to work for your business and the world*. New York: Simon & Schuster, 1994.

14. GRAYSON, David; HODGES, Adrian. *Everybody's business*. London: Dorling Kindersly, 2001.

15. WORLD BANK. Basic Indicators. *World development report 2004*. New York: Oxford University Press, 2004.

16. FRIEDMAN, Milton. *Capitalism and Freedom*. Chicago: Chicago University Press, 1964.

17. WHITERELL, Bill. Corporate governance and responsibility: the foundations of market integrity. *OECD Observer*, Oct. 2002.

18. OECD. *OECD principles of corporate governance*. Paris: OECD, 2004.//
19. MONKS, Robert; MINOW, Nell. *Watching the watchers: corporate governance for the 21st century*. Oxford: Blackwell, 1996.
20. MCKINSEY e KORN-FERRY. *Panorama da governança corporative no Brasil*. São Paulo: McKinsey & Company e Korn-Ferry International, 2002.
21. ROCCA, C. A.; CARVALHO, A. G. *O mercado de capitais e o financiamento das empresas abertas*. São Paulo: FIPE/ABRASCA, 1999.
22. MONFORTE, José Guimarães. Mercado de capitais e governança corporativa. Em *Valor*, São Paulo, 8 de set. 2004.

Apêndice

1. FUKUYAMA, Francis. *State-building*: governance and world order in the 21st century. Ithaca, NY: Cornell University Press, 2004.
2. KAUFMANN, Daniel. *Governance matters*: the challenge of empirics. World Bank Institute/University of Toronto, 2009.

Índice Remissivo

Abertura econômica, 404, 407, 409, 494

Abertura política, 407

Accountability, 140-143, 158, 179, 180, 221, 234-235, 272, 276, 389, 467, 532

Acionistas
Acordos de, 404-441
Assimetria de direitos dos, 205, 211, 215
Ativismo dos, 216
Como agentes outorgantes, 84, 87, 106-107
Como proprietários passivos, 70, 73, 74, 159-160, 162-163
Controladores, 260, 559-563
Dispersão dos, 67-70, 73
Direitos dos, 217-218
Empowerment dos, 93
Matriz de relacionamentos dos, 266
Minoritários, 219, 260, 382, 385, 387, 390, 484

Ações
Classes de, 211, 214, 236
Direitos das preferenciais, 437
Emissões das preferenciais, 437
Emissões primárias de, 425
Estrutura da propriedade no Brasil, 476-482
Limites de emissão por classes de, 437
Ordinárias, 211
Preferenciais, 211

Adama Comisión, 376-377

Administração científica
Era da, 55-58
Correntes da, 55
Contribuições seminais à, 53
Desempenho das corporações e, 50-58
Formação do capitalismo e, 50-58
Síntese da evolução da, 53-55

Affiliated person, 272

Agências de *rating* corporativo
Corporate and Public Ethics Index, 536
Corporate Governance Index, 535
Criação das, 300, 368, 473
Critérios das, 192-195
Governance Metrics International (GMI), 192-368
European Corporate Governance Rating, 375
FTSE-ISS, 192, 196, 198
Resultados das, 194-195, 534
Práticas observadas pelas, 193-194, 367-369

Agentes da governança
Outorgados ou executores, 84-87, 106-107
Outorgantes ou principais, 84-87, 106-107

Ágios de governança, 181, 221, 543-545

Ambiente corporativo
No Brasil, 399-436
Mundial, 56-67
Mudanças no, 528

Ambiente de governança
Descrição do, 255-257
Mudanças no, 526-528

Ambiente regulatório
Razões do, 45-49, 96-97, 189-190
Como fator de desenvolvimento do mercado, 217-223
Enquadramento das empresas no, 178
No Brasil, 436-447

American Depositary Receipts (**ADRs**), 377, 381-383, 388, 418, 475

Apêndice, 155

Arbitragem privada, 388-390

Assembleia Geral
Competência e convocação, 438
Extraordinária, 269
Funções da, 257
No processo de governança, 267-269
Ordinária, 269

Associação Brasileira das Entidades Privadas de Previdência Complementar (ABRAPP), 465

Auditoria
No processo de governança, 269-271, 274-276
Recomendações do IBGC para, 468
Matriz de relacionamentos da, 266

Auditoria independente
Atribuições da, 272-273
Avaliação da, 272-274

Auditoria interna
Atribuições da, 275-276
Avaliação da, 272-274
Empowerment da, 276

Australian Securities & Investments Commission (ASIC), 354

Australian Stock Exchange (ASX), 354

Axioma de Jensen e Meckling, 87, 206, 310

Axioma de Klein, 86, 206, 280

Balanço social, 546

Berle, Adolf
Abordagem de, 72-78
Questionamento dos objetivos corporativos, 120-121

Bolsa de Valores de Milão, 375

Bosh Report, 354

BOVESPA
BOVESPA MAIS, 457
Composição dos investidores na, 427-428
IBOVESPA, 454-455
IGC, 454-455
Migrações para níveis diferenciados, 453-456
Nível 1 de governança corporativa, 451-452
Nível 2 de governança corporativa, 452-453
Novo mercado, 449-451, 453

Cadbury Committee
Bases propostas, 172-173
Focos do, 167
Razões da constituição do, 170
Termos de referência do, 171

Calpers, 345

Canadian Securities Administration (CSA), 353

Capital
Ascensão do, 38
Critérios de emissão de, 222
Dispersão do, 67-72, 82-85, 145
Impactos da ascensão do, 40-41
Impactos da dispersão do, 74-78
Institucional, 346
Poder do, 39-40

Capitalismo
Coevoluções do, 50-58
Concepção crítica do, 29-32
Concepção idealista do, 29-32
Concepção racionalista do, 29-32
Determinantes da evolução do, 31-58
Instituições do, 34

Índice remissivo

Chairman, 278, 280, 353, 370-371
Síntese da formação do, 57
Remodelagem do, 46-48

Chief Executive Officer (CEO)
Atributos e posturas do, 314-317
Avaliação do, 318-322
Separação de funções, 278-280
Envolvimento com Conselho de Administração, 328
Missão do, 311-312
Remuneração do, 93, 186, 188, 243-246

Civil Code, 357

Códigos de boa governança
Difusão mundial dos, 183-185
Do IBGC, 468
Da PREVI, 461-464

Combined Code, 343-345, 351

Comitê de Auditoria, 271-272

Companhias
Abertas, 76-78, 422-424
Licenciadas, 41
Registradas, 424

Companies Act, 357

Company raiding, 345

Commissione Nationale per la Società, 376

Comisión Nacional del Mercado de Valores, 376

Comissão de Valores Mobiliários (CVM), 272, 396, 436, 445-447

Compliance, 141-142, 158, 179, 275-276, 389, 532

Comunidade Organizacional Comum, 376

Conflitos
Proprietários e gestores, 87-89, 91-94, 132-135, 207-211
Majoritários e minoritários, 87-89, 132-135, 211-215

Conflitos de agência
Abordagem de Prowse dos, 342
Causas dos, 85-87, 160-163, 205-207
Como questão-chave da governança, 85-86, 207-211
Conseqüências dos, 207-211
Dispersão do capital e, 205-206
Expropriações derivadas de, 214, 372
Interesses múltiplos e, 117
Origens dos, 83-85, 88
Redução dos, 181
Tipologia dos, 87-89

Conselheiros de administração
Atributos, posturas e condutas dos, 293-300, 307, 505, 507
Avaliação dos, 300-307
Capacitações requeridas dos, 505-506
Insiders, 240, 292, 329, 355, 356, 365, 418
Número, funções e mandatos, 503-504
Outsiders, 240, 242, 244, 245, 292, 368, 376-378, 387
Outsiders relacionados, 240, 365, 376-377
Tipologia dos, 298, 505

Conselho bicameral
Ocorrências de, 359, 369
Aufsichtsrat, 260, 358-359
Vorstand, 260, 358-359

Conselho de administração
Atribuições do, 277-290
Atuação do, 262, 265, 303-304
Avaliação do, 300-312, 508
Comitês do, 294
Competências do, 439-440
Composição e dimensões do, 239-240, 289-291, 354-355, 422-423, 501-506
Constituição do, 90-92, 216, 241
Eficácia do, 242, 322-324, 506-516
Empowerment do, 324-326
Envolvimento do, 280-285, 500
Evolução histórica no Brasil, 489-494
Interação com Diretoria Executiva, 241

Manutenção do controle e maximização do valor da empresa, 559-563

C

Corporate Act, 345-346

Corporate Act Commonwealth of Australia, 354

Corporações

De artes e ofícios, 41
Dimensões mundiais da, 60-67
Dimensões no Brasil das, 418-422
Fatores de desenvolvimento das, 58-59
Gerenciadas, 327-330
Gigantismo e poder das, 58-67
Governadas, 370
Grupos com interesses envolvidos nas, 108-113
Objetivos das, 107-108, 114, 186
Relacionamento dos acionistas com as, 90-92

Conselho Fiscal

Composição e competências, 439
Funções do, 258, 270-271
No ambiente de governança, 254-257
Recomendações do IBGC para, 468
Recomendações da CVM para, 448
Recomendações da PREVI para, 462
"Turbinado", 257, 444

Constituintes organizacionais (Ver Stakeholders)

Controles internos (Ver Auditoria Interna e Auditoria Independente)

Corporações

De artes e ofícios, 41
Dimensões mundiais da, 60-67
Dimensões no Brasil das, 418-422

Síntese de boas práticas do, 295
Requisitos e normas de funcionamento do, 288-289
Renovação alternada do, 226
Relações equilibradas com CEO, 286
Relações no ambiente de governança do, 259-267
Recomendações da PREVI para, 463
Recomendações da OCDE para, 178
Recomendações do IGCN para, 186
Recomendações do IBGC para, 468
Razões da instalação no Brasil, 489-494
276-310, 355-356, 495-497
Papéis e responsabilidades do, 238-239,
Modelos de, 281-282
Missão do, 285-288
Matriz de relacionamento do, 266

Council of Institutional Investors, (CII), 347

Crash de 1929-1933, 45-49, 347

Crimes de colarinho branco, 347-348

Custos de agência

Atribuíveis aos gestores, 207-211
Como questão-chave da governança, 207-211
Incorridos pelos acionistas, 207-211, 351
Listagem dos, 207-208
Razões da ocorrência dos, 205
Tipologia dos, 211
Versões da microeconomia dos, 210

D

Debêntures, 425

Debt, 239, 365, 380

Desafios de governança, 181, 221

Desfronteirização, 401, 473

Deutsche Börse, 358, 360, 361-363

Dey Report, 352

Direito Civil Escandinavo, 374

Direito Civil Francês, 369-370, 374-375, 380

Direito Civil Germânico, 369-370, 370

Direito Comum, 343, 369-370

Direitos assimétricos

Como questão-chave da governança, 2011-2015
De propriedade e de voto, 212-215

Diretoria(s) Executiva(s)

Atributos, condutas e posturas da, 314-317, 318
Atuação da, 91-94, 262, 265
Funções da, 257-258
Matriz de relacionamentos das, 266
Missão e responsabilidades da, 311-314
No processo de governança, 309-322
Poder de barganha da, 243

Responsabilidade dos, 232

Fundos de private equity, 207, 234-235, 300, 355-356, 397, 492, 514-516

Fundos éticos, 354, 357-359

Fusões e aquisições, 414-416, 494

Galbraith, J. Kenneth
  Visão das mudanças no mundo corporativo de, 78-80
  Interpretação da abordagem de, 80, 82

Global equity market, 418

Governança corporativa
  Abordagens de, 133
  Abrangência da, 27
  Abrangência de interesses envolvidos na, 133
  Abrangência de propósitos da, 128, 134
  Atores envolvidos na, 255-258
  Avaliação das práticas de, 190-198
  Conceitos de, 137-140
  Como sistema de relações, 259-267
  Crescimento econômico e, 333-334, 515-518
  Diversidade de modelos da, 27
  Do ponto de vista organizacional, 268
  Graus de complexidade da, 135-137
  If not, why not, 355-356
  Novo cenário da, 189-191
  Origem da expressão, 26
  Os 5 Ps da, 189-191
  Questões centrais da, 203-205
  Razões do despertar da, 29, 89-99
  Sínteses relevantes sobre, 330-333
  Valores da, 140-142

Governança do Estado
  Agentes Outorgantes da, 570-571
  Agentes outorgados da, 570-571
  Abordagem teórica da, 562, 568
  Abordagem de Fukuyama da, 574-575
  Avaliação de Kaufmann da, 576-577
  Conflitos de agência na, 570
  Custos de agência da, 572
  Forças de controle da, 572-573

No Brasil, 429
Poder de influência dos, 230-234
Como força de controle, 163-166, 465

Fundos de pensão

Free float, 516

Take-overs hostis, 224-238
Padrões contábeis exigidos, 221
Monitoramento compartilhado, 246-248
Modelos de remuneração dos administradores, 243-246
Mercados competitivos, 229-230
Mercado de capitais, 221
Fundos de private equity, 234-235
Estruturas multidivisionais de negócios, 248
Estabelecimento das, 205
Conselhos guardiões, 238-240
Concentração do capital, 236-238
Ativismo de investidores, 230-234
Ambiente legal e regulatório, 208-222
Abordagem de Franks e Mayer, 271

Forças de controle

Fairness, 140-142, 158, 180, 389

Corporativa, 140
Calvinista, 33

Ética

Estruturas piramidais de controle, 236-238

Escândalos corporativos, 95, 473

Equity, 340, 346, 355-356

Enlightened value maximization, 129-132

Enforcement, 217-221, 314-316, 357, 373-375, 380, 388-390, 391, 397, 530, 536

Doutrina liberal, 33-35

Disputas por procurações de voto (Ver *Proxy fights*)

Disclosure, 140-143, 158, 180, 234-235, 272, 276, 389

Investimentos relacionados, 365, 368

Investment Company Act, 160

Investor Protection Index, 536

Jakarta Stock Exchange, 370

Juízo gerencial, 86, 209

Keiretsu, 365-366, 368

Korea Stock Exchange, 373

Kosdaq, 373

Laissez-faire, 47, 161, 206, 221

Latin American Corporate Governance Roundtable, 378

Lead Directors, 290-291, 314

Liberalismo (Ver **Doutrina liberal**)

London Stock Exchange, 358

Lucro
  Maximização do, 77-78
  Tecnoestrutura em relação ao, 80-82

Managerial discretion (Ver **Juízo gerencial**)

Means, Gardner
  Abordagem de, 72-78
  Questionamento dos objetivos corporativos de, 121

Mercado de capitais no Brasil
  Círculos viciosos do, 515
  Companhias registradas e abertas, 424
  Composição dos investidores no, 427-432
  Comparações internacionais do, 432-435
  Presença dos investidores institucionais no, 426
  Situações contraditórias do, 516
  Visão de círculo virtuoso do, 518

Mercado de controle corporativo (Ver *Take-overs hostis*)

Trajetória e posicionamento no Brasil dos, 457-464

113, 122
Lucro como fator de motivação dos, 113, 122
Harmonização de interesses dos, 129-132
Raízes dos interesses dos, 125
Legitimidade dos interesses dos, 122-128
Justificação dos retornos dos, 113-119
Retornos dos, 113, 115-117, 131
Incertezas dos retornos dos, 114
Institucionais, 233-234, 300, 386
Fatores considerados para decisões dos, 547
Direitos residuais dos, 115
Despertar dos, 494
Ativos, 167
Ativismo dos, 214, 230

Investidores

International Corporate Governance Network (ICGN), 185-189

International Accounting Standards Committee (IASC), 361
  Códigos de melhores práticas do, 468
  Objetivos e princípios, 467
  História e evolução, 470

Instituto Brasileiro de Governança Corporativa (IBGC)

Índice S&P500, 350

Índice Nikkei 225, 368

Holding Company Act, 60

Hiatos códigos-práticas, 198
  Qualificações, 128
  Propósitos corporativos, 134
  Direitos legítimos, 178
  Abordagem, 126

Governança stakeholders oriented
  Direitos legítimos, 178
  Abordagem, 128

Governança shareholders oriented

Transposição conceitual para a, 564, 570, 562, 566, 568-572

Modelo brasileiro de governança corporativa
Características definidoras do, 512-513
Condições determinantes do, 471-475
Conselhos de Administração no, 489-510
Construção de novo, 562
Forças modeladoras do, 397
Influências das mudanças do país no, 443
Influências da nova ordem global no, 399-405
Marcos legais do, 436-445
Pressões por boas práticas, 455-457
Recomendações da CVM para o, 445-447

Modelos de governança corporativa
Abrangência dos, 27
Anglo-saxão, 343-345, 355-356
Condições diferenciadoras, 136
Diversidade dos, 27
Fatores de diferenciação dos, 246-248
Latino-americano, 378-389
Latino-europeu, 373-378
Na Alemanha, 260, 359-363
Na Austrália, 354-356
No Canadá, 352-353
No Japão, 260, 364-369
No Reino Unido, 350-352
Nos Estados Unidos, 260, 345-350
Shareholders oriented, 126, 128, 133-134, 261-265

Monitoramento compartilhado
Com credores, 246-248
Com trabalhadores, 246-248
Por blocos de acionistas, 237

Monks, Robert
Ativismo pioneiro de, 158-168
Contribuições para literatura de governança de, 164
Frentes de atuação, 163-168
Motivação e resultados de, 165
Registro biográfico de, 161

Multijurisdictional Disclosure System **(MJDS)**, 352

Nasdaq, 355-356

Neuer markt, 358-360, 367

New York Stock Exchange **(NYSE)**, 355-356

Nouveau marché, 375, 377

Nuovo mercato, 375, 377

Ontario Securities Commission, 352-353

Oportunismo, 87-89

Organização de Cooperação para o Desenvolvimento Econômico (OCDE)
Centro de Cooperação com Países Não-membros, 370-32, 378
Princípios da, 173-184, 371, 375, 376
Razões do interesse pela governança corporativa, 173-176
Revisão dos princípios da, 176-177
Recomendações para países latino-americanos da, 128-389

Path dependence, 367

Pílulas de veneno (Ver *Poison pills*)

Poison pills, 226-227, 263, 346-347
Ocorrências de, 346, 358, 368, 374

PREVI
Código de melhores práticas, 461-464
Evolução, 464

Privatizações, 378, 404, 407, 410-412, 494

Propriedade
Afastamento entre controle e, 71-74
Concentração da, 485-491
Despersonalização da, 70, 158
No ambiente de governança, 259-267
Pulverização da, 69

Proxy fight, 216, 224, 229

Relação de agência (Ver **Conflitos de agência**)

Relatório Viénot, 375-376

Responsabilidade corporativa
Fatores determinantes da, 550-552
Interesses múltiplos e, 119
Objetivos abrangentes e, 552
Três dimensões da, 556

Riscos, 273, 275-276, 388

Sarbanes-Oxley, 177-181, 259, 345, 347, 443-445

Security Exchange Act, 60, 347

Self-dealing, 207

Shanghai Stock Exchange, 373

Shareholders (Ver Investidores)

Shenzhen Stock Exchange, 373

Sociedades anônimas
Abertas, 422-427
Listadas em bolsa no mundo, 64-67
Listadas em bolsa no Brasil, 422-427
Fechadas, 417
Origens das, 40, 45
Sistema de, 40-45
Regulação legal das, 44
Mudanças atribuíveis ao surgimento das, 120-121

Stakeholders
Gestão estratégica dos, 120
Harmonização dos interesses dos, 128-130
Legitimidade dos interesses dos, 123-127

Stock options, 245-246

Sustentabilidade ambiental, 546

Tag along, 214, 234, 346, 381, 388, 442, 446, 452-453, 537

Take-overs hostis
Razões para, 158
Defesas contra, 227-228
Denominação do mercado para, 227
Controvérsias sobre, 226-227

Tendências da governança corporativa
Abrangência, 548-556
Adesão, 538-539
Fatores determinantes, 532
Convergência, 531-538
Diferenciação, 543-548
Século XXI em relação às décadas precedentes, 548-549

Teoria de agência (Ver Conflitos de agência e Custos de agência)

Teoria iluminada do valor (Ver *Enlightened value maximization*)

The National Association of Corporate Directors (NACD), 314, 322

Tokio Securities Exchange, 366

Toronto Stock Exchange (TSX), 352-353, 355-356

Triple bottom line, 119, 554

Una propuesta de normas para un mejor funcionamiento de los Consejos de Administración, 376

Universalização das boas práticas, 532

Urgent recommendations concerning corporate governance, 365, 367

Venture Issuers, 355-357

World Federation Exchange, 40